CAUSERIES
DU LUNDI

CAUSERIES
DU LUNDI

PAR

C.-A. SAINTE-BEUVE

DE L'ACADÉMIE FRANÇAISE

QUATRIÈME ÉDITION

REVUE ET CORRIGÉE

TOME QUATRIÈME

PARIS

GARNIER FRÈRES, LIBRAIRES-ÉDITEURS

6, RUE DES SAINTS-PÈRES, 6

CAUSERIES DU LUNDI.

Lundi 7 et mardi 8 avril 1851.

MIRABEAU ET SOPHIE.

I.

(*Dialogues inédits.*)

Une Étude du xviiie siècle où manqueraient Rousseau et Voltaire ne serait pas plus incomplète que cette même Étude d'où serait absent Mirabeau. Il est la première grande figure qui ouvre l'ère des révolutions, qui traduit en discours et en actes publics ce qu'avaient dit les livres; la première qui se dessine, en la dominant encore, dans la tempête. Aborder Mirabeau en plein serait une rude tâche, et il n'est pas de ceux qui se laissent prendre de biais et qu'on effleure. Aujourd'hui pourtant, grâce à un secours bienveillant, l'idée m'est venue de le ressaisir dans l'épisode le plus saillant de sa jeunesse, dans cet épisode trop célèbre, sa liaison avec Sophie, et de m'en faire une occasion pour rassembler et rappeler quelques idées qui ne peuvent manquer de naître toutes les fois qu'on s'approche de cet extraordinaire et prodigieux personnage.

Il y a seize ou dix-sept ans que le fils adoptif de Mirabeau, M. Lucas-Montigny, a publié huit volumes de

Mémoires qu'il a eu le droit d'intituler *Mémoires de Mirabeau*, tant les sources en sont de première main, continuellement authentiques et domestiques. Les Correspondances du père et de l'oncle du grand tribun, la Notice sur son grand-père, et en général toutes les pièces qui font le tissu de ces huit volumes, ont révélé une race à part, des caractères d'une originalité grandiose et haute, d'où notre Mirabeau n'a eu qu'à descendre pour se répandre ensuite, pour se précipiter comme il l'a fait et se distribuer à tous, tellement qu'on peut dire qu'il n'a été que l'enfant perdu, l'enfant prodigue et sublime de sa race. Depuis la publication des Mémoires de Saint-Simon, vers lesquels l'air et le ton des ancêtres de Mirabeau reportent naturellement la pensée, il ne s'est rien publié d'aussi marquant dans ce genre de Mémoires historiques. L'épisode des amours avec Sophie, qui ont été le grand éclat et le grand scandale de la jeunesse de Mirabeau, est traité dans ces Mémoires avec des détails nouveaux et une extrême précision. Mais l'espèce de réserve que commandait pourtant la piété domestique, a quelquefois resserré M. Lucas-Montigny, et aujourd'hui c'est grâce à lui-même et à ses obligeantes communications que nous venons nous servir de quelques pièces dont il n'avait fait dans le temps qu'un usage plus restreint. Ces pièces, bien entendu, sont de celles qui n'ajoutent rien au scandale d'autrefois, qui peuvent se présenter à tous, et qui prêtent à des considérations littéraires ou morales; c'est pour cela que l'honorable possesseur nous les a confiées et que nous nous en servons.

Lorsque Mirabeau arriva, le 25 mai 1775, pour être détenu au fort de Joux, sur la demande de son père qui l'y faisait transférer du château d'If où il avait été enfermé dix mois, il était âgé de vingt-six ans, et en butte, depuis plus de dix ans déjà, aux sévérités et aux persécutions paternelles. Né le 9 mars 1749 d'une race florentine établie depuis cinq siècles en Provence, le cinquième de onze enfants et l'aîné des garçons, Gabriel-Honoré de Mirabeau avait, en naissant, apporté plusieurs des traits essentiels de la famille paternelle, mais en les combinant avec d'autres qui tenaient de sa mère. Il fut *énorme* dès l'enfance : « Ce n'était, suivant la définition de son père, qu'un *mâle monstrueux* au physique et au moral. » Défiguré, à l'âge de trois ans, par une petite-vérole maligne et confluente, sur laquelle sa mère, pour l'achever, s'avisa d'appliquer je ne sais quel onguent, il acquit ce masque qu'on sait, mais où la physionomie, qui exprimait tout, triomphait de la laideur. A le bien voir, et la première impression passée, derrière ces coutures de petite-vérole et cette bouffissure, on distinguait du fin, du noble, du gracieux, les lignes primitives de ses pères. Il avait une main des plus belles. Il avait les gros yeux de la race, et qui, charmants dans les portraits de ses père, oncle et aïeul, le devenaient aussi chez lui toutes les fois qu'une femme s'oubliait à le regarder : « Ce sont *ces certains yeux couchés*, disait-il, que, sur mon honneur, je ne saurais appeler *beaux*, dusses-tu me battre (c'est à Sophie qu'il écrivait cela), mais qui enfin disent assez bien, et quelquefois trop bien, tout ce que sent l'âme qu'ils peignent. » Il tenait pourtant de sa mère (Mlle de Vassan) des caractères qui gâtaient fort et qui ravalaient même, disait son père, la hauteur originelle du type, qui en altéraient certainement la noblesse, mais qui en corrigèrent aussi la dureté. Il tenait de sa mère la largeur du visage, les instincts, les appétits prodigues et sensuels, mais probablement aussi ce certain *fonds gaillard* et gaulois, cette faculté de se familiariser et de s'humaniser que les Riquetti n'avaient pas, et qui deviendra un des moyens de sa puissance. Partout où il était de sa personne, ce jeune homme, d'une atroce laideur, n'imposait pas seulement, il séduisait. Quand on parle de Mirabeau, on ne saurait assez insister sur cette organisation physique si singulière, si déterminante en lui. Son père, jusque dans ses plus grandes rigueurs, ne pouvait s'empêcher de le reconnaître : « Il y a bien du physique dans ses écarts. » Que ne pouvait-on pas attendre, en fait de fougue et d'exubérance, de celui qui, en venant au monde, avait dans la bouche deux dents molaires déjà formées ; qui, sortant de Vincennes après quarante-deux mois de réclusion, à l'âge de plus de trente ans, se trouvait non-seulement grossi, mais *grandi* au physique, et dont la chevelure immense était douée d'une telle vitalité, que vers la fin, dans ses maladies, le médecin, avant de lui tâter le pouls, demandait en entrant au valet de chambre comment était ce jour-là la chevelure de son maître, si elle se tenait et frisait d'elle-même, ou si elle était molle et rabattue ?

Ce n'est là qu'un aperçu du *monstre,* comme Eschine disait de Démosthène ; mais il ne faut rien s'exagérer et ne pas faire comme les enfants qui se prennent au masque et s'y tiennent. Le dessous, encore une fois, était d'une nature moins effrayante, d'une nature riche, ample, copieuse, généreuse, souvent grossière et viciée, souvent fine aussi, noble, même élégante, et, en somme, pas du tout monstrueuse, mais des plus humaines. Je reviendrai fort dans la suite sur ce dernier point.

Il serait trop long d'essayer à faire comprendre pourquoi son père, le marquis de Mirabeau, envoyait ainsi, de château fort en château fort, son fils déjà marié, père de famille lui-même, capitaine de dragons, et qui s'était distingué dans la guerre de Corse. Les causes alléguées (quelques dettes, une affaire d'honneur), si graves qu'on les fasse au point de vue de la morale domestique, étaient tout à fait disproportionnées au châtiment, et n'avaient rien encore qui pût déshonorer une jeunesse ni flétrir un avenir. Le marquis, homme supérieur, mais orgueilleux, féodal, antique à la fois et au coup-d'œil prophétique, d'une de ces races sans mélange dont l'heure finale avait sonné, éprouvait pour ce fils, qui penchait vers les courants du siècle, vers ce qu'il appelait la *canaille* philosophique, encyclopédique, *plumière, écrivassière et littéraire,* une sorte d'étonnement, d'admiration même, antipathique et répulsive, et qui, par moments, ressemblait fort à de l'effroi et à du dégoût. Une des grosses injures qu'il lui disait dans sa jeunesse, c'est « qu'il ne serait jamais qu'un cardinal de Retz; » et il disait encore que, « depuis feu César, l'audace et la témérité ne furent nulle part comme chez lui. » Voilà des injures, et, sous toutes les raisons de famille qui seraient inextricables à débrouiller, il entrait dans sa persécution contre son fils quelque chose de ce sentiment de haute précaution publique et sociale qui lui aurait fait enfermer et coffrer en leur temps, s'il en avait eu le pouvoir, ces mauvais sujets qui s'appelaient Retz ou César.

Quoi qu'il en soit, Mirabeau arrivait au fort de Joux près Pontarlier dans le Jura, pour y être gardé sévèrement et pour s'y morigéner dans la solitude. Le commandant du fort, M. de Saint-Mauris, homme déjà vieux, vaniteux et capable de passions chétives, ne se démasqua que par degrés, et accorda d'abord à son prisonnier bien des facilités voisines de l'indulgence. Mirabeau n'en profita dans les premiers temps, et aux heures qu'il n'employait pas à l'étude, que pour chercher quelques distractions auprès d'une personne assez vulgaire, appartenant à la classe moyenne, et qui ne nous est connue que sous le nom de *Belinde*. Cette Belinde, qui était de Pontarlier, venait souvent au Franc-Bourg, village situé au pied du château de Joux et où demeurait son beau-père. C'est par suite de ce voisinage qu'elle avait connu Mirabeau, qui n'attachait à ce commerce que peu d'importance. Il n'en fut pas ainsi d'une autre liaison qui était d'un ordre tout différent. Un jour que Mme de Monnier était venue dîner au château de Joux, chez M. de Saint-Mauris, Mirabeau vit pour la première fois cette jeune dame qui n'avait pas de peine à être la première de Pontarlier par la beauté et les manières comme par la condition. Qu'était-ce alors que Mme de Monnier?

Mlle Marie-Thérèse Richard de Ruffey, si connue sous le nom de *Sophie*, fille d'un président à la Chambre des comptes de Bourgogne, née le 9 janvier 1754 (1), avait été sacrifiée à dix-sept ans au marquis de Monnier, premier président de la Chambre des comptes de Dôle, déjà veuf, et père d'une fille mariée malgré lui; c'était pour s'en venger qu'il se remariait lui-même. Mlle de Ruffey avait dû épouser Buffon, dont la gloire du moins couronnait la mâle et verte vieillesse. En épousant le marquis de Monnier, elle ne trouvait qu'un vieillard triste et renfermé, qui paraissait plus près de soixante-dix ans que de soixante, et quand elle rencontra Mirabeau, âgé de vingt-six ans, elle en avait vingt-et-un. Au dîner où il la vit d'abord, Mirabeau, déjà tenté, après avoir causé avec Mme de Monnier, la pria de demander au commandant la permission pour lui de venir le lendemain à Pontarlier : « Je n'imaginais pas, écrivait-il plus tard à Sophie elle-même, qu'il fût possible de vous refuser, et je le craignais d'autant moins dans cette occasion que, peu de jours auparavant, Belinde avait

---

(1) C'est la vraie date, et non 1753.

obtenu cette grâce légère... M. de Saint-Mauris ne se rendit point aux instances que vous voulûtes bien lui faire, et cette espèce de brusquerie ne vous étonna pas; pour moi, j'en fus offensé et surpris. »

A quelques jours de là, Mirabeau ayant rencontré par hasard Mme de Monnier à la promenade, elle lui demanda s'il n'irait point à un bal, à une fête champêtre qui avait lieu à Monpetot, à une lieue de Pontarlier. Il y alla ; « toutes les danseuses furent enchantées de lui, » et il ne perdit pas l'occasion, à travers toutes ces gaietés, de s'entretenir plus particulièrement et plus sérieusement avec Mme de Monnier. Ils s'ouvrirent avec liberté sur M. de Saint-Mauris : « Vous me le dépeignîtes, disait dans la suite Mirabeau à Sophie en lui rappelant cette journée, tel que je le pressentais alors et que je l'ai connu depuis. Vous me *montrâtes* une sorte d'esprit et une manière de sentir et d'observer que je ne m'attendais point à trouver au pied du Mont-Jura. » — « J'avoue, lui répond Mme de Monnier, que vous *m'inspirâtes* cette prévention qui donne de la confiance. Vous me *parlâtes* de M. de Saint-Mauris avec une franchise qui excita la mienne. Je connaissais le personnage, et je savais mieux que vous combien il pouvait vous nuire. En un mot, nous fûmes très-raisonnables à la fin d'une journée où nous avions joué à *Colin-Maillard.* »

Pour tranquilliser le lecteur sur la source d'où je tire ces paroles de Sophie, je dirai que c'est du cahier manuscrit des *Dialogues*, dans lesquels Mirabeau, enfermé deux ans après à Vincennes, se plaisait à revenir sur les origines de leur liaison et à se repaître des moindres souvenirs de ces premiers temps heureux. Il lui demandait à elle-même de lui envoyer là-dessus des notes, des mémoires, dont il ferait ses délices : « Écris-les avec détail, tendresse et naïveté, disait-il; fais pour mon usage une petite récapitulation des dates, des principaux événements de nos amours (à la fois si heureux et si infortunés), depuis que je te connais. » Il rédigea et ordonna ensuite tout cela en quelques Dialogues qu'on a jusqu'au sixième, lequel est resté interrompu. Ces Dialogues, qui se passent tantôt entre lui et Sophie, tantôt entre Sophie et une amie (Mme de Saint-Belin), sont écrits avec pureté et fermeté, dans ce que j'appellerai le bon style de Rousseau, le style des lettres et des conversations de *la Nouvelle Héloïse*. Cette forme nous deviendra plus sensible à mesure que j'en citerai davantage. On a déjà pu remarquer l'usage fréquent de ces temps de verbe trop prononcés (prétérits définis, à la seconde personne du pluriel), que n'évitait pas non plus Rousseau. Je continue.

Après le bal de Monpetot, qui faisait la troisième rencontre de Mirabeau avec Mme de Monnier, il y eut un temps d'arrêt dans leur commencement de liaison. M. de Saint-Mauris, qui avait eu ses prétentions sur cette jeune dame, prit de l'ombrage et fit en sorte que son prisonnier n'allât que le moins possible à Pontarlier. Cependant les fêtes du sacre arrivèrent, le sacre de Louis XVI. « M. de Saint-Mauris, dit Mirabeau, me voulut pour témoin de *sa gloire*, et je dus à sa vanité la permission de venir à Pontarlier. » Mirabeau fit plus, il fut l'historiographe de la fête (25 juin 1775). On a une brochure, alors imprimée, de lui, où il raconte par le menu et où il décrit les pompes et solennités touchantes dont la ville de Pontarlier fut le théâtre en cette occasion, et le repas donné aux notables du lieu par M. de Saint-Mauris, et les courses de bague, vieil usage légué par les Espagnols, et les soixante bourgeois qui s'étaient formés en un corps de dragons volontaires, et les devises et les illuminations, enfin tout un bulletin naïf et sentimental. On sourit quand on pense que ce récit est de l'homme même dont les funérailles, quinze ans plus tard, égaleront en pompe et en majesté celles des plus grands rois.

M. de Saint-Mauris, pourtant, n'avait cessé d'avoir l'œil sur l'étrange historiographe qu'il s'était donné, et la manière dont il l'avait vu accueilli chez Mme de Monnier pendant la fête ne l'avait pas du tout rassuré. Il fit tout pour que de pareilles visites ne se renouvelassent point : « Chaque jour l'atrabilaire Saint-Mauris et son officieux chevalier (un monsieur de Lalleu) me parlaient du danger que je courais dans les *sociétés* où je me répandais. Cet acharnement était tout à fait bizarre et déraisonnable. Quelque intérêt que j'eusse à les ménager, je leur fis sentir plus d'une fois que je commençais à être bien vieux pour avoir tant de Mentors, et qu'un homme de mon âge, qui a toujours vécu dans les grandes villes, pouvait supporter, sans en être étourdi, le tumulte de Pontarlier. » Pour tempérer leur zèle, Mirabeau fit de plus en plus l'empressé auprès de l'insignifiante Belinde, jusqu'à s'en rendre, dit-il, ridicule. Cette affectation ne les rassurait point. Ils supposèrent encore de la part de Mme de Monnier des plaisanteries à ce sujet. Mirabeau, entouré de ces tracasseries chétives, courba la tête et subit la nécessité ; il ne bougea plus du Franc-Bourg où s'était établie Belinde, et il ne parut plus à Pontarlier, chez Mme de Monnier. Celle-ci était partie pour ses terres. Mirabeau fit lui-même des courses en Suisse. Pourtant Mme de Monnier, de retour de la campagne, désira avoir un Catalogue du libraire Fauche de Neufchâtel, et Mirabeau saisit ce prétexte pour le lui porter lui-même. Ils se revirent, ils s'expliquèrent, et le temps perdu fut réparé.

Cette explication est le sujet du premier des Dialogues

dont j'ai parlé : c'est une conversation entre *la marquise de M.* (Monnier) et *le comte de M.* (Mirabeau). La conversation est menée régulièrement, en style net, ferme, très-correct, assez semblable à celui d'un bon livre, en un style qui rappelle beaucoup plus Jean-Jacques que Platon. Quant au fond, on vient d'en voir quelque chose. Mirabeau croit devoir se justifier de cette apparente sauvagerie d'être resté près de six mois sans paraître chez la marquise. La marquise trouve moyen d'attaquer Mirabeau sur le chapitre de la Belinde, et celui-ci se défend, en homme de bonne compagnie, de l'avoir jamais aimée : « Veuillez m'en croire, Madame la marquise, si vous en exceptez un petit nombre de moments qui sont bien courts quand aucun intérêt ne les précède et ne les suit, j'y ai trouvé beaucoup d'ennui ; mais je n'y restais pas autant que vous l'avez pu penser. Le frère de Belinde a des livres, et je conversais avec eux tandis que vous me croyiez égaré avec sa sœur. » Et il continue de dire des choses assez vives (1), mais qui se peuvent dire pourtant, et qui étaient loin de déplaire dans la circonstance. Enfin la marquise, après cette explication, se dit *convaincue*, mais non pas *persuadée* encore ; elle n'est pas fâchée d'avoir à entendre une autre fois de nouvelles raisons : « Mais six heures sonnent, et la foule des beaux-esprits et des élégantes de Pontarlier va vous

---

(1) « En un mot, le désœuvrement, l'agitation d'une santé superflue, si vous me permettez de parler ainsi, m'ont conduit près de Belinde, que le hasard offrit la première à ma vue, que le voisinage recommandait à ma paresse et qui a le mérite de n'avoir que vingt ans. La tyrannie de M. de Saint-Mauris, la crainte et la haine des tracasseries m'ont fixé. Belinde s'est affichée follement : je l'ai laissée faire, parce que je ne pouvais pas l'en empêcher, parce que d'ailleurs je n'ignorais pas qu'elle avait peu de chose à perdre en fait de réputation. Tout cela est bien loin de *l'amour*, mot que je n'entends jamais prostituer sans regret... »

assaillir, lui dit Mirabeau. Les détails de ce qui me reste à vous dire pourraient m'entraîner loin. Nous remettrons donc, s'il vous plaît, Madame, à un autre jour cet entretien. » A dater de cette première conversation, les petites intrigues qui s'étaient ourdies pour empêcher Mirabeau de voir ce qu'il y avait de mieux en femmes à Pontarlier, furent complétement déjouées, et, une fois accueilli, il n'était pas homme à s'embarrasser du reste.

Le second entretien ou Dialogue, sous prétexte de reprendre la suite des explications de Mirabeau, va nous présenter celles de Mme de Monnier elle-même, et son récit. Dès le début, elle paraît s'inquiéter de l'idée qu'on a pu donner d'elle à Mirabeau, et elle se peint naturellement à son tour dans cette existence monotone à laquelle elle est condamnée :

« Je sais tous les ridicules que l'on m'a donnés dans cette ville, mais il y a des gens qui ne mettent point en colère. Je n'ai pas une amie à Pontarlier : j'y ai vingt espions et cent critiques. Je les entends de sang froid; je ne les vois que pour n'être pas toujours seule. Je reste des journées entières chez moi : je lis, j'écris pour les affaires de M. de Monnier. Je m'occupe sérieusement à des chiffons; je fais un reversi le soir; j'écoute des médisances, je les oublie bien vite; je dors et je recommence. En un mot, je tue le temps. Avec cela on n'est pas bien heureuse, mais on est assez tranquille. Les plaisirs vifs donnent des secousses; et plus on les ressent, moins les intervalles où ils nous échappent sont supportables. On dit que l'ennui naquit un jour de l'uniformité : l'uniformité me sauve au contraire de l'ennui... Mais c'est trop parler de moi. Je me souviens que vous m'avez promis de nouvelles preuves de votre indifférence pour Belinde, et j'ai quelque envie de vous sommer de votre parole. »

Mirabeau profite de cette insistance de la marquise au sujet de Belinde pour lui fournir la preuve la plus satisfaisante qu'il n'est point amoureux de celle-ci : « C'est, dit-il, que je le suis d'une autre. » Là-dessus questions, raillerie, curiosité coquette et imprudente, déclaration moins qu'à demi voilée, impatience et curiosité nouvelle, puis l'entière déclaration au bout, telle qu'on la prévoit :

« Il faut vous contenter, dit enfin Mirabeau qu'on a amené où il a voulu. Vous désirez que je m'explique plus clairement, c'est me le permettre. J'ai cru qu'il était facile de me deviner et de lire dans mes regards que celui qui vous voit et vous entend n'est point amoureux d'une autre. Vous ne l'avez pas compris, Madame la marquise. Eh bien! écoutez-moi. Ce que je connais de votre esprit, ce que j'ai pénétré de votre âme, a fait naître en moi des sentiments que vos yeux, tout beaux qu'ils sont, n'auraient jamais produits. »

La marquise alors devient sérieuse, dès qu'elle s'est assurée qu'on ne persifle pas. Puisqu'on est franc, elle va répondre avec franchise à son tour, et elle raconte sa vie, comment elle fut sacrifiée à dix-sept ans à des arrangements de famille, quels furent les premiers piéges qu'on lui tendit dans une société médisante et rétrécie, quelles fausses amies essayèrent de s'insinuer près d'elle, quels adorateurs elle eut d'abord à évincer. Saint-Mauris fut le premier :

« Il était le seul, dit la marquise, qui pouvait pénétrer dans ma maison. Il entreprit d'égayer ma solitude : il m'assura qu'il était amoureux de moi, et qu'il me convenait d'autant mieux qu'étant ami de M. de Monnier, ma réputation et mon repos domestique n'avaient rien à craindre de ses empressements. Je vous répète ses propres expressions. Sa déclaration me parut très-ridicule, et les motifs dont il l'appuyait fort odieux. M. de Monnier, aussi jeune que M. de Saint-Mauris, quoi qu'en dise celui-ci, est certainement plus aimable. Dans toute la personne de M. de Saint-Mauris, je ne voyais rien que de très-repoussant; jamais il n'est si laid que lorsqu'il s'attendrit. Ses airs de commandant m'ennuyaient autant que son ton de caporal bel-esprit. En un mot, son amour me donna une si grande envie de me moquer de lui que je ne l'épargnai pas. Je l'assurai de plus qu'il était indigne d'un honnête homme de regarder la confiance de son ami comme une facilité pour le tromper, et que cette façon de penser suffirait pour m'éloigner de celui qui était capable de l'avouer, fût-il à mes yeux le plus beau et le plus aimable des mortels. »

Après avoir fait ainsi les honneurs de son premier prétendant, la marquise poursuit sa confidence. C'est pour une femme la moins embarrassante manière de répondre à quelqu'un qui vient de lui dire : *Je vous aime.* On ajourne la réponse, et, en attendant, on se met à ouvrir son cœur. Après Saint-Mauris, il y a un M. de Sandone, qui aurait bien pu devenir pour elle dangereux : il jouait avec elle *Zaïre* et faisait Orosmane : « C'était un jeune homme de mon âge, beau, bien fait, et d'une modestie plus touchante que toutes les grâces d'un petit-maître. On sait gré de la timidité ; elle donne à deviner et n'inspire point de méfiance. M. de Sandone crut devoir se rendre propre le sentiment qu'il avait à feindre, et devint amoureux de moi pour mieux exprimer son rôle. Il intéressait, car il était malheureux... » M. de Sandone ne déplaisait pas. Une correspondance même s'engagea indirectement ; il risqua une lettre : « Je la refusai d'abord ; je la reçus ensuite ; j'eus la faiblesse de répondre ; cela fut répété quelquefois : je n'écrivais que des choses très-indifférentes, mais écrire ne l'était pas. » Heureusement ce M. de Sandone se retira à temps ; son service l'appela loin de Pontarlier avant que sa timidité eût tiré parti de la faiblesse de la marquise : « Je m'en suis consolée aisément, parce qu'il n'avait que bien légèrement effleuré mon cœur. La meilleure preuve en est que je fus peu piquée de son silence ; je recouvrai donc ma liberté avant de l'avoir absolument aliénée. »

Il n'en est pas ainsi d'un troisième personnage que la marquise ne peut se dispenser de nommer, car le public le nommait déjà, et d'ailleurs elle est franche et sincère : du moment qu'on se confesse, il faut tout dire, et les demi-confidences lui paraissent ridicules autant que malhonnêtes. M. de Montperreux, jeune militaire, plus avantageux et plus hardi que M. de Sandone, a dirigé ses attentions du côté de la marquise, et il a mieux réussi à s'attirer d'elle un retour. Qu'avait-il donc pour séduire ou pour agréer? la marquise serait assez embarrassée de se le dire : « Ce jeune homme, qui n'a rien de très-séduisant dans l'extérieur, n'est remarquable ni par son esprit ni par sa stupidité... Son étourderie est fatigante, son ton tranchant et présomptueux, ses manières évaporées. Souvent il se contenait devant moi; mais quelquefois il s'échappait. Je lui disais sèchement ma façon de penser, qui rarement se rencontrait avec la sienne. En un mot, jamais on n'est parti de plus loin pour aimer un homme. » Mme de Monnier finit pourtant par trouver la vraie raison de la faiblesse avec laquelle elle en vint à écouter M. de Montperreux : « Il est difficile peut-être à une femme aussi jeune, aussi ennuyée, aussi obsédée que je l'étais, de s'entendre dire longtemps qu'elle est aimée sans en être émue. Chaque jour je le paraissais davantage, et M. de Montperreux se crut payé de retour longtemps avant que je le lui eusse appris. » Tout ce récit que Mirabeau met dans la bouche de Sophie, et qui fait le milieu du second Dialogue, est plein de noblesse, de raison, de dignité dans l'aveu d'une faute, d'une demi-faute. Sophie parle comme parlerait en pareil cas une des femmes de Rousseau, ou la Claire ou la Julie, ou la Sophie de l'*Émile,* ou cette Mme de La Tour-Franqueville que nous connaissons. Je ne sais si Mme de Monnier causait aussi bien en réalité, avec cette suite et cette tenue; les lettres qu'on a d'elle ne sont pas tout à fait à ce ton.

Le résumé de la confidence au sujet de ce Montperreux, c'est qu'elle s'est aveuglée sur lui, sur sa fatuité, sur ses défauts, c'est qu'il a abusé de l'ascendant qu'il se sentait sur elle. Cet homme, « qui n'a d'autre passion que la fatuité, » s'est conduit en malhonnête homme. Il s'est plu à afficher en tout lieu Mme de Monnier. A l'heure où elle parle, il est à son régiment, et il continue de montrer un portrait qu'il a d'elle et des lettres :

« Jugez de mon indignation et de ma douleur. J'ai écrit à M. de Montperreux qu'il m'avait trompée pour la dernière fois, et je lui ai redemandé les monuments de mon fol attachement : il n'a pas même daigné me répondre. Dans toutes mes lettres qu'il affiche peut-être, l'adresse seule peut me faire rougir. On y verra ses vérités les plus humiliantes et mon imbécile bonté, qui tempérait toujours des reproches amers par l'assurance du pardon sous la condition d'une conduite plus honnête. Mais ce portrait, que je n'ai pas craint de confier à des mains si perfides, peut me perdre et me perdra. Je connais M. de Monnier : dissimulé par nature, il affecte de la sécurité par amour-propre. Si la moindre circonstance de cette liaison, ou même un soupçon bien motivé parvient jusqu'à lui, il éclatera par un coup de tonnerre. »

Et déjà la marquise a pris son parti, déjà elle est résignée à tout. La Coutume du pays lui permet de disposer de son bien, toute jeune qu'elle est ; elle a donc fait son testament en faveur d'une amie (Mme de Saint-Belin), et, au premier éclat qu'elle attend, elle est résolue de s'ensevelir dans un cloître. Ici Mirabeau se lève et l'interrompt :

« Madame, je ne puis plus respirer... vos alarmes sont trop vives... M. de Monnier ne saura rien : votre portrait, vos lettres vous seront rendus ; elles ne resteront point dans des mains infâmes qui les souillent.

LA MARQUISE.

« Et qui les en retirera, Monsieur?

LE COMTE.

« Moi, Madame.

LA MARQUISE.

« Vous! juste ciel! et de quel droit?
LE COMTE.

« Du droit que tout honnête homme a d'empêcher le crime et de défendre l'innocence. Je vais en Suisse, Madame : il faut que j'y finisse une affaire qui me lie les mains. Avant huit jours, je suis ici, et je vole à Metz. »

A Metz, où Montperreux est en garnison. — Un combat de générosité s'engage. La marquise se récrie à une telle idée :

« Monsieur le comte, votre générosité vous aveugle. Pour empêcher un mal, vous en faites un plus grand. Vous êtes prisonnier d'État, vous vous perdriez si vous alliez chercher une affaire loin des lieux où vous êtes relégué; vous me perdriez moi-même ; on croirait que vous avez reçu le prix de ce service dangereux, et que j'ai été assez vile pour l'exiger. »

Mirabeau réfute la marquise, il la rassure, lui montre qu'il n'y a aucun éclat à craindre, que le Montperreux rendra tout sans tant de façons.

LA MARQUISE.

« M. de Montperreux est un bretailleur qui passe sa vie dans les salles et sait se battre, tout coquin qu'il est.
LE COMTE.

« Je n'en crois rien, Madame; j'ai peu vu d'hommes si insolents avec les femmes n'être pas très-humbles avec nous. Quoi qu'il en soit, je ne vais point à Metz pour me battre, je ne me battrai point: je ne me mesure qu'avec mes égaux : un coquin n'est pas mon égal. S'il m'attaque, je sais me défendre, et son crime retombera sur sa tête; mais il ne m'attaquera point, et j'aurai vos lettres. »

Elle a beau réclamer, elle n'est plus libre. Son plan, à lui, est déjà tout formé dans sa tête; il l'exécutera. C'est le gentilhomme, c'est le chevalier redresseur de torts, qui reparaît et se dessine ici de toute sa hauteur. Il est respectueux, il est familier, il est fraternel; c'est par moments l'ami et presque le camarade, qui veut obliger le camarade et l'ami :

« Ce n'est point mon amour que je veux vous faire valoir : regardez-moi comme votre frère ; ne me croyez pas capable de vous rendre un service intéressé... Ne soyez point femme en cet instant. Supposez que vous êtes mon *ami* ; que vous ne pouvez vous absenter d'ici ; qu'il vous importe que j'aille à Metz à votre place. Balancerai-je ? Puis-je balancer ? Non, sans doute. Eh bien ! quelle différence met votre sexe à ce devoir ? Parce que vous ne portez point une épaulette comme moi, je ne vous obligerai pas ?... »

Puis tout aussitôt le galant homme, l'homme amoureux se retrouve :

« Permettez que je baise cette belle main : je fais serment d'y remettre le portrait et les lettres qu'elle a trop légèrement confiés. Ne me faites donc plus de défense ; car vous ne voudriez pas me rendre parjure, et, quand vous le voudriez, vous ne le pourriez pas. »

Il est pressant, irrésistible, il ne veut entendre à aucune objection, à aucun ajournement :

« Quoi ! vous voulez que je remette à quatre mois ce que je puis aujourd'hui, tandis que quatre jours peuvent vous perdre ! N'en parlons plus, Madame, je vous le demande à genoux. Je pars après-demain pour Berne ; je serai ici à la fin de la semaine. Vous voudrez bien me donner un billet qui enjoindra simplement à M. de Montperreux de remettre au porteur votre portrait et vos lettres. Je vous dirai ensuite les mesures que je compte prendre : vous les approuverez. Je serai en vingt heures à Metz ; j'y resterai à peine un jour, et, vingt heures après, vous serez tranquille, et moi heureux, très-heureux d'avoir pu vous être utile. Je ne veux point désirer en ce moment aucune autre félicité ; je suis votre ami ; je veux l'être : j'en remplirai les devoirs avant de prononcer un nom plus doux. »

Le Dialogue se termine ici : la marquise demande encore à en reparler ; elle essaie de ne pas consentir au projet aventureux qui la charme ; elle lance d'une voix touchée une dernière et faible défense : « Songez que je ne vous permets rien, que je veux vous parler, que, si vous faites la moindre démarche sans mon aveu, je ne vous reverrai de ma vie. » Mais que de chemin en un jour ! Mirabeau ne lui a pas demandé de répondre à sa déclaration d'amour du commencement : au milieu de tout ce détour et de cet apparent oubli, n'y a-t-elle pas déjà répondu ?

Il est un point pourtant sur lequel je voudrais ne pas laisser d'incertitude. Si loin que Mme de Monnier eût poussé la faiblesse avec M. de Montperreux, il n'y avait point eu de sa part faute entière et irréparable. Mirabeau la trouvait très-engagée, très-compromise, et rien de plus.

Le troisième Dialogue revient sur le hardi projet de réparation, sur les moyens : la marquise sent bien que, si elle charge Mirabeau de cet office d'aller redemander ses lettres, elle lui donne des gages, le gage le plus délicat qu'une femme puisse donner, et lui il sent aussi, malgré toutes les belles protestations d'amitié pure, que, s'il obtient un billet de la marquise qui dise : *Remettez mes lettres et mon portrait au porteur*, il a tout obtenu. La marquise ne se défend plus que pour s'assurer de la résolution de celui qui la combat en la servant ; elle ne fait des objections que dans le désir d'être réfutée. Elle ne se dissimule pas que tout cela mène à l'amour, et elle en craint les suites. Mirabeau lui dit : « Vous ai-je demandé de la reconnaissance, Madame ? » Elle lui répond bien sensément :

« Vraiment non, mais moins vous m'en demanderez et plus je vous en devrai. Cela est trop évident pour que je me le déguise. En vain me répéteriez-vous que vous ne voulez être que mon ami, vous m'avez déjà parlé comme un amant. Je ne vous en deviendrai que plus chère quand vous vous serez exposé pour moi. A votre âge on n'est pas l'ami d'une jeune femme, et je ne veux point être votre maîtresse. Quand l'expérience du passé et la crainte de l'avenir ne m'éloigneraient pas de tout attachement, j'aurais mille objections contre vous. Vous n'êtes que pour un moment à Pontarlier, et je ne sais point aimer pour un moment. Une absence peut-être éternelle m'affligerait cruellement et me rendrait fort malheureuse. Je n'ai point assez de vanité pour douter que les femmes des grandes villes ne m'eussent dans peu d'instants chassée de votre cœur. Vous avez vingt-six ans, bientôt l'amour ne sera plus l'occupation essentielle de votre vie. L'ambition vous appelle et vous séduira... »

Objections éternelles, et que la raison d'une femme (pour peu qu'elle en ait) fait aisément à son cœur, mais que celui-ci toujours réfute ou étouffe non moins aisément ! Mirabeau répond à cette crainte, et il le fait avec une sincérité incontestable dont il a donné assez de preuves dans ce qui a suivi. Selon lui, son séjour dans ce pays du Jura ne doit pas être aussi court qu'on le suppose ; le dessein de son père n'est pas d'abréger cet exil ; et lui-même il en est venu à renoncer à toute carrière d'ambition :

« Depuis que j'ai été à même et en état d'observer, les temps ont été si difficiles, les circonstances si fâcheuses, l'esprit du Gouvernement si bizarre, son despotisme à la fois si odieux et si insensé, que je me suis accoutumé à regarder la vie privée comme la place d'honneur (1). »

Il le disait et il le pensait alors. Cinq années de passion, d'erreur, d'entraînement et de délire, mais aussi de dévouement, de souffrance et de persécution vaillamment endurée, en seront la preuve. La singulière *place d'honneur*, pourtant, qu'il s'était choisie, en entendant de la sorte la vie privée, et en ne l'embrassant ainsi que pour la consumer tout entière et la ravager !

Enfin, de raison en raison, la marquise, forcée dans tous ses retranchements, cède et ne sait plus qu'opposer. Il lui présente la plume pour qu'elle écrive les

(1) Le mot est pris d'Addison.

deux lignes à Montperreux : elle la prend de guerre lasse :

« Ah ! que vous êtes pressant !
LE COMTE.
« Pressant, pressé, importun... tout ce que vous voudrez... Madame la marquise voudrait-elle écrire ?... (*Pendant qu'elle écrit.*) Ah ! si vous saviez comme la complaisance vous embellit, vous ne me résisteriez jamais.
LA MARQUISE.
« Peut-être me préparé-je de longs et cruels repentirs.
LE COMTE.
« Madame, je n'ai plus rien à répondre, c'est à l'événement à me justifier. »

Et il emporte le billet qui le constitue le fondé de pouvoir et le chevalier de l'offensée.

Que se passa-t-il alors ? Mirabeau fit le voyage de Suisse. Fit-il également le voyage de Metz ? Alla-t-il chercher Montperreux, ou employa-t-il quelque autre moyen ? Dans une lettre de Sophie, de décembre 1775, c'est-à-dire du mois suivant, et qu'elle adressait à un ami, magistrat à Pontarlier, on lit simplement ces mots : « M. de Montperreux a rendu le portrait et trois lettres, mais on sait qu'il en a davantage. »

L'essentiel était le portrait, et Mirabeau avait droit à la reconnaissance. Le quatrième Dialogue nous montre qu'il n'était pas homme à demeurer en chemin. Ici notre analyse s'arrête. Ce Dialogue se passe tout entier à combattre les scrupules de Sophie, à réfuter philosophiquement ses idées sur le devoir, sur la pudeur. Sophie, comme la plupart des femmes qui, encore innocentes et pures, ont donné leur cœur, voudrait en rester là ; elle voudrait concilier les garanties et les charmes de deux situations incompatibles. Elle dirait volontiers avec un poëte :

Si l'austère Pudeur voile un moment sa joue,
Que sa ceinture d'or jamais ne se dénoue!

Illusion et faux espoir! J'ai sous les yeux une espèce de lettre d'elle à Mirabeau, écrite à ce moment, et de sa meilleure écriture, d'une écriture d'enfant, sans orthographe, mais avec un caractère visible d'ingénuité. La voici :

« Ah! mon ami, que ne puis-je faire passer dans votre âme le sentiment de bonheur et de paix qui règne au fond de la mienne! que ne puis-je vous apprendre à jouir tranquillement du plus délicieux état de la vie! Les charmes de l'union des cœurs s'y joignent pour nous à ceux de l'innocence. Nulle crainte, nulle honte ne troublera notre félicité : au sein des vrais plaisirs de l'amitié, nous pouvons parler de la vertu sans rougir. »

On me fait remarquer que ceci n'est autre chose qu'un passage textuellement copié de *la Nouvelle Héloïse*, d'une lettre de Julie à Saint-Preux (première partie, lettre IX), à l'exception du mot *amour* que Sophie a remplacé par *amitié*. On en doit seulement conclure qu'elle empruntait à Julie l'expression de ses propres sentiments, et qu'elle proposait ce vœu à Mirabeau comme modèle.

C'est précisément pour réfuter cette disposition platonique, qui lui était, il faut en convenir, la moins supportable de toutes, que l'ardent et fougueux jeune homme entreprend de réfuter Sophie. Il le fait de cette façon directe, didactique, indélicate, qui est proprement le caractère et l'affiche de la passion au xviiie siècle. Le plaisant est que cette conversation, telle qu'elle est consignée dans le quatrième Dialogue, eut lieu, en effet, entre eux, à très-peu près la même, mais qu'ils l'eurent dans une soirée *devant trente personnes*, et tout en causant (à voix basse, il est vrai) dans un coin du salon. Mirabeau aimait beaucoup ce quatrième Dialogue, et le trouvait *très-joli*; il est, du moins, tout à fait dans le goût du siècle, dans celui de Diderot cette fois bien plus que de Rousseau; et, tel quel, il fut d'un effet victorieux auprès de Sophie. C'est à ce propos que Mirabeau écrivait encore, et il n'y a pas lieu de le démentir : « O mon amie, d'un bout à l'autre, ils sont bien uniques, nos amours! »

A partir de ce jour, de ce 13 décembre 1775 dont Sophie et lui nous ont conservé la date, Mirabeau entra pour l'amour d'elle dans une carrière d'aventures et d'entreprises romanesques plus osées les unes que les autres. Nous ne l'y suivrons que bien rapidement. L'intelligence établie entre la marquise et lui n'avait pas échappé au commandant Saint-Mauris, qui avait hâte de ressaisir et de confiner celui qu'il avait trop laissé s'émanciper. Il fallait un prétexte ; on le trouva dans un billet à ordre souscrit par Mirabeau lors d'une de ses courses en Suisse. Ce billet n'était que pour une somme modique, et la date du paiement n'était pas même arrivée. Ainsi on ne pouvait dire que Mirabeau avait fait de nouvelles dettes. Le voyage en Suisse avait d'ailleurs été autorisé par le commandant. Qu'importe ! ordre fut donné par lui au prisonnier de rentrer dans son fort. Ici Mirabeau lutta de ruse. A un dîner du jour des Rois (janvier 1776) chez M. de Monnier, la fève lui était échue, et il avait naturellement choisi Mme de Monnier pour reine. Celle-ci allait donner un bal en son honneur ; c'était le marquis de Monnier qui l'avait voulu, car, lui aussi, Mirabeau l'avait complétement séduit, comme il faisait aisément de tous ceux qu'il approchait. Mirabeau demanda à Saint-Mauris d'éviter un éclat, et de vouloir bien différer l'exécution de ses rigueurs jusqu'au lendemain du bal. Saint-Mauris y consentit, et, durant cette soirée à laquelle il assistait, il ne cessa de regarder Mirabeau et la marquise avec une joie maligne. Mais, un peu avant la fin, Mirabeau s'éclipse, et le lendemain on ne le retrouve plus. A-t-il passé en Suisse comme on le dit, et comme cela lui était si facile à cette frontière? Non; il est et il reste caché pendant plusieurs jours dans un cabinet noir de l'appartement même de la marquise. La témérité du fait était précisément ce qui devait éloigner tout soupçon.

Une seule femme de chambre sûre est dans la confidence. Pourtant des bruits vagues commencent à se répandre parmi les gens de la maison, et il devient urgent de lui chercher un autre asile. On lui en trouve un chez une demoiselle Barbaud, qui était toute dévouée à la marquise; la prudence ne l'y retient pas longtemps. Un jour, un soir d'hiver, Mirabeau devait pénétrer chez la marquise et y arriver juste pendant le souper des gens. La femme de chambre affidée devait seule l'attendre et l'introduire; elle manque le moment : dans la cour il rencontre et accoste brusquement une autre domestique, qui donne l'alarme et rentre à l'office en criant qu'un voleur est dans la maison. Tous les laquais s'arment de pieux et de fourches. La marquise, au bruit, accourt et veut les arrêter; elle ne peut modérer leur zèle, et, dans son angoisse, elle prend le parti de les suivre. Ils se dirigent du côté du jardin où Mirabeau s'était jeté. Du plus loin qu'ils le virent, le cocher, chef de la bande, dit à la marquise : « Vous voyez bien, Madame, qu'il y avait quelqu'un. » Mais Mirabeau vient à leur rencontre d'un air à les faire repentir de leur obstination; et voilà que commence une de ces scènes de haute comédie et de théâtre où il était passé maître : « Que venez-vous chercher ici? » leur dit-il. — « Monsieur, répondit le cocher, nous n'imaginions pas que ce fût vous. » —

« Et que ce soit moi ou un autre, pourquoi avez-vous l'insolence de désobéir à votre maîtresse? Retirez-vous. Et vous, *Sage* (c'était un laquais de la marquise), menez-moi chez M. de Monnier. » Tous obéirent. Chemin faisant, Mirabeau avertit en deux mots la marquise de se contenir et de se régler sur ce qu'elle entendra. Mais laissons parler Sophie elle-même dans le cinquième Dialogue, où elle est censée s'entretenir avec une amie :

« Le comte, au milieu d'une crise si imprévue, si inquiétante, se remet dans le peu d'instants qu'il fallait pour franchir l'escalier, entre chez M. de Monnier de l'air le plus libre, l'embrasse et lui fait une histoire détaillée et vraisemblable. Il arrivait de Berne, il allait droit à Paris se présenter au ministre; il avait arrangé sa course de manière à entrer le soir à Pontarlier, ne voulant point y passer sans nous voir et nous remercier de nos bontés. Il avait pris l'heure du souper de nos gens pour s'introduire dans la maison, afin de n'avoir aucun domestique dans sa confidence. Le hasard lui avait fait rencontrer *Marie* dans la cour. Elle ne l'avait point reconnu; l'alarme avait été donnée, et il s'était vu poursuivi et découvert par tous nos gens. Il pria le marquis de les sonner pour leur ordonner le silence. Cette précaution était absolument nécessaire, disait-il, pour lui assurer un retour et fermer la bouche à ceux qui auraient pu débiter cette nouvelle assez tôt pour qu'on eût le temps de l'arrêter. Remarquez avec quel art il saisissait le seul moyen de mettre les apparences de mon côté et de légitimer aux yeux de tant de témoins son entrée nocturne dans ma maison. Le marquis sonna avec empressement. Les domestiques, qui n'auraient jamais imaginé que le comte eût osé se présenter à M. de Monnier, furent stupéfaits de nous voir tous trois ensemble. M. de Monnier donna ses ordres d'un ton très-ferme, et ils se retirèrent. Le comte reprit et continua son discours avec la même tranquillité. Il tira de sa poche une lettre de son père, qu'il composa sur-le-champ conformément à ses vues, la commenta, et conversa avec la même netteté que s'il eût fait une visite ordinaire. M. de Monnier lui offrit de l'argent, qu'il refusa; et, prenant le prétexte de la rumeur qu'avait excitée son arrivée, il se retira une demi-heure après, annonçant qu'il partirait à la pointe du jour. Je le conduisis jusqu'à la porte du salon, et il me dit qu'il retournerait chez son ami. Le marquis n'eut pas l'ombre d'un soupçon : il le plaignit, il discuta tous les détails de son récit, et me laissa dans l'admiration, etc., etc., etc. »

Est-ce donc ainsi qu'il est utile de savoir de bonne heure jouer la comédie et se faire un front, quand on est destiné à devenir le premier des orateurs?

Ce même homme, qui trompait ainsi le marquis et le retournait à son gré, aurait pu s'adresser à lui-même pour lui demander asile dans sa maison, et le marquis, dans les commencements, le lui eût, sans nul doute, accordé; mais Mirabeau avait repoussé bien loin de lui une pareille idée. Toutes les adresses, toutes les audaces, il se les permettait : « Ce sont, disait-il, des ruses de bonne guerre; mais trahir l'hospitalité, demander une grâce pour tromper son bienfaiteur, ce seraient d'horribles perfidies, et ce remords aurait empoisonné jusqu'à ses plaisirs. » Je donne ce sophisme de la passion pour ce qu'il vaut. Notons seulement ce reste de générosité jusque dans le faux honneur.

Les soupçons de M. de Monnier ayant fini pourtant par éclater, d'autant plus amers qu'ils avaient été plus en retard et plus en défaut, et la position devenant insoutenable à Pontarlier, Mme de Monnier demanda à se retirer dans sa famille et s'en retourna à Dijon. Elle n'y était pas plutôt arrivée que Mirabeau l'y suivit. Mais il n'y était que depuis peu de jours, quand la mère de Sophie, Mme de Ruffey, l'y découvrit, et elle n'eut pas besoin pour cela de beaucoup de ruse. « Mme de Ruffey était à un bal chez M. de Montherot (grand-prévôt) avec ses deux filles et Mme de Saint-Belin, leur amie. On annonça le marquis de *Lancefoudras*, et, sous ce nom formidable, parut hardiment Mirabeau, dont la vue causa une telle émotion à Sophie, que sa mère en devina tout de suite le sujet. Elle sortit brusquement après la première contredanse que Mirabeau dansa avec Mme de Saint-Belin : elle emmena les trois jeunes personnes, et cette sortie eut précisément pour effet de rendre manifeste à tous les témoins ce que Mme de Ruffey voulait cacher. » Ici le trop d'audace avait dépassé le but, et la scène, qui supposait le parfait sang-froid des deux acteurs, avait manqué.

La famille de Mme de Monnier la renvoya à Pontarlier, et Mirabeau devint prisonnier au château de Dijon. Il y intéressa le commandant, le grand-prévôt, tous ceux qui le virent. Il avait écrit à M. de Malesherbes encore ministre, et qui allait cesser de l'être; Malesherbes lui fit répondre qu'il n'avait qu'un dernier conseil à lui donner, c'était de passer en pays étranger, et de s'y faire une carrière. Chacun se prêtait à cette évasion. Mirabeau sortit donc de France, au mois de juin 1776. Mais la passion continuait de l'en rapprocher.

Mme de Monnier, poussée à bout par les rigueurs de sa famille et surtout par le sentiment passionné qui s'était exalté en elle, brûlait de l'aller retrouver. Ils n'avaient pas cessé de correspondre. Elle finit par le rejoindre en Suisse, aux Verrières, le 24 août 1776, et ils partirent de là pour la Hollande. Pendant neuf mois Mirabeau, caché à Amsterdam avec Sophie, mena une vie de labeur, une vie d'homme de lettres à la solde des libraires, et qu'il a appelée à la fois *disetteuse* et *heureuse*, la plus heureuse, disait-il, qu'il eût jamais connue. C'est là qu'ils furent arrêtés l'un et l'autre, le 14 mai 1777, par ordre de leurs familles qui avaient fait agir les puissances. Mme de Monnier, arrivée à Paris, fut mise dans une espèce de pension rue de Charonne, puis envoyée dans un couvent à Gien. Mirabeau fut enfermé au donjon de Vincennes, où il resta prisonnier quarante-deux mois, pour n'en sortir que le 13 décembre 1780.

Ce donjon de Vincennes fut le dur cabinet d'études où il acheva de se former. On a en masse et surabondamment les témoignages, tant imprimés que manuscrits, de ses travaux pendant cet intervalle, de ses pensées, de ses sentiments, de ses tortures, et aussi de ses égarements, hélas! et de son délire. La publication des *Lettres écrites du Donjon de Vincennes* en a trop appris. J'ai là (ce qui vaut mieux) sur ma table ses grandes feuilles manuscrites, toutes chargées de notes gracieuses ou sévères, d'extraits d'auteurs latins, grecs, anglais, italiens, provisions de toute sorte et *pierres d'attente* qu'il amassait pour des temps meilleurs et pour l'avenir. J'ai à en tirer plus d'une réflexion sur sa méthode, sur la formation de son talent. Des sujets tels que Mirabeau ne sont pas de ceux qui s'étranglent. Je n'ai voulu aujourd'hui que le poser.

Au milieu de tout cela, je m'aperçois que j'ai oublié de dire comment était Sophie, et de donner son portrait. On ne l'a que d'après les descriptions de Mirabeau. Elle était grande et d'une belle taille ; elle avait un beau front. « Si je n'avais trouvé en elle *Vénus*, j'aurais cru voir une *Junon. O dea certe!* comme dit Virgile. Elle avait de la déesse. » Son nez pourtant était celui de *Roxelane*, un peu retroussé par conséquent, mais sans être malin ; ses yeux étaient doux et *traînants* et modestes. Elle avait les cheveux noirs. En tout, la tendresse respirait en elle et la douceur, avec un air d'ingénuité. Elle avait l'esprit naïf quoique fin, solide et gai tout ensemble, des saillies d'enfant, et quand la passion l'eut touchée une fois, cette âme douce devint forte, résolue, courageuse. La voilà dans son beau. Pourtant, quand on suit Sophie dans ses lettres manuscrites, on croit apercevoir qu'elle n'était guère au moral que ce que Mirabeau l'avait faite; il l'avait élevée, il l'avait exaltée : lui s'éloignant, elle baisse, elle se rapetisse, elle tombe dans les misères et les mesquineries de ses alentours. Ajoutez qu'elle garde de lui et qu'elle emporte une tache morale, une crudité sensuelle qu'il lui a inoculée, qui est la plaie de tout le siècle, et qui dépare, qui dégrade par moments cet amour, à le voir même du seul côté romanesque. J'y reviendrai, et les leçons sérieuses ne manqueront pas.

Lundi 14 avril 1851.

MIRABEAU ET SOPHIE.

II.

(*Lettres écrites du Donjon de Vincennes.*)

Je voudrais ne forcer en rien les tons et ne point pour cela les affaiblir, ne pas faire fléchir la morale et ne la faire intervenir que très-simple et très-sincère, ne toucher en passant que les aperçus et pourtant atteindre aux points essentiels : en un mot, je voudrais être vrai, convenable et juste dans un sujet très-fécond, très-mélangé, à travers lequel il serait beaucoup plus commode assurément de donner tout d'un trait et de parti pris.

La situation où nous avons laissé Mirabeau est celle-ci. Prisonnier à Pontarlier, il s'était fait aimer d'une jeune femme, et il s'était pris pour elle d'une passion véritable. On ne peut dire qu'il l'avait séduite; jeunes, ennuyés, sevrés tous deux, et doués du charme, ils s'étaient séduits l'un l'autre. Fugitif ensuite et déjà hors de France, avec son audace et ses talents, avec son épée et sa plume, il avait mille ressources. Cette jeune femme voulut le rejoindre, et il s'y prêta avec transport. C'était se barrer de nouveau la carrière au moment où elle se rouvrait devant lui. Au milieu du bouleversement de tous les devoirs réguliers, il y avait du moins dans cet acte extrême un principe de dévouement. S'il embrassait la passion dans sa fureur et dans son plaisir, il en acceptait aussi toutes les sérieuses conséquences. Durant neuf mois en Hollande, Mirabeau travaillant sans relâche pour la subsistance et pour le pain, enfermé tout le jour, bourré de besogne mercenaire, porta légèrement la vie, et non-seulement sans une plainte, mais avec un sentiment d'ivresse et de délices. De ces neuf mois de Hollande, en y resongeant, il n'aurait voulu retrancher que huit jours perdus à Rotterdam loin de son amie, huit jours donnés à je ne sais quel congrès scientifique, à des savants du pays. Dans le donjon de Vincennes, il écrivait pour lui seul, dans son cahier de notes et d'extraits, divers passages de Plaute, qu'il lisait beaucoup alors, et il en faisait l'application à sa félicité perdue ; tout ce joli passage du *Pseudolus*, par exemple, qui fait partie de la lettre d'une maîtresse à son ami : *Nunc nostri amores, mores...* « Voilà que nos plaisirs, nos désirs, nos entretiens, avec les ris, les jeux, la causerie, le suave baiser... tout est détruit ; plus de voluptés ; on nous sépare, on nous arrache l'un à l'autre, si nous ne trouvons, toi en moi, moi en toi, un appui salutaire. » Mais j'aime mieux cet autre passage, également emprunté de Plaute, où le sentiment domine : « Lorsque j'étais en Hollande, écrit Mirabeau, je pouvais dire : *Sibi sua habeant regna reges*, etc., » et tout ce qui suit. « Rois, gardez vos royaumes, et vous, riches, vos trésors ; gardez vos honneurs, votre puissance, vos combats, vos exploits. Pourvu que vous ne me portiez pas envie, je vous abandonne sans peine tout ce que vous possédez. » Une telle manière de sentir, quand elle se prouve par des actions, est faite pour racheter bien des fautes. Autant il serait périlleux et coupable de l'aller ériger en idéal romanesque et en modèle, autant il est impossible, quand on la rencontre dans la vie, et même au milieu de tout ce qu'on déplore, de n'en pas être touché.

Du moment que Mirabeau est arrêté et enfermé dans le donjon de Vincennes, on peut le suivre jour par jour dans sa longue et rigoureuse captivité. Le Recueil de Lettres qu'il écrivit alors a paru en 1792, moins d'un an après sa mort. Manuel, procureur de la Commune, un des magistrats municipaux de Paris, précédemment administrateur à la police, y avait trouvé ces Lettres dans des cartons où les avait déposées Boucher, premier Commis du Secret. En effet, M. Le Noir, Lieutenant-général de Police, homme bon et humain, touché dès l'abord de la situation de Mirabeau, lui permit de correspondre avec Sophie et avec quelques autres personnes, à la condition que les lettres passeraient par les mains de M. Boucher, qui ne transmettrait que celles qu'il jugerait convenables. Boucher, homme non moins humain et aussi discret que délicat, âme véritablement d'élite et cœur d'or enseveli dans les antres de la Police de ce temps-là, se prêta à cette correspondance avec toute l'indulgence et, on peut dire, la tendresse conciliable avec ses devoirs. Les lettres de Mirabeau allaient par ses mains à leur destination; il exigeait seulement que les originaux lui fussent rapportés. Ce sont ces originaux que Manuel, officier public, trouva dans les cartons et qu'il s'appropria sans scrupule, se vantant, pour plus d'effet, de les avoir découverts *sous les débris de la Bastille,* dont il était l'un des *vainqueurs.* Il publia le tout, pêle-mêle et en masse, avec une Préface exaltée et délirante qui fit scandale même alors, en 1792. On a un bel article d'André Chénier, inséré dans le *Journal de Paris* (12 février), qui venge les mœurs, la langue et le goût, également outragés dans cette ridicule et révoltante Préface de l'éditeur magistrat. On ne saurait assez déplorer cette publication de Manuel; car de cette même masse de papiers, tombant en de dignes mains, au lieu de quatre volumes compromis et souillés, on aurait pu tirer, sans infidélité et moyennant de simples suppressions, deux ou trois volumes touchants, graves, éloquents, « un ouvrage à la fois attrayant et à peu près irréprochable, plein de piquants sujets d'études psychologiques et d'exemples de style, dont aucune impureté ne souillerait la grâce, dont aucun danger ne ferait condamner l'agrément. » C'est le jugement de M. Lucas-Montigny, et, au sortir d'une lecture si pleine d'impressions contraires, dont quelques-unes sont rebutantes et pénibles, je me plais à m'appuyer de ce jugement et à le répéter.

Ce qu'il y a de moins bon dans les *Lettres écrites du Donjon de Vincennes*, ce sont précisément les lettres d'amour. Elles ont, pour la plupart, le faux goût, le faux ton exalté du moment, les fausses couleurs; le Marmontel et le Fragonard s'y mêlent, et, bien qu'exprimant un sentiment véritable, elles sont plus faites aujourd'hui pour exciter le sourire que l'émotion. Mais quand Mirabeau s'adresse à son père, à M. Le Noir, au ministre, ou quand il entretient Sophie de ces sujets qui sortent de l'élégie et du roucoulement, il se dégage, il grandit; l'écrivain se fait jour et se sent à l'aise; l'orateur déjà se lève à demi. C'est ce qu'il est intéressant pour nous de saisir.

Mirabeau écrivain est, en général, jugé assez sévèrement. Cet impertinent Manuel l'a loué d'avoir *secoué tous les despotismes jusqu'à celui des langues.* Rivarol l'a appelé *un Barbare effroyable en fait de style.* Gardonsnous des exagérations et de ces mots tout faits qui dispensent de l'examen. Mirabeau sortait d'une famille où l'on avait un style original, énergique, pittoresque, un style à la Saint-Simon, ou, pour nommer les choses comme elles le méritent, un style à la Mirabeau. Son père et son oncle le Bailli écrivaient sur ce pied-là. Il commença lui-même par écrire dans ce style altier et féodal une Notice sur son aïeul, qu'il rédigea du temps de sa détention au château d'If (1774); il avait vingt-cinq ans. Mais déjà, vers ce même temps, il avait composé son *Essai sur le Despotisme* dans la langue plus générale du jour et avec la part voulue de déclamation et de lieux-communs qui circulaient alors.

C'est que Mirabeau (je l'ai fait remarquer dès l'abord) n'était plus seulement par son organisation un homme de cette race féodale et haute, sauvage et peu affable, dont étaient ses aïeux, ces hommes qui se vantaient d'être tout d'une pièce et *sans jointure*. Son père, qui l'a si bien connu, persécuté, maudit, haï, et finalement salué et admiré, son père disait de lui : « Il est bâti d'une autre argile que moi, oiseau hagard dont le nid fut entre quatre tourelles. » Lui, nullement hagard, nullement sauvage et timide, ayant gardé de ses ancêtres le don du commandement, et y joignant *ce terrible don de la familiarité*, qui lui faisait manier et retourner grands et petits à sa guise, il aspirait par instinct à la vie commune et à une action populaire universelle. Cet orateur inné qui était en lui, et qui s'agita de bonne heure sous l'écrivain, sentait bien que, pour arriver à cette action vaste et souveraine, pour embrasser les masses et les foules d'un tour familier et puissant, il fallait quitter cette langue que j'appellerai patrimoniale et domestique, cette manière de s'exprimer toute particulière qui était ra griffe et parfois le chiffre de sa maison; il lui fallait quitter une bonne fois le style de famille et descendre de sa montagne. Il descendit donc, et, pour arriver à la langue générale et publique, il ne craignit point de traverser la déclamation à la nage et de se

plonger dans le plein courant du siècle, bien sûr qu'il
était d'en ressortir à la fin non moins original et plus
grand. Quand on saisit Mirabeau dans ce développement
intermédiaire, dans la plupart de ses écrits et de ses
pamphlets, on le trouve inégal, inachevé, indigeste, et
on en triomphe aisément. Pour être juste, n'oublions
jamais le point de départ et le but : le point de départ,
c'est-à-dire le style abrupt, accidenté, escarpé, de ses
ancêtres, d'où il lui fallait descendre à tout prix pour
conquérir à lui les masses et déployer ses larges sympathies ; le but, c'est-à-dire l'orateur définitif qui sortit de
là et qui domina puissamment son époque dans la plus
grande tourmente sociale qui fut jamais.

Mirabeau écrivain ne se rendait pas compte sans
doute de toutes ces choses. Il écrivait au jour le jour,
par besoin, par nécessité, s'aidant de tous les moyens à
sa portée : « Il semble que ma fatale destinée soit d'être
toujours obligé de tout faire en vingt-quatre heures. »
Pourtant, à travers les inégalités et les obstacles, sa
puissante nature intérieure suivait sa pente et poussait
sa voie. Le Dieu était en lui, qui veillait, qui remettait,
à son insu, l'ordre et une sorte d'harmonie supérieure,
jusque dans le tumultueux désordre et le chaos orageux
de l'homme.

Abordez dans cette pensée les *Lettres écrites de Vincennes*, et vous les apprécierez à leur vrai point de vue,
au seul point de vue par lequel elles méritent l'attention de l'observateur et du sage. Laissons les folles et
échevelées élégies du début ; je passe, je poursuis, et je
crois sentir presque à chaque page un orateur étouffé
et gémissant : « O mon amie, comme ton Gabriel est
dégradé ! La nature l'avait-elle donc fait pour perdre
des jours inutiles dans un gouffre tel que celui-ci ? Son
esprit mâle et actif n'avait-il pas une autre destination ?

Son cœur bon et tendre ne méritait-il pas un autre sort?... On n'a point d'idée du genre de vie que l'on mène ici, d'où il ne peut sortir que des fous, si l'on y laisse longtemps les malheureux que l'on y renferme, et où l'on meurt enragé. Quels supplices pourraient être aussi cruels que ces *sévérités muettes et terribles!* » Enfermé entre ces murailles épaisses, il a de ces mouvements, de ces exclamations et comme de ces gestes involontaires de l'orateur. Dans une lettre à Sophie, où il lui développe les principes de la tolérance civile (car cette Correspondance n'est qu'un déversoir à toutes les pensées et à toutes les études qui l'occupent aux divers moments), il se mettra tout à coup à s'écrier : « *Voyez la Hollande,* cette école et ce théâtre de tolérance! » Évidemment ce *Voyez* ne s'adresse pas à Sophie, qu'il tutoie d'habitude : c'est l'écrivain, c'est l'orateur, et non plus l'amant, qui s'adresse ici à cet auditoire absent et idéal que son imagination ne perd jamais de vue. Même dans les choses d'amour, dans ses souvenirs élégiaques, écrivant à son amie, il la défend en idée devant ses accusateurs, et il la défend en se levant, en se tournant volontiers vers le public absent, qu'il apostrophe et qu'il invoque : « *Voulez-vous,* demande-t-il, qu'elle ait fait une imprudence? Elle seule l'a expiée. Personne au monde, qu'elle et son amant, n'a été puni de leur *erreur,* si vous *appelez* ainsi leur démarche. Mais comment *nommerez-vous* le courage avec lequel elle a soutenu le plus affreux des revers? la persévérance dans ses opinions et ses sentiments? la hauteur de ses démarches au milieu de la plus cruelle détresse? la décence de sa conduite dans des circonstances si critiques?... Si ce ne sont pas là des vertus, je ne sais ce que *vous appellerez* ainsi; et si *vous convenez* avec moi que ce sont des vertus, etc... » On voit qu'il plaide. L'orateur a beau être en cage, il se relève, il s'agite, et le cachot, tout sourd qu'il est, retentit.

Dans l'admirable Mémoire ou Lettre justificative adressée à son père, le ton est tout oratoire et atteint par moments à la haute éloquence. Après un long et habile exposé de sa conduite et des circonstances qui peuvent atténuer ses torts : « Voilà, mon père, dit-il en concluant, voilà l'ébauche de ce que je pouvais dire : ce n'est pas le langage d'un courtisan, sans doute; mais vous n'avez point mis dans mes veines le sang d'un esclave. J'ose dire : *Je suis né libre*, dans des lieux où tout me crie : *Non, tu ne l'es pas!* Et ce courage est digne de vous. Je vous adresse des vérités respectueuses, mais hautes et fortes, et il est digne de vous de les entendre et d'en convenir. » Tout cela est fait pour être dit debout, le front haut, le geste animé, la physionomie parlante. Dans Mirabeau écrivain, j'aperçois à tout moment l'orateur à demi penché, en avant et au-dessus de sa phrase.

Après avoir tâché de faire vibrer chez son père la fibre noble et fière, il arrive au pathétique, et il trouve de beaux accents. Je laisse quelques phrases communes sur son *sixième lustre*, sur le *livre de la vie* d'où il est *retranché*, de même que plus haut j'ai laissé passer le *bec dévorant du vautour* auquel il est *livré*, le *coup de foudre* qui *a ouvert la nuée*, etc. : ce sont de ces images qui semblent usées chez l'écrivain, mais qui, larges et pleines, et sonores, ont toujours leur effet dans la bouche de l'orateur. Tout à côté, voilà qui est neuf et qui est mieux : « Les souffrances de mon âme se sont étendues jusqu'à mon corps. *Mes premières années, comme des années très-prodigues, avaient déjà en quelque sorte déshérité les suivantes, et dissipé une partie de mes forces.* »
Le souffle poétique, ce qui est rare chez Mirabeau,

semble avoir passé en cet endroit, et en cet autre encore : « Si vous me redonnez la liberté, même restreinte, que je vous demande, la prison m'aura rendu sage; car *le Temps, qui court sur ma tête d'un pied bien moins léger que sur celle des autres hommes, m'a éveillé de mes rêves.* » Ailleurs, parlant non plus à son père, mais de son père, il dira par un genre d'image qui rappelle les précédentes : « Il a commencé par vouloir m'asservir, et, ne pouvant y réussir, il a mieux aimé me briser que de *me laisser croître auprès de lui, de peur que je n'élevasse ma tête tandis que les années baissent la sienne.* » On a refusé l'imagination proprement dite à Mirabeau; il a certainement l'imagination oratoire, celle qui consiste à évoquer les grands noms historiques, les figures et les groupes célèbres, et à les mettre en scène dans la perspective du moment : mais, dans les passages que je viens de citer, il montre qu'il n'était pas dénué de cette autre imagination plus légère, et qui se sent de la poésie.

J'ai parlé des accents pathétiques par lesquels il tâche d'émouvoir son père à la fin de son Mémoire; mais on s'en ferait une trop vague idée si je ne citais textuellement cette page à la fois si éloquente et si réelle, si exacte de peinture et si déchirante :

« Cet état contre nature auquel je suis asservi, écrit ce fils captif à celui qui s'intitulait *l'Ami des hommes*, mine les restes de mon être. Des maux internes me font une guerre cruelle. Tantôt des hémorragies abondantes m'épuisent et indiquent la révolution que fait sur moi la vie renfermée. Tantôt des coliques néphrétiques, auxquelles vous savez que j'ai toujours été sujet, me déchirent : la privation d'exercice les multiplie et les aggrave. Mes yeux, échauffés par l'absence continuelle du sommeil, succombent sous l'application d'un travail sans fin, pour lequel je n'ai presque aucunes ressources, et dont rien ne me distrait; le droit est débilité jusqu'à me refuser service. Ma poitrine, oppressée par le sang, couve un poison lent qui me ronge. En un mot, *mon être moral et physique croule sous le poids de mes fers*. Mais, certes, je ne m'exposerai point à voir arriver à pas lents la stupidité, le désespoir, et peut-être la démence.

« Je ne puis soutenir un tel genre de vie; mon père, je ne le puis. *Souffrez que je voie le soleil, que je respire plus au large, que j'envisage des humains*, que j'aie des ressources littéraires, depuis si longtemps unique soulagement à mes maux, que je sache si mon fils respire et ce qu'il fait... »

Telle est cette admirable et douloureuse page qu'il est impossible de lire sans émotion et sans larmes. C'est l'honneur, disons-le hautement, c'est le rachat moral de Mirabeau d'avoir ainsi souffert, d'avoir été homme en tout, non-seulement par ses fautes, par ses entraînements, et, nommons les choses à regret, par ses vices, mais aussi par le cœur et par les entrailles; d'avoir été pauvre et d'avoir su l'être; d'avoir été père et d'avoir pleuré; d'avoir été laborieux comme le dernier des hommes nouveaux; d'avoir été captif et persécuté, et de n'avoir point engendré le désespoir, de ne s'être point aigri; d'avoir prouvé sa nature ample et généreuse en sortant de dessous ces captivités écrasantes, à la fois dans toute sa force et dans toute sa bonté et même sa gaieté, ni énervé, ni ulcéré, sans ombre de haine, mais résolu à conquérir pour tous, à la clarté des cieux, les droits légitimes et les garanties inviolables de la société libre et moderne. Je dégage à dessein sa grande ligne, sa courbe lumineuse, que les taches et les éclaboussures de détail ne sauraient dérober ni obscurcir à cette distance où désormais la postérité le juge.

Dès cette Correspondance de Vincennes, on pressent tout l'homme futur. Il y est en bloc ou plutôt en fusion, dans un bouillonnement immense. On se prend à répéter avec lui : « Somme toute, *il n'y a que les hommes fortement passionnés capables d'aller au grand; il n'y a qu'eux* capables de *mériter la reconnaissance publique...*» Ne dirait-on pas qu'à travers ses barreaux il aperçoit déjà le Panthéon?

Ce sentiment de sa valeur et de ce qu'il pourrait être, il l'a profondément; mais comme il l'exprime sans jactance et avec une sorte de modestie encore! Il me serait facile de faire de Mirabeau enchaîné à Vincennes un Titan, un géant, Encelade sous l'Etna, que sais-je? j'aime mieux le laisser ce qu'il était, un homme :

« Peut-être, écrivait-il à M. Le Noir, cet équitable et généreux Lieutenant de Police, peut-être, qu'il me soit permis de le dire, pourrait-on tirer de moi un parti plus utile et plus humain. Je ne me crois *ni au-dessus ni au-dessous de rien.* Je ne suis au-dessous de rien, parce que je sens mes forces et mon zèle, parce qu'après tout je suis un homme comme un autre. Je ne suis au-dessus de rien, parce que le patriotisme, l'utilité, et surtout *l'homme*, peuvent tout honorer. Tous les talons rouges ne parleront pas ainsi; mais c'est à cause de cela que je les vaux peut-être bien en tous sens. Encore une fois, je suis enterré : cependant, si j'en crois ma tête et mon cœur, et *ce je ne sais quel pressentiment qui est souvent la voix de l'âme,* ma vie pourrait n'être pas inutile. Songez à moi, Monsieur, dans ce temps qui, si j'en crois ce qu'annonçaient les derniers mois où je vivais avec les vivants, doit être fécond en événements (*la Guerre d'Amérique*); songez à moi, dis-je, ou plutôt (car j'ai assez de preuves que vous daignez vous occuper de ma triste existence) rappelez-la à d'autres.»

Et ce même homme, vers ce même moment, après des mois de captivité, sentant la belle saison qui renaissait et qui le faisait, lui aussi, renaître en même temps que souffrir, jouissant enfin de quelque adoucissement qui consistait à se promener chaque jour depuis huit heures du matin jusqu'à neuf, écrivait à Sophie : « C'est bien court, mais je quitte sans regret le jardin, en pensant que je fais place à quelque malheureux compagnon de mon sort.» Ne sentez-vous pas dans cette parole simple l'homme humain et qui sait compatir, l'homme de Virgile et celui de Térence?

Il y eut dans Mirabeau bien des vices et des grossièretés qui tenaient au tempérament; il y en eut qui tenaient aux circonstances et à la vie besoigneuse qu'une nécessité incessante lui imposa. Il y eut en lui aussi une part de comédien et de personnage de théâtre qui tenait au talent même, et comme il en entre si aisément et à peu près inévitablement, on ose le dire, chez tous les hommes publics à qui il est donné de mener les autres hommes : mais le fond du cœur était chaud, le fond de la conviction était sincère, de même que plus tard nous verrons que le fond de ses vues politiques, en apparence si turbulentes et si orageuses, était tout à fait sensé.

Je reviens à l'écrivain, et à l'orateur qui prélude dans l'écrivain. Mirabeau, sans y songer, aime et affecte naturellement l'expression large et pleine, un peu grosse. Il dira *un cœur vaste*. Il dira des regards de son amie, qu'ils *pompent* l'amour sur ses lèvres. Il dira de l'enfant qu'il eut de Sophie (car Sophie accoucha d'une fille pendant les premiers mois de sa captivité), et regrettant de ne pouvoir l'élever entre eux deux : « Nos baisers lui eussent *soufflé* sans cesse la santé. » Nous l'avons entendu parler de *tout son être qui croule* dans l'état d'oppression et de misère où on l'a réduit. On sent partout sous sa plume les jets d'une nature forte et bouillante, et comme les éclats d'une voix qui ne demande qu'à gronder et à tonner. Il a de ces mots qui emplissent la bouche si on les prononce à haute voix, et qui éveillent les échos. Il arrive sans effort à l'ampleur et à la solennité des images. De son père, par exemple, il dira : « Avec un esprit très-vaste, il n'a eu que des idées mesquines pour sa maison. Avec du crédit, il n'a rien fait pour elle; avec de l'ordre, il l'a ruinée, sans tenir ni son état ni son rang;

il s'est isolé au milieu des siens ; *il a tapissé de remords les avenues de son tombeau, et creusé celui de son nom.»* L'image est grande ; pour être complétement acceptée, elle aurait besoin d'être étalée du haut de la tribune, d'être appuyée et comme démontrée du geste. A la voir sur le papier, on a le temps de se demander ce que c'est que ces *remords* qui tapissent une *avenue?*

Dans une courte et fort digne Lettre adressée au comte de Maurepas, ami de son père, et qui, à cette date, était de fait premier ministre, Mirabeau réclame énergiquement sa délivrance et sa liberté. Il fait sonner bien haut le mot de *parricide,* et donne à entendre à M. de Maurepas que s'y prêter comme il le fait, c'est s'en rendre complice. Il termine par ce mouvement direct plein d'effet et d'une vigueur poignante, s'adressant à un vieillard : «Mon père parle souvent d'un Dieu rémunérateur, et vous y croyez sans doute ; vous avancez dans une heureuse vieillesse, et mon père y touche. Eh bien ! Monsieur le Comte, puisse-t-elle être pour tous deux longue et fortunée ! puisse mon souvenir ne pas l'empoisonner de remords ! puissiez-vous, à votre dernier jour, trouver tous deux plus de miséricorde que vous n'en avez montré ! » C'est là encore un magnifique mouvement d'orateur, mais un peu disproportionné et comme étouffé dans une lettre.

Pour mieux faire sentir que c'est tout à fait l'orateur ici qui est en scène et qui va chercher son argument dans la conscience de l'adversaire, je n'ai qu'à rappeler ce que Mirabeau dit en vingt endroits : «Je crois à un Dieu, mais non à un Dieu rémunérateur.» Il croyait, pour son compte, à une Cause première qu'il ne définit guère autrement, et non pas à l'immortalité de l'âme. Mais ici la croyance et l'âge des adversaires lui fournissaient un ressort puissant à mouvoir, et, aussi sûrement que s'il en avait eu le principe en lui-même, il s'en est saisi. L'orateur a ce privilége de croire les choses éloquentes, au moins dans le court instant où il les dit.

Mirabeau, dans sa première jeunesse, s'était cru d'abord destiné à la guerre et à la gloire des armes : « Élevé, dit-il, dans le préjugé du service, bouillant d'ambition, avide de gloire, robuste, audacieux, ardent, et cependant très-flegmatique, comme je l'ai éprouvé dans tous les dangers où je me suis trouvé; ayant reçu de la nature un coup-d'œil excellent et rapide, je devais me croire fait pour le service. Toutes mes vues s'étaient donc tournées de ce côté. » Il s'était mis à étudier le métier de la guerre et tout ce qui en dépendait, génie, artillerie, même le détail des vivres, comme il étudiait toutes choses, avec acharnement, avec l'ardeur propre à sa nature laborieuse et absorbante, à cette nature capace et vorace, et jamais assouvie. Mais les idées philosophiques du siècle l'avaient peu à peu refroidi de cette ardeur de la guerre ; voyant son père d'ailleurs ne songer qu'à lui fermer toutes les carrières régulièrement tracées, il s'était replié sur lui-même, et son esprit *affamé de toutes sortes de connaissances* s'était jeté sur d'autres études qu'il avait approfondies. Il avait embrassé dans toute leur étendue les matières politiques, étrangères, internationales, financières aussi ; et ce fut en effet la première forme sous laquelle apparut Mirabeau publiciste et auteur de tant d'écrits et de brochures depuis sa sortie de Vincennes (fin de 1780) jusqu'en 89. Mais tout cela n'était que la préparation et en quelque sorte le Cours d'études de l'orateur, duquel les anciens exigeaient qu'il sût tout, afin de pouvoir parler sur tout. Ceux qui ne le jugeaient que par le dehors ont souvent comparé le Mirabeau de cette époque intermédiaire à une *grosse éponge* qui se gonflait des idées d'autrui et de tout ce qui circulait dans l'atmosphère d'alentour ; et son père, juge sévère, même lorsqu'il était radouci, est revenu souvent sur cette image d'une grosse *éponge*, à laquelle il compare l'organisation avide de son fils. Il disait encore de lui, après l'espèce de réconciliation de 1781 : « Tandis que mes amis, que son étrange réputation et son talent pour faire peur avaient effarouchés, l'étaient au point de me croire mort seulement à son approche, je n'ai trouvé que ce que j'avais laissé : de l'esprit autant qu'il est possible d'en avoir; un talent incroyable pour saisir toutes les surfaces, et rien, rien du tout dessous; et, au lieu d'âme, un *miroir* qui prend passagèrement toutes les images qu'on lui présente et n'en conserve pas le moindre souvenir. Il est impossible de lui parler raison, prudence, qu'il ne dise cent fois mieux, et tout cela ne passe pas l'épiderme. Il ne s'applique rien, mais saisit tout... De quelque art, science, littérature, antiquité, connaissance et langue quelconque que vous lui parliez, il en sait trois fois plus, enlève tout, brouille tout, mais il affirme avec une sécurité et une chaleur qui en imposent... Bon diable au demeurant, et, au fond, n'étant qu'un fantôme en bien comme en mal. » On sent ici l'erreur du père en même temps que la force de son aveu. Toutes les fois qu'il cause avec son fils et qu'il l'entend parler, en quelque matière que ce soit, il est séduit et presque subjugué ; mais il résiste, proteste en secret, et ne veut pas croire que ce soit là autre chose qu'un masque, un porte-voix et un écho. Il aime mieux croire à un prestige qu'à un vrai talent. Cette intelligence vaste, féconde et puissante, revêtue d'une si admirable et si soudaine faculté de mise en œuvre par la parole, lui échappait, et il ne voulait voir que l'apparence, le jeu, le coup de théâtre, l'appareil sonore, sans rendre justice à l'âme réelle qui unissait, qui inspirait et passionnait tout cela. Il serait curieux, et je le ferai peut-être un autre jour, de suivre les variations, les luttes, les contradictions violentes de ce père à la fois irrité, humilié, et, à de rares instants, enorgueilli de son fils, durant ces années d'une célébrité si mélangée et encore douteuse, par où celui-ci préludait à la gloire. Pourtant ce mot de gloire, le père implacable, vaincu dans ses derniers jours, a fini par le proférer de loin sur la tête radieuse de son fils. Lorsque, décidément, le Mirabeau pamphlétaire eut cessé et que l'orateur eut levé la tête, quand il eut pris son grand rôle dans les assemblées des États de Provence et qu'il s'y fut dessiné comme tribun déjà et comme pacificateur tout ensemble, le vieillard, lisant la relation de ces scènes mémorables, s'écria : « Voilà de la gloire, de la vraie gloire ! » Et vers le même temps (22 janvier 1789), il écrivait à son frère le Bailli, parlant de son fils : « De longtemps ils n'auront vu telle tête en Provence. *Le calus, qui n'en faisait que de l'airain sonnant avec fougue, est rompu.* Je l'ai vérifié par moi-même, et, dans quelques conversations et communications, j'ai aperçu vraiment du *génie*. » Génie et gloire, voilà le dernier mot de ce père si longtemps impitoyable et inexpugnable : c'est la bénédiction finale qu'il envoie à son fils. Et il meurt le 11 juillet 1789, trois jours avant la Révolution décisive où s'abîme à jamais la Féodalité. Mirabeau répondit à cette justice tardive de son père d'une manière touchante, en demandant, lui le prisonnier du fort de Ré, du château d'If, du château de Joux, du château de Dijon et du donjon de Vincennes, lui qu'on va porter en pompe au Panthéon, en demandant, à l'heure de la mort, d'être enterré à Argenteuil entre son aïeule et *son père*. Ne jugeons donc pas ces querelles de races et où, dans le fond, les génies de deux époques étaient aux prises, de notre point de vue domestique et bourgeois d'aujourd'hui. Reconnaissons qu'il y avait dans ces âmes extrêmes une grandeur qui nous étonne, qui nous surpasse et qui a péri :

> *Grandiaque effossis mirabitur ossa sepulchris.*

Mirabeau, à Vincennes, travaillait ardemment, nuit et jour, ne dormant que trois heures, et à demi aveuglé par les veilles. Il écrivait sans cesse, ne lisait que plume en main, et s'intéressait à tous sujets. L'amant était encore tout vivant et tout délirant en lui ; le père était tout occupé de l'enfant qui venait de naître et qui vécut peu ; le prisonnier multipliait ses réclamations, ses apologies, ses Mémoires, dans la vue de ressaisir sa liberté, et, en attendant, l'homme d'étude se livrait à toutes les lectures qui lui étaient possibles, à la traduction et à la composition de divers ouvrages, dont on voudrait à jamais anéantir deux ou trois, pour l'honneur de l'amour, pour la dignité du malheur et celle du génie. Éloignons vite ces taches honteuses, en les notant. Dans les pièces manuscrites que j'ai sous les yeux, et que M. Lucas-Montigny m'a bien voulu confier, je trouve une traduction de l'*Agricola* de Tacite ; un petit *Traité de l'Inoculation*, destiné à éclairer, à convaincre Sophie, pour qu'elle fît inoculer leur enfant ; un petit *Abrégé de Grammaire française*, destiné aussi à cet enfant qu'ils avaient nommé *Gabriel-Sophie*. Voici en quels termes à la Saint-Preux il fait la dédicace de ce petit traité à la Port-Royal :

« Ma Sophie, tu te souviens bien que ta mère m'a écrit une fois pour me prier de *t'apprendre l'orthographe ;* je ne sais comment je négligeai une si grave recommandation. Apparemment que nous avions quelque chose de plus pressé à étudier. Hélas ! il nous est bien forcé aujourd'hui de suspendre nos études d'alors. Retournons donc à l'orthographe (pour plaire à ton honorée mère) : mais je ne connais qu'un moyen d'écrire correctement, c'est de posséder sa langue par principes.

« J'ai entrepris de te donner en vingt-cinq pages toutes les règles essentielles de la langue française, de t'en expliquer toutes les difficultés, de t'en énoncer les exceptions principales d'une manière aussi exacte que concise, et je crois y avoir réussi. Un petit Mémoire de l'abbé Valart, habile grammairien, m'en a donné l'idée et m'a servi. (*Suivent quelques détails techniques.*)... Mon Traité, qui n'a pas quatre pages de plus que le sien, contient tout cela. J'espère que tu le trouveras fort clair et même à la portée des gens les plus *illitérés;* mais pense que je ne sais me faire entendre qu'aux esprits attentifs.

« Ce Mémoire est plus que suffisant pour te mettre en état de montrer toi-même le français par principes à ta fille. Les grammaires ne donnent pas le style; mais si *Gabriel-Sophie* a ton âme, elle trouvera aisément un Gabriel; ils s'aimeront comme nous nous aimons, et je te réponds qu'elle écrira bien. C'est pour elle que j'ai fait ce petit ouvrage, qui m'a coûté du temps et de la peine; c'est pour elle, dis-je, car, pour toi, je ne me consolerais pas si tu allais consulter la Grammaire sur une phrase que tu me destines ou que tu m'adresses. Ah! ce que ton cœur sait dire, l'art et l'esprit le trouveront-ils jamais? »

J'ai aussi sous les yeux le manuscrit d'un Essai sur la *Tolérance* qui l'occupa dans le même temps. On trouve dans les Lettres imprimées à Sophie bon nombre de phrases et de passages tirés de cet écrit, et, en général, des divers ouvrages dont Mirabeau s'occupait à cette époque; et l'on ne saurait s'en étonner. Dans cette vie de solitude et de silence à laquelle il était condamné, il avait besoin de causer, de s'épancher comme il pouvait, et de verser en toute occasion, et par toutes les issues, le trop-plein de ses pensées sur toute matière. Mirabeau, de plus, avait pris de bonne heure et d'instinct cette habitude, j'ai presque dit cette méthode de copier les autres ou de se copier lui-même, de se compiler à l'avance des provisions de pensées et de tirades dont il usait sans scrupule, selon l'occurrence, jusqu'à en faire double et triple emploi. Les antiques Rhapsodes ne procédaient guère autrement. Cette méthode, qui n'est pas du tout celle de l'écrivain, me paraît, au contraire, assez naturelle et très-utile à l'orateur, qui, ayant à parler à des foules et à improviser à chaque instant, doit avoir des amas de toute sorte, et à qui l'on ne demande jamais compte de ces répétitions, quand elles sont bien placées et qu'elles sont relevées par des traits d'un vif et soudain à-propos. Je recommande cette vue à ceux qui examineraient de près Mirabeau écrivain; elle nous fait aboutir encore directement à Mirabeau orateur.

Les jugements que Mirabeau portait sur les écrivains de son temps tendraient également à montrer qu'il n'était point précisément des leurs, et que sa supériorité aspirait à une autre sphère pour s'y déployer. Toutes les fois qu'il parle d'eux, il est indulgent, il est modeste, il se met à la suite, il les admire vraiment à l'excès. S'il s'avise de traduire Tibulle, il n'est pas jusqu'à M. de Pezai devant qui il ne s'incline. A la manière déférante dont il parle de Marmontel, de Thomas, de Raynal et des auteurs secondaires, on sent que, pour leur céder si aisément le haut du pavé en littérature, ce n'est pas là le champ de bataille définitif qu'il s'est choisi. Il reste avec eux tous dans les à-peu-près; il n'apporte point en ces sortes de jugements ce soin exact et jaloux qui dénote l'émule et l'homme du métier. C'est un amateur empressé, curieux, qui traverse le pays, interroge chacun au passage, ne dédaigne personne et ne songe évidemment qu'à s'instruire. Mais quand il parle du *grand Rousseau* et du *grand Buffon*, j'aime à l'écouter; il est bien d'accord avec lui-même, et on sent qu'en les admirant comme il fait, il rend hommage à ce style ample, aisé, développé, lumineux, qui est fait pour atteindre et frapper l'universalité des hommes. Sophie l'avait un jour comparé à Rousseau; il la rappelle à l'ordre et au respect : « Tiens, Sophie, je te battrais si je pouvais, quand tu lâches la bride à ton fol enthousiasme au point de dire de si grosses bêtises. As-tu bien le front de comparer mon style à celui de ce Rousseau, l'un des plus grands écrivains qui fut jamais?... » Et il continue par un éloge des mieux sentis. Et ailleurs, se fâchant aussi qu'elle l'ait mis en balance avec Buffon : « Point de ces phrases légères, Sophie. En fait de science, comparer l'opinion et l'autorité de M. de Buffon à la mienne, c'est comparer l'aigle au moineau. M. de Buffon est le plus grand homme de son siècle et de bien d'autres... » Et il dit quelque part dans une de ses notes manuscrites de Vincennes : « On peut justement appliquer à M. de Buffon ce que Quintilien dit d'Homère : *Hunc nemo in magnis*, etc. » — « Jamais personne ne le surpassera en élévation dans les grands sujets, en justesse et en propriété de termes dans les petits. Il est tout à la fois fécond et serré, plein de gravité et de douceur, admirable par son abondance et par sa brièveté. » J'aime à noter jusqu'à ces exagérations de la louange; elles prouvent du moins combien franchement Mirabeau, descendu des âpres sommets du style paternel, cherchait et se proposait la grande route, la grande voie romaine toute tracée, la voie vraiment triomphale dans l'éloquence. Non, Rivarol, l'homme qui sentait ainsi, et qui marchait dans ce sens élevé et en grandissant toujours, n'était point un *Barbare* en fait de langage.

Je couperai court au roman. Les curieux peuvent en chercher la suite et le dénoûment dans le tome troisième de M. Lucas-Montigny; ils y verront à quel ensemble de circonstances, à quel concert d'efforts combinés Mirabeau dut enfin sa sortie du donjon de Vincennes; ils y verront aussi les principales vicissitudes du procès qu'il soutint avec la famille de M. de Monnier, et les ressources de tout genre qu'il y déploya jusqu'à ce que les adversaires eussent senti l'utilité d'une transaction. Je ne veux que donner ici quelques derniers détails sur Sophie. Ce grand et immortel amour s'était pourtant usé peu à peu dans la souffrance, dans l'absence. Les lettres qu'elle adressait à Mirabeau, dans les derniers temps de la captivité, se ressentaient des distractions chétives ou vulgaires qui l'entouraient dans son couvent de Gien. Mirabeau, après sa sortie, courut la voir un moment en juillet 1781. Depuis cette courte entrevue, où l'on dirait que leur passion épuisa son dernier feu, il ne paraît plus que ni l'un ni l'autre se soient crus obligés à une constance plus prolongée et plus opiniâtre. Demander de la fidélité à Mirabeau libre et courant le monde, c'eût été en demander aux Thésée, aux Hercule, à ces héros volages et robustes de l'antiquité. Sophie, toujours confinée à Gien, finit (nous avons regret de le dire) par s'autoriser ouvertement de son exemple. Elle avait retrouvé, vers la fin, un lien de cœur réel et une vraie flamme pour un M. de Poterat, ancien capitaine de cavalerie, âgé comme elle de trente-cinq ans environ, et elle était près de l'épouser, lorsqu'il mourut de la poitrine. Elle était résolue à l'avance de ne point lui survivre. M. de Poterat expira le 8 septembre 1789, et, le lendemain 9, Sophie n'existait plus. Elle s'était asphyxiée dans l'appartement dépendant du couvent des Saintes-Claires à Gien, qu'elle continuait d'habiter. Le docteur Ysabeau, son ami, et qui, depuis des années, lui avait donné des soins, pria son beau-frère le curé Vallet, député à l'Assemblée constituante, de faire part de cette triste nouvelle à Mirabeau. Voici en quels termes singuliers le curé Vallet rend compte de la manière dont il s'acquitta de sa commission et de l'effet qu'il produisit :

« Mon beau-frère me fit le détail de cet affreux événement, et me donnait la commission d'y préparer M. de Mirabeau, s'imaginant qu'il y avait une âme sensible dans un pareil corps. Moi, qui le connaissais, je ne pris pas tant de précautions. Je fus informer M. de Villiers, qui me dit : « Comment allez-vous faire ? » — « Pas autrement, lui dis-je, que de lui donner à lire la lettre de mon beau-frère : je ne veux pas même lui en parler. » Je fus m'asseoir à côté de lui ; il me connaissait bien et me haïssait d'autant mieux. Il me demanda ce que je venais chercher de ce côté de l'Assemblée. Sans lui répondre, je lui présentai la lettre que je venais de recevoir. Il fut très-longtemps à la lire ; je le fixais avec la plus grande attention : son visage pâlissait et se décomposait de temps à autre ; il se remettait, il continuait à lire, ensuite soupirait, toussait, crachait, et finissait par affecter du caractère. Il se leva brusquement, me remit la lettre en me saluant, et s'en fut de l'Assemblée, où il ne parut de deux ou trois jours. »

N'admirez-vous pas comme ce témoin, aveuglé par la prévention et l'esprit de parti, au moment même où il accuse Mirabeau de manquer de sensibilité, nous montre au contraire à quel point il le vit troublé et tout à fait ébranlé du coup qu'il lui portait si durement ? Son témoignage tourne contre lui-même. — C'est ainsi que se termina à trente-cinq ans l'existence de cette Sophie que Mirabeau n'avait point enlevée, qu'il n'avait point délaissée non plus, mais qui s'était jetée vers lui par un mutuel transport, et que la force des choses avait pu seule lui arracher ; cette Sophie qu'il avait embrasée, qu'il avait enivrée d'émotions fortes, et à laquelle il laissa, en la quittant, la robe dévorante du Centaure, l'ardeur fatale qui ne s'éteint plus.

Ce n'est point un adieu que je dis ici à Mirabeau. Je sais qu'une prochaine occasion se prépare de parler du Mirabeau politique et définitif, et je compte bien ne pas la manquer.

Lundi 21 avril 1851.

HÉGÉSIPPE MOREAU.

(*Le Myosotis*, nouvelle édition, 1 vol., Masgana.)

PIERRE DUPONT.

(*Chants et Poésies*, 1 vol., Garnier frères.)

Je cause rarement ici de poésie, précisément parce que je l'ai beaucoup aimée et que je l'aime encore plus que toute chose : je craindrais d'en mal parler, ou du moins de n'avoir pas à en bien parler, à en dire assez de bien. Les productions de ces dernières années ont été faibles, surtout dans l'ordre lyrique, là même où l'on avait vu le plus de nouveauté et de richesse il y a vingt ou trente ans. Il semble qu'après l'heure de l'éclosion et celle de l'épanouissement, on soit à une fin de saison. Une École a fait son temps, et une autre qui mérite d'être saluée véritablement nouvelle se fait attendre. On tombe dans les redites, on tourne dans les variantes, on se jette dans les caprices. Quand viendra-t-elle donc, quand jaillira-t-elle encore une fois du rocher cette source, toujours attendue, d'une inspiration fraîche et charmante ? Il n'en est pas tout à fait des printemps de la poésie comme de ceux de la nature. Tous les ans, en avril, les oiseaux chantent; je ne sais s'ils ne redisent pas à peu près les mêmes chansons, il suffit qu'ils recommencent, pour nous charmer; mais dans l'art il faut absolument changer les airs. Aujourd'hui pourtant, je parlerai de deux poëtes qui ont chanté avec quelque nouveauté; dont l'un a déjà un nom, un nom consacré par une mort lamentable, et dont l'autre qui, heureusement, est plus en voix que jamais, obtient une sorte de vogue en ce moment : Hégésippe Moreau et Pierre Dupont.

Ces deux poëtes, que je ne prétends point d'ailleurs appareiller ni rapprocher plus étroitement qu'il ne convient, se rattachent tous deux, par leurs origines, à cette jolie ville de Provins, la ville des vieilles ruines et des roses; et ces roses, c'est un poëte, c'est Thibaut, comte de Champagne, qui les a rapportées d'Asie au retour d'une croisade : voilà un bienfait. Les deux chantres plébéiens, successeurs à leur manière du trouvère féodal, ont passé une partie de leur enfance dans ce joli vallon où ni l'un ni l'autre n'eurent leur berceau, et ils ont respiré de bonne heure, et dans leur meilleure saison, le parfum de ce frais paysage qui convie à une douce et naturelle poésie.

Hégésippe Moreau, né à Paris en avril 1810, était fils d'un homme qui devint professeur au Collége de Provins, et il fut conduit, tout enfant, dans cette ville. Sa naissance fut irrégulière, bien qu'il connût ses parents. Son père le laissa orphelin en bas âge; sa mère se plaça chez une dame de Provins, Mme Guérard, depuis Mme Favier, et l'enfant, recueilli par cette bienfaitrice, grandit près d'elle; les fils de la maison surtout s'intéressaient tendrement à lui. Il commençait à prendre des leçons au Collége de Provins, lorsque des circonstances firent quitter la ville à ses bienfaiteurs, qui allèrent habiter la campagne. C'est alors qu'il fut placé, d'abord au petit Séminaire de Meaux, puis à celui d'Avon, près Fontainebleau, où il fit ses études, d'excellentes études classiques, sans oublier les vers latins qu'il variait et tournait sur tous les rhythmes d'Horace. Au sortir du collége, sa mère n'était plus ; il pouvait se croire orphelin dans le monde et délaissé ; mais non, c'eût été une injustice, lui-même nous le dit :

> Car de l'école à peine eus-je franchi les grilles,
> Que je tombai joyeux aux bras de deux familles.

Mme Favier, retirée à Champ-Benoist, lui continuait encore ses soins ; surtout il trouvait un accueil affectueux et délicat auprès de Mme Guérard, sa belle-fille, qui le recevait à sa ferme de Saint-Martin : Moreau a consacré le souvenir de cette hospitalité par la charmante romance de *la Fermière*. Vers le temps de sa sortie du collége, il entra en apprentissage dans l'imprimerie de M. Lebeau, maintenant encore imprimeur à Provins. La fille de celui-ci, Mlle Louise Lebeau (aujourd'hui Mme J.), est celle même qu'il a célébrée si purement et si chastement sous le nom de *ma sœur* dans quelques-unes de ses plus jolies pièces, et à laquelle il a dédié ses *Contes*. « Je m'étais arrêté, dit-il quelque part, dans une imprimerie toute petite, mais proprette, coquette, hospitalière ; vous la connaissez, ma sœur. » *Mon cœur*, dit-il encore :

> Mon cœur, ivre à seize ans de volupté céleste,
> S'emplit d'un chaste amour dont le parfum lui reste.
> J'ai rêvé le bonheur, mais le rêve fut court.

Il y eut en ces années un Hégésippe Moreau primitif, pur, naturel, adolescent, non irrité, point irréligieux, dans toute sa fleur de sensibilité et de bonté, animé de tous les instincts généreux et non encore atteint des maladies du siècle. Moment unique et rapide qu'il a essayé de ressaisir plus d'une fois, de retracer dans ses vers, et qui nous en marque aujourd'hui les plus doux passages. Il y a ainsi en chacun de nous, pour peu que notre fonds originel soit bon, un être primitif, idéal, que la nature a dessiné de sa main la plus légère et la plus maternelle, mais que l'homme trop souvent recouvre, étouffe ou corrompt. Ceux qui nous ont connu et qui nous ont aimé sous cette forme première continuent de nous voir ainsi, et si l'on a le bonheur d'avoir une sœur qui ait continué elle-même de vivre d'une vie simple et uniforme, d'une vie fidèle aux souvenirs, elle nous conserve à jamais présent dans cette pureté adolescente, elle nous garde un culte dans son cœur, elle nous adore tel que nous étions alors sous ces premiers traits d'un développement aimable et pudique. Ce *nous-même* d'autrefois, qui souvent, hélas! n'est plus actuellement en nous, subsiste en elle et vit comme un ange de Fra-Bartolommeo peint sur l'autel dans l'oratoire.

Hégésippe Moreau a eu ce bonheur au milieu de toutes ses infortunes, et aujourd'hui, si l'on interroge sur le compte du poëte celle qu'il appelait alors sa *sœur*, elle répond en nous montrant au fond de son souvenir ce Moreau de seize ans, « de l'âme la plus délicate et la plus noble, d'une sensibilité exquise, ayant des larmes pour toutes les émotions pieuses et pures. »

Je prends plaisir à marquer ces premiers traits, parce que ceux qui ont le plus loué Moreau à l'heure de sa mort en ont surtout fait un poëte de guerre, de haine et de colère. Il l'était trop devenu en effet, mais il ne l'était point d'abord ni aussi essentiellement qu'on le voudrait dire. Étendu sur son lit de mort à l'hospice de la Charité, le caractère qui était le plus empreint sur sa face, me dit une personne qui ne l'a vu que ce jour-là, était une remarquable douceur.

En parlant ici d'Hégésippe Moreau, je ne viens faire, on peut le croire, le procès ni à la société ni aux poëtes. Les poëtes sont une race à part, une race des plus intéressantes quand elle est sincère, quand l'imitation et la singerie (comme il arrive si souvent) ne s'y mêlent pas; mais, dans aucun temps, cette race délicate ou sublime n'a paru se distinguer par une connaissance bien exacte et bien pratique de la réalité. Quant à la société, c'est-à-dire à la généralité des hommes réunis et établis en civilisation, ils demandent qu'on fasse comme eux tous en arrivant, qu'on se mette à leur suite dans les cadres déjà tracés, ou, si l'on veut en sortir, qu'alors, pour justifier cette prétention et cette exception, on les serve hautement ou qu'on les amuse; et, jusqu'à ce qu'ils aient découvert en quelqu'un ce don singulier de charme ou ce mérite de haute utilité, ils sont naturellement fort inattentifs et occupés chacun de sa propre affaire. Peut-on s'en étonner?

Hégésippe Moreau, en entrant dans la vie, avait pourtant rencontré deux familles, on l'a vu, plus que disposées à l'accueillir et presque à l'adopter. Dès son premier pas dans le monde, et hors de son premier cercle, il trouva également de l'appui. M. Lebrun, l'auteur de *Marie Stuart*, et notre confrère à l'Académie, n'est pas né à Provins, mais il en est depuis longues années par les habitudes et par les liens de famille. Poëte dont chacun sait le talent, mais homme dont ceux qui l'ont approché savent seuls toute la noblesse et la délicatesse de cœur, il considérait comme un devoir, lui, arrivé le premier, de tendre la main à ceux qui viendraient ensuite, et nous le trouvons également aux débuts d'Hégésippe Moreau et à ceux de Pierre Dupont. Moreau connut

M. Lebrun dès 1828 ; il était alors âgé de dix-huit ans : c'était au moment où Charles X revenait d'un voyage que lui avait fait faire M. de Martignac. Le roi passa par Provins, et, à cette occasion, Moreau fit sa chanson patriotique qui a pour titre : *Vive le Roi !* et pour refrain : *Vive la Liberté !* J'ai sous les yeux quelques pièces de vers manuscrites adressées, vers cette époque, par le jeune homme à M. Lebrun, ou écrites d'après ses conseils, une pièce notamment en l'honneur de La Fayette, après son voyage triomphal d'Amérique. Moreau vint à cette époque à Paris, et, toujours par les conseils de M. Lebrun, il adressa à M. Didot son *Épître sur l'Imprimerie*, qu'on peut lire dans ses Poésies, et dans laquelle se trouvent quelques jolis vers descriptifs :

> Au lieu de fatiguer la plume vigilante,
> De consumer sans cesse une activité lente
> A reproduire en vain ces écrits fugitifs,
> Abattus dans leur vol par les ans destructifs ;
> Pour donner une forme, un essor aux pensées,
> Des signes voyageurs, sous des mains exercées,
> Vont saisir en courant leur place dans un mot ;
> Sur ce métal uni l'encre passe, et bientôt,
> Sortant multiplié de la presse rapide,
> Le discours parle aux yeux sur une feuille humide.

Mais la fin de l'Épître est surtout heureuse ; le jeune compositeur s'y montre dévoré souvent du désir d'écrire, de *composer* pour son propre compte, tandis qu'il est obligé d'imprimer les autres :

> Hélas ! pourquoi faut-il qu'aveuglant la jeunesse,
> Comme tous les plaisirs, l'étude ait son ivresse ?
> Les chefs-d'œuvre du goût, par mes soins reproduits,
> Ont occupé mes jours, ont enchanté mes nuits,
> Et souvent, insensé ! j'ai répandu des larmes,
> Semblable au forgeron qui, préparant des armes,
> Avide des exploits qu'il ne partage pas,
> Siffle un air belliqueux et rêve des combats...

Moreau, à cette date, n'avait que dix-neuf ans. Il fut admis dans l'imprimerie de M. Didot, rue Jacob, justement en face de cet hospice de la Charité, où depuis... — Placé, peu de temps après Juillet 1830, à la direction de l'Imprimerie royale, M. Lebrun chercha à y introduire Moreau; mais celui-ci, qui avait quitté l'imprimerie Didot, suivait dès lors une autre voie, et il n'était pas de ceux qui se laissent protéger aisément.

Moreau ressentait vivement les tortures secrètes de cette pauvreté que La Bruyère a si bien peinte, et qui rend l'homme honteux, de peur d'être ridicule. Ainsi, la première fois qu'il avait dû voir M. Lebrun à Provins, il n'avait pas voulu lui faire cette visite parce qu'il avait des *bas bleus*. Il ne se guérit point de cette disposition à Paris, lors même que les privations les plus réelles, les souffrances positives et poignantes vinrent y joindre leur aiguillon.

On me le peint alors déjà atteint par le souffle d'irritation et d'aigreur qui se fait si vite sentir sous les soleils trompeurs de Paris, méfiant, aisément effarouché, en garde surtout contre ce qui eût semblé une protection, ayant le *dédain* et la *peur* de la protection ; ne se laissant plus apprivoiser comme il s'était laissé faire à Provins quelques années plus tôt ; enfin ayant contracté déjà cette maladie d'amour-propre et de sensibilité qui est celle du siècle, celle de l'aristocratique René aussi bien que du plébéien Oberman ou du mondain Adolphe, celle de Jean-Jacques avant eux tous, comme depuis eux elle l'a été de tant d'autres qui ont eu la même maladie sous des formes et des variétés différentes. Il nous siérait peu, à nous qui parlons, de nous montrer trop sévère, l'ayant ressentie à notre jour et même décrite autrefois dans notre jeunesse. Moreau fut donc malade de ce que j'appellerai la petite-vérole courante de son temps; il fut mécontent, sauvage, ulcéré, évitant ou repoussant ce qui eût été possible, voulant autre chose que ce qui s'offrait à lui, et ne se définissant pas cette *autre chose*. Pauvre, timide et fier, et à vingt ans, on est aisément pour les doctrines ardentes qui promettent le bouleversement du présent et la remise en question de l'avenir, de même qu'à cinquante ans, établi, rassis, ayant épuisé les passions, et raisonnant plus ou moins à son aise sur les vicissitudes diverses, on est naturellement pour un *statu quo* plus sage. Notre sagesse ou notre folie n'est guère en général que le résultat de notre âge et de notre situation. Pour s'élever au-dessus de ces circonstances en quelque sorte matérielles et physiques, deux choses sont nécessaires, et elles sont rares : du *caractère* et des *principes*. Hégésippe Moreau n'avait ni l'un ni l'autre; il avait de l'âme et du talent, mais son caractère était faible, comme c'est trop souvent le cas des organisations d'artiste, et les impressions du dehors prenaient fortement et irrésistiblement sur lui. Ses poésies et ses inspirations, du moment qu'elles cessent d'être intimes, ne sont pour la plupart que le reflet ardent et mélangé, le conflit des divers éclairs qui se croisaient orageusement alors dans l'atmosphère politique.

Après les journées de Juillet 1830, auxquelles il avait pris part vaillamment, Moreau quitta pendant un temps l'imprimerie; il s'était fait maître d'études, mais ce n'était pas une carrière. Il s'accoutuma, durant cette période fatale et fiévreuse de deux ou trois années, à une vie irrégulière, désordonnée, errante, toute d'émotions et de convulsions. Il avait faim, et il composait à travers cela des chants qui se ressentaient de ce cri intérieur, par leur âpreté et leur amertume. Il rêvait au suicide; il commençait à se détruire. Il eut, en 1833, une première maladie qui le força d'entrer à l'hospice. Convalescent, une bonne pensée le saisit; il partit pour Provins et alla demander l'hospitalité à Mme Guérard à la ferme de Saint-Martin. Là, aux derniers rayons d'automne, repassant ses douloureux souvenirs, ceux de sa maladie, ceux de l'insurrection et des émeutes, et du choléra, rappelant même ses imprécations de colère, il se rétractait d'une manière touchante :

> Ainsi je m'égarais à des vœux imprudents,
> Et j'attisais de pleurs mes ïambes ardents.
> Je haïssais alors, car la souffrance irrite;
> Mais un peu de bonheur m'a converti bien vite.
> Pour que son vers clément pardonne au genre humain,
> Que faut-il au poëte? Un baiser et du pain.
> Dieu ménagea le vent à ma pauvreté nue;
> Mais le siècle d'airain pour d'autres continue...

Et se considérant lui-même comme délivré des soucis à l'approche de l'hiver, il souhaitait à d'autres le même soulagement et la même douceur :

> Dieu, révèle-toi bon pour tous comme pour moi!
> Que ta manne, en tombant, étouffe le blasphème;
> Empêche de souffrir, puisque tu veux qu'on aime;
> Pour qu'à tes fils élus, tes fils déshérités
> Ne lancent plus d'en bas des regards irrités.
> Aux petits des oiseaux toi qui donnes pâture,
> Nourris toutes les faims; à tout dans la nature
> Que ton hiver soit doux; et, son règne fini,
> Le poëte et l'oiseau chanteront : Sois béni!

Deux ans après, le souvenir de cette douce hospitalité lui revenait à la mémoire, et il envoyait pour étrennes (janvier 1836) cette délicieuse Romance à celle à qui il avait dû, pour un jour du moins, ses pures et innocentes Charmettes :

LA FERMIÈRE.

> Amour à la fermière! elle est
> Si gentille et si douce!

C'est l'oiseau des bois qui se plaît
  Loin du bruit dans la mousse.
Vieux vagabond qui tends la main,
  Enfant pauvre et sans mère,
Puissiez-vous trouver en chemin
  La ferme et la fermière!

De l'escabeau vide au foyer
  Là le pauvre s'empare,
Et le grand bahut de noyer
  Pour lui n'est point avare;
C'est là qu'un jour je vins m'asseoir,
  Les pieds blancs de poussière;
Un jour... puis en marche! et bonsoi
  La ferme et la fermière!

Mon seul beau jour a dû finir,
  Finir dès son aurore;
Mais pour moi ce doux souvenir
  Est du bonheur encore:
En fermant les yeux je revois
  L'enclos plein de lumière,
La haie en fleur, le petit bois,
  La ferme et la fermière!

Si Dieu, comme notre curé
  Au prône le répète,
Paie un bienfait (même égaré),
  Ah! qu'il songe à ma dette!
Qu'il prodigue au vallon les fleurs
  La joie à la chaumière,
Et garde des vents et des pleurs
  La ferme et la fermière!

Chaque hiver, qu'un groupe d'enfants
  A son fuseau sourie,
Comme les Anges aux fils blancs
  De la Vierge Marie;
Que tous, par la main, pas à pas,
  Guidant un petit frère,
Réjouissent de leurs ébats
  La ferme et la fermière!

ENVOI.

Ma Chansonnette, prends ton vol !
 Tu n'es qu'un faible hommage ;
Mais qu'en avril le rossignol
 Chante et la dédommage.
Qu'effrayé par ses chants d'amour,
 L'oiseau du cimetière
Longtemps, longtemps se taise pour
 La ferme et la fermière !

Il fallait à Hégésippe Moreau, comme à tous les poëtes doux et faibles, sauvages et timides, tendres et reconnaissants, il lui aurait fallu une femme, une sœur, une mère, qui, mêlée et confondue avec l'amante, l'eût dispensé de tout, hormis de chanter, d'aimer et de rêver.

Cependant, avec la santé qui lui revenait, la nécessité, et aussi le génie ou le démon qui ne pardonne pas, le ressaisirent. C'était le moment du grand succès de Barthélemy, et sa *Némésis* produisait çà et là des imitations et des contrefaçons où il n'entrait guère que des violences. Hégésippe Moreau essaya de faire à Provins une *Némésis* à sa manière, un journal en vers sous le titre de *Diogène*, un vilain patron qu'il avait adopté depuis quelque temps, et que le doux automne passé à Saint-Martin ne lui avait pas fait assez abjurer. Le talent qu'il y montra ne put sauver une telle publication partout très-aventurée, et qui l'était surtout au milieu des rivalités et des susceptibilités d'une petite ville. Il avait eu beau faire appel à toute la contrée de Brie et de Champagne, et s'écrier :

Qu'il me vienne un public ! ma poésie est mûre,

le public répondit peu. Le poëte blessa et aliéna ceux mêmes qui l'avaient d'abord soutenu. Il eut finalement un duel, et dut s'en revenir bientôt à Paris, désappointé de nouveau et irrité comme après un échec.

De 1834 à 1838, sa vie ne fut qu'une lutte pénible et haletante, où son talent de plus en plus réel, et qui achevait de se dégager chaque jour, ne put triompher de la dureté des circonstances ni suppléer aux infirmités du caractère (1). Qu'il suffise de rappeler qu'Hégésippe Moreau, au moment même où il venait de trouver un éditeur pour ses vers, et où le *Myosotis* publié avec luxe (1838) et déjà loué dans les journaux allait lui faire une réputation, entrait sans ressource à l'hospice de la Charité et y mourait le 20 décembre 1838, renouvelant l'exemple lamentable de Gilbert et faisant un pendant trop fidèle au drame émouvant de *Chatterton*, dont l'impression était encore toute vive sur la jeunesse. Il n'avait pas vingt-neuf ans.

Si l'on considère aujourd'hui le talent et les poésies

(1) Dans tout ce que j'ai touché là du caractère et de la vie intime de Moreau, j'ai été guidé de la manière la plus sûre par des lettres, par des renseignements directs provenant des personnes qui l'ont le mieux connu. Ces documents qui ont servi à mon ami, M. Octave Lacroix, dans l'édition nouvelle d'Hégésippe Moreau, m'ont été communiqués à moi-même : je n'en ai fait usage qu'avec pudeur et discrétion. Les personnes de Provins qui ont le plus connu et le mieux aimé Moreau de son vivant, ont paru me savoir gré de ce sentiment à la fois de réserve et de sympathie. J'ai donc été un peu surpris (si jamais ce qui est peu raisonnable pouvait surprendre) de lire, dans la *Feuille de Provins* du 7 juin 1851, un article de Mme C. Angebert dans lequel cette personne à principes et à sentiments me reproche d'avoir fait tort à Moreau dans mon appréciation morale tout indulgente. Elle continue de vouloir faire de Moreau l'homme d'une cause politique. Si Mme Angebert tient plus à la vérité qu'à la fausse exaltation, elle peut aisément s'informer à son tour auprès des personnes de Provins qui nous ont le mieux initié à la connaissance de ce touchant mais trop faible caractère; elle peut, par exemple, demander à Mme Guérard communication des lettres de Moreau écrites en janvier 1834, et elle verra qu'il faut se résoudre, quand on a le sens juste et bienveillant, à ne voir dans le chantre de la Voulzie qu'un poëte.

d'Hégésippe Moreau de sang-froid et sans autre préoccupation que celle de l'art et de la vérité, voici ce qu'on trouvera, ce me semble. Moreau est un poëte; il l'est par le cœur, par l'imagination, par le style : mais chez lui rien de tout cela, lorsqu'il mourut, n'était tout à fait achevé et accompli. Ces trois parties essentielles du poëte n'étaient pas arrivées à une pleine et entière fusion. Il allait selon toute probabilité, s'il avait vécu, devenir un maître, mais il ne l'était pas encore. Trois imitations chez lui sont visibles et se font sentir tour à tour : celle d'André Chénier dans les ïambes, celle surtout de Barthélemy dans la satire, et celle de Béranger dans la chanson. Dans ce dernier genre pourtant, quoiqu'il rappelle Béranger, Moreau a un caractère à lui, bien naturel, bien franc et bien poétique; il a du drame, de la gaieté, de l'espièglerie, un peu libertine parfois, mais si vive et si légère qu'on la lui passe. Qu'on relise *le Joli Costume, les Modistes hospitalières*. Une des pièces sérieuses qui me semblent le plus propres à démontrer ses qualités et ses défauts est celle qui a pour titre : *Un quart d'heure de dévotion*. Le poëte, qui s'est vanté d'être un *païen de l'Attique* avec André Chénier et avec Vergniaud, qui a été trop souvent impie, irrévérend jusqu'à l'insulte, a un bon retour pourtant. Un jour de tristesse, un soir, il est entré dans l'église de Saint-Étienne-du-Mont. Il n'y entrait que par désœuvrement d'abord, pour regarder et admirer comme d'autres curieux les merveilles d'architecture élégante et fine qu'offre cette jolie église :

> Et la rougeur au front je l'avouerai moi-même....
> Dans le temple au hasard j'aventurais mes pas,
> Et j'effleurais l'autel et je ne priais pas.

Mais insensiblement il se rappelle le temps où, dans sa

première enfance, il priait, et où il servait même le prêtre à l'autel :

> Autrefois pour prier, mes lèvres enfantines
> D'elles-mêmes s'ouvraient aux syllabes latines,
> Et j'allais aux grands jours, blanc lévite du chœur,
> Répandre devant Dieu ma corbeille et mon cœur.
> Mais depuis. . . . .

Et il énumère toutes les manières diverses d'égarements et de chutes, parmi lesquelles il a eu la sienne :

> Combien de jeunes cœurs que le doute rongea!
> Combien de jeunes fronts qu'il sillonne déjà!
> Le doute aussi m'accable, hélas! et j'y succombe :
> Mon âme fatiguée est comme la colombe
> Sur le flot du désert égarant son essor;
> Et l'olivier sauveur ne fleurit pas encor...
>
> Ces mille souvenirs couraient dans ma mémoire,
> Et je balbutiai : — « Seigneur, faites-moi croire! »
> Quand soudain sur mon front passa ce vent glacé
> Qui sur le front de Job autrefois a passé.
> Le vent d'hiver pleura sous le parvis sonore,
> Et soudain je sentis que je gardais encore
> Dans le fond de mon cœur, de moi-même ignoré,
> Un peu de vieille foi, parfum évaporé.

Sous cette impression intérieure, sous le rayon de cette ferveur retrouvée, le poëte, agenouillé devant le tombeau de Racine (qui se trouve dans cette église), fait un vœu. Ce vœu, ce n'est pas d'aller à Jérusalem en pèlerin, mais c'est d'y aller en idée et en poésie, c'est de retracer à sa manière, en une suite de chants, quelques-uns des sujets saints, à peu près, j'imagine, comme M. Victor de Laprade l'a pu faire depuis dans ses Poëmes évangéliques. Et réfléchissant avec humilité à l'étincelle qui peut jaillir sur les âmes de cette œuvre modestement accomplie, le poëte se rappelle et s'applique un fabliau charmant que son aïeule bretonne, dit-il, lui a souvent raconté. Or, ce fabliau, le voici : Un jour, Dieu permit, dans ses desseins, que l'élément de vie, le feu, se retirât tout à coup de l'air, et vînt à manquer à la nature. Grand effroi soudain parmi les oiseaux. Tous s'effraient, se consternent ou s'effarent. Les vautours en deviennent plus méchants de terreur, et s'entre-battent de plus belle. Le rossignol se décourage, et, ayant chanté sa dernière chanson, il cache sa tête dans son nid. L'aigle lui-même, habitué à porter la foudre, la laisse s'éteindre cette fois et s'échapper. Dans cette agonie universelle, il n'y eut qu'un seul oiseau, le plus petit, le plus humble de tous, le roitelet, qui ne se découragea point, et qui voltigea tant et si bien, qu'il alla jusqu'au haut des cieux ressaisir l'étincelle pour la rapporter au monde. Mais il fut consumé en la lui rendant.

On sent tout ce qu'une telle pièce a d'élevé, de poétique et de touchant ; que lui manque-t-il donc pour être un chef-d'œuvre ? Il lui manque la pureté et le goût dans le style. Dès l'abord le poëte nous montre le curieux, l'amateur artiste, qui entre à Saint-Étienne regardant et admirant les sculptures et les tableaux :

> *Époussetant* de l'œil chaque peinture usée.

Ailleurs il parlera du livre des Évangiles :

> Page de vérité qu'à sa ligne dernière
> Le Golgotha tremblant *subla* de sa poussière.

C'est ainsi que, dans une autre pièce, représentant l'entrée du Tasse à Rome au milieu d'une pluie de couronnes et de fleurs, il dira :

> Le pauvre fou sentit, dans la ville papale,
> Une *douche* de fleurs inonder son front pâle.

Épousseter, sabler, douche de fleurs, voilà le détestable style moderne, le style matériel, prétentieux et grossier, que certes on ne s'aviserait jamais d'aller chercher si près du tombeau de Racine, et qui, j'ose le dire, n'aurait jamais dû entacher non plus et charger le berceau de notre École romantique, telle du moins que je l'ai toujours conçue. Oui, l'on pouvait se montrer plus voisin de la nature encore, de la réalité simple, modeste et sensible, que ne l'avaient été nos illustres poëtes classiques, sans tomber pour cela dans ce style lourd, plaqué et technique, qui prévaut presque partout aujourd'hui. Hégésippe Moreau a eu le tort d'y trop sacrifier en commençant, et il n'a pas vécu assez pour s'en débarrasser et s'en affranchir.

On nous assure pourtant qu'il était tout à fait revenu, vers la fin, de l'illusion que lui avaient faite certains poëtes ou rimeurs matériels et mécaniques, et plutôt robustes que réellement puissants.

Une de ses pièces irréprochables, et qu'on aime toujours à citer, est son Élégie à la Voulzie, jolie rivière ou ruisseau du pays où il était venu passer son enfance,

> Bluet éclos parmi les roses de Provins.

On n'aurait point parlé convenablement de Moreau, si l'on ne rappelait chaque fois à son sujet ces vers délicieux, où il a comme rafraîchi son talent et son âme :

> S'il est un nom bien doux, fait pour la poésie,
> Oh! dites, n'est-ce pas le nom de la Voulzie?
> La Voulzie, est-ce un fleuve aux grandes îles? Non;
> Mais, avec un murmure aussi doux que son nom,
> Un tout petit ruisseau coulant visible à peine;
> Un géant altéré le boirait d'une haleine;
> Le nain vert Obéron, jouant au bord des flots,
> Sauterait par-dessus sans mouiller ses grelots.

> Mais j'aime la Voulzie et ses bois noirs de mûres,
> Et dans son lit de fleurs ses bonds et ses murmures.
> Enfant, j'ai bien souvent, à l'ombre des buissons,
> Dans le langage humain traduit ces vagues sons;
> Pauvre écolier rêveur et qu'on disait sauvage,
> Quand j'émiettais mon pain à l'oiseau du rivage,
> L'onde semblait me dire : « Espère! aux mauvais jours,
> Dieu te rendra ton pain. » — Dieu me le doit toujours !

Et rappelant tous ses malheurs, ses pertes douloureuses, tous ses mécomptes et même ses colères, il ajoute dans un sentiment attendri et qu'on lui voudrait plus habituel :

> Pourtant je te pardonne, ô ma Voulzie! et même,
> Triste, j'ai tant besoin d'un confident qui m'aime,
> Me parle avec douceur et me trompe, qu'avant
> De clore au jour mes yeux battus d'un si long vent,
> Je veux faire à tes bords un saint pèlerinage,
> Revoir tous les buissons si chers à mon jeune âge,
> Dormir encore au bruit de tes roseaux chanteurs,
> Et causer d'avenir avec tes flots menteurs.

Si Moreau a pardonné à la Voulzie, ces charmants vers font aussi qu'on pardonne beaucoup à Moreau. On jette un voile sur ses faiblesses et sur ses erreurs; on voudrait abolir toute trace des quelques taches affligeantes de sa muse. Lui-même, dans une pièce *A mon Ame*, l'exhortant à s'envoler vers les cieux, et à laisser ce corps qu'il a trop souillé, il lui dit :

> Fuis, Ame blanche, un corps malade et nu;
> Fuis en chantant vers le monde inconnu!
>
> Fuis sans trembler : veuf d'une sainte amie
> Quand du plaisir j'ai senti le besoin,
> De mes erreurs, toi, Colombe endormie,
> Tu n'as été complice ni témoin.
> Ne trouvant pas la manne qu'elle implore,
> Ma faim mordit la poussière (insensé!);
> Mais toi, mon Ame, à Dieu, ton fiancé,
> Tu peux demain te dire vierge encore!

On voit que Moreau renouvelle en un point la doctrine indulgente de certains mystiques, qui ne font point l'âme responsable et complice des absences et des distractions du corps. Je ne prétends pas donner cela pour de la théologie exacte, mais pour de la poésie charmante.

Les Contes en prose d'Hégésippe Moreau sont tout à fait purs et irréprochables; ils pourraient même se détacher du reste des Œuvres et se vendre en un fascicule à part pour être donnés à lire aux jeunes personnes et aux enfants. On y voit à nu le fond de son âme et de son imagination aux heures riantes et aux saisons heureuses. Tel il était auprès de sa *sœur*, à seize ans, avant d'avoir laissé introduire dans son âme rien d'amer ni d'insultant. *Conter*, chez lui, n'était pas une moindre vocation que de chanter :

> Je préfère un conte en novembre
> Au doux murmure du printemps.

La pitié, le sentiment fraternel porté jusqu'au culte, la compassion féminine la plus exquise, respirent dans *le Gui de chêne*. La faiblesse tendre qui a besoin d'appui, la souffrance et le martyre d'un être délicat, se retrouvent mêlés à de l'espièglerie et à de la lutinerie gracieuse dans *la Souris blanche*; c'est le plus joli conte de fées et le plus attendrissant; c'est moins naïf que Perrault, mais aussi aimable, aussi léger, et cela ne se peut lire jusqu'à la fin sans une larme dans un sourire. Que dites-vous de cette *Fée des Pleurs*, la consolatrice des affligés, qui voltige plutôt qu'elle ne marche sur la pointe des gazons et des fleurs ? « Elle avait adopté cette allure, de peur, disait-elle à ceux qui s'en étonnaient, de mouiller ses brodequins dans la rosée, mais, en effet, parce qu'elle craignait d'écraser ou de blesser par mégarde la cigale qui chante dans le sillon, et le lézard qui frétille au soleil; car elle était si prodigue de soins et d'amour, la bonne fée! qu'elle en répandait sur les plus humbles créatures de Dieu. » Tel nous apparaît Moreau avant la politique, avant la misère extrême, avant l'aigreur; tel il se retrouva sans doute à l'heure expirante et aux approches du grand moment qui élève les belles âmes et les pacifie. On devine, en lisant ces jolis récits et celui des *Petits Souliers,* et celui même de *Thérèse Sureau,* à voir cette imagination, cette gaieté, cette invention de détail, combien il devait être charmant quand il osait être familier, et qu'il consentait à être heureux.

J'ai tâché, en le peignant, de dégager sa figure poétique et naturelle des questions brûlantes et des déclamations de parti auxquelles on a tout fait pour le mêler. Je voudrais faire ainsi en disant quelques mots rapides sur M. Pierre Dupont, qui est un chantre à la fois populaire et de salons, socialiste pur si l'on en croit quelques-uns de ses vers, belliqueux même et violent à de certains jours, rural, agreste et pacifique, je le crois, quand il est dans sa meilleure et sa première nature. M. Pierre Dupont est né à Lyon le 23 avril 1821, d'un père provinois, d'une mère lyonnaise. Ses premiers vers furent consacrés à célébrer Provins, la Voulzie, les traces d'Hégésippe Moreau; il y mêlait volontiers les souvenirs du Rhône et de la Saône, des vertes *saulées* où avait joué son enfance. Le sentiment de la famille et celui de la campagne furent de bonne heure développés en lui. Il a une sœur et un frère que ses Poésies nous font connaître; une de ses plus jolies pièces est intitulée *Ma Sœur.* Par son père et par son grand-père, il tient à la classe des artisans, et il put en étudier les mœurs dans ce qu'elles ont de plus honorable et de plus laborieux. Ayant perdu sa mère à l'âge de quatre ans, le jeune Pierre Dupont fut recueilli par son parrain et cousin, un vieux prêtre qui avait son presbytère à La Roche-Taillée-sur-Saône. Il y ébaucha librement ses études, qu'il alla suivre et terminer au petit séminaire de Largentière. Mais ne remarquez-vous pas comme tous ces poëtes plébéiens et populaires sont sortis d'une première éducation ecclésiastique? De retour à Lyon après ses études, il y fut placé dans une maison de banque; les promenades rêveuses du soir, au bord du Rhône, ne le consolaient qu'à demi des dégoûts du jour et des ennuis du comptoir. Son grand-père, qui vivait à Saint-Brice, près Provins, l'y attirait quelquefois. C'est là, c'est à Provins que, lors de sa conscription, il vit M. Lebrun, qui le reconnut poëte, s'intéressa à lui, fit souscrire à ses vers par des personnes de la ville, et le dégagea par ce moyen du service militaire auquel il allait être assujetti. M. Lebrun, toujours à l'occasion du même volume de vers (*les Deux Anges,* 1844), le proposa et le fit agréer à l'Académie française pour le prix fondé par M. de Maillé-La-Tour-Landry. M. Dupont eut même alors dans les bureaux de l'Institut une petite place qui l'attacha quelque temps en qualité d'aide aux travaux du Dictionnaire. Les premiers vers de M. Dupont respirent à chaque page la reconnaissance que lui inspira un procédé si généreux et si soutenu de la part de son premier patron. Je me plais à remarquer et le bienfait et la reconnaissance, pour faire sentir qu'ici encore, moins que jamais, il ne saurait y avoir lieu à toutes les déclamations par lesquelles on se plaît à accuser la société en masse au nom du talent méconnu. A un certain jour pourtant, M. Pierre Dupont sentit en lui le démon plus fort que la règle; il brisa ou délia sa chaîne légère, je ne l'en blâme pas; il voulut être tout à fait libre et indépendant, sans rester moins reconnaissant du passé. Cependant, avec une faculté d'expression vive, expansive et affectueuse, il tâtonnait, il se disposait à tenter le théâtre; il cherchait encore sa veine, lorsque le succès inespéré de la chanson des *Bœufs*, faite un jour au hasard, lui ouvrit toute une perspective :

> J'ai deux grands bœufs dans mon étable,
> Deux grands bœufs blancs marqués de roux, etc.

Bien des jolies bouches se mirent à l'instant à répéter à pleine voix cette cantilène piquante et naïve (naïve à demi) du laboureur, et lui poëte, il sentit qu'il n'avait plus qu'à continuer de chanter dans ce ton les choses de la campagne, un peu à l'usage des villes et des salons, et en se souvenant toutefois de ses origines. Il fit quelques autres de ses jolies mélodies rurales : *la Mère Jeanne*, *Ma Vigne*, *le Cochon*, *la Vache blanche*, que bientôt tout le monde répéta.

Ces sortes de chants sont, à proprement parler, le pendant et l'accompagnement du genre d'épopée rustique et d'idylle que Mme Sand, au même moment, mettait à la mode par *le Champi*, *la Mare-au-Diable* et *la Petite Fadette*. Mme Sand raconte, décrit et peint; elle fait le drame. Pierre Dupont mène le chœur et remplit les intermèdes par ses chansons.

En même temps (et notez-le bien), avant Février 1848 M. Pierre Dupont faisait aussi la *Chanson du Pain*, un jour que le pain était cher, et *le Chant des Ouvriers*. En ne voulant que les réjouir et les réconforter, il les exaltait en des refrains un peu vagues. Ce qu'on peut dire, c'est qu'il faisait cela spontanément alors, par un sentiment de sympathie pour ceux dont il avait observé de près les mœurs. On n'y entendait point trop malice encore.

Cependant la Révolution de Février éclata et vint jeter quelque perturbation dans ces Chants, dont quelques-uns avaient très-peu à faire pour devenir brûlants et tout à fait excitants. Ici, nous le dirons avec franchise et avec l'estime que nous inspire sa nature foncièrement aimable et bienveillante, M. Pierre Dupont s'est laissé plus d'une fois entraîner. Organisation ouverte et mobile, il a réfléchi les échos d'alentour, et y a prêté sa voix. Il a ouvert toutes ses voiles au vent populaire qui le prenait en poupe : il a suivi son succès et ne l'a pas dirigé. Dans son Recueil d'aujourd'hui, il y a une espèce de Chant prophétique, intitulé : 1852, où résonnent bien des promesses magnifiques et creuses :

> Voici la fin de la misère.
> Mangeurs de pain noir, buveurs d'eau!

Dire cela au peuple est mal, l'aider à le chanter est pis encore. Ce n'est point ici une question de républicanisme, mais de bonne foi et de bon sens. Quoi! pouvez-vous soutenir sérieusement que 1852, par cela seul qu'il remet tout en question, sera la fin de toutes les misères? Eh bien! ce qu'on n'oserait pas dire et articuler en prose, il ne faut pas qu'on le chante.

Mais, en général, le caractère des chants de M. Pierre Dupont est d'une meilleure nature, d'une nature plus conforme à celle même du poëte et de l'homme, tel qu'il s'est peint à nous dans ses premiers vers. Le caractère propre de la Muse populaire, c'est qu'elle soit avant tout pacifique, consolante, aimante; que la Chanson de chaque métier, par exemple, en exprime la joie, l'orgueil même et la douce satisfaction; qu'ell en accompagne et en soulage le labeur; qu'elle en marque les moments et les rende plus égayés et plus légers. Comment se fait-il, dit Horace dans sa première Satire, que personne ne soit content de son sort ni de son état, et qu'on porte toujours envie à celui du voisin? L'effet de la Chanson de chaque métier doit être, au contraire, de faire que chacun, tandis qu'il la chante, se sente intérieurement fier, orgueilleux même de son état, et le préfère décidément aux autres professions, sans mépris toutefois, sans insulte et sans amertume. C'est justice de rappeler qu'on trouve quelques-unes de ces intentions cordiales réalisées dans le Recueil d'un poëte artisan, dans les *Chansons de chaque métier*, par Charles Poncy, de Toulon (1). M. Pierre Dupont aussi a bien compris et vivement rendu cet esprit de joie, d'émulation et de sympathie, dans sa *Chanson de la Soie*, dans celle du *Tisserand* et dans d'autres.

Au point de vue littéraire, les chants de M. Pierre Dupont perdraient à se séparer des airs, qui sont, la plupart, de son invention ou de son arrangement, et que, sans savoir beaucoup de musique, il trouve et il combine avec une facilité naturelle et un goût qui est un signe évident de vocation. Il faut l'entendre lui-même quand il chante : il commence avec une sorte de peine, avec une voix enrouée, un peu cassée, bientôt entraînante pourtant. Après la première demi-heure, il s'anime, il se déploie, il est dans la plénitude de ses moyens; il jouit de son impression et en fait jouir les autres. Un sentiment sincère et fondamental respire à travers les combinaisons mêmes et le petit jeu de scène qui sont le fait de chaque artiste. La mélancolie rustique, l'insouciance et la bonhomie pas trop accusées, cette façon de chanter comme si l'on s'en revenait au milieu des champs, il sait tout cela sans feinte, et mieux qu'un chanteur de profession. Une fois qu'il tient son auditoire, il le prend, le fait à lui et s'y adapte. Il produit

---

(1) J'indiquerai, entre autres, le chant du *Forgeron*, dont M. Eugène Ortolan a fait la musique.

dans un moment donné tout son effet. Je voudrais que, sans nuire aux autres conditions du genre qu'il s'est créé, il s'accoutumât à toujours soigner rigoureusement le *style*, seule qualité qui fasse vivre la poésie écrite et lui assure un lendemain quand le son fugitif est envolé.

Pour donner une idée du tour aisé et gracieux qui est familier à M. Dupont, je ne citerai que quelques vers de lui déjà anciens. Un jour, il était allé à la Place-Royale faire visite à M. Hugo qu'il ne connaissait pas encore. Ne l'ayant pas rencontré, il fit un tour de promenade dans la Place et écrivit au crayon les vers suivants sur sa carte, qu'il vint remettre l'instant d'après :

> Si tu voyais une anémone,
> Languissante et près de périr,
> Te demander, comme une aumône,
> Une goutte d'eau pour fleurir ;
>
> Si tu voyais une hirondelle,
> Un jour d'hiver, te supplier,
> A ta vitre battre de l'aile,
> Demander place à ton foyer ;
>
> L'hirondelle aurait sa retraite,
> L'anémone, sa goutte d'eau :
> Pour toi que ne suis-je, ô Poëte,
> Ou l'humble fleur ou l'humble oiseau !

Tous ceux qui connaissent M. Pierre Dupont me le peignent comme un esprit doux, poétique, aimant naturellement le bien, aimant sincèrement la nature, les champs. « Venez-vous voir les blés à Vaugirard ? » disait-il un jour à un de ses amis de Paris. — Voir les blés verts ou mûrs était pour lui un but et un plaisir. Il a dit dans sa *Chanson des Prés*, en y exprimant toute la douceur de son sujet :

> Bêlements et mugissements,
> Là vous me plaisez davantage ;
> Les airs des pâtres sont charmants
> Dans la senteur du pâturage.

Son cœur, continuent de dire ceux qui le connaissent, est affectueux et chaud, doué de riches qualités. Il a de la grâce et de la séduction ; il acquerrait aisément de la finesse. Le péril, pour lui, est dans cette disposition à se laisser aller au souffle qui passe. Tout poëte doit obéir au souffle, mais que ce soit surtout à celui du dedans. — Et pour résumer, non pas mon jugement (ce serait prématuré), mais tout mon vœu sur lui, je dirai : Il a en ce moment la vogue, il a ce que tant d'autres, et des plus dignes, ont vainement attendu toute leur vie, l'attention et le regard du public ; il a le *cri* du moment, comme dit le poëte ; il chante pendant des heures, et on l'écoute, on l'applaudit ; il a de l'action. Qu'il en use en véritable artiste et en véritable ami de son pays ; car il lui en sera demandé compte.

Lundi 28 avril 1851.

NOUVEAUX DOCUMENTS

SUR

MONTAIGNE,

recueillis et publiés

PAR M. LE DOCTEUR PAYEN.

(1850.)

Pendant que le vaisseau de la France va un peu à l'aventure, qu'il gagne les mers inconnues et s'apprête à doubler ce que nos pilotes (si pilote il y a) appellent à l'avance le Cap des Tempêtes, pendant que la vigie au haut du mât croit voir se dresser déjà à l'horizon le spectre du géant Adamastor, bien d'honnêtes et paisibles esprits s'obstinent à continuer leurs travaux, leurs études, et suivent jusqu'au bout et tant qu'ils peuvent leur idée favorite. Je sais, à l'heure qu'il est, tel érudit qui compare plus curieusement que jamais les diverses Éditions premières de Rabelais, des Éditions (notez-le bien) dont il ne reste qu'un exemplaire unique, et dont un second exemplaire serait introuvable : de cette collation attentive des textes jaillira quelque conséquence littéraire assurément, et philosophique peut-être, sur le génie de notre Lucien-Aristophane. Je sais tel autre savant qui a placé sa dévotion et son culte en tout autre lieu, en Bossuet, et qui nous prépare une Histoire complète, exacte, minutieuse, de la vie et des ouvrages du grand évêque. Et comme les goûts sont divers, et que les *fantaisies humaines se découpent* en cent façons (c'est Montaigne qui dit cela), Montaigne aussi a ses dévots, lui qui l'était si peu : il fait secte. De son vivant, il avait eu sa *fille d'alliance*, Mlle de Gournay, qui s'était vouée solennellement à lui, et son disciple Charron, de plus près, le suivait pas à pas, ne faisant guère que ranger avec plus d'ordre et de méthode ses pensées. De nos jours, des amateurs, gens d'esprit, ont continué sous une autre forme cette religion : ils se sont consacrés à recueillir les moindres vestiges de l'auteur des *Essais*, à rassembler ses moindres reliques : et, en tête de ce groupe, il est juste de mettre le docteur Payen, qui prépare depuis des années un livre sur Montaigne, lequel aura pour titre :

MICHEL DE MONTAIGNE, *recueil de particularités inédites ou peu connues sur l'auteur des* ESSAIS, *son livre et ses autres écrits, sur sa famille, ses amis, ses admirateurs, ses contempteurs.*

En attendant que s'achève un tel livre, occupation et amusement de toute une vie, le docteur Payen nous tient au courant, dans de courtes brochures, des divers travaux et des découvertes qui se font sur Montaigne.

Si l'on dégage ces petites découvertes, faites depuis cinq ou six ans, de tout ce qui s'y est mêlé de contestations, disputes, chicanes, charlataneries et procès (car il y a eu de tout cela), voici en quoi elles consistent :

En 1846, M. Macé a trouvé dans les manuscrits de la Bibliothèque (alors) royale, fonds Du Puy, une lettre de Montaigne adressée au roi Henri IV, du 2 septembre 1590.

En 1847, M. Payen a fait imprimer une lettre ou fragment de lettre de Montaigne du 16 février 1588, lettre altérée d'ailleurs et incomplète, provenant de la Collection de la comtesse Boni de Castellane.

Mais surtout en 1848, M. Horace de Viel-Castel a trouvé à Londres, dans le *British Museum,* une notable lettre de Montaigne, alors maire de Bordeaux, et adressée à M. de Matignon, lieutenant pour le roi dans cette même ville, à la date du 22 mai 1585. Cette lettre a cela de curieux, qu'elle nous montre pour la première fois Montaigne en plein exercice de sa charge, et dans toute l'activité et la vigilance dont il était capable. Ce soi-disant paresseux avait, au besoin, beaucoup plus de ces qualités actives qu'il n'en promettait.

M. Detcheverry, archiviste de la mairie à Bordeaux, a trouvé et publié (1850) une lettre de Montaigne, encore maire, aux *Jurats* ou échevins de cette ville, du 30 juillet 1585.

M. Achille Jubinal a trouvé dans les manuscrits de la Bibliothèque nationale, et il a publié (1850) une longue et remarquable lettre de Montaigne au roi Henri IV, du 18 janvier 1590, et qui se rejoint heureusement à celle qu'avait déjà trouvée M. Macé.

Enfin, pour ne rien omettre et pour rendre justice à chacun, dans une *Visite au château de Montaigne en Périgord,* dont la relation a paru en 1850, M. le docteur Bertrand de Saint-Germain a décrit les lieux et relevé les diverses inscriptions grecques ou latines qui se lisent encore dans la tour de Montaigne, dans cette pièce du *troisième* étage (le rez-de-chaussée comptant pour un) où le philosophe avait établi sa *librairie* et son cabinet d'études.

En rassemblant et en appréciant dans sa dernière brochure ces diverses notices et découvertes, qui toutes ne sont pas d'égale importance, M. le docteur Payen se laisse lui-même aller à quelque petit excès d'admiration ; mais nous n'avons garde de le lui reprocher. L'admiration, quand elle s'applique à des sujets si nobles, si parfaitement innocents et si désintéressés, est vraiment une étincelle du feu sacré : elle fait entreprendre des recherches qu'un zèle plus froid aurait vite laissées et qui aboutissent quelquefois à des résultats réels. Pourtant, que ceux qui, à l'exemple de M. Payen, sentent en gens d'esprit et admirent si bien Montaigne, daignent se souvenir, jusque dans leur passion, des conseils du sage et du maître : « Il y a plus à faire, disait Montaigne en parlant des commentateurs de son temps, à interpréter les interprétations qu'à interpréter les choses ; et plus de livres sur les livres que sur autre sujet : nous ne faisons que nous *entregloser*. Tout fourmille de commentaires : d'auteurs, il en est grand'-cherté. » Ils sont hors de prix, en effet, et bien rares de tout temps les *auteurs*, c'est-à-dire ceux qui augmentent réellement le trésor de la connaissance humaine. Je voudrais que tous ceux qui écrivent sur Montaigne et qui nous transmettent sur lui le détail de leurs recherches et de leurs découvertes, se représentassent en idée une seule chose, à savoir Montaigne lui-même les lisant et les jugeant. « Que penserait-il de moi et de la façon dont je vais parler de lui au public? » Combien une telle question, si on se la posait, retrancherait, ce semble, de phrases inutiles et raccourcirait de discussions oiseuses! La dernière brochure de M. Payen est dédiée à un homme qui a également bien mérité de Montaigne, à M. Gustave Brunet de Bordeaux. Celui-ci, dans un écrit où il faisait connaître d'intéressantes corrections ou variantes du texte même de Montaigne, parlant à son tour de M. Payen, disait : « Qu'il se décide enfin à publier le fruit de ses recherches, il n'aura rien laissé à faire aux *Montaignologues* futurs. » *Montaignologue !* que dirait Montaigne, bon Dieu! d'un pareil mot forgé en son honneur? O vous tous qui vous occupez si méritoirement de lui, mais qui ne prétendez point vous l'approprier, je pense, au nom de celui que vous aimez et que nous aimons tous aussi à plus ou moins de titres, n'ayez jamais, je vous prie, de ces mots-là, qui sentent la confrérie et la secte, l'érudition pédantesque et *le caquet scolastique,* les choses qui lui répugnaient le plus.

Montaigne avait l'âme simple, naturelle, populaire, et des plus heureusement tempérées. Né d'un père excellent et qui, médiocrement instruit, avait donné avec un véritable enthousiasme dans le mouvement de la Renaissance et dans toutes les nouveautés *libérales* de son temps, il avait corrigé ce trop d'enthousiasme, de vivacité et de tendresse, par une grande finesse et justesse de réflexion ; mais il n'en avait point abjuré le fond originel. Il n'y a guère plus de trente ans que, lorsqu'on avait à parler du xvie siècle, on en parlait comme d'une époque *barbare,* en ne faisant exception que pour le seul Montaigne : il y avait là erreur et ignorance. Le xvie siècle était un grand siècle, fécond, puissant, très-savant, déjà très-délicat par portions, quoiqu'il soit bien rude et violent et qu'il ait l'air encore grossier par bien des aspects. Ce qui lui manquait surtout, c'était le goût, si l'on entend par goût le choix net et parfait, le dégagement des éléments du beau. Mais ce goût-là, dans les âges suivants, est trop vite devenu du dégoût. Pourtant, si en littérature il est indigeste, dans les arts proprement dits, dans ceux de la main et du ciseau, même en

France, le xviᵉ siècle est fort supérieur par la qualité du goût aux deux siècles suivants; il n'est ni maigre ni massif, ni lourd ni contourné. En art, il a le goût riche et fin, libre à la fois et compliqué, antique tout ensemble et moderne, tout à fait particulier et original. Dans l'ordre moral il reste inégal et très-mélangé. C'est le siècle des contrastes, et des contrastes dans toute leur rudesse, siècle de philosophie déjà et de fanatisme, de scepticisme et de forte croyance. Tout s'y entre-choque, s'y heurte; rien ne s'y fond encore et ne s'y nuance. Tout y fermente, il y a chaos; chaque coup de soleil y fait orage. Ce n'est pas un siècle doux ni qu'on puisse appeler un siècle de lumières, c'est un âge de lutte et de combats. La grande singularité de Montaigne, et ce qui fait de lui un *phénomène,* c'est d'avoir été la modération, le ménagement et le tempérament même en un tel siècle.

Né le dernier jour de février 1533, nourri dès l'enfance aux langues anciennes tout en se jouant, éveillé même dès le berceau au son des instruments, il semblait avoir été élevé moins pour vivre dans une rude et violente époque, que pour le commerce et le *cabinet des Muses.* Son rare bon sens corrigea ce que cette première éducation pouvait avoir d'un peu trop idéal et de trop poétique; il n'en garda que cette habitude heureuse de tout faire et de tout dire avec fraîcheur et gaieté. Marié après trente ans à une femme estimable qui fut vingt-huit années sa compagne, il paraît n'avoir porté de passion que dans l'amitié. Il a immortalisé la sienne pour cet Étienne de La Boëtie, qu'il perdit après quatre années de l'intimité la plus douce et la plus étroite. Quelque temps conseiller au Parlement de Bordeaux, Montaigne se retira avant quarante ans du train des affaires et de l'ambition pour vivre chez lui, dans sa tour de Montaigne, jouissant de lui-même et de son esprit, adonné à ses observations, à ses pensées et à cette paresse occupée dont nous savons jusqu'aux moindres jeux et aux fantaisies. La première édition des *Essais* parut en 1580, composée de deux livres seulement, et dans une forme qui ne représente qu'une première ébauche de ce que nous avons par les éditions suivantes. Cette même année, Montaigne partit pour faire un voyage de Suisse et d'Italie. C'est pendant ce voyage que Messieurs de Bordeaux l'élurent maire de leur ville. Il refusa d'abord et s'excusa; mais bientôt, mieux averti, et sur le commandement du roi, il accepta cette charge « d'autant plus belle, dit-il, qu'elle n'a ni loyer ni gain, autre que l'honneur de son exécution. » Il l'exerça durant quatre années, depuis juillet 1582 jusqu'en juillet 1586, ayant été réélu après les deux premières années. Montaigne, âgé de cinquante ans, rentrait donc dans la vie publique un peu malgré lui et à la veille des troubles civils qui, apaisés et sommeillant depuis quelque temps, allaient renaître plus terribles au cri de la Ligue. Quoique les leçons, en général, ne servent à rien, que l'art de la sagesse et surtout celui du bonheur ne s'apprennent pas, ne nous refusons pourtant point le plaisir d'écouter Montaigne, donnons-nous du moins le spectacle de cette sagesse et de ce bonheur en lui; laissons-le parler des choses publiques, des révolutions et des troubles, et de sa manière de s'y conduire. Ce n'est pas un modèle encore une fois que nous proposons, c'est une distraction que nous voulons prendre et offrir à nos lecteurs.

Et d'abord Montaigne, bien qu'il vive dans un siècle agité, orageux, et qu'un homme qui avait traversé la Terreur (M. Daunou) a pu appeler le siècle *le plus tragique de toute l'histoire*, Montaigne se garde bien de se croire né dans la pire des époques. Il ne ressemble pas aux gens préoccupés et frappés qui, mesurant tout à leur horizon visuel, estimant tout d'après leur sensation présente croient toujours que la maladie qu'ils ont est la plus grave que jamais la nature humaine ait éprouvée. Lui, il est comme Socrate, qui ne se considérait pas comme citoyen d'une seule ville, mais du monde ; il embrasse d'une imagination pleine et étendue l'universalité des pays et des âges ; il juge plus équitablement les maux mêmes dont il est témoin et victime : « A voir nos guerres civiles, qui ne crie, remarque-t-il, que cette machine se bouleverse et que le jour du Jugement nous prend au collet? sans s'aviser que plusieurs pires choses se sont vues, et que les dix mille parts du monde ne laissent pas de galler le bon temps ce pendant (*de prendre du bon temps*) : moi, selon leur licence et impunité, admire de les voir si douces et molles. A qui il grêle sur la tête, tout l'hémisphère semble être en tempête et orage. » Et élevant de plus en plus sa pensée et son cœur, réduisant sa propre souffrance à ce qu'elle est dans l'immense sein de la nature, s'y voyant non plus seulement soi, mais des royaumes entiers, comme un simple point dans l'infini, il ajoute en des termes qui rappellent d'avance Pascal, et dont celui-ci n'a pas dédaigné d'emprunter le calque et le trait : « Mais qui se représente comme dans un tableau cette grande image de notre mère nature en son entière majesté; qui lit en son visage une si générale et constante variété ; qui se remarque là-dedans, et non soi, mais tout un royaume, comme un trait d'une pointe très-délicate, celui-là seul estime les choses selon leur juste grandeur. » (Livre I, chap. xxv.)

Ainsi Montaigne nous donne déjà une leçon, inutile leçon, et que je déduirai pourtant, puisque, au milieu de toutes les inutilités qui s'écrivent, celle-là en vaut bien peut-être une autre. Je ne prétends point atténuer la gravité des circonstances où se trouve engagé notre pays, et je crois qu'on a besoin en effet de mettre en commun toute son énergie, toute sa prudence et tout son courage pour s'aider et pour l'aider lui-même à en sortir avec honneur. Pourtant daignons réfléchir, et disons-nous qu'en laissant en dehors l'Empire, lequel, à l'intérieur, était une époque de calme et, avant 1812, une époque de prospérité, nous qui nous plaignons si haut, nous avons vécu paisiblement depuis 1815 jusqu'en 1830, quinze longues années; que les trois journées de Juillet n'ont fait qu'inaugurer un autre ordre de choses qui, durant dix-huit autres années, a garanti la paix et la prospérité industrielle; en total trente-deux années de calme. Des jours d'orage sont venus; ils ont éclaté, ils éclateront sans doute encore. Sachons les traverser, mais ne nous écrions pas tous les jours, comme nous sommes disposés à le faire, qu'il ne s'est jamais trouvé sous le soleil d'orages pareils à ceux que nous traversons. Pour nous tirer de l'émotion présente, pour reprendre un peu de lucidité et de mesure dans nos jugements, relisons chaque soir une page de Montaigne.

Un jugement de Montaigne m'a frappé, en ce qui concerne les hommes de son temps, et il se rapporte assez bien également à ceux du nôtre. Notre philosophe dit quelque part (livre II, chapitre XVII) qu'il connaît bien assez d'hommes qui ont diverses parties très-belles : l'un, l'esprit; l'autre, le cœur; l'autre, l'adresse; tel la conscience, tel autre la science, plus d'un le langage; enfin chacun a sa partie : « Mais de *grand homme en général*, et ayant tant de belles pièces ensemble, ou une en tel degré d'excellence, qu'on le doive admirer ou le comparer à ceux que nous honorons du temps passé, ma fortune ne m'en a fait voir *nul...* » Il fait bien ensuite une exception pour son ami Étienne de La Boëtie, mais c'est là un de ces grands hommes morts en herbe et en promesse, et sans avoir eu le temps de donner. Ce jugement de Montaigne m'a fait sourire. Il ne voyait pas de vrai et entier grand homme de son temps, qui était cependant celui des L'Hôpital, des Coligny, des Guises. Eh bien ! que vous en semble du nôtre où nous avons tant de personnages évidemment distingués comme du temps de Montaigne, l'un par l'esprit, l'autre par le cœur, un troisième par l'adresse, quelques-uns (chose plus rare) par la conscience, une quantité par la science ou par le langage? mais l'homme complet nous manque aussi et se fait sensiblement désirer. Un des témoins les plus spirituels de nos jours le reconnaissait et le proclamait il y a quelques années déjà : « Notre temps, a dit M. de Rémusat, manque de grands hommes (1). »

Comment se conduisit Montaigne dans ses fonctions de premier magistrat d'une grande cité? Si on le prenait au mot et sur les premières apparences, on pourrait croire qu'il s'en acquitta un peu mollement et languissamment. Horace, faisant les honneurs de lui-même, n'a-t-il pas dit qu'à la guerre il laissa tomber à un certain jour son bouclier (*relicta non bene parmula*)? Ne nous hâtons pas de prendre au mot ces gens de goût qui ont horreur de se surfaire. En fait de vigilance et d'activité, ces esprits délicats et vifs sont sujets à tenir plus qu'ils ne disent. Tel qui se vante et qui fait grand fracas sera, j'en suis presque certain, moins brave qu'Horace au combat et moins vigilant au conseil que Montaigne.

(1) *Essais de Philosophie*, t. I, p. 22.

En entrant en charge, Montaigne a bien soin de prévenir Messieurs de Bordeaux pour qu'ils ne s'attendent pas à trouver en lui plus qu'il n'y a en effet; il s'expose à eux sans apprêt : « Je me déchiffrai fidèlement et consciencieusement, dit-il, tout tel que je me sens être; sans mémoire, sans vigilance, sans expérience et sans vigueur; sans haine aussi, sans ambition, sans avarice et sans violence. » Il serait bien fâché, tout en prenant en main les affaires de la ville, de les prendre si à cœur qu'il l'a vu faire autrefois à son digne père, lequel y perdit à la fin sa tranquillité et sa santé. *Cet engagement âpre et ardent d'un désir impétueux* n'est pas de son fait. Son opinion est « qu'il se faut prêter à autrui, et ne se donner qu'à soi-même. » Et redoublant sa pensée, selon son usage, par toutes sortes d'images et de formes familières et pittoresques, il dira encore que, s'il se laisse quelquefois pousser au maniement d'affaires qui lui sont étrangères, il promet « de les prendre en main, non pas au poumon et au foie. » Ainsi on est bien prévenu, il faut s'y attendre. M. le maire et Montaigne seront toujours deux personnes distinctes; il se réserve sous sa charge et sous son rôle une certaine liberté et sécurité secrète. Il continuera de juger des choses à sa guise et avec impartialité, même en agissant loyalement pour la cause qui lui est confiée. Il sera loin d'approuver et même d'excuser tout ce qu'il voit dans son parti, et de même chez l'adversaire il saura bien discerner et dire : « Il fait méchamment cela, et vertueusement ceci. » — « Je veux, ajoute-t-il, que l'avantage soit pour nous, mais je ne forcène point (*je ne me mets point hors de moi*) s'il ne l'est. Je me prends fermement au plus sain des partis, mais je n'affecte pas qu'on me remarque spécialement ennemi des autres. » Et il entre dans quelques détails et applications qui étaient piquantes pour lors. Observons toutefois, pour expliquer à notre tour et justifier cette profession un peu large d'impartialité, que les chefs des partis alors en présence, les trois Henri, étaient gens de renom et considérables à divers titres : Henri, duc de Guise, chef de la Ligue; Henri, roi de Navarre, chef opposé; et le roi Henri III, au nom de qui Montaigne était maire, et qui oscillait entre les deux. Quand les partis n'ont pas de chef ni de tête, quand ils se présentent par leur corps seul, c'est-à-dire par leur réalité la plus hideuse et la plus brutale, il est plus difficile et aussi plus hasardeux de se montrer envers eux si équitable et de faire à chacun sa part jusqu'au milieu de l'action.

Le principe qui dirigea Montaigne dans toute son administration fut de n'aller qu'au fait, au résultat, et de ne rien accorder à l'éclat et à la montre : « A mesure qu'un bon effet est plus éclatant, pensait-il, je rabats de sa bonté. » Car il est toujours à craindre qu'il n'ait été produit plutôt pour être éclatant que pour être bon : « *Étalé, il est à demi vendu.* » Lui, il ne faisait pas ainsi, il n'étalait rien; il ménageait le plus doucement qu'il pouvait les esprits et les affaires; il usait utilement pour tous de ce don d'ouverture et de conciliation, de cet attrait personnel dont la nature l'avait pourvu, et qui est d'une si heureuse et si générale influence dans le maniement des hommes. Il aimait mieux prévenir le mal que de se donner l'honneur de le réprimer : « Est-il quelqu'un qui désire être malade, dit-il gaiement, pour voir son médecin en besogne? Et faudroit-il pas fouetter le médecin qui nous désireroit la peste pour mettre son art en pratique? » Loin donc de désirer que le trouble et la maladie des affaires de la cité vînt rehausser et honorer son gouvernement, il a *prêté de bon cœur,* dit-il, *l'épaule à leur aisance et facilité.* Il n'est pas de ceux qu'enivrent et qu'entêtent ces honneurs de municipalité, ces *dignités de quartier,* comme il les appelle, et dont tout le bruit *ne se promène que d'un carrefour de rue à l'autre* : s'il était homme à se prendre à la gloire, il la verrait plus en grand et la mettrait plus haut. Je ne sais pourtant s'il voudrait changer de méthode et de procédé, même sur un plus vaste théâtre. Faire le bien public insensiblement lui paraîtrait toujours l'idéal de l'habileté et le comble du bonheur. « Qui ne me voudra savoir gré, dit-il, de l'ordre, de la *douce et muette tranquillité* qui a accompagné ma conduite, au moins ne peut-il me priver de la part qui m'en appartient par le titre de ma bonne fortune. » Et il est inépuisable à peindre en expressions vives et légères ce genre de services effectifs et insensibles qu'il croit avoir rendus, bien supérieurs à des actes plus bruyants et plus glorieux : « Ces actions-là ont bien plus de grâce *qui échappent de la main de l'ouvrier nonchalamment et sans bruit,* et que quelque honnête homme choisit après, et relève de l'ombre pour les pousser en lumière à cause d'elles-mêmes. » Ainsi la fortune servit à souhait Montaigne, et, même dans sa gestion publique, en des conjonctures si difficiles, il n'eut point à démentir sa maxime et sa devise, ni à trop sortir du train de vie qu'il s'était tracé : « Pour moi, je loue *une vie glissante, sombre et muette.* » Il arriva au terme de sa magistrature, à peu près satisfait de lui-même, ayant fait ce qu'il s'était promis, et en ayant beaucoup plus fait qu'il n'en avait promis aux autres.

La lettre récemment trouvée par M. Horace de Viel-Castel vient bien à l'appui de ce chapitre où Montaigne s'expose et se juge lui-même dans cette période de sa vie publique. « Cette lettre (dit M. Payen) est toute d'affaires. Montaigne est maire; Bordeaux, naguère agité, semble préluder à de nouveaux troubles; le lieutenant pour le roi est absent. On est au mercredi 22 mai 1585; il est nuit, Montaigne veille, et il écrit au gouverneur de la province. » La lettre, qui est d'un intérêt trop particulier et trop local pour être insérée ici, peut se résumer en ces mots : Montaigne regrette l'absence du maréchal de Matignon et craint qu'elle ne se prolonge; il le tient et le tiendra au courant de tout, et il le supplie de revenir aussitôt que les affaires le lui permettront : « Nous sommes après nos portes et gardes, et y regardons un peu plus attentivement en votre absence… S'il survient aucune nouvelle occasion et importante, je vous dépêcherai soudain homme exprès, et devez estimer que rien ne bouge si vous n'avez de mes nouvelles. » Il prie M. de Matignon de songer pourtant qu'il pourrait bien aussi n'avoir pas le temps de l'avertir, « vous suppliant de considérer que telle sorte de mouvements ont accoutumé d'être si impourvus que, s'ils devoient avenir, on me tiendra à la gorge sans me dire gare. » Au reste, il fera tout pour pressentir à l'avance les événements : « Je ferai ce que je pourrai pour *sentir* nouvelles de toutes parts, et, pour cet effet, visiterai et verrai le goût de toute sorte d'hommes. » Enfin, après avoir tenu le maréchal au courant de tout et des moindres bruits de ville, il le presse de revenir, l'assurant « que nous n'épargnerons cependant ni notre soin ni, s'il est besoin, notre vie pour conserver toutes choses en l'obéissance du roi. » Montaigne n'était pas prodigue de protestations et de phrases, et ce qui, chez d'autres, serait formule, est ici engagement réel et vérité.

Cependant les choses se gâtent de plus en plus; la guerre civile s'engage; des partis amis ou ennemis (il n'y a pas grande différence) infestent le pays. Montaigne, qui retourne en son manoir rural le plus souvent qu'il peut, et quand les affaires de sa charge, qui tire à sa fin, ne l'obligent point à être à Bordeaux, se trouve exposé à toute sorte d'injures et d'avanies : « J'encourus, dit-il, les inconvénients que la modération apporte en telles maladies ; je fus pelaudé (*écorché*) à toutes mains. Aux Gibelins, j'étois Guelfe ; aux Guelfes, Gibelin. » Au milieu de ses griefs personnels, il sait assez détacher et élever sa pensée pour réfléchir avant tout sur les malheurs publics et sur la dégradation des caractères. Considérant de près le désordre des partis et ce qui s'y développe si vite d'abject et de misérable, il rougit de voir des chefs qui ont quelque renom s'abaisser et s'avilir par de lâches complaisances : car, en ces circonstances, nous le savons comme lui, « c'est au commandant de suivre, courtiser et plier, *à lui seul d'obéir* ; tout le reste est libre et dissolu. » — « Il me plaît, dit ironiquement Montaigne, de voir combien il y a de lâcheté et de pusillanimité en l'ambition ; par combien d'abjection et de servitude il lui faut arriver à son but. » Méprisant l'ambition comme il le fait, il n'est pas fâché de la voir se démasquer ainsi dans ces pratiques et se dégrader à ses yeux. Pourtant, sa bonté de cœur l'emportant encore sur sa fierté et sur son mépris : « Mais ceci me déplaît, ajoute-t-il douloureusement, de voir des natures débonnaires et capables de justice se corrompre tous les jours au maniement et commandement de cette confusion... Nous avions assez d'âmes mal nées, sans gâter les bonnes et généreuses. » Pour lui, dans ce malheur, il cherche plutôt une occasion et un motif de se fortifier et de se retremper. Atteint en détail de mille offenses et de mille maux qui viennent *à la file*, et qu'il eût plus gaillardement soufferts *à la foule*, c'est-à-dire tout à la fois ; chassé par la guerre, par la contagion, par tous les fléaux (juillet 1585), il se demande déjà, du train dont vont les choses, à qui il aura recours, lui et les siens, à qui il ira demander asile et subsistance dans sa vieillesse, et, après avoir bien cherché et regardé tout alentour, il se trouve en définitive tout nu et *en pourpoint*. Car, « pour se laisser tomber à plomb et de si haut, il faut que ce soit entre les bras d'une affection solide, vigoureuse et fortunée : elles sont rares, s'il y en a. » A cette manière dont il parle, on voit assez que La Boëtie dès longtemps n'était plus. Montaigne alors sent que c'est en lui seul, après tout, qu'il peut se fonder dans la détresse et s'affermir, et que c'est le moment ou jamais de mettre en pratique ces hautes leçons qu'il a passé sa vie à recueillir çà et là dans les livres des philosophes; il se ranime, il arrive à toute sa vertu : « En un temps ordinaire et tranquille on se prépare à des accidents modérés et communs; mais, en cette confusion où nous sommes *depuis trente ans*, tout homme françois, soit en particulier, soit en général, se voit à chaque heure sur le point de l'entier renversement de sa fortune. » Et, loin de s'abattre et de maudire le sort de l'avoir fait naître en un âge si orageux, il s'en félicite tout à coup : « Sachons gré au sort de nous avoir fait vivre en un siècle non mol, languissant ni oisif. » Puisque la curiosité des sages va chercher dans le passé les confusions des États pour y étudier les secrets de l'histoire et, comme nous dirions, la physiologie du corps social à nu : « Ainsi fait ma curiosité, nous déclare-t-il, que je m'agrée aucunement de voir de mes yeux ce notable spectacle de notre mort publique, ses symptômes et sa forme; et, puisque je ne la puis retarder, je suis content d'être destiné à y assister et m'en instruire. » Je ne me permettrai pas de proposer à beaucoup de personnes une consolation de ce genre; la plupart des hommes n'ont pas de ces curiosités héroïques et acharnées, telles qu'en eurent Empédocle et Pline l'Ancien, ces deux curieux intrépides qui allaient droit aux volcans et aux bouleversements de la nature pour les examiner de plus près, au risque de s'y abîmer et d'y périr. Avec Montaigne pourtant, de la nature dont nous le savons, cette pensée d'observation stoïque ne laissait pas d'introduire quelque consolation jusque dans les maux réels. Considérant l'espèce d'état de fausse paix et de trêve précaire, le régime de sourde et profonde corruption qui avait précédé les derniers troubles, il se félicitait presque aussi de le voir cesser; car « c'étoit, dit-il de ce régime de Henri III, une jointure universelle de membres gâtés en particulier, à l'envi les uns des autres, et, la plupart, d'ulcères envieillis, qui ne recevoient plus ni ne demandoient guérison. Ce croulement donc m'anima certes plus qu'il ne m'atterra... » Notez que sa santé, d'ordinaire plus faible, s'est trouvée ici remontée au niveau de son moral, et elle a eu de quoi suffire à ces diverses secousses, qui semblaient devoir l'abattre. Il eut la satisfaction de sentir qu'il avait quelque tenue contre la fortune, et qu'il fallait un plus grand choc que cela pour lui *faire perdre les arçons.*

Une autre considération plus humble et plus humaine le soutient dans ces maux, c'est cette consolation qui naît du malheur commun, du malheur partagé par tous, et de la vue du courage d'autrui. Le peuple surtout, le vrai peuple, celui qui est victime et non pillard, les paysans de ses environs le touchent par la manière dont ils supportent les mêmes maux que lui et pis encore. Cette contagion ou peste qui sévissait alors dans le pays, frappait surtout parmi ces pauvres gens; Montaigne apprend d'eux la résignation et la pratique de la philosophie. « Regardons à terre : les pauvres gens que nous y voyons épandus, la tête penchante après leur besogne, qui ne savent ni Aristote ni Caton, ni exemple ni précepte, de ceux-là tire nature tous les jours des effets de constance et de patience plus purs et plus roides que ne sont ceux que nous étudions si curieusement en l'école. » Et il continue de les montrer travaillant jusqu'à l'extrémité, même dans leur douleur, même dans leurs maladies, jusqu'au moment où la force leur manque : « Celui-là qui fouit mon jardin, il a ce matin enterré son père ou son fils... ils ne s'alitent que pour mourir. » Tout ce chapitre est beau, touchant, approprié, se sentant à la fois d'une noble élévation stoïque, et de cette nature débonnaire et populaire de laquelle Montaigne se disait à bon droit issu et formé. Il ne saurait y avoir au-dessus d'un tel chapitre, à titre de *consolation dans les calamités publiques*, qu'un chapitre de quelque autre livre non plus humain, mais véritablement divin, d'un livre qui ferait sentir la main de Dieu partout, et non point par manière d'acquit comme le fait Montaigne, mais la main réellement présente et vivante. En un mot, la consolation que se donne Montaigne, à lui et aux autres, est aussi haute et aussi belle que peut l'être une consolation humaine sans la prière.

Il écrivait ce chapitre (xiie du livre III) au milieu même des maux publics qu'il dépeignait, et avant qu'ils eussent pris fin : il le terminait encore à sa manière poétique et légère, en le montrant comme un assemblage d'exemples, un *amas de fleurs étrangères*, auxquelles il n'avait fourni du sien que le *filet* pour les *lier*.

Voilà Montaigne en tout, et, quoi qu'il dise de sérieux, il le couronne par une grâce. Pour juger de sa manière, il suffit de l'ouvrir à toute page indifféremment et de l'écouter discourant sur n'importe quel sujet; il n'en est aucun qu'il n'égaie et qu'il ne féconde. Dans le chapitre

Des Menteurs, par exemple, après s'être étendu en commençant sur son défaut de mémoire, et avoir déduit les raisons diverses qu'il a de s'en consoler, il ajoutera tout à coup cette raison jeune et charmante : « D'autre part (grâce à cette faculté d'oubli), les lieux et les livres que je revois me rient toujours d'une fraîche nouvelleté. » C'est ainsi que, sur tous les propos qu'il touche, il recommence sans cesse, et fait jaillir des sources de fraîcheur.

Montesquieu a dit dans une exclamation mémorable : « Les quatre grands poëtes, Platon, Mallebranche, Shaftesbury, Montaigne ! » Combien cela est vrai de Montaigne ! Nul écrivain en français, y compris les poëtes proprement dits, n'a eu de la poésie une aussi haute idée que lui. « Dès ma première enfance, disait-il, la poésie a eu cela de me transpercer et transporter. » Il estime avec un sentiment pénétrant que « nous avons bien plus de poëtes que de juges et interprètes de poésie, et qu'il est plus aisé de la faire que de la connoître. » En elle-même et dans sa pure beauté, elle échappe à la définition; et celui qui la veut discerner du regard et considérer en ce qu'elle est véritablement, il ne la voit pas plus que *la splendeur d'un éclair.* Dans l'habitude et la continuité de son style, Montaigne est l'écrivain le plus riche en comparaisons vives, hardies, le plus naturellement fertile en métaphores, lesquelles, chez lui, ne se séparent jamais de la pensée, mais la prennent par le milieu, par le dedans, la joignent et l'étreignent. A cet égard, en obéissant si pleinement à son génie, il a dépassé et quelquefois excédé celui de la langue. Ce style bref, mâle, qui frappe à tout coup, qui enfonce et qui redouble le sens par le trait, ce style duquel on peut dire qu'il est une épigramme continuelle, ou une métaphore toujours renaissante, n'a été employé chez nous avec succès qu'une seule fois, et c'est sous la plume de Montaigne. Si on voulait l'imiter, même en supposant qu'on le pût et qu'on y fût disposé par nature, si l'on voulait écrire avec cette rigueur, et cette exacte correspondance, et cette continuité diverse de figures et de traits, il faudrait à tout moment forcer notre langue à être plus forte et plus complète poétiquement qu'elle ne l'est d'ordinaire et dans l'usage. Ce style à la Montaigne, si conséquent et si varié dans la suite et l'assortiment des images, exige qu'on crée à la fois une partie du tissu même, pour les porter. Il faut de toute nécessité qu'on étende et qu'on allonge par endroits la trame pour y coudre la métaphore ; mais voilà que, pour le définir, je suis presque amené à parler comme lui. Notre bon langage, en effet, notre prose, qui se sent toujours plus ou moins de la conversation, n'a pas naturellement de ces ressources et de ces fonds de toile pour une continuelle peinture ; elle court et fuit vite, et se dérobe : à côté d'une image vive, elle offrira une soudaine lacune et défaillance. En y suppléant par de l'audace et de l'invention comme fait Montaigne, en créant, en imaginant l'expression et la locution qui manque, on paraîtrait aussitôt recherché. Ce style à la Montaigne serait, à bien des égards, en guerre ouverte avec celui de Voltaire. Il ne pouvait naître et fleurir que dans cette pleine liberté du XVIe siècle, chez un esprit franc et ingénieux, gaillard et fin, brave et délicat, unique de trempe, qui parut libre et quelque peu licencieux, même en ce temps-là, et qui s'inspirait lui-même et s'enhardissait, sans s'y enivrer, à l'esprit pur et direct des sources antiques.

Tel qu'il est, Montaigne est notre Horace ; il l'est par le fond, il l'est par la forme souvent et l'expression, bien que par celle-ci il aille souvent aussi jusqu'au

Sénèque. Son livre est un trésor d'observations morales et d'expérience; à quelque page qu'on l'ouvre et dans quelque disposition d'esprit, on est assuré d'y trouver quelque pensée sage exprimée d'une manière vive et durable, qui se détache aussitôt et se grave, un beau sens dans un mot plein et frappant, dans une seule ligne forte, familière ou grande. Tout son livre, a dit Étienne Pasquier, est un vrai *séminaire* de belles et notables sentences; et elles entrent d'autant mieux qu'elles courent et se pressent, et ne s'affichent pas; il y en a pour tous les âges et pour toutes les heures de la vie; on ne le peut lire quelque temps sans en avoir l'âme toute remplie et comme tapissée, ou, pour mieux dire, tout armée et toute revêtue. On vient de voir qu'il a plus d'un conseil utile et d'une consolation directe à l'usage de l'honnête homme né pour la vie privée et engagé dans les temps de trouble et de révolution. A quoi j'ajouterai encore un de ces conseils qu'il adresse à ceux qui, comme moi et comme bien des gens de ma connaissance, subissent les tourmentes politiques sans les provoquer jamais et sans se croire d'étoffe non plus à les conjurer. Montaigne, ainsi que ferait Horace, leur conseille, tout en s'attendant de longue main à tout, de ne pas tant se préoccuper à l'avance, de profiter jusqu'au bout, dans un esprit libre et sain, des bons moments et des intervalles lucides; il fait là-dessus de piquantes et justes comparaisons coup sur coup, et termine par celle-ci, qui me paraît la plus jolie, et qui d'ailleurs est tout à fait de circonstance et de saison : c'est folie et fièvre, dit-il, de « *prendre votre robe fourrée dès la Saint-Jean, parce que vous en aurez besoin à Noël.* »

Lundi 5 mai 1851.

CORRESPONDANCE

ENTRE

MIRABEAU ET LE COMTE DE LA MARCK

(1789-1791),

Recueillie, mise en ordre et publiée

PAR M. AD. DE BACOURT,

ancien ambassadeur.

Quand j'ai parlé de Mirabeau il y a quelques semaines, j'ai annoncé, en finissant, qu'une publication se préparait qui devait jeter la plus vive lumière sur le Mirabeau historique et définitif et sur son rôle durant la Révolution. Cette publication paraît en ce moment, et tout lecteur va être à même d'en apprécier l'intérêt et l'importance.

Mirabeau déjà célèbre, et des plus en vue comme écrivain politique, avait fait, en 1788, la connaissance du comte de La Marck, grand seigneur belge au service de la France. M. de La Marck, fils cadet du duc d'Arenberg, avait passé au service de France à dix-sept ans, et y était devenu, à vingt (1773), colonel propriétaire d'un régiment d'infanterie allemande que lui avait laissé son grand-père maternel. Jeune, actif, d'un jugement net et fin, en relation de famille avec ce qu'il y avait de plus noble dans les Pays-Bas autrichiens et à la Cour de Vienne, il se trouva du premier jour très-bien introduit à celle de Versailles, des mieux placés pour observer et s'y plaire; il fut particulièrement de la société de la Dauphine, bientôt reine, Marie-Antoinette. Comme militaire, il montra du talent et se distingua dans la guerre de l'Inde. A son retour, il eut un duel qui fit du bruit. Bref, il ne manquait rien au comte de La Marck de ce qui constituait alors un homme du plus grand monde, vivant sur le pied le plus agréable et dans une flatteuse considération. En 1788, les idées tournant de plus en plus au sérieux, il eut la curiosité de connaître Mirabeau, et on le fit dîner avec lui chez le prince de Poix, à Versailles, où étaient réunis quelques convives, gens de Cour. C'était Senac de Meilhan qui avait ménagé ce dîner et qui y conduisait le *lion :*

« En voyant entrer Mirabeau (nous dit M. de Bacourt d'après des notes précises), M. de La Marck fut frappé de son extérieur. Il avait une stature haute, carrée, épaisse. La tête, déjà forte, bien au delà des proportions ordinaires, était encore grossie par une énorme chevelure bouclée et poudrée. Il portait un habit de ville dont les boutons, en pierre de couleur, étaient d'une grandeur démesurée, des boucles de souliers également très-grandes. On remarquait enfin dans toute sa toilette une exagération des modes du jour qui ne s'accordait guère avec le bon goût des gens de Cour. Les traits de sa figure étaient enlaidis par des marques de petite-vérole. Il avait le regard couvert, mais ses yeux étaient pleins de feu. En voulant se montrer poli, il exagérait ses révérences; ses premières paroles furent des compliments prétentieux et assez vulgaires. En un mot, il n'avait ni les formes ni le langage de la société dans laquelle il se trouvait; et quoique, par sa naissance, il allât de pair avec ceux qui le recevaient, on voyait néanmoins tout de suite à ses manières qu'il manquait de l'aisance que donne l'habitude du grand monde. »

Je ne ferai que peu de remarques sur ce premier effet

que Mirabeau produisit sur les convives, et qui nous est si visiblement rendu ; je ne me permettrai que d'expliquer et de commenter deux ou trois traits, ainsi que l'expression de *ridicule* qui échappe quelques lignes plus bas, et qui est appliquée à l'extérieur de Mirabeau. « Après le dîner, continue le narrateur, M. de Meilhan ayant amené la conversation sur la politique et l'administration, tout ce qui avait pu frapper d'abord comme ridicule dans l'extérieur de Mirabeau disparut à l'instant : on ne remarqua plus que l'abondance et la justesse des idées. » N'oublions pas que nous sommes ici chez le prince de Poix, c'est-à-dire au point de vue de Versailles et de ce monde exquis, élégant, d'une simplicité qui était le dernier degré du bon goût et de la recherche fine. Mais tout cela n'était fait pour être vu et apprécié que de très-près. Avec Mirabeau, au contraire, tout sort des proportions ordinaires ; sa personne entière est taillée sur un autre patron. Il a le masque de l'orateur et du grand acteur tribunitien : ce masque-là, pas plus que celui de l'acteur antique, n'est fait pour être vu de plus près que de l'amphithéâtre. La statue grandiose, pour que chaque trait n'en paraisse pas trop gros et exagéré, a besoin d'être placée à sa perspective. De même, quant aux modes, Mirabeau se gardait bien, par instinct encore plus que par calcul, d'adopter celles d'alors, si minces, si mesquines, si étriquées. Lui, selon l'expression de son père, qui le jugeait très-bien cette fois; il avait « des manières nobles et *le faste des habits en un siècle le mode dépenaillée.* » Au monde de Versailles, il pouvait sembler, à première vue, n'avoir pas l'habitude du grand monde ; mais au monde de Paris et à tout ce qui n'était pas de la Cour et des petits appartements, il semblait dans sa mise, dans son geste et dans ses manières, et même en ses familiarités, un grand seigneur d'autrefois qui se mettait avec luxe et caprice. Lui qui jugeait si bien les hommes par le dedans, il savait que la plupart ne se forment une idée des autres que par leur dehors et par leur *autour* (l'expression est de lui). Il savait encore qu'il faut du *reluisant* au peuple. C'est ainsi que naturellement, instinctivement, autant qu'il l'eût fait par politique, il était revêtu et comme investi en toute sa personne d'un certain appareil qui, au premier aspect, et dans un salon où le bon goût est d'éteindre ou d'adoucir toute chose, faisait un peu de détonation et de fracas. Mais, à ce dîner, la première impression passée, il fut charmant, séduisant, traitant les plus vastes sujets avec une énergie brillante; et, sur le chapitre de l'Allemagne en particulier auquel M. de La Marck l'amena, il parla encore mieux qu'il n'en avait écrit. M. de La Marck, à ce dîner, eut un mérite : il se sentit aussitôt un vif attrait pour Mirabeau, un attrait non pas fugitif et de simple curiosité, mais réel et qui devait aboutir à l'amitié la plus solide et la plus sérieuse.

Ce ne fut pourtant pas cette année même qu'elle se noua. Après quelques visites qui suivirent le dîner de Versailles, ils se perdirent quelque temps de vue, et ne se retrouvèrent qu'aux États-Généraux. M. de La Marck, tout étranger qu'il était de naissance, put être nommé membre des États-Généraux, à la faveur de quelques fiefs qu'il possédait dans le royaume. Membre de l'Ordre de la noblesse, et ayant cru devoir suivre les premières démarches du corps auquel il appartenait, il ne rencontra Mirabeau à l'Assemblée qu'après la réunion des trois Ordres. Ce fut Mirabeau qui, le premier, s'approcha de lui, en lui disant : « Ne reconnaissez-vous plus vos anciens amis? Vous ne m'avez encore rien dit. » Ils renouèrent en quelques mots : « Avec un aristocrate comme vous, ajouta Mirabeau, je m'entendrai toujours facilement. » Au premier dîner qu'ils firent ensemble, tête à tête, Mirabeau débuta en disant : « Vous êtes bien mécontent de moi, n'est-ce pas? » — « De vous et de bien d'autres. » — « Si cela est, vous devez commencer par l'être de ceux qui habitent le Château. Le vaisseau de l'État est battu par la plus violente tempête, et il n'y a personne à la barre. »

Ce mot : *il n'y a personne à la barre*, exprimait déjà la pensée de Mirabeau. C'était M. Necker qui dirigeait alors, et Mirabeau ne jugeait certes pas que ce fût un pilote. Il développa ses idées sur la situation à M. de La Marck et ses vues générales sur une direction possible :

« Le sort de la France est décidé, s'écria Mirabeau; les mots de *liberté*, d'*impôts consentis par le peuple*, ont retenti dans tout le royaume. On ne sortira plus de là sans un gouvernement plus ou moins semblable à celui de l'Angleterre. » —

« A travers toutes ses déclamations et le mépris qu'il répandait sur les ministres, il se montrait monarchique, et répétait que ce n'était pas sa faute si on le repoussait et si on le forçait, pour sa sûreté personnelle, à se faire le chef du parti populaire : « Le temps est venu, dit-il, où il faut estimer les hommes d'après ce qu'ils portent dans ce petit espace, *là, sous le front, entre les deux sourcils.* »

Ceci se passait à la fin du mois de juin 1789. Un mois auparavant, dans les derniers jours de mai, Mirabeau avait fait une ouverture de ce genre à M. Malouet : « J'ai désiré, lui avait-il dit, une explication avec vous, parce qu'au travers de votre modération je vous reconnais ami de la liberté, et je suis peut-être plus effrayé que vous de la fermentation que je vois dans les esprits et des malheurs qui peuvent en résulter. Je ne suis point homme à me rendre lâchement au despotisme. Je veux une constitution libre, mais monarchique. Je ne veux point ébranler la monarchie... Vous êtes lié avec MM. Necker et de Montmorin, vous devez savoir ce qu'ils veulent et s'ils ont un plan ; si ce plan est raisonnable, je le défendrai. » M. Malouet avait fait part de cette conversation à MM. Necker et de Montmorin ; mais il les avait trouvés tellement resserrés et timides, tellement en méfiance et en répugnance de traiter avec Mirabeau, qu'il n'avait pas cru devoir insister inutilement, et l'ouverture en était restée là de ce côté. Mirabeau, après ses premiers éclats de tribune, revenait à la charge du côté de M. de La Marck. En agissant ainsi, il était sincère et tout à fait d'accord avec le fond de sa pensée politique. Six mois auparavant et lorsqu'il partait pour se faire élire en Provence, son père, le marquis, écrivait de lui au bailli (22 janvier 1789) : « Il dit hautement qu'il ne souffrira pas qu'on *démonarchise* la France, et en même temps il est l'ami des coryphées du Tiers. » La double pensée politique de Mirabeau, dès avant l'ouverture des États-Généraux, était tout entière dans ces deux conditions, tiers-état et monarchie, et l'on peut dire qu'il ne cessa d'en poursuivre l'accord et le maintien depuis le premier jour de sa vie législative jusqu'à sa mort, avec toutes les secousses pourtant, les intermittences et les fréquents écarts qu'apportaient dans sa marche et dans sa conduite ses impétuosités d'humeur et de caractère, ses instincts d'orateur et de tribun, ses nécessités de tactique, et ses irritations personnelles. Mais ces écarts et, pour tout dire, ces échappées, par où il déjoue et rompt parfois sa ligne générale, se réduisent de beaucoup, aujourd'hui qu'on a la clef de tout, et qu'on peut, durant cette période dernière, le suivre presque jour par jour, et sur le théâtre, et derrière la scène.

Sur quelques mots plus positifs que Mirabeau dit à

M. de La Marck, au sortir d'un dîner où il s'était exprimé avec modération : « Faites donc qu'au Château on me sache plus disposé pour eux que contre eux, » M. de La Marck se décida à quelques ouvertures précises. Mais il ne le fit point sans s'être auparavant convaincu que le soupçon de *vénalité*, assez généralement répandu sur Mirabeau, était sans fondement. Non pas que, dans sa vie besoigneuse depuis sa sortie de Vincennes jusqu'à son entrée aux États-Généraux, Mirabeau, pour subvenir à ses besoins de tout genre, intellectuels et autres, n'ait eu souvent recours à des expédients dont on aimerait mieux que la fortune l'eût affranchi; mais, en mainte circonstance notable, manquant de tout, lui homme de puissance et de travail, qui ne pouvait se passer à chaque instant de bien des instruments à son usage, lui qui était naturellement *de grande et forte vie* (comme disait son père), manquant même d'un écu, réduit à mettre jusqu'à ses habits habillés et ses dentelles en gage, il avait résisté à rien écrire qui ne fût dans sa ligne et dans sa visée politique, à prendre du moins les choses dans leur ensemble. M. de La Marck, après s'être bien assuré du fond de la situation, et particulièrement que Mirabeau ne trempait en rien, comme ses ennemis l'en accusaient, dans le parti d'Orléans, ne trouvant en lui qu'un homme du plus haut talent et de la première capacité entravé par des *embarras subalternes*, résolut de l'aider à en sortir et à reconquérir dignité, liberté d'action, indépendance : ce point gagné, le reste devait suivre immanquablement. Il commença par l'aider directement lui-même et en ami délicat. Puis il fit quelques tentatives auprès d'un des membres du ministère, M. de Cicé, archevêque de Bordeaux, alors garde des sceaux, pour voir si la bonne volonté de Mirabeau ne pourrait pas être mise à profit pour le bien de tous. Mais rien n'était à espérer de ce côté tant que M. Necker serait le maître. « Cependant, disait Mirabeau à M. de La Marck, quelle position m'est-il donc possible de prendre? Le Gouvernement me repousse, et je ne puis que me placer dans le parti de l'opposition, qui est révolutionnaire, ou risquer de perdre ma popularité, qui est ma force. Les armées sont en présence; il faut négocier ou se battre; le Gouvernement, qui ne fait ni l'un ni l'autre, joue un jeu très-dangereux. »

A quelque temps de là, M. de La Marck fit dire un mot à la reine au sujet de ses liaisons déjà intimes et remarquées avec Mirabeau; il faisait pressentir discrètement quel était son espoir en les entretenant, et qu'il y avait peut-être à tirer parti d'un tel homme, dans l'intérêt même de la monarchie. Peu de jours après, la reine répondit elle-même à M. de La Mark : « Je n'ai jamais douté de vos sentiments, et, quand j'ai su que vous étiez lié avec Mirabeau, j'ai bien pensé que c'était dans de bonnes intentions; mais vous ne pourrez jamais rien sur lui; et quant à ce que vous jugez nécessaire de la part des ministres du roi, je ne suis pas de votre avis. Nous ne serons jamais assez malheureux, je pense, pour être réduits à la pénible extrémité de recourir à Mirabeau. »

Ces résistances que Mirabeau rencontrait de toutes parts pour un emploi salutaire et régulier de toute sa force le faisaient souffrir; il ressentait profondément ce manque d'autorité morale au sein de sa renommée et de son génie : « Ah! que l'immoralité de ma jeunesse fait de tort à la chose publique! » répétait-il souvent. Il se rejetait alors vers ce qui lui était le plus ouvert et le plus facile, vers ces larges pentes de l'orateur éloquent et populaire, où tout le conviait. Il s'y précipitait de toute l'impétuosité et de tout le torrent de sa parole qui lançait le tonnerre et recueillait l'applaudissement. Puis, tout à coup, sa perspicacité d'homme d'État revenait à la traverse pour l'avertir qu'il poussait lui-même à l'abîme; et redescendu du théâtre et du rôle : « Mais à quoi donc pensent ces gens-là ? disait-il en parlant de la Cour (septembre 1789); ne voient-ils pas les abîmes qui se creusent sous leurs pas? »

« Une fois même, poussé à un état d'exaspération plus violent que de coutume, il s'écria : « Tout est perdu; le roi et la reine y périront, et vous le verrez : *la populace battra leurs cadavres.* » — Il remarqua, ajoute M. de La Marck, l'horreur que me causait cette expression. « Oui, oui, répéta-t-il, on battra leurs cadavres; vous ne comprenez pas assez les dangers de leur position; il faudrait cependant les leur faire connaître. »

Après les journées des 5 et 6 octobre qui amenèrent le roi et la reine captifs à Paris, journées auxquelles, malgré d'odieuses calomnies, il ne prit aucune part que pour les déplorer et s'en indigner, Mirabeau, sentant que la monarchie ainsi avilie aurait eu besoin de se relever aussitôt par quelque grand acte, dressa un Mémoire qu'on peut lire à la date du 15 octobre 1789. Ce Mémoire présentait tout un plan de conduite, hardi, monarchique, et nullement contre-révolutionnaire. Car, ne l'oublions pas, l'objet constant de Mirabeau, dans ses Notes et correspondances avec la Cour, de quelque date qu'elles soient, et quelles qu'en paraissent d'ailleurs les variantes de ton, son but fixe est de concilier la *liberté nationale* et la *monarchie*, de chercher à former la *coalition entre le pouvoir exécutif et le pouvoir législatif,* sans laquelle un empire tel que la France ne peut durer. Ce n'est pas une royauté républicaine à la façon de La Fayette qu'il veut; on le voit, au contraire, vouloir retrancher de la Constitution les idées républi-caines qui y pénètrent sous l'influence de La Fayette et qui vont en faire un code d'anarchie, de dissensions civiles et de conflits d'autorité. Mirabeau veut allier les principes du gouvernement représentatif avec ceux du gouvernement monarchique régénéré ; il veut la pleine indépendance du pouvoir exécutif dans sa sphère. Son point de départ est toujours la Révolution, qu'il considère comme irrévocable dans ses grands résultats de destruction ; et cette table rase de l'égalité civile, ce vaste niveau qui s'étend sur la ruine des corps privilégiés, lui semble, si l'on sait en user, aussi favorable pour le moins à la royauté qu'au peuple. Il se montre désireux d'ailleurs, en toute occasion, de diminuer l'influence de Paris et sa prédominance sur les provinces. Il connaît ce grand centre et foyer de corruption, et, de bonne heure, il en désespère : « Au lieu de chercher à changer la température de Paris, ce qu'on n'obtiendra jamais, il faut au contraire s'en servir pour détacher les provinces de la capitale. » Il aspire constamment, dans ses divers projets, à affranchir de cette influence parisienne factice et inflammatoire et la royauté et les provinces. Ces idées saines, mais hardies, de Mirabeau, pouvaient difficilement arriver à leur adresse. Le Mémoire du 15 octobre fut remis par le comte de La Marck à Monsieur (depuis Louis XVIII), dans l'espérance qu'il en parlerait à la reine : « Vous vous trompez, dit Monsieur au comte de La Marck, en croyant qu'il soit au pouvoir de la reine de déterminer le roi dans une question aussi grave. » Et insistant sur la faiblesse et l'indécision du roi, qui était au delà de tout ce qu'on pouvait dire : « Pour vous faire une idée de son caractère, poursuivit Monsieur, imaginez *des boules d'ivoire huilées, que vous vous efforceriez vainement de retenir ensemble.* »

C'est alors que Mirabeau tenta sincèrement de se rapprocher de La Fayette, qui, depuis les journées d'octobre et par suite de la présence du roi à Paris, était le dictateur véritable. Jouissant à ce moment d'une popularité immense, il était censé auprès du roi le protéger contre les séditions du peuple, et auprès du peuple défendre la liberté contre les complots de la Cour. Ici, en dégageant les relations de Mirabeau avec La Fayette de tout ce qui est secondaire et trop personnel et de quelques mauvaises paroles, en ne les prenant que dans leur ensemble et leur but, et dans leur véritable esprit, il nous est impossible, et nous croyons qu'il sera impossible à tout lecteur impartial, de ne pas arriver à un résultat des plus fâcheux pour l'illustre général et pour sa renommée historique définitive. Le point pour Mirabeau était de convaincre La Fayette que le danger était grand, qu'il ne s'agissait pas de tenir plus longtemps la royauté en laisse, de la rabaisser continuellement et systématiquement dans l'opinion publique, de la garder à vue et de la tenir en chartre privée, avec un ministère étroit et insuffisant; que M. Necker était usé, que sa prévoyance était à courte échéance et s'était toujours bornée à la révolution de chaque mois; qu'il n'avait aucune vue d'avenir; qu'il n'y avait de ressource que dans un ministère véritablement capable et agissant, dans un ministère *de première force*; et alors, avec cette conscience de lui-même qu'il était en droit d'avoir, mettant sous le pied toute fausse modestie, Mirabeau se présentait avec cordialité et franchise. Il tendait la main à La Fayette et lui disait : « Me voilà ! unissons-nous. » Il le lui redisait même après le décret de l'Assemblée qui interdisait à ses membres de devenir ministres. Il ne voulait qu'être le conseiller, mais un conseiller **écouté**. Il faut entendre cet incomparable appel :

« Ici ce qui me reste à vous dire, écrivait Mirabeau à La Fayette, le 1ᵉʳ juin 1790, deviendrait embarrassant si j'étais, comme tant d'autres, gonflé de respect humain, cette ivraie de toute vertu ; car ce que je pense et veux vous déclarer, c'est que je vaux mieux que tout cela, et que, borgne peut-être, mais borgne dans le royaume des aveugles, je vous suis plus nécessaire que tous vos Comités réunis. Non qu'il ne faille des Comités, mais à diriger, et non à consulter; mais à répandre, propager, disperser, et non à transformer en Conseil privé; comme si l'indécision n'était pas toujours le résultat de la délibération de plusieurs, lorsque ce résultat n'était pas la précipitation, et que la décision ne fût pas notre premier besoin et notre unique moyen de salut. Je vous suis plus nécessaire que tous ces gens-là ; et, toutefois, si vous ne vous défiez pas de moi, au moins ne vous y confiez-vous pas du tout. Cependant à quoi pensez-vous que je puisse vous être bon, tant que vous réserverez mon talent et mon action pour les cas particuliers où vous vous trouverez embarrassé, et qu'aussitôt sauvé ou non sauvé de cet embarras, perdant de vue ses conséquences et la nécessité d'une marche systématique dont tous les détails soient en rapport avec un but déterminé, vous me laisserez sous la remise pour ne me provoquer de nouveau que dans une crise ? »

Et il s'offre nettement, hardiment, à lui pour être son conseil habituel, son *ami abandonné,* « *le dictateur enfin,* permettez-moi l'expression, dit-il, *du dictateur :* —

« Car je devrais l'être, avec cette différence que celui-là doit toujours être tenu de développer et de démontrer, tandis que celui-ci n'est plus rien s'il permet au Gouvernement la discussion, l'examen. Oh! monsieur de La Fayette, Richelieu fut Richelieu contre la nation pour la Cour, et quoique Richelieu ait fait beaucoup de mal à la liberté publique, il fit une assez grande masse de bien à la monarchie. Soyez Richelieu sur la Cour pour la nation, et vous referez la monarchie, en agrandissant et consolidant la liberté publique. Mais Richelieu avait son capucin Joseph ; ayez donc aussi votre *Éminence grise* ; ou vous vous perdrez en ne nous sauvant pas. *Vos grandes qualités ont besoin de mon impulsion; mon impulsion a besoin de vos grandes qualités;* et vous en croyez de petits hommes qui, pour de petites considérations, par de petites manœuvres et dans de petites vues, veulent nous rendre inutiles l'un à l'autre, et vous ne voyez pas qu'*il faut que vous m'épou-*

siez et me croyiez, en raison de ce que vos stupides partisans m'ont plus décrié, m'ont plus écarté! — *Ah! vous forfaites à votre destinée!* »

A de tels accents La Fayette restait sourd ou n'ouvrait l'oreille qu'à demi. Il s'en tirait, comme il fit toujours, avec des mots, des compliments, des demi-partis, éludant les difficultés avec une grande habileté de détail, les ajournant, ne les prévenant et ne les embrassant jamais; « n'ayant pas la force de composer un bon ministère, ni le courage d'en former un trop mauvais; également incapable de manquer de foi et de tenir parole à temps; » plus amoureux de louange que de pouvoir réel et d'action; ménager avant tout de sa gloire et de sa vertu, soigneux de sa chasteté. Dans ses Mémoires, où l'homme d'esprit, l'homme de tenue et de bon ton a recouvert les fautes du personnage politique, il est convenu lui-même de quelques-uns de ces torts : « La Fayette, dit-il, eut des torts avec Mirabeau, dont l'immoralité le choquait; quelque plaisir qu'il trouvât à sa conversation, et malgré beaucoup d'admiration pour de sublimes talents, il ne pouvait s'empêcher de lui témoigner une *mésestime* qui le blessait. » Il est bon que ceux qui mettent la main aux affaires publiques et aux choses qui concernent le salut des peuples le sachent bien, les hommes en face de qui ils se rencontrent, et qui souvent sont le plus faits pour être pris en considération, ne sont pas précisément des vierges, et il n'est pas de plus grande étroitesse d'esprit que de l'être soi-même à leur égard plus qu'il ne convient. Oh! que Mirabeau le sentait lorsque, impatient de ces éternelles remises de *l'homme aux indécisions* (c'est ainsi qu'il appelle La Fayette), et de cette *pudibonderie* si hors de propos, irrité de voir en tout et partout les *honnêtes gens* de ce bord en réserve et en garde contre lui, il s'écrie : « Je leur montrerai ce qui est très-vrai, qu'ils n'ont ni dans la tête, ni dans l'âme, aucun élément de *sociabilité politique*. » Et relevant la tête en homme qui, avec ses taches, avait son principe d'honneur aussi et le sentiment de sa dignité, il écrivait un jour (1er décembre 1789) à La Fayette, sans craindre d'aborder le point délicat et qui recélait la plaie :

 « J'ai beaucoup de dettes, qui en masse ne font pas une somme énorme ; j'ai beaucoup de dettes, et c'est la meilleure réponse que les événements puissent faire aux confabulations des calomniateurs. Mais *il n'est pas une action dans ma vie, et même parmi mes torts, que je ne puisse établir de manière à faire mourir de honte mes ennemis, s'ils savaient rougir.* — Croyez-moi, Monsieur le marquis, si ce n'est qu'ainsi qu'on veut m'arrêter, ma course n'est pas finie, car je suis ennuyé plutôt que las, et las plutôt que découragé ou blessé ; et si l'on continue à me nier le mouvement, pour toute réponse je marcherai. »

Il marcha en effet, et, à l'heure qu'il est, ces paroles, reproduites dans leur texte fidèle, vont éclater plus haut que jamais et retentir. Après la rupture définitive avec La Fayette, écrivant au comte de Ségur qui la déplorait, et qui, comme intermédiaire entre les deux, avait fait à Mirabeau quelques reproches : « Ah ! Monsieur, s'écriait celui-ci, je suis bien tranquille sur l'histoire ; si mon nom, lié à de grands événements, y surnage, il ne rappellera l'idée de grandes faiblesses qu'en y joignant celle d'un amour bien vrai de la liberté, d'un caractère très-décidé et d'une loyauté vraiment voisine de la duperie. Je désire, pour vous, que celui de votre ami y parvienne de même. » Et dans le même temps, dans une lettre à M. de La Marck (3 octobre 1790) : « Je pouvais imprimer hier à M. de La Fayette une tache ineffaçable *que, jusqu'ici, je ne lui destine que dans l'histoire.* Je ne l'ai pas fait ; j'ai montré le sabre, et je n'ai pas frappé. Le temps le frappera assez pour moi. »

En attendant, dans les Notes à la Cour qu'il eut bientôt l'occasion d'adresser, Mirabeau ne cessa de s'élever de toutes ses forces contre « cette dictature ignominieuse qui séparait le roi de ses peuples, le tenait en quelque sorte en état de guerre avec eux, leur servait d'intermédiaire, et, dans ce rôle non moins indécent que perfide, usurpait l'autorité, le respect et la confiance, » absorbant à son profit toute la popularité, et ne laissant remonter au trône que le blâme : tout justement le contraire d'un vrai ministère constitutionnel! C'était dégrader, en effet, la royauté et l'abaisser, sans vouloir pourtant la république; car M. de La Fayette, toutes les fois qu'il la vit autre part qu'en Amérique, recula devant et se mit en travers. Telle était l'inconséquence.

Cependant, si nous nous reportons à la date des derniers mois de 89, nous trouvons Mirabeau bouillonnant d'impatience, de « cette impatience du talent, de la force et du courage, » souffrant de son inaction et de son inutilité réelle au milieu de ses travaux sans nombre et de ses succès retentissants, jugeant admirablement cette Cour et cette race royale qu'il voudrait servir et réconcilier avec la cause de la Révolution :

« Il n'y a qu'une chose de claire, écrivait-il (29 décembre 1789), c'est qu'ils voudraient bien trouver, pour s'en servir, des êtres amphibies qui, avec le talent d'un homme, eussent l'âme d'un laquais. *Ce qui les perdra irrémédiablement, c'est d'avoir peur des hommes, et de transporter toujours les petites répugnances et les frêles attraits d'un autre ordre de choses dans celui où ce qu'il y a de plus fort ne l'est pas encore assez;* où ils seraient très-forts eux-mêmes, qu'ils auraient encore besoin, pour l'opinion, de s'entourer de gens forts. »

Et un peu après (27 janvier 1790) :

« Du côté de la Cour, oh! quelles balles de coton, quels tâtonneurs! quelle pusillanimité! quelle insouciance! quel assemblage grotesque de vieilles idées et de nouveaux projets, de petites répugnances et de désirs d'enfants, de volontés et de *nolontés*, d'amours et de haines avortés! »

Et il s'écrie avec le regret naturel aux hommes capables qui, si haute qu'on prenne leur mesure, sentent qu'ils ne l'ont pas donnée tout entière : « Eh quoi! en nul pays du monde la balle ne viendra-t-elle donc au joueur! »

Un moment Mirabeau crut que la balle lui venait en effet, et il la reçut avec une sorte d'ivresse et de bondissement. Le comte de La Marck, qui était en Belgique depuis quelques mois, fut rappelé à Paris vers le 15 mars 1790 par un mot du comte de Mercy-Argenteau, ambassadeur d'Autriche et ami de la reine. Celle-ci se décidait enfin à recourir aux conseils de Mirabeau, et c'était par M. de La Marck qu'elle voulait nouer et entretenir l'intelligence.

La matière et les pièces de la Correspondance sont désormais entièrement sous nos yeux. Elles consistent en cinquante Notes écrites par Mirabeau pour la Cour, et particulièrement pour la reine, pendant les dix derniers mois de la vie de Mirabeau (juin 1790–avril 1791); plus, quantité de lettres et billets qui ont trait aux mêmes sujets, et qui furent échangés soit entre Mirabeau et le comte de La Marck, soit entre l'un des deux et quelque autre correspondant intime. L'existence de ces pièces était connue depuis longtemps, et le comte de La Marck, qui vivait depuis des années à Bruxelles sous le titre de prince d'Arenberg, en avait donné une communication plus ou moins complète à quelques personnes. M. Lucas-Montigny avait été admis à les consulter, et en avait produit des extraits fidèles dans les deux derniers tomes de son ouvrage; M. Droz avait fait usage de ces notions avec beaucoup de sagacité et de jugement, dans le tome IIIe de ses Considérations sur *le Règne de Louis XVI*. Mais l'histoire avait droit de réclamer une communication pleine et entière, sans réticence. C'était bien aussi le vœu de Mirabeau. Cette Correspondance était à peine entamée qu'il en mettait soigneusement de côté les pages, et il les adressait à M. de La Marck (15 juillet 1790) avec ces mots : « Voilà, mon cher comte, deux paquets que vous ne remettrez qu'à moi, quelque chose qu'il arrive, et qu'en cas de mort vous communiquerez à qui prendra assez d'intérêt à ma mémoire pour la défendre. Mettez à ces deux paquets quelque indication prudente, mais précise. » Le comte de La Marck comprit toute la gravité de cette mission, et s'il en différa l'accomplissement jusqu'après sa mort, on ne peut s'en étonner; car il a fallu peut-être les dernières circonstances européennes, et le besoin où l'on est de tout entendre en fait de vérité politique salutaire, pour que l'esprit public fût prêt à accueillir ces pièces, comme il le fera sans nul doute. Nul moment ne saurait être mieux choisi que celui-ci. M. de Bacourt, chargé, par la dernière volonté du prince d'Arenberg, du soin délicat de cette publication, s'en est acquitté en esprit élevé et simple, qui comprend, explique, ordonne toute chose, qui met en lumière de tout point le précieux dépôt dont il est chargé, et qui a la modestie de s'effacer devant les personnages principaux dont il éclaire et fait valoir les figures. Les trois principaux personnages en jeu sont la reine, Mirabeau et le comte de La Marck lui-même, ce dernier bien digne d'être associé aux deux autres par son jugement excellent, sa finesse et sa fermeté d'observation, sa connaissance des hommes et des choses, par son dévouement au malheur d'une reine et à l'amitié d'un grand homme, et qui justifie pleinement aujourd'hui aux yeux de la postérité ce qu'il écrivait un jour à Mirabeau : « Dieu ne m'a mis sur la terre que pour aimer et surveiller votre gloire. »

Rien, en effet, de plus honorable pour la réputation politique de Mirabeau que le contenu de ces diverses Notes et l'esprit général qui les anime. Hélas! il ne manque qu'une seule chose à ces conseils, pour que l'admiration soit heureuse et tout à fait à l'aise en les recueillant de la bouche de l'homme d'État et de l'homme de génie : c'est d'avoir été donnés gratuitement. Encore une fois, la plaie de Mirabeau est sur ce point, et, même en la réduisant comme il convient, elle reste une tache fâcheuse. Non, Mirabeau ne s'est pas vendu, mais il s'est laissé payer; là est la nuance. Cela dit, détournons vite le regard et attachons-nous à la réalité des choses, à l'élévation du but et des idées. A peine, en ces cinquante Notes, en est-il une dont on ne puisse citer des passages, non pas seulement éloquents, mais vrais, mais justes, et d'une prophétie trop justifiée par l'expérience. Jamais les fautes n'ont été mieux montrées à l'avance, jamais situation présente n'a été mieux décrite, définie, approfondie, jamais remède n'a été mieux indiqué, autant qu'en pareille matière on peut appeler remède ce qui n'a pas été mis à l'épreuve de l'exécution. Comme Mirabeau ne rétrograde en rien, tout en voulant pousser le couple royal! Comme il ne souffre pas qu'on revienne d'une seule ligne en arrière sur la révolution accomplie! et comme il conçoit, avec une largeur et une ampleur qu'elle n'a jamais eue chez nous, la monarchie constitutionnelle véritable! Doctrinaires, ne venez pas aujourd'hui revendiquer cette monarchie-là, celle de Mirabeau; ce ne fut jamais la vôtre! En le lisant, on éprouve à tout instant le sentiment vif de la beauté et de la grandeur de l'idée politique, cette beauté sévère, judicieuse, vivante pourtant, et qui aspire à se réaliser en pratique et en action. Jusqu'à présent, on connaissait de Mirabeau l'orateur; ici, dans cette suite de vues et de considérations, le conseiller et l'homme d'État en lui se produisent et se confondent. Les défauts qu'on y remarque encore par instants, les déviations et les écarts qui naissent surtout de l'impétuosité et du conflit de ses talents divers, ne tiennent peut-être qu'à ce qu'il n'a pas été mis à même par la fortune d'être tout entier et toujours cet homme d'État qu'il est si souvent; on peut croire qu'il ne lui a manqué que d'être élevé, une fois pour toutes, à son niveau et dans sa plus haute sphère.

Pour être complétement homme politique et homme d'État en restant simple conseiller intime et mystérieux, Mirabeau avait à modérer et à sacrifier ses instincts et ses appétits d'orateur éloquent et populaire, et il ne pouvait toujours s'y résoudre. Supposez un instant Mirabeau ministre, défenseur avoué du trône constitutionnel, et s'honorant de l'être, il eût fait ce sacrifice sans nul doute, ou plutôt il n'eût pas eu de sacrifice à faire : l'orateur se serait simplement retourné, et aurait fait face à l'attaque sur la brèche même ouverte par lui. Le talent aurait retrouvé son compte à un nouveau rôle plein d'éclat et de puissance. Mais ici ce n'était point le cas : il lui fallait continuer et afficher en public un rôle qu'il abdiquait en secret. Il y avait position fausse et bientôt insoutenable pour un talent de cette fougue et de cette franchise. La lutte en lui des deux hommes est piquante et parfois pénible à étudier, aujourd'hui qu'on a toute sa vie tant publique que secrète sur deux colonnes, pour ainsi dire, et en partie double. Comment croirait-on, si on n'en avait pas sous les yeux les preuves, que les jours même où il semblait le plus ardent et le plus provocateur à l'Assemblée, soit sur l'affaire du pavillon tricolore à arborer sur la flotte, soit sur le pillage de l'hôtel de Castries par le peuple, soit sur d'autres questions brûlantes, ces jours-là même, la veille ou le lendemain, il écrivait pour la Cour des conseils sages, mesurés, tout politiques? Il pouvait entrer quelquefois du calcul dans ces vives sorties de Mirabeau à l'Assemblée; car enfin il lui fallait de temps en temps réparer et retremper sa popularité, son grand instrument. Mais ce qu'il était surtout en ces jours où il échappait aux autres et à lui-même, c'était un orateur sincère, impétueux, piqué au jeu et entraîné, un orateur qui avait promis d'être sage, et qui tout d'un coup faisait explosion. Vers la fin, l'orateur en Mirabeau compliquait le politique et traversait l'homme d'État, comme le Rhône impétueux fertilise, enrichit et aussi parfois inonde et ravage le Comtat et la Provence. Le talent de la parole, à ce degré, est un instrument de puissance comme aussi une source d'illusion et de tentation pour celui qui le possède. Le jugement est tenté de se reverser du côté des idées solennelles et vastes qu'on exprime si bien et avec tant d'applaudissement. On aime à s'entendre tonner quand on éveille tant d'échos. Le lendemain de ses saillies parfois incendiaires et de ce qu'on a appelé ses *hémorragies* d'orateur, Mirabeau avait fort à réparer et à s'excuser du côté de la Cour, et il ne parvenait pas à s'y acquérir une confiance qu'on ne lui eût d'ailleurs jamais accordée qu'à demi.

Je ne puis qu'effleurer rapidement ces Notes pour en

donner le ton. Les premières sont surtout destinées à battre en brèche La Fayette que la reine certes n'aimait pas, mais qu'on croyait aux Tuileries l'homme nécessaire. Mirabeau montre que cet homme soi-disant nécessaire, en paralysant tout, perd tout, et qu'il laisse descendre petit à petit la monarchie et la société avec elle, jusqu'à une entière désorganisation. Et ici l'adversaire à outrance se déclare ; son opposition de vues et son antipathie de nature se donnent toute carrière :

« Il n'est plus temps, écrit-il (20 juin 1790, à la veille de la Fédération), de se confier à demi, ni de servir à demi. On a assez de preuves que La Fayette est également ambitieux et incapable. Il va se faire faire généralissime, c'est-à-dire se faire proposer le généralat, c'est-à-dire encore recevoir la dictature de fait, de ce qui est la nation, ou de ce qui a l'air de la nation. Tout son projet, quant à présent, est là. Un plan, il n'en a pas. Des moyens, il les reçoit de la main de chaque journée. Sa politique est tout entière à susciter une telle fermentation chez les voisins, qu'on lui laisse la faculté d'étendre sur tout le royaume l'influence de la Courtille. Il n'y a de ressource à cet ordre de choses que l'imbécillité de son caractère, la timidité de son âme et les courtes dimensions de sa tête (1). *Le roi n'a qu'un homme, c'est sa femme. Il n'y a de sûreté pour elle que dans le rétablissement de l'autorité royale. J'aime à croire qu'elle ne voudrait pas de la vie sans sa couronne ; mais ce dont je suis bien sûr, c'est qu'elle ne conservera pas sa vie si elle ne conserve pas sa couronne.*

« Le moment viendra, et bientôt, où il lui faudra essayer ce que peuvent une femme et un enfant à cheval ; c'est pour elle une méthode de famille ; mais, en attendant, il faut se mettre en mesure, et ne pas croire pouvoir, soit à l'aide du hasard, soit à l'aide des

---

(1) Physiologiquement, il est curieux de comparer la forme et le volume des deux fronts, celui de Mirabeau qui est l'ampleur même, et celui de La Fayette qui est fuyant. Là est la borne : elle saute aux yeux. Un jour, devant le buste ou le médaillon de La Fayette par David, quelqu'un faisait cette remarque, que ce front fuyait beaucoup : « Oui, répondit l'artiste, et encore j'ai *soutenu* le plus que j'ai pu. »

combinaisons, sortir d'une crise extraordinaire par des hommes et des moyens ordinaires. »

Mirabeau, à chaque fois, ne cesse de sonner le tocsin pour réveiller la Cour de sa torpeur, le roi de son inertie, pour amener la reine à mettre à ses idées autant de suite qu'elle y met de cœur :

« Quatre ennemis arrivent au pas redoublé, écrit-il à la date du 13 août 1790, l'impôt, la banqueroute, l'armée, l'hiver... Encore une fois, c'est la conception d'un grand plan qu'il faut arrêter, et pour cela il faut avoir un but déterminé. Les développements seront faciles, les occasions fréquentes, la prestesse et l'habileté ne manqueront pas dans le conseil secret; des chefs même, on en trouvera. Ce que je ne vois pas encore, c'est *une volonté*, et je répète que je demande à aller la déterminer, c'est-à-dire démontrer que, hors de là, aujourd'hui même, il n'y a pas de salut. »

Et dessinant la situation en traits de feu, il ne craint pas de prononcer le mot d'échafaud et de montrer la chose fatale dans le lointain. Sans cesse il revient sur cette idée d'un plan et d'une suite :

« (17 août 1790.) Il est certain que le moment est arrivé de se décider entre un rôle actif et un rôle passif; car celui-ci, tout mauvais que je le crois, l'est moins à mes yeux que cette *intercadence* d'essais et de résignation, de demi-volonté et d'abattement, qui éveille les méfiances, enracine les usurpations, et flotte d'inconséquences en inconséquences. »

Ce plan général de conduite, qu'il conseille à satiété, il l'a tout prêt, il le propose, il le renouvelle et le varie sans cesse, jusque dans les moindres détails, d'après les bases qu'il estime essentielles et fondamentales. On admire, en le lisant, à quel point il est homme à idées et à ressources; il en a plutôt un trop grand nombre; et si, au lieu de conseiller, il était mis en mesure d'agir, il aurait certainement à choisir et à élaguer. Mais dans toutes ces variantes de moyens, c'est toujours l'opinion qu'il veut mettre en jeu comme le grand levier : « L'opinion publique a tout détruit, c'est à l'opinion publique à rétablir. » Ce n'est ni un coup de main ni un coup d'État qu'il souffle, c'est un roi constitutionnel qu'il veut créer. Il s'épuise à vouloir opérer en Louis XVI cette métamorphose d'un roi honnête et timide, brusque et faible, en un roi ferme et ouvert, qui aille tête levée, qui ose tout ce qu'il faut pour son salut, pour celui de la monarchie et de la société. Si Louis XVI se décide à sortir de Paris comme il le lui conseille, que ce ne soit point par une fuite, par rien qui ressemble à une évasion, car « un roi ne s'en va qu'en plein jour quand c'est pour être roi. » Mirabeau recommence à chaque Note ses conseils, ses cris d'alarme. Il sent bien qu'on ne s'y rend pas : « On m'écoute avec plus de bonté que de confiance ; on met plus d'intérêt à connaître mes conseils qu'à les suivre. » Bien souvent l'impatience le prend, et même le mépris pour cet aveuglement royal : « On dirait que la maison où ils dorment peut être réduite en cendres sans qu'ils en soient atteints ou seulement réveillés. » A quoi M. de La Marck lui répond : « Vous les conseillez trop comme s'ils avaient une partie de votre caractère. Accoutumez-vous donc à les voir ce qu'ils sont. » Et le même M. de La Marck écrivait au comte de Mercy-Argenteau : « Le roi est sans la moindre énergie ; M. de Montmorin me disait l'autre jour tristement que, lorsqu'il lui parlait de ses affaires et de sa position, il semblait qu'on lui parlât de choses relatives à l'empereur de la Chine. »

Mirabeau ne vit la reine qu'une seule fois à Saint-Cloud, le 3 juillet 1790. Il est profondément à regretter que de telles conférences n'aient pu s'établir et se renouveler : c'était d'elle seule qu'il pouvait espérer de se faire entendre.

J'ai dit que dans aucun cas les conseils de Mirabeau ne sont contre-révolutionnaires, et que, dans aucune supposition, il n'admet qu'on puisse revenir sur les grands points gagnés de 89 :

« En effet, dit-il dans sa 47ᵉ Note, la plus détaillée de toutes (décembre 1790), je regarde tous les effets de la Révolution et tout ce qu'il faut conserver de la Constitution comme des conquêtes tellement irrévocables, qu'aucun bouleversement, à moins que l'empire ne fût démembré, ne pourrait plus les détruire. Je n'excepte pas même une contre-révolution armée; le royaume serait reconquis, qu'il faudrait encore que le vainqueur composât avec l'opinion publique, qu'il s'assurât de la bienveillance du peuple, qu'il consolidât la destruction des abus, qu'il admît le peuple à la confection de la loi, qu'il lui laissât choisir ses administrateurs; c'est-à-dire que, même après une guerre civile, il faudrait encore en revenir au plan qu'il est possible d'exécuter sans secousse. »

Ce coup-d'œil prophétique traçait d'avance leur limite et leurs lois mêmes aux Restaurations futures.

Je n'ai pu que donner l'envie de consulter ces Notes mémorables, qui sont faites pour être lues et méditées de tous ceux qui, aujourd'hui, s'occupent de politique. Les leçons lumineuses en jaillissent de toutes parts; mais, pour les bien prendre, pour les appliquer dans des circonstances à la fois analogues et différentes, il faut sans doute quelque chose de l'esprit même qui les a dictées. Le dernier billet de Mirabeau au comte de La Marck, daté du 24 mars 1791, c'est-à-dire de neuf jours avant sa mort, se termine par ces mots : « O légère et trois fois légère nation! » Sera-ce donc toujours avec nous la conclusion et la moralité dernière?

Lundi 12 mai 1851.

MADEMOISELLE DE SCUDÉRY.

Ce n'est pas une réhabilitation que je viens tenter, mais il est bon de mettre des idées exactes sous de certains noms qui reviennent souvent. On ne lit plus les livres de Mlle de Scudéry, mais on la cite encore ; elle sert à désigner un genre littéraire, une mode de bel-esprit à une heure célèbre : c'est une médaille qui a fini presque par passer en circulation et par devenir une monnaie. Quelle en est la valeur et le titre ? Faisons un peu avec Mlle de Scudéry ce qu'elle-même aimait tant à faire : examinons, distinguons et analysons.

Cette fille, *d'un mérite extraordinaire* comme on l'appelait, était née au Havre en 1607, sous Henri IV ; elle ne mourut qu'en 1701, à l'âge de quatre-vingt-quatorze ans, vers la fin du règne de *Louis quatorzième,* comme elle disait volontiers. Son père était de Provence ; il s'était transplanté en Normandie et s'y était marié, non sans transmettre à ses enfants quelque chose de la veine méridionale. Le fils, George de Scudéry, est célèbre par ses vers empanachés, par ses jactances et ses rodomontades dans lesquelles il eut le malheur, un jour, de rencontrer et d'offenser Corneille : la postérité ne le lui a point pardonné. Mlle Madeleine de Scudéry était bien autrement sensée que son frère ; la part de la Normandie, si j'ose dire, était bien plus apparente en elle : elle raisonne, elle discute, elle plaide en matière d'esprit comme le plus habile procureur et chicaneur. Pourtant il paraît qu'elle avait sa bonne part aussi de la vanité de famille ; elle disait toujours : *Depuis le renversement de notre maison...* « Vous diriez qu'elle parle du bouleversement de l'Empire grec, » remarquait le malin Tallemant des Réaux. La prétention des Scudéry, en effet, était d'être sortis d'une maison très-noble, très-ancienne et *toujours guerrière*, originaire du royaume de Naples, et depuis des siècles établie en Provence. En transformant dans ses romans les personnages de sa connaissance en héros et en princes, Mlle de Scudéry croyait ne pas sortir de sa maison. Ayant perdu jeune ses parents, Mlle de Scudéry avait été recueillie à la campagne par un oncle instruit et honnête homme, qui soigna fort son éducation et beaucoup plus qu'on n'était accoutumé de faire aux jeunes filles d'alors. L'écriture, l'orthographe, la danse, à dessiner, à peindre, à travailler de l'aiguille, elle apprit tout, nous dit Conrart, et elle devinait d'elle-même ce qu'on ne lui enseignait pas : « Comme elle avait dès lors une imagination prodigieuse, une mémoire excellente, un jugement exquis, une humeur vive et naturellement portée à savoir tout ce qu'elle voyait faire de curieux et tout ce qu'elle entendait dire de louable, elle apprit d'elle-même les choses qui dépendent de l'agriculture, du jardinage, du ménage, de la campagne, de la cuisine ; les causes et les effets des maladies, la composition d'une infinité de remèdes, de parfums, d'eaux de senteur, et de distillations utiles ou galantes pour la nécessité ou pour le plaisir. Elle eut envie de savoir jouer du luth, et elle en prit quelques leçons avec assez de succès. » Mais ce luth lui demandait trop de temps, et, sans y renoncer, elle aima mieux se tourner particulièrement du côté des occupations de l'esprit. Elle apprit en perfection l'italien, l'espagnol, et son principal plaisir était dans la lecture et dans les conversations choisies, dont elle n'était pas dépourvue dans son voisinage. Ce tableau que nous fait Conrart de la première éducation de Mlle de Scudéry, nous rappelle tout à fait la première éducation de Mme de Genlis en Bourgogne, et je dirai dès l'abord qu'à l'étudier de près comme je viens de faire, Mlle de Scudéry me paraît avoir eu beaucoup de Mme de Genlis, en y joignant la vertu. Tout apprendre, tout savoir, depuis les propriétés des simples et la confection des confitures, jusqu'à l'anatomie du cœur humain, être de bonne heure sur le pied d'une perfection et d'une merveille, tirer de tout ce qui passe dans la société matière à roman, à portrait, à dissertation morale, à compliment et à leçon, unir un fonds de pédantisme à une extrême finesse d'observation et à un parfait usage du monde, ce sont des traits qui leur sont assez communs à toutes les deux; les différences pourtant ne sont pas moins essentielles à noter. Mlle de Scudéry, « qui était de très-bonne mine » et d'assez grand air, n'avait aucune beauté : « C'est une grande personne maigre et noire, et qui a le visage fort long, » nous dit Tallemant. Elle était douée de qualités morales qui ne se sont jamais démenties. La considération et l'estime ne se séparèrent jamais, pour elle, de l'idée de célébrité et de gloire. C'est une Genlis, en un mot, de la date de Louis XIII, pleine de force et de vertu, et restée vierge et vieille fille jusqu'à quatre-vingt-quatorze ans. Ces rapports de différence ou de ressemblance achèveront assez d'ailleurs de se dessiner en avançant et sans que nous y insistions.

Et encore, il faut l'entendre parler d'elle-même, toutes

les fois qu'elle le peut faire sous un léger déguisement. Dans la plupart de ses dialogues, faisant converser ses personnages, elle trouve moyen, à chaque jolie chose qu'elle leur prête, de faire dire à celui qui réplique : « Tout ce que vous dites est bien dit... Tout cela est merveilleusement trouvé. » Ou, selon un mot qu'elle affectionne : « Cela est fort bien *démêlé.* » Ce compliment indirect qu'elle s'adresse revient sans cesse, et elle est inépuisable en formules pour s'approuver. Elle s'est à demi peinte dans le personnage de Sapho, au tome X[e] du *Grand Cyrus*, et ce nom de Sapho lui est resté. *L'illustre Sapho*, ceux qui avaient lu *le Grand Cyrus* n'appelaient jamais Mlle de Scudéry autrement. Voici quelques passages de ce Portrait, où certainement elle faisait un retour sur elle-même. Après avoir parlé de la longue suite d'aïeux que pouvait compter son héroïne :

« Sapho, ajoutait-elle, a encore eu l'avantage que son père et sa mère avaient tous deux beaucoup d'esprit et beaucoup de vertu; mais elle eut le malheur de les perdre de si bonne heure, qu'elle ne put recevoir d'eux que les premières inclinations au bien, car elle n'avait que six ans lorsqu'ils moururent. Il est vrai qu'ils la laissèrent sous la conduite d'une parente... »

L'oncle a été ici changé en parente; mais le reste continue de se rapporter à elle :

« En effet, Madame (c'est un récit qu'un des personnages est censé adresser à la *reine de Pont*), je ne pense pas que toute la Grèce ait jamais une personne qu'on puisse comparer à Sapho. Je ne m'arrêterai pourtant point, Madame, à vous dire quelle fut son enfance : car elle fut si peu enfant, qu'à douze ans on commença de parler d'elle comme d'une personne dont la beauté, l'esprit et le jugement étaient déjà formés et donnaient de l'admiration à tout le monde; mais je vous dirai seulement qu'on n'a jamais remarqué en qui que ce soit des inclinations plus nobles, ni une facilité plus grande à apprendre tout ce qu'elle a voulu savoir. »

Et abordant courageusement ce chapitre de la beauté, c'est encore à elle-même qu'elle pense, lorsqu'elle dit :

« Encore que vous m'entendiez parler de Sapho comme de la plus merveilleuse et de la plus charmante personne de toute la Grèce, il ne faut pourtant pas vous imaginer que sa beauté soit une de ces grandes beautés en qui l'envie même ne saurait trouver aucun défaut... Elle est pourtant capable d'inspirer de plus grandes passions que les plus grandes beautés de la terre... Pour le *teint*, elle ne l'a pas de la dernière blancheur; il a toutefois un si bel éclat qu'on peut dire qu'elle l'a beau ; mais ce que Sapho a de souverainement agréable, c'est qu'elle a les yeux si beaux, si vifs, si amoureux et si pleins d'esprit, qu'on ne peut ni en soutenir l'éclat ni en détacher ses regards... Ce qui fait leur plus *grand* éclat, c'est que jamais il n'y a eu une opposition plus *grande* que celle du blanc et du noir de ses yeux. Cependant, cette *grande* opposition n'y cause nulle rudesse... »

On remarque assez les négligences de style, les répétitions, les longueurs. Et encore j'abrége beaucoup, ce que Mlle de Scudéry ne fait jamais ; j'ôte, chemin faisant, bien des *mais*, des *car*, des *encore que*. Mais, d'après ces seuls traits, on fait plus qu'entrevoir l'idéal qu'elle n'était pas fâchée de présenter de sa beauté, ou, si vous voulez, le correctif de sa laideur. Telle la Sapho du Marais put paraître un moment à des yeux prévenus, dans le temps où Chapelain passait pour un grand poëte épique et la comparait intrépidement à la Pucelle, et le jour où Pellisson, le plus laid des beaux-esprits, lui fit sa déclaration passionnée.

Et dans ce portrait de Sapho toujours, qui nous est précieux, elle arrive enfin aux charmes de l'esprit, sur lesquels elle s'étend avec un redoublement de complaisance :

« Car les charmes de son esprit surpassent de beaucoup ceux de sa beauté. En effet, elle l'a d'une si vaste étendue, qu'on peut dire que ce qu'elle ne comprend pas ne peut être compris de personne, et elle a une telle disposition à apprendre facilement tout ce qu'elle veut savoir, que, sans que l'on ait presque jamais ouï dire que Sapho ait rien appris, elle sait pourtant toutes choses. »

Suit alors l'énumération de ses talents, vers, prose, chansons improvisées :

« Elle exprime même si délicatement les sentiments les plus difficiles à exprimer, et elle sait si bien faire *l'anatomie d'un cœur amoureux*, s'il est permis de parler ainsi, qu'elle en sait décrire exactement toutes les jalousies, toutes les inquiétudes, toutes les impatiences, toutes les joies, tous les dégoûts, tous les murmures, tous les désespoirs, toutes les espérances, toutes les révoltes, et tous ces sentiments tumultueux qui ne sont jamais bien connus que de ceux qui les sentent ou qui les ont sentis. »

C'était une des prétentions de Mlle de Scudéry, de connaître à ce point et de si bien décrire les mouvements les plus secrets de l'amour sans les avoir guère autrement sentis que par la réflexion, et elle y réussit souvent, en effet, dans tout ce qui est délicatesse et finesse, dans tout ce qui n'est pas la flamme même. « Vous expliquez cela si admirablement, pourrait-on lui dire avec un personnage de ses dialogues, que quand vous n'auriez fait autre chose toute votre vie que d'avoir de l'amour, vous n'en parleriez pas mieux. » — « Si je n'en ai eu, nous répondrait-elle en nous faisant son plus beau sourire, j'ai des amies qui en ont eu pour moi et qui m'ont appris à en parler. » Voilà de l'esprit pourtant, et Mlle de Scudéry en avait beaucoup.

Dans ce Portrait de Sapho, qui est en si grande partie le sien, elle insiste beaucoup sur ce que Sapho ne sait pas seulement à fond tout ce qui dépend de l'*amour*, mais sur ce qu'aussi elle ne connaît pas moins tout ce qui est de la *générosité;* et toute cette merveille de science et de nature, selon elle, se couronne encore de modestie :

« En effet, sa conversation est si naturelle, si aisée et si galante, qu'on ne lui entend jamais dire en une conversation générale que des choses qu'on peut croire qu'une personne de grand esprit pourrait dire sans avoir appris tout ce qu'elle sait. Ce n'est pas que les gens qui savent les choses ne connaissent bien que la nature toute seule ne pourrait lui avoir ouvert l'esprit au point qu'elle l'a, mais c'est qu'elle songe tellement à demeurer dans la bienséance de son sexe, qu'elle ne parle presque jamais que de ce *que* les dames doivent parler. »

Je laisse la faute de grammaire, ce qui en serait une pour nous. Mais voilà une Sapho, on l'avouera, tout à fait sage et modeste, tout à l'usage du XVIIe siècle, et selon le dernier bon goût de la Place-Royale et de l'hôtel Rambouillet.

Mlle de Scudéry ne tarda pas, en effet, à s'y produire. La province ne la retint pas longtemps. Ayant perdu son oncle, elle hésitait entre Rouen et Paris ; mais son frère, qui prenait rang alors parmi les auteurs dramatiques et dont les pièces réussissaient à l'hôtel de Bourgogne, la décida à venir s'établir dans la capitale. Elle y parut aussitôt avec avantage, y fut accueillie, célébrée dans les meilleures sociétés, et commença à écrire des romans, sans y mettre toutefois son nom et en se dérobant sous celui de son très-glorieux frère. *Ibrahim* ou *l'Illustre Bassa* commença à paraître en 1641 ; *Artamène* ou *le Grand Cyrus*, en 1650 ; et la *Clélie*, en 1654.

La vraie date de Mlle de Scudéry est à ce moment, à l'heure de la Régence, aux beaux jours d'Anne d'Autriche, avant et après la Fronde, et sa gloire dura sans aucun échec jusqu'à ce que Boileau y vînt porter atteinte, en vrai trouble-fête qu'il était : « Ce Despréaux, disait Segrais, ne sait autre chose que parler de lui et critiquer les autres : pourquoi parler mal de Mlle de Scudéry comme il l'a fait ? »

Pour bien comprendre le succès de Mlle de Scudéry et la direction qu'elle donna à son talent, il faut se représenter la haute société de Paris telle qu'elle était avant l'établissement de Louis XIV. Il y régnait, depuis quelques années, un goût de l'esprit, du bel-esprit littéraire, dans lequel il entrait beaucoup plus de zèle et d'émulation que de discernement et de lumières. Le roman de d'Urfé, les Lettres de Balzac, le grand succès des pièces de théâtre, de celles de Corneille et des autres auteurs en vogue, la protection un peu pédantesque, mais réelle et efficace, du cardinal de Richelieu, la fondation de l'Académie française, toutes ces causes avaient développé une grande curiosité, surtout chez les femmes, qui sentaient que le moment pour elles de mettre la société à leur niveau était venu. On s'affranchissait de l'antiquité et des langues savantes; on voulait savoir sa langue maternelle, et on s'adressait aux grammairiens de profession. Des gens du monde se portaient comme intermédiaires entre les savants proprement dits et les salons : on voulait plaire tout en instruisant. Mais il se mêlait dans ces premiers essais d'une société sérieuse et polie une grande inexpérience. Pour rendre à Mlle de Scudéry toute la justice qui lui est due, et pour lui assigner son vrai titre, on doit la considérer comme l'une des *institutrices* de la société, à ce moment de formation et de transition. Ce fut son rôle et, en grande partie, son dessein.

Dans ce Portrait et cette histoire de Sapho, qui se lit vers la fin du *Grand Cyrus*, elle marque à quel point elle en était pénétrée, et elle y apporte plus de nuances et de tact que de loin, d'après sa réputation, on ne lui en suppose. Ne la prenez pas pour un bel-esprit de profession, elle s'en défend tout d'abord : « Il n'y a rien de plus incommode, pense-t-elle, que d'être bel-esprit ou d'être traitée comme l'étant, quand on a le cœur noble et qu'on a quelque naissance. » Elle sent mieux que personne tous les inconvénients d'un bel-esprit (surtout femme), qui est reçu par le monde sur ce pied-là, et elle les expose en fille de bon sens et en demoiselle de qualité qui en a souffert. Un de ces plus grands inconvénients, et qui donne le plus d'ennui, c'est que les gens du monde ne s'imaginent point qu'on puisse aborder un bel-esprit de la même façon qu'une autre personne, et lui parler autrement qu'en *haut style* :

> « Car enfin je vois des hommes et des femmes qui me parlent quelquefois, qui sont dans un embarras étrange, parce qu'ils se sont mis dans la fantaisie qu'il ne me faut pas dire ce qu'on dit aux autres gens. J'ai beau leur parler de la beauté de la saison, des nouvelles qui courent et de toutes les choses qui font la conversation ordinaire, ils en reviennent toujours à leur point : et ils sont si persuadés *que* je me contrains pour leur parler ainsi, *qu'*ils se contraignent pour me parler d'autres choses *qui* m'accablent tellement *que* je voudrais n'être plus Sapho *quand* cette aventure m'arrive. »

Je demande pardon aux lecteurs pour les *qui, que, quand,* en faveur de l'idée, qui est juste. Ainsi Mlle de Scudéry n'est point sans se faire à elle-même bien des objections sur les inconvénients d'être femme bel-esprit et d'être femme savante. Bien avant Molière, elle a dit plus d'une chose très-sensée à ce sujet. Mais n'oublions pas le moment de la société et le genre de difficultés auxquelles elle avait affaire. Elle discute avec soin cette question, s'il serait bien que les femmes, en général, sussent plus qu'elles ne savent : « Encore que je sois ennemie déclarée de toutes les femmes qui font les savantes, je ne laisse pas de trouver l'autre extrémité fort condamnable et d'être souvent épouvantée de voir tant de femmes de qualité avec une ignorance si grossière, que, selon moi, elles déshonorent notre sexe. » Là, en effet, était le défaut auquel il fallait remédier d'abord. L'éducation des personnes de qualité, à cette date de 1644-1654, était des plus défectueuses. Pour une La Fayette et une Sévigné, que d'ignorances et d'oublis étranges, même chez les femmes d'esprit et de renom! Mme de Sablé, la spirituelle amie de La Rochefoucauld, n'écrivait pas un mot d'orthographe. « Il est certain, disait Mlle de Scudéry, qu'il y a des femmes qui parlent bien, qui écrivent mal, et qui écrivent mal purement par leur faute... C'est, selon moi, une erreur insupportable à toutes les femmes, ajoute-t-elle, de vouloir *bien parler* et de vouloir *mal écrire*... La plupart des dames semblent écrire pour n'être pas entendues, tant il y a peu de liaison en leurs paroles, et tant leur orthographe est bizarre. Cependant ces mêmes dames, qui font si hardiment des fautes si grossières en écrivant, et qui perdent tout leur esprit dès qu'elles commencent d'écrire, se moqueront des journées entières d'un pauvre étranger qui aura dit un mot pour un autre. » Une des corrections auxquelles Mlle de Scudéry poussa et contribua le plus, ce fut de mettre de l'accord entre la manière de causer et celle d'écrire. Elle fit rougir les personnes de son sexe de cette inconséquence. Écrire par principes et même un peu causer par principes, ce fut le double résultat de sa doctrine et de son exemple. Ses idées sur l'éducation des femmes sont pleines de justesse et de mesure dans la théorie :

« Sérieusement, écrit-elle, y a-t-il rien de plus bizarre que de voir comment on agit pour l'ordinaire en l'éducation des femmes? On ne veut point qu'elles soient coquettes ni galantes, et on leur permet pourtant d'apprendre soigneusement tout ce qui est propre à la galanterie, sans leur permettre de savoir rien qui puisse fortifier leur vertu ni occuper leur esprit. En effet, toutes ces grandes réprimandes qu'on leur fait dans leur première jeunesse, de n'être pas assez propres, de ne s'habiller point d'assez bon air et de n'étudier pas assez les leçons que leurs maîtres à danser et à chanter leur donnent, ne prouvent-elles pas ce que je dis? Et ce qu'il y a de rare est qu'une femme qui ne peut danser avec bienséance que cinq ou six ans de sa vie, en emploie dix ou douze à apprendre continuellement ce qu'elle ne doit faire que cinq ou six; et, à cette même personne qui est obligée d'avoir du jugement jusques à la mort, et de parler jusques à son dernier soupir, on ne lui apprend rien du tout qui puisse ni la faire parler plus agréablement, ni la faire agir avec plus de conduite. »

Sa conclusion, qu'elle ne donne encore qu'avec réserve (car en telle matière qui touche la *diversité des esprits*, il ne saurait y avoir de *loi universelle*), sa conclusion, dis-je, est qu'en demandant plus de savoir aux femmes qu'elles n'en ont, elle ne veut pourtant jamais qu'elles agissent ni qu'elles parlent en savantes : « Je veux donc bien qu'on puisse dire d'une personne de mon sexe qu'elle sait cent choses dont elle ne se vante pas, qu'elle a l'esprit fort éclairé, qu'elle connaît finement les beaux ouvrages, qu'elle parle bien, qu'elle écrit juste et qu'elle sait le monde; mais je ne veux pas qu'on puisse dire d'elle : *C'est une femme savante*; car ces deux caractères sont si différents, qu'ils ne se ressemblent même point. » Encore une fois, voilà de la raison, et il y en a beaucoup dans les livres de Mlle de Scudéry, mêlée, il est vrai, à beaucoup trop de raisonnement et de dissertation, et aussi noyée dans ce qui nous semble aujourd'hui des extravagances romanesques.

Ce qui pour nous est extravagance était pourtant ce qui faisait passer alors l'enseignement de main en main, et le faisait arriver plus sûrement à son adresse. Tallemant nous dit qu'elle avait en causant un ton de *magister* et de *prédicateur*, qui n'était nullement agréable:

ce ton se déguisait dans ses romans en passant par la bouche de ses personnages, et il nous faut aujourd'hui une certaine étude pour retrouver le didactique au fond. D'imagination réelle et d'invention, Mlle de Scudéry n'en avait pas : quand elle voulut construire et inventer des fables, elle prit les machines en usage pour le moment ; elle se pourvut dans le magasin et dans le vestiaire à la mode : elle copia le procédé de d'Urfé dans l'*Astrée*. En le faisant, elle se flattait encore de concilier la Fable avec l'histoire, l'art avec la vraisemblance : « Il n'est jamais permis à un homme sage, pensait-elle, d'inventer des choses qu'on ne puisse croire. Le véritable art du mensonge est de bien ressembler à la vérité. » Il est une conversation dans *Clélie*, où l'on discute cette question, *De la manière d'inventer une fable* et de composer des romans. Peu s'en faut que Mlle de Scudéry n'y prêche l'observation de la nature : elle fait débiter au poëte Anacréon presque d'aussi bonnes règles de rhétorique qu'on en trouverait chez Quintilien. C'est dommage qu'elle ne les ait pas mieux mises en pratique. Parler aujourd'hui des romans de Mlle de Scudéry et les analyser, serait impossible sans la calomnier, tant cela paraîtrait ridicule. On lui imputerait trop à elle seule ce qui était le travers du temps. Pour bien apprécier ses romans comme tels, il faudrait remonter aux modèles qu'elle s'est proposés et faire l'histoire de toute une branche. Ce qui nous frappe chez elle à première vue, c'est qu'elle prend tous les personnages de sa connaissance et de sa société, les travestit en Romains, en Grecs, en Persans, en Carthaginois, et leur fait jouer quant aux principaux événements le même rôle à peu près qui leur est assigné dans l'histoire, tout en les faisant causer et penser comme elle les voyait au Marais. *Amilcar*, c'est le poëte Sarasin ; *Herminius*, c'est Pellisson. Conrart est devenu *Cléodamas*, et il a, près d'Agrigente, une jolie maison de campagne qu'on nous décrit au long, et qui n'est autre que celle d'Athys, près de Paris. Si elle rencontre un personnage historique, elle le met à l'unisson des gens de sa connaissance; elle nous dira de Brutus, de celui qui condamna ses fils et qui chassa les Tarquins, qu'il était né « avec le plus galant, le plus doux et le plus agréable esprit du monde; » et du poëte Alcée, elle dira que c'était « un garçon adroit, plein d'esprit et grand intrigueur. » Les actions et la conduite de tous ces personnages (tant elle les travestit) deviennent presque d'accord avec cette manière factice de nous les présenter; une même nuance de faux couvre le tout. Mais comment, dira-t-on, de tels romans eurent-ils tant de vogue et de débit? Comment la jeunesse de Mme de Sévigné et de Mme de La Fayette s'en put-elle nourrir? D'abord, on n'avait alors aucune idée véritable du génie des divers temps et de la profonde différence des mœurs dans l'histoire. De plus, presque tous les personnages qui figuraient dans les romans de Mlle de Scudéry étaient des vivants et des contemporains dont on savait les noms, dont on reconnaissait les portraits et les caractères, depuis le *grand Cyrus* dans lequel on voulait voir le grand Condé, jusqu'à *Doralise* qui était Mlle Robineau. Tous ces personnages, même les plus secondaires, étaient connus dans la société; on se passait la clef, on se nommait les masques; et aujourd'hui encore, là où nous savons les noms réels, nous ne parcourons point nous-mêmes sans curiosité les pages.

« Vous ne sauriez croire, dit Tallemant, combien les dames sont aises d'être dans ses romans, ou, pour mieux dire, qu'on y voie leurs Portraits: car il n'y faut chercher que le *caractère* des personnes, leurs actions n'y sont

point du tout. Il y en a pourtant qui s'en sont plaintes... »
Une de celles qui s'en plaignirent était l'une des femmes
les plus spirituelles du temps, et qui disait le plus de
ces bons mots qui emportent la pièce et qui sont restés.
Mlle de Scudéry, au tome VIe du *Grand Cyrus*, avait
donné le Portrait de Mme Cornuel sous le nom de *Zéno-
crite*, dont elle avait fait une des plus agréables et des
plus redoutables railleuses de la *Lycie*. Le Portrait est
fort exact. Mme Cornuel justifia cette réputation de hardie railleuse, en disant de Mlle de Scudéry, fort noire de
peau, qu'on voyait bien « qu'elle était destinée par la
Providence à barbouiller du papier, puisqu'elle suait
l'encre par tous les pores. » Une Marton ou une Dorine
de Molière n'en eût pas plus dit.

Ce qui est remarquable et réellement distingué dans
les romans de Mlle de Scudéry, ce sont les Conversations
qui s'y tiennent, et pour lesquelles elle avait un talent
singulier, une vraie vocation. Elle a fait plus tard, et
quand ses romans étaient déjà passés de mode, des extraits de ces Conversations dans de petits volumes qui
parurent successivement jusqu'au nombre de dix (elle ne
procédait guère jamais que par dix volumes). « Mlle de
Scudéry vient de m'envoyer deux petits tomes de *Conversations*, écrivait Mme de Sévigné à sa fille (25 septembre 1680); il est impossible que cela ne soit bon,
quand cela n'est point noyé dans son grand roman. »
Ces petits volumes, et d'autres du même genre qui suivirent et qui recommandent la vieillesse de Mlle de Scudéry, sont encore recherchés aujourd'hui des curieux
et de ceux à qui rien n'est indifférent de ce qui intéresse
le grand siècle. Il n'est pas rare d'entendre dire que les
romans de Mlle de Scudéry sont détestables et illisibles,
mais qu'il n'en est pas ainsi de ses *Conversations*. Il est
bon pourtant de savoir que ces *Conversations*, au moins

toutes les premières, sont textuellement tirées de *Cyrus*, de *Clélie* et de ses autres romans.

Un des premiers sujets qu'elle y traite est celui de la *Conversation* même : « Comme la Conversation est le lien de la société de tous les hommes, le plus grand plaisir des honnêtes gens et le moyen le plus ordinaire d'introduire non-seulement la politesse dans le monde, mais encore la morale la plus pure et l'amour de la gloire et de la vertu, il me paraît que la compagnie ne peut s'entretenir plus agréablement ni plus utilement, dit *Cilénie* (un de ces personnages qu'elle aime), que d'examiner ce que c'est qu'on appelle Conversation. » Et on se met à examiner ce que doit être une conversation pour être agréable et digne d'une compagnie d'honnêtes gens; et, pour cela, elle ne doit être ni trop limitée aux sujets de famille et domestiques, ni tournée aux sujets purement futiles et de toilette, comme il arrive si souvent aux femmes entre elles : « N'êtes-vous pas contrainte d'avouer, remarque un des interlocuteurs de Mlle de Scudéry, que qui écrirait tout ce que disent quinze ou vingt femmes ensemble, ferait le plus mauvais livre du monde? » Et cela même quand, parmi ces quinze ou vingt femmes, il y en aurait de beaucoup d'esprit. Mais qu'un homme entre, un seul, et non pas même des plus distingués, cette même conversation va se relever et devenir tout d'un coup plus réglée, plus spirituelle et plus agréable. Bref, « les plus aimables femmes du monde, quand elles sont un grand nombre ensemble et qu'il n'y a point d'hommes, ne disent presque jamais rien qui vaille, et s'ennuient plus que si elles étaient seules. Mais pour les hommes qui sont fort honnêtes gens, il n'en est pas de même. Leur conversation est, sans doute, moins enjouée quand il n'y a point de dames, que quand il y en a; mais, pour l'ordinaire, quoiqu'elle soit plus sérieuse, elle ne laisse pas d'être raisonnable; et ils se passent enfin de nous plus facilement que nous ne nous passons d'eux. » Ce sont là des remarques fines, et qui sentent l'expérience du monde et presque celle du cœur. Tout ce chapitre *De la Conversation* est très-bien observé; et, après avoir parcouru les différents défauts d'une conversation, Cilénie ou Valérie, ou plutôt l'auteur, dans un résumé qui n'a d'inconvénient que d'être trop exact et trop méthodique, conclut que, pour ne pas être ennuyeuse, pour être à la fois belle et raisonnable, la conversation doit ne point se borner à un seul objet, mais se former un peu du tout : « Je conçois, dit-elle, qu'à en parler en général, elle doit être plus souvent de choses ordinaires et galantes que de grandes choses : mais je conçois pourtant qu'il n'est rien qui n'y puisse entrer; qu'elle doit être libre et diversifiée selon les temps, les lieux et les personnes avec qui l'on est; et que le secret est de parler toujours noblement des choses basses, assez simplement des choses élevées, et fort galamment des choses galantes, sans empressement et sans affectation. » Mais ce qu'il y a de plus nécessaire pour la rendre douce et divertissante, c'est « qu'il y ait *un certain esprit de politesse* qui en bannisse absolument toutes les railleries aigres, aussi bien que toutes celles qui peuvent tant soit peu offenser la pudeur... Je veux encore qu'il y ait *un certain esprit de joie* qui y règne. » Tout cela est assurément aussi bien dit et aussi agréable que judicieux, comme ne manque pas de le remarquer l'un des personnages de l'Entretien. Lisez après ce chapitre celui qui traite *De la manière d'écrire des lettres* (en partie extrait de *Clélie,* et qui est dans les *Conversations nouvelles*), et vous comprendrez comment, sous ce romancier qui de loin nous paraît extravagant, il y avait en Mlle de Scudéry une Genlis sérieuse, une miss Edgeworth; enfin que dirai-je? une excellente *maîtresse de pension* de la haute société et des demoiselles de qualité au XVIIe siècle.

Sur tout sujet du monde elle fait ainsi, elle donne un petit cours complet, trop complet souvent, et où elle combine les exemples historiques qu'elle a rassemblés, avec les anecdotes qu'elle recueille dans la société de son temps. Elle analyse tout, elle disserte sur tout, sur les parfums, sur les plaisirs, sur les désirs, sur les qualités et les vertus; une fois même, elle fera des observations presque en physicienne et en naturaliste sur la couleur des ailes et le vol des papillons. Elle conjecture, elle raffine, elle symbolise; elle cherche et donne les raisons de tout. Jamais on n'a fait plus d'usage du mot *car*. Il y a des jours où elle est grammairien, académicien, où elle disserte sur la synonymie des mots et en démêle avec soin les acceptions; en quoi diffèrent la *joie* et l'*enjouement*; si la *magnificence* n'est pas plutôt une qualité héroïque et royale qu'une vertu, car la magnificence ne convient qu'à quelques personnes, tandis que les vertus doivent convenir à tout le monde; comme quoi la *magnanimité* comprend plus de choses que la *générosité*, laquelle ordinairement a des bornes plus étroites, tellement qu'on peut être quelquefois très-généreux sans être pourtant véritablement magnanime. Il est de petits Essais d'elle qui s'annoncent d'une manière charmante, tels que celui *De l'Ennui sans sujet*. A quelques égards, dans ces *Conversations*, Mlle de Scudéry se montre à nous comme le Nicole des femmes, avec plus de finesse peut-être, mais aussi avec un fond de pédantisme et de roideur que l'ingénieux théologien n'a pas. Et puis Nicole finit tout par Dieu et par la considération de la fin suprême, tandis que Mlle de Scudéry finit toujours par les louanges et l'apothéose du Roi; elle y met une adresse et une industrie particulière que Bayle a remarquée et qui ne laisse pas de déplaire un peu.

En effet, cette estimable personne, longtemps maltraitée par la fortune, s'était de bonne heure accoutumée aux compliments qui pouvaient lui être utiles : il entrait un peu de savoir-faire au fond de tout son mauvais goût. On n'a jamais combiné plus de louange fade avec cette manie qu'elle avait de redresser les petits torts de la société autour d'elle. Que voulez-vous ? elle avait besoin de vendre ses livres, de les voir placés sous d'illustres patronages. Et puis, décrire de la sorte ses amis et connaissances tout au long, et leur maison de ville et leur maison de campagne, cela servait, tout en les flattant, à faire des pages et à grossir le volume. *Sapho* n'était pas au-dessus de toutes ces petites raisons de métier : « Ma foi, dit Tallemant, elle a besoin de mettre toutes pierres en œuvre; quand j'y pense bien, je lui pardonne. » Petits cadeaux, gratifications, pensions, elle aimait à joindre ces preuves positives à la considération, qui ne lui a jamais manqué. Tout cela contribue à rabaisser un peu le moraliste en elle, et à renfermer son coup-d'œil dans le cercle étroit de la société du jour.

A de certains endroits, pourtant, on croit sentir un esprit ferme et presque viril, qui aborde les sujets élevés avec une subtilité raisonneuse, qui en comprend les divers aspects, et qui, en se rangeant toujours aux opinions consacrées, est surtout déterminé par des considérations de bienséance.

Mlle de Scudéry approchait de la soixantaine lorsque Boileau parut et vint, dès ses premières Satires (1665), railler les grands romans et reléguer le *Cyrus* au nombre de ces admirations qui n'étaient plus permises qu'aux gentilshommes campagnards. Cette guerre hardiment déclarée par Boileau à un genre faux qui avait fait son temps, et qui ne subsistait plus que par un reste de superstition, y porta un coup mortel, et, depuis ce jour, Mlle de Scudéry ne fut plus pour le jeune siècle qu'un auteur suranné. Mme de La Fayette acheva de la réduire au rang des antiques vénérables en publiant ses deux petits romans de *Zaïde* et surtout de *la Princesse de Clèves*, où elle fit voir comment on pouvait être court, naturel et délicat. En vain on essaierait aujourd'hui de protester contre cet arrêt irréfragable et d'énumérer tous les témoignages de consolation en faveur de Mlle de Scudéry, les lettres de Mascaron, de Fléchier, de Mme Brinon, supérieure de Saint-Cyr, de Mme Dacier, les éloges de Godeau, de Segrais, de Huet, de Bouhours, de Pellisson. Ce dernier, qui désola et supplanta Conrart, devint, comme on sait, l'amoureux en titre de Mlle de Scudéry, son adorateur platonique, et il l'a célébrée en vingt pièces galantes sous le nom de *Sapho*. Mais si quelque chose me prouve que Pellisson, malgré son élégance et sa pureté de diction, ne fut jamais un Attique véritable et qu'il ignora toujours les vraies grâces, c'est précisément son goût déclaré pour une telle idole. On ne saurait rien conclure des compliments que Mme de Sévigné et Mme de Maintenon adressaient à Mlle de Scudéry vieillie : ces personnes de bonne grâce et de haute convenance continuaient de respecter en elle, quand elles lui parlaient en face, une des admirations de leur jeunesse. Et quant à tous ces autres noms qu'on cite (je n'en excepte aucun, ni Fléchier, ni Mascaron, ni Bouhours), ce n'est point, qu'on veuille le remarquer, par le bon goût, par le goût sain et judicieux qu'ils brillent; ils ont tous plus ou moins gardé une teinte prononcée de l'hôtel Rambouillet, et ils retardaient à certains égards sur leur siècle. L'admiration pour Mlle de

Scudéry est une pierre de touche qui les éprouve eux-mêmes et qui les juge.

L'Académie française décerna en 1671, pour la première fois, le prix d'Éloquence, fondé par Balzac. Ce prix, à l'origine, consistait en une espèce de discours ou sermon sur une vertu chrétienne. Le premier sujet désigné par Balzac même était *De la Louange et de la Gloire* : Mlle de Scudéry le traita et obtint le prix, au grand applaudissement de tout ce qui restait de vieux académiciens du temps de Richelieu. Cette Muse, qui enlevait d'emblée la première couronne, et qui allait mener le cortége des futurs lauréats, avait pour lors soixante-quatre ans.

Elle continua de vieillir et de survivre à sa renommée, étant véritablement ruinée au dehors, mais jouissant encore de la gloire dans sa chambre et à huis clos. Son mérite et ses qualités estimables lui concilièrent jusqu'à la fin une petite cour et des amis, qui ne parlaient d'elle que comme de *la première fille du monde* et de *la merveille du Siècle de Louis-le-Grand*. Lorsqu'elle mourut, le 2 juin 1701, le *Journal des Savants* du mois suivant (11 juillet) enregistra ces pompeux éloges. Vers le même temps, dans le même quartier du Marais, vivait et vieillissait, de neuf ans moins âgée qu'elle, une femme véritablement merveilleuse, qui avait bien réellement en elle la grâce, l'urbanité légère, la fraîcheur et la virilité de l'esprit, le don du rajeunissement, tout ce que Mlle de Scudéry n'avait pas, — Ninon de L'Enclos. Il y a toute une leçon de goût dans ce seul rapprochement des noms.

Quoi qu'il en soit, Mlle de Scudéry mérite qu'on rattache au sien une idée juste. Ses romans ont obtenu une vogue qui marque une date précise dans l'histoire des mœurs et dans l'éducation de la société. On se souviendra toujours qu'on envoyait au grand Condé, prisonnier à Vincennes, un volume de *Cyrus* pour le distraire, et à M. d'Andilly, solitaire à Port-Royal, un volume de *Clélie* pour le flatter avec la description de son désert. Par le faux appareil d'imagination et le faux attirail historique dont elle environne sa pensée, Mlle de Scudéry n'est guère plus ridicule, après tout, que ne l'a été Mme Cottin il y a quarante ans. Ce costume de mascarade était d'emprunt : ce qui lui était essentiel et propre, c'était la façon d'observer et de peindre le monde d'alentour, de saisir au passage les gens de sa connaissance, et de les introduire tout vifs dans ses romans, en les faisant converser avec esprit et finesse. C'est par ce côté aussi que je la juge, et que, tout en lui reconnaissant beaucoup de distinction et d'ingénieuse sagacité d'analyse, beaucoup d'anatomie morale, j'ajoute que le tout est abstrait, subtil, d'un raisonnement excessif et qui sent la thèse, sans légèreté, sans lumière, sec au fond et désagréable. Cela ressemble à du La Motte déjà, à du Fontenelle, avec bien moins de dégagé. Elle distingue, elle divise et subdivise, elle *classifie*, elle enseigne. Jamais de fraîcheur ; le délicat même tourne vite au didactique et à l'alambiqué. Jusque dans les petits pavillons de repos, au milieu des parcs et des jardins qu'elle décrit, elle a grand soin de placer toujours une écritoire. Telle m'apparaît, malgré tous mes efforts pour me la représenter plus aimable, la géographe du pays de *Tendre*, la Sapho de Pellisson. Si donc il fallait conclure et répondre à la question posée au début, je rattacherais désormais au nom de Mlle de Scudéry l'idée, non pas du ridicule, mais plutôt de l'estime, d'une estime très-sérieuse, et point du tout l'idée de l'attrait ou de la grâce.

Une fille d'un si grand mérite et sans grâce, c'est

pourtant désobligeant à peindre, et c'est pénible à montrer; on aimerait tant à y mettre ce qui lui manque! Mais j'ai voulu qu'il y en eût au moins une de cette sorte, pour que la collection ne fût pas toute riante et toute flatteuse (1).

(1) Depuis que ceci est écrit, M. Cousin a essayé de faire toute une révolution en l'honneur de Mlle de Scudéry et en faveur du *Grand Cyrus*. A l'aide d'une clef imprimée qu'on savait être à la Bibliothèque de l'Arsenal et d'une autre clef manuscrite qui est à la Bibliothèque Mazarine, il s'est appliqué à donner à ce roman une valeur historique sérieuse pour les actions mêmes et les hauts faits d'armes de Condé. Un écrivain d'un mérite médiocre, mais qui a recueilli quelques traditions et informations assez justes sur les personnages du xviie siècle, l'abbé Lambert, avait dit (*Histoire littéraire du Règne de Louis XIV*), en parlant de la vogue prodigieuse qu'eurent en leur temps ces romans de Mlle de Scudéry et pour l'expliquer : « Il est vrai que ces romans, si toutefois on peut les appeler de ce nom, ne doivent être regardés que comme des espèces de poëmes épiques et des *histoires véritables sous des noms cachés*. Tels sont *Artamène* ou *le Grand Cyrus*, où l'on trouve une partie considérable de la vie de Louis de Bourbon prince de Condé, et sa *Clélie* qui renferme quantité de traits qui ont du rapport à tout ce qu'il y avait alors de personnes illustres en France. » M. Cousin a su donner de nouvelles, de piquantes preuves, et très-précises, de cette assertion en ce qui concerne *le Grand Cyrus*; mais il est allé un peu loin quand il a prétendu faire de Mlle de Scudéry une autorité militaire considérable, et quand il lui a attribué une importance qu'elle ne saurait avoir en de tels débats. Il a fait en ceci comme il lui arrive trop souvent dans ses conclusions : il y a mis de l'emphase, et il a exagéré. Le fait est qu'une fois qu'on démasque les personnages persans ou scythes, et qu'on rétablit les vrais noms à l'aide des clefs, comme M. Cousin y a réussi sans peine, mais comme on n'avait pas eu l'idée ni la patience de le vérifier à ce degré avant lui, on s'assure que Mlle de Scudéry, qui faisait flèche de tout bois, avait reçu de l'hôtel de Condé des documents que, moyennant un déguisement léger, elle introduisit au long dans son livre; la bataille de Rocroy, celle de Lens, le siége de Dunkerque sous le nom de siége de Cumes, y sont décrits avec toutes leurs particularités; elle imprima ses notes

et pièces toutes vives : cela flattait les Condés, et cela lui épargnait à elle-même des frais d'invention, *cela faisait de la copie* pour l'imprimeur, sorte de considération qu'il ne faut jamais oublier quand on parle de Mlle de Scudéry. Elle ne se doutait point que par-là elle fournirait un jour des arguments aux discussions militaires des Feuquières et des Jomini futurs, et qu'elle deviendrait une autorité d'état-major. Le fait est encore que, par elle, on a, sur ces grands faits d'armes dont quelques points ont été controversés, la version de Condé et des amis du prince; il en devait être ainsi. Elle est l'écho fidèle de l'hôtel de Condé en telle matière, comme en matière de goût elle était l'écho de l'hôtel Rambouillet. M. Cousin a reconnu le bulletin qui n'était que travesti. Ce sont là, assurément, de curieuses recherches et des remarques ingénieuses qui n'ont, dans le cas présent, que le défaut de vouloir paraître plus grandes et plus importantes par le résultat qu'elles ne le sont, et que l'on goûterait si elles n'étaient données que comme assez imprévues et piquantes, et d'un air moins victorieux. Car n'oublions jamais l'opinion des gens de goût du temps, et des plus délicats, sur ces ouvrages que nous prétendons réhabiliter, et demandons-nous quelquefois s'ils ne souriraient pas de notre excès de sérieux? Chapelle et Bachaumont, dans leur agréable *Voyage*, nous font assister à une conversation ridicule des Précieuses de Montpellier, où tout ce qui se dit est au rebours du bon sens et de la fine justesse. Or, il y est dit : « Quant aux romans, *Cassandre* fut estimé pour la délicatesse de la conversation ; *Cyrus* et *Clélie*, pour la *magnificence* de l'expression et la *grandeur des événements.* » Ce qui nous avertit qu'il ne faut pas, après deux siècles, venir tout d'un coup *magnifier* l'importance et célébrer la *grandeur des événements*, tels qu'on les trouve rapportés dans ces romans de société et de ruelle : l'Ombre de Chapelle en sourirait.

Lundi 19 mai 1851.

ANDRÉ CHÉNIER

HOMME POLITIQUE.

En parlant l'autre jour de Montaigne, et en le présentant au milieu des dissensions civiles avec toute sa philosophie, tout son bon sens et toute sa grâce, je n'ai pas prétendu offrir un modèle, mais seulement un portrait. Aujourd'hui, c'est un autre portrait que je voudrais montrer en regard, et d'une nature toute différente, d'un caractère non moins enviable et cher aux gens de bien. André Chénier va nous personnifier en lui une autre manière d'être et de se comporter en temps de révolution, une manière de sentir plus active, plus passionnée, plus dévouée et plus prodigue d'elle-même, une manière moins philosophique sans doute, mais plus héroïque. Supposez non plus du tout un Montaigne, mais un Étienne de La Boëtie vivant en 89 et en 93, ou encore un Vauvenargues à cette double date, et vous aurez André Chénier.

Par nature, par instinct et par vocation, il n'était nullement un homme politique : il aimait avant tout la retraite, l'étude, la méditation, une société d'amis intimes, une tendre et amoureuse rêverie. Ses mâles pensées elles-mêmes se tournaient volontiers en considérations solitaires, et s'enfermaient, pour mûrir, en de lents écrits. Que si quelque événement public venait à éclater et à faire vibrer les âmes, il y prenait part avec ardeur, avec élévation; mais il aimait à rentrer aussitôt après dans ses studieux sentiers, du côté où était sa *ruche,* toute remplie, comme il dit, d'un *poétique miel.* Tel il fut pendant des années, avant que le grand orage vînt l'arracher à ses pensées habituelles et le lancer dans l'arène politique. Isolé par goût, sans autre ambition que celle des Lettres, des *saintes Lettres,* comme il les appelle, n'aspirant à rien tant qu'à les voir se retremper aux grandes sources et se régénérer, ne désespérant point d'y aider pour sa part en un siècle dont il appréciait les germes de vie et aussi la corruption et la décadence, il n'entra jamais dans la politique qu'à la façon d'un particulier généreux qui vient remplir son devoir envers la cause commune, dire tout haut ce qu'il pense, applaudir ou s'indigner énergiquement. Ne lui demandez point de jugement approfondi ni de révélations directes sur les hommes et les personnages en scène : il pourra porter quelques-uns de ces jugements sur les personnes tout à la fin et après l'expérience faite; mais d'abord il ne les juge que d'après l'ensemble de leur rôle et de leur action, et comme on peut le faire au premier rang du parterre. Ou plutôt, et pour prendre une comparaison plus noble et plus d'accord avec son caractère, André Chénier, par ses vœux, par ses souhaits, par ses chagrins d'honnête homme, par ses conseils et ses colères même, représente assez bien le chef du chœur dans les anciennes tragédies. Sans entrer dans les secrets de l'action, il la juge sur sa portée visible et sur son développement; il l'applaudit, il la gourmande, il essaie de la contenir dans les voies de la morale et de la raison; il se donne du moins à lui-même et à tous les honnêtes gens la satisfaction d'exprimer tout haut ses sentiments sincères, et, à certains moments plus vifs, il est entraîné, il s'avance et se compromet auprès des principaux personnages, jusqu'à mériter pour un temps prochain leur désignation et leur vengeance. C'est comme si, dans l'*Antigone* de Sophocle, un jeune homme du chœur sortait tout à coup des rangs, transporté de pitié pour la noble vierge, invectivait le tyran au nom de la victime, et méritait que Créon l'envoyât mourir avec elle. Antigone pour André Chénier, c'était la Justice, c'était la Patrie.

Né en 1762 à Constantinople, d'une mère grecque, nourri d'abord en France sous le beau ciel du Languedoc, après ses études faites à Paris au collége de Navarre, il essaya quelque temps de la vie militaire; mais, dégoûté bientôt des exemples et des mœurs oisives de garnison, il chercha l'indépendance. La jeunesse croit aisément se la procurer. Il eut quelques-unes de ces années toutes consacrées à l'étude, à l'amitié, aux voyages, à la poésie. *La dure nécessité* pourtant, comme il l'appelle, le rengagea dans une carrière : il fut attaché à la diplomatie, et passa jusqu'à trois années à Londres, trois années d'ennui, de souffrance et de contrainte. La Révolution de 89 le trouva dans cette position, et il ne tarda pas à s'en affranchir. André Chénier partageait à beaucoup d'égards les idées de son siècle, ses espérances, ses illusions même. Ce n'est pas qu'il ne l'eût jugé au moral et littérairement : « Pour moi, dit-il, ouvrant les yeux autour de moi au sortir de l'enfance, je vis que l'argent et l'intrigue sont presque la seule voie pour aller à tout; je résolus donc dès lors, sans examiner si les circonstances me le permettaient, de vivre toujours loin de toute affaire, avec mes amis, dans la retraite et dans la plus entière liberté. » Comme tous ceux qui portent en eux l'idéal, il était très-vite capable de dégoût et de dédain. Pourtant cette misanthropie première ne tint pas devant les grands événements et les promesses de 89. Le serment du Jeu de Paume le transporta. Il n'avait que vingt-sept ans, et, pendant deux années encore, jusqu'en 1792, nous le voyons prendre part au mouvement dans une certaine mesure, donner en quelques occasions des conseils par la presse, ne pas être persuadé à l'avance de leur inefficacité; en un mot, il est plus citoyen que philosophe, et il se définit lui-même à ce moment « un homme pour qui il ne sera point de bonheur, s'il ne voit point la France libre et sage; qui soupire après l'instant où tous les hommes connaîtront toute l'étendue de leurs droits et de leurs devoirs; qui gémit de voir la vérité soutenue comme une faction, les droits les plus légitimes défendus par des moyens injustes et violents, et qui voudrait enfin qu'*on eût raison d'une manière raisonnable.* »

Ce premier moment qui nous laisse voir André Chénier dans la modération toujours, mais pas encore dans la résistance, se distingue par quelques écrits, dont le plus remarqué fut celui qui a pour titre : *Avis aux Français sur leurs véritables Ennemis*, et qui parut d'abord dans le numéro XIII du *Journal de la Société de* 89. Il est signé du nom de l'auteur et porte la date de Passy, 24 août 1790. La ligne honorable d'André Chénier s'y dessine déjà tout entière :

« Lorsqu'une grande nation, dit-il en commençant, après avoir vieilli dans l'erreur et l'insouciance, lasse enfin de malheurs et d'oppression, se réveille de cette longue léthargie, et, par une insurrection juste et légitime, rentre dans tous ses droits et renverse l'ordre de choses qui les violait tous, elle ne peut en un instant se trouver établie et calme dans le nouvel état qui doit succéder à l'ancien. La forte impulsion donnée à une si pesante masse la fait vaciller quelque temps avant de pouvoir prendre son assiette. »

Et il va chercher quels sont les moyens de lui faire reprendre cette assiette le plus tôt possible, et quelles sont les causes ennemies qui s'opposent à l'établissement le plus prompt d'un ordre nouveau.

Mais d'abord, à la manière dont il présente les choses et dont il attaque son sujet, nous voyons bien que nous ne sommes ici ni avec Mirabeau ni avec Montaigne. A cette date de 1790, et dès le mois de février, Mirabeau, jugeant de son coup-d'œil d'homme d'État le fond de la situation et les troubles de toute sorte prêts à éclater dans vingt endroits du royaume, disait énergiquement : « Il a encore l'aplomb des grandes masses, mais il n'a que celui-là, et il est impossible de deviner quel sera le résultat de la crise qui commence. » En fait, six mois et dix mois auparavant, Mirabeau jugeait les choses bien autrement aventurées et compromises. — Et le philosophe Montaigne, en son temps, embrassant d'un coup-d'œil ces grandes révolutions radicales qui ont la prétention de faire table rase et de tout rebâtir à neuf, disait :

« Rien ne presse un État que l'innovation ; le changement donne leur forme à l'injustice et à la tyrannie. Quand quelque pièce se démanche, on peut l'étayer ; on peut s'opposer à ce que l'altération et corruption naturelle à toutes choses ne nous éloigne trop de nos commencements et principes ; mais d'entreprendre de refondre une si grande masse et de changer les fondements d'un si grand bâtiment, c'est à faire à ceux qui, pour décrasser, effacent, qui veulent amender les défauts particuliers par une confusion universelle, et guérir les maladies par la mort. »

André Chénier, dans sa vue plus limitée et tout appliquée aux choses présentes, va dénoncer quelques-uns des plus sérieux dangers, sans les prévoir peut-être aussi grands qu'ils le sont, et sans désespérer encore de l'ensemble. Dans la comparaison qu'on serait tenté d'établir entre lui et les deux grands esprits précédemment cités, il reprendra ses avantages du moins par la précision de son attaque et par son courage.

Il fait voir d'abord, au lendemain d'une révolution et d'un changement si universel, la politique s'emparant de tous les esprits, chacun prétendant concourir à la chose publique autrement que par *une docilité raisonnée,* chacun voulant à son tour *porter le drapeau,* et une foule de nouveaux-venus taxant de tiédeur ceux qui, depuis longues années, imbus et nourris d'idées de liberté, se sont trouvés prêts d'avance à ce qui arrive, et qui demeurent modérés et fermes. Il montre une foule de gens irréfléchis, passionnés, obéissant à leur fougue, à leurs intérêts de parti, au mot d'ordre des habiles; semant des rumeurs vagues ou des imputations atroces; inquiétant l'opinion, la fatiguant dans *une stagnante anarchie,* et troublant les législateurs eux-mêmes dans l'œuvre des *nouveaux Établissements politiques.* De tous côtés on s'accuse de conspirations, de complots, sans voir qu'à la fin il y a danger « que notre inquiétude errante et nos soupçons indéterminés, dit-il, ne nous jettent dans un de ces combats de nuit où l'on frappe amis et ennemis. » C'est cette confusion de rumeurs et ce nuage gros d'alarmes qu'André Chénier a surtout à cœur d'éclaircir et de démêler. Les vrais, les principaux ennemis de la Révolution, il se le demande, où sont-ils?

Les ennemis du dehors, il les réduit à ce qu'ils sont, il ne les méconnaît pas, mais il ne se les exagère pas; les émigrés, de même. Dans tous les cas, si l'on a des ennemis au dehors, si l'on en a aussi au dedans, il faut de l'union pour les combattre et en triompher, et ce qui s'oppose le plus à cette union, c'est ce malheureux penchant aux soupçons, au tumulte, aux insurrections, qui est fomenté en France, et qui l'est surtout par une foule d'orateurs et d'écrivains : « Tout ce qui s'est fait de bien et de mal dans cette Révolution est dû à des écrits, » dit André Chénier; et il s'en prend hardiment à ceux qui sont les auteurs du mal, à « ces hommes qui fatiguent sans cesse l'esprit public, qui le font flotter d'opinions vagues en opinions vagues, d'excès en excès, sans lui donner le temps de s'affermir; qui usent et épuisent l'enthousiasme national contre des fantômes, au point qu'il n'aura peut-être plus de force s'il se présente un véritable combat. » Il se fait leur dénonciateur déclaré et commence contre eux sa guerre à mort :

« Comme *la plupart des hommes*, dit-il, *ont des passions fortes et un jugement faible*, dans ce moment tumultueux, toutes les passions étant en mouvement, ils veulent tous agir et ne savent point ce qu'il faut faire, ce qui les met bientôt à la merci des scélérats habiles : alors, l'homme sage les suit des yeux ; il regarde où ils tendent ; il observe leurs démarches et leurs préceptes ; il finit peut-être par démêler quels intérêts les animent, et il les déclare ennemis publics, s'il est vrai qu'ils prêchent une doctrine propre à égarer, reculer, détériorer l'esprit public. »

Et il s'attache à définir ce que c'est que *l'esprit public* dans un pays libre et véritablement digne de ce nom :

« N'est-ce pas *une certaine raison générale, une certaine sagesse pratique et comme de routine*, à peu près également départie entre tous les citoyens, et toujours d'accord et de niveau avec toutes les institutions publiques ; par laquelle chaque citoyen connaît bien ce qui lui appartient, et par conséquent ce qui appartient aux autres ; par laquelle chaque citoyen connaît bien ce qui est dû à la société entière et s'y prête de tout son pouvoir ; par laquelle chaque citoyen respecte sa propre personne dans autrui, et ses droits dans ceux d'autrui ?... Et quand la société dure depuis assez longtemps pour que tout cela soit dans tous *une habitude innée* et soit devenu *une sorte de religion, je dirais presque de superstition*, certes alors un pays a le meilleur esprit public qu'il puisse avoir. »

On était loin de là en 90 : en est-on beaucoup plus près aujourd'hui ? André Chénier, dans cet *Avis aux*

Français, s'efforce de susciter les sentiments capables de créer un tel esprit. Il tâche d'élever les âmes, de les animer au bien par la grandeur des circonstances : « La France n'est point dans ce moment chargée de ses seuls intérêts; la cause de l'Europe entière est déposée dans ses mains... On peut dire que *la race humaine est maintenant occupée à faire sur nos têtes une grande expérience.* » A côté de l'honneur insigne de la réussite, il déroule les suites incalculables d'un revers. Par tous les moyens, par toutes les raisons, il provoque *une ligue active et vigilante* de tous les citoyens probes et sages, *une concorde courageuse* et presque *un vertueux complot* de leur part pour conjurer les efforts contraires de la sottise et de la perversité. Il montre ces efforts subversifs toujours renaissants et infatigables, et les oppose, pour la stimuler, à la tiédeur des honnêtes gens qui, « ennemis de tout ce qui peut avoir l'air de violence, se reposant sur la bonté de leur cause, espérant trop des hommes, parce qu'ils savent que, tôt ou tard, ils reviennent à la raison; espérant trop du temps, parce qu'ils savent que, tôt ou tard, il leur fait justice; perdent les moments favorables, laissent dégénérer leur prudence en timidité, se découragent, composent avec l'avenir, et, enveloppés de leur conscience, finissent par s'endormir dans une bonne volonté immobile et dans une sorte d'innocence léthargique. » Pour lui, il ne fera point ainsi : tout résolu qu'il était d'abord à ne point sortir de son obscurité, à ne point faire entendre sa voix inconnue au milieu de cette confusion de clameurs, il a pensé qu'il fallait triompher de ces réserves d'amour-propre plutôt encore que de modestie, et payer, coûte que coûte, son tribut pour le salut commun :

« J'ai de plus, ajoute-t-il, goûté quelque joie à mériter l'estime des gens de bien en m'offrant à la haine et aux injures de cet amas de brouillons corrupteurs que j'ai démasqués. J'ai cru servir la liberté en la vengeant de leurs louanges. Si, comme je l'espère encore, ils succombent sous le poids de la raison, il sera honorable d'avoir, ne fût-ce qu'un peu, contribué à leur chute. S'ils triomphent, ce sont gens par qui il vaut mieux être pendu que regardé comme ami. »

Et ici nous retrouvons le sentiment fondamental de l'inspiration d'André Chénier pendant toute la Révolution. Il le dira et le redira sans cesse : « Il est beau, il est même *doux* d'être opprimé pour la vertu. »

Environ deux ans après son *Avis aux Français*, dénonçant dans le *Journal de Paris* (n° du 29 mars 1792) la pompe factieuse et l'espèce de triomphe indigne décerné aux soldats suisses du régiment de Châteauvieux, il terminera en s'adressant à ceux qui demandent à quoi bon écrire si souvent contre des partis puissants et audacieux, car on s'y brise et on s'expose soi-même à leurs représailles, à leurs invectives :

« Je réponds, dit-il, qu'en effet une immense multitude d'hommes parlent et décident d'après des passions aveugles, et croient juger, mais que ceux qui le savent ne mettent aucun prix à leurs louanges, et ne sont point blessés de leurs injures.

« J'ajoute qu'il est bon, qu'il est honorable, qu'il est *doux*, de se présenter, par des vérités sévères, à la haine des despotes insolents qui tyrannisent la liberté au nom de la liberté même.

« Quand des brouillons tout-puissants, ivres d'avarice et d'orgueil, tombent détruits par leurs propres excès, alors leurs complices, leurs amis, leurs pareils, les foulent aux pieds ; et l'homme de bien, en applaudissant à leur chute, ne se mêle point à la foule qui les outrage. Mais, jusque-là, même en supposant que l'exemple d'une courageuse franchise ne soit d'aucune utilité, *démasquer sans aucun ménagement des factieux avides et injustes, est un plaisir qui n'est pas indigne d'un honnête homme.* »

Enfin, c'est le même sentiment qu'il prête à Charlotte Corday, dans l'Ode éloquente où il l'a célébrée :

Oh! quel noble dédain fit sourire ta bouche.

> Quand un brigand, vengeur de ce brigand farouche,
> Crut te faire pâlir aux menaces de mort !

Tel se dessine à nous André Chénier, dans sa courte et vaillante carrière politique. Ce qui l'anime et le dirige, ce n'est pas la pensée d'un politique supérieur, ambitieux et généreux, qui veut arriver au pouvoir et l'arracher des mains d'indignes adversaires. Le sentiment qui le jette hors de lui et le porte en avant, est surtout moral : c'est la haine de l'homme intelligent contre les brouillons, de l'homme d'esprit contre la sottise, de l'homme de cœur contre les lâches manœuvres et les infamies ; c'est le dédain d'un stoïcien passionné et méprisant contre la tourbe de ceux qui suivent le torrent populaire et qui flagornent aujourd'hui la multitude comme ils auraient hier adulé les rois ; c'est l'expression irrésistible d'une noble satire qui lui échappe, qui se profère avec indignation et bonheur, qui se satisfait *quand même*, dût-elle ne produire d'autre effet en s'exhalant que de soulager une bile généreuse. Son inspiration en ceci est encore antique : elle relève de celle de Tacite et de l'*homme juste* d'Horace ; elle rappelle de vertueux accents de Juvénal ou de Perse, quelque chose comme un Caton poëte, un Alceste lyrique, et qui sait, au besoin, s'armer de l'ïambe.

Orgueil et courage, orgueil et plaisir à se trouver à part, seul debout, exposé à la rage des méchants, quand les lâches et les hébétés se taisent, il entre beaucoup de cela dans l'inspiration politique d'André Chénier.

Ce mot de *brouillons* revient perpétuellement dans sa bouche pour flétrir ses adversaires : c'est le stigmate imprimé par un esprit juste et ferme au genre de défaut qui lui est le plus antipathique et qui le fait le plus souffrir.

André Chénier entra décidément dans la polémique au *Journal de Paris*, par un article du 12 février 1792 contre la ridicule et indécente Préface que Manuel avait mise en tête des *Lettres de Mirabeau et de Sophie*. C'est l'écrivain homme de goût qui s'irrite d'abord et qui s'indigne de cette violation inouïe de la raison et de la pudeur dans la langue. Lui, amateur des sources antiques, toujours en quête des saines et *bonnes disciplines,* qui voudrait produire dans son style *la tranquillité modeste et hardie* de ses pensées; lui qui, dans les belles pages de prose où il ébauche des projets d'ouvrages sévères, aspire et atteint à la concision latine, *à la nerveuse et succulente brièveté* d'un Salluste honnête homme et vertueux, on conçoit la colère à la Despréaux, et plus qu'à la Despréaux, qui dut le saisir en voyant un tel débordement de déclamations soi-disant philosophiques, de facéties galantes et de gentillesses libertines, découlant de la plume d'un bel-esprit formé à l'école de Danton. Se séparant, pour le mieux flétrir, du faux *bon ton* qui n'avait jamais été le sien, et revendiquant le vrai *bon ton* éternel et naturel, celui qui est tel pour toute âme bien née, et qu'aucune révolution n'est en droit d'abolir : « Tout homme qui a une âme bonne et franche, s'écriait-il, n'a-t-il pas en soi une justesse de sentiment et de pensées, une dignité d'expressions, une gaieté facile et décente, un respect pour les vraies bienséances, qui est en effet le *bon ton,* puisque l'honnêteté n'en aura jamais d'autre? »

Une autre de ses indignations et de ses colères, qui l'engagea dans sa polémique la plus grave, et qui causa finalement sa perte par l'offense mortelle qu'il fit à Collot d'Herbois, est celle que lui causa la fête triomphale décernée (ou tolérée) par la Ville de Paris, en l'honneur des Suisses de Châteauvieux. Il faut se rappeler que ces soldats, après s'être révoltés à Nancy deux années auparavant et avoir pillé la caisse du régiment, avaient été, au nombre de quarante ou cinquante, condamnés aux galères d'après les lois de la justice fédérale en vigueur parmi les troupes suisses. Non content de les amnistier en mars 1792, on voulut encore les célébrer, et Collot d'Herbois fit la motion factieuse de leur décerner un honneur public. Tout à l'heure, c'était l'écrivain et l'homme de goût, dans Chénier, qui se révoltait contre Manuel; ici, c'est le militaire qui prend feu contre Collot d'Herbois, c'est le gentilhomme qui a porté l'épée et qui sait ce que c'est que la religion du drapeau. Lui, qui eût été un digne soldat de l'armée de Xénophon, il sent toute sa conscience héroïque se soulever à l'idée de cette violation de la discipline et de l'honneur érigée en exploit. Il faut l'entendre qualifier cette *scandaleuse bacchanale*, cette *bambochade ignominieuse*, que favorisaient la lâcheté des Corps constitués et l'immortelle badauderie parisienne, et s'écrier, par un mouvement digne d'un Ancien :

« On dit que, dans toutes les places publiques où passera cette pompe, les statues seront voilées. Et, sans m'arrêter à demander de quel droit des particuliers qui donnent une fête à leurs amis s'avisent de voiler les monuments publics, je dirai que si, en effet, cette misérable orgie a lieu, ce ne sont point les images des despotes qui doivent être couvertes d'un crêpe funèbre, c'est le visage de tous les hommes de bien, de tous les Français soumis aux lois, insultés par les succès de soldats qui s'arment contre les décrets et pillent leur caisse militaire. C'est à toute la jeunesse du royaume, à toutes les gardes nationales, de prendre les couleurs du deuil, lorsque l'assassinat de leurs frères est parmi nous un titre de gloire pour des étrangers. C'est l'armée dont il faut voiler les yeux pour qu'elle ne voie point quel prix obtiennent l'indiscipline et la révolte. C'est à l'Assemblée nationale, c'est au Roi, c'est à tous les administrateurs, c'est à la Patrie entière à s'envelopper la tête pour n'être pas de complaisants ou de silencieux témoins d'un outrage fait à toutes les autorités et à la Patrie entière. C'est le Livre de la Loi qu'il faut couvrir, lorsque ceux qui en ont déchiré les pages à coups de fusil reçoivent des honneurs civiques. »

Et se retournant contre le maire Pétion qui, dans une Lettre à ses concitoyens, avait répondu avec *une astuce niaise et une bénignité captieuse* que cette fête, si on n'y avait vu que ce qui était, n'avait qu'un caractère privé, *innocent et fraternel*, et que l'esprit public s'élève et se fortifie au milieu des *amusements civiques*, André Chénier l'enferme dans ce dilemme : « Dans un pays qui est témoin d'une telle fête, de deux choses l'une : ou c'est l'autorité qui la donne, ou il n'y a point d'autorité dans ce pays-là. »

Le même sentiment militaire d'André Chénier, déjà si noblement irrité dans l'affaire des Suisses, s'anime de nouveau et éclate par les plus beaux accents, à l'occasion de l'assassinat du général Dillon, massacré après un échec par ses propres soldats près de Lille, en avril 1792. André Chénier en tire sujet d'adjurations éloquentes et véritablement patriotiques : « O vous tous, dont l'âme sait sentir ce qui est honnête et bon ; vous tous qui avez une patrie, et qui savez ce que c'est qu'une patrie !... élevez donc la voix, montrez-vous... Ce moment est le seul qui nous reste : c'est le moment précis où nous allons décider de notre avenir... La perte d'un poste est peu de chose, mais l'honneur de la France a été plus compromis par de détestables actions qu'il ne l'avait été depuis des siècles. » Il réclame la punition énergique, exemplaire, des coupables ; il fait entendre de grandes vérités : « Souvenez-vous que rien n'est plus humain, plus indulgent, plus doux, que la sévère inflexibilité des lois justes ; que rien n'est plus cruel, plus impitoyable, que la clémence pour le crime ; qu'il n'est point d'autre liberté que l'asservissement aux lois. »

Un caractère essentiel à noter dans ces articles de prose d'André Chénier, c'est que si le poëte s'y marque par l'élévation et la chaleur du sentiment, par le désintéressement de la pensée et presque le détachement du succès, par une certaine ardeur enfin d'héroïsme et de sacrifice, il ne donne pourtant au style aucune couleur particulière. La métaphore s'y montre rarement. La langue est noble, pure, ferme, pas très-éclatante : elle pourrait même, par moments, l'être plus; sans le paraître trop. Ce qui me frappe, c'est la raison et l'énergie : l'idée du talent ne vient qu'après. On y sentirait par endroits le souffle éloquent et véhément de l'orateur, plus encore que la veine du poëte. André Chénier, fidèle en ceci au goût antique, ne mêle point les genres.

Un des points les plus importants de la polémique d'André Chénier est la dénonciation qu'il fit de la Société des Jacobins, dans l'article intitulé : *De la Cause des Désordres qui troublent la France et arrêtent l'Établissement de la Liberté*, et inséré dans le *Supplément au Journal de Paris*, du 26 février 1792. Il montre que cette Société, et toutes celles qui en dépendent, ces *Confréries usurpatrices*, « se tenant toutes par la main, forment une sorte de chaîne électrique autour de la France; » qu'elles forment *un État dans l'État*; que « l'organisation de ces Sociétés est le système le plus complet de désorganisation sociale qu'il y ait jamais eu sur la terre. » C'est à cette Société des Jacobins qu'il pensait encore, quand il disait : « Aux talents et à la capacité près, ils ressemblent à la Société des Jésuites. » Il fait sentir la distinction profonde qu'il y a entre le vrai peuple, dont, suivant lui, la bourgeoisie laborieuse est le noyau, et ces Sociétés, « *où un infiniment petit nombre de Français paraissent un grand nombre, parce qu'ils sont réunis et qu'ils crient :*

« Quelques centaines d'oisifs réunis dans un jardin ou dans un spectacle, ou quelques troupes de bandits qui pillent des boutiques, sont effrontément appelés *le Peuple;* et les plus insolents despotes n'ont jamais reçu des courtisans les plus avides un encens plus vil et plus fastidieux que l'adulation impure dont deux ou trois mille usurpateurs de la souveraineté nationale sont enivrés chaque jour par les écrivains et les orateurs de ces Sociétés qui agitent la France. »

Aristote et Burke avaient déjà remarqué que le caractère moral du démagogue flatteur du peuple, et celui du courtisan flatteur des rois, se ressemblent identiquement au fond. La forme seule de la majesté qu'ils flattent a changé : l'un de ces rois n'a qu'une tête, l'autre en a cinq cent mille. Le procédé, d'ailleurs, de bassesse est le même. André Chénier a remarqué spirituellement qu'au théâtre on flagorne le peuple, depuis qu'il est souverain, aussi platement qu'on flagornait le roi, du temps que le roi était tout, et que le parterre, qui représente le peuple en personne, applaudit et fait répéter toutes les maximes adulatrices en son honneur aussi naïvement que Louis XIV fredonnait les prologues de Quinault à sa louange, pendant qu'on lui mettait ses souliers et sa perruque.

Je me borne à indiquer cette polémique d'André Chénier contre les Jacobins, d'où résulta une discussion publique et par écrit avec son frère Marie-Joseph, membre et alors défenseur de cette dangereuse Société. Les témoins et les gens de parti firent de leur mieux pour envenimer cette dissidence des deux frères, laquelle, du reste, n'eut jamais le caractère qu'on a voulu lui prêter. Leur brouille ne fut que de quelques mois. Lorsque après le 10 août, André Chénier, souffrant et retiré de la polémique, voulut aller à Versailles pour s'y reposer et y refaire sa santé, ce fut Marie-Joseph même qui lui loua cette petite maison où il a écrit ses dernières odes si élevées et si touchantes (1).

André Chénier, d'ailleurs, ne jugeait point Marie-Joseph et ses tragédies révolutionnaires avec la sévérité qu'on pourrait supposer d'après l'esprit modéré de l'ensemble de ses doctrines. Il se retrouvait frère et un peu partial à cet endroit. Dans un écrit daté de 91 et intitulé *Réflexions sur l'Esprit de parti,* il se montre injuste et vraiment injurieux pour Burke, et le désir de venger son frère de ce que Burke avait dit sur la tragédie de *Charles IX* dans son fameux pamphlet, y entre pour quelque chose.

En général, la politique d'André Chénier doit être envisagée comme une politique de droiture et de cœur, émanée d'une simple et haute inspiration personnelle. Attaché à la Constitution de 91, la jugeant praticable malgré ses défauts, croyant que la question serait résolue si tous les honnêtes gens s'unissaient pour prêter main-forte à cette loi une fois promulguée, seul d'ailleurs, ne tenant à aucun parti, à aucune secte, ne connaissant pas même les rédacteurs du *Journal de Paris,* dans lequel il publie ses articles, se bornant à user de cette méthode commode des *Suppléments,* qui permettait alors à chacun de publier ses réflexions *à ses frais,* il répondait hardiment à ceux qui voulaient établir une solidarité entre lui et les personnes à côté de qui il écrivait : « Il n'existe entre nous d'association que du genre de celles qui arment vingt villages contre une bande de

---

(1) Je tiens ce fait de M. Gabriel de Chénier, neveu des deux poëtes. Et, à ce propos, j'annoncerai que M. de Chénier a terminé un Précis historique sur la vie et les ouvrages de son oncle André, composé d'après les papiers de famille, et dans lequel il a réuni des particularités aussi exactes qu'intéressantes. Il est à désirer que ce volume soit bientôt publié.

voleurs. » Sa politique, en quelque sorte isolée et solitaire, se dessine nettement à l'occasion de la hideuse journée du 20 juin. Par un mouvement généreux et tout chevaleresque, il se déclare plus à découvert que jamais pour le roi entre le 20 juin et le 10 août; il félicite le pauvre Louis XVI, si humilié et si insulté, de son attitude honorable dans cette première journée. Par un sentiment délicat, il voudrait faire arriver une parole de consolation à son cœur : « Puisse-t-il lire avec quelque plaisir, écrit-il, ces expressions d'une respectueuse estime de la part d'un homme sans intérêts comme sans désirs, qui n'a jamais écrit que sous la dictée de sa conscience; à qui le langage des courtisans sera toujours inconnu; aussi passionné que personne pour la véritable égalité, mais qui rougirait de lui-même s'il refusait un éclatant hommage à des actions vertueuses par lesquelles un roi s'efforce d'expier les maux que tant d'autres rois ont faits aux hommes! » Il suppose, il rédige une Adresse de ce même roi à l'Assemblée, datée de juin 1792, et où il le fait parler avec autant de bon sens que de dignité. Il lui prête un rôle impossible après le 20 juin et quand la partie est déjà perdue : ce jour, en effet, qui est déjà celui de la chute du trône, lui paraît pouvoir être le point de départ d'une Restauration idéale dont il trace un tableau chimérique et embelli. Le poëte se retrouve ici avec son illusion. Mais non, c'est encore l'homme de cœur et le valeureux citoyen qui, sans se soucier du succès et bravant le péril, ne peut étouffer le cri de ses entrailles. Il suppose à tous ceux qui pensent comme lui autant de courage qu'à lui : « Que tous les citoyens dont les sentiments sont conformes à ceux que contient cet écrit (et il n'est pas douteux que ce ne soit la France presque entière) rompent enfin le silence. Ce n'est pas le temps de se taire... Élevons tous ensemble une forte clameur d'indignation et de vérité. »

C'est cette *forte clameur* qui manqua et qui manquera toujours en pareille circonstance, quand les choses en seront venues à ces extrémités; car, ainsi que lui-même le remarque tout à côté, « le nombre des personnes qui réfléchissent et qui jugent est infiniment petit. » L'*indolence parisienne* est de tout temps connue; et si des peuples anciens élevèrent des temples et des autels *à la Peur*, on peut dire (c'est Chénier qui parle à la date de 92) que jamais cette divinité « n'eut de plus véritables autels qu'elle n'en a dans Paris; que jamais elle ne fut honorée d'un culte plus universel. »

La politique d'André Chénier dans son ensemble se définirait donc pour nous très-nettement en ces termes : Ce n'est point une action concertée et suivie, c'est une protestation individuelle, logique de forme, lyrique de source et de jet, la protestation d'un honnête homme qui brave à la fois ceux qu'il réfute, et ne craint pas d'appeler sur lui le glaive.

La journée du 10 août vint mettre fin à la discussion libre. André Chénier, retiré de la polémique, se réfugia dans l'indignation solitaire et dans le mépris silencieux. Une lettre de lui, écrite à la date du 28 octobre 1792, nous le montre désormais « bien déterminé à se tenir toujours à l'écart, ne prenant aucune part active aux affaires publiques, et s'attachant plus que jamais, dans la retraite, à une étude approfondie des lettres et des langues antiques. » Sa santé s'était altérée; il allait de temps en temps passer à Versailles des semaines vouées à la méditation, à la rêverie, à la poésie. Un amour délicat l'avait repris et le consolait des autres tristesses par sa blessure même. Il en a célébré l'objet dans des pièces adorables, sous le nom de *Fanny* (1). Mais, suivant

(1) C'était (car le temps permet aujourd'hui de soulever le voile),

moi, la plus belle (s'il fallait choisir), la plus complète des pièces d'André Chénier, est celle qu'il composa vers ce temps, et qui commence par cette strophe :

> O Versaille, ô bois, ô portiques !
> Marbres vivants, berceaux antiques,
> Par les dieux et les rois Élysée embelli,
> A ton aspect dans ma pensée,
> Comme sur l'herbe aride une fraîche rosée,
> Coule un peu de calme et d'oubli.

Qu'on veuille la relire tout entière. On y voit, dans un rhythme aussi neuf qu'harmonieux, le sentiment de la nature et de la solitude, d'une nature grande, cultivée et même pompeuse, toute peuplée de souvenirs de grandeur auguste et de deuil, et comme ennoblie ou attristée d'un majestueux abandon. Il y a là l'Élégie royale dans toute sa gloire, puis, tout à côté, le mystère d'un réduit riant et studieux *couronné de rameaux*, et propice au rêve du poëte, au rêve de l'amant. Car il aime, il revit, il espère ; il va chanter comme autrefois, et la source d'harmonie va de nouveau abonder dans son cœur et sur ses lèvres. Mais, tout à coup, devant les yeux lui repasse l'image des horreurs publiques, et alors le sentiment vertueux et stoïque revient dominer le sentiment poétique et tendre. L'homme *juste et magnanime* se réveille, et la vue des innocents égorgés corrompt son bonheur. Tel est, dans cette admirable pièce, l'ordre et la suite des idées, dont chacune revêt tour à tour son expression la plus propre, l'expression hardie à la fois, savante et naïve.

Enfin, pour achever de dessiner cette noble figure d'un poëte honnête homme et homme de cœur qui,

---

c'était Mme Laurent Le Coulteux, née Pourrat, sœur de Mme Hocquard, et qui habitait alors à Luciennes.

dans la plus horrible révolution moderne, comprit et pratiqua le courage et la vertu au sens antique des Thucydide et des Aristote, des Tacite et des Thraséas, il ne faut que transcrire cette page testamentaire trouvée dans ses papiers, et où il s'est peint lui-même à nu devant sa conscience et devant l'avenir :

« *Il* est las de partager la honte de cette foule immense qui en secret abhorre autant que lui, mais qui approuve et encourage, au moins par son silence, des hommes atroces et des actions abominables. La vie ne vaut pas tant d'opprobre. Quand les tréteaux, les tavernes et les lieux de débauche vomissent par milliers des législateurs, des magistrats et des généraux d'armée qui sortent de la boue pour le bien de la patrie, il a, lui, une autre ambition, et il ne croit pas démériter de sa patrie en faisant dire un jour : Ce pays, qui produisit alors tant de prodiges d'imbécillité et de bassesse, produisit aussi un petit nombre d'hommes qui ne renoncèrent ni à leur raison ni à leur conscience ; témoins des triomphes du vice, ils restèrent amis de la vertu et ne rougirent point d'être gens de bien. Dans ces temps de violence, ils osèrent parler de justice ; dans ces temps de démence, ils osèrent examiner ; dans ces temps de la plus abjecte hypocrisie, ils ne feignirent point d'être des scélérats pour acheter leur repos aux dépens de l'innocence opprimée ; ils ne cachèrent point leur haine à des bourreaux qui, pour payer leurs amis et punir leurs ennemis, n'épargnaient rien, car il ne leur en coûtait que des crimes ; et un nommé A. C. (*André Chénier*) fut un des cinq ou six que ni la frénésie générale, ni l'avidité, ni la crainte, ne purent engager à ployer le genou devant des assassins couronnés, à toucher des mains souillées de meurtres, et à s'asseoir à la table où l'on boit le sang des hommes. »

Quelle que soit la ligne politique qu'on suive (et je ne prétends point que celle d'André Chénier soit strictement la seule et la vraie), cette manière d'être et de sentir en temps de révolution, surtout quand elle est finalement confirmée et consacrée par la mort, sera toujours réputée *moralement* la plus héroïque et la plus belle, la plus digne de toutes d'être proposée aux respects des hommes.

A ceux qui lui demandaient ce qu'il avait fait pendant la Terreur à la Convention, Sieyès se contentait de répondre : « *J'ai vécu.* » Il sera toujours plus digne et plus beau de répondre à cette question, avec l'âme d'André Chénier : « *Et moi, j'ai mérité de mourir !* »

J'ai depuis longtemps entre les mains (et je me reproche de n'en avoir pas fait usage jusqu'ici) une pièce singulière et hideuse dont je dois communication à l'amitié de M. Merruau, secrétaire-général de la préfecture de la Seine ; c'est le procès-verbal de l'arrestation d'André Chénier, c'est son interrogatoire qui se trouve aux Archives de la ville de Paris. Je donne cette pièce fidèlement transcrite, avec toutes ses turpitudes de sens et d'orthographe, avec tous les signes de bêtise et de barbarie. Honte de la civilisation ! Voilà en quelles mains ce charmant génie (comme toute la France) était tombé, voilà à quels hommes il eut affaire. Le poëte, en face de ces bêtes brutes et de ces sans-culottes ignares, n'avait personne à qui il pût adresser les paroles touchantes qu'adresse Phémius à Ulysse dans le meurtre des prétendants : « J'embrasse tes genoux, ô Ulysse ; respecte-moi et aie pitié de moi ! Ce serait pour toi un chagrin éternel si tu m'égorgeais, moi, le chantre qui ai des chants pour les Dieux et pour les hommes. »

INTERROGATOIRE D'ANDRÉ CHÉNIER.

Le dix-huit vantos l'an second de la République française une et indivisible (1)

En vertu d'une ordre du comité de sureté générale du quatorze vantose qu'il nous a présenté le dix-sept de la même anée dont le citoyen Guenot est porteur de laditte ordre, apprest avoir requis le membre du comité révolution et de surveillance de laditte commune de Passy les Paris nous ayant donné connaissance dudit ordre dont les ci-dessus étoit porteurs, nous nous sommes transportés, maison quaucupe la citoyene Piscatory ou nous avons trouvé un particulier à qui nous avons mandé quil il était et le

(1) Ce qui répond au 8 mars 1794.

sujest quil l'avoit conduit dans cette maison (1) il nous à exibée sa carte de la section de Brutus en nous disant qu'il retournaist apparis, et qu'il étoit Bon citoyent et que cetoit la première foy quil renoit dans cette maison, quil étoit a compagnier d'une citoyene de Versaille dont il devoit la conduire audit Versaille apprest avoir pris une voiture au bureaux du cauche il nous a fait cette de claration à dix heure moins un quard du soir à la porte du bois de Boulogne en face du ci-devant chateaux de Lamuette et apprest lui avoir fait la demande de sa démarche nous ayant pas répondu positivement nous avons décidé quil seroit en arestation dans la ditte maison jusqua que ledit ordre qui nous a été communiqué par le citoyent Genot ne soit remplie mais ne trouvant pas la personne dénomé dans ledit ordre, nous lavons gardé jusqua ce jourdhuy dix huit. Et apprest les réponse du citoyent Pastourel et Piscatory nous avons présumé que le citoyent devoit estre interrogés et apprest son interogation estre conduit apparis pour y estre détenue par mesure de suretté générale et de suitte avons interpellé le citoyent Chenier denous dire cest nomd et surnomd ages et payi de naissance demeure qualité et moyen de subsittée.

INTEROGATOIRE.

A lui demandé commant il sapelloit

A répondu quil senomoit André Chenier natife de Constentinoble agé de trente et un ans demeurant à Paris rue de Clairy section de Brutus

A lui demandé de quelle ané il demeuroit rue de Clairy

A lui répondue depuis environ mil sept cent quatre vingt douze au moins

A lui demandé quel son ses moyent de subsisté

A lui répondu que de puis quatre vingt dix quil vie que de que lui fait son père (2)

A lui demandé combien que lui faisoit son père

A répondu que son père lui endonnoit lorsquil luy endemandoit

A lui demandé s'il peut nous dire a combien la somme quil demande à son pere par an se monte

(1) André Chénier fut arrêté dans une visite qu'il faisait à Passy chez M. Piscatory, beau-frère de M. Pastoret ; il y fut rencontré par le commissaire et ses acolytes qui y faisaient, de leur côté, une visite domiciliaire, et qui prirent sur eux de s'assurer de sa personne, sans ordre et par mesure de précaution.

(2) Ils n'ont pas même su écrire grossièrement et noter les sons tels quels, et mettre : *qu'il ne vit que de ce que lui fait son père.*

A repondu quil ne savoit pas positivement mais environ huit cent livre à mille livre par année

A lui demandé sil na auttre chose que la somme qu'il nous declare cy-dessus

A repondu qu'il na pas d'auttre moyent que ce quil nous a déclarée

A lui demande quelle manierre il prend son existance

A repondu tenteau chez son père tenteau chez ses amis et tentot chez des resteaurateurs

A lui demandé quel sont ses amis ou il va mangé ordinairement

A répondu que cetoit chez plusieurs amis dont il ne croit pas nécessaire de dire lenom

A lui demandé s'il vien mangé souvent dans la maison ou nous lavons aretté

A repondu quil ne croyoit n'avoir jamais mangé dans cette maison ou il est aresté, mais il dit avoir mangé quelque foy avec les mêmes personnes apparis chez eux.

A lui demandé sil na pas de correpondance avec les ennemis de la République et la vons sommé de nous dire la vérité

A repondu au cune

A lui demandé sil na pas recue des lettre danglaitaire depuis son retoure dans la République

A repondu quil en a recue une ou deux ducitoyent Barthelemy àlorse ministre plénipotensière en Anglaitaire et nen avoir pas recue dauttre

A lui demandé à quelle épocque il a recue les lettre désigniés sy dessus sommé a lui denous les representés

A répondue quil ne les avoit pas

A lui demandé ce quil en àfait et le motife quil lat engagé à sendeffaire

A repondu que ce netoit que des lettre relative à ses interrest particullier, comme pour faire venire ses livres et auttre effest laissé en Anglaitaire et du genre de celle que personne ne conserve

A lui demandé quel sorte de genre que personne ne conserve et surtout des lettre portant son interest personnelle (1) sommé de nous dire la vérité

(1) Ce qui les frappe beaucoup, c'est qu'il dit n'avoir pas conservé des lettres relatives à des intérêts personnels. Il est évident qu'ils ont là-dessus des idées de gens de commerce et de petit commerce, des idées de détaillants, et ils vont prendre pour des défaites tout ce que ce galant homme leur répondra à ce sujet. Peste ! ne pas garder une lettre qui annonce l'arrivée des *effets!* c'est suspect.

A repondu il me semble que des lettre qui énonce l'arrivé des effest désigniés cy-dessus lorsque ses effest son recue ne son plus daucune valeure

A lui representé quil nest pas juste dans faire réponse, dautant plus que des lettre personnelle doive se conserver pour la justification de celui qui à En voyé les effet comme pour celui qui les à recue

A repond quil persite à pensé quand des particullier qui ne mèttre pas tant dexactitude que des maison de commerce lorsque la reception des fait demandé est accusé toute la correspondance devient inutisle et quil croit que la plus part des particuliers en use insy

A lui representé que nous ne fond pas des demande de commerce sommé à lui de nous répondre sur les motifes de son arestation qui ne sont pas affaire de commerce (1)

A repondu quil en ignorest du faite

A lui demandé pourquoy il nous cherche des frase et surquoy il nous repond cathegoriquement (2)

A dit avoir repondue avec toute la simplicité possible et que ses reponse contiene lexatte veritté

A lui demandé sil y à longtemps quil conoit les citoyent ou nous l'avons aresté sommé a lui de nous dire depuis quel temps

A repondu quil les connaissoit depuis quatre ou cinqt ans

A lui demandé comment il les avoit conu

A repondu quil croit les avoir connu pour la premiere fois chez la citoyene Trudenne

A lui demandé quel rue elle demeuroit alors

A repondu sur la place de la Revolution la maison à Cottée

A lui demandé comment il connoit la maison à Cottée (3) et les citoyent quil demeuroit alors

A repondu quil est leure amie de l'anfance

A lui representé quil nest pas juste dans sa reponse attendue que place de la Revolution il ny a pas de maison qui se nome la maison à Cottée donc il vien de nous declarés

(1) Ici le butor se fâche, croyant qu'on a voulu le railler avec cette expression de *maison de commerce*.

(2) Ce qui veut probablement dire : *qu'il ait à nous repondre catégoriquement*.

(3) Il va y avoir ici un singulier *quiproquo*, le commissaire interrogateur prenant la maison *à côté* pour la maison d'un certain propriétaire appelé *Côté*, et raisonnant et se fâchant en vertu de cette ânerie ; car ils étaient de cette force-là, pour la plupart, ces pourvoyeurs de l'échafaud.

A repondue quil entandoit la maison voisine du citoyent Letems

A lui representes quil nous fait des frase attandue quil nous a repettes deux fois la maison à Cottée

A repondue quil a dit la vérité

A lui demandée sil est seul dans lappartement quil occuppe dans la rue de Clairy n° quatre vingt dix sept

A repondue quil demeuroit avec son père et sa mère et son frère ainée

A lui demandée sil na personne pour le service

Il y à un domestique commun pour les quatre qui les sere

A lui demandée ou il étoit a lepoque du dix aoust mil sept cent quatre vingt douze

A répondue a paris malade d'une colique nefretique

A lui demandee sy cette colique le tient continuellement et sil elle tenoit le jour du dix aoust quatre vingt douze

A répondue quil se rétablissoit a lors d'une attaque et que cette maladie le tiend presque continuellement depuis lage de vingt ans plus ou moins fortes

A lui demandés quelles est cette malady et quelle est le chirurgient quil le traitoit alors et sy cest le même qui letraitte en core

A repondu le médecin Joffroy latraitté au commancement de cette maladie et depuis ce temps jai suis un régime connue pour ses sorte de meaux

A lui demandée quelle difference il fait d'une attaque de meaux ou de maladies.

A repondue quil entendoit par attaque lorsque le mal est un (peu) plus violent et enpeche dagire

A lui demandée a quelle époque il apris le médecin donc il vien de nous parllee et à quelle epoque il a quitté sommé de nous en donné des certificats

A repondue que sa famille le certifira que cettoit de tout temps le medecin de la maison

A lui demandé sy il montoit sa garde le dix aoust mil sept cents quatre vingt douze

A repondue quil la montoit lorsque sa senté le permetoit

A lui demandee sy lors du dix oust quatre vingt douze lorsquil à enttandue battre la générale sy il apris les armes pour vollaire au secours de ses concitoyent et pour sauvé la patrie

A repondue que non quil étoit en core trop foible

A lui demandée quelle est le motife qui lui en a empechée

A répondue la faiblesse de sa santée dans ce moment

A lui demandée de nous en donnée les preuves par les certificat signiée du cherugien et de la section vue qu'il n'est pas juste dans ses reponce

A repondue quil na nent point

A lui demandee que veux dire cemot a nous est comme (1) quil nen a point

A repondue quil na point de certificat cy dessus énoncés

A lui representés quil est un mauvais citoyent de navoir point concourue à la defense de sa patrie vue que les boiteux et infirme on prie les armes et se sont unie sur la place avec tout les bons citoyent pour y défendre contre les courtisans du cidevant Capet et royalliste

A repondue quil navoit point assée de force de corp pour le pouvoir

A lui demandee sy lord de ceste epoque ses frere et son pere sy etoit rendue avec les citoyent de leur section sur les places defansifs contre les tirand de la Republique sommé de nous dire la vérité

A repondue que son pere etoit vieux et étoit employée a sa section et que son frere etoit vice-consulte en Espagne les auttres ne demeurant point a la maison il y gnoroit ou ils étoits

A lui demandée ou etoit le domestique quil les servoit ou etoit il le dix oust

A repondue quil lignoroit.

A lui representé qua lepoque de cette journée que touts les bons citoyent uy gnoroit point leurs existence et quayant enttendu batte la générale cettoit un motife de plus pour reconnoitre tous les bons citoyent et le motife au quelle il setoit employée pour sauvée la République

A repondue quil avoit dit l'exate veritée

A lui demandée quel etoit l'exatte véritée

A repondue que cetoit toutes ce qui etoit cy dessue

Et apprest avoir fait la lecture du procest verbale et lavon cleau (clos) et signiée et le citoyent Chenier a declaree quil ne vouloit pas signiée

        Signé : GENNOT, CRAMOISIN, BOUDGOUST.
        DUCHESNE.   Comisaire

— Et maintenant, pour se soulager le cœur gros de dégoût, qu'on relise les derniers Iambes du poëte !

(1) *A nous est comme?* ici le sens échappe. C'est un de ces passages que dans la critique des textes anciens on appellerait *désespéré*, et qui ferait dire à madame de Sévigné : *J'en donne ma langue aux chiens.*

Lundi 26 mai 1851.

SAINT-ÉVREMOND ET NINON.

Il n'est pas de meilleur introducteur auprès de Ninon que Saint-Évremond. C'est un sage aimable, un esprit de première qualité pour le bon sens, et qui sait entrer dans toutes les grâces. Son caractère naturel est une supériorité aisée; je ne saurais mieux le définir qu'une sorte de Montaigne adouci. Son esprit se distingue à la fois par la fermeté et par la finesse; son âme ne sort jamais d'elle-même ni de son assiette, comme il dit. Il a éprouvé les passions, il les a laissées naître, et les a, jusqu'à un certain point, cultivées en lui, mais sans s'y livrer aveuglément; et, même lorsqu'il y cédait, il y apportait le discernement et la mesure. Dans sa jeunesse, il avait été, comme toute la fleur de la Cour, dans le cortége de Ninon, un peu son amant et beaucoup son ami; il correspondit quelquefois avec elle pendant sa longue disgrâce : le petit nombre de lettres authentiques qu'on a de Ninon sont adressées à Saint-Évremond, et elles nous la font bien connaître par le côté de l'esprit, le seul par lequel elle a mérité de survivre.

Saint-Évremond demanderait une Étude à part; aujourd'hui nous ne voulons de lui que la faveur d'être introduits dans l'intimité de celle qui, pendant une si longue vie, renouvela tant de fois le charme, et dont l'esprit se perfectionna jusqu'à la fin.

Saint-Évremond, né en 1613, était de trois années plus âgé que Ninon, qui était de 1616; il mourut en 1703, à l'âge de plus de quatre-vingt-dix ans, et elle en 1705, au même âge moins quelques mois. La vie de Saint-Évremond se partage en deux moitiés bien distinctes. Jusqu'à l'âge de quarante-huit ans, il vécut en France, à la Cour, à l'armée, d'une existence brillante et active; estimé des plus grands généraux, il était en passe d'une assez haute fortune militaire. Une longue Lettre de lui, très-spirituelle et très-malicieuse, sur le Traité des Pyrénées et contre le cardinal Mazarin, trouvée dans les papiers de Mme Duplessis-Bellière lors de l'arrestation de Fouquet, irrita Louis XIV, qui ordonna d'en mettre l'auteur à la Bastille. Saint-Évremond, averti à temps, quitta la France, se réfugia en Hollande, puis en Angleterre, et vécut quarante-deux ans encore d'une vie de curieux et de philosophe, très-goûté, très-recherché dans la plus haute société, voyant ce qu'il y avait de mieux dans les pays étrangers, et supportant avec une fierté réelle et une nonchalance apparente sa disgrâce. Ce qui contribua beaucoup à la lui adoucir, c'est qu'il vit bientôt arriver en Angleterre la belle duchesse de Mazarin, la nièce même de celui qui était la cause première de son malheur : il s'attacha à elle et l'aima pour son esprit, pour ses qualités solides, autant que pour sa beauté. Toutes ces nièces du cardinal avaient un don singulier d'attrait et comme une magie : « La source des charmes est dans le sang Mazarin, » disait Ninon. La duchesse de Mazarin fut une partie essentielle de la vie de Saint-Évremond, et plus essentielle que Ninon elle-même.

Le plus grand plaisir de Saint-Évremond, celui qu'il

goûtait le plus délicieusement dès sa jeunesse, dans l'âge des passions, et qui lui devint plus cher chaque jour en vieillissant, était celui de la conversation : « Quelque plaisir que je prenne à la lecture, disait-il, celui de la conversation me sera toujours le plus sensible. Le commerce des femmes me fournirait le plus doux, si l'agrément qu'on trouve à en voir d'aimables ne laissait la peine de se défendre de les aimer. » Et il montre de quelle sorte et dans quel esprit doit être l'entretien ordinaire auprès des femmes pour leur agréer :

« Le premier mérite auprès des dames, c'est d'aimer ; le second, est d'entrer dans la confidence de leurs inclinations ; le troisième, de faire valoir ingénieusement tout ce qu'elles ont d'aimable. Si rien ne nous mène au secret du cœur, il faut gagner au moins leur esprit par des louanges ; car, au défaut des amants à qui tout cède, celui-là plaît le mieux qui leur donne le moyen de se plaire davantage. »

Les préceptes qu'il donne pour leur plaire et les intéresser en causant, sont le résultat le plus consommé de l'expérience :

« Dans leur conversation, songez bien à ne les tenir jamais indifférentes ; leur âme est ennemie de cette langueur ; ou faites-vous aimer, ou flattez-les sur ce qu'elles aiment, ou faites-leur trouver en elles de quoi s'aimer mieux ; car, enfin, il leur faut de l'amour, de quelque nature qu'il puisse être ; leur cœur n'est jamais vide de cette passion. »

Si c'est là l'ordinaire condition des femmes, même spirituelles, le mérite est d'autant plus grand chez celles qui savent s'affranchir des mobiles habituels à leur sexe, sans en rien perdre du côté de la grâce. Saint-Évremond avait rencontré de ces femmes rares, et on devine bien à qui il pensait lorsqu'il écrivait :

« On en trouve, à la vérité, qui peuvent avoir de l'estime et de la tendresse, même sans amour ; on en trouve qui sont aussi capables de secret et de confiance que les plus fidèles de nos amis. J'en connais qui n'ont pas moins d'esprit et de discrétion que de charme et de beauté; mais ce sont des singularités que la nature, par dessein ou par caprice, se plaît quelquefois à nous donner... Ces femmes extraordinaires semblent avoir emprunté le mérite des hommes, et peut-être qu'elles font une espèce d'infidélité à leur sexe, de passer ainsi de leur naturelle condition aux vrais avantages de la nôtre. »

Dans un Portrait idéal qu'il a tracé de *la Femme qui ne se trouve point et qui ne se trouvera jamais,* et où il s'est plu à réunir sur la tête d'une *Émilie* de son invention toutes les qualités les plus difficiles à associer et tous les contraires :

« Voilà le Portrait, dit-il en finissant, de *la Femme qui ne se trouve point*, si on peut faire le portrait d'une chose qui n'est pas. C'est plutôt l'idée d'une *personne accomplie*. Je ne l'ai point voulu chercher parmi les *hommes*, parce qu'il manque toujours à leur commerce je ne sais quelle douceur qu'on rencontre en celui des *femmes* ; et j'ai cru moins impossible de trouver dans une femme la plus forte et la plus saine raison des hommes, que dans un homme les charmes et les agréments naturels aux femmes. »

Cette raison saine, cet esprit sensé, mêlé à l'enjouement et au charme, il l'avait trouvé chez Ninon, et ce coin du Portrait d'*Émilie* n'était pas du tout une pure idée imaginaire.

Voyons donc un peu ce qu'était cette Ninon tant célébrée, et voyons-la par le côté qui lui donne véritablement sa place dans l'histoire des Lettres et dans celle de la société française. Voyons-la, — profane que je suis, j'allais dire, étudions-la, dans ce genre d'influence par où elle corrigea le ton de l'hôtel Rambouillet et des *Précieuses*, et par où elle seconda l'action judicieuse de Mme de La Fayette.

J'ai quelquefois entendu demander pourquoi j'aimais tant à m'occuper de ces femmes aimables et spirituelles

10.

du passé, et à les remettre dans leur vrai jour. Sans compter le plaisir désintéressé qu'il y a à revivre quelque temps en idée dans cette compagnie choisie, je répondrai avec une parole de Goethe, le grand critique de notre âge : « Ce serait, dit-il en parlant de Mme de Tencin, une histoire intéressante que la sienne et celle des femmes célèbres qui présidèrent aux principales sociétés de Paris dans le xviiie siècle, telles que Mmes Geoffrin, Du Deffand, Mlle de Lespinasse, etc.; on y puiserait des détails utiles à la connaissance soit du caractère et de l'esprit français en particulier, soit même de l'esprit humain en général, car ces particularités se rattacheraient à des temps également honorables à l'un et à l'autre. » Je tâche, selon ma mesure, d'exécuter quelque chose du programme de Goethe, et s'il a dit cela du xviiie siècle, je le dirai à plus forte raison du xviie, dans lequel il y eut, de la part des femmes célèbres qui y influèrent, plus d'invention encore et d'originalité personnelle. En fait de société polie et de conversation, le xviiie siècle n'eut qu'à étendre, à régulariser et à perfectionner ce que le xviie avait premièrement fondé et établi.

Avant d'en venir à être ce personnage presque respectable de la fin, Ninon avait eu une ou deux autres époques antérieures sur lesquelles je ne ferai que courir. Mlle *Anne* de L'Enclos (car *Ninon* n'est qu'un diminutif galant), née à Paris, le 15 mai 1616, d'un père gentilhomme, grand duelliste, cabaleur, esprit-fort, musicien et homme de plaisir, et d'une mère exacte et sévère, se trouva orpheline à quinze ans, et très-disposée à jouir de sa liberté avec une hardiesse assaisonnée d'esprit et tempérée de goût, qui allait rappeler l'existence des courtisanes de la Grèce. Il y avait à cette époque, en France, une école d'épicuréisme et de scepticisme qui se représentait dans la science par Gassendi et La Mothe Le Vayer; dans les Lettres et dans le monde, par Des Yveteaux, Des Barreaux, et bien d'autres. Montaigne et Charron étaient alors les auteurs à la mode, et leur esprit aidait à cette liberté d'opinion. Ninon fut des premières à s'émanciper comme femme, à professer qu'il n'y a au fond qu'une seule morale pour les hommes et pour les femmes; qu'en réduisant, comme on le fait dans le monde, toutes les vertus du sexe à une seule, on le déprécie, et qu'on lui fait tort et injure; qu'on semble l'exclure en masse de l'exercice de la probité, cette vertu plus mâle et plus générale, et qui les comprend toutes; que cette probité est compatible chez une femme avec l'infraction même de ce qu'on est convenu d'appeler uniquement la vertu. « La vertu des femmes est la plus belle invention des hommes, » ce mot singulier, qui est d'une muse spirituelle de notre temps, semble volé à Ninon. On entrevoit assez tout ce code de morale, qui est beaucoup moins nouveau aujourd'hui, et qui est même devenu un lieu commun assez vulgaire. Du temps de Ninon, il n'était encore qu'une audace, une exception tout individuelle, une gageure hardie qu'elle se mit en devoir de soutenir, tout en se livrant à l'inconstance et à la variété de ses goûts. Que fit-elle, ou plutôt que ne fit-elle pas alors? Que ne se permit-elle point dans sa folle humeur? Quel caprice lui arriva-t-il de se refuser? La liste de ses conquêtes est partout, et, si longue qu'on la fasse, elle sera toujours très-incomplète encore. Cette Ninon, rivale et héritière de Marion Delorme, ne nous arrêtera pas. Nous renvoyons les curieux à l'histoire, à la légende, à tout ce qu'on a dit, répété et brodé là-dessus. « Si cette mode continue, disait Voltaire, il y aura bientôt autant d'Histoires de Ninon que de Louis XIV. » Tallemant des Réaux, depuis, a donné la chronique toute nue et des détails très-circonstanciés. M. Walckenaer, aux tomes i et iv de ses excellents *Mémoires sur Madame de Sévigné*, a très-bien établi ce qu'on peut appeler *la Chronologie de Ninon*. On a discuté et réglé la succession de ses amants, à peu près aussi exactement que celle des rois assyriens ou égyptiens. Ce qui est certain, c'est qu'au milieu de cette licence, où elle faisait une si grande part aux passions, elle s'imposait quelques limites et se gouvernait jusqu'à un certain point elle-même. Sa raison faisait preuve de solidité dans ses jugements; ses saillies les plus folles recouvraient souvent un grand sens. Elle réfléchissait dans un âge et dans un train de vie où à peine les autres sont capables de penser, et elle, qui resta jeune si longtemps par l'esprit, elle se trouva mûre par là aussi avant l'âge.

Pourtant il y eut des moments où il ne tint à rien que cette existence capricieuse et violente n'allât donner sur l'écueil où ses pareilles se brisent d'ordinaire, et d'où la plus habile ne serait pas revenue. On vit l'instant, sous la Régence, où la légèreté de Ninon, encore excitée par celle du temps, passa toutes les bornes et fut sur le point d'amener un éclat. Il ne faut ces jours-là qu'un prétexte et un accident pour que la société, la morale publique et générale, bravée dans ses principes, dans ses préjugés les plus respectables, se soulève à la fin et se livre à des représailles souvent brutales, mais en partie méritées. La reine-régente était fort sollicitée alors de faire acte de sévérité contre la pécheresse. Il ne fut pas inutile à Ninon, dans ces conjonctures, que le prince de Condé, son ancien amant et son ami toujours, intervînt en personne pour lui donner à la Cour et ailleurs des témoignages publics d'intérêt. L'ayant, une fois, rencontrée comme elle était dans son carrosse, il fit arrêter le sien, en descendit, et alla chapeau bas la saluer en présence de la foule étonnée. De telles marques de considération étaient encore souveraines. Ninon devait vers ce temps partir, dit-on, pour Cayenne, où se portait un grand nombre d'émigrants de toutes les classes. Il est permis de croire que ce ne fut de sa part qu'un semblant pour conjurer la colère de ses ennemis et donner le signal à ses amis de la défendre. Elle ne partit point ; elle continua sa même vie, en en baissant légèrement le ton. Du Marais où elle habitait d'abord, elle était allée au faubourg Saint-Germain où il paraît que se passa le temps de sa plus grande licence. Elle revint à son quartier du Marais, et là, entourée d'amis, vivant à sa guise, mais avertie par l'air du dehors et par l'influence régnante de Louis XIV, elle rangea sa vie, elle la réduisit petit à petit sur le pied véritablement honorable où on la vit finir, et qui a pu faire dire au sévère Saint-Simon :

« Ninon eut des amis illustres de toutes les sortes, et eut tant d'esprit qu'elle se les conserva tous, et qu'elle les tint unis entre eux, ou pour le moins sans le moindre bruit. Tout se passait chez elle avec un respect et une décence extérieure que les plus hautes princesses soutiennent rarement avec des faiblesses. Elle eut de la sorte pour amis tout ce qu'il y avait de plus trié et de plus élevé à la Cour, tellement qu'il devint à la mode d'être reçu chez elle, et qu'on avait raison de le désirer par les liaisons qui s'y formaient. Jamais ni jeu, ni ris élevés, ni disputes, ni propos de religion ou de gouvernement; beaucoup d'esprit et fort orné, des nouvelles anciennes et modernes, des nouvelles de galanteries, et toutefois sans ouvrir la porte à la médisance; tout y était délicat, léger, mesuré, et formait les conversations qu'elle sut soutenir par son esprit, et par tout ce qu'elle savait de faits de tout âge. La considération, chose étrange! qu'elle s'était acquise, le nombre et la distinction de ses amis et de ses connaissances, continuèrent à lui attirer du monde quand les charmes eurent cessé, et quand la bienséance et la mode lui défendirent de plus mêler le corps avec l'esprit... Sa conversation était charmante. Désintéressée, fidèle, secrète, sûre au dernier point ; et, à la faiblesse près, on pouvait dire qu'elle était vertueuse et pleine de probité... Tout cela lui acquit de la réputation, et une considération tout à fait singulière. »

Pour prendre une comparaison qui n'est pas disproportionnée, et que ce terme de probité si souvent employé amène naturellement, on peut dire que Ninon garda, à travers ses intrigues galantes, quelque chose de cette franchise et de cette droiture que la Princesse Palatine sut observer dans la Fronde au milieu des factions politiques.

Tallemant dit un mot remarquable sur Ninon, c'est *qu'elle n'eut jamais beaucoup de beauté,* elle avait surtout de l'agrément. Somaize, dans *le grand Dictionnaire des Précieuses,* ne dit pas autre chose : « Pour de la beauté, quoique l'on soit assez instruit qu'elle en a ce qu'il en faut pour donner de l'amour, il faut pourtant avouer que *son esprit est plus charmant que son visage,* et que beaucoup échapperaient de ses fers s'ils ne faisaient que la voir. » Mais, dès qu'elle parlait, on était pris et ravi : c'était son esprit qui achevait sa beauté et qui lui donnait toute son expression et sa puissance. De même en musique, quand elle jouait du luth; elle préférait une expression touchante à la plus savante exécution : « La sensibilité, disait-elle, est l'âme du chant. »

On a donné tant de portraits de Ninon, que je me bornerai à en indiquer un qui nous la montre dans sa jeunesse, sous son jour le plus favorable et le plus décent. Il est de la façon de Mlle de Scudéry, qui, dans son roman de *Clélie,* aurait peint Ninon sous la figure de *Clarice.* La ressemblance de plusieurs traits essentiels me fait croire que la véritable clef de ce Portrait peu connu est bien en effet celle-là :

« L'aimable *Clarice* est, sans doute, une des personnes du monde la plus charmante, et de qui l'esprit et l'humeur ont un caractère le plus particulier; mais, avant que de m'engager à vous les dépeindre, il faut vous dire quelque chose de sa beauté. *Clarice* est donc de fort belle taille et d'une grandeur agréable, capable de plaire à tout le monde par un certain air libre et naturel qui lui donne bonne grâce. Elle a les cheveux du plus beau châtain qu'on ait jamais vu, le visage rond, le teint vif, la bouche agréable, les lèvres fort incarnates, une petite fosse au menton, qui lui sied fort bien, les yeux noirs brillants, pleins de feu, souriants, et la physionomie fine, enjouée et fort spirituelle... Pour de l'esprit, *Clarice* en a sans doute beaucoup, et elle en a même d'une certaine manière dont il y a peu de personnes qui soient capables, car elle l'a enjoué, divertissant, et commode pour toutes sortes de gens, principalement pour des gens du monde. Elle parle volontiers, elle rit aisément, elle se fait un grand plaisir d'une bagatelle, elle aime à faire une innocente guerre à ses amis... Mais, parmi toute cette disposition qu'elle a pour la joie, on peut dire que cette aimable enjouée a toutes les bonnes qualités des mélancoliques qui ont l'esprit bien fait, car elle a le cœur tendre et sensible, elle sait pleurer avec ses amies affligées; elle sait rompre avec les plaisirs quand l'amitié le demande; elle est fidèle à ses amis; elle est capable de secret et de discrétion; elle ne fait jamais de brouillerie à qui que ce soit; elle est généreuse et constante dans ses sentiments, et elle est enfin si aimable qu'elle est aimée des plus honnêtes personnes de la Cour, de l'un et de l'autre sexe, mais de gens qui ne se ressemblent ni en condition, ni en humeur, ni en esprit, ni en intérêts, et qui conviennent pourtant tous que *Clarice* est très-charmante, qu'elle a de l'esprit, de la véritable bonté et mille qualités dignes d'être infiniment estimées. »

Voilà une Ninon jeune, telle qu'elle put paraître en amitié et les jours où elle traversait la société des *Précieuses*, elle qui l'était si peu, elle qui, causant avec la reine Christine, les lui définissait si bien d'un mot : « Les *Précieuses*, ce sont les *Jansénistes de l'amour.* » Mais, avec son esprit d'autant plus divers qu'il était plus à elle, elle savait s'accommoder à tous, et elle trouvait grâce, au besoin, et faveur devant l'hôtel Rambouillet, comme, les jours où il la consultait sur *Tartufe*, elle rendait de sa même monnaie à Molière.

Le Portrait de Ninon, d'après Mlle de Scudéry, nous en donnerait pourtant une idée trop adoucie et affaiblie : elle avait bien autrement de verve, de saillie et de piquant. La joie était le fond de son âme et comme l'expression de la santé de son esprit; c'est elle qui a écrit à Saint-Évremond : « La joie de l'esprit en marque la force. » On a dit d'elle qu'à table, tant elle s'y montrait animée et enjouée, « elle était *ivre dès la soupe;* » ivre de belle humeur et de saillies, car elle ne buvait que de l'eau, et les ivrognes, qu'on les appelât Chapelle ou Vendôme, furent toujours mal venus près d'elle. C'était une de ses maximes « que, dans la vie, on ne devait faire provision que de vivres et jamais de plaisirs; qu'il fallait toujours les prendre au jour la journée; et que les rides auraient été beaucoup mieux placées sous le talon que sur le visage. » Elle avait le sentiment vif du ridicule, et elle saisissait les gens d'un trait et d'une seule image. Elle disait de Mme de Choiseul, qui se coiffait en caricature : « Elle ressemble à un *printemps d'hôtellerie* comme deux gouttes d'eau. » Elle disait du pauvre petit chevalier de Sévigné, qui, entre elle et la comédienne Champmeslé, s'était engagé à plus qu'il ne pouvait : « C'est une vraie citrouille fricassée dans de la neige. » Son mot si gai : « *Oh! le bon billet qu'a La Châtre !* » est devenu un proverbe. Au comte de Choiseul, qui l'ennuyait un peu, et qui, un jour qu'il avait été d'une promotion, se mirait revêtu de tous ses ordres : « Prenez garde, Monsieur le Comte, lui dit-elle devant toute la compagnie; si je vous y prends encore, je vais vous nommer vos camarades. » Il y avait eu, en effet, de déplorables choix. — Atteinte dans sa jeunesse d'une grave maladie et dont on désespérait, on se lamentait autour d'elle; chacun, à son exemple, voulait mourir, et elle, raillant un peu tout ce jeune monde, même en le consolant : « Bah ! dit-elle, je ne laisse après moi que des mourants. » Sa repartie était prompte, irrésistible ; elle avait du fin, elle avait du léger, elle avait du piquant. Elle ne citait jamais pour citer, mais ce qu'il fallait lui revenait juste à propos et s'appliquait avec nouveauté à la circonstance : il y avait de l'imagination jusque dans sa mémoire. Il y en avait toujours dans ses récits : *ce qu'on appelle des contes dans la bouche des autres était dans la sienne des scènes parfaites*, auxquelles, pour la ressemblance des caractères et pour le tour, il ne manquait rien.

C'est par toutes ces qualités aimables et brillantes, portées sur un grand fonds de solidité et de sûreté dans l'amitié, qu'elle conquit les suffrages de tous ceux qui la virent, qu'elle fit oublier aux uns qu'elle vieillissait, et aux autres qu'elle avait été bien jeune sans cesser encore de l'être. La Fare, le délicat voluptueux, disait d'elle : « Je n'ai point vu cette Ninon dans sa beauté ; mais, à l'âge de cinquante ans et même jusqu'au delà de soixante, elle a eu des amants qui l'ont fort aimée, et les plus honnêtes gens de France pour amis. Jusqu'à quatre-vingt-dix, elle fut recherchée encore par la meilleure compagnie de son temps. Elle est morte avec toute sa raison, et même avec l'agrément de son esprit, qui était le meilleur et le plus aimable que j'aie connu en aucune femme. » Et Mme de Maintenon, très-liée dans sa jeunesse avec Ninon, mais déjà en pied à la Cour et dans la plus haute faveur, lui écrivait, en lui recommandant son frère (Versailles, novembre 1679) : « Continuez, Mademoiselle, à donner de bons conseils à M. d'Aubigné ; il a bien besoin des leçons de *Leontium* (1).

---

(1) *Leontium*, amie et disciple d'Épicure : c'était le surnom philosophique de Ninon.

Les avis d'une amie aimable persuadent toujours plus que ceux d'une sœur sévère. »

Les Lettres de Ninon, d'un tour simple, original, et pareil au ton de sa conversation, sont très-peu nombreuses : je n'en connais qu'une douzaine d'authentiques, et elles sont adressées à Saint-Évremond. Il paraît que, lorsqu'il se sauva de France en 1661, elle lui devait cent pistoles. Huit ans après, elle les lui devait encore. Saint-Évremond, alors en Hollande (1669), paraît s'ennuyer du retard : « Sa bonne foi est grande (écrit-il à un M. d'Hervart qu'il avait vu à La Haye et qui était de retour à Paris), mais mon absence est longue, et, après huit années, il n'y a rien de si aisé que de ne point se souvenir des gens, quand un souvenir coûte cent pistoles. Peut-être ai-je tort de soupçonner qu'elle soit capable de faiblesse humaine. » Il avait tort, en effet. Ninon avait fait ses preuves en rendant, après des années, à Gourville, cette fameuse cassette que ce dernier avait mise en dépôt chez elle, et dont elle avait refusé communication à plus d'un amant, successeur de Gourville, et qui aurait été assez disposé à être en tout son héritier. Au premier rappel qui lui vint de sa dette, elle fit dire à Saint-Évremond qu'il toucherait cinquante pistoles dès qu'il le voudrait. Cinquante pistoles au lieu de cent, ce n'était pas le compte du philosophe exilé ; il trouva que c'était le traiter un peu trop en amant, c'est-à-dire avec une demi-infidélité, et pas assez en ami. Il fit en ce sens quelque plaisanterie qui ne fut pas très-bien reçue. Il y avait eu malentendu en effet, et Ninon avait promis de payer le reste de la somme à une date déterminée. Avant le terme convenu, elle s'exécuta sur le tout, se piquant d'être, en cela, plus exacte même que Marc-Aurèle, empereur et philosophe, mais qui ne payait point d'avance ses créanciers : « Cela hausse un peu le courage, répondait-elle à Saint-Évremond ; et, quand vous y aurez bien pensé, vous verrez qu'il ne faut pas railler avec un banquier sans reproche... Je vous ai mandé que mes agréments étaient changés en qualités solides et sérieuses, et vous savez qu'il n'est pas permis de badiner avec un personnage. »

C'était juste le moment où Ninon, cessant d'être la Ninon de la Fronde, de la Régence et de sa première légèreté, devenait Mlle de L'Enclos et passait au *personnage* qu'elle a de plus en plus perfectionné et soutenu jusqu'à la fin de sa vie.

Saint-Évremond, pris en faute et un peu honteux sans doute de sa raillerie à faux, s'empresse de réparer, et il écrit à Ninon une lettre où il la loue comme elle le mérite, et où il nous la représente au naturel dans ce moment de transition et de métamorphose. Je citerai une partie de cette lettre peu connue, et qui ne se trouve point dans les Œuvres de Saint-Évremond (1) :

« N'en déplaise à ce vieux rêveur (*Solon*) qui ne trouvait personne heureux devant la mort, je vous tiens, lui écrit-il, en pleine vie comme vous êtes, la plus heureuse créature qui fut jamais. Vous avez été aimée des plus honnêtes gens du monde, et avez aimé autant de temps qu'il fallait pour ne rien laisser à goûter dans les plaisirs, et aussi juste qu'il était besoin pour prévenir les dégoûts d'une passion lassante. Jamais on n'a porté si loin le bonheur de votre sexe : il y a peu de princesses dans le monde à qui vous ne fassiez sentir la dureté de leur condition par jalousie de la vôtre ; il n'y a point de saintes dans les couvents qui n'eussent voulu changer la tranquillité de leur esprit contre les troubles agréables de votre âme. De tous les tourments, vous n'avez senti que ceux de l'amour, et vous savez mieux que personne qu'en amour

Tous les autres plaisirs ne valent pas ses peines.

Aujourd'hui que la fleur de votre grande jeunesse est passée (le

(1) Elle est dans *le Conservateur* ou *Collection de morceaux rares*, avril 1758.

mot est rude, mais vous me l'avez écrit tant de fois, que ce n'est que le répéter), vous retenez tant de bonne mine sur votre visage et conservez tant d'agrément dans l'esprit, que, n'était la délicatesse de votre choix à recevoir le monde, il y aurait autant de foule chez vous sans intérêt qu'il y en a dans les Cours où il y a le plus de fortune. Vous mêlez même les vertus à tous vos charmes, et, au moment qu'un amant vous découvre sa passion, un ami peut vous confier son secret. Votre parole est la convention la plus sûre sur laquelle on puisse se reposer... »

La Correspondance de Ninon avec Saint-Évremond, à travers les événements divers et les guerres, ne fut pas très-exacte ni très-soutenue, et les quelques lettres qui se sont conservées se rapportent aux dernières années de leur vie. Quand on les retrouve s'écrivant de nouveau, ils sont décidément vieux, très-vieux l'un et l'autre, et leur plus grand plaisir est de parler du passé avec regret ou de badiner de la vieillesse avec agrément. Ninon regrette son ami et le voudrait près d'elle : « J'aurais souhaité de passer ce qui me reste de vie avec vous : si vous aviez pensé comme moi, vous seriez ici. » A cette date, en effet, il ne tenait qu'à Saint-Évremond de rentrer dans sa patrie. Elle plaisante pourtant sur ce qu'il est plus beau et plus méritoire de se souvenir ainsi des absents après tant d'années : « Et c'est peut-être pour embellir mon épitaphe, que cette séparation du corps s'est faite. » Saint-Évremond avait adressé à Ninon un M. Turretin, ministre et prédicateur genevois très-distingué. Ninon cherche à procurer au savant calviniste toutes les ressources dont elle dispose : « Il a trouvé ici de mes amis qui l'ont jugé digne des louanges que vous lui donnez. S'il veut profiter de ce qui nous reste d'honnêtes abbés en l'absence de la Cour, il sera traité comme un homme que vous estimez. » Ces abbés de distinction étaient en effet assez nombreux, vers la fin, dans le cercle de Ninon : c'étaient l'abbé de Châteauneuf, le parrain de Voltaire, l'abbé Regnier Des Marais, l'abbé Fraguier, l'abbé Gédoyn, et d'autres encore, tous gens de savoir et à la fois gens du monde et de goût.

Ninon ajoute : « J'ai lu devant lui votre lettre avec des lunettes, mais elles ne me siéent pas mal; j'ai toujours eu la mine grave. S'il est amoureux du mérite que l'on appelle ici *distingué,* peut-être que votre souhait sera accompli; car tous les jours on me veut consoler de mes pertes par ce beau mot. » On a fort abusé depuis du mot *distingué;* nous le saisissons ici à son origine, ou du moins dans son acception la plus récente. Pour consoler Ninon de la vieillesse, on lui disait qu'elle était une femme *d'un mérite distingué.* En plein xviie siècle, le mot de *distingué* ne s'employait pas ainsi absolument. On était *distingué par* une qualité ou *par* une autre : mais être *distingué* tout court, c'était à faire au xviiie siècle et surtout au xixe de mettre en circulation ce mot-là. Aujourd'hui tout le monde est distingué, comme tout le monde a le ruban de la Légion d'honneur à sa boutonnière.

Ce peu de lettres qu'échangèrent Saint-Évremond et Ninon donnerait lieu à bien des remarques littéraires et morales. Elles sont d'une parfaite sincérité, et la nature humaine ne s'y déguise et ne s'y guinde en rien : on lui voudrait par moments quelques efforts de plus pour se tenir au-dessus d'elle-même. Saint-Évremond a beau écrire à Ninon : « La nature commencera par vous à faire voir qu'il est possible de ne vieillir pas; » il a beau lui dire : « Vous êtes de tous les pays, aussi estimée à Londres qu'à Paris; vous êtes de tous les temps, et quand je vous allègue pour faire honneur au mien, les jeunes gens vous nomment aussitôt pour donner l'avantage au leur : vous voilà maîtresse du présent et du passé...; » malgré toutes ces belles paroles, Ninon vieillit, elle a ses tristesses, et sa manière même de les écarter peut sembler plus triste que tout : « Vous disiez autrefois, écrit-elle à son ami, que je ne mourrais que de réflexions : je tâche à n'en plus faire et à oublier le lendemain le jour que je vis aujourd'hui. Tout le monde me dit que j'ai moins à me plaindre du temps qu'un autre. De quelque sorte que cela soit, *qui m'aurait proposé une telle vie, je me serais pendue*. Cependant on tient à un vilain corps comme à un corps agréable. On aime à sentir l'aise et le repos. L'appétit est quelque chose dont je jouis encore... » Cette idée d'*appétit* revient souvent entre eux et se mêle assez naïvement aux plus vives tendresses même de l'amitié : « Que j'envie ceux qui passent en Angleterre, écrit Ninon, et que j'aurais de plaisir à dîner encore une fois avec vous ! N'est-ce point une grossièreté que le souhait d'un dîner ? L'esprit a de grands avantages sur le corps : cependant ce corps fournit souvent de petits goûts qui se réitèrent, et qui soulagent l'âme de ses tristes réflexions. » Ne tenir plus à la vie que par le corps et sentir que ce corps diminue et dépérit chaque jour, c'est là l'idée générale qui règne dans cette Correspondance des deux spirituels vieillards, et qui finit par affecter assez péniblement le lecteur. On sent mieux qu'eux encore tout ce qui leur manque dans un ordre d'espérances élevées. Ils s'en aperçoivent eux-mêmes à leur tour, à l'heure où ils perdent leurs amis les plus chers. Ninon voit mourir Charleval, son vieil ami le plus fidèle ; Saint-Évremond voit mourir Mme de Mazarin, qui était toute sa ressource et son soutien. Ninon essaie de le consoler par une lettre sentie et sensée qu'elle ne peut s'empêcher de terminer par ces mots : « Si l'on pouvait penser comme Mme de Chevreuse, qui croyait en mourant qu'elle allait causer avec tous ses amis en l'autre monde, il serait doux de le penser. »

En parcourant ces pages, on se prend à désirer entre ces deux vieillards aimables un ressort, un mobile de plus, ne fût-ce qu'une illusion. Leur morale terre-à-terre désole; leur horizon baisse à chaque pas. Saint-Évremond ne croit en rien à l'avenir, et toutes ses espérances, comme tous ses bonheurs, se terminent pour lui au moment prochain ou présent : « Je n'ai pas en vue la réputation, dit-il... : je regarde une chose plus essentielle, c'est la vie, dont huit jours valent mieux que huit siècles de gloire après la mort... Il n'y a personne qui fasse plus de cas de la jeunesse que moi... Vivez; la vie est bonne quand elle est sans douleur. »

Lui, qui a si bien pénétré le génie des Romains, voilà pourtant ce qui lui a manqué peut-être pour être leur peintre durable et définitif; il a laissé cet honneur à Montesquieu. Au milieu de tout ce qu'il avait dans le bon sens et dans le jugement de si bien fait pour les comprendre, Saint-Évremond manquait de cet amour de la louange et des grandes choses, de cet esprit d'élévation qui inspirait en tout le peuple-roi et qui animait les Épicuriens même de la belle époque, tels que César, lesquels pouvaient penser comme il leur plaisait, mais qui, dans l'action, démentaient si hautement leur doctrine. Or, Montesquieu avait cet amour et ce ressort généreux en lui, et c'est par là, autant que par son talent, qu'il lui a été donné de faire un ouvrage admirable, un monument, tandis que Saint-Évremond n'a laissé qu'une ébauche supérieure.

Comme il faut pourtant toujours un motif plus ou moins prochain et une récompense, à défaut de la postérité les deux amis se donnent des louanges et des compliments d'une lettre à l'autre : « Plût à Dieu que vous

pussiez penser de moi ce que vous dites ! écrit Ninon ;
je me passerais de toutes les nations. Aussi est-ce à vous
que la gloire en demeure. C'est un chef-d'œuvre que
votre dernière lettre. Elle a fait le sujet de toutes les
conversations que l'on a eues dans ma chambre depuis
un mois. Vous retournez à la jeunesse : vous faites bien
de l'aimer. La philosophie sied bien avec les agréments
de l'esprit. Ce n'est pas assez d'être sage, il faut plaire ;
et je vois bien que vous plairez toujours tant que vous
penserez comme vous pensez. Peu de gens résistent
aux années. Je crois ne m'en être pas encore laissé
accabler. » Et c'est ainsi qu'ils se donnaient, par l'esprit
du moins et par une louange délicate, leurs derniers
plaisirs.

Il est temps de me résumer sur Ninon et de bien marquer le seul côté par où je l'envisage. Son salon rassemblait une bien plus grande variété que l'hôtel Rambouillet, et il unissait bien des genres. Il unissait au ton du grand monde celui de la bonne bourgeoisie parisienne. Mme de La Fayette avait essayé à un moment ce rôle qu'avait eu précédemment Mme de Sablé, « à laquelle, dit Gourville, tous les jeunes gens avaient accoutumé de rendre de grands devoirs, parce qu'après les avoir un peu façonnés, ce leur était un titre pour entrer dans le monde. » Mais la santé de Mme de La Fayette, et son humeur qui la portait à ses aises, ne lui permirent pas de faire longtemps ce rôle. Ce fut en grande partie celui de Ninon. Elle avait pour cela plus de gaieté que Mme de La Fayette, et plus de solidité que cette autre femme d'esprit de la même date, Mme de La Sablière (1). C'é-

(1) Elle-même Ninon avait coutume de comparer Mme de La Fayette à ces riches campagnes de Beauce qui rapportent d'excellent froment, et Mme de La Sablière à un joli parterre qui charme les yeux.

tait donc chez elle et par elle que la jeunesse débutait volontiers dans la société. On y causait et on n'y jouait pas. Les mères tâchaient d'y introduire leurs enfants. Mme de Sévigné, qui avait eu tant à se plaindre de Ninon sur la personne de son mari et sur celle de son fils, voyait sans crainte son petit-fils, le marquis de Grignan, lui rendre des devoirs. La mode s'en mêlant et la considération couvrant tout, les femmes avaient fini par rechercher extrêmement Ninon. « Les femmes courent après Mlle de L'Enclos, disait Mme de Coulanges, comme d'autres gens y couraient autrefois. » Et là-dessus Mme de Sévigné écrivait à M. de Coulanges : « Corbinelli me mande des merveilles de la bonne compagnie d'hommes qu'il trouve chez Mlle de L'Enclos; ainsi elle rassemble tout sur ses vieux jours, quoi que dise Mme de Coulanges, et les hommes et les femmes. » Aucun livre ne nous rend mieux ce qu'était dans les derniers temps le salon de Mlle de L'Enclos, que le *Dialogue sur la Musique des Anciens,* par l'abbé de Châteauneuf : c'est une conversation qui se tient chez elle, et où on l'entend dire son mot avec goût, avec justesse, et en excellente musicienne qu'elle était. En sortant de là, les interlocuteurs continuent de parler d'elle et de se redire ses diverses qualités aimables. L'abbé Fraguier l'a également peinte en une page fort juste; et l'abbé d'Olivet (bon Dieu! que d'abbés à propos de Ninon!), dans un Éloge en latin de Fraguier, nous le représente au moment où il voulut écrire en français et se former au bon goût de notre langue : « A cet effet, dit d'Olivet que je traduis, il s'en remit de son éducation à deux Muses; l'une était cette célèbre La Vergne (*madame de La Fayette*), tant de fois chantée dans les vers des poëtes, et l'autre qu'on a surnommée la moderne Leontium (*Ninon*). Toutes les deux en ce temps-là tenaient le sceptre de l'esprit, et passaient pour les arbitres des élégances... La dernière avait été façonnée de telle sorte par la nature qu'elle semblait une *Vénus* pour la beauté, et pour l'esprit une *Minerve*. Mais quand Fraguier commença de la connaître, l'âge lui avait dès longtemps retiré ce qu'elle avait eu de dangereux, pour ne lui assurer que ce qui était profitable et salutaire. » — Savez-vous bien, me dit un plaisant à qui je viens de faire lire ce même passage en latin, qu'à la manière dont parle votre abbé d'Olivet, je vais conclure qu'au xviie siècle Mme de La Fayette et Mlle de L'Enclos, par leur fonction d'oracles du goût dans le monde, ont été les deux premiers vicaires de Boileau ? — C'est en des termes plus ou moins approchants que tous les derniers contemporains de Ninon parlent d'elle. Est-il besoin de rappeler que l'abbé de Châteauneuf, un jour, lui présenta son filleul Voltaire, âgé de treize ans et déjà poëte ? Elle sembla pressentir ce que serait bientôt cet enfant, et elle lui légua par son testament 2,000 fr. pour acheter des livres.

De Montaigne et de Charron à Saint-Évremond et à Ninon, et de Ninon à Voltaire, il n'y a que la main, comme on voit. C'est ainsi que, dans la série des temps, quelques esprits font la chaîne.

Et maintenant, quand on a parlé de Ninon avec justice, avec charme, et sans trop approfondir ce qu'il dut y avoir de honteux malgré tout, ce qu'il y eut même de dénaturé à une certaine heure, et de funeste dans les désordres de sa première vie, il faut n'oublier jamais qu'une telle destinée unique et singulière ne se renouvelle pas deux fois, qu'elle tient à un incomparable bonheur, aidé d'un génie de conduite tout particulier, et que toute femme qui, à son exemple, se proposerait de traiter l'amour à la légère, sauf ensuite à considérer l'amitié comme sacrée, courrait grand risque de demeurer en chemin, et de flétrir en elle l'un des sentiments, sans, pour cela, se rendre jamais digne de l'autre (1).

(1) Je conseille de relire, à ce propos, ce que dit si sensément et si énergiquement Jean-Jacques Rousseau au livre V de l'*Émile*, dans le passage qui commence ainsi : « Je ne sache que la seule Mlle de L'Enclos, etc., etc.; » et la note qui précède.

Lundi 2 juin 1851.

LETTRES ET OPUSCULES INÉDITS

DU COMTE

JOSEPH DE MAISTRE.

(1851, 2 vol. in-8°.)

J'aurais été fort embarrassé, je l'avoue, si j'avais eu à parler, il y a quelques années, du comte Joseph de Maistre dans *le Constitutionnel* ou dans tout autre journal de l'opinion dite libérale. On avait fait à cet écrivain une réputation toute particulière d'absolutisme; on le jugeait sur une page mal lue d'un de ses écrits, et on ne l'appelait que le panégyriste du *bourreau*, parce qu'il avait soutenu que les sociétés qui veulent se maintenir fortes ne peuvent le faire qu'au moyen de lois fortes. Aujourd'hui les événements ont marché; ils sont loin d'avoir donné raison en tout à M. de Maistre, et ce serait même plutôt le contraire qui aurait lieu : mais ils ont mis de plus en plus en lumière la hauteur de ses vues et leur vrai sens, la perspicacité de ses craintes, la sagesse de quelques-uns de ses regrets. Enfin, quelle que soit la place qu'on occupe soi-même dans la grande bagarre humaine dont nous faisons tous partie, on ne peut plus méconnaître en lui un philosophe politique du premier ordre, un de ceux qui, en nous éclairant sur l'esprit d'organisation des anciennes sociétés, donnent le plus à penser sur les destinées et la direction future des sociétés modernes.

En ce moment une occasion s'offre à tous de le connaître mieux encore, de le pratiquer plus particulièrement et plus personnellement qu'on n'avait fait jusqu'ici. La famille du comte de Maistre s'est décidée à publier un grand nombre de ses Lettres avec quelques Opuscules restés en portefeuille. On y a joint le recueil des petits écrits ou pamphlets sortis de sa plume dans les premières années de la Révolution, et qui étaient devenus presque introuvables. Mais c'est la Correspondance surtout qui va sembler tout à fait neuve et qui est du plus grand prix. L'homme supérieur, et, de plus, l'homme excellent, sincère, amical, père de famille, s'y montre à chaque page dans toute la vivacité du naturel, dans tout le piquant de l'humeur, et, si l'on peut dire, dans toute la gaieté et la cordialité du génie. C'est le meilleur commentaire et le plus utile correctif que pouvaient recevoir les autres écrits si distingués, mais un peu altiers, du comte de Maistre. On apprendra de près à révérer et à goûter celui qui nous a tant de fois surpris, provoqués et peut-être mis en colère. Ce puissant excitateur de hautes pensées politiques va devenir une de nos connaissances particulières, et, peu s'en faut, l'un de nos amis.

Le comte Joseph de Maistre, né en 1754, à Chambéry, en Savoie, dans une famille de haute magistrature, l'aîné de dix enfants, avait été élevé selon l'esprit de la sévérité antique, et il en garda toujours le cachet dans ses mœurs et dans son caractère :

« Le trait principal de l'enfance du comte de Maistre, nous dit son fils dans la *Notice biographique,* fut une soumission amoureuse pour ses parents. Présents ou absents, leur moindre désir était pour lui une loi imprescriptible. Lorsque l'heure de l'étude marquait la fin de la récréation, son père paraissait sur le pas de la porte du jardin sans dire un mot, et il se plaisait à voir tomber les jouets des mains de son fils, sans que celui-ci se permît même de lancer une dernière fois la boule ou le volant. Pendant tout le temps que le jeune Joseph passa à Turin pour suivre le Cours de droit à l'Université, il ne se permit jamais la lecture d'un livre sans avoir écrit à son père ou à sa mère à Chambéry pour en obtenir l'autorisation. »

Sa mère, personne de haute distinction, eut une grande influence sur lui, et elle attendrit ce que cette forme de paternité sénatoriale aurait pu avoir de trop rigide, mais sans rien amollir. Le comte Joseph avait un culte pour sa mère, sa *sublime mère,* comme il l'appelle : « Ma mère était un ange, disait-il, à qui Dieu avait prêté un corps ; mon bonheur était de deviner ce qu'elle désirait de moi, et j'étais dans ses mains autant que la plus jeune de mes sœurs. » Envoyé à Saint-Pétersbourg comme ministre plénipotentiaire par le roi de Sardaigne son souverain, il écrivait de là à l'un de ses frères, et il avait alors cinquante et un ans (février 1805) : « A six cents lieues de distance, les idées de famille, les souvenirs de l'enfance me ravissent de tristesse. Je vois ma mère qui se promène dans ma chambre avec sa figure sainte, et, en t'écrivant ceci, je pleure comme un enfant. » Cette première éducation pure, étroite et forte, acheva de déterminer la nature déjà énergique du jeune de Maistre ; il fut comme ces chênes qui prennent pied dans une terre un peu âpre et qui s'enracinent plus fermement entre les rochers. Enseveli, *abîmé dès l'enfance dans les études sérieuses,* son métier était le droit, et il s'y appliqua en homme de doctrine et de pratique, comme on eût fait en Italie au xvie siècle. Il fut, sous divers titres et dans des fonctions différentes, membre du Sénat de Chambéry jusqu'à l'époque de la Révolution, c'est-à-dire pendant près de vingt ans. Il avait étudié les belles-lettres de bonne heure, et ç'avait été sa passion toujours nourrie à travers ses devoirs. Il avait, dans sa vie retirée, appris jusqu'à cinq langues ; il y ajouta un peu plus tard le grec et l'allemand. Il lisait tout, et les livres étaient sa *pâture chérie*. Marié depuis l'âge de trente-deux ans (1786), il était devenu père de famille à son tour. Tel était l'homme au régime simple et austère, à l'esprit patriarcal, aux mœurs antiques, que la Révolution française vint frapper d'abord de son spectacle, et qu'elle alla bientôt chercher et relancer dans sa Savoie, en la bouleversant. M. de Maistre avait juste quarante ans : il quitta un pays qui, réuni violemment à la France, n'appartenait plus à son souverain. Il vécut trois ou quatre années en Suisse, particulièrement à Lausanne, y vit tout ce qui y passait de distingué, surtout Mme de Staël, à qui il tint tête, et qui le jugea dès lors un homme de génie. Pour lui, il la jugeait plus diversement et plus gaiement :

« Je ne connais pas, dit-il dans une lettre, de tête aussi complétement pervertie ; c'est l'opération infaillible de la philosophie moderne sur toute femme quelconque ; mais le cœur n'est pas mauvais du tout : à cet égard on lui a fait tort. Quant à l'esprit, elle en a prodigieusement, surtout lorsqu'elle ne cherche pas à en avoir. N'ayant étudié ensemble ni en théologie ni en politique, nous avons donné en Suisse des scènes à mourir de rire, cependant sans nous brouiller jamais. »

Ces scènes *à mourir de rire* qui s'étaient passées entre Mme de Staël et lui, M. de Maistre les appelait aussi ses *Soirées helvétiques,* et il est dommage qu'il n'en soit rien resté. D'un autre genre que les *Soirées de Saint-Pétersbourg,* elles y auraient fait un joli pendant.

C'est vers le temps de ce séjour à Lausanne, que M. de Maistre publia, sans y mettre son nom, *ses Considérations sur la France* (1797), ouvrage étonnant où la Révolution est jugée, non-seulement dans ses causes prochaines et dans ses effets immédiats, mais dans ses principes et ses sources, dans toute sa portée et dans son développement, dans ses phases même les plus éloignées, où la Restauration future est prédite et presque décrite dans ses voies et moyens. L'impression que fit ce livre au moment où il parut, fut vive ; mais sa grande explosion n'eut lieu que vingt ans plus tard, lorsque les événements en eurent vérifié les points les plus mémorables.

Pour faire comprendre aussi brièvement que possible l'esprit politique de M. de Maistre et ses jugements historiques, je dirai que c'était un homme tout à fait religieux, une intelligence profondément religieuse, et qui croyait réellement et en toute chose au gouvernement de la Providence sur la terre. Rien n'est plus ordinaire que de rencontrer des hommes qui croient en Dieu et en la Providence, ou qui le disent, et rien n'est plus rare que d'en trouver qui, dans toutes leurs actions ou dans tous leurs jugements, se comportent comme s'ils y croyaient en réalité. On croit à la Providence en gros, on croit au règne du hasard ou de l'intrigue dans le détail. M. de Maistre ne reconnaît pas seulement le doigt de la Providence lorsqu'il la voit venger les bons et châtier les méchants, mais il salue et reconnaît encore ce doigt visible jusque dans le triomphe du mal et des méchants. Un des derniers poëtes de l'antiquité, Claudien, dans une pièce célèbre, a montré comment le triomphe d'un méchant et d'un scélérat peut jeter le trouble dans le cœur d'un homme de bien et le faire douter qu'il y ait des Dieux. Il faut à Claudien la chute, le supplice de Ruffin, pour le délivrer de son doute et pour absoudre la Providence. M. de Maistre, profondément chrétien de doctrine, et qui sait qu'il est bien des sortes de coupables, même parmi ceux qui s'appellent honnêtes gens, n'est pas si prompt à désespérer, et il croit découvrir des avertissements ou des châtiments salutaires, des signes de retour au bien jusque dans les spectacles les plus désastreux et les moins consolants. Comme saint Augustin en son temps, M. de Maistre est singulièrement ingénieux à justifier la Providence, à l'interpréter et à la démontrer dans et *par* les calamités même qu'elle laisse éclater et régner. Ainsi, selon lui, la Révolution étant une fois déchaînée, la Terreur elle-même et le triomphe du Jacobinisme en France n'étaient qu'une des phases nécessaires pour sauver la société et la monarchie future. Une de ses grandes maximes était que « l'univers est rempli de peines et de supplices très-justes, dont les exécuteurs sont très-coupables. »

Je ne juge pas ici cette philosophie de l'histoire qui donne aux événements un sens tout nouveau ; mais si l'on croit bien réellement à la Providence, à sa *présence réelle* et à son action efficace en toutes choses, on sera plus ou moins amené à des explications de ce genre. Voulez-vous savoir, par exemple, comment M. de Maistre, au fond ennemi de la Révolution, l'estimant terrible et funeste, bien que trop méritée, juge les premières défaites de la Coalition armée contre la France ? Ne croyez pas qu'il aille se livrer, comme tant d'autres, à son inclination particulière et s'affliger purement et simplement de voir les Français victorieux et les coalisés battus. La France, pour M. de Maistre, qui est Français de langue, et, à bien des égards, de cœur et d'esprit, la France est un instrument, un organe européen que rien ne saurait remplacer, et qui, même lorsqu'il frappe à faux, ne doit pas être à l'instant rejeté et brisé : « Il y a, dit-il, dans la puissance des Français, il y a dans leur caractère, il y a dans leur langue surtout, une certaine force prosélytique qui passe l'imagination. La nation entière n'est qu'une vaste *propagande*. Dieu veuille amener bientôt le moment où elle ne *propagera* que ce que nous aimons ! » En attendant cette propagande meilleure qu'il désire et qui viendra peut-être, il cherche à se rendre compte de la raison supérieure qui, dans l'ordre de la Providence à laquelle il croit, a pu déterminer le triomphe de la France sur les puissances conjurées qui aspiraient à la morceler :

« Rien ne marche au hasard, mon cher ami, écrivait-il au baron de Vignet (octobre 1794); tout a sa règle et tout est déterminé par une puissance qui nous dit rarement son secret. Le monde politique est aussi réglé que le monde physique; mais, comme la liberté de l'homme y joue un certain rôle, nous finissons par croire qu'elle y fait tout. L'idée de détruire ou de morceler un grand empire est souvent aussi absurde que celle d'ôter une planète du système planétaire, quoique nous ne sachions pas pourquoi. Je vous l'ai déjà dit, dans la société des nations comme dans celle des individus, il doit y avoir des grands et des petits. La France a toujours tenu et tiendra longtemps, suivant les apparences, un des premiers rangs dans la société des nations. D'autres nations, ou, pour mieux dire, leurs chefs, ont voulu profiter, contre toutes les règles de la morale, d'une fièvre chaude qui était venue assaillir les Français, pour se jeter sur leur pays et le partager entre eux. La Providence a dit que non; toujours elle fait bien, mais jamais plus visiblement, à mon avis... »

Le baron de Vignet, a qui s'adressait M. de Maistre, désirait tout net les succès de la Coalition contre la France, parce qu'il y voyait le bien général; il n'y allait point par *quatre chemins*, comme on dit vulgairement. M. de Maistre, tout au contraire, pensait que, dans les choses humaines, la Providence y va et par *quatre* et par *mille* chemins; et pour lui, il n'hésite pas à le dire, si la Coalition triomphait au complet, il verrait dans la destruction de la France « le germe de deux siècles de massacres, la sanction des maximes du plus odieux machiavélisme, l'abrutissement irrévocable de l'espèce humaine, et même, ce qui vous étonnerait beaucoup, une plaie mortelle à la religion : mais tout cela exigerait un livre. » Ce livre existe en partie dans les *Considérations*, et aussi dans mainte autre page de ses lettres et de ses écrits. Mais on voit déjà que M. de Maistre n'est pas un absolutiste ni un *ultra* comme un autre, et qu'il a sa place à part.

La monarchie, comme il l'entendait, n'était certes pas la monarchie constitutionnelle ni à l'anglaise : pourtant « soyez persuadé, écrivait-il à ce même ami, que, pour *fortifier* la monarchie, il faut l'asseoir sur les lois, éviter l'arbitraire, les commissions fréquentes, les mutations continuelles d'emplois et les tripots ministériels. » Il n'a jamais été mis à même d'agir et de pratiquer ses maximes. Il est à croire que, s'il avait été dans l'action, il y aurait apporté plus de modération qu'on ne suppose. Il avait un axiome souvent présent à l'esprit pour se tempérer dans ses hardiesses, c'était un mot de Platon et de Cicéron : *N'entreprends jamais dans l'État plus que tu ne peux persuader*. « Si j'étais ministre, disait-il, au milieu d'une nation qui ne voudrait pas des Jésuites, je ne conseillerais point au souverain de les rappeler, malgré mon opinion qui leur est favorable. » Voilà, ce semble, bien de la modération ; mais tout aussitôt il définit une *nation*, la réunion seule du *souverain* et de l'*aristocratie*. Il ne la met point hors de là : « C'est précisément dans les hautes classes, pense-t-il, que résident les principes conservateurs et les véritables maximes d'État. Cent boutiquiers de Gênes me feraient moins d'impression sur ce qui convient ou ne convient pas à leur patrie, que la seule maison Brignole. » On voit combien tout ceci ne saurait s'appliquer à la France qui n'eut jamais une telle aristocratie patriotique et politique, ni aux sociétés modernes qui n'en souffrent plus. Cette monarchie religieuse et aristocratique de M. de Maistre, loin de pouvoir en aucun moment s'imposer à la France, n'allait bientôt plus être possible même dans son Piémont.

Le tour d'esprit de M. de Maistre était si naturellement aristocratique, qu'il le portait, politiquement parlant, jusque dans l'ordre de la pure intelligence, et il s'emparait de cet autre mot de Platon : *Le beau est ce qui plaît au Patricien honnête homme.* C'est là un point encore par où il différait de la France, car une des conditions du beau, tel que nous l'aimons en notre libre pays, a toujours été, avant tout, d'être accessible à toute âme honnête, généreuse et populaire.

Ces dissidences et ces originalités nous ébauchent déjà l'homme. Prenons-le par les seuls côtés qui nous touchent. Quand on aborde M. de Maistre, il ne faut point lui demander un système politique à proprement parler, ni des conseils pratiques, ni rien qui ressemble à de l'action. Il disait de lui et de son caractère : « *Dieu le fit pour penser et non pas pour vouloir. Je ne sais pas agir, je passe mon temps à contempler.* » Approchons donc avec respect du grand contemplateur, et recueillons quelques-unes de ses belles paroles comme des germes que nous sèmerons ensuite chacun dans notre propre terrain, et qui y lèveront assez diversement, mais toujours avec fruit et vers le ciel.

Le roi de Sardaigne, dépossédé de ses États du continent, s'était réfugié dans son île sauvage. M. de Maistre, après y avoir séjourné quelque temps et y avoir servi à la tête de la magistrature, avait été chargé en 1802, par ce roi à demi déchu et dépouillé, de l'aller représenter auprès de la Cour de Russie à Saint-Pétersbourg. C'est là qu'il résida durant quatorze ans, éloigné de sa famille, sevré dans ses affections les plus chères, ayant à traverser les années terribles de l'Empire et à subir le contre-coup de chaque victoire; pauvre, payé à peine par son souverain, averti à chaque instant de sa situation précaire, manquant quelquefois de pelisse pendant l'hiver et d'un secrétaire au logis, mais jouissant personnellement d'une considération et d'une estime qui eût honoré toutes les disgrâces. La Correspondance qu'il entretint durant ces années, et qui se publie aujourd'hui, offre un intérêt puissant et souvent mêlé de charme.

La première lettre, datée de Saint-Pétersbourg (juillet 1802), est sur Bonaparte même qui s'avançait en plein Consulat et qui aspirait manifestement à l'Empire. Une dame, une amie de M. de Maistre, s'effrayait de cette installation de plus en plus souveraine d'un pouvoir qui lui paraissait non légitime : « Avec tout le respect que je vous dois, Madame, écrivait M. de Maistre, je ne puis être de votre avis sur le grand événement qui fixe les yeux de l'Europe et qui me paraît unique dans l'histoire. Vous y voyez l'établissement définitif, la consolidation du mal; moi, je persiste à le regarder comme un événement heureux dans toutes les suppositions possibles. » Et M. de Maistre énumérait hardiment ces diverses suppositions : « Si la maison de Bourbon est décidément proscrite, il est bon que le gouvernement se consolide en France...; il est bon qu'une nouvelle race commence une succession légitime, celle-ci ou celle-là, n'importe à l'univers... J'aime bien mieux Bonaparte roi que simple conquérant. » Si c'est le contraire qui arrive, et si les Bourbons ne sont pas à jamais rejetés, il faut bien qu'on leur prépare les voies du retour, car eux-mêmes ne sont pas gens à rien inventer pour cela : « Les Bourbons français, dit M. de Maistre par une appréciation historique d'une parfaite justesse, ne sont certainement inférieurs à aucune race régnante; ils ont beaucoup d'esprit et de bonté. Ils ont de plus cette espèce de *considération* qui naît de la grandeur antique, et, enfin, l'utile instruction que donne nécessairement le malheur; mais, quoique je les croie très-capables de *jouir* de la royauté, je ne les crois nullement capables de la *rétablir*. Il n'y a certainement qu'un usurpateur de génie qui ait la main assez ferme, et même assez dure, pour exécuter cet ouvrage. » Et il agite, il retourne en tout sens son terrible dilemme, insistant de préférence sur la supposition que les Bourbons ne sont pas encore une race *usée* et peuvent encore faire fonction de race vraiment royale, auquel cas « la commission de Bonaparte, selon lui, est de rétablir la monarchie et d'ouvrir tous les yeux, en irritant également les royalistes et les Jacobins, après quoi il disparaîtra lui ou sa race. »

Cette vue sur Bonaparte, considéré comme le précurseur et le préparateur d'une Restauration universelle en France et en Europe, est celle qui anime et soutient M. de Maistre pendant les longues années de l'exil, et qui lui fait prendre patience, même après Austerlitz, même après Iéna, même après Friedland, même après Wagram. Mais qu'il y a pour lui de rudes moments d'agonie, d'attente et de labeur! « L'état où je vis ici, en attendant des nouvelles (écrivait-il en octobre 1809), pourrait s'appeler *travail*, comme les douleurs d'une femme. Que verrons-nous paraître? » — « L'état des esprits en France, écrit-il encore, est le sujet favori de toutes mes méditations, et par conséquent de toutes mes conversations. » Il ne compte point, pour renverser Bonaparte et son pouvoir, sur le choc armé de l'Europe, mais bien plutôt sur la France et sur l'opinion du dedans : « Tant que les Français supporteront Bonaparte, l'Europe sera forcée de le supporter. » Plus il examine ce qui se passe, plus il se persuade qu'il assiste à une des grandes époques du genre humain. C'est une ère qui commence, et ce qu'on a vu n'est qu'une préface. Mais il sait aussi que ces grandes opérations historiques sont d'une longueur énorme, et qu'elles excèdent la vie de bien des individus : « On peut voir soixante générations de roses ; quel homme peut assister au développement total d'un chêne? » Il est inépuisable en images heureuses pour exprimer cette terrible lenteur, qui, sans déjouer son profond espoir, peut en ajourner le terme jusqu'à des temps qu'il ne verra pas. « Les minutes des Empires, dit-il magnifiquement, sont des années de l'homme... Quand je songe que la postérité dira peut-être : *Cet ouragan ne dura que trente ans*, je ne puis m'empêcher de frémir. »

Au reste, pour caractériser Bonaparte et l'espèce de mission providentielle *temporaire* qu'il lui reconnaît, M. de Maistre ne trouve jamais que de hautes et belles paroles. A l'ami et au confident de Louis XVIII, au marquis d'Avaray, M. de Maistre écrit (juillet 1807) : « Bonaparte fait écrire dans ses papiers qu'il est *l'Envoyé de Dieu*. Rien n'est plus vrai, Monsieur le Comte. Bonaparte vient directement du ciel... comme la foudre. » Il ne lui reconnaît pas la marque *royale* dans le sens où il la conçoit ; il le trouve un homme rare, extraordinaire, épuisant volontiers à son sujet toutes les épithètes et ne lui refusant que celle de *grand*, « laquelle, dit-il, suppose une moralité qui lui manque. » Mais s'il fallait prononcer entre les deux erreurs, entre l'opinion de ceux qui le considèrent comme dès lors établi légitimement à l'état de dynastie, et ceux qui ne veulent voir en lui qu'un aventurier coupable, M. de Maistre trouverait que la plus fausse des deux opinions est encore la dernière :

« Un usurpateur qu'on arrête aujourd'hui pour le pendre demain, ne peut être comparé à un homme extraordinaire qui possède les trois quarts de l'Europe, qui s'est fait reconnaître par tous les souverains, qui a mêlé son sang à celui de trois ou quatre maisons souveraines, et qui a pris plus de capitales en quinze ans que les plus grands capitaines n'ont pris de villes en leur vie. Un tel homme sort des rangs. C'est un grand et terrible instrument entre les mains de la Providence, qui s'en sert pour renverser ceci ou cela. »

Telle est son opinion, bien remarquable chez un homme qui croyait sincèrement à la politique sacrée et aux légitimités royales.

M. de Maistre, à un certain moment, désira voir Bonaparte et s'aboucher avec lui au sujet des intérêts de son maître le roi de Sardaigne, alors si écrasé. Cette circonstance est des plus intéressantes, à l'examiner de près. Il est à croire que Napoléon connaissait M. de Maistre et s'était formé quelque idée de lui. Il avait tenu entre ses mains, à Milan, le livre des *Considérations sur la France,* et il avait pu y reconnaître en quelques minutes un esprit de race supérieure, et tel qu'il les aimait. Après Friedland et après Tilsitt, quand le général Savary vint à Saint-Pétersbourg, ce soldat homme d'esprit, et plein d'intelligence, y rencontra M. de Maistre, et il eut le mérite de se prendre d'intérêt et de goût pour lui. M. de Maistre pensa alors qu'il y avait peut-être à tirer parti de cette occasion singulière; qu'il y aurait quelques bonnes raisons à faire valoir dans les intérêts de son souverain, dépossédé du Piémont et à peu près rayé de la liste des rois. Obtenir une indemnité pour le Piémont, obtenir une reconnaissance formelle du roi de Sardaigne, voir ses ministres reçus à Paris, son pavillon respecté, etc., c'étaient des points que M. de Maistre ne désespérait pas de gagner, s'il pouvait être admis à les discuter devant Napoléon même. Il prit donc sur lui d'adresser un Mémoire et une lettre à l'Empereur par Savary qui s'en chargea : il demandait à être appelé à Paris et admis à plaider confidentiellement devant l'arbitre des puissances. Cette demande ne fut point agréée; mais tout prouve que Napoléon ne lui sut pas mauvais gré de sa tentative. Bien au contraire, ce fut le roi de Sardaigne, quand il en fut informé, qui lui en sut un gré médiocre; et il faut lire, à ce sujet, la très-belle lettre, non pas de justification ni d'apologie (il les laisse à ceux qui en ont besoin), mais d'explication et d'éclaircissement, que M. de Maistre adresse à un personnage important de la petite Cour de Cagliari.

Il expose avec vigueur l'état des choses, la toute-puissance de l'homme extraordinaire qui domine l'Europe, et dont le caractère est avant tout une *volonté invincible*. Il le montre comprenant l'Italie en première ligne dans ses vastes projets : « et le Piémont, qui est la clef de ce beau pays, est aussi la province qu'il a serrée le plus fortement dans ses bras de fer. » Ne pouvant la lui arracher, qu'y a-t-il à tenter autre chose que d'obtenir une indemnité plus ou moins disproportionnée? Mais si, pour l'obtenir, la Sardaigne se fie aux Cours étrangères et aux grandes puissances à l'heure de la signature des traités, elle se trompe fort. Il y a lontemps que le roi-prophète, David (ou tout autre) a dit : *Ne mettez pas votre confiance dans les rois*, ce qui veut dire sans épigramme « que, tous les actes des souverains étant nécessairement soumis à la raison d'État, laquelle obéit à son tour aux agitations éventuelles du monde politique et moral, faire dépendre sa sûreté et son salut des dispositions constantes d'une Cour quelconque, *c'est, au pied de la lettre, se coucher, pour dormir à l'aise, sur l'aile d'un moulin à vent.* » Ces circonstances une fois bien connues et définies, c'est alors que lui, M. de Maistre, usant du canal tout à fait fortuit, mais très-direct et très-sûr, du général Savary, a fait sa tentative, hardie sans aucun doute, mais beaucoup moins téméraire qu'on ne le croit en Sardaigne :

« Au surplus, Monsieur le Chevalier, écrit-il à son désapprobateur, j'avais peu de craintes sur Bonaparte. La première qualité de l'homme né pour mener et asservir les hommes, c'est de connaître les hommes. Sans cette qualité, il ne serait pas ce qu'il est. Je serais bien heureux si Sa Majesté me déchiffrait comme lui. Il a vu, dans la tentative que j'ai faite, un élan de zèle; et, comme la fidélité lui plaît depuis qu'il règne, en refusant de m'écouter il ne m'a cependant fait aucun mal. Le souverain légitime, intéressé dans l'affaire, peut se tromper sur ce point; mais l'usurpateur est infaillible. »

Toute cette lettre est à lire comme une leçon piquante de politique. M. de Maistre sent, avec l'instinct des grands esprits, que, s'il est un seul instant mis en mesure de s'expliquer devant cet autre grand esprit, Napoléon, il sera compris, et, dans tous les cas, apprécié et *déchiffré*. Quant au Cabinet du roi légitime, c'est autre chose : l'effort généreux qu'a tenté, à sept cents lieues de là, le sujet fidèle, lui a causé *la plus grande surprise :*

« Voilà le mot, Monsieur le Chevalier, s'écrie M. de Maistre contenant à peine son ironie supérieure, le Cabinet est *surpris !* Tout est perdu. En vain le monde croule, Dieu nous garde d'une idée imprévue! Et c'est ce qui me persuade encore davantage que je ne suis pas votre homme; car je puis bien vous promettre de faire les affaires de Sa Majesté aussi bien qu'un autre, mais je ne puis vous promettre de ne jamais vous surprendre. C'est un inconvénient de caractère auquel je ne vois pas trop de remède. »

Et se redressant avec la conscience de sa force devant ces hommes de routine, leur montrant qu'il y a eu en ce monde plus d'affaires encore perdues par le trop de finesse que par l'imprudence ; que, s'il y avait imprudence dans le cas présent, elle n'eût été que pour lui seul, et que son idée d'ailleurs avait été approuvée à l'avance par un petit nombre d'hommes sages qu'il avait consultés :

« Or, permettez-moi de vous le dire, Monsieur le Chevalier, lorsqu'une idée née dans *une tête saine qui surmonte un cœur droit* a de plus été examinée attentivement et approuvée par quatre ou cinq hommes de poids, elle ne saurait plus être absurde ni condamnable ; elle peut être simplement désapprouvée, mais c'est bien différent. »

Pour échapper à ces dégoûts, à cette inaction forcée et à cette attente d'un changement qui, de près et pour les contemporains, semblait si long à venir, M. de Maistre, durant son exil de Saint-Pétersbourg, se jette plus que jamais dans l'étude ; il se sent plus que jamais brûlé de la fièvre du savoir : c'est un *redoublement* qui ne se peut décrire. Mais l'esprit chez lui n'est pas tout, il n'est pas de ceux qu'une demi-heure d'étude et de lecture console de tout chagrin :

« Je lis, j'écris, dit-il, je tâche de m'étourdir, de me fatiguer s'il était possible. En terminant mes journées monotones, je me jette sur un lit, où le sommeil, que j'invoque, n'est pas toujours complaisant. Je me tourne, je m'agite, en disant comme Ézéchias : *De mane usque ad vesperam finies me* (1). Alors des idées poi-

(1) « Le matin, je disais : Seigneur, vous terminerez ce soir ma vie. Le soir, j'espérais au plus d'aller jusqu'au matin. » (*Cantique* d'Ézéchias, dans Isaïe.)

guantes de famille me transpercent. *Je crois entendre pleurer à Turin;* je fais mille efforts pour me représenter la figure de cette enfant de douze ans, que je ne connais pas. Je vois cette fille orpheline d'un père vivant. Je me demande si je dois un jour la connaître. Mille noirs fantômes s'agitent dans mes rideaux d'indienne... »

Il veut parler de sa seconde fille, née pendant la Révolution, et de laquelle son père avait été séparé dès le berceau. Il ne la connut en effet qu'en 1814, et cette idée de séparation et de privation paternelle revient souvent sous sa plume par les expressions les plus vives et qui vont au cœur : « L'idée de partir de ce monde sans te connaître, lui écrit-il, est une des plus épouvantables qui puissent se présenter à mon imagination. » Il avait une autre fille aînée qui était également loin de lui, et qui était alors à marier, avec toutes sortes de qualités, mais sans fortune; c'est en pensant à elle qu'il s'écriait d'une manière charmante : « Ah! si quelque homme romanesque voulait se contenter du bonheur! »

Son fils Rodolphe l'était venu rejoindre à Saint-Pétersbourg, et il était entré au service dans les Chevaliers-gardes de l'empereur Alexandre. En 1807, en 1812 et depuis, ce fils assista aux terribles batailles : « Nul ne sait ce que c'est que la guerre s'il n'y a son fils, » écrivait le père à un ami. A ce fils lui-même, à la veille de la bataille de la Moskowa, il écrivait : *En ce temps-là malheur aux pères!* et faisant allusion au mot des mères de Sparte qui montraient à leurs fils le bouclier, en leur disant de revenir *avec* ou *dessus :*

« Cependant, mon cher ami, *ou avec cela, ou sur cela.* Dieu me préserve de vous donner des conseils lâches! Je n'ai pas sur le cœur le poids que j'y sentais lorsque vous tiriez sur les Suédois : aujourd'hui, vous faites une guerre juste et presque sainte. Vous combattez pour tout ce qu'il y a de plus sacré parmi les hommes, on peut dire même pour la société civile. Allez donc, mon cher ami, et *revenez ou emmenez-moi avec vous.* »

Cet esprit puissant, si élevé de pensée et, par moments, si altier de doctrine, ce patricien entier et opiniâtre, pauvre alors et réduit en secret aux gênes les plus dures, bien qu'ambassadeur et dans une sorte de pompe officielle, me touche doublement avec son sentiment profond de famille et ses vertus patriarcales. Son innocence de vie le soutient, sa gaieté naturelle ne l'abandonne pas. Il travaille tout le jour, il *refait ses études.* Le soir, il se fait *traîner* chez quelque dame ou chez quelque ami, cherchant un peu de cette conversation substantielle ou piquante qui lui est comme la *tasse de café* nécessaire à l'esprit :

« Ici donc ou là, je tâche, avant de terminer ma journée, de retrouver un peu de cette gaieté *native* qui m'a conservé jusqu'à présent : je souffle sur ce feu comme une vieille femme souffle, pour rallumer sa lampe, sur le tison de la veille. Je tâche de faire trêve aux rêves de bras coupés et de têtes cassées qui me troublent sans relâche; puis je soupe comme un jeune homme, puis je dors comme un enfant, et puis je m'éveille comme un homme, je veux dire de grand matin, et je recommence, tournant toujours dans ce cercle, et mettant constamment le pied à la même place, comme un âne qui tourne la meule d'un battoir. »

C'est ainsi, au milieu de cette contemplation vigilante et de ce soliloque infatigable, que ses *portefeuilles russes* se remplissaient, et qu'il en est sorti plus tard et successivement tant d'écrits qui ont attiré l'attention du monde.

Un sentiment profond d'amitié le ramène vers ceux qu'il a autrefois connus et qui lui sont restés au fond du cœur. Je recommande, entre autres, la délicieuse lettre à Mme Huber, sa vieille amie genevoise et protestante :

on y sent combien, dans la pratique de la vie, M. de Maistre était loin d'être intolérant :

« Jamais, lui écrit-il avec une adorable bonhomie et que celle d'un Ducis ne surpasserait pas, jamais je ne me vois en grande parure, au milieu de toute la pompe asiatique, sans songer à mes bas gris de Lausanne et à cette lanterne avec laquelle j'allais vous voir à *Cour*. Délicieux salon de *Cour!* C'est cela qui me manque ici ! Après que j'ai bien fatigué mes chevaux le long de ces belles rues, si je pouvais trouver l'Amitié en pantoufle, et raisonner pantoufle avec elle, il ne me manquerait rien. Quand vous avez la bonté de dire avec le digne ami : *Quels souvenirs! quels regrets!* prêtez l'oreille, vous entendrez l'écho de la Newa qui répète : *Quels souvenirs! quels regrets!* »

Mais la lettre est à peine écrite, que cette vieille amie meurt, et M. de Maistre répond au comte Golowkin, leur ami commun, qui lui avait appris cette triste nouvelle :

« Vous ne sauriez croire à quel point cette pauvre femme m'est présente; je la vois sans cesse *avec sa grande figure droite, son léger apprêt genevois, sa raison calme, sa finesse naturelle et son badinage grave* (quel admirable portrait!). Elle était ardente amie, quoique froide sur tout le reste. Je ne passerai pas de meilleures soirées que celles que j'ai passées chez elle, les pieds sur les chenets, le coude sur la table, pensant tout haut, excitant sa pensée et rasant mille sujets à tire-d'aile... Elle est partie, et jamais je ne la remplacerai! Quand on a passé le milieu de la vie, les pertes sont irréparables... Séparé sans retour de tout ce qui m'est cher, j'apprends la mort de mes vieux amis; un jour les jeunes apprendront la mienne. Dans le vrai, je suis mort en 1798 (*époque à laquelle il a quitté le pays*), les funérailles seules sont retardées. »

Ce sont ces sentiments si vrais, si naturels et si pleins d'émotion, qu'on n'était pas accoutumé à rattacher au nom de M. de Maistre, et qui vont désormais donner à sa physionomie un caractère plus aimable et plus humain.

Est-ce l'homme systématique et impitoyable qu'on a

voulu faire, qui écrit ces paroles attendries : « L'homme n'a que des rêves, il n'est lui-même qu'un rêve. Exceptons cependant, pour nous consoler, l'amitié, la reconnaissance, tous les bons sentiments, tous ceux surtout qui sont faits pour unir les hommes estimables. » Au milieu de tout ce qu'il a rencontré en Russie d'honorable et même de doux : « Cependant, pense-t-il, il y a deux choses dont le souvenir s'efface difficilement, ou ne s'efface point du tout : *le soleil et les amis.* » L'idée de ne plus jamais quitter ce pays du Nord l'oppresse : « Le *jamais* ne plaît *jamais* à l'homme ; mais qu'il est terrible lorsqu'il tombe sur *la patrie, les amis et le printemps !* Les souvenirs dans certaines positions sont épouvantables ; je ne vois au delà que les remords. » Longtemps on ne crut avoir dans le comte Joseph de Maistre qu'un homme d'un esprit supérieur et qu'un cerveau de génie ; aujourd'hui on est heureux de trouver tout simplement en lui un homme et un cœur.

Sa témérité, ses éclats de sarcasme, ses railleries et ses insultes, plume en main, se passaient uniquement en quelque sorte dans les hauteurs de son esprit ; c'étaient les saillies, les éclairs et comme les coups de tonnerre du talent, d'un talent trop riche, surabondant et solitaire. M. de Maistre, comme un homme qui parle seul et de loin, et dont la voix monte pour être entendue, prête à la vérité même l'air du paradoxe et l'accent du défi. Il aime à prédire. La nature a donné à son esprit ce coup d'œil à distance, cette prévision merveilleuse qui saisit et devance les moments décisifs, et il en abuse. Il tranche du prophète et n'est pas lui-même sans s'apercevoir de ce *tic* de son esprit. Il a dans l'humeur et dans la verve le talent de *faire rire en raisonnant;* il en use avec succès, en ce sens que, même dans les sujets les plus graves, il n'est jamais ennuyeux ni triste comme

M. de Bonald l'est trop souvent. Mais il abuse aussi de ce rire, et il y a des moments où il l'introduit d'une manière déplacée. *Dieu rirait bien si Dieu pouvait rire*, dit-il quelque part, en faisant je ne sais quelle supposition; et ailleurs, il nous montrera les Esprits célestes *riant comme des fous* de je ne sais quelle bévue des hommes. Un tel ton jure assez souvent chez M. de Maistre avec le sérieux du fond. Dans la polémique, fort de sa conscience et de la droiture de ses intentions, il passe les bornes, et il s'en doute un peu, comme lorsqu'il dit, par exemple, à propos de sa Réfutation de Bacon : « Je ne sais comment je me suis trouvé conduit à lutter mortellement avec le feu Chancelier Bacon. Nous avons *boxé* comme deux *forts* de *Fleet street*, et, s'il m'a arraché quelques cheveux, je pense bien aussi que sa perruque n'est plus à sa place. » Mais aucun fiel du moins ne se mêlait chez M. de Maistre à ces polémiques, en apparence si ardentes et si passionnées. Il avait *la chaleur sans l'aigreur*. On en a un exemple dans cette Correspondance même. Très-violemment ou plutôt lestement attaqué pour un de ses écrits par un M. Sontag, Surintendant de l'Église de Livonie, il n'est point de bons procédés dont il ne fasse preuve à son égard : « Si j'avais le bonheur d'être connu de lui, écrit-il, il verrait que, parmi les hommes convaincus, il serait difficile d'en trouver un plus libre de préjugés que moi. » S'il passe jamais à Riga, M. de Maistre se promet bien d'embrasser de très-bon cœur cet homme estimable, et de rire avec lui de toute cette affaire de gazette. Voilà l'homme chez M. de Maistre dans toute sa candeur et sa sincérité. Il n'avait rien de l'auteur que le talent.

En vieillissant, ces traits de nature se dessinent de plus en plus, avec quelque chose de plus brusque peut-être, mais de non moins aimable. Après 1815, quand la maison de Savoie est rétablie dans son antique héritage, M. de Maistre, à la veille de rentrer dans sa patrie, mais lésé lui-même dans sa fortune et à peu près ruiné dans son patrimoine, ne forme plus que le vœu du patriarche ; il nous laisse voir l'unique fond de son désir au milieu de cet ébranlement de l'Europe, où le volcan ne se ferme d'un côté que pour se rouvrir d'un autre : « *Ma famille, mes amis et mes livres* suffisent aux jours qui me restent, et je les terminerais gaiement si cette famille ne me donnait pas d'affreux soucis pour l'avenir. » Faisant allusion à cette vivacité qu'il portait volontiers en tout, et dont il ne prétend pas s'excuser :

« Cependant, écrivait-il à un ami, si j'avais le plaisir de vivre quelque temps avec vous sous le même toit, vous ne seriez pas peu surpris de reconnaître en moi le roi des paresseux, ennemi de toute affaire, ami du cabinet, de la chaise longue, et doux même jusqu'à la faiblesse inclusivement! car je ne fais point de compliments avec moi-même : *Nuper me in littore vidi.* »

Son ton, en écrivant ces lignes, pouvait paraître tranchant, sa modestie intérieure était réelle. On le voit, dans une lettre à l'un de ses beaux-frères, accepter les réprimandes de plus d'un genre sur des jeux de mots, sur *certaines tournures épigrammatiques qui tiennent de la recherche :* « Je suis fâché de n'avoir point d'*avertisseur* à côté de moi, car je suis d'une extrême docilité pour les corrections. » Cela était vrai, et, quand on l'imprimait, il se laissait volontiers corriger par celui en qui il avait mis sa confiance. Dans un ordre plus important encore que l'ordre littéraire, M. de Maistre témoigne de ces humilités sincères qui deviennent touchantes de la part d'un esprit aussi hautement doué et aussi élevé :

« Je ne sais, écrivait-il peu d'années avant sa mort, ce que c'est que la vie d'un coquin, je ne l'ai jamais été; mais celle d'un honnète homme est abominable. Qu'il y a peu d'hommes dont le passage sur cette sotte planète ait été marqué par des actes véritablement bons et utiles! Je me prosterne devant celui dont on peut dire : *Pertransivit benefaciendo;* celui qui a pu instruire, consoler, soulager ses semblables ; celui qui a fait de grands sacrifices à la bienfaisance ; *ces héros de la charité silencieuse* qui se cachent et n'attendent rien dans ce monde. — Mais qu'est-ce que le commun des hommes? et combien y en a-t-il sur mille qui puissent se demander sans terreur : Qu'est-ce que j'ai fait en ce monde? *En quoi ai-je avancé l'œuvre générale?* et que reste-t-il de moi en bien ou en mal? »

Il avait coutume de dire qu'au fond ce qui sépare l'homme de la vérité suprême, c'est l'intérêt que chacun met à sa passion : « Croyez-moi, mon cher ami, entre l'homme et Dieu il n'y a que l'orgueil. Abaissez courageusement cette cataracte maudite, et la lumière entrera. »

Maintenant, si l'on voulait donner une idée un peu complète de cette Correspondance, il faudrait entrer plus que nous ne l'avons fait dans les détails, il faudrait classer et analyser les lettres avec quelque méthode. Parmi les lettres politiques, je ne fais que noter celle qui se rapporte à la mort de Pitt (mars 1806), et celle où il est, pour la première fois, question de l'insurrection d'Espagne (octobre 1809); elles sont d'une haute beauté. Dans un genre tout différent, j'indiquerai les lettres à sa fille, Mlle Constance de Maistre, sur l'éducation des femmes et sur leur fonction naturelle dans la société. Non, les femmes, selon M. de Maistre, ne sont pas capables de faire tout ce que font les hommes : « La vérité est précisément le contraire. *Les femmes n'ont fait aucun chef-d'œuvre dans aucun genre.* Elles n'ont fait ni *l'Iliade,* ni *l'Énéide,* ni *la Jérusalem délivrée,* ni *Phèdre,* ni *Athalie,* ni *Rodogune,* ni *le Misanthrope,* ni *Tartufe* (voilà M. de Maistre qui met *Tartufe* au rang des chefs-d'œuvre)..., ni l'église de Saint-Pierre, ni l'Apollon du Belvédère, ni etc., etc.; elles n'ont inventé ni l'algèbre, ni les télescopes, ni etc., etc.; mais elles font quelque chose de plus grand que tout cela : c'est sur leurs genoux que se forme ce qu'il y a de plus excellent dans le monde, *un honnête homme et une honnête femme.* » On voit d'ici toute la suite de la pensée; mais que de développements piquants et gais je supprime ! C'est dans cet ordre de vérités que M. de Maistre est supérieur, et qu'il est venu à point pour crier *holà* aux fausses théories des Condorcet et des philosophes excessifs du xviiie siècle.

On doit remercier le fils du comte de Maistre de s'être décidé à publier cette Correspondance de son illustre père et les diverses pièces qui y sont jointes. Nous croyons savoir qu'avant la Révolution de Février 1848 un homme savant et excellent, M. l'abbé de Cazalès, s'était occupé, de concert avec la famille, de l'arrangement de ces papiers : mais, depuis, il y avait eu interruption dans ce travail, et une sorte de découragement bien explicable dans le premier moment. C'est M. Louis Veuillot qui, en donnant ses soins à la présente édition, a mis le public à même d'entrer plus vite en jouissance des belles choses que l'on paraissait vouloir lui faire attendre encore quelque temps. Il en est de cette publication, en un sens, comme de celle de Mirabeau, dont nous avons dernièrement parlé : elle vient dans les circonstances les plus favorables pour réussir et pour porter coup; c'est depuis que les plaies de la société sont si largement à nu et sensibles aux yeux de tous, qu'on peut mieux apprécier la profondeur et la longueur de coup d'œil du philosophe à demi prophète (1).

(1) Les publications sur le comte Joseph de Maistre se succèdent. M. Albert Blanc, docteur en droit de l'Université de Turin, a

donné, depuis lors, la *Correspondance diplomatique* de M. de Maistre
(1858), et a tiré le plus qu'il a pu le noble écrivain du côté de la
cause nationale du Piémont, en le montrant tout à fait opposé et
antipathique à l'Autriche. La réputation de l'illustre patricien est
ainsi en voie de se transformer, et, pour peu que l'on continue, elle
aura bientôt *changé de parti*. On s'est même emparé de phrases
très-vives qui lui étaient échappées sur le Pape à l'occasion du
couronnement de Napoléon, et les Voltairiens ont pu se réjouir,
tout en ayant l'air de se scandaliser. Cette dernière publication
diplomatique mériterait un examen particulier, et elle appelle une
critique impartiale. Quoi qu'il en soit, M. Albert Blanc n'a pas
découvert un nouveau Joseph de Maistre, comme il a l'air de le
croire, et comme les ambitieuses formules qu'il met en œuvre le
donneraient à penser. C'est toujours le même homme d'esprit,
le même gentilhomme chrétien que nous connaissons, avec son
timbre vibrant, sa parole aiguë qui part, qui éclate, qui du premier
jet va plus loin qu'il ne semblerait nécessaire à la froide raison,
mais qu'on serait fâché de trouver plus retenue et plus circonspecte ; car elle porte avec elle bien des vérités, et s'il semble qu'il
y ait souvent colère en elle, lors même qu'il s'agit des amis,
écoutez et sachez bien distinguer : c'est *la colère de l'amour*.

Lundi 9 juin 1851.

MADAME DE LAMBERT

ET

MADAME NECKER.

J'avais depuis longtemps l'idée de réunir ces deux femmes d'esprit qui eurent un salon si littéraire, l'une au commencement, l'autre à la fin du xviiie siècle, et de rapprocher leurs deux profils dans un même médaillon. Elles ont de commun un goût prononcé pour l'esprit, et pour la raison relevée d'un certain tour distingué, concis et neuf, qu'il ne tient qu'aux personnes peu bienveillantes de confondre avec le recherché et le précieux. Chez toutes deux la morale domine; la bienséance et le devoir règlent les mœurs et le ton. Mme de Lambert, au milieu du débordement de la Régence, ouvre chez elle un asile à la conversation, au badinage ingénieux, aux discussions sérieuses : Fontenelle préside ce cercle délicat et poli, où il est honorable d'être reçu. Mme Necker, née loin de Paris, arrivant de la Suisse française dont elle était l'honneur, n'eût rien tant désiré que de rencontrer à Paris un salon exactement pareil à celui de Mme de Lambert, c'est-à-dire où l'esprit trouvât son compte et où rien de respectable ne fût blessé. C'était la forme et le cadre qui lui eût convenu le plus naturellement. Obligée d'en passer par les habitudes beaucoup plus mélangées du jour et d'ouvrir sa maison à presque tout ce qui était célèbre dans le monde à divers titres, elle y introduisit du moins le plus d'ordre, le plus d'organisation possible; elle fit elle-même ses choix d'admiration particulière et d'estime : Buffon tint auprès d'elle le même rang à peu près que Fontenelle tenait chez Mme de Lambert. Mais ces rapports, que je ne fais qu'indiquer, se dessineront mieux par une étude précise des deux caractères; aujourd'hui je veux simplement montrer ce qu'étaient au juste Mme de Lambert et son monde.

On ne sait rien ou presque rien des soixante premières années de Mme de Lambert. Elle mourut en 1733 à l'âge de quatre-vingt-six ans, dit-on, ce qui la fait naître vers 1647. Elle se nommait Anne-Thérèse de Marguenat (1) de Courcelles. Son père, maître des comptes, était de Troyes, et le nom de Courcelles est celui d'un petit fief qu'il possédait tout près de cette ville. Elle perdit son père en bas âge. La mère de Mme de Lambert, fille d'un riche bourgeois de Paris, était une franche coquette, qui a mérité d'avoir son historiette des plus scandaleuses chez Tallemant des Réaux. Elle était beaucoup plus occupée des Brancas, des Miossens, du chevalier de Grammont, et de tout ce que la Cour avait de jeunes seigneurs aimables, que de son honnête homme de mari, lequel avait la tête faible et finit même par être tenu enfermé dans une chambre comme *hébété*. Cette historiette de Tallemant donne fort à penser (pour tout dire) sur les droits du bonhomme Courcelles à la paternité réelle, et il ne serait pas sûr ici d'aller conclure trop vite du père à l'enfant, quand même il y paraîtrait

---

(1) Elle signait *de* Marguenat, mais d'Hozier (*Armorial*) la nomme *Le* Marguenat.

plus de ressemblance. Dès ce temps-là, Bachaumont s'éprit de Mme de Courcelles. Quand le mari fut mort, il vécut quelques années avec elle, puis l'épousa. Ce Bachaumont était le compagnon même de Chapelle dans son fameux Voyage, un homme de plaisir et de beaucoup d'esprit. On dit qu'il s'affectionna fort à sa belle-fille. Quelle put être l'influence du monde de son beau-père sur la jeune personne, on le suppose aisément, mais on est réduit à le deviner. Fontenelle nous dit que, dès ce temps-là, « elle se dérobait souvent aux plaisirs de son âge, pour aller lire en son particulier, et qu'elle s'accoutuma de son propre mouvement à faire de petits extraits de ce qui la frappait le plus. C'étaient déjà ou des réflexions fines sur le cœur humain, ou des tours d'expression ingénieux, mais le plus souvent des réflexions. » Pour moi, cette vie désordonnée et affichée de la mère de Mme de Lambert me dénote un autre genre d'influence qui s'est vue souvent en pareil cas, et qui peut s'appeler l'influence par les contraires. Combien de fois la vue d'une mère légère et inconsidérée n'a-t-elle pas jeté une fille judicieuse et sensée dans un ordre de réflexions plutôt exactes et sévères ! Tout semble indiquer que ce fut là l'effet que produisit sur Mme de Lambert le mauvais exemple de sa mère. Une âme faible se fût laissé gagner et eût suivi cet exemple : une âme délicate et forte se le tourna en morale et en leçon ; elle prit noblement sa revanche dans le bien. Mme de Lambert, toute sa vie, se fit une loi de respecter d'autant plus la bienséance, qu'elle l'avait vue offensée davantage autour d'elle dans son enfance ; elle se proposa pour objet principal et pour but de toute sa conduite la considération et l'honneur.

Il paraît qu'elle était, du côté paternel, héritière de biens considérables. Mariée en 1666 au marquis de Lambert, officier de mérite qui devint plus tard lieutenant-général, et dont le père l'avait été, elle entra dans un monde plus conforme à ses instincts élevés, et elle ne garda de son premier entourage que le goût très-vif des choses de l'esprit. On peut voir, dans les *Avis* qu'on a d'elle *d'une Mère à son Fils,* quel haut sentiment elle avait de l'honneur militaire, et à quel point elle épousa cette religion de loyauté, de dévouement et de sacrifice : « Je regrette tous les jours, dit-elle à son fils, de n'avoir pas vu votre grand-père. Au bien que j'en ai ouï dire, personne n'avait plus que lui les qualités éminentes et le talent de la guerre. Il s'était acquis une telle estime et une telle autorité dans l'armée, qu'avec dix mille hommes il faisait plus que les autres avec vingt. » Un jour, au siége devant Gravelines, les maréchaux de Gassion et de La Meilleraie, qui commandaient, avaient eu querelle, et leur démêlé allait jusqu'à partager l'armée : leurs troupes étaient près d'en venir aux mains lorsque le marquis de Lambert, alors simple maréchal de camp, se jeta entre les deux partis et ordonna aux troupes, de la part du roi, de s'arrêter : « Il leur défendit de reconnaître ces généraux pour leurs chefs. Les troupes lui obéirent : les maréchaux de La Meilleraie et de Gassion furent obligés de se retirer. Le roi a su cette action, dit Mme de Lambert, et en a parlé plus d'une fois avec estime. » C'est par de tels exemples qu'en entrant dans sa nouvelle famille elle élevait son cœur et qu'elle tâchait ensuite de nourrir celui de ses enfants. Ce qui lui restait de Bachaumont après cela, et des habitudes de sa première éducation, n'était que pour la culture et la politesse de l'esprit. Parmi les mots et les idées qui reviennent le plus souvent sous sa plume quand elle se mit à écrire, je distingue surtout les mots *mœurs, innocence* et *gloire.*

Insistant sur ce principe d'émulation et de noble zèle, elle est allée jusqu'à dire à son fils : « On ne peut avoir trop d'ardeur de s'élever, ni soutenir ses désirs d'espérances trop flatteuses. Il faut par de grands objets donner un grand ébranlement à l'âme, sans quoi elle ne se mettrait point en mouvement... Rien ne convient moins à un jeune homme qu'une certaine modestie, qui lui fait croire qu'il n'est pas capable de grandes choses. Cette modestie est une langueur de l'âme, qui l'empêche de prendre l'essor et de se porter avec rapidité vers la gloire. » On croit entendre à l'avance un conseil de Vauvenargues à quelque jeune ami, dans la bouche de cette mère issue d'une bourgeoisie riche et licencieuse. C'est ainsi que les âmes énergiques se retrempent précisément par où d'autres se relâchent et se corrompent. L'excellent M. Droz, jugeant les écrits de Mme de Lambert (1), était frappé de ce qu'une telle morale, qui prêche ouvertement l'ambition, renferme de dangereux et même d'absurde : je lui en demande bien pardon, Mme de Lambert savait qu'à la date où elle écrivait, le danger pour cette jeunesse guerrière était bien plutôt dans le trop de dissolution et de mollesse. Fénelon, jugeant ces mêmes *Avis* de Mme de Lambert *à son Fils,* disait : « L'honneur, la probité la plus pure, la connaissance du cœur des hommes, règnent dans ce discours... Je ne serais peut-être pas tout à fait d'accord avec elle sur toute l'ambition qu'elle demande de lui; mais nous nous raccommoderions bientôt sur toutes les vertus par lesquelles elle veut que cette ambition soit soutenue et modérée. »

Mme de Lambert perdit son mari en 1686; elle l'avait accompagné deux années auparavant à Luxembourg,

(1) Dans le feuilleton du *Journal de l'Empire* du mercredi 11 août 1813.

quand il avait été nommé gouverneur de cette province, et, dans ce pays nouvellement conquis, elle l'avait aidé à se concilier les cœurs : « Il avait la main légère, dit-elle, et ne gouvernait que par amour, et jamais par autorité. » Elle avait consacré tout son bien personnel, qui était considérable, à l'avancement de la fortune de son mari et à une honorable représentation. Lui mort, elle s'occupa avec suite des intérêts de ses enfants, très-compromis dans des procès longs et cruels, qu'elle eut à soutenir contre sa propre famille : « Il y a si peu de grandes fortunes innocentes, que je pardonne à vos pères, écrit-elle à son fils, de ne vous en avoir point laissé. J'ai fait ce que j'ai pu pour mettre quelque ordre à nos affaires, où l'on ne laisse aux femmes que la gloire de l'économie. » Ce regret du rôle secondaire auquel sont réduites les femmes, percera plus d'une fois chez Mme de Lambert. Elle eut l'habileté de gagner ses procès, de conquérir en quelque sorte son bien et celui de ses enfants, et c'est alors qu'elle se livra à ses goûts, en établissant à Paris une maison qui rassemblait des gens de Lettres, des gens du monde, et qui, insensiblement, se trouva l'une des premières et la plus en vue vers la date de 1710-1733, durant plus de vingt ans (1).

J'ai dit une autre fois comment avaient fini les der-

(1) « Le duc de Nevers, propriétaire de la plus grande partie de l'ancien palais Mazarin, céda à titre viager à Mme de Lambert un portion des bâtiments de ce palais. Mme de Lambert y fit d grandes dépenses d'appropriation et même de construction. Ell occupait l'extrémité de la galerie qui s'avance vers la rue Colbert, sur la rue Richelieu, et avait fait élever à ses frais le corps de logis encore existant rue Colbert, n° 12. C'est là qu'elle réunissait, le mardi et le mercredi de chaque semaine, une société choisie de grands seigneurs et d'hommes de lettres ou de gens lettrés. » (Frédéric Lock, *Documents pour l'Histoire de la Bibliothèque impériale.*)

niers salons du xviie siècle, celui de Mme de La Sablière, celui de Ninon. Si l'on voulait faire une histoire régulière des salons du xviiie, il faudrait commencer par celui de Mme de Lambert. Vers le même temps, un peu après toutefois, viendrait celui de Mme de Tencin, puis celui de Mme Geoffrin, de Mme du Deffand : on arriverait ainsi jusqu'à Mme Necker. Mais Mme de Lambert incontestablement commence et donne le ton à l'époque nouvelle. Quelques témoignages particuliers nous mettront à même d'en juger pertinemment et presque comme si nous y avions été admis :

« Je viens de faire une perte bien sensible en Mme la marquise de Lambert, morte à l'âge de quatre-vingt-six ans, écrivait le marquis d'Argenson (1733). Il y avait quinze ans que j'étais de ses amis particuliers et qu'elle m'avait fait l'honneur de m'attirer chez elle. Sa maison était honorable pour ceux qui y étaient admis. J'y allais régulièrement dîner les mercredis, qui étaient un de ses jours. Le soir, il y avait cercle; on y raisonnait sans qu'il y fût plus question de cartes qu'au fameux hôtel de Rambouillet, tant célébré par Voiture et Balzac. Elle était riche, faisait un bon et aimable usage de ses richesses, du bien à ses amis, et surtout aux malheureux. Élève de Bachaumont, n'ayant jamais fréquenté que des gens du monde et du plus bel esprit, elle ne connut d'autre passion qu'une tendresse constante et presque platonicienne. »

D'Argenson ajoute qu'elle l'avait voulu persuader de se mettre sur les rangs pour l'Académie française. Elle l'assurait du suffrage de ses amis, qui étaient fort nombreux dans cette compagnie : « On a même essayé de tourner en ridicule, dit-il, ce qui est une chose trèsréelle : c'est que l'on n'était guère reçu à l'Académie que l'on ne fût présenté chez elle et par elle. Il est certain qu'elle a bien fait la moitié de nos académiciens actuels. »

Cette influence des salons sur l'Académie française, et l'importance que reprend cette compagnie, sont un des caractères propres qui signalent l'avénement du xviiie siècle. L'Académie française n'eut pas, en effet, une importance égale dans tous les moments de son existence. Elle fut très-considérable à ses origines et dans les premiers temps de son institution : le monde et la littérature, malgré quelques révoltes çà et là, reconnurent en elle la régulatrice de la langue et du bel usage, et même un tribunal souverain du goût. Mais, trente ans environ après sa fondation, lorsqu'une jeune et hardie littérature se fut produite sous Louis XIV, que les Boileau et les Racine, les Molière et les La Fontaine eurent véritablement régénéré les Lettres françaises et la poésie, l'Académie se trouva un peu arriérée et surannée, et elle resta telle, plus ou moins, durant les trente-cinq dernières années du siècle. Il est d'usage de vivre longtemps, à l'Académie ; c'est là une habitude qui ne s'est pas perdue, et qui, jointe à tant d'autres avantages, ne laisse pas d'avoir son prix. Mais il résulta de cette longévité académique que, dans la seconde moitié du xviie siècle, l'Académie ne se renouvela point aussi vite que le public l'aurait pu souhaiter. Boileau et La Fontaine attendirent longtemps avant d'être de l'Académie ; et, lors même qu'ils en furent, il y restait beaucoup de gens de l'ancien goût, et il s'en glissait déjà quelques-uns d'un goût nouveau, lequel n'était pas le plus pur. Fontenelle en fut de très-bonne heure ; son influence croissante, combinée à celle de La Motte et des autres amis de Mme de Lambert, contribua à donner à l'Académie française quelque chose de ce caractère philosophique qui allait y devenir très-sensible durant le xviiie siècle, et y relever ce que le rôle grammatical ou purement littéraire aurait eu désormais d'insuffisant

Mais nous en sommes au salon de Mme de Lambert. En voyant les gens de Lettres si assidus chez elle, et

Messieurs de l'Académie y dîner deux fois par semaine, ses envieux ne manquèrent pas de l'accuser de tenir *bureau d'esprit* : « C'était, dit Fontenelle, à un petit nombre d'exceptions près, la seule maison qui se fût préservée de la maladie épidémique du jeu, la seule où l'on se trouvât pour se parler raisonnablement les uns les autres, et même avec esprit selon l'occasion. Aussi, ceux qui avaient leurs raisons pour trouver mauvais qu'il y eût encore de la conversation quelque part, lançaient-ils, quand ils le pouvaient, quelques traits malins contre la maison de Mme de Lambert. » Elle n'était pas insensible à ces traits, car elle tenait avant tout à l'opinion. Je retrouve quelques-uns des mêmes reproches, non pas chez un ennemi, mais sous la plume d'un ami, M. de La Rivière, le même qui fut le gendre de Bussy-Rabutin, et qui s'était retiré, dans sa vieillesse, à la maison de l'Institution de l'Oratoire. C'était un homme d'assez d'esprit, d'une littérature facile et assez ornée, mais qui, vers la fin, s'était jeté dans une dévotion méticuleuse. Il nous présente en dix endroits de ses Lettres Mme de Lambert sous un jour assez particulier :

« C'était, dit-il, ma plus ancienne amie, et ma contemporaine... Elle était née avec beaucoup d'esprit : elle le cultivait par une lecture assidue; mais le plus beau fleuron de sa couronne était une noble et lumineuse simplicité dont, à soixante ans, elle s'avisa de se dédire. (Ailleurs, il dit : *Il lui prit une tranchée de bel-esprit... C'est un mal qui la frappa tout d'un coup et dont elle est morte incurable.*) Elle se livra au public, elle s'associa à Messieurs de l'Académie, et établit chez elle un bureau d'esprit. Je n'oubliai rien pour lui sauver le ridicule attaché à la profession de bel-esprit, surtout parmi les femmes; je ne pus la persuader. Comme je suis né simple par goût et peut-être par nécessité, je ne voulus point paraître complice d'un tel travers et je pris congé d'elle. J'ai été vingt-cinq ans sans entrer dans sa maison, hors une fois que j'allai la voir pour la préparer à son voyage de l'éternité (c'est-à-dire pour la faire confesser)... Elle m'a pourtant conservé son estime et son amitié jusqu'à la fin... Elle venait me voir et m'écrivait de temps en temps : mes réponses tiraient toujours sur sa conscience. »

On voit que le rigorisme entre pour beaucoup dans ce jugement de M. de La Rivière. On est tenté de se demander si c'est Mme de Lambert qui a été tout d'un coup saisie de la maladie de bel-esprit à soixante ans, et si ce n'est pas plutôt lui qui a été pris d'un redoublement de sévérité et de scrupule. Quoi qu'il en soit, il est bon à entendre sur elle, et il fait sans s'en douter l'éloge de Mme de Lambert, en remarquant que, malgré toutes les critiques un peu rudes qu'il lui adressait, elle lui conserva toujours son amitié et son indulgence.

Ce même M. de La Rivière, tout humble qu'il est devenu, a grand soin de se souvenir que, du temps que Mme de Lambert écrivait ses *Avis à son Fils* et *à sa Fille*, elle y fut aidée par quelqu'un de ses amis qui n'est autre que lui-même. Il lui avait suggéré quelques sentiments et pensées, dont elle a voulu faire, dit-il, des pierres précieuses et des *diamants à facettes*. Mais c'est précisément cette expression nette, courte et neuve, qui fait aujourd'hui la distinction et le prix de ces conseils maternels de Mme de Lambert. C'est souvent bien pensé, mais c'est encore mieux dit.

Ses petits Écrits parurent de son vivant et d'abord sans sa participation, bien que, par le soin extrême de rédaction qu'elle y avait mis, elle semble avoir eu en vue le public. Elle avait prêté ses manuscrits à des amis qui furent indiscrets, selon l'usage. Les Conseils à son fils parurent pour la première fois en 1726 dans les Mémoires de Littérature du Père Des Molets, sous le titre de *Lettre d'une Dame à son Fils sur la vraie Gloire*. Les *Avis à sa Fille* allaient aussi paraître sans sa permission, lorsqu'elle se décida à donner une édition des deux opuscules en 1728. Mais ce fut bien pis quand le manuscrit de ses *Réflexions sur les Femmes,* ouvrage plus hardi et qui était de nature à provoquer les railleurs, fut tombé aux mains d'un libraire et commença à circuler dans le public; elle racheta vite toute l'édition ou ce qui en restait, mais sans pouvoir empêcher qu'on ne la réimprimât à l'étranger. Il lui fallut prendre désormais son parti de la louange et de la critique, et devenir auteur à ses risques et périls, avec tous les honneurs de la guerre.

Les *Avis d'une Mère à son Fils,* qui s'adressent à un jeune homme déjà lancé dans la carrière, à un colonel de vingt-quatre ans, et que je suppose écrits vers 1701, sont d'une grande élévation de pensée et d'un tour piquant. J'ai dit que la gloire est le but ouvertement proposé par le moraliste, qui, en ceci, est plus antique que moderne et plus d'accord avec Plutarque qu'avec l'Évangile. La religion y est, pour la première fois, définie à la manière du xviiie siècle, et on y sent déjà comme un accent avant-coureur de Jean-Jacques : « Au-dessus de tous ces devoirs (civils et humains), dit la mère à son fils, est le culte que vous devez à l'*Être-Suprême.* La religion est un commerce établi entre Dieu et les hommes, par la grâce de Dieu aux hommes, et par le culte des hommes à Dieu. Les âmes élevées ont pour Dieu des sentiments et un culte à part, qui ne ressemble point à celui du peuple : tout part du cœur et va à Dieu. » Elle s'élève contre le *libertinage* à la mode parmi les jeunes gens. Ce mot de libertinage, dans la langue du xviie siècle, signifie toujours la licence de l'esprit dans les matières de foi, et c'est encore dans ce sens que le prend Mme de Lambert : « La plupart des jeunes gens croient aujourd'hui se distinguer en prenant un air de libertinage qui les décrie auprès des personnes raisonnables.

C'est un air qui ne prouve pas la supériorité de l'esprit, mais le déréglement du cœur. On n'attaque point la religion quand on n'a point intérêt de l'attaquer. Rien ne rend plus heureux que d'avoir l'esprit persuadé et le cœur touché : cela est bon pour tous les temps. Ceux mêmes qui ne sont pas assez heureux pour croire comme ils doivent, se soumettent à la religion établie ; ils savent que ce qui s'appelle *préjugé* tient un grand rang dans le monde, et qu'il faut le respecter. » Ailleurs, dans un petit Traité *De la Vieillesse,* elle parlera de la dévotion, non pas comme d'un faible, mais comme d'un soutien à mesure qu'on avance en âge : « C'est un sentiment *décent* et le seul nécessaire... La dévotion est un sentiment décent dans les femmes, et convenable à tous les sexes. » Cette manière d'envisager la religion est irréprochable au point de vue social et moral; mais le vrai chrétien demande davantage, et je conçois que le digne M. de La Rivière n'ait pas été entièrement satisfait, à cet égard, des dispositions de son amie.

Il dit quelque part d'elle assez ingénument, en parlant de sa dernière maladie : « Elle tomba malade; elle avait quatre-vingt-six ans; la peur me prit, j'allai la voir pour la faire confesser. Elle poussa jusqu'au bout la maladie de l'esprit, car elle choisit pour confesseur l'abbé Couet, qui avait beaucoup d'esprit et qui était connu pour tel. » Mme de Lambert, qui ne se séparait pas volontiers de sa raison et de sa pensée, même dans ces choses de religion, a trouvé de belles paroles à la fin de ce même Traité *De la Vieillesse,* lorsqu'elle a dit : « Enfin, les choses sont en repos, lorsqu'elles sont à leur place : *la place du cœur de l'homme est le cœur de Dieu.* Lorsque nous sommes dans sa main, et que notre volonté est soumise à la sienne, nos inquiétudes cessent... Il n'y a point d'asile plus sûr pour l'homme, que l'amour et la crainte de Dieu. » On ne saurait mieux dire, ni penser plus dignement. Ici l'idée de religion s'agrandit; elle n'est plus un simple sentiment décent, mais la plus haute des convenances humaines, la fin et le terme des devoirs. Malgré cette belle parole finale (1), il nous est pourtant très-sensible que la religion de Mme de Lambert est plutôt une forme élevée de l'esprit qu'une source intérieure et habituelle jaillissant du cœur, ou qu'une révélation positive. Elle parle de l'Être-Suprême ; elle est capable de s'y élever, ou même de s'y reposer : mais, quoi qu'il en soit, ce n'est déjà plus la religion du xviie siècle, et Fénelon, après avoir lu Mme de Lambert, eut besoin sur ce point d'être plus indulgent que ne l'aurait certes été Bossuet.

Nous continuons de noter en elle ces signes précurseurs qui marquent la transition à un âge nouveau. Elle recommande constamment à son fils de viser haut en toute chose, et en même temps de s'attacher à la réalité et non à l'apparence : « Que vos liaisons soient avec des personnes au-dessus de vous : par là vous vous accoutumez au respect et à la politesse. Avec ses égaux on se néglige; l'esprit s'assoupit. » Voilà une remarque fine et juste. Mais cette supériorité, continue-t-elle, ne doit pas se mesurer sur le rang seul, car il y a des grandeurs réelles et personnelles, et des grandeurs d'institu-

(1) Un ami me fait apercevoir que cette pensée, qui m'étonnait un peu de la part de Mme de Lambert, n'est autre en effet qu'une citation, un extrait un peu arrangé de ses lectures. La voici, telle qu'on la trouve à la fin de la *Vie* de l'abbé de Rancé, par Marsollier : « Les choses sont en repos lorsqu'elles sont dans leur place et dans leur situation naturelle; *celle de notre cœur est le cœur de Dieu*, et lorsque nous sommes dans sa main et que notre volonté est soumise à la sienne, il faut par nécessité que nos inquiétudes cessent, que ses agitations soient fixées, et qu'elle se trouve dans une paix entière et dans une tranquillité parfaite. »

tion. On ne doit aux unes qu'un *respect extérieur :* « On doit de l'estime et un *respect de sentiment* au mérite. Quand de concert la fortune et la vertu ont mis un homme en place, c'est un double empire, et qui exige une double soumission. » Mais que cette rencontre est rare ! De loin les favoris de la fortune en imposent : « La renommée exagère leur mérite, et la flatterie les déifie. Approchez d'eux, vous ne trouverez que des hommes. *Qu'on trouve de peuple à la Cour !* » Ce qu'elle dit là à son fils, elle le redira à sa fille. Elle veut qu'elle aussi, pour être heureuse, elle apprenne à penser sainement, à penser différemment du peuple sur ce qui s'appelle morale et bonheur de la vie : « J'appelle *peuple,* ajoute-t-elle, tout ce qui pense bassement et communément : *la Cour en est remplie.* »

Ces réflexions philosophiques, qui, plus tard, passeront aisément à la déclamation et à l'excès, percent déjà à l'état d'analyse très-distincte chez Mme de Lambert. Le mot d'humanité revient souvent sous sa plume : « L'humanité, dit-elle à son fils, souffre de l'extrême différence que la fortune a mise d'un homme à un autre. C'est le mérite qui doit vous séparer du peuple, et non la dignité ni l'orgueil. » Elle le lui redit en plus d'un endroit. Ceux qui sont au-dessus de lui, elle lui recommande de les juger par ce qu'ils sont en réalité, et non par la montre : « Mais ne perdons point de vue un nombre infini de malheureux qui sont au-dessous. Vous ne devez qu'au hasard la différence qu'il y a de vous à eux. » Elle redit le même conseil à sa fille : « Accoutumez-vous à avoir de la bonté et de l'humanité pour vos domestiques. Un ancien dit qu'il faut les regarder *comme des amis malheureux...* Songez que l'humanité et le Christianisme égalent tout. » Le temps, évidemment, approche où de toutes parts on parlera humanité et égalité ; elle a été des premières à s'occuper de ces choses, à les pressentir et à les nommer avant que Louis XIV eût disparu.

Elle est aussi l'un des premiers moralistes qui, au sortir du xviie siècle, soient revenus à l'idée très-peu janséniste que le cœur humain est assez naturellement droit, et que la conscience, si on sait la consulter, est le meilleur témoin et le meilleur juge : « Par le mot conscience, j'entends, dit-elle à son fils, *ce sentiment intérieur d'un honneur délicat*, qui vous assure que vous n'avez rien à vous reprocher. » Elle donne, à sa manière, le signal que Vauvenargues, à son tour, reprendra, et qui, aux mains de Jean-Jacques, deviendra un instrument de révolution universelle.

On trouve chez Mme de Lambert quelques pensées qu'on croirait qu'elle a d'avance empruntées aux moralistes qui l'ont suivie. On dirait qu'elle se ressouvient de ce même Vauvenargues qui pourtant n'est venu qu'après, quand elle dit : « Je vous exhorterai bien plus, mon fils, à travailler sur votre cœur qu'à perfectionner votre esprit : la vraie grandeur de l'homme est dans le cœur. » D'un autre côté, si elle devance ses successeurs sur quelques points, elle répète ses devanciers sur quelques autres, et il ne serait pas difficile de retrouver dans son texte des pensées *toutes pures* de Pascal, de La Bruyère et de La Rochefoucauld (1). Elle ressemble en ceci au vieux moraliste Charron qui se contente de bien exprimer les pensées et de les joindre ensemble, de quelque part qu'elles lui viennent, pourvu qu'il les trouve justes et à son gré.

Dès ce premier Écrit adressé à son fils, on distingue aisément en elle et on lui reconnaît des qualités mâles, fières et fines, une manière de voir qui suppose beau-

---

(1) On vient tout à l'heure d'en voir une de Rancé

coup de discernement et d'analyse, et une manière de dire qui sort toujours du commun. Le seul défaut de ces conseils à la lecture, c'est de ne laisser aucun point de repos ; la trame est toute serrée et toujours tendue Elle-même nous dit son secret en parlant à sa fille : « Contez peu ; narrez *d'une manière fine et serrée : que ce que vous direz soit neuf*, ou que le *tour* en soit *nouveau.* » C'est cette nouveauté qui paraissait du néologisme à quelques honnêtes contemporains, et qui faisait accuser Mme de Lambert de prétention. Pour nous, qui sommes moins susceptibles, et que ces nouveautés d'il y a cent ans effleurent à peine et certainement ne scandalisent plus, nous reconnaîtrons que son style est tout rempli de mots très-heureux, d'une acception nette et vive. Elle dira, par exemple, à propos des amis et du soin qu'il faut prendre en les choisissant : « Il faut songer de plus que nos amis nous *caractérisent* : on nous cherche dans eux... » Elle a de ces mots courts, mais d'un beau style, d'un style antique et comme latin. Elle dira en définissant toujours l'amitié, et les qualités qu'elle exige, et les vices de cœur qu'elle exclut : « Les avares ne connaissent point un si noble sentiment ; la véritable amitié est *opulente.* » Elle dira encore, en recommandant à son fils de se méfier des plaisirs : « Se livrer à la volupté, c'est se dégrader. Le plus sûr serait de ne pas s'apprivoiser avec elle. Il semble que l'âme du voluptueux *lui soit à charge.* » Et à sa fille, sur le même sujet, et dans une recommandation pareille : « Fuyez les spectacles, les représentations passionnées. Il ne faut point voir ce qu'on ne veut point sentir. La musique, la poésie, tout cela est *du train de la volupté.* » Je me plais à relever les expressions énergiques ou gracieuses qui sont de la langue du xviie siècle, et qui, en même temps, tiennent déjà à celle du xviiie par la parfaite précision et l'exacte propriété. Il est des expressions moins marquées et plus douces, et qu'elle place d'une manière charmante : « Faites, écrit-elle à son fils, que vos études *coulent* dans vos mœurs, et que tout le profit de vos lectures se tourne en vertu... » — « Parmi le tumulte du monde, ayez, mon fils, lui dit-elle encore, quelque ami sûr qui fasse *couler* dans votre âme les paroles de la vérité. » Et enfin (car elle affectionne cette expression), dans son petit Traité *De l'Amitié :* « Que les heures sont légères, s'écrie-t-elle, qu'elles sont *coulantes* avec ce qu'on aime ! »

Elle n'est pas toujours aussi heureuse dans la nouveauté des expressions, et la recherche s'y fait plus d'une fois sentir. Parlant de son ami La Motte, et pour caractériser la facilité de ses dons naturels, elle dira : « Ces *âmes à génie,* si l'on peut parler ainsi, n'ont besoin d'aucun secours étranger. » Le comparant pour ses qualités de fabuliste à La Fontaine, et répondant à ceux qui ont sacrifié l'un à l'autre : « Ils ont cru, dit-elle, qu'il n'y avait pour la Fable que le simple et le naïf de M. de La Fontaine; le fin, le délicat et le *pensé* de M. de La Motte leur ont échappé. » Le *pensé* de M. de La Motte est curieux et bien trouvé, mais cela sent la manière. De même ailleurs, conseillant à sa fille une méthode dans le chagrin, et qui consiste à l'analyser, à le décomposer : « Examinez ce qui fait votre peine, écartez tout le faux qui l'entoure et tous les *ajoutés* de l'imagination, et vous verrez souvent que ce n'est rien. » Les *ajoutés de l'imagination !* toutes ces expressions que je souligne sont d'une langue ingénieuse, mais mince, et qui est sujette à se raffiner.

Son défaut le plus sensible à la longue est d'affecter continuellement l'analyse, d'aimer les phrases à plusieurs membres et à compartiments, qui forcent l'esprit à saisir des rapports complexes. Elle fait travailler ceux qui la lisent. A un endroit elle définira, par exemple, toutes les vertus d'après leur degré d'opposition avec l'amour-propre : « Tous les vices favorisent l'amour-propre, et toutes les vertus s'accordent à le combattre : la valeur *l'expose,* la modestie *l'abaisse,* la générosité *le dépouille,* la modération *le mécontente,* et le zèle du bien public *l'immole.* » C'est merveilleusement bien dit ; mais, du temps de Mme de Lambert, il ne fallait pas un grand nombre de ces phrases-là pour fatiguer quiconque n'était pas né à l'avance avec un esprit de forme psychologique et quelque peu doctrinaire.

On appelait cela du précieux et un retour à l'hôtel Rambouillet : on pourrait dire aussi bien que c'était déjà dans le sens et dans le goût du salon de Mme Necker. Mme de Lambert marque à mes yeux le terme moyen entre ces deux salons ; elle est à mi-chemin, et elle regarde déjà du côté du plus moderne.

Les idées qu'elle a exprimées sur le rôle et la condition des femmes sont faites par moments pour surprendre, tout en inspirant une grande estime pour l'auteur. Mme de Lambert, comme Mlle de Scudéry, pense que rien n'est si mal entendu que l'éducation qu'on donne aux jeunes personnes : « On les destine à plaire ; on ne leur donne des leçons que pour les agréments. » Elle, au contraire, fille d'une mère telle que nous l'avons dite, elle a senti de bonne heure le besoin qu'ont les femmes d'être raisonnables et d'être fortifiées contre leurs passions. Elle veut qu'une femme *sache penser.* Elle se méfie de la partie sensible : « Rien n'est plus opposé au bonheur qu'une imagination délicate, vive et *trop allumée.* » Les vertus d'éclat ne sont point le partage des femmes : elle paraît en souffrir un peu en le remarquant, ainsi que du « néant, dit-elle, où les hommes ont voulu nous réduire. » Il faut donc que les femmes se résignent aux vertus paisibles, et ces vertus sont difficiles « parce que la gloire n'aide pas à les pratiquer. » Les conseils que Mme de Lambert donne à sa fille sont remarquables surtout par une extrême intelligence de tous les côtés tendres et vulnérables du sexe, et par une crainte extrême qui lui fait appeler à son aide toutes les précautions et toutes les ressources. On dirait que cette femme, qui a attendu jusqu'à soixante ans pour faire parler d'elle, a jusque-là étouffé bien des luttes, bien des révoltes, et qu'elle a beaucoup combattu. C'est pour elle avant tout, c'est pour s'aguerrir et se réformer elle-même, qu'elle a écrit ces prudents *Avis* avant de les faire passer à ses enfants. On avait dit, dans la préface d'une traduction anglaise de ses Œuvres, qu'en écrivant sur les femmes elle avait donné son apologie. Elle répondait fièrement : « Je n'ai jamais eu besoin d'en faire. » On ajoutait qu'elle avait trahi par là une âme tendre et sensible : « Je ne m'en défends pas, répondait-elle ; il n'est plus question que de savoir l'usage que j'en ai su faire. »

Cet usage est assez indiqué par ces conseils mêmes, si finement démêlés et si fermement définis : elle éleva son cœur, elle prémunit sa raison, elle évita les occasions et les périls ; elle ménagea ses goûts, et prit sur sa sensibilité pour la rendre durable et aussi longue que la plus longue vie : « Quand nous avons le cœur sain, pensait-elle, nous tirons parti de tout, et tout se tourne en plaisirs... On se gâte le goût par les divertissements ; on s'accoutume tellement aux plaisirs ardents qu'on ne peut se rabattre sur les simples. Il faut craindre ces grands ébranlements de l'âme, qui préparent l'ennui et le dégoût. » Elle a dit d'excellentes choses sur cette modération et cette tempérance des âmes saines, — de ces choses qui ne peuvent avoir été trouvées que par une âme vive qui a en partie triomphé d'elle-même. On croit sentir en plus d'un de ses conseils un commencement d'aveu et comme une expérience arrêtée à temps :

« Il y a à chaque déréglement du cœur une peine et une honte attachées qui vous sollicitent à le quitter. »

« Ce ne sont pas toujours les fautes qui nous perdent, c'est la manière de se conduire après les avoir faites. »

« La passion s'augmente par les retours qu'on fait sur soi : l'oubli est la seule sûreté qu'on puisse prendre contre l'amour. »

Et tant d'autres pensées pour lesquelles Mme de Lambert mériterait d'être nommée le La Bruyère des femmes. Elle partage cet honneur avec Mme de Staal de Launay.

On pourrait refaire, en y rêvant bien, une Mme de Lambert jeune, prudente, et d'une tendresse contenue. Je ne sais rien de son visage, et ceux qui ont écrit d'elle dans sa vieillesse ont oublié de nous en parler. Mais comme elle avait eu une *mère fort jolie,* et qu'elle avait une fille à qui elle pouvait dire : « *Vous n'êtes pas née sans agréments,* » il est à croire qu'elle n'avait pas été elle-même sans quelque grâce. Sa sagesse n'en a que plus de prix.

Dans les *Réflexions* proprement dites qu'elle a données *sur les Femmes* et qui sont distinctes des *Avis à sa Fille,* elle s'est émancipée un peu. Elle s'en prend hardiment à Molière, au sujet du ridicule qu'il a jeté sur les femmes savantes. Elle montre que, depuis qu'on les a raillées sur cette prétention à l'esprit, les femmes ont mis la débauche à la place du savoir : « Lorsqu'elles se sont vues attaquées sur des amusements innocents, elles ont compris que, honte pour honte, il fallait choisir celle qui leur rendait davantage, et elles se sont livrées au plaisir. » Ce petit Écrit de Mme de Lambert, où plus d'une idée serait à discuter, ne doit point se séparer des circonstances qui l'inspirèrent : il fut composé pour venger et revendiquer dans son sexe l'honnête et solide emploi de l'esprit en présence des orgies de la Régence. Ce sont *mes débauches d'esprit,* disait Mme de Lambert. A la vue de la duchesse de Berry, fille du Régent, et de ses débauches grossières, elle se rejetait en idée jusqu'à Julie, duchesse de Montausier.

Mme de Lambert préférait à ces femmes éhontées de la Régence jusqu'à la docte Mme Dacier elle-même, en qui elle voyait une autorité en l'honneur du sexe : « Elle a su associer, disait-elle, l'érudition et les bienséances; car à présent on a déplacé la pudeur, la honte n'est plus pour les vices, et les femmes ne rougissent plus que du savoir. » Dans la querelle qui s'éleva entre cette docte personne et La Motte au sujet d'Homère, Mme de Lambert, tout en penchant du côté de son ami, plus poli et plus délicat, essaya d'introduire la balance et d'amener entre eux un raccommodement qui se fit un peu plus tard par l'intervention de M. de Valincour. Mme de Lambert aurait bien voulu ravir à celui-ci l'honneur de cet arbitrage, et pouvoir donner chez elle aux deux parties ce fameux dîner de réconciliation, dont un spirituel convive a dit : « On but à la santé d'Homère, et tout se passa bien. »

Quand la duchesse du Maine était à Paris, elle venait volontiers aux mardis de Mme de Lambert, et c'était alors un surcroît de frais de bel-esprit et un assaut d'inventions galantes. On a tout un volume dans les Œuvres de La Motte sur ces riens de société. Les mardis ordinaires, la conversation chez Mme de Lambert était plus sérieuse et plus unie, bien que toujours très-aiguisée. Le marquis de Sainte-Aulaire, au sortir des raffinements de la petite Cour de Sceaux, excédé de cette dépense d'esprit, s'écriait assez gaiement :

> Je suis las de l'esprit, il me met en courroux,
>   Il me renverse la cervelle :
> Lambert, je viens chercher un asile chez vous
>   Entre La Motte et Fontenelle.

Voilà le naturel étrangement placé, dira-t-on, et entre deux singuliers voisins. Mais tout est relatif, et, quand on suffoque de chaleur, quelques degrés de moins d'une chambre à l'autre font aussitôt l'effet du plus frais printemps. — Ajoutons que M. de Sainte-Aulaire était chez lui dans le salon de Mme de Lambert : car si, comme on l'a dit, « elle ne connut d'autre passion qu'une tendresse constante et presque platonicienne, » il en fut l'objet.

Entre tant d'hommes d'esprit qui venaient chez elle, et parmi lesquels je citerai encore Mairan, l'abbé de Mongault, l'abbé de Choisy, l'abbé de Bragelonne, le Père Buffier, le président Hénault, Mme de Lambert avait fait un second choix de préférence dans la personne de M. de Sacy, le traducteur élégant de Pline le Jeune, et en qui elle voyait la réunion de toutes les vertus et de tous les agréments, les *mœurs* et les *grâces*. Le commerce de ses autres amis lui était agréable, mais celui de M. de Sacy lui était nécessaire. Plus de quarante ans après, d'Alembert, écrivant dans ses Éloges académiques celui de M. de Sacy, y traçait un tableau touchant de cette amitié qui l'unissait à Mme de Lambert, et, en le faisant, il se représentait à lui-même, par une allusion sensible, sa liaison de cœur avec Mlle de Lespinasse qu'il venait de perdre.

La conclusion littéraire sur Mme de Lambert, sur cette personne de mérite, si délicate à la fois et si bien pensante, et qui fit de ses qualités et de sa fortune un si noble usage, a été donnée dès longtemps par un de ses autres amis que j'ai déjà nommé, le judicieux marquis d'Argenson : « Ses ouvrages, écrivait-il, contiennent un Cours complet de la morale la plus parfaite à l'usage du monde et du temps présent. Quelque affectation de précieux s'y mêle ; mais que de belles pensées, que de sentiments délicats ! Comme elle parle bien des Devoirs des femmes, de l'Amitié, de la Vieillesse, de la différence entre la *Considération* et la *Réputation !* C'est un livre à relire toujours. »

Je n'ai fait en tout ceci que nommer Mme Necker, inscrire son nom à côté et en regard de celui de Mme de Lambert, pour marquer dès à présent mon dessein et ouvrir une vue. Je viendrai avec détail un autre jour à cette seconde figure, et j'aurai encore affaire, dans un exemple plus piquant qu'on ne le suppose, à l'honnêteté, à la morale et au culte de l'esprit.

Lundi 16 juin 1856,

MADAME NECKER.

Apprécier Mme Necker n'est pas une étude sans difficulté. Ses défauts sont de ceux qui choquent le plus aisément en France, ce ne sont pas des défauts français ; et ses qualités sont de celles qui ne viennent trop souvent dans le monde qu'après les choses de tact et de goût, car elles tiennent à l'âme et au caractère. Je voudrais faire équitablement les deux parts, et juger cette personne de mérite en toute liberté, mais avec égards toujours et avec respect. On peut juger un homme public, mort ou vivant, avec quelque rudesse ; mais il me semble qu'une femme, même morte, quand elle est restée femme par les qualités essentielles, est un peu notre contemporaine toujours ; elle l'est surtout quand elle n'a cessé de se continuer jusqu'à nous par une descendance de gloire, de vertu et de grâce.

Pour bien apprécier Mme Necker, qui ne fut jamais à Paris qu'une fleur transplantée, il convient de la voir en sa fraîcheur première et dans sa terre natale. Mlle Suzanne Curchod était née vers 1740, dans le Pays-de-Vaud, à Crassier, commune frontière de la France et de la Suisse. Son père était pasteur ou ministre du Saint-Évangile ; sa mère, native de France, avait préféré sa religion à son pays. Elle fut élevée et nourrie dans cette vie de campagne et de presbytère où quelques poëtes ont placé la scène de leurs plus charmantes idylles, et elle y puisa, avec les vertus du foyer, le principe des études sérieuses. Elle était belle, de cette beauté pure, virginale, qui a besoin de la première jeunesse. Sa figure longue et un peu droite s'animait d'une fraîcheur éclatante, et s'adoucissait de ses yeux bleus pleins de candeur. Sa taille élancée n'avait encore que de la dignité décente sans roideur et sans apprêt. Telle elle apparut la première fois à Gibbon, dans un séjour qu'elle fit à Lausanne. Le futur historien de l'Empire romain était fort jeune lui-même alors ; son père l'avait envoyé à Lausanne pour y refaire son éducation et se guérir « des erreurs du papisme, » où le jeune écolier d'Oxford s'était laissé entraîner. Gibbon passa cinq années dans cet agréable exil, depuis l'âge de seize ans jusqu'à vingt et un. En juin 1757 (il avait vingt ans), il rencontra pour la première fois Mlle Suzanne Curchod que toute la ville de Lausanne n'appelait que *la belle Curchod*, et qui ne pouvait paraître dans une assemblée ni à une comédie sans être entourée d'un cercle d'adorateurs. Gibbon écrivait ce soir-là sur son *Journal* cette note sentimentale et classique : « J'ai vu Mlle Curchod. — *Omnia vincit Amor, et nos cedamus Amori.* » Dans ses *Mémoires* il s'étend avec plus de détail, et il nous fait de Mlle Curchod le portrait le plus flatteur et le plus fidèle à cette date :

« Son père, dit-il, dans la solitude d'un village isolé, s'appliqua à donner une éducation libérale et même savante à sa fille unique. Elle surpassa ses espérances par ses progrès dans les sciences et les langues ; et, dans les courtes visites qu'elle fit à quelques-uns de ses parents à Lausanne, l'esprit, la beauté et l'érudition de Mlle Curchod furent le sujet des applaudissements universels. Les récits d'un tel prodige éveillèrent ma curiosité : *je vis et j'aimai*. Je la trouvai savante sans pédanterie, animée dans la conversation, pure dans les sentiments, et élégante dans les manières ; et cette première émotion soudaine ne fit que se fortifier par l'habitude et l'observation d'une connaissance plus familière. Elle me permit de lui faire deux ou trois visites chez son père. Je passai là quelques jours heureux dans les montagnes de Franche-Comté, et ses parents encourageaient honorablement la liaison... »

Gibbon, qui n'avait point encore acquis cette laideur grotesque qui s'est développée depuis, et qui joignait déjà « l'esprit le plus brillant et le plus varié au plus doux et au plus égal de tous les caractères, » prétend que Mlle Curchod se laissa sincèrement toucher; il s'avança lui-même jusqu'à parler de mariage, et ce ne fut qu'après son retour en Angleterre qu'ayant vu un obstacle à cette union dans la volonté de son père, il y renonça. Mais tout ceci se passa de la part de Gibbon avec une égalité et une tranquillité, même dans le chagrin, qui fait sourire. Sept ans plus tard, à son retour d'Italie, il revit à Paris Mlle Curchod, nouvellement mariée à M. Necker, et qui l'accueillit avec un mélange de cordialité et de malice :

« Je ne sais, Madame, écrivait Mme Necker à l'une de ses amies de Lausanne (novembre 1765), si je vous ai dit que j'ai vu Gibbon; j'ai été sensible à ce plaisir au delà de toute expression; non qu'il me reste aucun sentiment pour un homme qui, je crois, n'en mérite guère, mais ma vanité féminine n'a jamais eu un triomphe plus complet et plus honnête. Il est resté deux semaines à Paris; je l'ai eu tous les jours chez moi; il était devenu doux, souple, humble, décent jusqu'à la pudeur. Témoin perpétuel de la tendresse de mon mari, de son esprit et de son enjouement, admirateur zélé de l'opulence, il me fit remarquer pour la première fois celle qui m'entoure, ou du moins jusqu'alors elle n'avait fait sur moi qu'une sensation désagréable. »

Pour Gibbon, en racontant les impressions qu'il reçut à ce retour, il fait semblant d'être un peu piqué dans son ancien amour ou dans son amour-propre d'amant sacrifié; mais, en y regardant bien, on voit qu'il est plutôt charmé de trouver désormais en Mme Necker, quand il viendra à Paris, une introductrice naturelle auprès de la meilleure société, auprès surtout de ce cercle de philosophes et de beaux-esprits dont il était si curieux et si digne, lui qui ne vivait que de la vie de l'esprit.

Mlle Curchod, âgée de dix-huit ans, était donc, à cette date de 1758, une des fleurs et des merveilles de ce Pays-de-Vaud que Rousseau allait mettre à la mode dans le beau monde parisien par *la Nouvelle Héloïse*. Rousseau pourtant a trouvé moyen d'être injuste envers ce doux pays, en même temps qu'il le peignait comme un cadre de paradis terrestre : « Je dirais volontiers, a-t-il écrit dans une page célèbre des *Confessions*, à ceux qui ont du goût et qui sont sensibles : Allez à Vevay, visitez le pays, examinez les sites, promenez-vous sur le lac, et dites si la nature n'a pas fait ce beau pays pour une *Julie*, pour une *Claire* et pour un *Saint-Preux*; mais ne les y cherchez pas. » Et moi je dirai, et tous ceux qui ont connu et habité ce pays diront : Oui, cherchez-y sinon des *Julie* et des *Saint-Preux*, du moins des femmes du genre de *Claire*; j'entends par là un certain tour d'esprit mêlé de sérieux et de gaieté, naturel et travaillé à la fois, très-capable de raisonnement, d'étude, de dialectique même, vif pourtant, assez imprévu, et non du tout dénué d'agrément et de charme. Mlle Suzanne Curchod, dans sa nuance, était un de ces esprits compliqués et ingénus, mais qui sont loin de déplaire quand on les rencontre dans les lieux mêmes, sur les gradins ou dans les replis de ces vertes collines étagées qui bordent du côté de la Suisse le beau lac Léman (1).

Voltaire, en ce temps-là, revenu de Prusse, et avant

(1) Les curieux peuvent chercher des considérations très-fines sur ces rapports des esprits et du pays, au tome second, page 1191, de l'ouvrage intitulé *le Canton de Vaud, sa Vie et son Histoir* par M. Just Olivier (Lausanne. 1841).

de se fixer près de Genève, essayait de cette vie nouvelle à Lausanne, où il passa surtout les hivers de 1756, 1757 et 1758; il y trouvait avec étonnement un goût pour l'esprit qu'il contribuait à développer encore, mais qu'il n'avait pas eu à créer : « On croit chez les badauds de Paris, écrivait-il, que toute la Suisse est un pays sauvage; on serait bien étonné si l'on voyait jouer *Zaïre* à Lausanne mieux qu'on ne la joue à Paris : on serait plus surpris encore de voir deux cents spectateurs aussi bons juges qu'il y en ait en Europe... J'ai fait couler des larmes de tous les yeux suisses. » Rabattez de ces éloges ce qu'il vous plaira, faites la part de la politesse et de l'hospitalité, et il en restera toujours quelque chose. C'est dans ce monde que Mme Necker, encore jeune fille, acheva de se former en sa fleur première et qu'elle brilla.

Ayant perdu vers ce temps son père vénéré, et restant seule avec sa mère sans fortune, elle intéressa vivement toutes les personnes qui la connaissaient; et comme, dans ce pays de la Suisse française, il règne un grand goût pour l'enseignement et l'éducation, on imagina de lui faire donner quelques leçons sur les langues et les choses savantes qu'elle avait apprises dans le presbytère paternel. Elle le fit avec succès, avec éclat; elle donna des cours, comme c'est l'usage de tout temps en Suisse; elle eut des élèves des deux sexes; et, il y a quelques années, on montrait encore, près de Lausanne, dans un petit vallon, l'estrade ou tertre de verdure élevée en guise de chaire ou de trône par les étudiants du lieu, et d'où la belle orpheline de Crassier décernait les éloges ou les prix, ou peut-être même, aux beaux jours d'été, faisait à ciel ouvert ses leçons. Il était resté quelque chose de ces souvenirs de Lausanne dans l'esprit de Voltaire, lorsque, dix ans plus tard, il écrivait à

Mme Necker, devenue grande dame à Paris, et qui réunissait alors à son dîner des vendredis les beaux-esprits philosophes :

> Vous qui, chez *la belle Hypathie,*
> Tous les vendredis raisonnez
> De vertu, de philosophie, etc.

Ce n'était pas trop de ces détails particuliers, et qui sont aujourd'hui la tradition ou la légende consacrée du pays, pour faire sentir ce qui entra, dans la première éducation de Mme Necker, de solennel, d'apprêté, d'académique, et aussi de simple, de rural et d'innocent.

Mlle Curchod perdit en ces années sa mère, qui avait assisté à tous ses triomphes et qui en avait joui. Ses amis s'inquiétèrent alors plus sérieusement de l'avenir de cette belle, vertueuse et savante jeune fille qui allait avoir vingt-quatre ans. Il fut décidé qu'elle partirait pour Paris, où l'emmenait une femme du monde, Mme de Vermenou, qui, en passant à Genève, l'avait vue et s'était éprise de son mérite. Mme de Vermenou, veuve, était recherchée en mariage par M. Necker, déjà riche banquier, membre de la Compagnie des Indes, et âgé pour lors de trente-deux ans; elle n'avait pu se décider encore à lui faire une réponse favorable. Mais à peine eut-il vu chez Mme de Vermenou la jeune personne qu'elle amenait de Suisse, qu'il sentit son choix changer d'objet, et ce fut Mlle Curchod qui, après quelques mois de séjour à Paris, devint Mme Necker (1764).

On a, dans une suite de lettres écrites par Mme Necker à une de ses amies de Lausanne, la succession de ses pensées et de ses impressions dans le nouveau monde où elle est lancée (1). Elle se sent aussitôt transplantée

(1) Dans le volume intitulé *Lettres diverses recueillies en Suisse* par le comte Fédor Golowkin (Genève. 1821), on peut lire, à partir

et dépaysée. Son goût de l'esprit y trouve son compte, ses besoins de cœur commencent à la faire souffrir : « Quel pays stérile en amitié! » s'écrie-t-elle. Mieux informée, elle rétractera ce mot, et, après quelques années, elle dira : « Malgré le préjugé, j'ai trouvé au milieu de Paris des gens de la vertu la plus pure, et susceptibles de la plus tendre amitié. » Mais ce discernement demande plus d'un jour. Sa santé, dès les premiers temps, reçoit des atteintes; c'est une altération dont on ne peut deviner la cause, mais qui tient au mal du pays, et aussi à la fatigue nerveuse qui ne fera qu'augmenter avec les années, dans cette situation nouvelle où la fortune se fait acheter par tant de devoirs et d'exigeantes convenances. Mme Necker s'était formé une idée des auteurs et des gens d'esprit de Paris uniquement par les livres, et elle vit que le monde où elle avait à se gouverner était bien autrement divers, varié et plein de nuances : « En arrivant dans ce pays-ci, dit-elle, je croyais que les Lettres étaient la clef de tout, qu'un homme ne cultivait son esprit que par les livres, et n'était grand que par le savoir. » Mais le genre de conversation qui s'accommodait avec cette idée n'était guère de mise que dans le tête-à-tête, et elle ne tarda pas à s'apercevoir de sa méprise : « Je n'avais pas un mot à dire dans le monde, ajoute-t-elle; j'en ignorais même la langue. Obligée, par mon état de femme, de captiver les esprits, j'ignorais toutes les nuances de l'amour-propre, et je le révoltais quand je croyais le flatter. Ce qu'on appelait franchise en Suisse devenait égoïsme à Paris; négligence des petites choses était ici manque aux bien-

---

de la page 232, cette suite de lettres de Mme Necker adressées à Mme de Brenles. L'éditeur a essayé, dans des notes, de tirer des interprétations subtiles, et désavantageuses à Mme Necker, que je ne saurais y voir.

séances ; en un mot, détonnant sans cesse et intimidée par mes bévues et par mon ignorance, ne trouvant jamais l'à-propos, et prévoyant que mes idées actuelles ne s'enchaîneraient jamais avec celles que j'étais obligée d'acquérir, j'ai enfoui mon petit capital pour ne le revoir jamais, et je me suis mise à travailler pour vivre et pour accumuler un peu si je puis. » C'est cet effort pénible qui se sent dans tout ce qu'a écrit Mme Necker, et qui contribua à miner sa santé avant le temps. Nul cerveau n'a dû plus travailler et se plus mettre en peine que le sien. Placée, dès les premiers mois de son arrivée en France, à la tête d'une maison où elle recevait ce qu'il y avait de plus en vogue parmi les gens de Lettres de Paris, jalouse d'y suffire et y parvenant, émule et disciple de Mme Geoffrin, elle eut à prendre sans cesse sur elle, sur sa santé, sur ses habitudes chéries, sur ses autres goûts : « Je dois à cette occasion vous faire un aveu, écrivait-elle en 1771 à une amie de Suisse, c'est que, depuis le jour de mon arrivée à Paris, je n'ai pas vécu un seul instant sur le fonds d'idées que j'avais acquises ; j'en excepte la partie des mœurs, mais j'ai été obligée de refaire mon esprit *tout à neuf* pour les caractères, pour les circonstances, pour la conversation. » Et en effet, qu'on veuille y réfléchir un peu, à part l'honnête Thomas, avec qui elle fit connaissance tout d'abord, et qui répondait aux parties sérieuses et un peu solennelles de son âme ; à part Marmontel encore, qui eut le mérite de la bien sentir, et plus tard Buffon, qui sut apprécier son hommage et qui lui rendait la pareille en admiration (1), quels étaient les gens de Lettres à qui

---

(1) Buffon fit deux vers latins pour mettre au bas du portrait de Mme Necker ; ils sont remarquables par la vivacité de l'éloge autant que par l'inélégance :

Angelica facie et formoso corpore *Necker*
Mentis et ingenii virtute uhibet omnes.

elle avait affaire, et qu'elle avait à cœur de traiter habituellement et de grouper autour d'elle? C'était le petit abbé Galiani, « qui ne pouvait lui pardonner d'avoir de la vertu, et d'observer *le froid maintien de la décence*; » c'était Diderot qui écrivait à Mlle Voland, à la date d'août 1765 : « Il y a ici une Mme Necker, jolie femme et bel-esprit, qui raffole de moi; c'est une persécution pour m'avoir chez elle. Suard lui fait sa cour, etc., etc. » C'était cette foule de beaux-esprits plus ou moins galants et mécréants; c'était l'abbé Arnaud, l'abbé Raynal, c'était l'abbé Morellet à qui elle s'adressait, l'un des premiers, pour fonder son salon : « La conversation y était bonne, nous dit Morellet, quoiqu'un peu contrainte par la sévérité de Mme Necker, auprès de laquelle beaucoup de sujets ne pouvaient être touchés, et qui souffrait surtout de la liberté des opinions religieuses. Mais, en matière de littérature, on causait agréablement, et elle en parlait elle-même fort bien. » On conçoit le travail et l'effort de renouvellement qui dut se faire dans l'esprit de Mme Necker en présence de ce monde tout nouveau, surtout quand le cercle de ses relations se fut de plus en plus agrandi, à mesure que M. Necker prenait son essor. Pour énumérer tout ce qu'elle recevait alors dans son salon de Paris ou dans son parc de Saint-Ouen, il faudrait dénombrer l'élite de la France.

M. Necker, on l'a remarqué, ne figurait guère d'abord dans le salon de sa femme que par son attitude d'observateur, et par un silence dédaigneux, ou peut-être prudent, sur des sujets qu'il ne possédait pas tous au même degré. Il ne sortait de temps en temps de ce silence que par quelque saillie piquante, par quelque trait malin ou gai, par où il notait au passage un travers ou un ridicule. Cet homme grave avait ce tour d'esprit persifleur et fin qui était bien à lui, et il l'a prouvé depuis par quelques écrits qui attestent une observation minutieuse et pénétrante. Mme Du Deffand, juge si sévère et si redoutable, et qui se lia plus tard avec les Necker, goûtait fort le mari et reconnaissait à la femme de l'esprit et du mérite ; elle disait de lui pourtant qu'au milieu de toutes ses qualités il lui en manquait une, et celle qui rend le plus agréable, « *une certaine facilité qui donne, pour ainsi dire, de l'esprit à ceux avec qui l'on cause*; il n'aide point à développer ce que l'on pense, et l'on est plus bête avec lui qu'on ne l'est tout seul ou avec d'autres. » On ne saurait mieux définir l'effet que produit ce genre d'esprit à part, élevé, isolé et peu sympathique, l'esprit doctrinaire, pour l'appeler par son nom, dont M. Necker a été parmi nous la souche. Mme Necker, sous son air froid et contenu, aimait son mari avec exaltation, avec culte, et lui il la payait en retour du même sentiment. Ce n'était pas la moindre singularité de l'époque que cette sorte d'autel au bon et pudique mariage dressé en plein Paris et au milieu de la secte des philosophes.

« J'aime beaucoup quelques-uns de nos philosophes modernes, mais je n'aime point leur philosophie, » disait Mme Necker. Dans une lettre où elle s'excuse de ne pouvoir leur présenter deux jeunes Zuricois, elle nous les montre ne pouvant se contraindre dans leurs propos, travaillant le matin dans leur cabinet, puis causant tout le reste du jour : « Le matin est consacré à l'étude, et ils ont une si grande liberté de penser, qu'ils ne peuvent se résoudre à rencontrer un visage inconnu dans les maisons qu'ils fréquentent ; car qui dit liberté de penser, sous-entend un désir violent de parler ; j'en vois quelques-uns, et heureusement leurs mœurs, qui sont très-honnêtes, corrigent l'impression de leurs principes, sans quoi il vaudrait mieux renoncer à ce genre de société. » Mais y renoncer lui eût trop coûté; son mérite est d'avoir su concilier ce goût extrême pour l'esprit avec l'intégrité de ses principes dans un si périlleux voisinage.

Chose remarquable ! malgré la réserve sur le chapitre religieux, les libres penseurs tels que Diderot se trouvaient encore plus à l'aise chez Mme Necker que chez Mme Geoffrin. Chez celle-ci c'était la prudence sociale, la convenance stricte qui régnait avant tout; chez l'autre c'était la vertu et un fonds de bonté qui perçait jusque dans le désaccord et le blâme.

C'est dans le salon de Mme Necker, et sous son inspiration, que naquit d'abord, en 1770, l'idée d'élever une statue à Voltaire. Ce dernier lui écrivit à ce sujet plusieurs lettres plaisantes et même des madrigaux galants. Pigalle fut choisi pour faire la statue du patriarche; mais quand elle sut que le statuaire voulait le faire absolument nu, Mme Necker poussa les hauts cris. Ce n'était pas ainsi que l'avait entendu sa pudeur.

Marmontel qu'il faut toujours citer quand il ne s'agit que de tableaux de société et de critique littéraire, et qui, dans cet ordre d'idées, nous offre le type excellent du talent secondaire le plus distingué, a jugé Mme Necker dans une page à laquelle il n'y a rien à ajouter ni à retrancher. Il y met parfaitement en lumière les deux traits essentiels qui se croisaient en elle et qui la caractérisent, la *complication de l'esprit* et la *rectitude du cœur*:

« Étrangère aux mœurs de Paris, Mme Necker n'avait aucun des agréments d'une jeune Française. Dans ses manières, dans son langage, ce n'était ni l'air ni le ton d'une femme élevée à l'école des arts, formée à l'école du monde. Sans goût dans sa parure, sans aisance dans son maintien, sans attrait dans sa politesse, son esprit, comme sa contenance, était trop ajusté pour avoir de la grâce.

« Mais un charme plus digne d'elle était celui de la décence, de la candeur, de la bonté. Une éducation vertueuse et des études solitaires lui avaient donné tout ce que la culture peut ajouter dans l'âme à un excellent naturel. Le sentiment, en elle, était parfait; mais, dans sa tête, la pensée était souvent confuse et vague. Au lieu d'éclaircir ses idées, la méditation les troublait; en les exagérant, elle croyait les agrandir; pour les étendre, elle s'égarait dans des abstractions ou dans des hyperboles. Elle semblait ne voir certains objets qu'à travers un brouillard qui les grossissait à ses yeux; et alors son expression s'enflait tellement, que l'emphase en eût été risible, si l'on n'avait pas su qu'elle était ingénue. »

En matière de goût, Mme Necker, peu sûre d'elle-même et ne jugeant que par réflexion, ainsi qu'il est ordinaire aux personnes qui ont passé leur jeunesse loin de Paris, crut, en y arrivant, qu'il n'y avait sur ce point qu'à prendre des leçons comme pour tout le reste : « Le seul avantage de ce pays, écrivait-elle après un an de séjour, est de former le goût, mais c'est aux dépens du génie; on tourne une phrase en mille manières, on compare l'idée par tous ses rapports... » Et elle crut atteindre elle-même au goût en faisant subir à ses idées cette sorte d'épreuve et presque de tourment. Au fond, elle aurait voulu, non pas, comme elle le dit, se refaire tout à neuf, mais combiner deux esprits, marier en quelque manière l'esprit de son canton avec le nôtre. Par malheur la greffe chez elle resta toujours rebelle, et ne réussit que très-imparfaitement. On en eut surtout le forcé et le contourné. Elle ne dit presque rien sans renchérir sur l'idée naturelle ou sur l'expression, en y cherchant quelque rapport inusité. Il est curieux de voir jusqu'où elle a poussé et jusqu'où l'on a poussé autour d'elle ce principe d'erreur; car je n'excepte point M. Necker, éditeur des cinq volumes de *Mélanges* posthumes de sa femme, et qui semble en tout les approuver.

Quand on ouvre les *Mélanges* de Mme Necker au sortir d'un ouvrage du xviie siècle, il semble qu'on entre dans un monde tout nouveau, et qu'on n'ait plus affaire à la même langue. *Elle n'a pas tâché,* disait-on, pour exprimer la façon d'écrire de Mme de Caylus et ses aimables négligences. On ne dira certes pas la même chose en lisant les recueils de Mme Necker. Tout d'abord j'y trouve cette pensée, par exemple : « Il ne faut pas seulement s'acquitter de ses devoirs particuliers, mais il faut aussi *s'acquitter de ses talents* et *de ses circonstances* envers sa conscience et la société. » *S'acquitter de ses talents* est ingénieux et neuf, et se comprend ; mais *s'acquitter de ses circonstances,* pour dire : *faire ce qu'on doit dans une grande situation et avec une grande fortune,* cela ne s'entend plus. Un peu plus loin, je lis cette autre pensée :

« Je connais quelques esprits métaphysiques auxquels je ne parlerai jamais des beautés de la nature ; ils ont franchi depuis longtemps les *idées intermédiaires* qui lient les sensations avec les pensées, et leur esprit s'occupe trop d'abstractions pour qu'on puisse leur faire partager les jouissances qui supposent toujours *les rapports de l'âme avec des objets réels et extérieurs.*

« Il ne faut pas non plus leur peindre des mœurs particulières : parlez-leur toujours *avec un porte-voix à l'extrémité de la chaîne,* et ne vous hasardez jamais à vouloir les faire passer *de chaînon en chaînon.* »

Quelle pénible image ! et à quoi bon ce *porte-voix?* et puis toujours des *rapports;* ce terme de *rapports* est continuel dans sa langue. On reconnaît ici même cet abus d'abstraction dont elle parle et qu'elle blâme chez d'autres. Cette expression de *la chaîne des idées* aussi lui est familière : on dirait qu'elle en sent constamment le poids. — A tout moment reviennent sous sa plume des comparaisons qui, loin d'expliquer la pensée déjà obscure et énigmatique par elle-même, ont pour effet de l'obscurcir davantage; le peu de rayon qu'on y entrevoyait s'évanouit. Quelques-unes de ces comparaisons sont extrêmement bizarres. Voulant définir, par exemple, les gens sans unité dans leur caractère et dans leur sensibilité, et qui se dispersent çà et là comme s'ils avaient plusieurs âmes différentes, elle dira « qu'ils ressemblent aux *écrevisses* à qui l'on peut couper une patte sans qu'il y paraisse quelques jours après, parce qu'elles ont plusieurs centres de sensibilité. » Ailleurs, l'impression naturelle de la comparaison qu'elle emploie va en sens inverse de sa pensée. Ainsi elle dira : « Vouloir contenir le génie dans les bornes du goût n'est pas une chose impossible. *Voyez les Hollandais,* ils font une digue à la mer avec des brins de paille. » L'œuvre des Hollandais contenant la mer avec des digues est industrieuse et grande, mais elle n'est nullement en harmonie avec l'idée qu'éveille le mot de goût; une telle comparaison déroute l'esprit, loin d'éclaircir la pensée. Ce genre de désaccord est perpétuel chez Mme Necker. Elle affectionne les comparaisons mythologiques et les tire de loin. Faisant l'éloge de son mari et montrant que son existence est devenue inséparable du bien public : « C'est, dit-elle, *le tison de Méléagre,* auquel sa vie ministérielle est attachée. » Ce *tison de Méléagre* se retrouve en plus d'un endroit. En un mot, on sent beaucoup trop que les comparaisons, chez cette femme d'esprit, ne s'offrent point d'elles-mêmes, qu'elles ne naissent point sous ses pas et du sein même du sujet qu'elle traite, qu'elles ne sont point inspirées par l'à-propos du discours, mais qu'elle les tire de quelque magasin plus ancien, de quelque cahier de conversation où elle les avait en réserve. Aussi elles étonnent avant tout et ne donnent pas de lumière. Voilà le défaut.

Il serait injuste de ne pas reconnaître aussi tout à côté ce qui est naturel chez elle, et par où elle se distingue des autres femmes en ce siècle de corruption et de fausse sensibilité. La sienne est véritable; elle est puisée aux sources morales les plus pures, et, dès qu'il s'agit d'élévation, nous aurons plaisir et profit à l'entendre. Ne croirait-on pas qu'elle songeait à Mme de Lambert et qu'elle se ressouvenait de l'avoir lue, quand elle a dit : « Heureux qui n'a jamais trouvé de plaisir que dans des mouvements sensibles et raisonnables! il sera sûr de s'amuser toute sa vie. » Si elle est un peu trop atteinte par le goût de l'esprit et de l'analyse, qui est la maladie du temps, elle s'en détache par une inspiration plus haute et qui domine les erreurs du goût : « *L'instant présent* et *Chacun pour soi,* voilà, dit-elle, les deux devises du siècle; elles rentrent l'une dans l'autre. *L'avenir* et *Vivre dans autrui,* voilà celles que je voudrais adopter. » Elle a pensé de bonne heure au déclin de la vie et au moment où les charmes extérieurs se flétrissent. Faisant la revue de ses richesses au moral : « Je les réduis, dit-elle, aux idées *religieuses* et aux idées *sensibles,* afin que le temps, qui s'avance, ne fasse qu'augmenter ma fortune. » Chaque jour ajoute à son dégoût pour le grand monde, où tout lui paraît factice et où son cœur trouve si peu d'aliment. Elle revient alors sur le passé, elle aime à y revivre. Tout en sentant d'abord ce qui lui manquait à Paris, elle en jugeait pourtant très-bien le séjour en ce qu'il a bientôt d'indispensable pour ceux qui en ont une fois goûté : « Il est certain, écrit-elle, qu'on peut et qu'on doit être plus heureux ailleurs, mais il faut pour cela ne pas connaître un enchantement qui, sans faire le bonheur, empoisonne à jamais tous les autres genres de vie. » En écrivant ces paroles, elle était encore à demi sous le charme (1773). Le premier ministère de son mari, qui dut l'exalter sans doute, fut aussi le moment où elle commença à se détromper : « Mon cœur et mes regrets, écrivait-elle à un ami en juillet 1779, cherchent sans cesse un univers où la bienfaisance soit la première des vertus. Quel retour ne fais-je point sur nous en particulier ! Je croyais voir l'âge d'or sous une administration si pure ; je ne vois que l'âge de fer ; tout se réduit à faire le moins de mal possible. » Aussi, dès ce moment, le regret du passé la ressaisit : « Le regret du passé, s'écrie-t-elle, tourne toujours mes regards vers cet Être pour qui aucun temps n'est passé. Je crois le voir environné de toutes nos heures, et je cherche auprès de lui et les instants et les personnes qui semblent ne plus exister pour nous : alors mon âme se calme ; ma pensée errante et désolée trouve un asile. » Elle n'eut point, comme tant d'autres femmes, le regret de la jeunesse qui fuyait et de la beauté évanouie. Un jour pourtant (elle venait d'avoir trente-cinq ans), elle laisse échapper comme une plainte légère : « J'ai bien de la peine, écrit-elle à une amie, à m'habituer à tous changements ; l'âge, qui vient si lentement en apparence, m'a surprise précisément par cette marche sans bruit ; je crois être dans un monde nouveau, et je ne sais si l'instant de ma jeunesse fut un songe, ou si c'est à présent que le rêve commence. » Mais bientôt son parti est pris, et les ressources de l'âge mûr sont toutes préparées : « Ayant eu des goûts extrêmement différents, dans ma jeunesse, de ceux qui m'occupent à présent, j'ai peu senti les inconvénients du passage ; il s'est fait par nuances, et j'ai toujours trouvé des remplacements. Ainsi, lorsque je considère dans la glace mon teint flétri et mes yeux abattus, et qu'en rentrant en moi-même j'y trouve une raison plus active et plus ferme, si le temps ne m'avait pas ravi les objets d'une tendresse qui ne finira qu'avec ma vie, je ne saurais pas si je dois me plaindre de lui. »

Le premier ministère de son mari, ou, comme elle disait moins familièrement, de son *ami*, lui fournit l'occasion de développer et de pratiquer en grand ses vertus. Les malades, à la date de 1778, étaient encore très-peu bien traités dans les hôpitaux; il suffira de dire qu'on en mettait plus d'un dans un même lit, et l'hospice fondé par Mme Necker le fut dans l'origine « pour montrer la possibilité de soigner les malades *seuls dans un lit* avec toutes les attentions de la plus tendre humanité, et sans excéder un prix déterminé. » L'essai se fit dans un petit hôpital de cent vingt malades seulement. Mme Necker, fondatrice, en resta pendant dix années la directrice et l'économe vigilante. Elle mérita d'avoir sa part publique d'éloges dans un passage du *Compte-rendu* de M. Necker au roi en janvier 1781. Quoique la malignité mondaine ait pu trouver à redire à cette solennité d'un époux louant sa compagne, ici, je l'avoue, le sourire expire en présence de l'élévation du but et de la grandeur du bienfait.

Je n'ai pas à la suivre dans le détail de sa vie et de ses divers voyages, dont la plupart furent entrepris pour réparer sa santé en proie à des angoisses nerveuses qui marquaient le travail de l'âme. Les devoirs, les convenances du grand monde, une vigilance perpétuelle exercée sur soi et autour de soi, une sensibilité qui se contraignait et se refoulait souvent en silence et avec douleur, tout contribua à user Mme Necker avant l'âge. Deux grandes amitiés dominent sa vie, après le culte de son époux. La plus haute de ces amitiés, et qui était pareille elle-même à un culte, fut celle qui l'attacha à M. de Buffon, qu'elle peut contribuer mieux que personne à nous faire connaître et apprécier par les côtés intimes et encore élevés, car elle n'est pas femme à entrer jamais dans rien de familier avec ce qu'elle admire. L'autre grande amitié de Mᵐᵉ Necker fut pour Thomas, pour cet écrivain estimable et moral, qu'il est de mode de venir railler aujourd'hui, mais qui eut des talents littéraires distingués et des qualités de cœur touchantes :

« Nous fûmes unis dans notre jeunesse par tous les rapports honnêtes, lui écrivait Mᵐᵉ Necker (1778), et jamais une idée moins pure ne vint ternir votre amitié. Soyons plus amis encore à présent, quand l'âge mûr, qui diminue la vivacité des penchants, augmente la force des habitudes, et soyons encore nécessaires l'un à l'autre lorsque nous ne vivrons plus que dans le passé et dans l'avenir; car, pour moi, je ne fais d'avance aucun cas du suffrage des nouvelles sociétés de notre vieillesse, et je ne désire rien dans la postérité qu'un tombeau où je précède M. Necker, et dont vous ferez l'inscription : cet abri me sera plus doux que celui des peupliers qui couvrent la cendre de Rousseau. »

De telles pensées sorties du cœur sont bien faites pour racheter l'exagération de quelques éloges et pour les faire pardonner.

La fille de Mᵐᵉ Necker, celle qui allait être la célèbre Mᵐᵉ de Staël, grandissait déjà et lui échappait. Aussi vive et aussi impétueuse que sa mère était contenue et prudente, s'agitant à tous les souffles du siècle, et possédée d'un génie qui allait s'aventurer dans bien des voies, elle étonnait, elle inquiétait cette mère si sage, et elle lui suggérait cette pensée involontaire : « Les enfants nous savent ordinairement peu de gré de nos sollicitudes : ce sont de jeunes branches qui s'impatientent contre la tige qui les enchaîne, sans penser qu'elles se flétriraient si elles en étaient détachées. » M. Necker, dans les intervalles de ses graves affaires, s'égayait de ces saillies de sa fille, et se plaisait à les exciter. On a dit que Mme Necker souffrait de cette préférence, et que l'épouse en elle était encore plus aisément vulnérable que la mère n'était glorieuse.

Les événements du second ministère de M. Necker la dépassèrent de beaucoup, et, dans tous les moments où il put y avoir lieu à hésiter, elle fut du parti de la retraite. Aussi ce fut une consolation pour elle, au milieu de tant de sujets de douleur, de se retrouver en 1790 à Lausanne ou à Coppet, en vue de son beau lac, et non loin des tombeaux de ses parents : « Il semble, disait-elle à chaque retour en dégageant le sentiment moral qu'inspire cette nature de paysage, il semble que l'Être-Suprême s'est occupé ici plus particulièrement de sa créature, et qu'il l'oblige sans cesse à élever sa pensée jusqu'à lui. » Elle écrivait en ces années finales, et pendant que 93 étendait ses horreurs sur la France, un Écrit touchant, et qui a trouvé grâce auprès de ceux mêmes qui se sont montrés le plus sévères pour le genre d'esprit de Mme Necker, je veux parler de ses *Réflexions sur le Divorce* qui parurent au lendemain de sa mort. Mme Necker se propose dans cet Écrit, qu'elle traçait d'une main déjà défaillante, de combattre la loi française du divorce et d'en montrer les contradictions avec les principales fins de la nature en société et de la morale. Forte de son exemple, des vertus et de la religion de toute sa vie, elle vient plaider pour l'indissolubilité du mariage; elle ne conçoit pas qu'on livre ainsi une institution fondamentale à la merci des caprices humains et des attraits : « Car le premier attrait de la jeunesse n'est, dit-elle, qu'un premier lien qui soutient deux plantes nouvellement rapprochées jusqu'à ce qu'ayant pris racine l'une à côté de l'autre, elles ne vivent plus que de la même substance. » — « Dans l'âge mûr, pense-t-elle délicatement, la femme qui doit plaire le plus est celle qui nous a consacré sa jeunesse. » Sans la suivre dans son argumentation, je ne relèverai que quelques pensées d'une morale pénétrante. Peignant le bonheur de deux époux fidèles, et celui du père en particulier qui, se revoyant tout vivant dans les traits de ses enfants, y lit la pudicité de son épouse, la vérité de son émotion la fait arriver à l'expression parfaite et au coloris : « Quelquefois même, un époux tendrement aimé se voit seul tout entier dans les traits de ses enfants. La nature, qui devient ainsi le garant et l'interprète de l'amour conjugal, se plaît à consacrer de son inimitable pinceau les chastes sentiments d'une femme fidèle ; et tous les regards que jette un père attendri sur des fils qui lui ressemblent, retombent sur leur mère avec une nouvelle douceur. » Ce sont là de ravissantes pensées et rendues d'après nature. Mme Necker, tout à côté, retrouve bien quelques-uns de ses anciens défauts. Elle abuse des comparaisons mythologiques, des traits historiques, de Méléagre, d'Aria et de Pætus. Elle cite mal à propos Henri IV pour le tableau de Rubens qui représente l'accouchement de Marie de Médicis. Henri IV et Marie de Médicis sont un exemple malheureux à rappeler à propos d'amour et de fidélité conjugale. C'est toujours chez elle le même manque de tact pour l'association des idées et l'accord des nuances dans les comparaisons. Mais ces défauts se rachètent ici plus aisément qu'ailleurs : le sujet l'inspire ; c'est élevé, c'est ingénieux ; et quand elle en vient à la considération du mariage dans la vieillesse, à ce dernier but de consolation et quelquefois encore de bonheur dans cet âge déshérité, elle a de belles et fortes paroles : « *Le bonheur ou le malheur de la vieillesse n'est souvent que l'extrait de notre vie passée.* » Et montrant, d'après son expérience de cœur et son idéal, le dernier bonheur de deux époux

Qui s'aiment jusqu'au bout malgré l'effort des ans,

elle nous trace l'image et nous livre le secret de sa propre destinée ; il faut lire toute cette page vraiment charmante :

« Deux époux attachés l'un à l'autre marquent les époques de leur longue vie par des gages de vertus et d'affections mutuelles ; ils se fortifient du temps passé, et s'en font un rempart contre les attaques du temps présent. Ah! qui pourrait supporter d'être jeté seul dans cette plage inconnue de la vieillesse? Nos goûts sont changés, nos pensées sont affaiblies, le témoignage et l'affection d'un autre sont les seules preuves de la continuité de notre existence ; le sentiment seul nous apprend à nous reconnaître ; il commande au temps d'alléger un moment son empire. Ainsi, loin de regretter le monde qui nous fuit, nous le fuyons à notre tour ; nous échappons à des intérêts qui ne nous atteignent déjà plus ; nos pensées s'agrandissent comme les ombres à l'approche de la nuit, et un dernier rayon d'amour, qui n'est plus qu'un rayon divin, semble former la nuance et le passage des plus purs sentiments que nous puissions éprouver sur la terre à ceux qui nous pénétreront dans le ciel. Veille, grand Dieu, sur l'ami, sur l'unique ami qui recevra nos derniers soupirs, qui fermera nos yeux et ne craindra pas de donner un baiser d'adieu sur des lèvres flétries par la mort! »

J'ai voulu montrer cet exemple singulier d'une certaine éloquence onctueuse et solennelle, bien singulier exemple en effet, si l'on songe qu'il est sorti de la dernière moitié du xviiie siècle, du milieu de cette société en proie à la dissolution, et qu'il vient d'une personne qui y vécut trente années sans se laisser entamer un seul instant ni atteindre. C'était revenir à *Philémon et Baucis,* mais y revenir de la seule manière dont on le pouvait alors, à travers une certaine déclamation. Celle-ci du moins est bien sincère ; elle se confond avec l'éloquence, et même, en terminant, c'est quelque chose de plus, c'est une prière.

Mme Necker avait donné son chant du cygne ; elle mourut en mai 1794, dans une habitation près de Lausanne ; elle n'avait que cinquante-quatre ans. On peut lire, dans une Notice écrite par son petit-fils, de touchants détails sur cette fin. Mais, même hors du cercle domestique, Mme Necker mérite d'obtenir dans notre littérature un souvenir et une place plus marqués qu'on ne les lui a généralement accordés jusqu'à cette heure. La France lui doit Mme de Staël, et ce magnifique présent a trop fait oublier le reste. Mme Necker, avec des défauts qui choquent à première vue, et dont il est aisé de faire sourire, a eu une inspiration à elle, un caractère. Entrée dans la société de Paris avec le ferme propos d'être femme d'esprit et en rapport avec les beaux-esprits, elle a su préserver sa conscience morale, protester contre les fausses doctrines qui la débordaient de toutes parts, prêcher d'exemple, se retirer dans les devoirs au sein du grand monde, et, en compensation de quelques idées trop subtiles et de quelques locutions affectées, laisser après elle des monuments de bienfaisance, une mémoire sans tache, et même quelques pages éloquentes. Quant à sa fille, bien que Mme Necker l'admirât, elle l'eût voulue certainement tout autre, et il serait difficile de suivre en elle l'influence de sa mère. Mais cette influence serait plus aisée à retrouver en d'autres membres de leur descendance, et la forme d'esprit de Mme Necker, adoucie, assouplie après la première génération, a dû entrer pour beaucoup dans le tour d'idées si élevé et dans le fonds moral, toujours éminent, d'une famille illustre (1).

---

(1) Un moraliste physiologiste a dit : « De même que, lorsqu'on s'est trop appliqué le soir à un travail, on a mille idées pénibles, tiraillées, fatigantes, qui reviennent avant le sommeil ; mais, au

matin, tout s'éclaircit, et l'on se réveille avec de nouvelles idées faciles et vives, qui sont dues pourtant à cet effort du soir précédent : de même, d'une génération à l'autre, les formes d'idées qui, chez Mme Necker, sont à l'état de préparation laborieuse et compliquée, et presque de cauchemar, se réveillent chez Mme de Staël, jeunes, brillantes et légères. »

Lundi 23 juin 1851.

L'ABBÉ MAURY.

ESSAI SUR L'ÉLOQUENCE DE LA CHAIRE.

(Collection Lefèvre.)

L'abbé Maury a été l'un de nos orateurs les plus célèbres, et il est encore un de nos rhéteurs les plus judicieux et les plus utiles, à prendre ce mot de rhéteur dans le sens favorable des Anciens. Son *Essai sur l'Éloquence de la Chaire* est un des meilleurs livres que nous ayons dans le genre didactique. Malgré le titre, et quoiqu'il soit toujours très-difficile de venir parler de sermons, et de l'art d'en faire, sans ennuyer, l'abbé Maury instruit et n'ennuie pas. Il me semble pourtant que, généralement, on ne se fait pas de l'abbé Maury, comme écrivain et comme littérateur, une idée très-nette, et que son caractère politique également laisse dans l'esprit quelque chose de louche. J'ai donc eu l'idée, en m'aidant de conversations avec des hommes sages qui l'ont connu, de tirer à clair mes obscurités sur son compte, et j'exposerai naturellement le résultat de ma curiosité. Il ne saurait être indifférent de connaître de près celui qui fut l'antagoniste et qui passa pour le rival de Mirabeau.

Il commença pauvrement et rudement. Né en 1746 à

Valréas dans le Comtat-Venaissin, en terre papale, il sortait d'une famille autrefois protestante, qui avait quitté le Dauphiné lors de la révocation de l'Édit de Nantes. Un des ancêtres, calviniste, avait même été martyr dans les guerres des Camisards, et Maury, menacé plus tard de la lanterne, eut plus d'une fois l'occasion de songer à ce pendu qu'il n'était pourtant pas jaloux d'imiter. On ne saurait dire que la vocation naturelle du jeune Maury fût ecclésiastique : à voir certaines qualités d'énergie, d'audace et d'action dont il donna tant de preuves, il eût fait plutôt un militaire, et il en convenait lui-même volontiers. Mais les circonstances le commandèrent et ne lui laissèrent pas le choix. Le jeune Maury fit ses premières études dans le collége de sa ville natale, et de là fut envoyé au séminaire à Avignon. On cite de son enfance des reparties heureuses et des traits d'une prodigieuse mémoire : il retint un jour par cœur un sermon de l'abbé Poulle, pour l'avoir entendu une fois, et il l'écrivit au sortir de l'église. A dix-neuf ans, Maury, animé d'ambition et plein de confiance en ses forces, déclara à ses parents qu'il voulait aller à Paris tenter la fortune. Il partit donc avec dix-huit francs en poche. Il fit le voyage comme on le pouvait faire avec un si mince pécule. On raconte qu'au sortir d'Avallon, il rencontra deux autres jeunes gens aussi peu en fonds, mais aussi confiants que lui. L'un était Treilhard, le futur jurisconsulte et rédacteur du Code civil; l'autre, Portal, le futur médecin du roi. Ils se confièrent leurs espérances, leur fable du *Pot au lait,* qui n'en fut pas une pour eux. L'un, le médecin, voulait être de l'Académie des Sciences; l'autre, l'avocat, voulait être pour le moins avocat-général; et l'abbé se voyait déjà prédicateur du roi. Arrivés sur une des hauteurs de Paris, une cloche résonne, c'était un bourdon de la cathédrale.

« Entendez-vous cette cloche? dit Treilhard à Maury, elle dit que vous serez archevêque de Paris. » — « Probablement lorsque vous serez ministre, » répliqua Maury. — « Et que serai-je, moi? » s'écria Portal. — « Ce que vous serez? répondirent les deux autres : le bel embarras? vous serez premier médecin du roi. » C'est Pariset qui donne ainsi l'anecdote dans son Éloge de Portal; d'autres ont mis cette scène sur le coche d'Auxerre. Ce sont de ces contes qui, s'ils ne sont pas vrais, sont bien imaginés, et qui résument les destinées d'une manière piquante. Mais pourquoi ne pas ajouter aussitôt pour Maury toute la prédiction : Oui, vous serez archevêque ou tenant lieu de l'archevêque de Paris; mais cette haute charge sera précisément votre pierre d'achoppement et de scandale, la marque publique de votre abaissement et de votre chute.

Les libellistes qui s'attaquèrent à Maury, devenu célèbre, ont ignoblement fouillé dans les années de sa jeunesse et dans les premières circonstances de son séjour à Paris. Les mœurs furent de tout temps son côté faible; il avait les passions violentes et peu idéales, et le propos familier trop souvent à l'unisson. Mais son organisation, même dans sa fougue, ne se laissa jamais détourner du travail opiniâtre qui devait le conduire au but : « Cet auteur est une preuve, a dit La Harpe (son rival), de ce que peut le travail obstiné et la force des organes... Il était né avec de l'esprit, et, se levant tous les jours à cinq heures du matin, étudiant jusqu'au soir, il avait acquis des connaissances littéraires. Cependant il ne subsistait encore que de répétitions de latin ou de géographie qu'il faisait en ville, et d'épreuves d'imprimerie qu'il corrigeait. Un *Éloge de Fénelon* qu'il envoya à l'Académie en 1771, et qui obtint l'accessit, commença enfin à le faire connaître. » C'est dans ce même concours pour l'Éloge de Fénelon que La Harpe obtint le prix. L'abbé Maury, à cette date, n'avait que vingt-cinq ans et non point quarante, comme le suppose La Harpe, qui veut faire de Maury un talent tout d'effort et de labeur.

Cet *Éloge de Fénelon*, par l'abbé Maury, est marqué au cachet du moment. On y voit tout d'abord que la vie de l'archevêque de Cambrai réunit tout ce qui peut intéresser un *cœur sensible*, des talents, des vertus et des *malheurs!* L'auteur se pose cette question : Qu'était la religion pour Fénelon? Et il y répond comme on pouvait le faire en 1771, en parlant devant une Académie plus qu'à demi composée de philosophes ou de gens du monde imbus des idées philosophiques. Le christianisme y est présenté et comme insinué à titre de *philosophie sublime;* c'est la *philosophie du malheur*. Plus tard, en retouchant cet Éloge à cet endroit et en quelques autres, il est curieux de voir comment l'auteur s'y prendra pour corriger dans le détail ces parties faibles et à demi mondaines. Dieu, qui n'était qu'un *père* dans la première version, deviendra dans la seconde un *père* et un *juge :* les pauvres, qui étaient d'abord des *créanciers* et des *juges*, ne seront plus, toute réflexion faite, que des *créanciers* et des *médiateurs* auprès de Dieu. La religion chrétienne, qui n'était d'abord que celle *qui connaît seule l'art de consoler*, deviendra de plus celle *qui n'abuse jamais l'homme*. Ayant à parler des *Directions pour la Conscience d'un Roi*, écrites par Fénelon pour le duc de Bourgogne, l'abbé Maury n'avait osé une première fois, en présence de l'Académie, définir nettement la confession et le confessionnal; il avait dit vaguement : « Ce n'est plus à un enfant, c'est au chrétien qu'il s'adresse. Dans quelle situation placera-t-il son élève? Il l'appelle à ce moment de vérité où l'homme, prosterné dans *un tribunal*, se dénonce lui-même à son juge. » Mais, dans le texte corrigé, on lit, par une définition plus bienséante à un prélat, à un prince de l'Église, et plus conforme au Catéchisme : « Il l'appelle *à ce moment de vérité, de repentir et de miséricorde,* où l'homme, prosterné devant *le tribunal sacré,* se dénonce lui-même à *son juge, qui devient aussitôt son médiateur charitable,* etc., etc. » Je ne sais si cela vaut beaucoup mieux au point de vue oratoire, mais je tiens à noter de quelle façon l'abbé Maury sut donner plus tard à cet Éloge, et en général à tous ses premiers ouvrages, en les revoyant, une légère couche d'orthodoxie. C'est en effet par le pur esprit chrétien, par ce souffle ardent et sincère, c'est du côté de la foi qu'ils manquent ; et ce défaut, même dans leur pompe et dans leur exactitude dernière, s'y fait encore sentir.

Judicieux et sensé comme il était, l'abbé Maury se rendait compte de ce défaut aussi bien et mieux que nous-mêmes. Abordant franchement, dans son *Essai sur l'Éloquence de la Chaire*, les causes de la décadence du genre durant le xviiie siècle, il s'en prend encore moins au talent des orateurs chrétiens qu'à l'usage peu chrétien qu'ils ont fait de leur talent en courtisant le goût et l'esprit du jour, en s'écartant des sources directes de la doctrine et de la foi pour se jeter sur des thèmes de morale à la mode et de bienfaisance. Il faut l'entendre là-dessus parler avec autorité et conviction :

« Les grands sujets de cette belle et solide instruction chrétienne, si bien indiqués par l'Église dans l'ordre annuel et la distribution des Évangiles ; ces sujets si importants, si féconds, si riches pour l'éloquence, et sans lesquels la morale, dépourvue de l'appui d'une sanction divine et déshéritée de l'autorité vengeresse d'un Juge suprême, n'est plus qu'une théorie idéale et un système purement arbitraire qu'on adopte ou qu'on rejette à son gré ; ces sujets magnifiques, dis-je, furent plus ou moins mis à l'écart par les orateurs chrétiens qui composèrent malheureusement avec ce mauvais goût, et qui, en s'égarant dans ces nouvelles régions, renoncèrent d'eux-mêmes aux plus grands avantages et aux droits les plus légitimes de leur ministère. Tout fut bientôt mêlé en ce genre, et dès lors tout fut corrompu. *On ne put sanctifier la philosophie : on sécularisa, pour ainsi dire, la religion.* »

C'est pourtant le même homme qui, parlant non plus pour l'Académie, mais en chaire, et prêchant le Carême devant le roi en 1781, touchait à l'administration, à la politique, aux finances, tellement que Louis XVI disait, en sortant de la chapelle : « C'est dommage! si l'abbé Maury nous avait parlé un peu de religion, il nous aurait parlé de tout. »

Mais nous n'en sommes qu'aux débuts de l'abbé Maury. L'Académie française avait pour usage, en ce temps-là, de célébrer tous les ans la fête du roi dans la chapelle du Louvre, et d'entendre, à cette occasion, le panégyrique de saint Louis. En 1772, ce panégyrique fut prononcé par l'abbé Maury, alors âgé seulement de vingt-six ans. On a grand besoin de se reporter aux circonstances pour s'expliquer le succès extraordinaire qu'obtint ce discours. Non-seulement on claqua des mains en pleine chapelle, mais l'Académie crut devoir adresser une députation au cardinal chargé de la feuille des bénéfices, pour lui recommander le jeune abbé. On admirait surtout l'art avec lequel l'orateur avait su *se tirer* de l'endroit périlleux des Croisades : « En lisant le Panégyrique de saint Louis, prononcé par M. Maury devant notre illustre Académie, écrivait Voltaire, je croyais, à l'article des Croisades, entendre ce *Cucupiètre* ou Pierre l'Ermite, changé en Démosthène et en Cicéron. Il donne presque envie de voir une croisade. » Le mouvement par lequel l'orateur évoquait saint Louis du tombeau et l'en faisait sortir pour se justifier lui-même devant l'assemblée, ce mouvement, à le bien voir en situation, ne manquait certes ni de justesse ni d'éloquence. Saint Louis, par la bouche de Maury, faisait pour un instant revenir de leur raillerie et de leur ironie ceux-là mêmes qui ne rougissaient pas d'insulter tous les jours la Pucelle.

Dans le même temps on publiait, pour la première fois, les *Sermons* de Bossuet (1772), et l'abbé Maury avait le très-grand mérite de les apprécier aussitôt à leur valeur, malgré son siècle. La Harpe lui-même, qui, à cette époque, n'avait lu de Bossuet que les *Oraisons funèbres* et l'*Histoire universelle,* résistait à ce jugement sur l'ensemble des Œuvres, et il ne s'y rendit que plus tard. Maury place hardiment Bossuet à la tête de tous les autres orateurs sacrés, même dans le genre du sermon; il le montre à la fois le précurseur en date et le maître de Bourdaloue et de Massillon. Il assigne à Bourdaloue son vrai rang pour l'admirable ordonnance des plans, pour la *belle et constante unité* des sujets, pour la parfaite et chrétienne justesse des développements toujours en vue de la sanctification de son auditoire. A l'égard de Massillon, Maury, à propos de ce *Petit Carême* si vanté et qu'il met au-dessous du *grand,* du premier *Carême,* ose prononcer le mot de décadence, et il en donne la raison avec une grande fermeté de sens. Tous ces jugements, ébauchés par lui dès 1772 et 1777, tout à fait neufs alors et originaux, développés depuis et mis en complète lumière dans les dernières éditions de l'*Essai sur l'Éloquence de la Chaire,* font loi et règlent désormais cette matière littéraire et sacrée. Il disait de Bossuet en 1772 :

« Ce qui donne le plus de plénitude et de substance aux Sermons de Bossuet, c'est l'usage admirable qu'il fait de l'Écriture-

Sainte. Voilà l'inépuisable mine dans laquelle il trouve ses preuves, ses comparaisons, ses exemples, ses transitions et ses images... Il fond si bien les pensées de l'Écriture avec les siennes, qu'on croirait qu'il les crée ou du moins qu'elles ont été conçues exprès pour l'usage qu'il en fait... Tout, en effet, dans un sermon, doit être tiré de l'Écriture, ou du moins avoir la couleur des livres saints ; c'est le vœu de la religion, *c'est même le précepte du bon goût.* »

Pour toutes ces parties que je ne puis qu'indiquer en passant à cause de la gravité des sujets, l'abbé Maury mérite la plus sérieuse estime, une estime qui lui sera accordée, je ne crains pas de l'affirmer, par quiconque, voulant étudier nos grands orateurs de la chaire, aura l'occasion de vérifier ses jugements si sains, si substantiels et si solides. J'aurai assez à le critiquer d'ailleurs, pour ne pas craindre de lui rendre ici une justice qui lui est pleinement due.

Ne perdant point de vue sa carrière dans le monde, l'abbé Maury recueillit en 1777 ses *Discours choisis sur divers Sujets de Religion et de Littérature,* et il se mit en mesure de postuler un fauteuil à l'Académie française. Il essaya pour cela encore d'un autre moyen, d'une machine toute diplomatique, qui était de réconcilier les Gluckistes et les Piccinistes, les partisans des deux musiques ; ce qui lui eût assuré les voix des deux partis. Il n'arriva pourtant à ses fins que quelques années plus tard (1785). Grimm reconnaissait qu'à cette date il était peu d'orateurs chrétiens qui parussent plus dignes du choix de l'Académie, et il ajoutait : « Il n'en est guère sans doute qui puissent se trouver moins déplacés dans une assemblée de philosophes. » L'éloge semblerait compromettant, si l'abbé Maury avait à être compromis sur quelque point.

L'abbé Maury en effet, durant cette première partie de sa carrière, antérieure à la Révolution, n'était encore qu'un homme d'esprit et de talent, faisant volontiers oublier dans la société ce qu'il annonçait de supérieur par ce qu'il avait d'aimable, très-gai, capable d'un bon conte, d'un conte salé qui sentait le frère Jean des Entommeures encore plus que le panégyriste de saint Vincent-de-Paul ou de saint Louis (1); vif, ardent, véhément de nature, au demeurant bon homme et cher à ses amis. Une lettre familière, adressée à Dureau de La Malle, et qu'on peut lire à la Bibliothèque nationale, donnerait assez l'idée du ton qu'il avait en écrivant dans l'intimité. On y trouverait plus de rondeur et d'entrain que de délicatesse. La lettre est écrite de Paris à Dureau de La Malle qui était pour lors en Anjou (9 décembre 1778). En voici quelques traits :

« Depuis votre départ, j'ai passé deux mois en Normandie chez l'abbé de Boismont; j'ai vu le camp et la mer, deux spectacles très-nouveaux et très-intéressants pour moi. Si je vous avais écrit pendant mon séjour à l'armée, je vous aurais parlé en franc *garnisonnier* de l'ordre profond et de l'ordre mince; mais ma tête est refroidie à présent sur la tactique, et il ne me reste que des observations utiles à mon *métier* sur une classe d'hommes que je ne connaissais pas, et dont les mœurs méritent d'être étudiées.

« Je ne prêche jamais pendant l'Avent. *C'est autant de peine de moins* et de loisir de plus pour composer, au lieu de me donner *une peine inutile* en me dévouant à un *simple travail de mémoire*. Je prépare quatre Discours nouveaux pour le Carême prochain, et, au milieu de tous les dégoûts que j'éprouve, je vous avoue que je suis quelquefois tenté d'être content de mes dernières produc-

(1) La plupart de ces contes ou gais propos de l'abbé Maury ne se peuvent dire qu'à l'oreille. Voici un rien que je sais d'original, et plus innocent. Un jour, après un sermon prêché dans un couvent de religieuses, une d'elles, dans sa simplicité, lui dit qu'il paraissait bien ému et qu'on voyait bien à son tremblement, quand il commençait à parler, que cela devait lui coûter beaucoup : « Oh! mon tremblement quand je commence, dit-il, il ne faut pas vous en inquiéter; c'est avec mon pouce (et il faisait le geste) que je fais remuer mon bonnet carré. »

tions ; mais personne ne les connaît, et l'indulgence paternelle peut très-bien me séduire dans ma solitude. Si vous étiez à Paris, je ferais sur votre âme *sensible* et délicate l'épreuve de ma verve oratoire, et votre goût fixerait le jugement que je dois en porter. Je n'ose pas ennuyer mes amis de cette lecture ; je me ferais un véritable scrupule d'exiger d'eux une pareille corvée, et il n'y a que vous au monde qui ayez le courage et la bonté d'entendre un sermon ailleurs qu'à l'église. »

En tenant compte de cette facilité et de ce sans-façon avec lequel on fait les honneurs de soi-même, comme on sent bien que ce n'est là en effet pour lui qu'un métier !

Suivent quelques détails sur la digestion ; puis des éloges donnés à la traduction de Tacite que Dureau faisait alors ; des nouvelles de Paris et de la littérature ; un récit des mésaventures de La Harpe et de ses mille chamailleries de journaliste : « Puisque je suis en haleine, ajoute l'abbé Maury, *que le diable emporte* le *maudit* maladroit qui a failli tuer ou du moins défigurer mon petit Adolphe » (un des fils de Dureau qui avait failli éprouver quelque accident). On voit le ton. Maury s'excuse encore de quelques conseils qu'il donne sur le propos des enfants gâtés : « Ne rendez pas ce mauvais service à votre aîné, et excusez le prêcheur Ragotin, prédicateur de grand chemin, qui se permet de vous ouvrir ainsi son cœur sans aucune réserve. »

Cet abbé de Boismont, qu'était allé voir l'abbé Maury en Normandie, était riche bénéficier et de plus académicien. L'abbé Maury espérait de lui quelque résignation de bénéfice, et, le voyant infirme, il songeait aussi à lui succéder à l'Académie. Un jour qu'il le questionnait un peu trop sur sa vie et sur les circonstances de son passé, l'abbé de Boismont lui dit : « L'abbé, vous me prenez la mesure d'un Éloge. » Ce ne fut pourtant point à l'abbé de Boismont, mais à Le Franc de Pompignan, que succéda Maury. On loua quelques parties de son discours de réception ; mais ce qui parut à tout le monde un néologisme intolérable et une énormité du plus mauvais goût, ce fut d'avoir osé dire, en résumant les principaux écrits et les événements de la vie de son prédécesseur : « Tel est, Messieurs, le tableau que présente la vie de l'écrivain justement célèbre qui *entre aujourd'hui dans la postérité!* » Entrer dans la postérité! Grimm, La Harpe, tous se récrient là-dessus ; on en fit une épigramme pour consacrer l'insolence de la locution. Aujourd'hui elle est devenue vulgaire.

A cette date de 1787, l'abbé Maury, qui avait passé la quarantaine, doué d'un talent actif et robuste, d'une faculté puissante, propre à tout, et d'une grande force d'application, en cherchait l'emploi du côté de la politique, qui commençait à agiter tous les esprits. Il se lia fort avec M. de Lamoignon, garde-des-sceaux, et le servit de ses avis et de sa plume dans ses plans hardis de réforme, relativement aux corps judiciaires et aux Parlements. L'abbé Maury n'était pas homme en effet, à cette date, à se consacrer purement au ministère de la parole chrétienne : il n'avait ni assez de foi ni assez de charité pour semer en terre si ingrate, et pour entrer en lutte avec tous les vents du siècle. Il lui avait suffi, dans ce genre, de quelques premiers succès pour établir sa réputation, et il se tourna ailleurs. Il n'était pas homme non plus à se vouer à la composition de quelque grand ouvrage littéraire ; il n'éprouvait pas ce besoin de la perfection et de l'étude approfondie qui fait que, pour certains esprits solitaires et charmés, les années s'écoulent comme des heures. Il saisissait vite toutes choses, devinait ce qu'il ne savait pas, décidait et tranchait là où il en avait besoin, avait la réplique heureuse et prompte, l'assertion résolue et hautaine, le front hardi.

comme le verbe, et sans cette pudeur native dont quelques honnêtes scrupuleux n'ont jamais pu se défaire. Son bon jugement se faisait jour et maintenait tant bien que mal sa ligne à travers toutes ces saillies, ces légèretés et ces pétulances. Il aimait la dispute, s'y possédait et y prenait vite ses avantages. En tout, il aimait les grands sujets, les sujets qui ont du corps et de la prise ; il aimait les grandes routes, sûr qu'il était, avec sa carrure d'esprit et ses développements nombreux, d'y dominer la foule et d'y tenir le haut du pavé. On voit que l'abbé Maury était quelque chose de plus qu'un prédicateur chrétien, et qu'il avait de grandes prédispositions à être un orateur politique quand la Révolution commença.

Il faut reconnaître à son honneur qu'il n'hésita pas dans le choix du camp, et que son parti fut pris du premier jour. Marmontel a raconté une conversation qu'il eut avec Chamfort lors de la convocation des États-Généraux. Chamfort déclara nettement toutes ses idées, toutes ses espérances de nivellement de l'ancien régime et de renouvellement complet de la société. Marmontel fit part de cet entretien à l'abbé Maury le soir même : « Il n'est que trop vrai, répondit celui-ci, que dans leurs spéculations ils ne se trompent guère, et que pour trouver peu d'obstacles la faction a bien pris son temps. J'ai observé les deux partis. Ma résolution est prise de périr sur la brèche ; mais je n'en ai pas moins la triste certitude qu'ils prendront la place d'assaut, et qu'elle sera mise au pillage. »

L'abbé Maury avait pourtant peu de vocation pour le martyre, même pour le martyre politique. Il eut quelques velléités de prudence au début de l'Assemblée Constituante. Il parla peu dans la Chambre du clergé, et y témoigna, dit l'abbé de Pradt, de la timidité. Il essaya même de quitter l'Assemblée après le 14 juillet, et fut arrêté à Péronne « sans rabat, sans cocarde, et au moment où il demandait un chemin de traverse. » Après les journées des 5 et 6 octobre, il paraît qu'il eut encore une velléité de fuite. Mais bientôt il s'aguerrit, s'anima et même s'égaya à la lutte, et son tempérament, sa personne tout entière comme son talent proprement dit, se trouva en plein dans son élément.

L'abbé Maury, une fois engagé, ne marchanda plus. Il fut fidèle à son parti; et, puisque j'ai à noter tant de taches en lui et de laideurs, j'aime à prendre acte ici d'un fait à son honneur, tel que je le trouve consigné dans les papiers de Mallet du Pan (1) : « L'abbé Maury avait quarante mille livres de rente, dit M. Mallet (quarante mille livres de rente en bénéfices), et en donnait annuellement vingt-cinq mille à sa famille. Les Mirabeau et autres lui offrirent cent mille écus s'il voulait s'engager à ne parler ni sur les assignats, ni sur les finances, ni sur le pouvoir exécutif. On lui laissait la liberté de défendre le clergé. Il eut la vertu de refuser. » *La vertu,* entendez-vous bien? Un tel mot n'est pas à négliger quand on le rencontre appliqué à l'abbé Maury. Revenons à ses talents.

Aujourd'hui, lorsqu'on veut lire le recueil des discours prononcés par l'abbé Maury à l'Assemblée Constituante, on est fort désappointé. Presque tout ce talent, en effet, qu'il déploya dans cette seconde et brillante partie de sa carrière, toute cette verve, cette belle humeur provocatrice, ont péri. Il ne reste, au milieu de beaucoup de redondance et d'une érudition indigeste et hâtive, uniquement suffisante pour l'instant de la tribune, il ne

(1) C'est de l'un des cahiers manuscrits de Mallet du Pan que j'extrais l'anecdote.

reste, dis-je, qu'un raisonnement assez suivi et assez vigoureux, des portions qui sont encore de bon sens, et d'autres qui ne peuvent jamais avoir été de bonne foi. Maury est-il de bonne foi, lui, homme du xviiie siècle, lorsque, dès les premiers mois de l'Assemblée (23 décembre 1789), il s'oppose à l'admissibilité des comédiens et des Juifs aux droits de citoyens, les assimilant, dans son énumération, à *l'exécuteur de la haute-justice?* Mais il est certainement dans le bon sens, lorsque dans la séance du soir du 19 juin (1790), une suite de motions étourdies s'étant succédé coup sur coup contre la statue de Louis XIV de la place des Victoires, contre les titres de noblesse et les simples noms de terres, et tout cela de la part des Noailles, des Montmorency, de tous ceux qui en feront depuis leur *Meâ culpâ* solennel, lui, l'abbé Maury, monte à la tribune, venge ingénieusement Louis XIV, et répond à toute cette noblesse ambitieuse de s'abolir, par ce mot d'un ancien à un philosophe orgueilleux : « *Tu foules à tes pieds le faste, mais avec plus de faste encore.* »

L'abbé Maury, dans ces circonstances les meilleures, improvisait bien réellement. Arrivé tard, à l'une de ces séances du soir, quand la discussion était engagée sur quelque sujet tout à fait inattendu, on l'a vu appelé tout à coup par ses amis, qui lui criaient dès l'entrée : « Allons, l'abbé, voilà comme vous êtes toujours; vous êtes absent, et voilà ce qu'ils vont faire passer! » on l'a vu, averti par un simple mot du sujet en question, traverser la salle, monter à la tribune, et y remporter un de ses triomphes.

En général, pour comprendre ce genre d'éloquence politique de l'abbé Maury, il ne suffit pas de lire les lambeaux de discours qu'on a conservés, il faut en avoir la clef, et le marquis de Ferrières nous la donne, ou du moins nous l'indique, à un endroit de ses Mémoires. Ainsi, dans la discussion du décret sur le serment du clergé, décret que la résistance des évêques rendait inévitable, toute la tactique de l'abbé Maury prenant la parole dans la séance du 28 novembre 1790 consistait à se faire interrompre par la gauche, à soulever des murmures et des clameurs pour pouvoir prétexter la violence :

« Alexandre Lameth, dit le marquis de Ferrières, occupait le fauteuil; il maintint, pendant la discussion, le plus grand calme et le plus profond silence. En vain l'abbé Maury chercha-t-il à se faire interrompre, s'interrompit-il lui-même, se plaignit-il qu'on ne voulait pas l'entendre; en vain, abandonnant et reprenant le sujet principal de son discours, se perdit-il dans les digressions les plus étrangères, interpella-t-il personnellement Mirabeau et lui jeta-t-il vingt fois le gant de la parole; au moindre mouvement d'impatience qui s'élevait dans l'Assemblée : « Attendez, Monsieur l'abbé, disait Alexandre Lameth avec un sang-froid désespérant, je vous ai promis la parole, je vous la maintiendrai. » Et, se tournant vers les interrupteurs : « Messieurs, écoutez M. l'abbé Maury : il a la parole; je ne souffrirai pas qu'on l'interrompe. »

Ayant ainsi expliqué au long tout ce jeu de scène et de coulisse, Ferrières termine en disant : « Après deux grandes heures de divagations, tantôt éloquentes, tantôt ennuyeuses, l'abbé Maury descendit de la tribune, furieux de ce qu'on ne l'en avait pas chassé, et si hors de lui, qu'il ne songea pas même à prendre de conclusions. » Or, quand on lit dans les Œuvres de l'abbé Maury, ou même dans l'*Histoire parlementaire* de MM. Buchez et Roux, le discours avec les circonstances indiquées des interruptions, il est impossible, si l'on n'est pas déjà averti et si l'on prend le tout au pied de la lettre, de saisir l'esprit du drame.

Mais, en bien des cas, la tactique de l'abbé Maury perce plus à nu. A propos des décrets que provoquait la résistance du clergé à la Constitution civile, voyant quelques-uns de ses amis essayer de les combattre : « Laissez-les faire, répétait l'abbé Maury, nous aimons leurs décrets, *il nous en faut encore trois ou quatre.* » S'il disait là ce qu'il ne fallait pas dire, en revanche sa parole agressive, provocante, irritante, arrachait bien souvent au côté gauche le secret que la tactique des meneurs aurait voulu dérober. Un autre effet plus grave, qu'il produisait quelquefois par ces excès de parti-pris, était de rejeter plus fort vers la gauche des esprits que plus de modération eût pu rallier et concilier à sa cause. Quelques membres de la minorité de la noblesse voulaient se détacher de la gauche, et se rapprocher, à un certain moment, de la majorité de leur ordre. « Il ne nous reste plus qu'à nous jeter entre vos bras, » disait le marquis de Gouy-d'Arcy à quelques nobles, en présence de l'abbé Maury. — « Vous voulez dire *à nos pieds,* » répondit durement celui-ci.

Ces sortes de ripostes, qui ne lui manquaient jamais, étaient souvent de pure belle humeur et tout simplement gaies, comme le jour où Mirabeau lui disant de la tribune, à propos de je ne sais quelle fausseté de raisonnement, qu'il allait l'enfermer dans un *cercle vicieux :* « Vous allez donc m'embrasser? » répliqua de sa place l'abbé Maury. — Comme il arrive à tous ceux qui disent volontiers de ces choses plaisantes, je crois bien, au reste, qu'on lui en prêtait aussi.

Avec le peuple, avec la populace du dehors qui, une fois qu'elle l'eut bien connu, le menaçait encore moins qu'elle ne l'agaçait et le provoquait, l'abbé Maury avait le propos également gai, gaillard et même poissard. Les plus jolis de ses mots aux commères de la terrasse des Feuillants se pourraient dire par un Roquelaure ou à une descente de Courtille; mais ce sont choses qui ne s'écrivent point. Chacun sait son fameux mot à la foule qui criait en le voyant passer : *A la lanterne !* — « Eh bien ! quand vous m'aurez mis à la lanterne, y verrez-vous plus clair ? » — Et à un homme qui le menaçait de l'envoyer *dire la messe à tous les diables,* il tira de sa poche deux pistolets qu'il portait par précaution, en lui disant : « Tiens, voilà deux burettes pour la servir ! » Le peuple, à ces saillies, applaudissait, et l'abbé Maury obtenait la vogue d'un acteur qui est bien dans son rôle. Un bon mot, a dit l'abbé de Pradt, lui valait un mois de sécurité.

Quoi qu'il en soit, vus à distance, ces traits de présence d'esprit et de courage qui étaient soutenus d'une telle opiniâtreté de conduite au sein de l'Assemblée et d'une telle parade de résistance, l'éclat de certains discours où le bon sens et l'esprit de parti se combinaient dans une contexture spécieuse, l'ordre, l'ampleur, la marche imposante d'une parole exercée et toujours prête, tout cela avait conquis à l'abbé Maury, à la fin de l'Assemblée Constituante, une réputation immense en Europe, et il ne manquait pas de souverains qui le considéraient à la fois comme un homme d'État et comme un homme de bien. La Cour de Rome, en particulier, voyait en ce défenseur de l'autel et du trône un héros et presque un saint échappé au martyre, et, à sa sortie de France en 1792, l'abbé Maury fut comblé par le pape Pie VI de tous les honneurs et de toutes les dignités auxquelles un homme d'Église pouvait prétendre : nonce, archevêque et bientôt cardinal (1794) (1). Cet excès de grandeur fut son écueil, et ses défauts, disons

(1) Dans les Documents inédits relatifs aux Affaires religieuses de la France (1790-1800), extraits des Archives secrètes du Vatican et publiés par Theiner, il se trouve plusieurs lettres et billets de l'abbé Maury.

le mot, ses vices, s'éclairèrent plus visiblement dans la pourpre.

Le cardinal Maury avait plusieurs des sept péchés capitaux, la gourmandise, l'avarice, et quelque autre chose encore (1). Le cardinal Pacca rappelle une pasquinade qui courut à Rome lors de sa nomination, et où on le peint *comme un renard peu sûr, habile à prendre le vent.* Je ne sais si Maury, malgré ses intrigues, avait cette finesse cauteleuse, prudente, et il était homme plutôt, j'imagine, à se diriger droit du côté de ses intérêts et de ses appétits. On peut croire que ce séjour d'Italie contribua à le gâter. Confiné pendant plusieurs années dans son petit évêché de Montefiascone, il vécut trop avec lui-même : les vices en nous sont des hôtes qui deviennent les maîtres du logis avec les années, si on ne les réprime à temps et si on ne les met vigoureusement à la raison. L'abbé Maury eut les inconvénients d'une organisation forte, pleine de besoins, avide de consommation et de jouissances. C'était, s'il est permis de le dire, un esprit et surtout un talent supérieur dans une nature grossière. Tel il parut bientôt et se déclara aux yeux de tous (2) lorsque, rallié au Gouvernement impérial, il fut rentré en France et qu'il eut accepté pendant

---

(1) Je trouve ma pensée tout exprimée dans ce mot énergique : « Mirabeau, Maury, de mœurs égales, deux taureaux. »

(2) Une des meilleures épigrammes du poëte Le Brun est contre l'abbé Maury ; elle a cela de piquant, qu'elle a, d'un bout à l'autre, un faux air d'éloge ou d'apologie, et que c'est le lecteur seul qui, en contredisant à chaque vers, est comme forcé de faire lui-même l'épigramme ; le satirique, dans ce cas, a besoin de compter sur la complicité de tout le monde :

> L'abbé Maury n'a point l'air impudent ;
> L'abbé Maury n'a point le ton pédant ;
> L'abbé Maury n'est point homme d'intrigue ;
> L'abbé Maury n'aime l'or ni la brigue ;

la captivité de Pie VII l'administration de l'archevêché de Paris. Je n'ai pas à entrer dans les détails et les démêlés ecclésiastiques de cette troisième et fâcheuse partie de sa carrière. Sa réputation y fit naufrage, et la prison qui s'ensuivit hâta sa fin (1817). Ceux qui le défendent peuvent montrer tant qu'ils voudront qu'il n'y avait pas de quoi le faire enfermer au château Saint-Ange ni de quoi lui faire son procès : je l'admets sans peine. Mais, en laissant la question théologique et canonique en dehors, la question morale ne reste pas un instant douteuse. Certes, ce n'était pas au cardinal Maury, héros de l'ancien régime, et par suite comblé des récompenses du Saint-Siége, d'aller servir d'instrument au pouvoir nouveau, et de faire œuvre d'évêque à demi constitutionnel, pendant la captivité et l'oppression du pontife. Il n'eut point la délicatesse de le sentir, de même qu'il ne sentait point tant d'autres convenances de sa position et de son état. Je pourrais citer des traits piquants, incroyables, que je tiens de témoins dignes de foi, et qui prouveraient de reste son avarice et l'habituelle licence de ses propos. Quand je dis que je pourrais les citer, je me trompe, je ne saurais les écrire. C'étaient des propos de table d'une étrange saveur que

> L'abbé Maury n'est point un envieux ;
> L'abbé Maury n'est point un ennuyeux ;
> L'abbé Maury n'est cauteleux ni traître ;
> L'abbé Maury n'est point un mauvais prêtre ;
> L'abbé Maury du mal n'a jamais ri :
> Dieu soit en aide au bon abbé Maury !

Toutes ces contre-vérités, pourtant, ne sautent pas également aux yeux, et il est plus d'un vers sur lequel hésite celui qui vient d'étudier l'abbé Maury. *Envieux* par exemple, et *ennuyeux*, ce n'est pas là l'impression que de loin il me fait. Ajoutons que, blessé ainsi par Le Brun, il fut le premier de ses confrères de l'Institut à aller à son convoi.

les siens. Mais j'aime mieux indiquer une conversation très-curieuse que le comte Joseph de Maistre eut avec le cardinal Maury à Venise en 1799, et dont il a noté quelques points comme singuliers.

L'effet que le cardinal Maury fit sur le comte de Maistre répondit peu sans doute à l'attente de ce dernier, et il fut frappé de rencontrer, chez un personnage aussi célèbre et aussi hautement considéré en politique, un si grand nombre de propositions hasardées, irréfléchies, de ces paroles en l'air et de ces légèretés robustes qui retombent de tout leur poids sur celui qui les dit. Il le fait sentir dans sa note par une ironie très-fine :

« Dans mon voyage de Venise, pendant l'hiver de 1799, écrit le comte de Maistre, j'ai fait connaissance avec le célèbre cardinal Maury. A la première visite que je lui fis, il me parla avec intérêt de ma position embarrassante, et toujours avec le ton d'un homme qui pouvait la faire cesser. En vain je lui témoignai beaucoup d'incrédulité sur le bonheur dont il me flattait : *Nous arrangerons cela*, me dit-il.

« Peu de jours après, je le vis chez la baronne de Juliana, Française émigrée, qui avait une assemblée chez elle. Il me tira à part dans une embrasure de fenêtre ; je crus qu'il voulait me communiquer quelque chose qu'il avait imaginé pour me tirer de l'abîme où je suis tombé. — Il sortit de sa poche *trois pommes* qu'on venait de lui donner, et dont il me fit présent pour mes enfants. »

C'est bien là la libéralité d'un avare, prise sur le fait ; le trait est de la meilleure comédie.

« Après avoir vu une fois ma femme et mes enfants, poursuit M. de Maistre, il en fit des éloges si excessifs qu'il m'embarrassa. « *Je n'estime jamais à demi,* » me dit-il un jour en me parlant de moi. — Je ne comprends pas cependant, remarque M. de Maistre, pourquoi l'estime ne serait pas graduée comme le mérite.

« Le 16 février (j'ai retenu cette date), il vint me voir et passa une grande partie de la matinée avec moi. Le soir, je le revis encore ; nous parlâmes longuement sur différents sujets qu'il rasa à tire-d'aile. J'ai retenu plusieurs de ses idées, les voici mot à mot :

« ACADÉMIE FRANÇAISE : ACADÉMIE DES SCIENCES.

« L'Académie française (c'est le cardinal Maury qui parle) était seule considérée en France, et donnait réellement un état. Celle des Sciences ne signifiait rien dans l'opinion, non plus que celle des Inscriptions. D'Alembert avait honte d'être de l'Académie des Sciences ; un mathématicien, un chimiste, etc., ne sont entendus que d'une poignée de gens : le littérateur, l'orateur, s'adressent à l'univers. A l'Académie française, *nous regardions les membres de celle des Sciences comme nos* VALETS, etc. »

Maury aimait fort, en causant, ces sortes d'expressions, *valet*, *gredin*. Il appellera *gredin*, un moment après, l'un des grands dignitaires de l'ordre de Malte ; mais, même ce terme de *valet* à part, toute cette doctrine brutale sur la prééminence absolue de l'Académie française paraissait fort étrange à M. de Maistre, qui savait de quels noms s'honoraient l'Académie des Inscriptions et celle des Sciences. La conversation étant venue sur le chapitre des langues, sans se soucier de son interlocuteur qui en savait cinq et en déchiffrait deux autres, le cardinal Maury disait, en poussant toujours tout droit devant lui :

« Les langues sont la science des sots. Je me suis mis en tête une fois d'apprendre l'anglais ; en trois mois j'entendis les prosateurs ; ensuite, ayant fait l'expérience que, dans une demi-heure, je ne lisais que douze pages anglaises de l'Histoire de Hume in-4°, tandis que, dans le même espace de temps, j'en lisais quarante en français, j'ai laissé là l'anglais.

« Jamais je n'ai feuilleté un dictionnaire ni une grammaire.

« J'ai appris l'italien comme on apprend sa langue, en écoutant : je conversais avec tout le monde, je prêchais même hardiment dans mon diocèse ; mais je ne serais pas en état d'écrire une lettre. »

Et un moment après, voulant citer en latin les dernières paroles de Ganganelli expirant, le cardinal Maury lâcha un solécisme, et M. de Maistre, devant qui cela ne pouvait passer inaperçu, remarque qu'avec un tel système d'études, ce n'est pas étonnant en effet qu'il ait donné un soufflet à la syntaxe.

Tout le reste de la conversation est de ce ton. Ce que j'en veux seulement conclure, c'est que cette nature impétueuse et improvisatrice s'était gâtée alors en abondant sans mesure dans son propre sens, et qu'elle ne perdait en aucun sujet cette habitude de parler à tout propos et *quand même,* de prendre les choses *grosso modo* et de s'en tenir aux à-peu-près, sauf à revêtir le tout d'une draperie oratoire; et il n'y avait plus même ombre de draperie quand il causait familièrement. Il continuait de mener tambour battant les idées comme il avait fait autrefois ses adversaires. On se rappelle le jour où, se maintenant à la tribune malgré le duc de La Rochefoucauld qui voulait l'en faire descendre, il saisit le duc par les épaules, et lui fit faire trois pirouettes. Ces pirouettes-là se retrouvaient dans sa conversation quand il se voyait en face d'une idée qui le gênait.

Maintenant, j'ai hâte de le dire, c'est le même homme (tant l'esprit humain est contradictoire et divers!) qui, reprenant en ces années son *Essai sur l'Éloquence de la Chaire,* le corrigea, l'étendit, le perfectionna, et l'amena à un degré de maturité et d'élégance qui en fait un des bons livres de la langue, sous la forme nouvelle et définitive où il reparut (1810). Non-seulement les prédicateurs, mais tous ceux qui ont à parler en public, y trouveront quantité de remarques justes et fines, mais justes avant tout, et qui sont d'un homme du métier, parlant avec autorité de ce qu'il a pratiqué et de ce qu'il sait à fond. L'auteur, en se remettant à cet estimable travail, s'est évidemment ressouvenu des heures appliquées de sa jeunesse, et il les a recommencées avec charme et avec fruit. Tout y est sensé, et rien n'y sent l'ennui. Le style s'y anime convenablement des citations des Anciens sans trop s'en surcharger. Si l'abbé Maury n'a pas dans le détail cette fertilité ingénieuse de métaphores et d'images qui égaie continuellement le langage de la critique chez Quintilien, il n'est nullement dépourvu de comparaisons et de similitudes. Ainsi au chapitre des *Préparations oratoires,* dans tout le morceau : *Vous vous promenez seul à la campagne...,* il compare très-bien le trait d'éloquence non préparé au coup de tonnerre qui éclate dans un ciel serein. Il n'abuse jamais du procédé de Diderot qui consiste à refaire à sa manière ce qu'il critique, mais il use à son tour du droit d'un maître en indiquant comment on aurait pu faire mieux. Le plan qu'il trace d'une Oraison funèbre de Turenne, par opposition à celle de Fléchier, a de la beauté et de la grandeur, et on sent qu'il l'aurait su exécuter. Des souvenirs personnels, quelques anecdotes introduites à propos, viennent consoler de la continuité des préceptes sans en distraire. Les chefs-d'œuvre de la chaire sont présentés, analysés en grand, et il n'oublie pas les particularités qui peuvent en éclaircir et en faire valoir quelques effets déjà inaperçus. C'est chez Maury qu'on trouve pour la première fois le Père Bridaine dessiné dans toute sa hauteur et son originalité. Mais Maury a fait mieux que de découvrir le Père Bridaine, il a remis à leur place Bossuet, Bourdaloue, les vrais classiques de la chaire. Sa critique de Massillon a paru sévère; elle était hardie au moment où il la fit, et elle n'est que juste. En général, c'est cette justesse, cette solidité, qui me frappent chez Maury, dans une matière qu'il possède à fond. Ne lui demandez ni grande finesse, ni grande nouveauté, ni curiosité vive; mais il est large, il est plein, il va au principal ; il s'entend à poser l'architecture et les grandes avenues du discours ; il les démontre en maître chez les maîtres. Bossuet encore était aisé, ce semble, à saisir et à manifester, à cause des éclairs qui signalent sa marche ; mais Bourdaloue, plus égal et plus modéré, nul ne l'a plus admirablement compris et défini que l'abbé Maury, dans la beauté et la fécondité incomparable de ses desseins et de ses plans, qui lui semblent des *conceptions uniques,* dans cet art, dans cet empire de gouvernement du discours, *où il est sans rival,* « dans cette puissance de dialectique, cette marche didactique et ferme, cette force toujours croissante, cette logique exacte et serrée, cette *éloquence continue du raisonnement,* dans cette *sûreté* enfin et cette *opulence de doctrine.* » Il est inépuisable ainsi à le reproduire et à l'exposer dans toutes ses qualités saines. On sent que c'est là son idéal préféré. Cette intelligence profonde de Bourdaloue me semble le chef-d'œuvre critique de Maury.

Mais, tandis que le Traité du cardinal Maury nous recommande ces choses excellentes, faut-il donc que sa vie et son exemple nous répètent encore plus haut que, pour être éloquent jusqu'au bout, pour l'être de près comme de loin, pour avoir autorité, même avec un talent moindre, pour se faire écouter dans ce qu'on dit de grand, d'éclatant ou même de simplement utile, il n'est rien de tel que de mettre en parfait accord l'homme et l'orateur, l'homme et l'auteur, et, si vous préférez à tout la parole de Bourdaloue, d'y joindre ce qui en est le principe et la source première, je veux dire les mœurs de Bourdaloue !

Lundi 30 juin 1851.

LE DUC DE LAUZUN.

Il y a eu deux Lauzun qui tous deux ont couru brillamment la même carrière, celle d'*homme à la mode* : le Lauzun du temps de Louis XIV et celui du règne de Louis XVI. De loin, sans les confondre, on tient compte volontiers de leur double gloire, on les voit un peu l'un dans l'autre, et l'éclat du nom y a gagné. Qui dit *Lauzun* tout court veut dire ce qu'il y a de plus recherché et de plus suprême en fait d'élégance, de fatuité et de bel air. J'ai touché, il y a quelque temps, l'autre Lauzun à propos de la grande Mademoiselle qu'il avait su rendre folle de lui : il ne mérite pas un plus long regard. Mais le Lauzun de Louis XVI, élevé sur les genoux de Mme de Pompadour et mort duc de Biron sur l'échafaud révolutionnaire, mérite bien un chapitre à part, et ce chapitre peut ne pas être aussi frivole qu'on le croirait.

Le duc de Lauzun, d'ailleurs, a laissé des *Mémoires*, et par là il appartient de droit à la littérature. Il y a quelques années, on aurait hésité à prendre pour texte sérieux ces Mémoires qui passaient pour un assez mauvais livre et des plus amusants. En les relisant, je puis assurer qu'à part les premières pages, qui ont de la nouveauté et de la singularité, la lecture devient bien vite d'une uniformité assez fastidieuse. Cette série de bonnes fortunes racontées sur le même ton, et où l'inconstance essaie parfois à faux des notes de la sensibilité, finit par ennuyer, par dégoûter même ; le cœur en est affadi. Ce n'est plus qu'un livre médiocrement amusant que ces Mémoires de Lauzun : le *Don Juan* de Byron les a fait pâlir. Puisqu'on en peut causer comme d'une chose morte, et que le poison a péri avec le parfum, parlons-en donc sans complicité, sans pruderie, et comme d'un des témoignages les plus curieux des mœurs d'une époque qui a commencé par être frivole et qui a fini par être sanglante.

Armand-Louis de Gontaut-Biron, né en avril 1747, perdit sa mère en naissant, et fut élevé dans le boudoir de Mme de Pompadour, dont son père était l'un des grands courtisans. « L'embarras de me trouver un bon gouverneur engagea mon père, dit-il, à confier ce soin à un laquais de feu ma mère, qui savait lire et passablement écrire, et que l'on décora du titre de valet de chambre, pour lui donner de la considération. » Notez déjà ce tour d'esprit et d'ironie plaisante : ce sera celui de Lauzun. Enfant, il avait des maîtres de toute sorte, mais il n'en prenait qu'à son aise. Il lisait et écrivait continuellement pour Mme de Pompadour, qui usait de ses petits talents. Son enfance fut celle d'un joli enfant gâté, celle de Chérubin. Il lisait avec cela beaucoup de romans qui ne contribuaient pas à lui régler l'esprit. Quant à sa carrière, on ne lui laissa pas le temps d'y songer : « On me fit entrer à douze ans, dit-il, dans le régiment des Gardes (françaises), dont le roi me promit la survivance, et je sus, à cet âge, que j'étais destiné à une fortune immense et à la plus belle place du royaume, sans être obligé de me donner la peine d'être un bon sujet. »

A quatorze ans, il commença sa carrière de Richelieu

et de don Juan. Sa mère, qui était morte en le mettant au monde, était sœur de la duchesse de Choiseul, femme du premier ministre. Il se trouvait donc tout initié à ce monde des Choiseul, des Stainville, et il y fit ses premières armes, ses premiers ravages. On mariait alors les gens de qualité de très-bonne heure. Son père y pensa pour lui et arrangea son mariage avec Mlle de Bouflers, petite-fille et héritière de la maréchale de Luxembourg. La plus délicieuse et la plus jolie des Bouflers et le plus brillant des Biron, Lauzun trouva moyen de faire de cela une union mal assortie. A première vue, il prit la charmante enfant en aversion, l'épousa néanmoins (le 4 février 1766); et il faut voir de quel ton il parle d'elle dans ses Mémoires, contrairement à ce que disent tous les contemporains, qui n'ont pour cette douce femme si sacrifiée qu'un concert d'admiration et de louanges.

Parler de Mme de Lauzun à propos de M. de Lauzun, est la plus grande vengeance qu'on puisse tirer de celui-ci, et je ne m'en ferai pas faute. C'est cette même Amélie de Bouflers dont Rousseau a si bien parlé dans ses *Confessions*, et qu'il vit pendant son séjour à Montmorency :

« Mme de Luxembourg, dit-il, avait amené à ce voyage (1760) sa petite-fille, Mlle de Bouflers, aujourd'hui Mme la duchesse de Lauzun. Elle s'appelait Amélie. C'était une charmante personne. Elle avait vraiment une figure, une douceur, une timidité de vierge. Rien de plus aimable et de plus intéressant que sa figure; rien de plus tendre et de plus chaste que les sentiments qu'elle inspirait. D'ailleurs, c'était un enfant; elle n'avait pas onze ans. Mme la maréchale, qui la trouvait trop timide, faisait ses efforts pour l'animer. Elle me permit plusieurs fois de lui donner un baiser; ce que je fis avec ma maussaderie ordinaire... »

Le pauvre Jean-Jacques fait des réflexions à perte de vue sur ce baiser, qui ne le rendait pas moins interdit que la pauvre petite. Mme Du Deffand a peint cette même gracieuse personne quelques années plus tard (20 février 1767) : « La petite Lauzun arriva... La petite femme est un petit oiseau qui n'a encore appris aucun des airs qu'on lui siffle ; elle fait de petits sons qui n'aboutissent à rien ; mais, comme son plumage est joli, on l'admire, on la loue sans cesse ; sa timidité plaît, son petit air effarouché intéresse. » Elle ajoute bien quelques mots de mauvais augure, mais qui ne se sont pas vérifiés. L'aimable oiseau resta toujours aussi timide, et le mariage ne l'enhardira pas. Quant au petit Lauzun, Mme Du Deffand le vit aussi. Il y avait alors à Paris une lady Sarah Bunbury, des plus grandes dames de son pays, des plus originales et des plus agréables. Lauzun en devint amoureux et en fut aimé. Elle soupait un soir chez Mme Du Deffand, elle l'en avertit. « Quoique je n'eusse pas été chez *cette* Mme Du Deffand depuis cinq ou six ans, dit Lauzun, je parvins à m'y faire mener par Mme de Luxembourg qui y soupait aussi. » C'est là que lady Sarah, en sortant de souper, lui glissa un billet qui contenait son aveu en trois mots : *I love you...* Lauzun, qui ne savait pas encore l'anglais, se mit à l'étudier et fit à quelque temps de là un voyage en Angleterre pour y rejoindre lady Sarah. *Cette* Mme Du Deffand dont il parle si négligemment l'a très-bien jugé dans une lettre d'alors à Horace Walpole. Elle vient de parler du duc de Choiseul :

« Le petit Lauzun, ajoute-t-elle, n'est point bien avec lui ;... il trouve son voyage ridicule ; il n'a pas voulu lui confier ses dépêches, et il a écrit à M. de Guerchy (l'ambassadeur) pour lui recommander d'avoir attention sur sa conduite. La grand'maman (la duchesse de Choiseul) l'aime assez. Nous avions soupé il y a quelques jours avec lui, et nous le trouvâmes assez plaisant. Ayez quelques attentions pour lui, mais ne vous en gênez pas le moins du monde. »

On voit que Mme Du Deffand n'était pas en reste de dédain avec le petit Lauzun. Elle le trouvait *assez plaisant* : c'est là, en effet, le tour de son esprit. Il se croyait plus bizarre et plus extraordinaire qu'il n'était; mais il était drôle, amusant, légèrement railleur, excellent dans la demi-ironie. Parlant de la guerre de Corse, où il voulait aller (1768) : « Une probabilité d'avoir des coups de fusil était *trop précieuse pour la négliger*, dit-il ; *je n'étais pas assez bien avec tous mes parents pour qu'ils craignissent de me faire tuer.* » Quand il se ruina, parlant des propos divers et de l'attitude du monde à son égard, il caractérise le procédé de chacun : « Quant à Mme la duchesse de Grammont, elle dit *avec modération que j'étais un menteur et un fripon.* » Le ressort de cette plaisanterie, on le voit, est toujours dans une certaine disproportion entre le commencement et la fin de ce qu'on dit, disproportion qui a l'air d'échapper à celui qui parle, et qui étonne. Lauzun saisissait et rendait à ravir les ridicules des gens. Quand il part pour la guerre d'Amérique, il nous peint en traits fort gais les officiers-généraux les uns après les autres : tout l'état-major y passe. A un voyage qu'il fait dans le Palatinat, et où il est des mieux accueillis par une baronne de Dalberg, il dit plaisamment : « On aime, dans les pays étrangers, à se faire honneur de ce qu'on a. La baronne me mena à une fête chez l'Électrice Palatine, à Ockersheim, où elle ne fut pas fâchée de me montrer, ainsi qu'un petit cheval isabelle, à crins blancs, qu'on lui avait envoyé de Mecklembourg, et qui lui était arrivé en même temps que moi. Nous fûmes tous deux examinés avec attention. » Lauzun avait quelque chose du genre d'esprit du chevalier de Grammont. Vu et *lu* aujourd'hui sur le papier, ce genre d'esprit, bien qu'agréable, paraît assez mince : porté brillamment alors par un homme beau, brave, généreux, à grandes manières, cela avait toute sa valeur, et tournait les têtes.

Et puis ce n'étaient pas seulement les paroles, mais les actions du duc de Lauzun, qui avaient de l'extraordinaire et qui enlevaient par leur imprévu. Une des plus jolies, c'est le tour qu'il joua à un honorable chasseur de renards qui aspirait à la main de miss Marianne Harland, une jeune Anglaise des plus mignonnes et un peu plus qu'espiègle, qui s'était prise de goût pour Lauzun. Ce gros amoureux, appelé sir Marmaduke, avait formé un projet des plus galants : « C'est dans quinze jours les courses d'Ipswich, écrivait miss Marianne à Lauzun; il a fait faire une coupe d'or plus lourde que moi, qui sera gagnée par un cheval qui lui a coûté deux mille louis. » Il ne demandait que la faveur de mettre la coupe d'or aux pieds de sa belle. Que fit Lauzun? Il avait de bons chevaux de course en Angleterre, il envoya l'un de ses meilleurs coureurs à Ipswich : « Un petit garçon vêtu de noir suivit bien ses instructions, resta modestement pendant toute la course derrière le cheval de sir Marmaduke, et, à cent pas du but, passa comme un éclair. On lui donna la coupe; il la porta à miss Marianne en y mettant un petit billet tout préparé à l'avance, qui disait : « Sir Marmaduke étant arrivé un instant trop tard, permettez-moi de suivre ses intentions et de mettre la coupe à vos pieds. » Miss Marianne reconnaissait l'écriture de Lauzun et disait : *Il est charmant !* et toutes les femmes le répétaient de même.

Dans la guerre de Corse, un trait assez piquant peint les mœurs françaises d'alors. Lauzun, qui servait comme aide-de-camp, y avait tourné la tête à une Mme Chardon, jeune et jolie femme d'un intendant militaire, pleine d'imagination et de caprice. Un jour, à l'attaque et au siége d'un village tout près de Bastia, on était venu de la ville pour assister à l'affaire comme à un spectacle. Mme Chardon y était à cheval et se tenait près du commandant, M. de Marbeuf. M. Chardon avait dû retourner à Bastia pour y organiser une ambulance. Cependant il y eut un moment où l'affaire devint plus chaude, et Lauzun eut ordre de faire une charge avec quelques dragons. Mme Chardon voulut l'y suivre, et on ne put l'en empêcher. Elle affronta gaiement les coups de fusil et ne revint que pêle-mêle avec les dragons, et après le résultat obtenu. Mais voici le trait essentiel : « Toute l'armée garda le secret de cette charmante étourderie, avec une fidélité que l'on n'eût pas osé espérer de trois ou quatre personnes. » On garda le secret à Mme Chardon parce qu'elle avait été brave, et on la traita comme un camarade qu'on ne veut pas compromettre. Il y a bien de l'ancienne délicatesse française dans ce trait-là.

C'est le plus joli endroit, selon moi, des Mémoires de Lauzun. L'épisode de la princesse Czartoryska, de cette intéressante femme dont il a dit : « Rien n'était perdu avec une âme si tendre, on ne pouvait être plus aimable à aimer; » cet épisode serait touchant s'il était le dernier, et s'il couronnait une vie de légèreté et d'erreurs par un sentiment fidèle et sincère. Mais on se lasse de voir Lauzun, à peine sorti d'une passion et d'un malheur, recourir si vite à une distraction quelconque. On sent que la vanité, la fatuité est encore le fond de cette âme qui, par moments, semblait digne d'une direction meilleure. Toutes les fois qu'il veut exprimer un sentiment un peu profond et vrai, il est puni, la passion et la poésie manquent à son langage. Ce n'est pas parce qu'il aime, mais parce qu'il aime à tort et à travers, et qu'il ne quitte l'une que pour passer à l'autre, c'est pour cela qu'il lasse et qu'il ennuie. Oui, par moments,

Lauzun relu ennuie : quel châtiment! quelle leçon.

La partie des Mémoires de Lauzun qui a le plus excité la curiosité, est celle qui touche la reine Marie-Antoinette, dont il fut quelque temps très-distingué et dont il voudrait bien se donner pour le favori. C'est au retour de Pologne, au printemps de 1775, que M. de Lauzun commença d'attirer l'attention de la reine. Il avait vingt-huit ans alors, et passait dans ce monde oisif pour un personnage extraordinaire, et dont la destinée avait été des plus bizarres. Des aventures galantes, romanesques, des voyages, des courses de chevaux, une grande magnificence de train, lui avaient valu cette rare renommée. Il était le prince de la mode, et l'on ne jurait que par lui. L'ambition commençait à lui venir : tout récemment, avant et pendant son voyage de Varsovie, il avait adressé des Mémoires à la Cour de Russie, à celle de France, relativement aux affaires de la Pologne ; il avait des plans grandioses sur ce sujet de circonstance. Dans la vue de réparer les fâcheux effets du partage, il conçut l'idée d'unir d'intérêt et d'amitié les deux souveraines, l'impératrice de Russie Catherine, et Marie-Antoinette, et d'être le lien de cette union. Mais, on le sait très-bien aujourd'hui par l'accord de tous les témoignages, Marie-Antoinette n'était pas femme à s'occuper volontiers de politique ; elle n'y vint que tard dans les années de la Révolution, et quand il le fallut absolument. Jusque-là, ce qu'aimait par goût cette gracieuse, élégante et aimable reine, c'était une vie douce, agréable, une vie égayée et ornée, au sein d'une société aussi particulière et aussi familière qu'il était possible à la Cour. Le projet politique de Lauzun eut pour effet de l'effrayer ; mais si elle rejetait le projet, elle n'eût pas été fâchée de retenir et de s'attacher le négociateur, qui avait bien, en effet, tout ce qu'il faut pour séduire une femme et une reine, et à qui il ne manquait ici aucun motif pour s'y appliquer. Les Mémoires de Lauzun en cet endroit, surtout si on les complète par les exemplaires manuscrits qui contiennent quelques détails de plus, tendent à montrer qu'il n'eût tenu qu'à lui, à un certain jour, d'abuser de la tendre préférence que lui témoignait la reine : « Je fus tenté, dit-il, de jouir du bonheur qui paraissait s'offrir. Deux réflexions me retinrent : je n'ai jamais voulu devoir une femme à un instant dont elle peut se repentir, et je n'eusse pu supporter l'idée que Mme Czartoryska se crût sacrifiée à l'ambition. »

Quoi qu'il en soit de cette réserve dont il se donne avantageusement tout l'honneur, Lauzun continua, durant dix-huit mois ou deux années environ (1775-1777), de courir les chances de la faveur la plus périlleuse et la plus enviée. Le chevalier de Luxembourg, qui l'avait précédé comme favori, était déjà mis de côté, et le duc de Coigny, qui allait succéder, ne faisait que de poindre. On a beaucoup parlé d'une certaine plume de héron blanche que la reine avait remarquée au casque de Lauzun, qu'elle avait désiré avoir, et qu'il avait donnée à Mme de Guemené pour la lui offrir. La reine avait porté cette plume dès le jour suivant; « et lorsque je parus à son dîner, dit Lauzun, elle me demanda comment je la trouvais coiffée? Je répondis : Fort bien. — Jamais, reprit-elle avec infiniment de grâce, je ne me suis trouvée si parée; il me semble que je possède des trésors inestimables. » Tout cela avait été très-remarqué, et était devenu pour la reine une source de gronderies de la part de ses intimes, conjurés contre Lauzun. Pauvre Cour, qui s'amusait ou s'effrayait si fort d'une plume blanche, quand déjà toute la monarchie était sapée et que le respect des peuples se convertissait sourdement en haine et en mépris!

Dans toutes ces relations avec la reine, Lauzun avait peut-être des intentions généreuses, mais certainement il avait des poses chevaleresques : il se posait comme un homme prêt sans cesse à se sacrifier, à faire bon marché de son avancement, il se présentait comme n'étant dévoué qu'à elle : « Suis-je à moi ? N'êtes-vous pas tout pour moi ? C'est vous seule que je veux servir, vous êtes mon unique souveraine... » A travers mille échecs et mille traverses qu'il rencontrait à chaque pas, il continuait de jouir, selon son expression de fat, *de la plus ridicule faveur dont on puisse se former une idée*. Un mot que la reine lui dit à une course où elle avait parié dans un sens et lui dans un autre, et où elle avait perdu : « *Oh ! monstre, vous étiez sûr de gagner !* » ce mot familier fut entendu et donna l'éveil. On comprit que le goût qu'inspirait Lauzun n'avait pas cessé. Les ennemis nombreux qu'il avait en Cour, la petite coterie Polignac particulièrement, cette société intime de la reine, résolut une bonne fois de le perdre ; et pour cela on n'eut qu'à mettre en jeu avec un certain art, avec un certain concert, la foule de ses créanciers, car cette vie de chevaux, de courses, de paris à l'anglaise, de voyages et de train magnifique en tous pays, n'avait pu se mener sans de ruineuses profusions. Il faut écouter à ce sujet Lauzun lui-même nous disant avec une splendide insolence : « J'avais alors des dettes considérables, et, quoi que l'on en ait dit, cela n'était pas fort extraordinaire. Mme de Lauzun ne m'avait apporté que 150,000 livres de rente... » Il y a dans ces seuls mots : *ne m'avait apporté que 150,000 livres de rente*, tout un ancien régime évanoui, et toute une justification trop évidente d'une Révolution qui, somme toute, et en face de pareilles énormités, a été légitime.

Puisse le travail, puisse l'aisance modérée, l'aisance

toujours achetée et toujours surveillée qu'il procure, puisse la moralité qu'il introduit et qu'il entretient dans toutes les classes, devenir de plus en plus l'habitude et la loi de la société nouvelle ! Nous nous consolerons, à ce prix, de n'avoir plus les élégants Lauzun.

A la date où Lauzun faisait ce raisonnement de prodigue, Franklin arrivait comme ambassadeur de son pays à la Cour de France, Franklin représentant le génie du bon sens, du travail et de l'économie, tout l'opposé d'un Lauzun.

Ici, en 1777, à l'âge de trente ans, la destinée de Lauzun reçut un échec dont il ne se releva jamais. Il ne s'en tira avec ses créanciers que moyennant un arrangement qui changea les conditions de son existence. Cet homme ruiné resta encore avec des revenus qui eussent honorablement nourri bien des familles laborieuses; mais le prestige du premier, du fabuleux, du libéral et inépuisable Lauzun, avait reçu une atteinte mortelle. Le héros de roman s'était heurté contre la réalité et s'y était brisé : il va essayer, dans la seconde partie de sa vie, d'être un héros d'histoire, mais la fortune lui en refusera l'occasion, et, en la lui refusant, elle ne sera que juste. N'est pas César ou même Alcibiade jusqu'au bout, qui veut. Je viens de relire dans Plutarque la Vie d'Alcibiade : il fut grand général à un certain moment, il rendit du milieu de l'exil des services signalés à sa patrie, releva l'honneur de ses armes sur terre et sur mer, et on put croire qu'Athènes n'aurait pas succombé sous Lysandre, si elle ne s'était pas privée une seconde fois d'Alcibiade. Lauzun ne fut rien de tel, et Besenval, un rival, il est vrai, mais qui n'en est pas moins clairvoyant, l'a très-bien défini :

« *Homme romanesque, n'ayant pu être héroïque*, comme lui disait une femme ; voyant mal, s'étant fait aventurier au lieu d'être un grand seigneur et d'avoir un jour les Gardes Françaises, auxquels il avait préféré un petit régiment de hussards ; du reste, plein de bravoure, de grâce dans l'esprit, d'élégance dans la tournure. Sa mauvaise tête l'a entraîné dans un parti qui ne devait pas être le sien. Dieu veuille qu'il n'en soit pas puni par ceux mêmes qui l'ont égaré ! »

Cela fait allusion au parti du duc d'Orléans où se jeta Lauzun avec tous les mécontents de Cour, les ambitieux évincés et les endettés.

Mais, auparavant, Lauzun servit avec honneur dans la guerre d'Amérique, et ses Mémoires se terminent précisément avec cette guerre (1783). Il est remarquable pourtant que cet homme qui, par bel air, ne paraît s'occuper que de femmes, et qui croirait déroger à son personnage s'il ne prenait note du moindre minois qu'il rencontre, n'entre pas dans plus de développements quand il aborde les choses sérieuses et les hommes considérables. On entrevoit bien, en le lisant, le cas qu'il fait de Washington, mais sa plume ici est aussi empressée à courir qu'elle était complaisante sur les tableaux frivoles du début. C'est qu'à moins d'être un homme du premier ordre, un homme qui en réunit et en assemble plusieurs en lui, on ne saurait, eût-on trente ans et même cinquante, s'affranchir jamais du cachet qu'une pareille vie première imprime à l'âme, à la volonté, à toute l'existence. Il est fâcheux d'avoir été un roué et un fat si brillant : à moins d'être décidément un grand homme, on ne vient plus à bout d'être un homme simplement solide et estimable.

Lauzun, devenu duc de Biron, l'a prouvé. Je ne prendrai que deux faits qui montrent sa faiblesse de caractère. Il s'était donc attaché au parti du duc d'Orléans. Au commencement de 89, ce fut ce même brillant Lauzun, alors duc de Biron, que le duc d'Orléans dépêcha un jour à Rivarol pour l'engager à publier une brochure sur ce qu'on appelait les dilapidations de la Cour. Rivarol, à ce qu'on raconte et à ce qu'il racontait lui-même, parcourut d'un air dédaigneux le canevas qu'on lui présentait. Après un moment de silence, il dit au plénipotentiaire : « Monsieur le duc, envoyez votre laquais chez Mirabeau; joignez-y quelques centaines de louis, votre commission est faite. » La réponse de Rivarol était souverainement injuste à l'égard de Mirabeau, mais elle n'était que justement insolente pour ce qui était du duc d'Orléans et de M. de Biron, son négociateur.

Environ deux ans après, au mois d'avril 1791, le duc de Biron tenta auprès de M. de Bouillé, qui commandait à Metz, une démarche d'un tout autre genre, et fut porteur de propositions toutes royalistes, de la part encore du duc d'Orléans ou de son parti :

« Le duc de Biron, dit M. de Bouillé, vint me voir à Metz, dans les premiers jours d'avril : membre de l'Assemblée constituante, ami du duc d'Orléans, constamment attaché à son parti, il ne fut jamais, à ce que je pense, le complice ni même le confident de ses crimes. Il avait été employé sous mes ordres, et j'avais conçu beaucoup d'amitié pour lui, non-seulement à cause de ses qualités aimables, mais pour sa loyauté, sa franchise et son esprit de chevalerie. Dans les conversations que nous eûmes ensemble, il me parla avec beaucoup de vérité sur la situation de la France, avec intérêt sur celle du roi, avec mépris sur l'Assemblée et sur les partis qui la divisaient ; il me témoigna un désir extrême qu'on rendît au roi sa dignité, sa liberté, son autorité; à la monarchie son ancienne constitution, ou du moins à quelques changements près, que les circonstances rendaient inévitables.

« Je lui témoignai mon étonnement que l'ami du duc d'Orléans... me parlât ainsi. Je lui dis que je ne le croyais pas associé à sa conduite criminelle, mais que, constamment attaché à ce prince, lié à son parti, il aurait dû l'abandonner, puisqu'il pensait ainsi.

« Il excusa le duc d'Orléans;... il m'ajouta qu'il ne l'approuvait pas, mais qu'étant l'ami de ce prince et engagé dans son parti, il n'avait pas cru de son honneur de l'abandonner. »

M. de Bouillé s'étonne avec raison de voir l'honneur ainsi déplacé. La vie de Lauzun est remplie de cette chevalerie appliquée à faux.

« Je lui répondis, continue M. de Bouillé : Mais comment, vous qui êtes un honnête homme et qui avez de l'esprit, n'avez-vous pas pris l'ascendant sur votre ami, et n'avez-vous pas dirigé sa conduite vers un but utile et honnête? Il me dit : *Si le duc d'Orléans est faible, je le suis encore plus que lui.* »

Nous saisissons l'aveu, c'est la seule moralité que je veuille tirer ici. Quelle qu'ait été la part de volonté et de caractère que Lauzun avait primitivement reçue de la nature, l'usage qu'il en avait fait dans sa première vie avait certes contribué à la diminuer en lui et à l'énerver. Sa première carrière l'avait bien préparé aux faiblesses de la seconde.

Quel assujettissement de caractère, au fond, et quel esclavage sous le faste de ces rois de la mode, qui en sont les premiers courtisans, et qui ont l'air de diriger les caprices de leur temps, quand ils en dépendent !

M. de Bouillé ajoute que, le lendemain, le duc de Biron vint chez lui, et lui remit par écrit sa conversation de la veille, afin de lui prouver que c'était sincère et qu'il y pouvait compter. Personnellement, ceux qui ont connu M. de Biron ont toujours mêlé à leur jugement sur lui un sentiment de regret et un hommage pour ses qualités brillantes, faciles ou généreuses. Compromis à tort, à la suite du duc d'Orléans, dans le torrent d'accusations que soulevèrent les journées des 5 et 6 octobre, on voulait le faire partir comme ce prince pour l'Angleterre : « M. de Biron sort de chez moi, écrivait Mirabeau au comte de La Marck ; il ne part point : il l'a refusé, parce qu'il a de l'honneur. »

Devenu général de la République française (1), tour à tour employé à l'armée du Nord, puis en chef à celle d'Italie, puis en Vendée, Biron désirait et appelait une occasion de se signaler qui recula toujours, et dont peut-être il n'était pas homme à profiter. La Fayette, qui l'avait vu de près et qui le juge sans rancune, dit, à propos d'un premier échec que Biron essuya près de Valenciennes, qu'avec toutes ses qualités brillantes il était « dépourvu du tact militaire si indispensable à la guerre, » et que son esprit lui en faisant plus vivement sentir le défaut, il était sujet à tomber dans l'irrésolution (2). Il ne fut jamais donné à Biron de réparer ses torts par une action d'éclat avant l'échafaud. Il y monta le 31 décembre 93, accusé d'avoir, par son inaction et son peu de secours, « favorisé les succès des brigands de la Vendée sur le territoire français. » Il n'avait que quarante-sept ans. On raconte que l'exécuteur se présentant le matin, pendant qu'il déjeunait dans sa prison, pour l'avertir qu'il était l'heure de partir : « Vous me permettrez bien encore une douzaine d'huîtres, » lui dit gaiement Biron, et il lui offrit un verre. On ajoute que, dans un sentiment plus élevé, il s'écria à

(1) Une lettre de Mme de Buffon à Biron, écrite quelques jours après le 10 août et la chute de la monarchie, et que MM. de Goncourt ont publiée dans leur *Histoire de Marie-Antoinette* (2e édition, p. 351), montre à nu la légèreté, la faiblesse, l'imprévoyance et les illusions de ce parti d'Orléans, dont ils étaient si complétement l'un et l'autre.

(2) Dumouriez dit la même chose dans ses *Mémoires*, à l'occasion de cette même affaire : « Biron partit de Valenciennes et vint camper à Quiévrain. C'était un très-brave homme, d'un esprit doux, d'un caractère agréable et de très-bonne volonté ; mais *il n'était pas grand militaire.* »

l'instant de la mort : « J'ai été infidèle à mon Dieu, à mon Ordre et à mon Roi : je meurs plein de foi et de repentir (1). »

On aime à penser qu'en ce moment de suprême équité, un autre nom, une autre infidélité lui serait revenue encore en mémoire, et qu'il se serait dit quelque chose de plus à lui-même s'il avait pu prévoir que, quelques mois après, sa femme, cette modeste, charmante et vertueuse femme dont il a si indignement parlé, et dont tous, excepté lui, ont loué l'inaltérable douceur, la raison calme et soumise, et les manières toutes pleines de timidité et de pudeur, monterait à son tour sur l'échafaud. Sortie de France pour la seconde fois depuis le commencement de la Révolution, elle eut l'imprudence de revenir d'Angleterre à Paris au printemps de 1794, dans l'espoir de sauver quelque partie de sa fortune qu'elle employait surtout en bienfaits, et elle périt avec tant d'innocentes victimes, mais la plus pure, la plus angélique de toutes. Mme Necker avait tracé de Mme de Lauzun dans sa première jeunesse un Portrait délicat et senti qu'elle terminait en disant : « Les Portraits d'imagination sont les seuls qui lui ressemblent, » et dans lequel elle la recommandait vivement comme une vierge orpheline à son bon Ange gardien : « O vous ! Ange protecteur à qui le Ciel a confié les jours et les vertus de sa chère *Émilie*, Ange qui vous attachez à ses pas au milieu des dangers dont elle est environnée, faites qu'elle acquière encore de nouvelles vertus et de nouveaux charmes ; secondez ses touchants efforts, et hâtez ses progrès vers la perfection !... » — « Otez une comparaison recherchée et un peu d'emphase, ce portrait est

(1) On trouve de curieux et précis détails sur cette fin repentante, et pourtant insouciante et toujours épicurienne, de Biron, dans les *Mémoires* de Mallet du Pan, tome II, p. 492 (1851).

délicieux, a dit un contemporain. il y a des traits fort spirituels; il fait surtout plaisir à ceux qui ont connu, non *Émilie,* comme écrit Mme Necker, mais *Amélie,* et il fait mal quand on pense que cette excellente femme, recommandée à un Ange pour ses derniers moments, a été livrée au bourreau. » De toutes les images, celle du bourreau est assurément la plus révoltante, la plus impossible à rapprocher de la figure de l'être aimable qui, jusqu'à la fin, avait gardé quelque chose de ce joli oiseau effarouché auquel la comparait Mme Du Deffand, et de cette timide jeune fille de onze ans qu'un baiser de Jean-Jacques laissait toute confuse et interdite.

C'est ainsi que ceux qui avaient fait le scandale dans l'ancienne société, et qui avaient le plus abusé, périssaient en entraînant dans leur chute les innocents mêmes qui en avaient souffert. Pour rendre les Mémoires de Lauzun un ouvrage presque moral, pour infliger son châtiment à celui qui les a écrits, il n'y aurait qu'à ajouter à la fin du volume tous les éloges et les témoignages unanimes sur sa vertueuse femme, avec la date des deux supplices (1).

(1) Mme de Lauzun est appelée par Besenval, c'est-à-dire par l'homme qui flatte le moins les femmes de son temps, « un chef-d'œuvre d'éducation, et la femme la plus parfaite qu'il ait connue. » Lauzun avait commencé à lui être infidèle avant même de l'avoir épousée; car dans le temps où il allait lui faire sa cour au parloir de Port-Royal, ayant eu occasion d'y rencontrer Mlle de Beauvau (depuis princesse de Poix), il se prit de goût pour celle-ci et lui fit une déclaration par lettre; il sollicitait son aveu pour rompre l'union projetée et la demander à ses parents : « Elle eut horreur de la proposition du duc, et lui renvoya immédiatement sa lettre recachetée. Il lui garda rancune, et s'en vengea en faisant le malheur de Mlle de Bouflers. Cette dernière avait la faiblesse d'adorer son mari, mais la dignité de le cacher à tout le monde... Elle s'en cachait comme d'une affection coupable, et que son mari

La destinée de ces Mémoires fut, au reste, singulière, et nous suggérera encore plus d'une réflexion. Écrits, à ce qu'il paraît, par Lauzun pour amuser quelques femmes de ses amies, il s'en était fait des copies qui peu à peu se répandirent et circulèrent. Dans les premières années de la Restauration, la haute société fut avertie de l'existence de ces Mémoires et en ressentit une véritable épouvante. En effet, quelques-unes des femmes qui y étaient nommées pour leur conduite légère et leurs aventures de jeunesse, vivaient encore et avaient passé depuis à la défense solennelle des bons principes, au culte de l'autel autant que du trône. M. de Talleyrand, qui avait connu Lauzun, vint au secours de ces dames et de ces familles effrayées. Dans une lettre signée de lui, qui fut insérée au *Moniteur* du 27 mars 1818, il disait :

« Le duc de Lauzun, dont j'étais l'ami, avait écrit ses Mémoires; il me les avait lus. J'ignore en quelles mains il en a pu tomber quelques copies ; ce que je sais avec certitude, c'est qu'ils ont été horriblement falsifiés.

« Tous ceux qui ont connu le duc de Lauzun savent que, pour donner du charme à ses récits, il n'avait besoin que des agréments naturels de son esprit ; qu'il était éminemment un homme de bon

a toujours ignorée... Elle était grande, bien faite, extrêmement fraîche; mais de gros yeux qui n'y voyaient pas, et où il était impossible de démêler tout ce qu'elle avait de mérite et d'esprit, la déparaient un peu... Mme de Biron, pure, délicate, extrêmement timide, d'un caractère doux et sage, ne laissait voir que dans l'intimité un esprit aussi élevé qu'original. La princesse de Poix la comparait à une héroïne de roman anglais, avec d'autant plus de raison que les goûts de Mme de Lauzun avaient devancé l'anglomanie qui commençait à poindre : la langue anglaise lui était familière comme la sienne propre, la littérature de ce pays faisait ses délices. » (*Vie de la Princesse de Poix*, par la vicomtesse de Noailles, 1855, ouvrage tiré à un petit nombre d'exemplaires, pages 19 et 33.)

ton et de bon goût, et que jamais personne ne fut plus incapable que lui de nuire volontairement à qui que ce fût. C'est cependant à cet homme-là qu'on ose attribuer les satires les plus odieuses contre des femmes françaises et étrangères, et les calomnies les plus grossières contre une personne auguste (Marie-Antoinette), qui, dans le rang suprême, avait montré autant de bonté qu'elle fit éclater de grandeur d'âme dans l'excès de l'infortune. Voilà ce qu'offrent de plus saillant les prétendus Mémoires du duc de Lauzun, qui depuis quelque temps circulent manuscrits, et dont j'ai une copie entre les mains.

« Je garderais le silence sur cette œuvre de ténèbres, si je n'avais des raisons de croire que cette espèce de manuscrit dût être incessamment livré à l'impression.

« Les suppositions et falsifications d'ouvrages ne sont point une chose nouvelle. De tout temps, des âmes passionnées ou mercenaires ont abusé des facilités que leur offraient des Mémoires particuliers, inédits, pour répandre, sous le nom d'autrui, le venin dont elles étaient remplies. Mais ce genre de crime semble devenir plus commun, au lieu de diminuer; et il s'accroîtra sans doute, si l'on se borne toujours à s'en plaindre sans y remédier. »

Et après avoir proposé un projet de loi assez vague et assez peu intelligible contre la diffamation et contre toute espèce d'imputation ayant un caractère personnel, M. de Talleyrand continuait :

« Mais, ces lois n'existant point encore, je crois devoir à la mémoire d'un homme dont je fus l'ami, de déclarer qu'*il n'a point fait*, qu'*il était incapable de faire* et qu'*il aurait eu horreur d'écrire* les Mémoires qu'on a osé mettre sous son nom. Si je n'attends point qu'ils soient publics, c'est que, selon toute probabilité, ils paraîtront tandis que je serai à la campagne et sans que j'en sois instruit (1).

« Je n'ai point voulu que ma réclamation, étant différée, arrivât trop tard.

« LE PRINCE DE TALLEYRAND. »

En écrivant ceci, M. de Talleyrand croyait faire une

(1) Ils ne parurent que trois ans plus tard, et provoquèrent encore à cette date un démenti du duc de Choiseul, qui se lit au *Moniteur* du 22 décembre 1821.

bonne œuvre; il faisait une œuvre agréable du moins aux personnes de sa société, mais il mentait, et il mentait sciemment, ce qui est toujours fâcheux quand on veut faire un acte public au nom de la morale.

J'ai sous les yeux une lettre de remerciment et d'action de grâces qui lui fut adressée à la date du 28 mars, le lendemain de l'article, par une noble dame d'alors, Mme la duchesse d'Es... On y lit (1) :

« Je désire qu'on sente ici, mon Prince, l'importance du service que vous rendez. Personne ne lit l'histoire, et c'est dans les Mémoires que se forme l'instruction des salons. Vous me prouviez, l'autre jour, que leur opinion avait un grand poids. Une lettre de vous, ôtant à ces Mémoires leur authenticité, les anéantit, et les étrangers, que nos malheurs ont rendus si importants, n'y verront plus qu'un roman. Tout ce qui attaque les mœurs de la reine ôte quelque chose du respect dû à Madame (la duchesse d'Angoulême). Vous avez donc rendu un service très-important. Avant-hier, ils étaient dangereux; aujourd'hui, *ils ne sont plus.* »

Mais ici on a droit d'interrompre la personne du monde qui juge de la sorte si à la légère, et de lui dire :

« Non, Madame, il n'est au pouvoir d'aucun homme, si élevé qu'il soit par son nom et son influence, de récuser ainsi et de mettre à néant d'un trait de plume des indiscrétions, fussent-elles scandaleuses et préjudiciables à tout un ordre de la société. Un Caton lui-même, à défaut de M. de Talleyrand, ne le pourrait pas. L'ancienne société a jugé à propos de vivre d'une certaine manière, d'user et d'abuser de tous les biens qui lui ont été accordés. Ce n'est pas les hommes qu'on accuse; d'autres, à leur place, eussent fait de même : des plébéiens parvenus eussent fait comme les Lauzun, et seulement avec moins d'élégance. Mais enfin l'ancienne so-

(1) Cette lettre autographe se trouve en tête de l'exemplaire des *Mémoires de Lauzun* appartenant à la Bibliothèque nationale.

ciété, ayant vécu de la sorte, ne pouvait avoir droit à tous les bénéfices, ni ajouter, à l'excès des prodigalités et des jouissances passées, la considération finale qu'elle ne devrait qu'à la parfaite discrétion et au silence. L'ancienne société a abusé ; elle a été punie et détruite, et cette punition, cette ruine se justifie aujourd'hui même avec éclat par les aveux successifs qui sortent de son propre sein. Les Mémoires de Lauzun existaient avant le démenti de M. de Talleyrand ; ils existent et comptent deux fois plus après, car on en sent mieux l'importance. Ils ne semblent que frivoles au premier abord ; ils ont un côté sérieux, bien plus durable, et l'histoire les enregistre au nombre des pièces à charge dans le grand procès du xviiie siècle. »

Je n'ai voulu ici que faire entrevoir cette façon de les considérer ; il est, en toutes choses, une conclusion élevée et raisonnable, qu'il ne faut jamais perdre de vue (1).

(1) Depuis que cet article est écrit, les *Mémoires de Lauzun* ont eu une suite d'aventures et ont causé maint désagrément à ceux qui s'en sont occupés. Publiés en mai 1858 d'une manière trop conforme au manuscrit par M. Louis Lacour, chez MM. Poulet-Malassis et de Broise, ils ont suscité des réclamations, des plaintes, un procès. La vertu des grandes dames de cette fin du xviiie siècle a trouvé, d'une part, de zélés chevaliers dans la Société des Bibliophiles, et surtout dans le président de cette Société (M. Jérôme Pichon), antiquaire distingué et très-vif dans son culte du passé : d'autre part, le petit-fils d'une des plus compromises parmi ces anciennes beautés, laquelle avait déjà été nommée en toutes lettres dans l'édition de 1822, n'a pas estimé qu'il y avait lieu à prescription, et n'a pas cru devoir être de l'avis de Boileau :

> Mais qui m'assurera qu'en ce long cercle d'ans,
> A leurs fameux époux vos aïeules fidèles
> Aux douceurs des galants furent toujours rebelles ?

Il y a eu plainte portée devant la Justice comme pour un fait qui n'est pas encore entré dans le vaste domaine de l'histoire, et, en conséquence, jugement et condamnation (26 janvier 1859). L'ancien régime était plus coulant sur ces choses de mœurs, une fois divulguées, et, après un premier éclat de colère, il était convenu qu'on fermerait les yeux; les éditeurs de Bussy-Rabutin et d'Hamilton auraient eu, sans cela, trop de comptes à rendre.

Lundi 7 juillet 1851.

JASMIN.

(Troisième volume de ses Poésies.)

(1851.)

Il y a toute une moitié de la France qui rirait si nous avions la prétention de lui apprendre ce que c'est que Jasmin, et qui nous répondrait en nous récitant de ses vers et en nous racontant mille traits de sa vie poétique; mais il y a une autre moitié de la France, celle du Nord, qui a besoin, de temps en temps, qu'on lui rappelle ce qui n'est pas sorti de son sein, ce qui n'est pas habituellement sous ses yeux et ce qui n'arrive pas directement à ses oreilles. C'est pour cette classe nombreuse de lecteurs que je voudrais aujourd'hui expliquer, avec plus d'ensemble que je ne l'ai pu faire autrefois, ce qu'est véritablement Jasmin, le célèbre poëte d'Agen, le poëte de ce temps-ci qui a le mieux tenu toutes ses promesses.

Jasmin, né à Agen vers la fin du dernier siècle, est un homme qui doit avoir environ cinquante et un ans, mais plein de feu, de séve et de jeunesse; à l'œil noir, aux cheveux qui, il y a peu de temps, l'étaient encore, au teint bruni, à la lèvre ardente, à la physionomie franche, ouverte, expressive. Né pauvre, de la plus honnête mais de la plus entière pauvreté, d'une famille où l'on mourait de père en fils à l'hôpital, il a raconté lui-même les impressions de son enfance dans ses *Souvenirs*, un petit poëme plein d'esprit, de finesse, d'allégresse et de sensibilité. Jasmin y laisse voir un des principaux traits de son talent : il a la gaieté sensible, et, même quand il pleure, on voit rire toujours dans ses larmes un rayon de soleil. Cependant Jasmin, arrivé à l'âge de gagner sa vie, s'était fait coiffeur ou barbier, et dans sa boutique proprette, dans son petit salon de la promenade du Gravier, il chantait selon l'instinct de sa nature, en usant de cette facilité d'harmonie et de couleur qu'offre à ses enfants l'heureux patois du Midi. Il rasait bien, il chantait mieux, et peu à peu chalands et curieux de venir, si bien qu'un peu d'aisance, un petit ruisselet argentin, comme il dit, le visita, lui le premier de sa race, et qu'il devint même propriétaire de sa modeste maison. Sous cette première forme, Jasmin, auteur de jolies romances, de poëmes burlesques ou même d'odes assez élevées, de ces pièces diverses recueillies et publiées en 1835 à Agen, sous le titre : *les Papillotes*, Jasmin n'était encore qu'un aimable, gracieux et spirituel poëte, fait pour honorer sa ville natale, mais il n'avait pas conquis le Midi. C'est à partir de 1836 que son talent montra qu'il était capable de s'élever à des compositions pures, naturelles, touchantes, désintéressées : il publia le joli poëme intitulé *l'Aveugle de Castel-Cuillé*, dans lequel il nous fait assister aux fêtes, aux joies du village, et à la douleur d'une jeune fille, d'une fiancée que la petite-vérole vient de rendre aveugle et que son amoureux délaisse pour en épouser une autre. La douleur de la pauvre abandonnée, son changement de couleur, son attitude, ses discours, ses projets, le tout encadré dans la fraîcheur du printemps et dans l'allégresse riante d'alentour, porte un caractère de nature et de vérité auquel les maîtres seuls savent atteindre. On est tout surpris, en voyant ce simple tableau, d'être involontairement reporté en souvenir à d'autres tableaux bien expressifs des Anciens, et de Théocrite par exemple. C'est que la vraie poésie, en puisant aux mêmes sources, se rencontre et se réfléchit par les mêmes images.

Jasmin, en s'élevant à ce genre de compositions nouvelles, suivait encore son naturel sans doute, mais il s'était mis à le diriger, à le perfectionner; cet homme, qui avait lu peu de livres, avait médité en lisant à celui du cœur et de la nature, et il entrait dans la voie de l'art véritable, où un travail secret et persévérant préside à ce qui paraîtra le plus éloquemment facile et le plus heureusement trouvé. En 1834, il avait été très-frappé d'un fait qu'il faut l'entendre raconter lui-même, et qui décida de sa poétique future. Un incendie éclata de nuit dans Agen. Un jeune homme, enfant du peuple, bien doué, et d'une demi-éducation, fut témoin d'une scène déchirante, et, comme Jasmin avec quelques amis arrivait sur les lieux, l'enfant encore plein d'émotion la leur raconta :

« Je ne l'oublierai jamais, dit Jasmin, il nous fit frémir, il nous fit pleurer... C'était Corneille, c'était Talma ! J'en parlai le lendemain dans quelques-unes des meilleures maisons d'Agen ; on voulut voir le jeune homme, on le fit venir, on lui fit raconter le même fait; mais la fièvre de l'émotion en lui s'était éteinte, il fut *phraseur, maniéré, exagéré;* bref, *il voulut faire* et *il ne fit pas.* Alors je compris que, dans nos moments d'émotion et de fièvre, parlant et agissant, nous étions tous laconiques et éloquents, pleins de verve et d'action, vrais poëtes enfin *lorsque nous n'y songions pas;* et je compris aussi qu'une Muse pouvait, à force de travail et de patience, en arriver à être tout cela *en y songeant.*

Cette observation si fine et si juste doit servir à expliquer le procédé de Jasmin dans les divers poëmes qu'il a depuis composés : *l'Aveugle* (1835), puis *Françounette* (1840), *Marthe-la-Folle* (1844), *les deux Frères Jumeaux* (1845), *la Semaine d'un Fils* (1849). Dans toutes ces compositions Jasmin a une idée naturelle, touchante; c'est une histoire, ou de son invention, ou empruntée à la tradition d'alentour. Avec sa facilité improvisatrice, encore aidée des ressources du patois dans lequel il écrit, Jasmin pourrait courir et compter sur les hasards d'une rencontre heureuse comme il n'en manque jamais aux gens de verve et de talent : mais non, il trace son cadre, il dessine son canevas, il met ses personnages en action, puis il cherche à retrouver toutes leurs pensées, toutes leurs paroles les plus simples, les plus vives, et à les revêtir du langage le plus naïf, le plus fidèle, le plus transparent, d'un langage vrai, éloquent et *sobre*, n'oubliez pas ce dernier caractère. Il n'est jamais plus heureux que lorsqu'il entend et qu'il peut emprunter d'un artisan ou d'un laboureur un de ces mots *qui en valent dix*. C'est ainsi que ses poëmes mûrissent pendant des années avant de se produire au grand jour, selon le précepte d'Horace que Jasmin a retrouvé à son usage, et c'est ainsi que ce poëte du peuple, écrivant dans un patois populaire et pour des solennités publiques qui rappellent celles du moyen âge et de la Grèce, se trouve être en définitive, plus qu'aucun de nos contemporains, de l'école d'Horace que je viens de nommer, de l'école de Théocrite, de celle de Gray et de tous ces charmants génies studieux qui visent dans chaque œuvre à la perfection.

Quand je trouve poussée à ce degré chez Jasmin cette théorie du travail, de la curiosité du style et du soin de la composition, lui qui a d'ailleurs le jet si prompt et si facile, quel retour douloureux je fais sur nos richesses

poétiques si dissipées par nos grands poëtes du jour!
O *Jocelyn!* *Jocelyn!* quel délicieux poëme vous auriez
été, si la nature prodigue qui vous a conçu avait été
capable de vous porter avec cette patience, de vous
élever et de vous mener à bien avec cette sollicitude
maternelle! Il est vrai qu'un poëme comme *Jocelyn*,
exécuté et traité avec le soin que Jasmin apporte aux
siens, coûterait huit ou dix années de la vie, et l'on
n'aurait guère le temps de faire à travers cela une dizaine de volumes sur les Girondins ou les Jacobins, et
une Révolution de Février, la chose et le livre à la fois,
et toute cette série d'improvisations que nous savons et
que nous oublions, ou que nous voudrions oublier.

Cette manière élevée et sobre dont Jasmin conçoit l'art
du poëte, il l'a exprimée avec bien de la gentillesse et
de l'esprit en une occasion singulière. Pendant une de
ces tournées qu'il fait depuis déjà seize ans dans le
Midi, et qui sont une suite de récitations et d'ovations
continuelles, un poëte du département de l'Hérault, un
poëte en patois, appelé Peyrottes, potier de son état, et
qui s'est fait une certaine réputation bien après Jasmin,
lui envoya, par lettre, un défi. Jasmin était alors de passage à Montpellier :

« Monsieur, lui écrivait Peyrottes (24 décembre 1847), j'ose,
dans ma *témérité* qui est bien près de la *hardiesse* (je ne donne
pas Peyrottes comme très-fort sur les synonymes) (1), vous proposer
un défi. Seriez-vous assez bon pour l'accepter? Dans le moyen âge,

---

(1) M. Peyrottes m'a écrit pour réclamer contre cette bien légère
épigramme; il me dit que *l'Écho du Midi*, qui a imprimé sa lettre,
a fait ici une bévue dont il n'est pas coupable, et qu'il avait mis
ces autres mots : « J'ose dans ma *timidité* qui est bien près de
l'audace... » Je lui donne acte de son *Errata*, sans que cela ôte
rien au piquant de l'épisode où il figure, et à la moralité littéraire
que j'en veux tirer.

les troubadours n'auraient pas dédaigné la provocation que, dans ma hardiesse, je viens vous faire.

« Je me rendrai à Montpellier aux jour et heure que vous voudrez. Nous nommerons quatre personnes connues en littérature pour nous donner trois sujets que nous devrons traiter en vingt-quatre heures. Nous serons enfermés tous les deux. Un factionnaire veillera à la porte. Les vivres seuls entreront.

« Enfant de l'Hérault, je tiens à l'honneur et à la gloire de mon pays ! Comme, en pareille circonstance, une bonne action est de rigueur, on fera imprimer les trois sujets donnés, au profit de la Crèche de Montpellier.

« Je voudrais bien entrer en lice avec vous pour la déclamation, mais un défaut de langue *très-prononcé* me le défend. »

Et un Post-Scriptum de la lettre provocatrice disait :

« Je vous préviens, Monsieur, que je fais distribuer, dès à présent, copie de cette lettre à diverses personnes de Montpellier. »

Ainsi, voilà Jasmin mis en demeure d'improviser et pris par le point d'honneur. Va-t-il aller sur le terrain ? Écoutons sa charmante réponse et la leçon qui s'adresse à d'autres encore qu'au poëte potier :

« Monsieur,

« Je n'ai reçu qu'avant-hier, veille de mon départ, votre *cartel poétique :* mais je dois vous dire que, l'eussé-je reçu en temps plus opportun, je n'aurais pu l'accepter.

« Quoi ! Monsieur, vous proposez à ma muse, qui aime tant le grand air et sa liberté, de s'enfermer *dans une chambre close, gardée par quatre sentinelles qui ne laisseraient passer que des vivres, et, là, de traiter trois sujets donnés, en vingt-quatre heures !...* Trois sujets en vingt-quatre heures ! vous me faites frémir, Monsieur. Dans le péril où vous voulez mettre ma muse, je dois vous avouer, en toute humilité, qu'elle est assez *naïve* pour s'être éprise du *faire antique* au point de ne pouvoir m'accorder que deux ou trois vers par jour. Mes cinq poëmes : *l'Aveugle, Mes Souvenirs, Françounette, Marthe-la-Folle, les Deux Jumeaux*, m'ont coûté douze années de travail, et ils ne font pourtant en tout que deux mille quatre cents vers.

« Les chances, vous le voyez, ne seraient pas égales ; à peine nos deux muses seraient-elles prisonnières, que la vôtre pourrait bien avoir terminé sa *triple besogne* avant que la mienne, pauvrette, eût trouvé sa première inspiration de commande.

« Je n'ose donc pas entrer en lice avec vous; le coursier qui traîne son char péniblement, mais qui arrive pourtant, ne peut lutter contre la fougueuse locomotive du chemin de fer. L'art qui produit les vers un à un ne peut entrer en concurrence avec la fabrique...

« Donc, ma muse se déclare d'avance vaincue, et je vous autorise à faire enregistrer ma déclaration.

« J'ai l'honneur, Monsieur, de vous saluer.

« JACQUES JASMIN. »

« *P. S.* — Maintenant que vous connaissez la muse, en deux mots connaissez l'homme :

« J'aime la gloire, mais jamais les succès d'autrui ne sont venus troubler mon sommeil. »

C'est ainsi que Jasmin répondait à la fois comme un enfant de la nature, et comme eût fait un élève de Théocrite et d'Horace.

Il faut en venir à le citer, à le traduire de manière à faire apprécier de tous quelques-unes de ses qualités propres. Son troisième volume de Poésies, qui est sur le point de paraître, me fournit maint sujet soit dans le genre de l'Épître, soit dans celui du Poëme. Je prendrai pour exemple, de préférence, *Marthe l'innocente, Marthe l'idiote*. C'est un petit poëme dédié à Mme Mennessier-Nodier, en mémoire et en reconnaissance de ce que Nodier le premier salua et annonça Jasmin de ce côté-ci de la Loire. Marthe était une pauvre fille qui vécut trente ans dans Agen de la charité publique, « et que nous autres petits drôles, dit le poëte, nous tourmentions sans crainte quand elle sortait pour remplir son petit panier vide. — Pendant trente ans on a vu la pauvre idiote, à notre charité tendre les mains souvent. Dans Agen on disait, quand elle passait : *Marthe sort, elle doit avoir faim!* On ne savait rien sur elle, et cependant chacun l'aimait. Seulement les enfants, qui de rien n'ont pitié, qui rient de tout ce qui est triste, lui criaient : *Marthe, un soldat!* et Marthe, qui avait peur des soldats, fuyait vite. » — Pourquoi fuyait-elle ? C'est ce que se demande un jour la muse de Jasmin, à une heure de rêverie où l'image de cette pauvre fille, avec sa grâce de vierge sous les haillons, lui revenait en pensée, et, après avoir bien quêté de ses nouvelles à travers champs, s'être bien enquis *à travers vignes et pâquerettes,* voici ce qu'elle a trouvé :

Un jour, près des bords que la rivière du Lot baise fraîchement de son eau claire et fine, dans une maisonnette cachée sous les ormes touffus, tandis qu'à la ville prochaine les jeunes garçons tiraient au sort, une jeune fille pensait, puis priait Dieu, puis se levait et ne savait tenir en place. Qu'avait-elle ? Si jeune pourtant, si belle, et d'une beauté si pure et si délicate entre ses compagnes ! d'où lui viennent ses inquiétudes, ses pâleurs subites? Vous le devinez : ce jour-là, son sort se décide avec celui d'un autre. Quelqu'un entre en cet instant : « c'est Annette, sa voisine ; au premier coup d'œil on voit bien que dans le cœur celle-là a des chagrins aussi : un moment après, on devine que le mal dans son cœur glisse et ne prend pas racine. » Et les deux filles parlent de leurs chagrins, mais chacune à sa manière. Annette, effrayée de l'inquiétude où elle voit son amie, dit à Marthe qui l'interroge et qui croyait déjà lire à son front une nouvelle : « Je n'en sais rien encore ; amie, prends courage ; voici midi, nous le saurons bientôt. Mais tu trembles comme un jonc ! Il me fait peur, ton visage ! et si Jacques partait, tu en mourrais peut-être ? » — « *Je n'en sais rien,* » répond Marthe avec une simplicité profonde. Annette la console; elle se cite en exemple avec une légèreté malicieuse et naïve : « Tu as tort ! mourir !

que tu es enfant! J'aime Joseph; s'il part, je pourrai m'affliger, je pourrai laisser tomber quelques larmes; mais a, tout en l'aimant je l'attendrai sans mourir. Nul garçon ne meurt pour une fille, et ils n'ont pas tort; ce n'est que trop vrai : *personne ne perd plus que celui qui s'en va.* » Supposez à ces simples paroles un rhythme plein d'aisance et de douceur. C'est ainsi que Jasmin fait ses dialogues, et qu'il retrouve, à force de réflexion, la nature toute pure. Pour amuser leur inquiétude et chasser leurs chagrins tout en s'en occupant, les deux jeunes filles tirent les cartes. Ce jeu est décrit avec grâce et vivacité. La superstition est peinte au naturel. Les deux jeunes filles, l'*aimante* et la *légère,* apportent au jeu un même intérêt de curiosité et d'effroi : « Les deux bouches sont sans parole; les quatre yeux riants, effrayés, suivent le mouvement des doigts. » Tout allait bien, les cartes promettaient, presque tous les piques étaient dehors, quand, pour dernière carte, la fatale *dame de pique* tombe et vient crier : *Malheur !* Au même moment le bruit du tambour et des fifres annonce le retour joyeux des garçons, de ceux qui ont de bons numéros. Laquelle des deux jeunes filles va reconnaître celui qu'elle aime? C'est la légère, la moins éprise, c'est Annette qui reconnaît Joseph parmi les favorisés. Pour Jacques, il a pris le numéro 3, et il part. Deux semaines après, Annette, celle qui se serait consolée, est mariée à son fiancé. Jacques vient prendre congé de Marthe en pleurant. Jacques n'a ni père ni mère; il n'a qu'elle au monde à aimer. Il promet, si la guerre l'épargne, de revenir lui apporter sa vie. Nous ne sommes qu'à la fin du premier chant, ou, comme on dit, à la première *pause.*

Le mois de mai est revenu; le poëte le décrit comme tout poëte méridional le saura toujours décrire. Au milieu de la joie de tous et des chansons, une seule voix bien douce se plaint. C'est celle de Marthe qui chante cette ravissante complainte, dont voici le premier couplet :

« Les hirondelles sont revenues, je vois mes deux au nid, là-haut; on ne les a pas séparées, elles, comme nous autres deux! Elles descendent, les voici, je les ai presque dessus; qu'elles sont luisantes et jolies! Elles ont toujours au cou le ruban que Jacques y attacha pour ma fête, l'an passé, quand elles venaient *becqueter dans nos mains unies les moucherons d'or que nous choisissions.* »

Il faudrait citer le texte, pour donner idée de cette poésie toute rayonnante et scintillante encore au milieu de sa tristesse. La poésie de Jasmin est tout émaillée de ces vers charmants qui font luire aux yeux les objets, qui font briller sur la vitre le soleil du matin, et étinceler la maisonnette à travers le bouquet de noisetiers : mais ici cet éclat de description se confond avec le pur sentiment.

La pauvre Marthe continue sa complainte et son entretien avec ses hirondelles. Pourtant elle dépérit, une fièvre lente la dévore; elle est mourante, et bientôt le prêtre la recommande à l'église aux prières de tous. C'est alors qu'un oncle bienfaisant a deviné sa peine, et qu'il lui dit à son chevet un mot qui la réveille et qui lui rend la santé. Cet oncle a compris qu'il s'agit pour elle de Jacques : il vend sa vigne, et, avec ce premier fonds, si Marthe guérit et travaille, on aura bientôt de quoi acheter le congé du soldat. Marthe espère, elle renaît, elle travaille. Mais l'oncle meurt : elle ne se décourage point. Elle vend sa maison, et, légère, elle court porter au curé la somme complète :

« Monsieur le curé, lui dit Marthe à genoux, je vous porte tout ce que j'ai; maintenant vous pourrez écrire; achetez sa liberté, puisque vous m'êtes si bon; ne dites pas qui le sauve; oh! il devinera bien assez; ne me nommez pas encore, et ne tremblez pas pour moi : j'ai la force à mon bras, je travaillerai pour vivre; pitié! Monsieur le curé, pitié! rendez-le-moi. »

La troisième partie commence. Il ne s'agit plus que de retrouver Jacques. Ce n'était pas facile à cette époque des grandes guerres. Le prêtre de campagne sait bien des choses de son troupeau; il lit dans les cœurs. Un pécheur le fuit, il le sait, il le va chercher. « Mais, du fond de son presbytère, l'homme du Ciel aurait mieux su déterrer le péché, la maligne pensée, que le soldat sans nom au milieu d'une armée, et qui, depuis trois ans, n'avait pas écrit. » Cependant le bon curé en viendra à bout. En attendant, Marthe pauvre, mais à demi heureuse déjà et confiante, travaille. Elle travaille nuit et jour pour réparer autant qu'elle peut ce qu'elle a donné, et pour avoir à donner encore. Et la nouvelle de sa touchante action faisant bruit déjà dans les prairies, tout le pays s'était pris d'amour pour elle : « C'étaient, la nuit, de longues sérénades, des guirlandes de fleurs à sa porte attachées, et le jour, des présents choisis que les filles enfin à sa cause entraînées venaient lui présenter avec des yeux tout amis. » Annette surtout était en tête de cette bonne jeunesse. Bref, on traitait déjà Marthe comme une fiancée, comme une épousée, quand un jour, un dimanche matin, le bon curé lui apparaît après la messe, un papier à la main. C'est une lettre de Jacques; il est retrouvé, il est libre, il arrive le dimanche suivant. Ajoutez que Jacques n'a pas deviné d'où lui est venu ce bienfait inespéré. Pauvre enfant orphelin, ou, qui pis est, enfant trouvé, il s'est imaginé que sa mère enfin s'était fait connaître. Ainsi il va arriver et tout apprendre d'un seul coup : il aura toutes les heureuses surprises à la fois. Huit jours se passent : l'autre dimanche est venu. Après la messe, il faut voir tout le village assemblé comme s'ils attendaient un grand seigneur, et Marthe, la fille au front pur, à côté du vieux prêtre, tous riants et plantés là, debout, à l'entrée du chemin : vous avez le tableau, et le grand chemin devant vous dans sa longueur :

« Rien au milieu, rien au bout de cette longue raie plate, *rien que l'ombre déchirée à morceaux par le soleil* (encore un de ces vers heureux qui peignent sans rien interrompre). Tout à coup un point noir a grossi ; il se remue... Deux hommes... deux soldats... Le plus grand, c'est lui !... Qu'il va bien ! A l'armée, il a grandi encore !... Et ils s'avancent tous deux... L'autre, quel est celui-là ? Il a l'air d'une femme... Eh ! c'en est une, étrangère. Qu'elle est belle, gracieuse ! elle est mise en cantinière. Une femme, mon Dieu ! avec Jacques ! Où va-t-elle ? Marthe a les yeux sur eux, triste comme une morte ; et même le prêtre, et même l'escorte, tout frémit, tout est muet ; eux deux s'avancent davantage... Les voici à vingt pas, souriants, hors d'haleine. Mais qu'est-ce maintenant ? Jacques a l'air en peine, il a vu Marthe... Tremblant, honteux, il s'est arrêté... Le prêtre n'y tient plus : de sa voix forte, pleine, qui épouvante le péché : « Jacques, quelle est cette femme ? » Et, comme un criminel, Jacques baissant la tête : « La mienne, Monsieur le curé, la mienne... Je suis marié. » Un cri de femme part, le prêtre se retourne... »

Ce cri, on le sent, c'est celui de Marthe : mais ne croyez pas qu'elle pleure ni qu'elle soupire. La pauvre fille, en *fixant* Jacques gracieusement, n'a qu'un éclat de rire, un rire convulsif. Elle est folle et ne guérira jamais. — Telle est en abrégé l'histoire dont le poëte a su faire une suite de scènes vives, sensibles et touchantes.

La langue dans laquelle Jasmin écrit est le patois du Midi ; mais ce mot est bien vague et ne donnerait pas une juste idée de son doux idiome et du travail d'artiste avec lequel il l'a réparé. La langue du midi de la France, la plus précoce de celles qui naquirent du latin après la confusion de la barbarie, cette langue dite provençale-romane était arrivée à une sorte de perfection classique durant le xii⁰ siècle, de 1150 à 1200 ; elle avait produit en poésie des œuvres diverses et des plus distinguées, et elle était en plein épanouissement lorsqu'elle fut violemment dévastée et ravagée au commencement du xiii⁰ siècle, dans la guerre dite des Albigeois (1208-1229). Elle fut écrasée brutalement dans sa fleur, et comme noyée dans le sang de ceux qui la cultivaient. Durant quelque temps elle lutta encore et essaya de se maintenir à l'état littéraire; mais, tout centre politique étant détruit dans le Midi, cette langue, la première née ou du moins la première *formée* des modernes, tomba décidément en déchéance et passa à l'état de patois. Je définis un patois *une ancienne langue qui a eu des malheurs,* ou encore une langue toute jeune et qui n'a pas fait fortune. La provençale était dans le premier cas. Depuis lors, cette langue éparse et morcelée avait encore eu ses poëtes particuliers en Béarn, à Toulouse, dans le Rouergue, en différents lieux ; mais ces poëtes d'un naturel aisé ne faisaient aucun effort pour sortir de l'esprit du cru, et pour élargir l'horizon tout local où les avait confinés la Fortune. Jasmin, dans la seconde partie de sa carrière, a eu l'honneur et le mérite de sentir qu'il y avait à revenir, pour tout le Midi, à une sorte d'unité d'idiome, au moins pour la langue de la poésie. En débutant dans son patois d'Agen, il trouva une langue harmonieuse encore, mais très-atteinte par les invasions françaises, qui y avaient importé des tours et des mots contraires au génie primitif. Il eut à se défaire lui-même de ses premières habitudes, à débarrasser la superficie de la pierre, comme il dit, de ces couches étrangères qu'y avaient appliquées deux siècles civilisateurs. Il y réussit avec délicatesse et sans marquer l'effort. La langue qu'il parle aujourd'hui, la langue qu'il chante, n'est celle d'aucun lieu en particulier, d'aucun coin de Gascogne, de Languedoc ni de Provence ; c'est une langue un peu artificielle et parfaitement naturelle, qui s'entend également par tous ces pays et que les Catalans eux-mêmes comprennent. Il y introduit discrètement des mots pittoresques de son invention, des diminutifs, de vieux mots rafraîchis, mille alliances et mille grâces dont autrefois nous-mêmes nous n'étions pas absolument dépourvus dans le français d'Amyot et de Montaigne, mais que la régularité classique nous a retranchées. Jasmin en jouit et en use dans son joli dialecte si bien restauré, mais il n'en abuse jamais.

C'est aux critiques nés de l'autre côté de la Loire de suivre plus en détail cette étude de la langue de Jasmin et des questions piquantes qui s'y rattachent. Pour le style, Jasmin me paraît être une sorte de *Manzoni languedocien*. Je livre aux hommes compétents la définition pour ce qu'elle vaut, et je leur laisse le soin de la dégager ou de la modifier. Ce que je voudrais ici surtout, ce serait de montrer l'homme à l'œuvre et en action. Il y a dans Jasmin, à côté du poëte, un déclamateur et un acteur, et tous ces hommes en lui concourent, à l'aide de son harmonieux dialecte, à lui obtenir cette prodigieuse action qu'il exerce sur les organisations du Midi. Il serait difficile et injuste de faire dans ce succès la part à l'un des éléments plutôt qu'à l'autre : ils sont également nécessaires et se tiennent. Ce qui fait que la poésie de Jasmin produit tant d'effet, c'est que tout en lui est d'accord, tout coule de source : on sent que l'homme et le poëte ne sont qu'un ; et, comme l'homme est à la hauteur du poëte, on s'abandonne bien vite, en l'écoutant, à la sincérité de l'impression qu'il partage.

Laissons de côté les improvisations obligées et les

compliments en madrigaux qu'il est obligé de répandre sur son chemin, en retour de chaque hommage et de chaque hospitalité triomphale qu'il reçoit : lui-même il se juge sur ce point aussi sévèrement qu'on pourrait le faire, et quand la reconnaissance chez lui est sérieuse, il demande du temps et du recueillement pour l'exprimer : « On n'acquitte pas, dit-il, une dette poétique avec des impromptu ; les impromptu peuvent être la bonne monnaie du cœur, mais ils sont presque toujours la mauvaise monnaie de la poésie. » Prenons donc Jasmin par ses côtés charmants et sérieux, tout à fait durables. Un des épisodes les plus touchants, les plus honorables et les plus caractéristiques de son existence de poëte-troubadour, est son pèlerinage pour l'église de Vergt. Le digne curé d'une petite ville du Périgord, M. Masson, voyant son église en ruines et la ferveur de son troupeau s'en ressentir, s'adressa, en 1843, à Jasmin pour lui demander de l'aider, dans une tournée, à recueillir des souscriptions. Jasmin ne se fit pas prier : « L'Église m'attendait, dit-il, son curé m'a choisi ; j'ai pris la *galopée*. » Et le voilà, pèlerin à côté du prêtre, qui court de ville en ville. Oh ! qu'il voudrait que ses vers, comme autrefois ceux du chanteur célèbre (car Jasmin a bien un peu entendu parler d'Amphion), pussent faire monter vitement toitures et murailles ! Et ne croyez pas pourtant que, le clocher dressé, il allât se comparer avec orgueil à ce chanteur fameux :

« Non ! lorsque monteront tuiles et chevrons, mon âme sentira quelque chose de plus doux. Je me dirai : J'étais nu ; l'Église, je m'en souviens, m'a vêtu bien souvent pendant que j'étais petit. Homme, je la trouve nue ; à mon tour je la couvre... Oh ! donnez, donnez, tous ! que je goûte la douceur de faire pour elle une fois ce qu'elle a tant fait pour moi. »

Et en entendant ces vers si sentis, chacun donnait

avec larmes, et le poëte nageait dans la joie de son cœur de voir le chapeau du curé se remplir à la ronde.

Cinq mois après cette première quête, le 24 juillet 1843, l'église de Vergt, pour laquelle il avait tant couru, était bénite et consacrée par six évêques devant trois cents prêtres et plus de quinze mille personnes de tous rangs accourues pour la cérémonie. Jasmin y était, un peu perdu d'abord dans la foule. Il avait composé pour cette solennité une pièce nouvelle, intitulée *le Prêtre sans Église*, et inspirée des mêmes sentiments élevés et droits. Il y montrait l'influence d'une belle église sur la population du Midi, qui aime à se figurer dès ici-bas le ciel ouvert, et dont la piété dépend quelque peu des représentations extérieures. Toute la journée cependant était prise par les cérémonies religieuses ; on devait dîner à la hâte. Au moment de se mettre à table, l'archevêque de Reims (M. le cardinal Gousset), le consécrateur de l'église rebâtie, dit à Jasmin : « Poëte, on nous a parlé de votre pièce sur la circonstance ; nous serons heureux si vous voulez nous la confier ce soir, avant de partir, à quelques-uns. » — « A quelques-uns Monseigneur ! répliqua Jasmin. Est-ce que vous pourriez croire qu'une Muse a travaillé quinze jours et quinze nuits pour ne faire qu'une confidence le jour de la fête ? Aujourd'hui, c'est fête à Vergt pour la religion, mais aussi pour la poésie qui la comprend et qui l'aime. L'église a six pontifes, la poésie n'a qu'un sous-diacre, mais il faut qu'il chante officiellement son hymne, ou il la remportera vierge, et sans que personne l'ait entendue. » M. l'archevêque, homme d'esprit, et qui comprend la race des poëtes, promit d'essayer au dessert d'introduire la pièce de vers entre le fromage et le café : « Mais vous aurez un fort rival dans le café ! » — « Il sera vaincu, Monseigneur, » répondit Jasmin. On était au dessert, il n'y avait pas un instant à perdre, et les deux cent cinquante convives allaient échapper. Déjà l'évêque de Tulle, M. Berteaud, qui devait prêcher pour la Consécration, s'était esquivé pour se préparer à son sermon; on le rappelle. Jasmin commence et récite la pièce qu'on peut lire dans son troisième volume : *le Prêtre sans Église.* Un seul fait dira le succès mieux que tout. M. Berteaud qui devait prêcher une heure après sur *l'infinité de Dieu,* ayant entendu le poëte, changea subitement son texte; il annonça au début de son sermon qu'il allait prêcher sur *le prêtre sans église,* et développer le sujet si heureusement indiqué par un autre. De tels exemples, où tant de sentiments délicats et généreux se confondent des deux parts dans un sentiment religieux supérieur, semblent ramener la poésie à ses plus nobles origines et ne se peuvent raconter sans émotion.

La vie de Jasmin, de ce gai et riant poëte, est remplie de ces traits graves et touchants. En 1840, dans son voyage de Toulouse, où il avait gagné pour la première fois son titre envié de poëte universel de tout le pays languedocien, il avait vu une jeune personne, alors dans la prospérité, Mlle Thérèse Roaldès, « marier sa riche musique à ses pauvres chansons. » Trois années après, le malheur avait passé sur cette maison, et Mlle Roaldès, par piété filiale, était réduite à chercher dans son talent une ressource. Jasmin fit avec elle comme avec le prêtre de Vergt; il fit des tournées heureuses et fructueuses, et l'ivresse même du poëte, qui semblait, avant tout, heureux de réciter ses vers, n'était ici qu'une délicatesse de plus.

Les tournées de Jasmin sont assez marquées, on peut le croire, d'incidents gais, fous, enthousiastes, d'incidents tout gascons : ceux-là sautent aux yeux d'eux-mêmes; j'ai mieux aimé m'arrêter sur les autres.

Ces qualités sérieuses et dignes, recouvertes d'une poésie fraîche, riante et sensible, ont profité à Jasmin. Homme, elles lui ont procuré la considération qui ne suit pas toujours la renommée; poëte, elles l'ont amené à la perfection de son talent et au goût, à ce goût naturel, qui tient à l'usage complet et sûr de toutes les louables facultés. Dans ces pièces familières du genre de l'Épître et de l'Idylle, je n'en sais pas qui le peigne mieux que celle qui a pour titre : *Ma Vigne,* adressée à une dame de ses compatriotes qui habite Paris. Jasmin, un certain jour, vers 1845, est devenu propriétaire en effet, non plus seulement de sa maison au Gravier, mais d'une petite vigne tout proche de la ville, et qu'il a baptisée aussitôt par cette inscription : *A Papillote,* comme qui dirait : *à Babiole, à Bagatelle.* Cette vigne réunit toutes les conditions que Pline le Jeune exigeait pour la petite propriété du poëte et de l'homme d'étude : *Tantum soli ut... reptare per limitem..., omnes viticulas suas nosse et numerare arbusculas possint.* On en peut compter les ceps aisément :

« Neuf cerisiers, voilà mon bois, s'écrie Jasmin, qui n'a lu ni Pline le Jeune, ni le *Hoc erat in votis* d'Horace, ni *le Vieillard de Vérone* de Claudien; dix rangs de vigne font ma promenade; des pêchers, ils sont miens; des noisettes, elles sont miennes; des ormeaux, j'en ai deux; des fontaines, j'en ai deux. Que je suis riche! Ma muse est une métayère; oh! je veux vous peindre, pendant que je tiens le pinceau, notre pays aimé du ciel.

« Ici, nous faisons tout naître rien qu'en égratignant la terre; qui en possède un morceau se prélasse chez lui; il n'y a pas de petit bien sous notre soleil! »

Suivent les plus jolies descriptions, les plus chantantes, les plus embaumées : mais le moral s'y joint toujours. C'est sur cette vigne que compte le poëte pour empêcher ses amis de lui échapper, pour les lui rattacher avec son fruit savoureux. Les souvenirs en ce lieu lui reviennent en foule :

« Je vois la prairie où je sautillais; je vois la petite île où je broussaillais, où j'ai pleuré..., où j'ai ri...

« Je vois plus loin le bois feuillu, où, près de la fontaine, je me faisais songeur, depuis que l'on m'avait dit qu'un fameux écrivain avait doré le front d'Agen, en faisant retentir ses vers au bruit de cette onde d'argent. »

Cet écrivain fameux, qui troublait l'enfance de Jasmin, le croirait-on? c'est Scaliger, Jules-César Scaliger, qui avait été l'honneur d'Agen au XVIe siècle, et dont la tradition et la légende ont fait un poëte presque populaire. Illustre Scaliger, il ne s'est jamais trouvé si gentiment chanté et célébré. Mais, de souvenir en souvenir, Jasmin s'aperçoit, dans son propre clos, de plus d'une haie épaisse qu'enfant il a trouée, de plus d'un pommier qu'il a ébranché, de plus d'une vieille treille où on lui a fait *la courte-échelle* pour atteindre le fin muscat, et il se promet, à son tour, de ne pas être plus dur aux autres qu'on ne l'a été pour lui :

« Que voulez-vous? ce que j'ai dérobé, je le rends, et je le rends avec usure; à ma vigne, je n'ai pas de porte; deux ronces en barrent le seuil; lorsque des picoreurs, par les trouées, je vois le nez, au lieu de m'armer d'une gaule, je m'en retourne, je m'en vais pour qu'ils y puissent revenir. »

Remarquez ici comme la bonté et la charité se déguisent dans le rire. La *Vigne* de Jasmin est un de ces petits chefs-d'œuvre qu'on ne peut attendre que de ces poëtes accomplis en qui le sentiment et le style s'unissent pour satisfaire à la fois l'âme et le goût.

Qu'ai-je à dire encore sur le côté sérieux du poëte? Faut-il lui faire un mérite d'avoir su résister à toutes les tentations mauvaises qui n'ont pas été sans l'assiéger?

Nul poëte n'a reçu autant d'éloges que lui, et nul ne se gêne moins à paraître les aimer, mais il a cela de particulier que ces éloges ne lui ont fait faire aucune folie : il a porté son ivresse de poëte avec un rare bon sens : « Je ne sais aucun faux pas de lui, » me disait quelqu'un qui le connaît bien. Avant la Révolution de Février, en avril 1847, dans la pièce intitulée *Riche et Pauvre*, ou *les Prophètes menteurs*, il montrait la bienfaisance des uns désarmant la colère et l'envie des autres, et faisant mentir les sinistres prédictions; il montrait aux plus pauvres la charité mieux comprise que jamais, se déployant partout, donnant d'une main et quêtant de l'autre; et aux riches il disait : « N'oubliez pas un seul moment que des pauvres la grande couvée se réveille toujours avec le rire à la bouche, quand elle s'endort sans avoir faim. » Dans son poëme *Ville et Campagne*, composé pour la fête du Comice-Agricole de Villeneuve-sur-Lot (septembre 1849), il montrait les avantages qu'il y a à ne pas déserter son sol natal pour les glorioles et les ambitions des villes; il faisait porter une santé par le plus sage et le plus vieux, « non à l'*esprit nouveau*, plein de venin, mais à l'aîné de l'esprit, au *bon sens*. » Il n'était content que quand il avait ramené aux champs son jeune *Monsieur* égaré, et quand il lui avait fait dire : « La campagne fut mon berceau, maintenant elle sera ma tombe : car j'ai compris la terre, j'ai *sondé* ce qu'elle vaut. » Ce jeune homme, égaré par les idées modernes, pourrait être caractérisé dans sa maladie morale avec plus de particularité sans doute et plus de ressemblance; l'intention suffit pourtant; l'auditeur achève la pensée. Heureux de la conversion, le poëte s'écrie en finissant, dans un sentiment qui déborde le cadre de son poëme : « C'est beau de sauver la sainte poésie, mais c'est cent fois plus beau de sauver son pays ! » — C'est après avoir entendu ce poëme et tant de pièces inspirées par un même sentiment moral élevé, qu'on a pu dire avec raison : « Si la France possédait dix poëtes comme Jasmin, dix poëtes de cette influence, elle n'aurait pas à craindre de révolutions.. »

J'allais oublier de dire que ce troisième volume de Jasmin est dédié à M. Dumon d'Agen, l'ancien ministre, et qui avait eu autrefois mille attentions et mille bonnes grâces pour lui. Ce n'est certes pas se compromettre que de dédier un volume de poésies à M. Dumon, qui reste un homme de tant d'esprit et de littérature : mais c'est s'honorer et bien prendre son temps que de lui dire devant tous aujourd'hui : *Je vous suis autant que jamais reconnaissant.*

Lundi 14 juillet 1851.

MARIE-ANTOINETTE.

(NOTICE DU COMTE DE LA MARCK.)

Parmi les écrits qui peuvent donner une juste idée de la reine Marie-Antoinette et de son caractère aux années de sa prospérité et de sa jeunesse, je n'en sais pas qui porte mieux la conviction dans l'esprit du lecteur que la simple *Notice du comte de La Marck*, insérée par M. de Bacourt dans l'Introduction de l'ouvrage récemment publié sur Mirabeau. Le comte de La Marck dessine l'intérieur de la reine en quelques pages d'une observation très-nette. On y voit une Marie-Antoinette réelle et naturelle, non exagérée. On y pressent les fautes auxquelles ses alentours ne manqueront pas de la pousser, celles qu'on lui prêtera, et les armes qu'elle va fournir, sans y songer, à la malignité. On regrette qu'un observateur aussi impartial et aussi supérieur n'ait pas tracé un pareil portrait de la reine aux divers moments de son existence, jusqu'à l'heure où elle devient une grande victime, et où ses hautes qualités de cœur éclatent assez pour frapper et intéresser tout ce qui est humain.

Il est une manière d'envisager Marie-Antoinette qui

me paraît la vraie, et que je voudrais bien définir, parce que c'est de ce côté que me paraît devoir être aussi le jugement définitif de l'histoire. On peut, dans un sentiment élevé de compassion, s'éprendre d'un intérêt idéal pour Marie-Antoinette, vouloir la défendre sur tous les points, se constituer son avocat, son chevalier envers et contre tous, s'indigner à la seule idée des taches et des faiblesses que d'autres croient découvrir dans sa vie : c'est là un rôle de défenseur qui est respectable s'il est sincère, qui se conçoit très-bien chez ceux qui avaient le culte de l'ancienne royauté, mais qui me touche bien moins chez les nouveaux-venus en qui ce ne serait qu'un parti pris. Un tel point de vue n'est pas le mien ; il saurait être difficilement celui des hommes qui n'ont été élevés à aucun degré dans la religion de l'ancienne monarchie, et c'est là, on n'en saurait disconvenir, le cas de l'immense majorité dans les générations actuelles et dans celles qui se préparent. Ce qui me paraît plus sûr et plus souhaitable pour cette touchante mémoire de Marie-Antoinette, c'est qu'il puisse se dégager, de la multitude d'écrits et de témoignages dont elle a été l'objet, une figure belle, noble, gracieuse, avec ses faiblesses, ses frivolités, ses fragilités peut-être, mais avec les qualités essentielles, conservées et retrouvées dans leur intégrité, de femme, de mère et par instants de reine, avec la bonté de tout temps généreuse, et finalement avec les mérites de résignation, de courage et de douceur qui couronnent les grandes infortunes. C'est par là qu'une fois établie historiquement dans cette mesure qui est belle encore, elle continuera d'intéresser à travers les âges tous ceux qui, de plus en plus indifférents aux formes politiques du passé, garderont les sentiments délicats et humains qui font partie de la civilisation comme de la nature, de tous ceux qui pleurent aux malheurs d'Hécube et d'Andromaque, et qui, en lisant le récit de malheurs pareils et plus grands encore, s'attendriront aux siens.

Mais il y a ici cette différence que la poésie seule s'est chargée de la tradition d'Andromaque et d'Hécube, et qu'on n'a pas les Mémoires de la Cour de Priam, au lieu qu'on a ceux de la Cour de Louis XVI, et qu'il n'y a pas moyen de n'en pas tenir compte. Que disent ces Mémoires sur Marie-Antoinette? je parle des Mémoires véritables et non des libelles. Que dit le comte de La Marck, qui résume très-bien l'esprit de cette première époque? Arrivée à quinze ans en France, la jeune Dauphine n'en avait pas dix-neuf lorsqu'elle se trouva reine à côté de Louis XVI. Ce prince, muni d'une instruction solide et doué de toutes les qualités morales qu'on sait, mais faible, timide, brusque, rude, et particulièrement disgracieux auprès des femmes, n'avait rien de ce qu'il fallait pour diriger sa jeune épouse. Celle-ci, fille d'une mère illustre, n'avait pu être élevée par Marie-Thérèse trop occupée des affaires d'État, et sa première éducation à Vienne avait été très-négligée. On ne lui avait jamais donné le goût ni l'idée d'une lecture sérieuse. Son esprit, assez juste et prompt, « saisissait et comprenait rapidement les choses dont on lui parlait, » mais n'avait ni une grande étendue ni une grande portée, rien en un mot de ce qui répare le défaut d'éducation ou de ce qui supplée à l'expérience. Aimable, gaie et innocemment railleuse, elle avait avant tout « une grande bonté de cœur et un désir persévérant d'obliger les personnes qui s'adressaient à elle. » Elle avait un grand besoin d'amitié et d'intimité, et elle chercha aussitôt quelque personne avec qui elle pût se lier comme il n'est point d'usage à la Cour. Son idéal de bonheur évidemment (chacun a le sien) était, au sortir des scènes de cérémonie qui l'ennuyaient, de trouver un monde aimable, riant, dévoué, choisi, au sein duquel elle parût oublier qu'elle était reine, tout en s'en ressouvenant bien au fond. Elle aimait, si l'on peut dire, à se donner le plaisir de cet oubli, et à ne se rappeler tout à coup ce qu'elle était que pour répandre les bonnes grâces autour d'elle. On a vu, dans les opéras-comiques et dans les pastorales, de ces reines déguisées qui font ainsi la joie et le charme de ce qui les entoure. Marie-Antoinette avait cet idéal de vie heureuse qu'elle eût pu réaliser sans inconvénients si elle fût restée simple archiduchesse à Vienne, ou si elle eût simplement régné en quelque Toscane ou en quelque Lorraine. Mais, en France, elle ne put l'essayer de même impunément, et son petit Trianon avec ses laiteries, ses bergeries et ses comédies, était trop près de Versailles. L'envie rôdait autour de ces lieux trop préférés, l'envie faisant signe à la bêtise et à la calomnie.

M. de La Marck a très-bien montré les inconvénients qu'il y eut pour la reine à se restreindre d'abord si exclusivement dans le cercle de la comtesse Jules de Polignac, à donner à celle-ci, avec la qualité d'une amie, l'attitude d'une favorite, et à tous les hommes de cette coterie (les Vaudreuil, les Besenval, les Adhémar), des prétentions et des droits dont ils abusèrent si vite, chacun dans le sens de son humeur et de son ambition. Bien qu'elle ne vît jamais toute l'étendue de ces inconvénients, elle en aperçut pourtant quelque chose ; elle sentait que là où elle cherchait le repos et le délassement du rang suprême, elle retrouvait encore une obsession intéressée, et quand on lui faisait remarquer qu'elle témoignait souvent trop de préférence à des étrangers de distinction qui passaient en France, et que cela pouvait lui nuire auprès des Français : « Vous avez raison, répondait-elle avec tristesse, mais ceux-là du moins ne me demandent rien. »

Quelques-uns des hommes qui, admis dans cette intimité et cette faveur de la reine, étaient obligés à plus de reconnaissance et de respect, furent les premiers à parler d'elle avec légèreté, parce qu'ils ne la trouvaient pas assez docile à leurs vues. Comme elle parut, à un certain moment, s'éloigner un peu du cercle Polignac et s'habituer dans le salon de Mme d'Ossun, sa dame d'atour, « un habitué du salon Polignac (que M. de La Marck ne nomme pas, mais qui paraît avoir été un des plus considérables de ce cercle) fit contre la reine un couplet très-méchant, et ce couplet, fondé sur un infâme mensonge, alla circuler dans Paris. » C'est ainsi que la Cour même et l'intimité de la reine fournissaient le premier levain qui allait se mêler aux grossièretés et aux infamies du dehors. Pour elle, elle ignorait tout cela, et ne se doutait pas de ce qui indisposait contre elle à Versailles, pas plus que de ce qui aliénait d'elle à Paris.

Aujourd'hui encore, lorsqu'on veut citer quelque témoignage qui donne à penser contre Marie-Antoinette, le témoignage de quelqu'un qui compte, c'est dans les Mémoires du baron de Besenval qu'on le va chercher. Mandé auprès d'elle en 1778, lors du duel du comte d'Artois et du duc de Bourbon, M. de Besenval est introduit par Campan (secrétaire du cabinet) dans une chambre particulière qu'il ne connaissait pas, « simplement, mais commodément meublée. — Je fus étonné, ajoute-t-il en passant, non pas que la reine eût désiré tant de facilités, mais qu'elle eût osé se les procurer. » Cette simple phrase, jetée en courant, est pleine d'insinuations, et les ennemis n'ont pas manqué de la relever.

Ici je n'affecterai pas plus de sous-entendus qu'il n'en faut, et je ne craindrai pas de toucher le point le plus délicat. Il est des personnes dont la préoccupation consiste à nier absolument toute légèreté et toute faiblesse de cœur de Marie-Antoinette (supposé qu'il s'en rencontre quelqu'une à cette époque de sa vie). Pour moi, je pense hardiment que l'intérêt qui s'attache à sa mémoire, que la pitié qu'excitent son malheur et la façon généreuse dont elle l'a porté, que l'exécration que méritent ses juges et ses bourreaux, ne sauraient en rien dépendre de quelque découverte antérieure, tenant à une fragilité de femme, ni s'en trouver le moins du monde infirmés. Or, maintenant, dans l'état actuel des renseignements historiques sur Marie-Antoinette, en se rendant compte des vrais témoignages, et en se souvenant aussi de ce qu'on a ouï raconter à des contemporains assez bien informés, il est très-permis de penser qu'en effet cette personne affectueuse et vive, tout entière à ses impressions, amie des manières élégantes et des formes chevaleresques, ayant besoin tout simplement aussi d'épanchement et de protection, a pu avoir durant ces quinze années de sa jeunesse quelque préférence de cœur : ce serait plutôt le contraire qui serait bien étrange. Beaucoup d'ambitieux, beaucoup de fats, cependant, furent sur les rangs et échouèrent; il y eut des tentatives, des commencements sans nombre. Nous avons entendu Lauzun l'autre jour expliquer son aventure à sa manière : le fait est que, d'une manière ou d'une autre, il échoua. Le prince de Ligne en ce temps-là venait souvent en France, et c'était un de ces étrangers tout Français et tout aimables avec lesquels se plaisait particulièrement la reine. Il avait l'honneur de l'accompagner le matin à la promenade : « C'était, dit-il, à de semblables promenades à cheval, tout seul avec la reine, quoique entouré de son fastueux cortége royal, qu'elle m'apprenait mille anecdotes intéressantes qui la regardaient et tous les piéges qu'on lui avait tendus pour lui donner des amants. Tantôt c'était la maison de Noailles qui voulait qu'elle en prît le vicomte, tantôt la cabale Choiseul qui lui destinait Biron (Lauzun), *qui, depuis!... mais alors il était vertueux.* La duchesse de Duras, quand elle était de semaine, nous accompagnait à cheval; mais nous la laissions avec les écuyers, et c'était une des étourderies de la reine et l'un de ses plus grands crimes, puisqu'elle n'en faisait point d'autre que de négligence à l'égard des ennuyeux et ennuyeuses, qui sont toujours implacables. » Ainsi, voilà la contre-partie du récit de Lauzun et la version de la reine à son tour. Je ferai toutefois remarquer qu'il n'était nullement probable que Lauzun agît pour le compte de la cabale Choiseul, avec qui il était assez mal de tout temps; mais les alentours de la reine avaient eu intérêt à le présenter sous ce jour pour le perdre définitivement.

C'est ce même prince de Ligne qui a dit d'elle ailleurs : « Sa prétendue galanterie ne fut jamais qu'un sentiment profond d'amitié, et peut-être *distingué* pour *une ou deux* personnes (je lui laisse son style de grand seigneur), et une coquetterie générale de femme et de reine pour plaire à tout le monde. » Cette impression ou cette conjecture, que je retrouve également chez d'autres bons observateurs qui ont approché de Marie-Antoinette, reste, je crois, la plus vraisemblable. Ces *deux* personnes qu'elle a particulièrement distinguées en des temps différents, paraissent avoir été le duc de Coigny d'abord, homme prudent et déjà mûr, et en dernier lieu M. de Fersen, celui-ci colonel du régiment Royal-Suédois au service de France, caractère élevé, chevaleresque, et qui, aux jours du malheur, ne s'est trahi que par son dévouement absolu.

Au reste, lorsqu'il s'agit de ces particularités intimes et secrètes sur lesquelles il est si aisé d'avoir maint propos et si difficile d'acquérir une certitude, je crois qu'il est bon de rappeler le mot si sensé que disait un jour Mme de Lassay (fille naturelle d'un Condé) à son mari qu'elle entendait discuter à fond et trancher sur la vertu de Mme de Maintenon : elle le regarda avec étonnement et lui dit, d'un sang-froid admirable : « Comment faites-vous, Monsieur, pour être si sûr de ces choses-là ? » Ce mot, qui est piquant, adressé par une femme à son mari qui se prétend sûr d'une vertu controversée, n'est pas moins vrai dans tous les sens, et peut s'adresser également à ceux qui se croient si sûrs de ces fautes d'autrui dont personne jamais n'est témoin (1).

La beauté de la reine dans sa jeunesse a été fort célébrée. Ce n'était pas une beauté, à prendre chaque trait en détail : les yeux, bien qu'expressifs, n'étaient pas très-beaux ; son nez aquilin semblait trop prononcé : « Je ne suis pas bien sûr que son nez fût celui de son visage, » a dit un témoin spirituel. Sa lèvre inférieure était plus marquée et plus forte qu'on ne le demande à

---

(1) MM. Edmond et Jules de Goncourt, dans leur *Histoire de Marie-Antoinette* (1858), où ils ont donné tant de curieux documents inédits en y mêlant du brillant et du généreux, se prononcent avec énergie contre toute espèce de supposition et de concession à cet égard : « Non, s'écrient-ils, Marie-Antoinette n'a pas besoin d'excuse ; non, la calomnie n'a pas été médisance : Marie-Antoinette est demeurée pure. » Sans être chevalier à ce point, sans avoir de parti pris, sans répondre de rien, on peut, je le répète, et l'on doit, si l'on est simplement honnête homme et sensible, conserver tout le respect et un intérêt tendre pour la reine et pour la femme en Marie-Antoinette. Ne déplaçons pas les vrais points essentiels de la justice et de la morale humaine.

la bouche d'une jolie femme; sa taille aussi était un peu pleine; mais l'ensemble était d'un grand air et d'une souveraine noblesse. Même dans le négligé, c'était une beauté de reine plutôt que de femme du monde : « Aucune femme, a dit M. de Meilhan, ne portait mieux sa tête, qui était attachée de manière à ce que chacun de ses mouvements eût de la grâce et de la noblesse. Sa démarche était noble et légère, et rappelait cette expression de Virgile : *Incessu patuit dea*. Ce qu'il y avait de plus rare dans sa personne était l'union de la grâce et de la dignité la plus imposante. » Ajoutez un teint éblouissant de fraîcheur, des bras, des mains admirables, un charmant sourire, une parole appropriée, et qui s'inspirait moins de l'esprit que de l'âme, du désir d'être bonne et de plaire. Elle pouvait aimer comme elle faisait la liberté des entretiens et des jeux, la familiarité des intérieurs; elle pouvait jouer à la vie de bergère ou de femme à la mode, il lui suffisait de se lever, de reprendre en un rien son air de tête : elle était reine.

Pendant longtemps cette gracieuse femme, pleine de confiance au prestige de la royauté et ne songeant qu'à le tempérer doucement autour d'elle, ne s'occupa point de politique, ou du moins elle ne le faisait que par accidents, et en quelque sorte poussée à bout par son cercle intime. Elle continuait sa vie de féerie et d'illusion, quand déjà les propos odieux, les couplets satiriques et les pamphlets infâmes couraient Paris, et lui imputaient une influence secrète et continue qu'elle n'avait pas. L'affaire du Collier fut le premier signal de ses malheurs, et le bandeau qui lui couvrait jusque-là les yeux se déchira. Elle commença à sortir de son hameau enchanté, et à découvrir le monde tel qu'il est quand il a intérêt à être méchant. Lorsqu'elle fut amenée à s'occuper habituellement des choses publiques et à avoir un avis sur les mesures et les événements extraordinaires qui, chaque jour, forçaient l'attention, elle y apporta les dispositions les moins politiques qui se peuvent imaginer, je veux dire l'indignation contre les lâchetés, des préventions personnelles dont son intérêt le plus évident ne parvenait point toujours à la faire triompher, un ressentiment des injures qui n'était pas le désir de la vengeance, mais bien la souffrance délicate et fière de la dignité blessée. Si Louis XVI avait été autre, et s'il avait offert quelque prise à une impulsion active énergique, il n'y a nul doute qu'à un moment ou à un autre, sous l'inspiration de la reine, il ne se fût tenté quelque entreprise qui aurait bien pu être un coup de tête, mais qui peut-être aussi aurait rétabli pour quelque temps l'ordre monarchique ébranlé. Il n'en fut point ainsi : cette âme de Louis XVI échappait et se dérobait à son rôle de roi par ses vertus mêmes; sa nature, toute composée de piété et d'humanité, tendait perpétuellement au sacrifice, et de faiblesse en faiblesse il ne devait plus retrouver de grandeur qu'en devenant un martyr. La reine n'avait point en elle ce qu'il fallait pour triompher d'une incapacité et d'une inertie royale si absolues. Elle avait des élans, mais point de suite. C'est la plainte perpétuelle qui revient sous la plume du comte de La Marck dans la Correspondance secrète qu'on vient de publier : « La reine, écrivait-il au comte de Mercy-Argenteau (30 décembre 1790), la reine a certainement l'esprit et la fermeté qui peuvent suffire à de grandes choses; mais il faut avouer, et vous avez pu le remarquer mieux que moi, que, soit dans les affaires, soit même simplement dans la conversation, elle n'apporte pas toujours ce degré d'attention et cette suite qui sont indispensables pour apprendre à fond ce qu'on doit savoir pour prévenir les erreurs et pour assurer le succès. » Et ailleurs, toujours du même au même (28 septembre 1791) : « Il faut trancher le mot, le roi est incapable de régner, et la reine, bien secondée, peut seule suppléer à cette incapacité. Cela même ne suffirait pas : il faudrait encore que la reine reconnût la nécessité de s'occuper des affaires avec méthode et suite ; il faudrait qu'elle se fît la loi de ne plus accorder une demi-confiance à beaucoup de gens, et qu'elle donnât en revanche sa confiance entière à celui qu'elle aurait choisi pour la seconder. » Et encore (10 octobre 1791) : « La reine, avec de l'esprit et un courage éprouvé, laisse cependant échapper toutes les occasions qui se présentent de s'emparer des rênes du gouvernement, et d'entourer le roi de gens fidèles, dévoués à la servir et à sauver l'État avec elle et par elle. » En effet, on ne revient pas d'une si longue et si habituelle légèreté en un jour ; ce n'eût pas été trop du génie d'une Catherine de Russie pour lutter contre les dangers si imprévus à celle qui n'avait jamais ouvert un livre d'histoire en sa vie, et qui avait rêvé une royauté de loisir et de village à Trianon : c'est assez que cette frivolité passée n'ait en rien entamé ni abaissé le cœur, et qu'il se soit trouvé dans l'épreuve aussi généreux, aussi fier, aussi royal et aussi pleinement doué qu'il pouvait l'être en sortant des mains de la nature.

Je ne discuterai pas, on le pense bien, la ligne de politique à laquelle Marie-Antoinette croyait bon de revenir quand elle était livrée à elle-même. Nous ne sommes pas ici des puristes constitutionnels : ce qu'elle voulait, ce n'était pas la Constitution de 91 assurément, c'était le salut du trône, celui de la France comme elle l'entendait, l'honneur du roi et le sien, et celui de sa noblesse, l'intégrité de l'héritage à léguer à ses enfants ;

ne lui demandez pas autre chose. Les lettres qu'on a déjà publiées d'elle, d'autres qu'on publiera un jour, permettront d'établir cette portion de l'histoire avec certitude. Elle voulait le salut de l'État par son frère l'empereur, par les puissances étrangères, mais point par les émigrés. Son indignation ne se contenait point contre ceux-ci : « Les lâches, après nous avoir abandonnés, s'écriait-elle, veulent exiger que seuls nous nous exposions et seuls nous servions tous leurs intérêts. » Dans une très-belle lettre, adressée au comte de Mercy-Argenteau, où on lit ces mots, elle disait encore, après avoir exposé un plan désespéré (août 1791) : « J'ai écouté, autant que je l'ai pu, des gens des deux côtés, et c'est de tous leurs avis que je me suis formé le mien; je ne sais pas s'il sera suivi, vous connaissez la personne à laquelle j'ai affaire (le roi) : au moment où on la croit persuadée, un mot, un raisonnement la fait changer sans qu'elle s'en doute; c'est aussi pour cela que mille choses ne sont point à entreprendre. Enfin, quoi qu'il arrive, conservez-moi votre amitié et votre attachement, j'en ai bien besoin, et croyez que, quel que soit le malheur qui me poursuit, je peux céder aux circonstances, mais jamais je ne consentirai à rien d'indigne de moi; c'est dans le malheur qu'on sent davantage ce qu'on est. Mon sang coule dans les veines de mon fils, et j'espère qu'un jour il se montrera digne petit-fils de Marie-Thérèse. »

Son dernier éclair de joie et d'espérance avait été au voyage de Varennes. Au moment où ce voyage tant différé allait s'exécuter enfin, vers minuit, la reine, traversant le Carrousel à pied pour aller trouver la voiture préparée pour la famille royale par M. de Fersen, rencontra celle de M. de La Fayette qui passait : elle la remarqua, « et elle eut même la fantaisie, avec une badine qu'elle tenait à la main, de chercher à toucher les roues de la voiture. » C'était une innocente vengeance. Ce coup de badine fut comme sa dernière gaieté de jeune femme. A trois jours de là, que l'aspect était différent! Au moment où Mme Campan la revit après le retour de Varennes, la reine ôta son bonnet, et lui dit de voir l'effet que la douleur avait produit sur ses cheveux : « en une seule nuit ils étaient devenus blancs comme ceux d'une femme de soixante-dix ans. » Elle en avait trente-six.

Les deux dernières années de la reine suffiraient pour racheter mille fois plus de fautes que n'en put commettre aux années légères cette personne de grâce et d'élégance, et pour consacrer dans la pitié des âges une semblable destinée. Prisonnière dans son intérieur, en proie à de continuelles angoisses, on la voit s'épurer à côté de cette sœur si sainte, Madame Élisabeth, se ranger et se fortifier de plus en plus dans ces sentiments de famille et de religion domestique qui ne consolent à ce degré que les âmes naturellement bonnes et non corrompues. Aux journées fatales, aux journées d'insurrection et d'émeute, quand sa demeure tout entière est envahie, elle est à son poste; elle essuie l'outrage avec fierté, avec noblesse, avec clémence, en même temps qu'elle couvre de son corps ses enfants. Du milieu de ses propres dangers, elle est tout occupée, dans sa bonté, de ceux des autres, et elle se montre attentive à ne compromettre personne inutilement dans sa cause. Le dernier jour, le jour suprême de la royauté, au 10 août, elle essaie de donner à Louis XVI un élan qui l'eût fait mourir en roi, en fils de Louis XIV; mais c'est en chrétien et en fils de saint Louis qu'il devait mourir. Elle entre à son tour elle-même dans cette voie d'un héroïsme tout de résignation et de patience. Une fois enfermée au Temple, elle fait de la tapisserie, s'occupe de l'éducation de sa fille et de son fils, compose pour ses enfants une prière, et s'accoutume à boire le calice en silence. La tête de la princesse de Lamballe, présentée aux barreaux, lui avait donné le premier froid de la mort. Au moment où elle sortait du Temple pour être transférée à la Conciergerie, elle se frappa la tête au guichet, n'ayant point songé à se baisser; on lui demanda si elle s'était fait du mal : « Oh! non, dit-elle; rien à présent ne peut me faire du mal. » Mais chaque heure de son agonie a été notée, et ce n'est pas à nous à le redire. Je ne crois pas qu'il puisse exister de monument d'une stupidité plus atroce, plus ignominieuse pour notre espèce, que le Procès de Marie-Antoinette tel qu'on le peut lire officiellement reproduit au tome XXIXe de l'*Histoire parlementaire de la Révolution française*. La plupart des réponses qu'elle fit aux accusations sont tronquées ou supprimées; mais, comme en tout procès inique, le texte seul des imputations dépose contre les assassins. Quand on pense qu'un siècle dit de lumières, et de la plus raffinée civilisation, aboutit à des actes publics de cette barbarie, on se prend à douter de la nature humaine et à s'épouvanter de la bête féroce, aussi bête que féroce en effet, qu'elle contient toujours en elle-même et qui ne demande qu'à sortir. Aussitôt après sa condamnation, ramenée du tribunal à la Conciergerie, Marie-Antoinette écrivit une lettre datée du 16 octobre, à quatre heures et demie du matin, et adressée à Madame Élisabeth. Dans cette lettre dont on vient de reproduire le *fac-simile* (1), et qui est d'une grande simplicité de ton, on lit : « C'est à vous, ma sœur, que j'écris pour la dernière fois. Je viens d'être condamnée, non pas à une mort honteuse, elle ne l'est que pour les criminels, mais à

---

(1) *La dernière Lettre de la Reine Marie-Antoinette*, Paris, 1851. (Courcier, 9, rue Hautefeuille.)

aller rejoindre votre frère. Comme lui innocente, j'espère montrer la même fermeté que lui dans ces derniers moments. Je suis calme comme on l'est quand la conscience ne reproche rien ; j'ai un profond regret d'abandonner mes pauvres enfants. Vous savez que je n'existais que pour eux ; et vous, ma bonne et tendre sœur, vous qui avez par votre amitié tout sacrifié pour être avec nous, dans quelle position je vous laisse !... » Les sentiments les plus vrais de la mère, de l'amie, de la chrétienne soumise, respirent dans cette lettre testamentaire. On sait que Marie-Antoinette fit preuve, quelques heures après, de ce calme et de cette fermeté qu'elle espérait avoir au suprême moment, et le procès-verbal des bourreaux reconnaît lui-même qu'elle monta sur l'échafaud avec *assez de courage.*

Je ne crois pas qu'on ait encore tous les éléments pour écrire avec la simplicité qui convient la vie de Marie-Antoinette ; il existe d'elle des recueils manuscrits de lettres à son frère l'empereur Joseph, à l'empereur Léopold, et la Chancellerie de Vienne doit contenir en ce genre des trésors. Mais j'ose conjecturer que la publication de ces pièces confidentielles, si elle a lieu un jour, ne fera que confirmer l'idée que la réflexion et une lecture attentive des Mémoires peuvent donner dès à présent. La noble mère de Marie-Antoinette, de qui elle tenait ce nez d'aigle et ce port de reine, lui imprima le cachet de sa race ; mais ce caractère impérial, qui reparaissait aux grands moments, n'était pas celui de l'habitude de son esprit, de son éducation et de son rêve ; elle ne se retrouvait la fille des Césars que par saillies. Elle était faite pour être l'héritière paisible et un peu bergère de l'Empire, plutôt que pour reconquérir elle-même son royaume ; avant tout, sous ce front auguste, elle était faite pour être femme aimable, amie constante et fidèle, mère tendre et dévouée. Elle avait toutes les qualités et les grâces, et quelques-unes aussi des faiblesses de la femme. L'adversité lui rendit des vertus; l'élévation du cœur et la dignité du caractère se dessinèrent avec d'autant plus d'éclat qu'elles n'étaient point portées par un esprit tout à fait à la hauteur des circonstances. Telle qu'elle est, victime de la plus odieuse et de la plus brutale des immolations, exemple de la plus épouvantable des vicissitudes, elle n'a point besoin que le culte des vieilles races subsiste pour soulever un sentiment de sympathie et de pitié délicate chez tous ceux qui liront le récit et de ses brillantes années et de ses dernières tortures. Tout homme qui aura dans le cœur quelque chose de la générosité d'un Barnave, éprouvera la même impression et, s'il faut le dire, la même conversion que lui, en approchant de cette noble figure si outragée. Quant aux femmes, Mme de Staël leur a dès longtemps adressé le mot qui peut leur aller le plus au cœur, quand elle a dit, dans la Défense qu'elle a donnée de Marie-Antoinette : « Je reviens à vous, femmes immolées toutes dans une mère si tendre, immolées toutes par l'attentat qui serait commis sur la faiblesse...; c'en est fait de votre empire si la férocité règne. » Marie-Antoinette est mère encore plus que reine en effet. On sait ce premier mot qui lui échappa lorsque, n'étant que Dauphine, on blâmait devant elle une femme qui, pour obtenir le pardon de son fils compromis dans un duel, s'était adressée à Mme Du Barry elle-même : « A sa place, j'en aurais fait autant, et s'il l'avait fallu, je me serais jetée même aux pieds de *Zamore*» (le petit nègre de Mme Du Barry). Et l'on sait aussi ce dernier mot de Marie-Antoinette devant l'atroce tribunal, lorsque, interrogée sur d'affreuses imputations qui touchaient à l'innocence de son fils, elle s'écria pour toute réponse : «J'en appelle à toutes les mères ! » C'est là le cri suprême qui domine sa vie, le cri qui va aux entrailles et qui retentira pour elle dans l'avenir.

Un jour, au Temple, un projet d'évasion avait été concerté, et elle y avait consenti. Le lendemain, elle écrivit qu'elle ne pouvait s'y décider, puisqu'il fallait, en fuyant, se séparer de son fils : « Quelque bonheur que j'eusse éprouvé à être hors d'ici, écrivait-elle, je ne peux pas consentir à me séparer de lui... Je ne pourrais jouir de rien en laissant mes enfants, et cette idée ne me laisse pas même de regrets. » Ce sentiment, dira-t-on, est bien simple, et c'est pour cela précisément qu'il est beau.

Lundi 21 juillet 1851.

HISTOIRE DES TRAVAUX ET DES IDÉES

DE

BUFFON,

PAR M. FLOURENS.

(Hachette. — 1850.)

Ceux qui, sans être des savants, veulent se lancer et s'orienter dans cette vaste lecture des Œuvres de Buffon, ne sauraient prendre un guide plus sûr, un indicateur plus précis et plus net que M. Flourens, qui a rendu un nouveau service à toutes les classes de lecteurs par cet excellent écrit. L'article *Buffon* par Cuvier, qui se lit dans la *Biographie universelle,* ne saurait non plus s'omettre ; chaque mot y a sa mesure et son poids. A un point de vue différent, et pour peu qu'on veuille apprécier l'importance des questions soulevées et encore agitées autour du grand nom de Buffon, il convient de mettre dans la balance l'Étude essentielle que lui a consacrée Geoffroy-Saint-Hilaire (*Fragments biographiques*) et ce qu'a dit aussi son fils et digne héritier, M. Isidore Geoffroy-Saint-Hilaire, dans ses *Considérations histo-*

riques sur la Zoologie. Quant au style, quant à l'écrivain et à l'homme, M. Villemain semble avoir épuisé le sujet dans une de ses plus belles leçons sur la *Littérature du dix-huitième Siècle*. Je profiterai rapidement et abondamment de tous ces secours dans le peu que je pourrai dire ici sur Buffon.

Buffon, le dernier disparu des quatre grands hommes du xviiie siècle, ferma pour ainsi dire ce siècle le jour de sa mort, 16 avril 1788. Né à Montbar, en Bourgogne, en septembre 1707, il était de cinq ans plus âgé que Jean-Jacques Rousseau; il avait treize ans de moins que Voltaire et dix-huit de moins que Montesquieu. Son père, M. Le Clerc, était conseiller au Parlement de Dijon, qui renfermait alors bien des hommes d'étude et d'érudition, maint personnage de bonne race et en qui la vieille séve n'avait pas tari. Buffon, d'ailleurs, disait tenir surtout de sa mère, dont il parlait avec tendresse et complaisance. Il fit ses études au collége de Dijon, et marqua dès l'abord de grandes dispositions au travail et au plaisir. La nature lui avait donné tous les avantages, la taille, le port, la figure, la force, et une ardeur en tous sens que dominaient finalement la raison et la volonté. « Le corps d'un athlète et l'âme d'un sage; » c'est ainsi que le définissait plus tard Voltaire aux heures de justice et d'équité. Buffon pourtant ne devint ce philosophe et ce sage que par degrés. Sa jeunesse paraît avoir été assez violente et fougueuse : mais, quel qu'eût été l'emploi de sa soirée, il se faisait réveiller le matin à une heure dite pour se remettre à l'étude. La géométrie l'avait fort occupé dès le collége, et, au zèle dont il s'y appliquait, elle semblait presque sa vocation; ou plutôt, dans sa curiosité élevée et étendue, il menait, dès sa jeunesse, toutes les connaissances de front : *Il ne voulait pas qu'un autre pût entendre ce qu'il n'aurait pas entendu lui-même;* il s'en serait senti humilié comme homme, et ce noble sentiment d'orgueil, soutenu d'une opiniâtre volonté et servi d'une admirable intelligence, le porta au sommet des sciences sublimes. La nature mit le comble à tous ces dons en lui, en les revêtant d'éloquence.

Jeune, il se lia avec le gouverneur d'un jeune seigneur anglais qui séjournait à Dijon, et cette liaison lui fit faire un voyage d'Italie, puis un autre voyage en Angleterre; ce sont les seuls qu'il ait jamais faits. Cet homme, qui avait tant embrassé d'espaces et d'époques, et tant décrit de formes vivantes, pouvait dire : « *J'ai passé cinquante ans à mon bureau.* » Buffon avait la vue basse : c'était sa seule infirmité. Il en développa d'autant plus sa faculté de tout voir par les yeux de l'esprit, de tout se figurer par une contemplation attentive.

Cette première liaison du côté de l'Angleterre fut d'ailleurs très-utile à Buffon : elle le mit à même d'être informé de bonne heure de ce qui s'y était accompli de grand dans l'ordre des sciences. Il entra sans hésiter dans la voie de Newton et dans celle des grands physiciens de cette école. Les premiers écrits publiés de Buffon sont deux traductions de l'anglais. Il traduisit la *Statique des Végétaux* de Hales (1735), et la *Méthode des Fluxions et des Suites infinies* de Newton (1740). Dans la préface qu'il mit à cette dernière traduction, il s'exprime en homme tout à fait maître du sujet, et il expose d'une manière claire, supérieure et presque piquante, les querelles qui s'étaient élevées à propos de l'invention de ce calcul de l'infini. Dans la préface qu'il mit en tête de sa traduction de Hales, il célèbre la méthode de l'expérience en physique et s'élève contre les systèmes, de manière à faire qu'on se demande si c'est bien lui qui va en construire de si beaux :

« Le système de la nature dépend peut-être, dit-il, de plusieurs principes : ces principes nous sont inconnus, leur combinaison ne l'est pas moins. Comment ose-t-on se flatter de dévoiler ces mystères sans autre guide que son imagination, et comment fait-on pour oublier que l'effet est le seul moyen de connaître la cause ? C'est par des expériences fines, raisonnées et suivies, que l'on force la nature à découvrir son secret ; toutes les autres méthodes n'ont jamais réussi, et les vrais physiciens ne peuvent s'empêcher de regarder les anciens systèmes comme d'anciennes rêveries, et sont réduits à lire la plupart des nouveaux comme on lit les romans. Les recueils d'expériences et d'observations sont donc les seuls livres qui puissent augmenter nos connaissances. »

Ce premier Buffon, à la fois géomètre et homme d'expérience, ne promettait point encore ce que sera le second, généralisateur hardi et un peu prompt à subordonner le fait à l'idée. On sait la réponse qu'il fit un jour au chimiste Guyton de Morveau, qui voulait passer au creuset un corps, pour s'assurer d'un fait que Buffon déduisait de la théorie : « Le meilleur creuset, c'est l'esprit, » lui répondit Buffon. Parole bien hasardeuse quand il s'agit en effet de prononcer sur les œuvres de la nature !

Mais c'est qu'il y avait en Buffon un génie qui allait se dégager et qui allait demander satisfaction à son tour : le génie du peintre, du poëte, de celui qui avait besoin avant tout de grandes vues pour se donner carrière à les exprimer. En tête du tome XIIe de son *Histoire naturelle,* il confesse avec une sorte d'ingénuité cet impérieux besoin de sa nature, qui le sollicite à introduire dans son Histoire quelques Discours généraux où il puisse se développer, traiter de la nature en grand et se consoler de l'ennui des détails : « Nous retournerons ensuite à nos détails avec plus de courage, dit-il, car j'avoue qu'il en faut pour s'occuper continuellement de petits objets dont l'examen exige la plus froide patience et ne permet rien au génie. »

Quand il a dit que le génie n'était qu'une plus grande aptitude à l'application et une plus grande patience, on voit que Buffon n'entendait point cette patience froide qui n'a rien de commun avec le feu sacré. Le génie de Buffon participe du poëte autant que du philosophe; il confond et réunit les deux caractères en lui, comme cela s'était vu aux époques primitives. « M. de Buffon fait plus de cas de Milton que de Newton, a dit Mme Necker; Milton, selon lui, avait l'esprit beaucoup plus étendu, et il est plus difficile de réunir des idées qui intéressent tous les hommes que d'en trouver une qui explique les phénomènes de la nature. » En interprétant et en réduisant comme il convient ce souvenir noté de Mme Necker, et sans croire qu'il pût y avoir au monde un mortel que Buffon plaçât au-dessus de Newton, dont il avait le portrait gravé pour unique ornement de son cabinet d'étude, j'en conclurai seulement qu'il y avait dans le génie de Buffon des combinaisons et des tableaux du genre de ceux de Milton et qui demandaient à sortir. On a dit qu'il tenait de Newton et de Descartes, et qu'il oscillait un peu entre leurs deux méthodes : j'oserai penser que c'est plutôt de Newton et de Milton qu'il participe, et que la part systématique chez lui avait surtout le caractère poétique le plus élevé.

Nommé en 1739 intendant du Jardin-du-Roi, et associé de l'Académie des Sciences en cette même année, Buffon n'était encore connu que par l'une des traductions dont j'ai parlé et par quelques Mémoires sur des sujets assez particuliers. C'est alors qu'il conçut le projet de tirer de sa position au Jardin-du-Roi un grand parti et de devenir l'historien de la nature. Il avait trente-deux ans.

Ce titre d'Histoire naturelle était un peu vague alors; il l'était pour Buffon même, qui, embrassant son sujet dans toute sa généralité, voulait bien tâcher de le préciser, mais à condition de ne jamais le restreindre. Après dix ans de travaux préliminaires, dans lesquels il s'était adjoint Daubenton pour la partie descriptive et anatomique, il publia en 1749 les trois premiers volumes in-4° de son *Histoire naturelle*. Ce fut un des événements du siècle. Depuis ce moment, les tomes de cette Histoire monumentale continuèrent de se publier régulièrement et successivement au nombre de trente-six, jusqu'à l'époque de la mort de Buffon (1749-1788). Une maladie grave de l'auteur, qui interrompit pendant près de deux ans son travail, n'apporta pas de ralentissement sensible à la publication. Buffon, durant l'exécution de cette longue entreprise, se donna plusieurs collaborateurs. Après Daubenton, qui, à un certain moment, se retira, M. Gueneau de Montbelliard particulièrement, puis l'abbé Bexon, l'aidèrent pour les oiseaux, et M. de Montbelliard simula même quelquefois assez bien le style du maître. Mais toutes les grandes et principales parties de l'ouvrage sont de Buffon; il y a partout la haute main; chaque volume porte son cachet et son empreinte par quelque page immortelle; les derniers volumes ne se distinguent des précédents et ne se font remarquer que par une ordonnance plus exacte et une plus grande perfection d'ensemble. Celui qui contient les *Époques de la Nature*, publié en 1778, est considéré comme le chef-d'œuvre de Buffon.

Durant ces cinquante années de travaux, la vie de Buffon est uniforme. Chaque année, il vient passer quelques mois à Paris pour les devoirs et les obligations de sa place, pour les intérêts de l'établissement auquel il préside et dont il accroît chaque jour l'importance. Puis il retourne habiter la plus grande partie de l'année à Montbar pour s'y livrer à l'étude et à la composition.

On l'a souvent représenté dans cette habitation rurale et féodale, dans sa tour où il s'enferme dès le matin pour méditer et pour écrire. Je regrette qu'un peu de plaisanterie se soit mêlé sous nos plumes françaises à l'idée de respect et de vénération qu'une telle existence devait avant tout inspirer. Au milieu de cette vie tumultueuse, de cette vie dissipée et morcelée du xviiie siècle, Buffon s'isole; il trouve dans la force de son caractère, dans son amour élevé de la gloire et dans le puissant intérêt de l'étude immense à laquelle il s'est voué, de quoi résister à toutes les irritations, à toutes les chétives tentations d'alentour. Remarquez comme tous, plus ou moins, y cèdent et y succombent, excepté lui; je dis tous, et je parle des plus grands. Voltaire, on le sait trop, ne vit que de combats et de querelles; le pauvre Jean-Jacques en meurt durant vingt années, et sa tête s'égare à vouloir répondre aux méchants propos et aux calomnies. Montesquieu lui-même ne reste point calme si on le prend à partie. Son *Esprit des Lois* paraissait en même temps que les premiers tomes de Buffon. Le Gazetier janséniste attaqua vivement les deux ouvrages, et Montesquieu plus violemment encore que Buffon : Montesquieu, aussitôt, prit la plume : « Il a répondu par une brochure assez épaisse et du meilleur ton, écrivait Buffon à un ami (21 mars 1750); sa réponse a parfaitement réussi. Malgré cet exemple, je crois que j'agirai différemment, et que je ne répondrai pas un seul mot. Chacun a sa délicatesse d'amour-propre. La mienne va jusqu'à croire que de certaines gens ne peuvent pas même m'offenser (1). » Tel fut constamment le prin-

(1) Lettre à l'abbé Le Blanc, dans les *Mélanges de la Société des Bibliophiles*, 1822. — Les articles dont il s'agit se peuvent lire dans les *Nouvelles ecclésiastiques*, Feuille janséniste, à la date du 6 et du 13 février 1750; c'était une dénonciation formelle, et qui

cipe de conduite de Buffon, *laisser la calomnie retomber sur elle-même.* Et reporté vingt-huit ans après sur le même sujet d'attaque en reprenant, dans ses *Époques de la Nature,* ce même ensemble de vues et de travaux : « Tâchons néanmoins, disait-il, de rendre la vérité plus palpable; augmentons le nombre des probabilités; rendons la vraisemblance plus grande; ajoutons lumières sur lumières, en réunissant les faits, en accumulant les preuves, et laissons-nous juger ensuite sans inquiétude et sans appel; car j'ai toujours pensé qu'un homme qui écrit doit s'occuper uniquement de son sujet et nullement de soi; qu'il est contre la bienséance de vouloir en occuper les autres, et que, par conséquent, les critiques personnelles doivent demeurer sans réponse. »

Cette haute dignité personnelle préside à toute la vie de Buffon. Il ne se laissa jamais détourner ni distraire un seul jour de cette contemplation et de cette description de la nature, pour laquelle la plus longue existence humaine était si courte encore. Voyons-le tel qu'il était à Montbar; mais entrons-y non pas, comme le fit Hérault-Séchelles, en espion léger, infidèle et moqueur; entrons-y plutôt avec ce sentiment élevé et pénétré qui fit que Jean-Jacques, passant à Montbar en 1770, voulut voir ce cabinet de travail qu'on a appelé le berceau de l'Histoire naturelle, et en baisa à genoux le seuil. Le pavillon de travail de Buffon était à l'extrémité de ses jar-

---

amena la Sorbonne à censurer le livre (voir encore la même feuille à la date du 26 juin 1754). Au milieu des vues étroites et des aigreurs, il est pourtant un point sur lequel le Gazetier théologien ne se méprend pas, c'est sur la tendance non chrétienne du livre de Buffon. Je l'ai dit ailleurs (*Port-Royal,* tome III, page 332), le plus grand adversaire de Pascal au xviiie siècle, son plus grand réfutateur sans en avoir l'air, c'est Buffon.

dins, et l'on y arrivait de terrasse en terrasse en montant.
Dès six heures du matin, il s'y rendait chaque jour. En
plein été il travaillait dans un cabinet très-élevé, et dont
la voûte ressemblait à celle des églises et des anciennes
chapelles : « M. de Buffon, dit Mme Necker, pense mieux
et plus facilement dans la grande élévation de sa tour,
à Montbar, où l'air est plus pur ; c'est une observation
qu'il a faite souvent. » Là, dans une salle nue, devant
un secrétaire de bois, il méditait, il écrivait. Point de
papiers devant lui, point de livres entassés ; toute cette
érudition et cette paperasserie ne faisaient que gêner
Buffon. Un sujet profondément médité, la contemplation, le silence et la solitude, c'étaient là sa matière et
ses instruments. Dans un autre cabinet un peu moins
élevé et moins froid que le premier, et où il travaillait
aussi, il n'y avait de plus pour ornement sur la muraille
que la gravure de Newton, — le grand interprète de la
nature. On a voulu plaisanter sur la toilette que Buffon
faisait avant de se mettre à écrire. Buffon, dès son lever
chaque matin, avait l'habitude de se faire habiller et
coiffer selon l'usage du temps ; il croyait que le vêtement de l'homme fait partie de sa personne. Hors de là,
tout, dans son cabinet de travail, exprimait la simplicité.
Hume a rendu l'impression que Buffon fit sur lui en disant que, pour le port et la démarche, il répondait plutôt à l'idée d'un maréchal de France qu'à celle d'un
homme de Lettres. L'empreinte des plus hautes idées
était sur sa physionomie. « Des sourcils noirs, ombra-
geant des yeux noirs très-actifs, » ressortaient encore
plus sous de beaux cheveux blancs. L'élévation, le
calme, la dignité, la conscience de sa force, c'était ce
qui se marquait dans toute sa personne.

Un bon sens grandiose régnait en lui et réglait tout
autour de lui. « Buffon vit absolument en philosophe, a

dit un judicieux observateur (1); il est juste sans être généreux, et toute sa conduite est calquée sur la raison. Il aime l'ordre, il en met partout. » Avec cette justice parfaite et cette bonté qui dérivait de la règle et du tempérament, il ne cessa de faire du bien dans ses alentours, et les gens de Montbar l'adoraient.

Une telle attitude si à part, si constante et si imperturbable, était faite pour provoquer et irriter les railleurs; Buffon en trouvait jusque dans le camp des philosophes. Voltaire essayait parfois de le mordre et de le ridiculiser; mais il s'arrêtait par un sentiment involontaire de respect. D'Alembert, moins délicat que Voltaire, et moins averti par le sentiment du beau, se donnait toute carrière sur Buffon. Il n'aimait ni sa personne ni ses talents : il ne l'appelait que *le grand phrasier, le roi des phrasiers*; il le contrefaisait en charge (d'Alembert avait ce malheureux talent de singer les gens). Buffon en était informé; il avait pitié de voir le grand géomètre faire acte de singe, et ne s'y arrêtait pas.

La publication des trois premiers tomes de l'*Histoire naturelle* (1749) fit grand éclat et grand bruit. On admira, on se récria. Ce ne furent pas seulement les théologiens qui se récrièrent, ce furent les savants. On a les *Observations* critiques que ces volumes firent écrire à M. de Malesherbes. Buffon, en entrant dans ce vaste sujet, même après dix années d'études, s'y trouvait encore trop peu préparé. Les botanistes particulièrement le pouvaient prendre en faute, en flagrant délit d'inexactitude et de légèreté sur la manière dont il jugeait Linné, et dont il appréciait les méthodes. Buffon savait peu la botanique : « J'ai la vue courte, disait-il; j'ai

---

(1) Mallet du Pan (*Mémoires et Correspondance*, 1851, t. I, p. 126 et suiv.).

appris trois fois la botanique, et je l'ai oubliée de même : si j'avais eu de bons yeux, tous les pas que j'aurais faits m'auraient retracé mes connaissances en ce genre. » Il semblait que, taillé en grand par la nature, il lui coûtât de se baisser pour étudier les petites choses : le cèdre du Liban, il le contemplait volontiers, mais l'hysope lui paraissait trop petite. C'est ainsi qu'il a ignoré les insectes, qu'il a médit des abeilles, quoique Réaumur fût déjà venu. Il a fallu toutes les grâces et la gentillesse de l'Oiseau-mouche pour le réconcilier avec le petit. Quand il parle des animaux, c'est toujours des animaux plus ou moins analogues à l'homme, des animaux vertébrés d'un ordre supérieur. Dans son *Histoire naturelle*, il ne conçoit d'abord d'autre méthode que celle qui consiste à prendre les êtres selon leurs rapports de proximité et d'utilité avec l'homme. Il imagine un homme tout neuf et sans notions aucunes, dans une campagne où les animaux, les oiseaux, les poissons, les plantes, les pierres se présentent successivement à ses yeux. Après un premier débrouillement, cet homme distinguera la matière animée de l'inanimée, et, de la matière animée proprement dite, il distinguera la matière végétative. Arrivé à cette première grande division, *animal, végétal* et *minéral,* il en viendra à distinguer dans le règne animal les animaux qui vivent sur la *terre* d'avec ceux qui demeurent dans l'*eau* ou ceux qui s'élèvent dans l'*air* : « Ensuite mettons-nous à la place de cet homme, continue Buffon, ou supposons qu'il ait acquis autant de connaissance et qu'il ait autant d'expérience que nous en avons, il viendra à juger des objets de l'Histoire naturelle par les rapports qu'ils auront avec lui; ceux qui lui seront les plus *nécessaires,* les plus *utiles,* tiendront le premier rang; par exemple, il donnera la préférence dans l'ordre des animaux au cheval, au chien, au bœuf, etc...

Ensuite il s'occupera de ceux qui, sans être familiers, ne laissent pas d'habiter les mêmes lieux, les mêmes climats, comme les cerfs, les lièvres, etc. » Dans cet ordre qu'il appelle le plus naturel de tous, et qui n'est que provisoire, Buffon ne va donc classer d'abord les animaux et les êtres de la nature que selon leurs rapports d'utilité avec l'homme, et non d'après les caractères essentiels qui sont en eux et qui peuvent en rapprocher de très-éloignés en apparence. Pour en finir sur ce chapitre, qui ne saurait être le nôtre, je dirai que ce ne fut qu'après un assez grand nombre de volumes que Buffon, instruit peu à peu par la pratique et par les descriptions auxiliaires de Daubenton, en vint à former des classifications plus réelles et plus fondées sur l'observation comparée des êtres en eux-mêmes. Les hommes du métier remarquent ce genre de progrès dans son travail sur les Gazelles publié en 1764 (tome XII), et surtout dans sa nomenclature des Singes (1766 et 1767, tomes XIV et XV).

Mais si ce détail et cette méthode scientifique laissèrent longtemps à désirer chez Buffon auprès d'un petit nombre d'observateurs avancés, il frappa tout d'abord les esprits par de grandes vues, par les plus grandes qui puissent être proposées à la méditation du physicien philosophe. Dans un Discours sur la théorie de la terre, il cherchait à déterminer au préalable la structure et le mode de formation de ce globe terrestre, théâtre de la vie des animaux et de la végétation des plantes ; il cherchait, d'après les grands faits géologiques alors connus, à en fixer les révolutions successives dès l'origine jusqu'à son état de consistance et de composition actuelle. Il passait de là à des considérations conjecturales sur la naissance et la reproduction des êtres animés. Lorsqu'il en venait à l'homme, ces explications tant soit peu mystérieuses se relevaient par des observations aussi sensées que fines sur les divers âges d'enfance, de puberté, de virilité et de vieillesse, sur les acquisitions et la sphère d'action des divers sens. Le troisième volume se couronnait par l'admirable morceau si connu, où le premier homme est supposé tel qu'il pouvait être au premier jour de la Création, s'éveillant tout neuf pour lui-même et pour tout ce qui l'environne, et racontant l'histoire de ses premières pensées. C'est ici que Buffon devenait l'émule de Milton lui-même, un Milton physicien, moins la religion et l'adoration. Plus tard, Condillac, voulant redresser Buffon et le convaincre d'inexactitude, supposa, dans son *Traité des Sensations,* cette singulière statue qu'il animait peu à peu en lui donnant successivement un sens, puis un autre. Buffon s'amusait fort de cette statue incolore et glacée, et quand Condillac vint lui demander sa voix pour l'Académie française, on raconte qu'il l'accueillit gaiement, lui promit ce qu'il voulait, et lui dit en l'embrassant : « Vous avez fait parler une statue, et moi l'homme ; je vous embrasse parce que vous avez encore de la chaleur, mais, mon cher abbé, votre statue n'en a point. »

Le quatrième volume de l'*Histoire naturelle* parut en 1753. Fidèle à la méthode qu'il avait annoncée, Buffon y donnait l'histoire des principaux animaux domestiques, le cheval, l'âne, le bœuf, et il la faisait précéder par un admirable *Discours sur la nature des animaux* comparée avec celle de l'homme. Il y montre le bien l'emportant généralement sur le mal, et le plaisir sur la douleur, dans la nature physique de chaque être sentant. Ce qui rompt l'équilibre dans l'homme, c'est son imagination qui corrompt le bien et qui, devançant le mal, le produit souvent. Buffon ne voudrait pas réduire l'homme au bonheur stupide des animaux, mais il voudrait l'élever par la raison à un état de félicité supérieure. Il voudrait nous convaincre que « le bonheur est au dedans de nous-même ; que la jouissance paisible de notre âme est notre seul et vrai bien. » Il voudrait détourner l'homme des passions insensées qui forcent la nature et amènent après elles l'ennui et le dégoût. A la manière dont il parle « de cet horrible dégoût de soi-même, qui ne nous laisse d'autre désir que celui de cesser d'être, » on voit que si cette âme calme et supérieure n'a jamais été atteinte du mal des Rousseau, des Werther et des futurs René, elle n'a pas été sans le reconnaître et sans le dénoncer à sa source : « Dans cet état d'illusion et de ténèbres, dit-il, nous voudrions changer la nature même de notre âme ; elle ne nous a été donnée que pour connaître, nous ne voudrions l'employer qu'à sentir. » Le vrai sage, selon lui, est celui qui sait maîtriser ces fausses prétentions et ces faux désirs : « Content de son état, il ne veut être que comme il a toujours été, ne vivre que comme il a toujours vécu ; se suffisant à lui-même, il n'a qu'un faible besoin des autres, il ne peut leur être à charge ; occupé continuellement à exercer les facultés de son âme, il perfectionne son entendement, il cultive son esprit, il acquiert de nouvelles connaissances, et se satisfait à tout instant sans remords, sans dégoût, il jouit de tout l'univers en jouissant de lui-même. Un tel homme est sans doute l'être le plus heureux de la Nature. » Donnez un motif, un ressort de plus à ce sage, donnez-lui « la gloire, ce puissant mobile de toutes les grandes âmes, » faites qu'il se la propose comme un but éclatant qui l'attire sans le troubler, et vous aurez Buffon lui-même, Buffon qui, pour peindre le plus noble idéal de l'homme, n'a eu qu'à en saisir les traits en lui. A tout le mal qu'il dit des passions, on peut lui opposer cependant une seule chose : « Mais vous-même, pourrait-on lui dire, auriez-vous échappé à cet ennui, à cette langueur de l'âme qui suit l'âge des passions, si vous n'aviez pas été soutenu et possédé de cette passion fixe de la gloire? »

Comme peintre de métaphysique, dans ce Discours et dans ceux qui sont relatifs aux sens, Buffon est du premier ordre. Ce qu'il y a de contestable et de hasardé se rachète par des vues qui sont d'une raison profonde et définitive (1). Comme peintre d'animaux, il n'a rien fait de plus noble, de plus majestueux et de plus accompli que ses portraits du *Cheval*, du *Cerf*, du *Cygne* : ce sont des tableaux de nature vivante, de la plus grande manière et de la plus royale. Dans le *Cerf*, on remarquera avec quel art il a employé à dessein tout le vocabulaire de l'ancienne vénerie : si ce vocabulaire était perdu, c'est là qu'il faudrait le retrouver, ménagé de la façon la plus ingénieuse et la plus large. On lui a reproché dans cet article du *Cerf* d'avoir fait sans restriction l'éloge de la chasse, ce passe-temps destructeur. Mais, indépendamment du plaisir qu'il prenait en effet à la peindre avec la grandeur qu'il y voyait, ne sent-on pas que Buffon, par un tel morceau, visait à enlever tous les suffrages à la Cour? Cela le couvrait du côté de ses ennemis, et lui valait bien de l'appui et de la faveur pour l'agrandissement du Jardin-du-Roi.

Je ne sais où l'on a pris que le style de Buffon a de l'emphase : il n'a que de la noblesse, de la dignité, une magnifique convenance, une clarté parfaite. Il est élevé, moins par le mouvement et le jet, que par la continuité

(1) Il y a, en lisant Buffon sur la métaphysique, à faire la part des précautions qu'il avait à prendre : « Buffon sort d'ici, disait dans une lettre le Président de Brosses; il m'a donné la clef de son quatrième volume, sur la manière dont doivent être entendues les choses dites pour la Sorbonne. »

même dans un ordre toujours sérieux et soutenu. Fontenelle, avant Buffon, avait beaucoup fait pour introduire parmi le monde, pour insinuer la science; mais quelle différence entre cette démarche oblique et mince et la manière grande, ouverte et vraiment souveraine de Buffon! Ce à quoi Buffon tenait avant tout en écrivant, c'était à la suite, au lien du discours, à son enchaînement continu. Il ne pouvait souffrir ce qui était haché, saccadé, et c'était un défaut qu'il reprochait à Montesquieu. Il attribuait le génie à la continuité de la pensée sur un même objet, et il voulait que la parole en sortît comme un fleuve qui s'épand et baigne toutes choses avec plénitude et limpidité. « Il n'a pas mis dans ses ouvrages un seul mot dont il ne pût rendre compte. » On voit, d'après une critique qu'il fit en causant d'un écrit de Thomas, ce qu'il entendait par ces petits mots, par ces liens naturels et ces nuances graduées du discours, et quelle finesse de goût il y apportait. Il était, en ce genre de soin, aussi scrupuleux que le plus délicat des Anciens; il avait l'oreille, la mesure et le nombre. La clarté autant que l'enchaînement était sa grande préoccupation. En faisant lire tout haut à son secrétaire ses manuscrits, au moindre arrêt, à la moindre hésitation, il mettait une croix, et corrigeait ensuite le passage jusqu'à ce qu'il l'eût rendu lumineux et coulant. Après cela, je ne trouve pas chez lui une nouveauté ni une création d'expression aussi vive qu'il se pourrait aujourd'hui imaginer; Chateaubriand à cet égard, et même Bernardin de Saint-Pierre, l'ont fait pâlir. On cite chez lui quelques exemples charmants d'une langue neuve et véritablement trouvée, mais ils sont rares. La grande beauté chez Buffon consiste plutôt dans la suite et la plénitude du courant. Son expression, du moins, n'a jamais ce tourment ni cette inquiétude qui accompagne chez d'autres l'extrême désir de la nouveauté. Elle offre, dans certains coins de tableaux, de ces grâces légères qui me touchent plus que les endroits plus souvent cités. Par exemple, parlant du Cerf : « Le Cerf, dit-il, paraît avoir l'œil bon, l'odorat exquis et l'oreille excellente. Lorsqu'il veut écouter, il lève la tête, dresse les oreilles, et alors il entend de fort loin : *lorsqu'il sort dans un petit taillis ou dans quelque autre endroit à demi découvert, il s'arrête pour regarder de tous côtés, et cherche ensuite le dessous du vent pour sentir s'il n'y a pas quelqu'un qui puisse l'inquiéter.* » Quel tableau léger, dessiné en trois lignes, et tranquillement complet ! Ainsi, parlant de la Fauvette babillarde, de cet oiseau au caractère craintif et si prompt à s'effrayer, il dira : « Mais l'instant du péril passé, tout est oublié, et le moment d'après notre Fauvette reprend sa gaieté, ses mouvements et son chant. *C'est des rameaux les plus touffus qu'elle le fait entendre ; elle s'y tient ordinairement couverte, ne se montre que par instants au bord des buissons, et rentre vite à l'intérieur, surtout pendant la chaleur du jour. Le matin, on la voit recueillir la rosée, et, après ces courtes pluies qui tombent dans les jours d'été, courir sur les feuilles mouillées et se baigner dans les gouttes qu'elle secoue du feuillage.* » C'est dans ces parties fines et transparentes que Buffon se rejoint comme peintre à Bernardin de Saint-Pierre, lequel apportera de plus, dans ces scènes de la nature, un rayon de lune et une demi-teinte de mélancolie.

En général, Buffon peint la nature sous tous les points de vue qui peuvent élever l'âme, qui peuvent l'agrandir, la rasséréner et la calmer ; il aime d'un mot à tout ramener à l'homme ; il a de la volupté souvent dans le pinceau, mais il n'a pas cette sensibilité où Rousseau et d'autres excelleront : Buffon est un génie qui manque d'attendrissement

Le plus parfait écrit de Buffon, je l'ai dit, est son discours ou tableau des *Époques de la Nature* qu'il publia en 1778, à l'âge de soixante et onze ans, et qu'il avait fait recopier, assure-t-on, jusqu'à *dix-huit fois* (rabattez-en, si vous le voulez) avant de l'amener au degré de perfection qui le pût satisfaire. Il y reprenait les anciennes idées de son premier volume sur la Théorie de la terre, et les présentait dans un jour plus complet et avec des combinaisons, je n'ose dire avec des vraisemblances nouvelles. Car c'est ainsi que Buffon se corrigeait : dans son ampleur de forme, il était l'ennemi des remaniements ; comme un grand artiste, il trouvait plus simple, l'ouvrage une fois produit, de se corriger dans un ouvrage nouveau, dans un tableau nouveau, et en recommençant derechef comme fait aussi la Nature. Ici, dans les *Époques*, il raconte et décrit en sept tableaux les révolutions du globe terrestre, depuis le moment où il le suppose fluide jusqu'à celui où l'homme y apparaît pour régner. Buffon n'y présente point son hypothèse comme réelle, mais comme un simple moyen de concevoir ce qui a dû se passer d'une manière plus ou moins analogue, et de fixer les idées sur les plus grands objets de la Philosophie naturelle. Cette précaution une fois prise, il raconte avec une suite, une précision et un sentiment de réalité qui étonne et fait illusion à la fois, ces scènes immenses et terribles de débrouillement, ces spectacles effroyables, et qui n'eurent point de spectateur humain. On dit que Buffon aimait fort le romancier Richardson « à cause de sa grande vérité, et parce qu'il avait regardé de près tous les objets qu'il peignait. » On pourrait lui appliquer le même éloge pour les *Époques de la Nature*; il sait et voit ces choses d'avant l'homme pour les avoir regardées de près. Richardson, en vérité, ne sait pas mieux l'intérieur de la famille Harlowe que Buffon ne paraît savoir ces Époques à jamais inconnues et évanouies qu'il rend présentes, cet intérieur de l'Univers auquel il nous fait assister. Jamais, dans ce vaste détail circonstancié, le sourire du doute ne vient effleurer sa lèvre. Il a traité ce roman sublime avec la précision achevée qu'il aurait mise à une description de la nature existante et réelle. « Où étiez-vous, disait Dieu à Job, lorsque je jetais les fondements de la terre ? » M. de Buffon semble nous dire sans s'émouvoir : *J'étais là !* Il élève la pensée, il l'agrandit, il la trouble et la confond aussi par cette hardiesse qui consiste à se mettre si résolûment dans ce récit, soi, simple mortel, en lieu et place de Dieu, de la Puissance infinie. Il semble qu'un tel acte de témérité ou de sublimité, comme vous voudrez l'appeler, un tel acte d'usurpation ne se puisse expier qu'en tombant à genoux aussitôt après et en s'humiliant dans la plus profonde des prières.

Milton et Bossuet l'eussent fait, et leur tableau n'en eût paru que plus grand. Buffon ne le fait pas et n'y songe pas. Le sentiment moral reste un peu blessé, au milieu de tous les étonnements qu'excite ce bel ouvrage, de le trouver si muet et si désert du côté du Ciel. — Seul le Génie de l'humanité y domine et s'y glorifie dans une dernière page d'une perspective grandiose et superbe, bien que légèrement attristée (1).

(1) Il y aurait un chapitre à faire sur la religion de Buffon. Habituellement il est dans le point de vue purement naturel, dans celui de Lucrèce, mais la prudence le lui fait masquer par endroits, et il parle du Créateur pour la forme. Cela se sent trop, et dans les *Époques de la Nature*, par exemple, il régnerait un sentiment plus religieux *relativement* et plus sacré, si l'auteur avait pu mettre de côté ses précautions, et s'il avait déchaîné avec ampleur cette force immense et féconde de génération, telle qu'il la concevait, circulant incessamment dans la nature. Mme Necker parle de Buffon comme d'un *Pyrrhonien*, et l'on trouverait, en effet, bien

Nulle part d'ailleurs plus que dans cet écrit de son époque septuagénaire, Buffon n'a manifesté tout ce qu'il valait par la clarté et par la plénitude de l'expression, par le courant vaste et flexible de la parole appliquée aux plus grands objets et aux plus sévères. C'est ainsi qu'en vieillissant il mûrissait et se développait sans cesse, acquérant chaque jour avec lenteur, ajoutant à ses idées et retrouvant une sorte de fraîcheur et de renouvellement jusque dans l'approfondissement même.

Montesquieu vieillissant était fatigué, et le paraissait : Buffon ne l'était pas. Une comparaison de Buffon avec Montesquieu serait féconde, et achèverait de préciser et de définir les traits caractéristiques de sa forme de nature et de son procédé de talent. Buffon reconnaissait à Montesquieu du génie, mais il lui contestait le style : il trouvait, surtout dans *l'Esprit des Lois*, trop de sections, de divisions, et ce défaut, qu'il reprochait à la pensée générale du livre, il le retrouvait encore dans le détail des pensées et des phrases ; il y reprenait la façon trop aiguisée et le trop peu de liant : « Je l'ai beaucoup connu, disait Buffon de Montesquieu, et ce défaut tenait à son physique. Le Président était presque aveugle, et il était si vif que, la plupart du temps, il oubliait ce qu'il voulait dicter, en sorte qu'il était obligé de se resserrer dans le moindre espace possible. » C'est ainsi qu'il expliquait ce qu'il paraît y avoir parfois d'écourté dans le

---

des contradictions et du pour et du contre dans les diverses parties de son *Histoire naturelle*. Tel de ses chapitres sur l'Homme semble être d'un *idéaliste* qui croit à peine à la matière : ses discours sur la Nature et ses *Époques* sont d'un naturaliste qui se passerait aisément de Dieu. Dans l'habitude de la vie, Buffon affectait de respecter tout ce qui est respectable, et quand il était à Montbar, il observait même régulièrement les pratiques du culte : il était homme à y prendre part avec une sorte d'émotion sincère, par l'imagination et la sensibilité.

langage de Montesquieu. Lui, Buffon, avait au contraire la faculté de retenir de mémoire ses vastes écrits, et il se les déployait ensuite à volonté dans toute l'étendue de la trame, tant pour la pensée que pour l'expression.

En revanche, la conversation de Montesquieu était pleine de traits, de saillies et d'images, et ressemblait à ses écrits. Elle était coupée comme son style, vive, inattendue, semée de brusqueries et d'à-propos : il ne manquait jamais la balle quand elle lui venait. On a fort raillé, au contraire, la conversation de Buffon comme n'étant pas du tout à la hauteur de son style : je le crois bien ! après un travail d'un si grand nombre d'heures par jour, et une application si constante de l'esprit qui avait porté et soutenu tant de choses, il avait besoin de se détendre, et la parole allait alors en famille et entre amis comme elle pouvait. Pourtant Mme Necker, si excellente à consulter en tout ce qui est de Buffon, nous a parlé du piquant et de l'instructif de sa conversation, et nous en a cité plus d'un exemple. Il serait, en effet, bien singulier qu'il en eût été autrement. Un esprit riche de tant de connaissances et de tant d'idées ne pouvait être commun que par oubli (1). Seulement, il fallait l'attendre, le saisir à ses heures et savoir l'écouter. Buffon, en causant, n'aimait ni les contradictions ni les interruptions ; il se taisait et gardait le silence à la première objection qu'on lui faisait : « Je ne puis me résoudre, disait-il, à continuer la conversation avec un homme qui se croit permis, en pensant à une chose pour la première fois, de contredire quelqu'un qui s'en est occupé toute sa vie. »

(1) « Je me trouvai heureux, dit Gibbon en ses *Mémoires,* de faire la connaissance de M. de Buffon, qui unissait à un sublime génie *la plus aimable simplicité d'esprit et de manières.* » — « Ce *grand et aimable homme,* » dit-il encore de lui dans la dernière page de ces mêmes *Mémoires.*

Cela le conduisait à avoir des familiers et des admirateurs à domicile, qui ne le contredisaient jamais; il les supportait aisément. Il souffrait qu'on parlât de lui et de son génie à bout portant, et il en parlait lui-même avec bonhomie, comme en parlait déjà son siècle et comme allait faire la postérité.

Lundi 28 juillet 1851.

MADAME DE MAINTENON.

Le moment est bon pour Mme de Maintenon. Le goût s'est vivement reporté à toutes les choses du siècle de Louis XIV, et, du moment qu'on y entrait surtout par le côté de l'esprit, elle était sûre d'y être comptée pour beaucoup et d'y tenir un des premiers rangs. L'esprit de Mme de Maintenon fait qu'on lui pardonne les torts que l'histoire est en droit de lui reprocher. Ces torts ont été fort exagérés dans le temps par la clameur publique. Mme de Maintenon, en général, n'eut point d'initiative dans les grands actes politiques d'alors. Excepté dans un ou deux cas, qui seraient à discuter, elle ne fit que favoriser de toutes ses forces et de tout son zèle les erreurs et les fautes de ce règne finissant. Sa principale affaire à elle fut de remplir, d'animer, d'amuser ou de désennuyer au dedans le cercle rétréci des dernières années de Louis XIV. C'est cette attitude et ce rôle unique qu'elle affecte dans son langage, dans ses entretiens, dans sa correspondance, et, pour peu qu'on la lise avec suite, elle finit presque par vous convaincre. Elle est de celles que de loin on traite assez mal, mais qu'on n'aborde pas de près impunément. Elle impose par un ton de simplicité noble et de dignité discrète; elle plaît par le tour parfait et piquant qu'elle sait donner à la justesse. Il y a des moments même où l'on dirait qu'elle charme ; mais, dès qu'on la quitte, ce charme ne tient pas, et l'on reprend de la prévention contre sa personne. Je ne sais si je rends bien l'impression des autres, mais c'est là exactement la mienne toutes les fois que je me suis approché plus ou moins de Mme de Maintenon. Je voudrais en démêler les raisons et les faire entendre.

Mme de Maintenon a trouvé, dans ces dernières années, un historien à souhait et de famille, doué de gravité et de délicatesse, M. le duc de Noailles. La dernière moitié de son *Histoire* est très-désirée : je profiterai amplement des deux volumes déjà publiés, en me permettant toutefois un peu plus de liberté ou de licence de jugement.

Née en 1635 dans la conciergerie de la prison de Niort, où son père était pour lors enfermé, Françoise d'Aubigné commença la vie comme un roman, le plus étrange roman qui pût arriver, en effet, à une personne avant tout raisonnable. Petite-fille de l'illustre capitaine d'Aubigné du xvie siècle, fille d'un père vicieux et déréglé, d'une mère méritante et sage, elle sentit de bonne heure toute la dureté du sort et la bizarrerie de la destinée ; mais elle avait au cœur une goutte du sang généreux de son aïeul, qui lui redonnait de la fierté, et elle n'aurait pas changé sa condition contre une plus heureuse, et qui eût été de qualité moindre. Enfant, elle suivit ses parents à la Martinique. Au retour, confiée aux soins d'une tante calviniste, elle fut, bien que née catholique, rejetée dans l'hérésie, d'où il fallut qu'une autre parente, Mme de Neuillant, la vînt arracher avec un ordre de la Cour. Placée dans un couvent à Niort, puis à Paris, élevée par charité, la jeune d'Aubigné, devenue tout à fait orpheline, connut à chaque instant tout le poids de la dépendance. Mme de Neuillant, si zélée pour son bien spirituel, mais misérablement avare, la laissait manquer de tout. Cependant la jeune personne commençait dans ses voyages à Paris à voir le monde, et ses premiers pas furent des succès. C'était alors le temps « des belles conversations, de la belle galanterie, en un mot, de ce qu'on appelait les ruelles. » L'esprit devenait aisément une position et presque une dignité. La *jeune Indienne*, comme on la nommait à cause de son voyage d'Amérique, fut très-remarquée à première vue, et elle ne perdait pas à l'examen. Le chevalier de Méré, bel-esprit en vogue alors, se fit son amoureux et son précepteur, et proclama ses louanges. Il nous la peint dès ce temps-là d'un caractère égal et uni en tout, « fort belle et *d'une beauté qui plaît toujours.* » Il la recommandait à la duchesse de Lesdiguières, qui voyageait, comme d'une grande ressource pour l'agrément : « Elle est *douce, reconnaissante, secrète, fidèle, modeste, intelligente*, et, pour comble d'agrément, *elle n'use de son esprit que pour divertir* ou pour se faire aimer. » Quand Mlle d'Aubigné, de retour en Poitou, écrivait à ses jeunes amies de Paris, ses lettres circulaient comme des chefs-d'œuvre et venaient à l'appui de sa réputation naissante. C'est vers ce temps qu'elle connut Scarron le cul-de-jatte, homme d'un esprit si gai et qui passait alors pour l'avoir délicat. A tout le précieux d'alentour, Scarron opposait comme antidote le burlesque et le bouffon. Il vit Mlle d'Aubigné et eut le mérite de s'intéresser tout aussitôt à elle. En y réfléchissant, il trouva que la plus simple manière de lui témoigner cet intérêt et de lui faire du bien était encore de l'épouser. Elle y consentit et en donnait assez naïvement la raison : « J'ai mieux aimé l'épouser qu'un couvent. » Elle n'a jamais parlé de ce *pauvre estropié* qu'avec convenance, estime, comme d'un homme qui avait de la probité et une bonté d'esprit peu connue de ceux qui ne le prenaient que par son enjouement. La voilà donc à dix-sept ans (1652), dans sa première fleur de beauté, mariée à un mari infirme et qui ne pouvait lui être de rien, au milieu d'une société joyeuse et la moins scrupuleuse de propos comme de mœurs : il lui fallut tout un art précoce et un sentiment vigilant pour se faire considérer et respecter de cette jeunesse de la Fronde. Elle y réussit et fit dès lors cet apprentissage de prudence et de circonspection, qui allait être le métier et l'orgueil de toute sa vie. Scarron mort (1660), la situation de cette belle veuve de vingt-cinq ans, sans ressource aucune, devenait plus précaire, plus dangereuse que jamais. Représentons-nous-la, en effet, dans cette beauté première que Mlle de Scudéry nous a décrite fidèlement :

« *Lyriane* (c'est Mme Scarron, qui est censée, dans *Clélie*, la femme du Romain *Scaurus*), *Lyriane* était grande et de belle taille, mais de cette grandeur qui n'épouvante point, et qui sert seulement à la bonne mine. Elle avait le teint fort uni et fort beau, les cheveux d'un châtain clair et très-agréable, le nez très-bien fait, la bouche bien taillée, l'air noble, doux, enjoué et modeste; et, pour rendre sa beauté plus parfaite et plus éclatante, elle avait les plus beaux yeux du monde. Ils étaient noirs, brillants, doux, passionnés et pleins d'esprit; leur éclat avait je ne sais quoi qu'on ne saurait exprimer : la mélancolie douce y paraissait quelquefois avec tous les charmes qui la suivent presque toujours; l'enjouement s'y faisait voir à son tour avec tous les attraits que la joie peut inspirer. »

Tous les témoins du même temps s'accordent sur cette beauté, cette taille aisée, cet esprit, et sur ce coin de l'*enjouement* : « Tous ceux qui la connaissent, dit *le Grand Dictionnaire des Précieuses*, sont assez persuadés que c'est une des plus enjouées personnes d'Athènes. » Et elle-même, vers la fin de sa vie, se représente comme

« gaie par nature et triste par état. » C'est là un côté qui nous échappe aujourd'hui et que les Lettres de Mme de Maintenon ne nous laissent qu'entrevoir. Nous n'avons qu'une partie de son esprit dans ses Lettres, le goût, le bon ton, la raison parfaite et le tour parfois piquant; mais ce qui animait la société, cet enjouement qu'elle mêlait discrètement à ses récits, à ses histoires, ce qui pétillait de brillant et de fin sur son visage quand elle parlait d'action, comme dit Choisy, tout cela a disparu et ne s'est point noté. On n'a en quelque sorte que le dessin et la gravure de l'esprit de Mme de Maintenon, on n'en a pas le coloris.

Il y eut donc pour Mme Scarron un moment critique après la mort de son mari, mais tous ses amis s'empressèrent à la servir et y parvinrent. Elle eut une pension de la Reine-mère, et elle put, pendant quelques années, jouir d'une vie assez selon son goût. Logée dans un couvent près la place Royale, elle voyait de là le meilleur monde; elle était sans cesse à l'hôtel d'Albret et à celui de Richelieu. Vieille et au comble des honneurs, elle parlait de ces années de jeunesse et de pauvreté comme des plus heureuses de sa vie :

« Tout le temps de ma jeunesse a été fort agréable, disait-elle à ses filles de Saint-Cyr : je n'avais nulle ambition, ni aucune de ces passions qui auraient pu troubler le penchant que j'avais à ce fantôme de bonheur (le bonheur mondain). Car, quoique j'aie éprouvé de la pauvreté et passé par des états bien différents de celui où vous me voyez, j'étais contente et heureuse. Je ne connaissais ni le chagrin, ni l'ennui; j'étais libre. J'allais à l'hôtel d'Albret ou à celui de Richelieu, sûre d'y être bien reçue, et d'y trouver mes amis rassemblés, ou bien de les attirer chez moi, en les faisant avertir que je ne sortirais pas. »

Mme Scarron sut-elle se conserver tout à fait sans reproche et sans péché durant ces longues années de veuvage et de demi-mondanité? Il s'est engagé là-dessus des discussions qui me paraissent assez oiseuses et de curiosité pure. Je laisse à de plus osés de mettre la main au feu pour des questions de ce genre : il me suffit, et il doit suffire à ceux qui cherchent avant tout le caractère du personnage, que Mme de Maintenon ait eu dans l'ensemble une ligne de conduite pleine de réserve et de convenance. Le témoignage le plus grave qu'on puisse alléguer contre elle est un mot de son amie Ninon, au sujet de M. de Villarceaux, leur ami commun; mais, dans ce même malin propos, Ninon convient qu'elle ne sait pas jusqu'où allèrent les choses, et que Mme Scarron lui parut toujours « trop gauche pour l'amour. » Voilà un éloge, si l'on veut, et presque une garantie. Le fait est, si l'on met toute malice à part, que Mme Scarron, durant ces années les plus périlleuses, paraît n'avoir jamais été troublée par ses sens, jamais poussée par son cœur, et qu'elle était retenue par les deux freins les plus forts de tous, un amour de la considération qui, de son aveu, était sa passion dominante, et une religion précise et pratique dont elle ne se départit jamais : « J'avais, a-t-elle dit, un grand fonds de religion, qui m'empêchait de faire aucun mal, qui m'éloignait de toute faiblesse, *qui me faisait haïr tout ce qui pouvait m'attirer le mépris.* » Je ne vois pas de raison pour douter de cette parole, sauf accident.

En ces années de jeunesse, le trait principal de son caractère et de sa position dans le monde me paraît avoir été celui-ci : elle était de ces femmes qui, dès qu'elles ont un pied quelque part, ont à l'instant l'art et le génie de se faire bien venir, de se rendre utiles, essentielles, indispensables en même temps qu'agréables en toutes choses. Dès qu'elle était dans un intérieur, elle y était initiée comme pas une, et, par une sorte de vocation et de talent, elle y présidait bientôt insensiblement, et sans titre officiel, à tout ce qui s'y faisait d'habituel et de journalier, soit dans le ménage, soit dans le salon. Une fois accueillie, en un mot, elle ne l'était pas à demi; par la parole comme par l'action, elle y devenait l'âme, la ressource, l'agrément du lieu.

Telle Mme de Maintenon était chez ses amies, Mme d'Heudicourt, Mme de Montchevreuil, telle à l'hôtel d'Albret et à celui de Richelieu; d'une attention à plaire à tout le monde, et d'une complaisance industrieuse que Saint-Simon a notée avec raison et qu'il a peinte aux yeux comme il sait faire : car, au milieu de ses exagérations, de ses injustices et de ses inexactitudes, il y a (ne l'oubliez pas) de grands traits de vérité morale dans ce qu'il dit de Mme de Maintenon; mais l'explication qu'il donne de ce zèle empressé a plus de dureté qu'il ne convient, et je m'en tiendrai à celle qui nous est indiquée par Mme de Maintenon elle-même. Elle se représente à nous (dans ses *Entretiens*) comme laborieuse, active, levée dès six heures du matin, prenant chaque occupation à cœur par inclination naturelle, non par intérêt, et, en ce qui était des femmes de ses amies, tenant à les obliger aussi pour se distinguer, pour s'en faire aimer, et par un esprit d'amour-propre et de gloire :

« Dans mes tendres années, dit-elle, j'étais ce qu'on appelle un bon enfant, tout le monde m'aimait : *il n'y avait pas jusqu'aux domestiques de ma tante qui ne fussent charmés de moi.* Plus grande, je fus mise dans des couvents : vous savez combien *j'y étais chérie de mes maîtresses et de mes compagnes,* toujours par la même raison, *parce que je ne songeais, du matin au soir, qu'à les servir et à les obliger.* Lorsque je fus avec ce *pauvre estropié,* je me trouvai dans le beau monde, où je fus recherchée et estimée. Les femmes m'aimaient parce que j'étais douce dans la société, et que je m'occupais beaucoup plus des autres que de moi-même. Les hommes me suivaient parce que j'avais de la beauté et les grâces de la jeunesse. J'ai vu de tout, mais toujours de façon à me faire une réputation sans reproche. Le goût qu'on avait pour moi était plutôt une amitié générale, une amitié d'estime, que de l'amour. Je ne voulais point être aimée en particulier de qui que ce fût ; *je voulais l'être de tout le monde, faire prononcer mon nom avec admiration et avec respect, jouer un beau personnage, et surtout être approuvée par des gens de bien : c'était mon idole.* »

Et encore, à propos de cette contrainte qu'elle s'imposa de tout temps, et de cette contradiction de tous ses goûts où elle comprima sa nature :

« Mais cela me coûtait peu, quand j'envisageais ces louanges et cette réputation qui devaient être les fruits de ma contrainte. C'était là ma folie. Je ne me souciais point de richesse ; j'étais élevée de cent piques au-dessus de l'intérêt : *je voulais de l'honneur.* »

Cet aveu nous donne la clef principale de la conduite de Mme de Maintenon pour l'ensemble des premières années : active, obligeante, insinuante sans bassesse, entrant avec une extrême sensibilité dans les peines et les embarras de ses amis et leur venant en aide, non point par amitié pure, non point par sensibilité véritable, ni par principe de tendresse et de dévouement, mais parce que, tenant plus que tout à leur jugement et à leur appréciation, elle entrait nécessairement dans tous les moyens de s'y avancer et de s'y placer au plus haut degré : la voilà bien comme je me la figure. L'intérêt matériel et positif fut toujours secondaire à ses yeux, malgré sa position de gêne, et elle le subordonnait à cet autre intérêt moral fondé sur l'estime qu'on faisait d'elle. Elle avait besoin d'être singulièrement distinguée et admirée de ceux auprès de qui elle vivait, quels qu'ils fussent, et qu'on dît d'elle : C'est une personne unique. Sa grande coquetterie est là, c'est une coquetterie d'esprit; en avançant, ce fut une ambition et une carrière.

D'un tempérament infatigable et d'une patience à toute épreuve, si ce que vous lui demandez en touchant la fibre de l'amour-propre et de l'honneur n'est qu'impossible pour un autre, elle le fera. Quand, plus tard, elle sera devenue la personne indispensable de l'intérieur de Versailles, la compagne du roi, la ressource des princes, celle dont nul dans la famille royale ne pouvait se passer un seul instant, elle se montrera capable de miracles en fait de sujétion et d'ennui. Tout occupée des autres, sans les aimer, elle tiendra bon avec sourire et bonne grâce à son esclavage de toutes les heures : « J'ai été vingt-six ans, dit-elle, sans dire un mot qui marquât le moindre chagrin. »

Vers la fin, par une de ces illusions de l'amour-propre qui sont si naturelles, elle se figurait qu'elle avait reçu des grâces singulières pour ce rôle nouveau, qui n'était que la suite, le perfectionnement et le couronnement de tous les autres rôles qu'elle avait tenus dès sa jeunesse ; elle regardait sa vie comme un miracle. On le lui avait tant dit, qu'elle se voyait en réalité une Esther, destinée par la Providence à sanctifier le roi, dût-elle en être elle-même un peu martyre. Quand les dames de Saint-Cyr la pressaient dans sa retraite dernière d'écrire sa vie, elle s'en défendait, en disant que ce serait une histoire uniquement remplie de traits merveilleux tout intérieurs : « Il n'y a que les saints qui pourraient y prendre plaisir. » Et elle croyait parler humblement en s'exprimant ainsi. Mais il n'est pas besoin d'être saint pour prendre plaisir à ces ressorts secrets du cœur, qu'elle-même nous a assez franchement dévoilés.

Mme de Montespan était maîtresse en titre du roi, lorsque, rencontrant Mme Scarron chez Mme d'Heudicourt, leur amie commune, et la trouvant si active, si dévouée, si discrète, si domestique en quelque sorte en tout honneur et avec dignité, elle ne put s'empêcher de penser que ce serait une acquisition précieuse si elle la pouvait avoir pour élever en secret les deux enfants naturels qu'elle avait de Louis XIV. Dans les idées du temps, c'était une espèce d'honneur qu'un tel choix. Mme Scarron pourtant fit le discernement de ce qui s'y mêlait d'équivoque et dégagea le point précis avec justesse : « Si ces enfants sont au roi, répondit-elle aux avances, je le veux bien ; je ne me chargerais pas sans scrupule de ceux de Mme de Montespan ; ainsi il faut que le roi me l'ordonne ; voilà mon dernier mot. » Le roi ordonna, et Mme Scarron devint gouvernante des enfants mystérieux.

Elle s'est peinte admirablement dans la vie singulière qu'elle menait en ces années (1670-1672). Elle prit une grande maison solitaire du côté de Vaugirard, s'y établit à l'insu de tout son monde, y soignant les précieux enfants, présidant à leur première éducation, à leur nourriture, faisant la gouvernante, la ménagère, la garde-malade, tout enfin, et reparaissant le matin en visite, comme si de rien n'était, à la porte de ses amis du beau monde, car il fallait d'abord que personne ne se doutât de son éclipse. Peu à peu pourtant le secret fut moins rigoureux et le nuage s'entr'ouvrit. Le roi, qui venait voir ses enfants, connut donc Mme Scarron ; mais le premier effet qu'elle produisit sur lui ne fut point favorable : « Je déplaisais fort au roi dans les commencements. Il me regardait comme un bel-esprit à qui il fallait des choses sublimes, et qui était très-difficile à tous égards. » Il y eut un temps où Mme de Montespan dut faire quelque effort pour rompre la glace et pour initier cette personne de son choix auprès du roi ; on peut juger plus tard des fureurs et des amertumes.

Ici, on aura beau épuiser toutes les explications et les

artifices de l'apologie, on ne fera jamais que Mme de Maintenon (car elle en eut le titre vers ce temps), installée par Mme de Montespan, prenant intérêt en apparence à sa passion et à toutes les vicissitudes qui y survenaient, lui écrivant encore le 13 mars 1678 : « Le roi va revenir à vous, comblé de gloire, et je prends une part infinie à votre joie, » n'ait pas joué à un certain moment un jeu double, et n'ait pas conçu une idée personnellement ambitieuse. Elle ne conçut point tout d'abord sans doute l'idée de ce que rien ne pouvait présager, elle ne se dit certes point qu'elle deviendrait l'épouse secrète, mais avérée, du monarque : elle sentit seulement la possibilité d'une grande influence et elle y visa. Ce roman extraordinaire se conduisit et se construisit fil à fil, par un jeu serré, patient et des plus adroits. Mme de Maintenon, une fois qu'elle a un pied à la Cour, fait semblant de n'être pas faite pour y vivre et de n'y rester qu'à son corps défendant. C'est là une de ses ruses, et dont peut-être elle est à demi dupe elle-même. Je ne puis mieux la comparer, dans ses projets perpétuels et ses menaces de retraite, qu'à M. de Chateaubriand, qui voulait toujours, comme on sait, fuir le monde pour un ermitage et s'en retourner chez les sauvages américains : « Je retournerais en Amérique, disait Mme de Maintenon, si l'on ne me disait sans cesse que Dieu me veut où je suis. » Elle avait un confesseur, l'abbé Gobelin, qui sut lui dire de très-bonne heure, en lui montrant la place (place encore sans nom et nullement vacante, car la reine vivait) qu'il y avait à occuper auprès de Louis XIV : *Dieu vous veut là!* Mme de Maintenon se laissait persuader et restait, et rien n'est curieux comme de la voir entre les deux maîtresses du roi (Mme de Montespan et Mme de Fontanges), allant de l'une à l'autre, raccommodant, conseillant, conciliant, décousant sous main, se faisant de fête sans en avoir l'air, et par-dessus tout (c'est son faible et sa méthode) voulant être plainte de sa situation et voulant se retirer sans cesse. Il n'y eut jamais de glorieuse et d'habile plus confite en modestie et plus raffinée. « Rien n'est plus habile qu'une conduite irréprochable, » disait Mme de Maintenon en appliquant ce mot à sa conduite d'alors. Permis à elle de s'applaudir et de s'absoudre; je n'appellerai jamais cela de la vertu.

Elle négociait à travers tout sa véritable et intéressante affaire, son influence propre. Une femme de cœur et franche du collier n'aurait accepté ni supporté un tel rôle un seul instant. Mme de Maintenon fila cette liaison ambiguë durant des années.

« Le roi a trois maîtresses, lui disait Mme de Montespan avec fureur, — moi de nom, cette fille (Fontanges) de fait, et vous de cœur. » —

« Ce maître vient quelquefois chez moi, malgré moi, et s'en retourne *désespéré sans être rebuté*, » disait Mme de Maintenon dans son humilité triomphante. Ou encore : « Je le renvoie *toujours affligé et jamais désespéré*. » Cette toile de Pénélope à faire et à recommencer sans cesse dura environ onze années. Qu'on essaie d'imaginer ce que suppose d'habileté de détail cette réserve savante qui entretient si longuement et sait contenir, sans l'étouffer, le désir !

Si l'on peut entrevoir ici en Mme de Maintenon, pour peu qu'on y réfléchisse, la femme de quarante-cinq ans la plus experte et la plus consommée en l'art de nouer une trame, une intrigue mi-partie de sensualité et de sentiment, sous couleur de religion et de vertu, on doit reconnaître aussi le talent d'esprit qu'elle dut y mettre et ce charme de conversation par lequel elle amusait, éludait et enchaînait un roi moins ardent qu'autrefois et qui s'étonnait de prendre goût à cette lenteur toute nouvelle. La reine étant venue à mourir subitement en 1683, Mme de Maintenon se trouva devant une perspective d'ambition inespérée, et elle en sut tirer parti comme de tout, avec solidité, considération, et un couvert de modestie suprême. Elle en vint à être épousée secrètement du roi à une date qu'on croit être 1685. Il y eut trois ou quatre personnes, y compris son confesseur, qui l'appelèrent *Votre Majesté* à huis clos : c'était assez pour son orgueil. Il lui suffit, pour tous les autres, d'être un personnage à part, non défini et d'autant plus respecté, jouissant de sa grandeur voilée sous le nuage et du sens merveilleux d'une destinée qui perçait assez, comme dit Saint-Simon, sous sa *transparente énigme*. C'était là comme en toutes choses ce mélange de gloire et de modestie, de réalité et de sacrifice qui lui agréait tant, et qui composait son idéal le plus cher.

Avec sa parole qui servait si bien son esprit merveilleusement droit, elle définissait sa position, un jour qu'à Saint-Cyr on remarquait autour d'elle, en la voyant se fatiguer à la marche et ne pas se ménager, qu'elle ne se comportait pas comme les grands : « C'est que je ne suis pas *grande*, répliqua-t-elle, je suis seulement *élevée.* »

De tous les portraits de Mme de Maintenon, celui qui nous la montre le mieux dans cette attitude dernière et réfléchie d'une grandeur voilée, est, selon moi, un portrait qui se voit à Versailles dans les appartements de la reine (n° 2258) : elle a plus de cinquante ans, elle est tout en noir, belle encore, grave, d'un embonpoint modéré, d'un front élevé et majestueux sous le voile. Ses yeux grands et longs, en amande, et très-expressifs, sont d'une douceur remarquable. Le nez paraît noble et charmant ; la narine un peu ouverte indiquerait la force. La bouche, petite et gracieuse, est fraîche encore. Le menton arrondi s'accompagne d'un double menton à peine dessiné. Le costume est tout noir, varié à peine par une draperie de dentelle blanche sur les bras et les épaules. Une guimpe haut-montante cache le cou. Telle était Mme de Maintenon à demi reine, imposante à la fois et contenue, celle qui disait : « Ma condition ne se montre jamais à moi par ce qu'elle a d'éclatant, mais toujours par ce qu'elle a de pénible et de sombre. »

Dans cette position élevée, quel service Mme de Maintenon a-t-elle rendu à Louis XIV et à la France? A la France, aucun, — si l'on excepte le jour où elle demanda à Racine une comédie sacrée pour Saint-Cyr. A Louis XIV en particulier, elle rendit le service de le retirer des amours que l'âge eût pu rendre déshonorants ; elle coopéra tant qu'elle put à ce qu'elle considérait religieusement comme son salut. Humainement, elle remplit ses instants, elle amusa tant qu'il y eut moyen et combla ses heures, et, une fois entrée dans la famille royale, elle y apporta, avec un surcroît de zèle et d'exactitude, cette inépuisable multiplication d'elle-même qu'elle avait portée plus jeune chez les Montchevreuil, les Heudicourt, les Richelieu. Elle fut la personne essentielle, conseillante et consolante, raisonnable et tout à la fois agréable de cet intérieur royal au milieu de toutes les affaires et les afflictions. Là est son rôle et sa fonction, bien plus que dans la politique, quoiqu'elle y ait trop trempé encore toutes les fois qu'il s'agissait d'un intérêt de famille, comme dans l'agrandissement du duc du Maine. L'esprit de Louis XIV, on le sait, était très-juste : mais, en vieillissant, cet esprit était juste sans mouvement et sans invention, et seulement en quelque sorte pour les choses qui lui étaient soumises, et dans les termes où elles lui venaient sur la table du Conseil : il n'allait pas les chercher de lui-même au delà. L'esprit de Mme de Maintenon, très-juste également, ne l'était aussi que dans un cercle restreint, pour les choses de famille et de société, pour ce qui se passait dans l'intérieur d'une chambre : elle ne voyait pas et ne prévoyait pas au delà de la muraille. En tout, ni l'un ni l'autre n'avaient rien qui dépassât l'horizon tracé. C'est ce qui fit que, cet horizon se resserrant avec les années, ce roi de bon sens fit tant de fautes que cette femme d'un sens si droit lui laissa faire et qu'elle approuvait.

La justesse d'esprit de Mme de Maintenon était bien à la mesure de celle du roi : mais lui, il avait la justesse un peu nue, et elle, l'avait ornée et égayée.

Aima-t-elle Louis XIV? Il serait cruel d'élever un doute absolu sur ce point. Il semble pourtant que, des deux, ce fut lui encore qui l'aima le plus, ou, du moins, à qui elle était le plus nécessaire. Mourant, et quand il eut perdu connaissance, on sait qu'elle se retira avant qu'il eût rendu le dernier soupir. Près de quitter le moribond, elle voulut pourtant que son confesseur vît le roi et lui dît s'il y avait espoir qu'il reprît le sentiment. — « Vous pouvez partir, lui dit le confesseur, vous ne lui êtes plus nécessaire. » — Elle le crut, et elle obéit, partant aussitôt de Versailles pour Saint-Cyr. Cette conduite, qui lui a été reprochée, prouve une seule chose : elle était de ces femmes qui, dans ces instants de séparation et d'adieu suprême, s'en remettent à leur confesseur encore, plutôt que de prendre conseil de leur cœur.

Il n'y eut pas un seul moment d'abandon de cœur dans toute la vie de Mme de Maintenon; là est le secret de l'espèce de froideur qu'elle inspire. Elle est le contraire d'une nature sympathique. Disons que, durant sa longue vie et au milieu de ses satisfactions secrètes d'amour-propre, elle eut constamment à souffrir et à se contraindre. Elle a tracé, de sa gêne et de son esclavage au milieu de sa grandeur, des tableaux qui sont sincères et qui donnent presque de la pitié pour elle. Dès l'heure du réveil jusqu'à celui du coucher, elle n'avait pas une minute, pas un interstice de répit; elle était toute à tous, toute à des princes pour qui elle se gênait sans cesse, et à un roi qui n'eût pas sacrifié la moindre de ses habitudes pour la personne même qu'il aimait et considérait le plus. Vieille, incommodée par le froid dans ces vastes appartements, elle ne pouvait prendre sur elle de mettre un paravent autour de son fauteuil, car le roi y venait, et cette irrégularité de coup-d'œil lui eût déplu : « Il fallait *périr en symétrie.* » Toutes les querelles, les zizanies, les complications de la famille royale retombaient sur elle : « Je viens d'être tirée, non à quatre chevaux, mais *à quatre princes,* » disait-elle un jour dans son excès de fatigue; et il fallait, avec l'art dont elle se piquait, qu'elle tournât tous ces ennuis en agrément et en manière de gaieté : elle n'en gardait, de son côté, que les épines. Ajoutez la multitude d'affaires qui passaient par ses mains, celles de religion surtout et de conscience, car elle se croyait *l'abbesse universelle,* a dit Saint-Simon; et elle-même s'appelle *la femme d'affaires des évêques.* Elle était le point de mire de toutes les demandes, de toutes les sollicitations : elle éludait tant qu'elle pouvait; elle se disait nulle, petite, sans crédit, une *Agnès* en politique; on ne la croyait pas, et les importunités arrivaient de toutes parts, la saisissaient au passage, malgré le soin qu'elle avait de se rendre rare et comme inaccessible : « En vérité, la tête est quelquefois prête à me tourner, disait-elle au moment où elle n'y tenait plus, et je crois que, si l'on ouvrait mon corps après ma mort, on trouverait *mon cœur sec et tors* comme celui de M. de Louvois. » Ne soyons donc pas trop sévère en jugeant son pauvre cœur, qu'elle nous étale à nu ainsi.

Elle a raison, en un sens, de se comparer à un Louvois, à de grands ministres, aux grands ambitieux : je ne crois pas qu'on ait jamais poussé plus loin qu'elle l'esprit de suite, le culte de la considération et la puissance de se contraindre.

Femme, elle avait des mots énergiques pour peindre cette satiété de tourments et d'angoisses qu'elle s'était donnés et qu'il lui fallait dissimuler par le sourire : « J'en ai quelquefois, comme l'on dit, *jusqu'à la gorge.* » On sait son mot, un jour qu'elle regardait de petits poissons bien malheureux et bien agités dans leur bassin propre et dans leur eau claire : « Ils sont comme moi, *ils regrettent leur bourbe.* »

Mais c'est à Saint-Cyr que Mme de Maintenon aimait surtout à se réfugier dès qu'elle avait un moment, à se cacher, à s'épancher, à se plaindre, à se faire plaindre, à rêver sur son incompréhensible élévation, à se montrer en victime portant en elle seule tous les chagrins du royaume : « Oh ! dites-moi, s'écriait-elle, si le sort de *Jeanne Brindelette d'Avon* (quelque petite paysanne) n'est pas préférable au mien ? »

Ne sont-ce pas là des plaintes d'ambitieux et d'avare, de ces plaintes pareilles à celles de l'usurier d'Horace, qui, après avoir célébré le bonheur des champs, revient vite à la ville placer son argent à gros intérêt ? En écoutant de la bouche de Mme de Maintenon le récit de ces doléances royales et en se rappelant son point de départ du passé, on se prend parfois à dire en souriant, comme dans *le Tartufe* : « *La pauvre femme ! la pauvre femme !* » Et après l'avoir entendue un peu plus longtemps, on finit par le dire sérieusement avec elle : *Oui, la pauvre femme en effet!* Vers la fin, elle en avait visiblement assez; la fatigue physique l'emportait sur tout le reste, et la mort de Louis XIV fut, jusqu'à un certain point, pour elle un soulagement.

Deux côtés seulement la laissent très-recommandable aux yeux de la postérité : la fondation de Saint-Cyr d'abord, et son talent d'excellent écrivain. Saint-Cyr demanderait une étude à part. Mme de Maintenon y imprima son esprit, et elle y brille dans un cadre fait tout exprès pour elle. Elle y satisfait sa passion d'éduquer, de morigéner autour d'elle, son goût de Minerve et de Mentor qui se développe en vieillissant, et à la fois elle s'y détend, elle s'y attendrit un peu. C'est son œuvre à elle, son travail propre et chéri, presque maternel : « Rien ne m'est plus cher que mes enfants de Saint-Cyr; *j'en aime tout, jusqu'à leur poussière.* » C'est toujours une si belle chose qu'une fondation destinée à élever dans des principes réguliers et purs la jeunesse pauvre, qu'on hésite à y apporter de la critique, même la plus respectueuse. Louis XV pourtant, qui ne manquait pas de jugement, était sévère sur le fait de Saint-Cyr : « Mme de Maintenon, disait-il, s'est bien trompée avec d'excellentes intentions. Ces filles sont élevées de manière qu'il faudrait, de toutes, en faire des dames du Palais, sans quoi elles sont malheureuses et impertinentes (1). » Je ne serais pas étonné, en effet, que, dans cette institution formée sous l'influence unique de Mme de Maintenon, il ne se fût glissé un peu de vaine gloire. Qu'il suffise de rappeler aujourd'hui, à l'honneur de Saint-Cyr, qu'il fut, en naissant, l'occasion d'*Esther* et d'*Athalie.* De tels accidents sont faits pour immortaliser un berceau.

C'est encore à Mme de Maintenon *écrivain* qu'il faut en

---

(1) *Mémoires de Madame du Hausset.*

revenir pour lui accorder toute l'estime durable. On n'a pas d'édition complète et tout à fait exacte de ses Lettres, mais ce qu'on a permet d'asseoir un jugement et confirme ce qu'a si bien dit Saint-Simon de ce « langage doux, juste, en bons termes, et naturellement éloquent et *court.* » Ce caractère de brièveté et de concision heureuse est particulier à Mme de Maintenon, et il ne lui est commun qu'avec Mme de La Fayette. Toutes les deux coupent court au style traînant, négligé, irrégulier, que les femmes (quand elles n'étaient pas Mme de Sévigné) se permettaient trop au XVIIe siècle. Mme de Maintenon aida autant que personne et tint la main à cette réforme dont le XVIIIe siècle hérita : « Je me corrigerai des fautes de style que vous remarquez dans mes lettres, lui écrivait le duc du Maine ; mais je crois que les longues phrases seront pour moi un long défaut. » Mme de Maintenon dit et écrit en perfection. Tout tombe juste, il n'y a pas un pli dans ce style-là. Un seul point de plus, et vous arriveriez au tendu et à la sécheresse. Mme Du Deffand, qui est littérairement de la même école, a très-bien rendu l'effet que font les Lettres de Mme de Maintenon, et on ne saurait mieux les définir :

« Ses Lettres sont réfléchies, dit-elle ; il y a beaucoup d'esprit, d'un style fort simple ; mais elles ne sont point animées, et il s'en faut beaucoup qu'elles soient aussi agréables que celles de Mme de Sévigné ; tout est passion, tout est en action dans celles de cette dernière : elle prend part à tout, tout l'affecte, tout l'intéresse ; Mme de Maintenon, tout au contraire, raconte les plus grands événements, où elle jouait un rôle, avec le plus parfait sang-froid ; on voit qu'elle n'aimait ni le roi, ni ses amis, ni ses parents, ni même sa place ; sans sentiment, sans imagination, elle ne se fait point d'illusions, elle connaît la valeur intrinsèque de toutes choses ; elle s'ennuie de la vie, et elle dit : *Il n'y a que la mort qui termine nettement les chagrins et les malheurs...* Il me reste de cette lecture beaucoup d'opinion de son esprit, peu d'estime de son cœur, et nul goût pour sa personne ; mais, je le dis, je persiste à ne la pas croire fausse. »

Elle ne paraît point fausse, en effet, dans ses Lettres, elle n'est que discrète et un peu serrée. Pour se compléter l'idée de Mme de Maintenon, il convient, en les lisant, d'y ajouter un certain enjouement de raison, une certaine grâce vivante qu'elle eut jusqu'à la fin, même dans son austérité ; qui tenait à sa personne, à son désir de plaire en présence des gens, mais qui n'allait pas jusqu'à se fixer par écrit.

Je n'ai pourtant fait qu'ouvrir la tranchée sur Mme de Maintenon. On n'avance pas vite avec elle : j'aurai à y revenir quelque jour en la prenant en tête-à-tête avec Mme des Ursins.

Lundi 4 août 1851.

HISTOIRE DE LA RESTAURATION,

PAR M. DE LAMARTINE.

(Les deux premiers volumes. — Pagnerre.)

« Nous sommes comme les rivières, qui conservent leur nom, mais dont les eaux changent toujours. » C'est le grand Frédéric qui écrivait cela à d'Alembert, pour lui exprimer le changement qu'opère le temps dans les sentiments et dans les pensées de chaque individu. Si jamais l'âme de l'homme a pu être comparée à un courant d'eau changeant et rapide, c'est assurément de nos jours : les grands poëtes de notre âge, en particulier, sont de grands fleuves, et M. de Lamartine est le plus large et le plus beau de tous. Que de rivages il a déjà réfléchis !

« Je dépasse à peine le milieu de la vie, dit-il dans le Préambule de son Histoire, et j'ai vécu déjà sous dix dominations, ou sous dix gouvernements différents en France. » Et il énumère tous les gouvernements qui se sont succédé depuis soixante ans, à commencer par Louis XVI. Mais, dès cette première phrase de M. de Lamartine, j'ai vu des personnes se demander ce que l'historien entendait par *le milieu de la vie*, et si, en effet, nous en étions encore à mesurer l'espace de nos jours et le nombre des soleils qui nous sont accordés, comme on le faisait au temps des patriarches. Il est impertinent de parler d'âge et de date à une femme, mais il est permis d'exiger ce compte exact de l'historien : la chronologie, avec la géographie, est un des yeux de l'histoire. Or, ce n'est certainement qu'au moyen d'une licence poétique que M. de Lamartine peut venir se représenter à nous, dès le début, sous ces traits d'une chronologie complaisante et adoucie. Lui, historien de la Restauration, il ne saurait dire, par exemple, de Louis XVIII en 1814, ou de M. de Talleyrand, qu'il appelle à cette même date un vieux diplomate, qu'ils avaient à peine dépassé le milieu de la vie. Eh bien! M. de Lamartine aujourd'hui, si je ne me trompe, a pour le moins l'âge qu'avaient en 1814 Louis XVIII et M. de Talleyrand. Je n'insiste sur cette phrase de début, qui a frappé beaucoup de personnes, que pour montrer qu'on ne saurait raisonnablement attendre de l'historien-poëte un grand scrupule d'exactitude sur ces points de détail et d'humble réalité. Quand la réalité le gêne, il la plie légèrement au besoin de la phrase et de l'harmonie. Pour moi, dans ces deux volumes que je viens de lire avec plaisir et entraînement, je sais bien que je n'ai jamais trouvé une seule date ni en marge ni dans le texte.

Qu'importe? les deux volumes intéressent, et le sujet, à bien des égards, convient à M. de Lamartine. Il lui convient beaucoup mieux que celui de sa première *Histoire des Girondins*. Cette *Histoire des Girondins*, qui a si fatalement réussi, était un grand piége que le poëte se tendait à lui-même avant de le tendre aux autres. En effet, M. de Lamartine, avec son talent idéal, avec son optimisme à la fois naturel et calculé, quand il serait propre à être historien, l'était-il à être l'historien de la

Révolution française en particulier? Tout cet azur, ces flots de lumière et de couleur, ces fonds d'or et bleu de ciel, qui étaient habituels à sa poésie, et qu'il transporte, en les voilant à peine, dans sa prose, pouvaient-ils se mêler impunément à des tableaux tels que ceux qu'il avait à offrir? Je sais que M. de Lamartine a bien des cordes à sa lyre, qu'il n'a pas seulement la corde voluptueuse et amollie. Dans une belle pièce de ses secondes *Méditations,* qui a pour titre *les Préludes,* il se montre à nous sous quatre ou cinq aspects différents, tour à tour nonchalant, rêveur, puis amoureux des tempêtes, puis emporté dans les combats, puis rentrant dans son Arcadie au son de la flûte du pasteur. M. de Lamartine, comme tous les grands poëtes, a plusieurs âmes, il a dit même quelque part qu'il en avait *sept* (le nombre n'y fait rien); et certes il a prouvé, en des heures fameuses, que l'énergie, la force, une soudaine vigueur héroïque qui se confond dans un éclair d'éloquence, ne lui sont pas étrangères. Mais enfin il a beau faire et se vouloir métamorphoser, les tons dominants et primitifs chez lui sont encore des tons d'éclat, d'harmonie et de lumière. Or, la seule application d'un talent de cet ordre et de cette qualité à un tel sujet, à ces natures hideuses et à ces tableaux livides de la Révolution, était déjà une première cause d'illusion et de séduction insensible, un premier mensonge. Aussi, voyez ce qu'il a fait : il en a dissimulé l'horreur, il y a mis le prestige. Il y a glissé un coin de cette lune du cap Misène qu'il tient toujours en réserve au bord d'un nuage, et qui embellit tout ce qu'elle touche. A travers ce sang et cette boue, il a jeté des restes de voie lactée et d'arc-en-ciel. Sa couleur ment. Même en forçant et en gâtant sa manière, il n'a pas atteint à la réalité de ce qu'il voulait peindre, ou il l'a dépassée. Au lieu d'une horreur sérieuse et profonde, il n'a produit par ses descriptions, comme dans un roman, qu'un genre d'impression presque nerveuse. Je me demandais, en voyant cet effet de la lecture des *Girondins* surtout chez les femmes, si c'est là l'effet que doit produire l'histoire. Je ne dirai pas que cet ouvrage des *Girondins* émeut, mais il *émotionne :* mauvais mot, mauvaise chose.

Je laisse, on le voit, de côté le but politique, l'intention calculée peut-être, et je ne m'en prends qu'à ce qui est de la couleur littéraire presque inévitable et involontaire chez un talent du genre de celui de M. de Lamartine. On lui a reproché ses indulgences soudaines et ses complaisances de pinceau pour Robespierre et pour d'autres monstres. Quant à moi, au milieu de toutes les preuves de talent, de génie naturel, d'esprit même et de sagacité que donne M. de Lamartine dans les pages flottantes et dans les fresques inachevées de ses Histoires, je m'attendrai toujours à toutes les distractions et à tous les *lapsus* de pinceau de la part de quelqu'un qui, ayant à parler de Camille Desmoulins pour son *Vieux Cordelier*, a trouvé moyen de le comparer à Fénelon. Oui, M. de Lamartine a comparé un jour Camille Desmoulins à Fénelon ; étonnez-vous après cela chez lui d'une erreur de tact et d'un hasard de touche !

Heureusement, dans l'*Histoire de la Restauration* il a affaire, je ne dirai pas à des souvenirs plus présents, car il se souvient peu et il a la mémoire docile à son imagination, mais il a affaire à de plus honnêtes gens, à des personnages plus dignes en général de ses couleurs. Il les a vus, il les a pratiqués, il les juge aujourd'hui, après avoir été des leurs, et il lui en reste quelque chose. Sa finesse d'observation souvent s'y mêlera et corrigera les inadvertances de pinceau. Son *Histoire des Girondins* avait choqué bien des gens de l'ancienne connaissance de M. de Lamartine, comme une défection et comme une séduction encourageante et funeste. Dans son *Histoire de la Restauration*, M. de Lamartine revient aux premières scènes de sa jeunesse, et, bien qu'il y revienne avec un complet dégagement de vues, il saura en ressaisir suffisamment les émotions et le ton : il les embellira même peut-être ; mais, qu'il se montre plus ou moins indulgent ou sévère, il ne saurait ici être dangereux. Enfin, quoi qu'il fasse (pour parler comme au xviie siècle), il y aura en lui cette fois bien des restes de l'honnête homme.

Les deux volumes actuellement publiés le prouvent déjà. Ces volumes, je le répète, sont intéressants, bien que remplis de défauts, de négligences et de licences de composition. Je les parcourrai rapidement, moins en juge qu'en lecteur empressé, à la fois séduit et résistant, et qui, pour contrôler ces pages faciles, n'a guère eu recours qu'à ses propres souvenirs.

M. de Lamartine suit dans cette Histoire la division par livres, et les livres sont divisés eux-mêmes, non par chapitres (ce mot est trop vulgaire), mais par chiffres, par nombres, par ces espèces de couplets épiques qui sont si à la mode aujourd'hui. J'aime peu, je l'avoue, dans l'histoire grave ce mode de division et de coupe ; c'est ce que j'appelle de l'histoire par strophes, c'est une gageure perpétuelle d'être éloquent et de dramatiser le récit. L'histoire, dans sa gravité simple et dans le cours naturel de sa marche, doit moins se poser cette nécessité continue ; elle ne doit pas, presque à chaque page, recommencer à s'élancer avec le geste d'un Pindare ou d'un tribun.

L'*Histoire de la Restauration* commence par être une histoire de la fin de l'Empire. Le Napoléon des dernières années y est peint avec des traits où M. de Lamartine a combiné son style nouveau et quelque chose de ses anciennes préventions ; il a retraduit dans sa manière moderne son ancienne poésie. Le Bonaparte des secondes *Méditations* y réapparaît le même sous une autre forme et commenté par l'histoire. Mais, dans ce portrait du Napoléon de 1812, M. de Lamartine s'est trop abandonné à son nouveau style de prose, dans lequel il entre plus de Balzac que de Tacite, je parle de Balzac le romancier :

« L'Empire l'avait vieilli avant le temps, dit l'historien : l'ambition satisfaite, l'orgueil assouvi, les délices des palais, la table exquise, la couche molle, les épouses jeunes, les maîtresses complaisantes, les longues veilles, les insomnies partagées entre le travail et les fêtes, l'habitude du cheval qui épaissit le corps (*tout ceci joue le Tacite*), avaient alourdi ses membres et amolli ses sens. Une obésité précoce le chargeait de chair. Ses joues, autrefois veinées de muscles et creusées par la consomption du génie, étaient pleines, larges, débordaient comme celles d'Othon dans les médailles romaines de l'Empire. Une teinte de bile mêlée au sang jaunissait la peau, et donnait de loin comme un vernis d'or pâle au visage. Ses lèvres avaient toujours leur arc attique et leur grâce ferme, passant aisément du sourire à la menace. *Son menton solide et osseux portait bien la base des traits. Son nez n'était qu'une ligne mince et transparente.* La pâleur des joues donnait plus d'éclat au bleu des yeux. Son regard était profond, mobile comme une flamme sans repos, *comme une inquiétude. Son front semblait s'être élargi sous la nudité de ses cheveux noirs effilés, à demi tombés sous la moiteur d'une pensée continue.* (Ici le Tacite a fait place au Balzac.) *On eût dit que sa tête, naturellement petite, s'était agrandie pour laisser plus librement rouler entre ses tempes les rouages et les combinaisons d'une âme dont chaque pensée était un empire. La carte du Globe semblait s'être incrustée sur la mappemonde de cette tête.* Mais elle commençait de s'affaisser. »

Comment aurais-je confiance en un pareil portrait, quand je vois à ce point percer le rhéteur, l'écrivain amoureux de la métaphore et du redoublement ? Ce n'est pas là un portrait, c'est une charge du Napoléon de 1812.

Tout en regard, pour montrer à nu le procédé, je mettrai le portrait de Louis XVIII, que M. de Lamartine nous donne au second volume. Après l'avoir peint dans son costume ordinaire, avec ses bottes de velours, son habit de drap bleu, et avoir décrit ainsi sa tête : « Sa chevelure, artistement relevée et contournée par le fer des coiffeurs sur les tempes, *se renfermait derrière la nuque dans un ruban de soie noire flottant sur son collet* » (ce qui, sans périphrase, veut dire qu'il avait une *queue*); après avoir ajouté, en parlant toujours de sa tête : « Elle était poudrée à blanc à la mode de nos pères, et *cachait ainsi la blancheur de l'âge sous la neige artificielle de la toilette,* » le peintre en vient au caractère de la personne et au visage :

« On eût dit que le temps, l'exil, les fatigues, les infirmités, l'obésité lourde de sa nature, ne s'étaient attachés aux pieds et au tronc que pour faire mieux ressortir *l'éternelle et vigoureuse jeunesse du visage. On ne pouvait se lasser de l'admirer en l'étudiant.* Le front élevé était un peu trop incliné en arrière *comme une muraille qui s'affaisse, mais la lumière y jouait comme l'intelligence dans un espace large et bombé.* Les yeux grands, *bleu de ciel, d'une coupe d'orbite ovale aux angles et relevée au sommet, lumineux, étincelants, humides,* avaient de la franchise... *Le coloris sain et la fraîcheur vive de l'adolescence teignaient le visage.* »

Tout le portrait de Louis XVIII est ainsi traité avec cette exagération et cette charge dans un autre sens, cette *charge en beau.* Pour que l'un et l'autre portraits fussent vrais et réellement ressemblants, on pourrait sans doute en garder bien des traits, et il suffirait presque toujours de réduire; mais c'est cette réduction précisément dont M. de Lamartine s'est bien gardé, et qui est contraire à sa présente manière, dont le procédé est de tout amplifier, de tout pousser à l'excès et à l'effet.

En lisant ces pages de M. de Lamartine et en trouvant à chaque instant des expressions heureuses, larges, élevées et même fines (car il y a du fin et du spirituel proprement dit chez lui bien plus qu'on ne le croirait, il y a même de la malice en quelques endroits), on éprouve un vif regret : c'est que la rhétorique, l'habitude et le besoin d'étendre, de forcer et de délayer, le conduisent à compromettre ces pensées et ces touches excellentes : « Depuis deux ans, dit-il de Napoléon, son retour à Paris, autrefois triomphal, était soudain, nocturne, triste. Il arrivait sans être attendu, comme s'il eût voulu surprendre ou devancer une révolution. » Voilà de l'excellent style d'histoire. Tout à côté, voulant peindre M. de Metternich dans une négociation : « M. de Metternich était sincère, dit l'historien, car il était intéressé. » Voilà encore de l'excellent style d'observation et de portrait. Il ne manque à toutes ces parties si fréquentes chez M. de Lamartine, et qui sont la rencontre et la fortune perpétuelle de sa plume, il ne leur manque, pour paraître vraiment belles, que d'être portées sur une trame solide et bien construite, sur une trame étudiée, travaillée et sévère. Dans un style ordinaire, réfléchi et raisonnable, que de pensées ainsi resteraient grandes ou charmantes ! Mais ce qui est à côté les trahit, et ne les montre que comme d'heureux hasards ou comme des jeux d'une rhétorique supérieure. Le manque de soin se révèle à chaque instant. Parlant de Napoléon avec rigueur, et en ceci, je crois, avec une souveraine injustice, il dira : « Il y avait un arrière-souvenir de la Terreur de 1793 dans le gouvernement de cet homme, qui avait *vécu, grandi et pratiqué les hommes de ce temps.*» M. de Lamartine a dû méditer cette pensée avant de l'écrire, mais il n'a certainement pas relu sa phrase, car le style en est grammaticalement impossible.

M. de Lamartine, dès son premier livre, a de beaux portraits : il rencontre M. Lainé, le premier qui osa élever une parole de résistance légale et de liberté au déclin de l'Empire. M. de Lamartine se retrouve ici en plein dans cette compagnie d'honnêtes gens dont j'ai parlé : il doit aimer particulièrement M. Lainé : c'était lui, sous la Restauration, qu'il ambitionnait de suivre, au temps de cette politique noble encore, élevée, royaliste et assez indépendante, d'une inspiration généreuse et sentimentale. M. Lainé est en général très-bien peint par M. de Lamartine, sauf un point qui me semble accusé d'une manière bien absolue : « Il n'était point du parti des Bourbons, nous dit M. de Lamartine de M. Lainé en 1814, il était républicain de nature et d'inclination. *La raison seule le fit plus tard servir des rois.* » Je laisse à ceux qui ont connu M. Lainé dans sa maturité le soin d'apprécier ce coin de son caractère; mais je crains qu'en faisant de lui un républicain *in petto*, M. de Lamartine ne se souvienne trop qu'il avait pris au début M. Lainé pour modèle, et qu'il ne veuille faire après coup de M. Lainé un Lamartine en germe et auquel il n'a manqué que le temps pour se développer. Quand M. de Lamartine rencontre ainsi de ces personnages politiques qu'il affectionne et qu'il aime, qu'ils s'appellent Vergniaud, Mirabeau ou M. Lainé, il est sujet, sans s'en apercevoir, à projeter un peu de sa propre figure dans la leur, à se profiler légèrement en eux pour ainsi dire. Il y a bien de ces profils de Jocelyn dans ses Histoires.

Raynouard, Cambacérès, Barbé-Marbois, Fontanes, sont peints en passant, et dans tous ces portraits il y a des parties supérieurement traitées, même des détails fins et charmants. Pourtant il s'y glisse de *l'à-peu-près* comme dans tout ce que fait M. de Lamartine. Barbé-

Marbois, qu'on a appelé un roseau peint en fer, n'était pas un vieillard *hardi*. Raynouard, assez inculte de forme et d'écorce, n'était pas aussi *sauvage* que le fait M. de Lamartine. Le mot de *médiocre* appliqué à Fontanes poëte est injuste, et il l'est doublement de la part de M. de Lamartine, qui semble en ceci se venger des sévérités de Fontanes, son précurseur. M. de Lamartine est un grand poëte, Fontanes n'était qu'un poëte *distingué*; c'est le mot que M. de Lamartine aurait dû trouver s'il cherchait tant soit peu ses mots, et si sa plume n'était pas à la merci du premier qu'elle rencontre. Cambacérès est représenté finement et gaiement, d'une façon tout à fait spirituelle et amusante : le seul nom d'*Alcibiade*, qui lui est appliqué, est de trop. Mais c'est à la peinture des situations générales plutôt encore qu'à celle des individus qu'il faut attendre M. de Lamartine. Ses livres d'histoire ne sont et ne seront jamais que de vastes et spécieux *à-peu-près* où circule par endroits l'esprit général des choses, où vont et viennent ces grands courants de l'atmosphère que sentent à l'avance, en battant des ailes, les oiseaux voyageurs, et que sentent également les poëtes, ces oiseaux voyageurs aussi.

Avant d'en venir à nous rendre l'esprit des premières scènes de la Restauration, M. de Lamartine s'est engagé dans le récit de la campagne de 1814. Il y est long, il est peu lumineux par le manque de dates et de descriptions géographiques précises; il est sévère plus qu'on ne le voudrait. On s'étonne de le voir refaire le plan de campagne de Napoléon, lui en dicter un autre, regretter qu'il ne l'ait pas suivi, et rabaisser, autant qu'il est en lui, les miracles de cette fin glorieuse. En paraissant marchander, chicaner avec cette obstination la louange et la sympathie au conquérant redevenu l'héroïque soldat de la patrie, il nous oblige à nous souvenir qu'il était de ceux qui avaient âge d'homme alors, qu'il avait près de vingt-quatre ans en 1814, et qu'il ne fut pas de ces soldats improvisés que le sentiment national souleva, et qu'enfanta la terre natale autour de ce drapeau dont il a depuis préservé les couleurs.

D'ailleurs, la nature supérieure et d'elle-même généreuse de M. de Lamartine se fait jour dans l'impartialité de quelques appréciations : il rend à Marmont, duc de Raguse, la justice qui lui est due pour sa défense de Paris, et il le lave du reproche de trahison en déterminant la part d'erreur et de faiblesse, commune alors à bien d'autres moins accusés. Quand arrive l'heure de la Restauration, M. de Lamartine pourtant ne peut s'empêcher de redevenir l'homme de 1814, et de saluer l'ère véritable de laquelle il date et où il a reçu, lui et nous tous, le baptême de l'esprit : « Le règne des épées finissait, dit-il, celui des idées allait commencer. »

Les hommes politiques encore existants qui ont vu de près ces grandes choses de 1814, l'arrivée des alliés devant Paris, les négociations d'où sortit le rétablissement des Bourbons, et qui ont assisté ou qui ont été immiscés à quelque degré à ces conseils des souverains, en laisseront sans doute des récits dignes de foi et circonstanciés ; ces hommes trouveront immanquablement à redire en bien des points aux vastes exposés de M. de Lamartine. Mais, en ne s'attachant qu'à l'ensemble des faits et des tableaux, il semble qu'il les a présentés sous un jour assez fidèle. Pour les détails et pour le canevas de la narration, il a continuellement emprunté au récit de deux historiens qui l'ont précédé, et qui ont fait des recherches plus exactes et plus positives qu'il n'est accoutumé à en faire. M. de Vaulabelle dans le sens purement libéral, M. Lubis dans le sens royaliste, ont raconté avant M. de Lamartine ces grands événements ; et il est curieux de voir comme celui-ci, qui le reconnaît du reste hautement, profite de tous deux, les unit, les entrelace, les combine en les traduisant dans sa langue et en les recouvrant de sa couleur. Il jette à travers le tout un souffle d'éloquence et d'intelligence poétique qui est bien à lui.

Quant à ce qui est de l'Histoire de M. Lubis, j'ai toutefois sous les yeux une preuve trop précise de l'usage que M. de Lamartine en a fait pour ne pas en dire quelque chose, d'autant plus que cela éclaire tout le procédé historique de M. de Lamartine, et nous explique le secret de cette rapidité qui, dans un genre d'étude compliquée et sévère, est si faite pour étonner.

M. Lubis a publié, en 1837 et dans les années suivantes, une *Histoire de la Restauration,* préparée avec soin et qui n'est pas une compilation, mais une composition étudiée et faite d'après les sources. L'exemplaire du livre de M. Lubis, appartenant à la Bibliothèque nationale, a été prêté à M. de Lamartine, lequel a jugé à propos d'y marquer d'un trait de plume (pour plus de brièveté) les passages qu'il avait à y emprunter : j'ai entre les mains cet exemplaire avec ces passages indiqués, et le mot *fin* ou *finir là* écrit de la main du rapide historien. L'exemplaire va devenir précieux pour la Bibliothèque nationale, et à moi-même il m'a été très-utile pour m'initier au secret de composition historique de M. de Lamartine. Voici ce qui en résulte :

Pour toute la partie positive et les textes des pièces politiques que d'ordinaire les historiens vont chercher dans les sources mêmes, qu'ils empruntent au *Moniteur* ou aux diverses publications, et dont ils ne font des extraits qu'après avoir lu le tout, M. de Lamartine s'est contenté de prendre ces extraits purement et simplement, tels qu'ils ont déjà été faits par M. Lubis, sans y mettre un mot de plus ni de moins et sans les contrôler. Quand il a eu à citer les proclamations du Gouvernement provisoire (tome I, page 257), les Observations de M. de Villèle aux députés de Toulouse (tome II, page 320), certain Mémoire attribué à Fouché (tome II, page 298), le Mémoire de Carnot au Roi (tome II, page 438); quand il a voulu analyser les premiers débats législatifs, citer le discours de l'abbé de Montesquiou dans la loi sur la Presse (tome II, page 348), ceux de MM. Ferrand, Bédoch, Lainé et du maréchal Macdonald, dans la discussion sur les biens d'Émigrés (tome II, pages 359-370), M. de Lamartine a purement mis à contribution M. Lubis, commençant où il commence, s'interrompant où il s'interrompt, s'arrêtant où il finit (1). Seulement là où celui-ci dira simplement, à propos d'un noble discours de M. Lainé, président de la Chambre, sur les biens d'Émigrés : « M. Lainé *quitta le fauteuil*, et, pour la première fois depuis l'ouverture de la session, parut à la tribune; » M. de Lamartine dira plus magnifiquement : « M. Lainé, *soulevé de son siége de président* par l'émotion de l'honnête homme, parut à la tribune... » D'autres fois pourtant, l'éloquent historien de seconde main est moins heureux, et, voulant citer d'après M. Lubis un extrait du Mémoire de Carnot au Roi (tome II, page 438), il se trompe, ou plutôt son copiste se trompe dans la transcription, et il nous donne comme faisant partie du texte de Carnot deux ou trois phrases que M. Lubis n'avait données qu'à titre d'analyse. Mais ce sont là des bagatelles : ce qui reste important et clair, c'est le procédé général expéditif de com-

(1) Comparer à tous ces passages, précédemment cités, de l'Histoire de M. de Lamartine, les passages correspondants de l'Histoire de M. Lubis, tome I, pages 194, 319, 328; tome II, pages 62, 99, 101, 103, 106, 139.

position. Il est tel, que je pourrais à l'avance indiquer certaines pages de M. Lubis qui se trouveront dans les volumes non encore publiés de M. de Lamartine, car les mêmes indications à l'encre annoncent qu'elles ont dû être transcrites comme les précédentes.

En lisant avec soin les premiers volumes de M. de Vaulabelle, on trouverait également l'usage qu'en a fait M. de Lamartine : et, par exemple, en peignant le départ de Louis XVIII de Hartwell pour la France et son entrée solennelle à Londres (tome II, page 255), il a entremêlé les indications positives et moins favorables données par M. de Vaulabelle (telle que la réponse de Louis XVIII au Prince-Régent) avec les autres impressions toutes royalistes de M. Lubis. Mais sur tout cela il peut dire qu'il a jeté sa poudre d'or et versé son torrent de couleurs.

Quand il jetait sa poudre d'or et ses teintes azurées sur les documents de l'*Histoire parlementaire de la Révolution* de MM. Buchez et Roux, M. de Lamartine faisait un contre-sens et presque un crime historique. Ici, en épanchant les trésors de sa palette sur ces premières scènes de la Restauration, il est sans inconvénient et dans l'ordre des émotions permises.

Une simple indication, fournie par les historiens ses devanciers, devient sous sa plume prestigieuse la matière et le thème du plus magnifique tableau. M. Lubis, racontant la traversée de Louis XVIII de Douvres à Calais, avait dit en peu de lignes : « La traversée fut rapide. Louis XVIII revoyait la terre de France; les acclamations de son peuple arrivaient jusqu'à lui. Bientôt il peut saluer ce peuple qui l'appelle. *Placé sur le devant du navire*, il lui tend les bras, et mille cris de joie ont répondu à ce signe de tendresse. » M. de Lamartine ne s'en tient pas là, et ne voit dans ce peu de lignes qu'un motif à une composition pittoresque qui occupe chez lui deux ou trois belles pages : « *Debout sur la proue élevée du vaisseau,* appuyé sur les fidèles compagnons de sa proscription, entouré de la France nouvelle qui s'était portée à sa rencontre, il tendait les bras au rivage et les refermait sur son cœur, en élevant ses regards au ciel comme pour embrasser sa patrie. Il montrait à ses côtés Mme la duchesse d'Angoulême, etc., etc. » On voit le groupe. C'est ainsi que les choses ont dû se passer, ou peu s'en faut, et que M. de Lamartine les recompose pour leur faire rendre tout leur effet aux yeux des générations nouvelles. Il mêle à ces tableaux des réflexions rapides, des vues morales ou politiques, souvent judicieuses et profondes. Ainsi, dans ce premier retour de Louis XVIII, dans ce voyage de Calais à Compiègne, il montre le pays oubliant volontiers ses droits au milieu de l'attendrissement, et se donnant tout entier, tandis que les politiques à Paris stipulent et marchandent encore : « Il (Louis XVIII) sentit, au tressaillement universel et spontané de sa patrie, qu'il était maître de ce peuple, et qu'on ne lui marchanderait pas sérieusement le règne à Paris. Il était évident pour lui et pour tous que si le pays confiant et versatile eût été seul en face de son roi, le roi aurait dicté arbitrairement et sans obstacle les conditions du nouveau pacte entre le trône et le pays ; l'empereur Alexandre stipulait pour la liberté plus que la liberté, à ce moment, ne stipulait pour elle-même. » Ce sont là de belles et justes pensées, admirablement exprimées. Et lorsqu'il a dépeint la première entrée des troupes alliées dans Paris le 31 mars 1814, M. de Lamartine, montrant la curiosité succédant à la douleur à mesure qu'on avançait dans les quartiers brillants et le long des boulevards, avait dit : « Tout est spectacle pour une telle ville, même sa propre humiliation. » Quand on a écrit et pensé de telles paroles, on devrait être guéri, ce semble, du rôle de tribun, d'orateur populaire et ambitieux.

La seule partie supérieure des Histoires de M. de Lamartine, et qu'il serait injuste d'y méconnaître au milieu de tout ce qu'on y rencontre d'inexact et de défectueux, c'est le sentiment vif des situations générales, l'esprit en quelque sorte des grandes journées et des foules, cet esprit que le poëte encore plus que l'historien embrasse et qu'il recueille en son âme, avec lequel il se mêle et se confond, et dont il excelle à tracer en paroles émues, et comme en ondes vibrantes et sonores, les courants électriques principaux. La double influence dès le principe, la double inspiration contraire de Louis XVIII et du comte d'Artois sont très-bien dessinées par M. de Lamartine. Les premiers tâtonnements du gouvernement royal et les premiers balbutiements du régime de publicité et de discussion sont également saisis et rendus avec une justesse pleine de largeur. Il ne manque à ces pages, pour avoir tout leur prix, que d'être encadrées dans un texte d'histoire ferme, exact, soutenu.

Mais tout est disproportionné : le second volume contient des biographies sans fin de tous les membres de la famille royale, à commencer par Louis XVIII, et à finir par le duc d'Enghien. Tous ces portraits séduisent à première vue, et offrent des traits heureux, des couleurs neuves : mais, en général, ils sont outrés et passent la mesure. Il y a un moment sensible où l'écrivain les poétise et les *romance*, je ne sais pas un autre mot. Il détaille à l'excès la personne et le physique des gens ; il va jusqu'à poursuivre les moindres reflets aux angles des yeux et au front : on n'a jamais vu tant de choses dans un visage. Si j'avais affaire à un peintre hollandais en M. de Lamartine, je trouverais qu'il va trop loin, mais du moins j'aurais confiance. Ici, je sens trop que j'ai affaire à une pure luxuriance de pinceau, qui se joue et qui exagère, qui caresse toutes choses et qui les prolonge dans tous les sens. Le portrait de la duchesse d'Angoulême m'a surtout choqué par une fausse expression de *charmes* et par une prodigalité de *coloris* qui fait contre-sens avec le caractère élevé, sévère et presque austère d'une figure si propre à inspirer uniquement le respect. Mme la duchesse d'Angoulême est un de ces personnages consacrés par le malheur, et avec lesquels le pinceau ne doit point se jouer, même pour les flatter. Ce n'est point à un Lawrence de la peindre, c'est à un Holbein ou à un Rembrandt.

J'allais oublier un portrait de l'impératrice Marie-Louise, qui est toute une réhabilitation et une révélation : elle y est peinte touchante, poétique, une Tyrolienne sentimentale, *le regard plein de rêves, d'horizons intérieurs* et mystérieux. C'est à n'y pas croire. M. de Lamartine a connu Marie-Louise en Italie. J'aurais pourtant besoin que quelqu'un d'un talent moindre m'assurât que la ressemblance est réelle. Depuis que j'ai vu M. de Lamartine trouver de la beauté à toutes les femmes et du talent à tous les hommes de sa connaissance et en comparer quelques-uns à Horace ou à Phédon, j'ai besoin avec lui de garanties.

Par une irrégularité et un hors-d'œuvre de composition, M. de Lamartine a placé à la fin de son second volume, c'est-à-dire sous la date de 1814 et avant les Cent-Jours, un tableau de la littérature, de la poésie, de la philosophie et de toutes les branches de la pensée, écloses et produites dans le cours de la Restauration. Ce n'est pourtant que vers 1818 que ces diverses richesses intellectuelles, qui devaient honorer la période des quinze ans, commencèrent à se dessiner la plupart dans la per-

sonne de leurs jeunes représentants. Sous la plume de
M. de Lamartine, un tableau des grandeurs et des beautés littéraires de la Restauration doit être nécessairement
incomplet, puisque lui-même y manque, puisqu'il ne
peut s'y assigner la place qu'il mérite, c'est-à-dire l'une
des premières, et proclamer qu'entre les influences d'alors, il a exercé la plus pénétrante assurément, la plus
vive et la plus chère, la plus sympathique de toutes.
Dans ce tableau rapide, où il fait preuve de générosité et
de bienveillance comme toujours, et où il a introduit
aussi plus d'une spirituelle finesse, M. de Lamartine a
commis quelques petites confusions et quelques mélanges
qui montrent que l'esprit critique, chez lui, a encore des
progrès à faire, même sur les sujets qui, ce semble, lui
devraient être le plus connus. Mme de Staël et Chateaubriand y sont largement appréciés, et ce dernier avec
une fermeté inaccoutumée. Mais je m'étonne d'y voir
M. de Bonald célébré comme *caractère*, quand cet honnête homme était, en général, très-asservi aux circonstances domestiques, qui en firent, en plus d'un cas, un
instrument de pouvoir, sincère, mais non pas désintéressé.
Je suis plus surpris encore d'y voir le comte Joseph de
Maistre, que M. de Lamartine a pourtant connu, comparé à *Montaigne*. Ailleurs, M. de Lamartine dit que *la
Minerve* a été *la Satyre Ménippée de la Restauration*; mais
la Satyre Ménippée, que l'historien a oubliée sans doute,
était écrite en faveur d'Henri IV par d'honnêtes royalistes, et *la Minerve* n'était pas écrite, s'il m'en souvient,
en vue de consolider le trône des Bourbons. M. de Lamartine compare le salon aristocratique de la duchesse
de Duras à un *salon de la Fronde* : c'est confondre toutes
les nuances en jugeant un monde où les nuances précisément étaient tout. A d'autres endroits, je vois Marie-Joseph Chénier, mort en 1811, et Mme Cottin, morte

en 1807, placés au rang des écrivains de la Restauration. Ceux-ci, en général, sont jetés dans un pêle-mêle qui rappelle le plat que les Espagnols appellent une *Escudilla,* une véritable macédoine. Parlant dans ce chapitre, à l'occasion du salon de Mme de Montcalm, de M. Pozzo di Borgo, ce Corse spirituel, général et diplomate au service de la Russie, M. de Lamartine l'appelle un « véritable Alcibiade athénien, exilé longtemps dans les domaines de Prusias. » On se demande ce qu'ont à faire ensemble *Alcibiade* et *Prusias,* et l'on s'aperçoit que l'auteur, dans sa rapidité d'allusions, aura confondu sans doute Alcibiade et Annibal. Peu importent, encore une fois, ces bagatelles : il y a longtemps qu'on a dû en faire son deuil avec M. de Lamartine, ne plus même lui donner de conseils, et se contenter de profiter, en le lisant, de tout ce qui échappe encore d'heureux aux rapidités et aux négligences de son génie.

NOTE.

On lit dans *l'Indépendance belge,* vers la date du 15 août 1851 : « Une lettre de M. de Lamartine fait connaître, dit-on, à quel point il a été blessé de l'article publié par M. Sainte-Beuve sur son *Histoire de la Restauration.* M. de Lamartine raconte, dit-on, dans sa réponse, que, le 16 avril, « sa journée et non celle du général Changarnier, » il fut rencontré par M. Sainte-Beuve, qui lui aurait dit, dans une des petites rues qui avoisinent l'Hôtel-de-Ville et devant M. Payer : « *Vous avez été aujourd'hui plus grand que Napoléon !* »

Si M. de Lamartine raconte cela, il a une de ces illusions et de ces exagérations de souvenir qui lui sont familières : car il est impossible que je lui aie dit une telle chose, n'ayant jamais l'habitude de mêler ainsi le nom de Napoléon à tout et de le prendre pour mesure de mon admiration : ce serait la première fois que j'aurais usé de ce langage. Mais, quoi que j'aie pu dire à M. de Lamartine ce jour-là, et quand même, à l'exemple de tant d'autres, il m'aurait échappé en parlant quelque sottise, qu'a de commun, je vous prie, un pareil propos avec un article de critique aussi motivé que celui qu'on vient de lire, et dans lequel il se trouve d'ailleurs, ce me semble, d'assez beaux restes d'admiration ? Le hasard, ou plutôt ma curiosité naturelle, veut que j'aie précisément écrit pour moi, le soir même, le récit de ma rencontre et de ma conversation avec M. de Lamartine; je me garderai bien d'en faire part au public, qui est rebattu pour le moment de ces sortes de confidences. Je remarquerai seulement qu'il faut, en effet, que la blessure de M. de Lamartine soit bien vive pour le faire recourir à de telles armes si peu dignes de lui.

Lundi 11 août 1851.

MARIE STUART,

PAR M. MIGNET.

(2 vol. in-8°. — Paulin, 1851.)

« Eh bien ! on peut dire tout ce qu'on voudra, maint noble cœur prendra parti pour Marie Stuart, même quand tout ce qu'on a dit d'elle serait vrai. » Cette parole que Walter Scott met dans la bouche de l'un des personnages de son roman (*l'Abbé*), au moment où il prépare le lecteur à l'introduction auprès de la belle reine, reste le dernier mot de la postérité comme des contemporains, la conclusion de l'histoire comme de la poésie. Élisabeth vivante a triomphé, et sa politique, après elle, triomphe et règne encore, si bien que protestantisme et Empire britannique ne sont qu'une seule et même chose. Marie Stuart a succombé de sa personne et dans celle de ses descendants ; Charles Ier sous la hache, Jacques II par l'exil, ont continué et accru son héritage de fautes, d'imprudences et de calamités : la race entière a été retranchée et a paru mériter de l'être. Mais, vaincue dans l'ordre réel et sous l'empire du fait ou même sous celui de la raison inexorable, la belle reine a tout regagné dans le domaine de l'imagination et de la pitié. Elle y a retrouvé, de siècle en siècle, des chevaliers, des amoureux et des vengeurs. Il y a quelques années, un Russe de distinction, le prince Alexandre Labanoff, s'est mis à rechercher avec un zèle incomparable, dans les archives, dans les collections et les bibliothèques de l'Europe, toutes les pièces émanant de Marie Stuart, les plus importantes comme les moindres de ses lettres, pour les réunir et en faire un corps d'histoire, et à la fois un reliquaire authentique, ne doutant pas que l'intérêt, un intérêt sérieux et tendre, ne jaillît plus puissant du sein de la vérité même. C'est à l'occasion de ce Recueil du prince Labanoff que M. Mignet fit paraître, de 1847 à 1850, dans le *Journal des Savants*, une série d'articles où, non content d'apprécier les documents produits, il introduisait pour sa part de nouvelles pièces jusque-là inédites, et apportait de nouvelles lumières. Depuis lors, laissant la forme de critique et de dissertation, M. Mignet a repris d'ensemble ce beau sujet et en a composé un récit complet, grave, serré, intéressant et définitif, qu'il publie en ce moment.

Dans l'intervalle, et il y a près d'un an (1850), a paru une *Histoire de Marie Stuart* par M. Dargaud, un écrivain de talent, et dont le livre a été beaucoup loué et beaucoup lu. M. Dargaud a fait, à sa manière, bien des recherches touchant l'héroïne de son choix : il a fait exprès le voyage d'Angleterre et d'Écosse, visitant en pèlerin tous les lieux, théâtre des séjours de Marie Stuart et de ses diverses captivités. En puisant abondamment chez ses devanciers, M. Dargaud leur a rendu justice avec effusion et cordialité; il a fait passer dans les moindres lignes de son Histoire le sentiment de poésie et de pitié exaltée qui l'anime pour les souvenirs de la royale et catholique victime; il a mérité une très-belle lettre que Mme Sand lui a adressée de Nohant (10 avril 1851), et où elle le félicite en le critiquant à peine, et en parlant surtout de Marie Stuart avec charme et avec éloquence. Si donc je n'insiste pas plus longuement aujourd'hui sur l'ouvrage de M. Dargaud, c'est que j'avouerai ne point appartenir à cette école trop vive qui attendrit et amollit à ce degré l'histoire. Je ne crois pas que celle-ci doive être nécessairement ennuyeuse et triste, mais je pense encore moins qu'elle doive être à ce point émue, sentimentale et comme magnétique. Sans vouloir déprécier les qualités de M. Dargaud, qui sont trop dans le goût du jour pour ne pas se recommander d'elles-mêmes, je demanderai à suivre de préférence un historien plus sévère, et dont le jugement et la marche m'inspirent toute confiance.

Marie Stuart, née le 8 décembre 1542, six jours avant la mort de son père, lequel était en lutte, comme tous les rois ses devanciers, avec sa turbulente noblesse, commença en orpheline sa destinée d'inconstance et de malheurs. Elle fut assaillie d'orages dès le berceau,

« Comme si, dès ce temps, la Fortune inhumaine
« Eût voulu m'allaiter de tristesse et de peine, »

ainsi que lui fait dire un vieux poëte dans je ne sais quelle tragédie. Couronnée à l'âge de neuf mois, déjà disputée en mariage par les partis anglais et français, qui cherchaient à prévaloir en Écosse, elle fut bientôt, par l'influence de sa mère Marie de Guise, sœur des illustres Guises, accordée au dauphin de France, fils de Henri II. Le 13 août 1548, Marie Stuart, âgée de moins de six ans, débarqua à Brest; fiancée au jeune dauphin qui devint François II, et élevée avec les enfants de Henri II et de Catherine de Médicis, elle resta en France, soit comme dauphine, soit comme reine, jusqu'à la mort si prématurée de son mari. Elle y vécut en tout comme une princesse française. Ces douze ou treize années de séjour en France furent sa joie et son charme, et le principe de sa ruine.

Elle s'y accoutuma au sein de la cour la plus polie, la plus savante, la plus galante d'alors, y brillant en sa fleur naissante comme l'une des plus rares merveilles et des plus admirées, sachant la musique et tous les arts (*divinæ Palladis artes*), apprenant les langues de l'antiquité, soutenant des thèses en latin, commandant des rhétoriques en français, jouissant de l'entretien de ses poëtes et leur faisant rivalité avec sa propre poésie. L'Écosse, durant tout ce temps, ne lui parut que comme un pays barbare et sauvage, qu'elle espérait bien ne jamais revoir, ou du moins ne jamais habiter. Elle se flattait de la gouverner toujours par sa mère, qui en était régente. Nourrie à une politique toute de cour et toute personnelle, on lui fit signer à Fontainebleau, lors de son mariage (1558), une donation secrète de l'Écosse aux rois de France, vers le même temps où elle adhérait publiquement aux conditions que les commissaires arrivés d'Écosse mettaient à ce mariage, et où elle leur promettait de conserver l'intégrité, les lois et les libertés de son royaume natal. C'est en ce même moment que, sous main, elle faisait don du royaume tout entier par un acte de bon plaisir et de pleine puissance. La Cour de France lui enseignait cette perfidie imprudente dès l'âge de seize ans. Une autre imprudence bien impolitique qui s'afficha avec éclat, ce fut lorsque Henri II, à la mort de Marie Tudor, fit prendre à Marie Stuart dauphine les armes d'Angleterre à côté des armes d'Écosse, la présentant dès lors en rivale déclarée et en concurrente d'Élisabeth.

Quand Marie Stuart perdit subitement son mari (5 décembre 1560), et que, veuve à dix-huit ans, il fut décidé qu'au lieu de rester en son douaire de Touraine, elle retournerait en son royaume d'Écosse pour y mettre ordre aux troubles civils qui s'y étaient élevés, ce fut un deuil universel en France dans le monde des jeunes seigneurs, des nobles dames et des poëtes. Ceux-ci ont consigné leurs regrets dans maintes pièces de vers qui nous peignent au vif Marie Stuart à cette heure décisive, la première heure vraiment douloureuse de sa vie. On l'y voit fine, gracieuse, d'une blancheur de teint éblouissante, d'une taille et d'un corsage de reine ou de déesse, et L'Hôpital lui-même, à sa manière, dans un grave Épithalame, l'avait dit :

> *Adspectu veneranda, putes ut Numen inesse :*
> *Tantus in ore decor, majestas regia tanta est!*

d'une main longue, élégante et grêle (*gracilis*), d'un front d'albâtre et brillant sous le crêpe, avec des cheveux d'or qui méritent une légère remarque. C'est un poëte (Ronsard) qui a parlé de *l'or de ses cheveux annelés et tressés*, et les poëtes emploient, on le sait, les mots un peu vaguement. Mme Sand, parlant d'un portrait qu'elle a vu enfant au Couvent des Anglaises, dit sans hésiter : « Marie était belle, *mais rousse*. » M. Dargaud parle d'un autre portrait où « un rayon de soleil éclaire, dit-il assez singulièrement, des boucles de cheveux *vivants et électriques* dans la lumière. » Mais Walter Scott, réputé le plus exact des romanciers historiques, nous peignant Marie Stuart prisonnière dans le château de Lochleven, nous montre, comme s'il les avait vues, les tresses épaisses d'un brun foncé (*dark brown*) qui s'échappaient à un certain moment de dessous le bonnet de la reine. Nous voilà loin du roux, et je ne vois de moyen de tout concilier que d'en passer par ces cheveux « si beaux, si blonds et cendrés » qu'admirait Brantôme, témoin très-oculaire ; cheveux que la captivité devait blanchir, et qui laisseront apparaître, à l'heure de la mort et aux mains du bourreau, cette pauvre reine de quarante-cinq ans *toute chenue*, comme dit L'Estoile. Mais à dix-neuf ans et au moment de son départ de France, la jeune veuve avait tout son éclat de beauté, n'était une certaine vivacité de teint qu'elle perdit à la mort de son premier mari et qui fit place à plus de blancheur.

Avec cela un esprit léger, gracieux, enjoué, la raillerie française, une âme vive et capable de passion, ouverte au désir, un cœur qui ne savait pas reculer quand l'animait la fantaisie ou la flamme, on entrevoit l'enchantement : telle était la reine aventureuse et poétique qui s'arrachait à la France en pleurant, et que des oncles politiques envoyaient pour ressaisir l'autorité au milieu de la plus rude et de la plus sauvage des Frondes.

L'Écosse, depuis que Marie Stuart enfant en était partie, avait subi de grands changements : le principal était la Réformation religieuse qui y avait pris racine et qui s'y était étendue avec vigueur. Le grand réformateur Knox prêchait la doctrine nouvelle, qui y avait trouvé des âmes énergiques et dures toutes faites pour la recueillir. La vieille lutte des barons et des seigneurs contre les rois se compliquait et se redoublait désormais de celle des cités et du peuple contre les croyances brillantes de la Cour et contre la hiérarchie catholique. L'enfantement de la société moderne, de l'égalité civile, du respect des droits de tous, s'y opérait péniblement à travers des scènes barbares et au moyen du fanatisme même. Seule et sans conseil, aux prises avec les seigneurs et avec la noblesse comme l'avaient été ses aïeux, Marie Stuart, prompte, mobile, sujette à ses prédilections ou à ses antipathies, était déjà insuffisante : qu'était-ce donc lorsqu'elle se trouvait de plus en face d'un parti religieux, né et grandi durant les années récentes, en face d'un parti *raisonneur et sombre, moral et audacieux*, discutant rationnellement et la Bible en main le droit des rois, et poussant la logique sous la prière? Sortie d'une Cour littéraire et artificielle, elle n'avait rien pour comprendre ces grands et sourds mouvements des peuples, et pour les retarder ou les détourner à son profit en s'y accommodant : « Elle revenait, a dit M. Mignet, pleine de regrets et de dégoûts, au milieu des montagnes sauvages et des habitants incultes de l'Écosse. Plus aimable qu'habile, très-ardente et nullement circonspecte, elle y revenait avec une grâce déplacée, une beauté dangereuse, une intelligence vive mais mobile, une âme généreuse mais emportée, le goût des arts, l'amour des aventures, toutes les passions d'une femme, jointes à l'extrême liberté d'une veuve. » Enfin, pour compliquer le péril de cette situation précaire, elle avait pour voisine en Angleterre une reine rivale, Élisabeth, qu'elle avait offensée d'abord en revendiquant son titre, qu'elle n'offensait pas moins par une supériorité féminine et bruyante de beauté et de grâce, une reine capable, énergique, rigide et dissimulée, représentant l'opinion religieuse contraire, et entourée de conseillers habiles, constants et pleins de suite, compromis dans la même cause. Les sept années que Marie Stuart passa en Écosse, depuis son retour de France (19 août 1561) jusqu'à son emprisonnement (18 mai 1568), sont remplies de toutes les erreurs et de toutes les fautes que peut commettre une jeune princesse légère, emportée, irréfléchie, et qui n'a d'adresse et d'habileté que dans le sens de sa passion, jamais en vue d'un dessein politique général. La politique de Mme de Longueville, durant la Fronde, me paraît de cette force-là.

Quant aux autres fautes, aux fautes morales de la

pauvre Marie Stuart, elles sont bien connues et aussi démontrées aujourd'hui que fautes de ce genre peuvent l'être. Mme Sand, très-indulgente, considère comme les trois taches capitales pour cette reine, l'abandon de Chastellard, les feintes caresses au malheureux Darnley, et l'oubli envers Bothwell.

Chastellard, comme on sait, était un gentilhomme de Dauphiné, musicien, poëte, et du cortége des serviteurs et des amoureux de la reine, qui d'abord l'agréait assez. Chastellard avait été de la troupe qui fit escorte à Marie à son départ pour l'Écosse, et, poussé par la passion, il y retourna quelque temps après; mais il ne sut pas se contraindre et s'en tenir, comme il convenait, à une flamme poétique, en attendant qu'il fit partager, s'il le pouvait, sa flamme réelle. Deux fois il fut trouvé caché sous le lit de la reine, et, à la seconde fois, elle perdit patience et le mit entre les mains de la justice du pays. Le pauvre Chastellard eut la tête tranchée; il mourut en récitant, dit-on, un hymne de Ronsard, et en s'écriant tout haut : « *O cruelle Dame!* » Après un acte si rigoureux qu'elle laissait accomplir par crainte du scandale, et pour mettre son honneur au-dessus de toute atteinte et de tout soupçon, Marie Stuart n'avait, ce semble, qu'un parti à prendre, c'était de rester la plus sévère et la plus vertueuse des princesses.

Mais sa sévérité pour Chastellard, bien que faite pour étonner, n'est qu'une peccadille au prix de sa conduite envers Darnley, son second mari. En épousant ce jeune homme, son vassal, mais du nom de Stuart et de sa propre famille (29 juillet 1565), Marie échappait aux diverses combinaisons politiques dans lesquelles on essayait de l'attirer pour un second mariage, et elle eût peut-être fait en cela une chose raisonnable, si elle n'eût pas fait avant tout un acte de caprice et de passion. Mais elle s'était éprise de Darnley en un jour, et elle s'en dégoûta de même. Ce grand et frêle jeune homme, tour à tour timide et vain, au cœur *mol comme cire*, n'avait rien de ce qui impose à une femme et de ce qui la subjugue. La femme, telle que Marie Stuart, mobile, ardente et entraînée, avec le sentiment de sa faiblesse et de son abandon, aime à trouver son maître et par moments son tyran dans celui qu'elle aime, tandis qu'elle méprise vite en lui son esclave et sa créature, quand il n'est rien que cela; elle aime mieux un bras de fer qu'une main efféminée. Moins de six mois après son mariage, Marie dégoûtée se consolait avec l'Italien David Riccio, homme de trente-deux ans pour lors environ, également propre aux affaires et aux plaisirs, qui la conseillait et la servait comme secrétaire, et qui avait ce talent de musicien si propre à en recouvrir et à en introduire quelque autre auprès des dames. Le faible Darnley s'étant ouvert de sa jalousie aux lords et seigneurs mécontents, ceux-ci, dans l'intérêt de leur politique, le poussèrent à la vengeance, et s'offrirent à le servir de l'épée. Les ministres et pasteurs presbytériens s'en mêlèrent. Le tout fut machiné et dressé sous couvert de châtiment céleste avec un concert infini, et, qui plus est, moyennant des actes et des conventions formelles qui simulaient la légalité. La reine et son favori, avant qu'ils parussent s'en douter, étaient pris dans un réseau. David Riccio fut saisi par les conjurés un soir au souper (9 mars 1566), dans le cabinet de Marie, Darnley étant présent, et de là entraîné et poignardé dans la chambre voisine. Marie, à cette date, était enceinte de son mari de près de six mois. Dès ce jour, outragée, ulcérée dans son honneur et dans son affection, elle conçut contre Darnley un redoublement de mépris mêlé d'horreur, et jura de se venger des exécuteurs violents du meurtre. A cet effet, elle attend, elle dissimule, elle prend sur elle pour la première fois de sa vie et contient ses mouvements. Elle ne devient politique, comme cela est le propre des femmes passionnées, que dans l'intérêt de sa passion même et de sa vengeance.

Ici est le plus grave et le plus irréparable endroit de sa vie. Même quand on s'est bien représenté ce que c'est que la morale moyenne du xvie siècle avec toutes les perfidies et les atrocités qu'elle tolère, on est à peine préparé. Marie Stuart avait à cœur d'abord de se venger des seigneurs qui avaient prêté main-forte à Darnley, plutôt que de ce faible époux lui-même. Pour parvenir à ses fins, elle se réconcilie avec ce dernier et le détache des conjurés ses complices. Elle le force à les désavouer, et achève ainsi de l'avilir et de l'abîmer dans son propre esprit. Elle s'en tient là avec lui tant qu'une nouvelle passion pour un autre ne se joint pas à ce mépris consommé. Elle accouche sur ces entrefaites (19 juin), et le rend père d'un fils qui tiendra de tous deux par les mauvais côtés, et qui sera Jacques Ier d'Angleterre, cette âme de casuiste dans un roi. Mais déjà une nouvelle passion est éclose dans le cœur ouvert de Marie Stuart; celui qu'elle choisit cette fois n'a ni la faiblesse de Darnley, ni les grâces de salon d'un Riccio : c'est le comte de Bothwell, âgé de trente ans, laid, mais à l'aspect martial, brave, hardi, violent et capable de tout oser. C'est à lui que cette tendre et flexible volonté va désormais s'enchaîner comme à son appui. Marie Stuart a trouvé son maître, et elle va lui obéir en tout sans scrupule, sans remords, comme il arrive en toute passion éperdue.

Comment se débarrasser d'un mari désormais odieux? Comment s'unir à un homme qu'elle aime et dont l'ambition n'est pas d'humeur à s'arrêter à la moitié du chemin ? Ici encore, non pas pour excuser, mais pour expliquer Marie Stuart, on a besoin de se représenter la morale du temps : bon nombre des mêmes seigneurs qui avaient pris part au meurtre de Riccio, et qui s'étaient ligués de fait et par écrit, s'offrirent à elle et, pour rentrer en grâce, lui firent entrevoir le moyen de se débarrasser d'un époux à charge et trop importun. Elle ne répondit d'abord à cette ouverture qu'en parlant du divorce et de la difficulté de l'obtenir ; mais ces hommes peu scrupuleux, par la bouche de Lethington, le plus habile et le plus politique d'entre eux, lui dirent : « Madame, ne vous inquiétez de rien ; nous sommes ici les principaux de la noblesse et du Conseil de Votre Grâce, et nous trouverons bien le moyen de vous délivrer de lui sans aucun préjudice pour votre fils ; et quoique milord Murray, ici présent (*le frère naturel de Marie Stuart*), soit un peu moins scrupuleux pour un protestant que Votre Grâce ne l'est pour une papiste, je suis sûr qu'il regardera à travers ses doigts, nous verra faire et ne dira rien. » Le mot était lâché, il ne s'agissait, pour Marie comme pour son frère Murray, que de *regarder à travers ses doigts*, selon l'expression vulgaire, et de laisser faire sans se mêler de rien. Elle dut s'en mêler pourtant ; elle dut attirer dans le piége, par un feint retour de tendresse, Darnley, alors convalescent de la petite-vérole. Elle dissipa sans trop de peine ses soupçons, et reprit sur lui son empire. Elle le décida à venir en litière de Glascow à Kirk-of-Field, aux portes d'Édimbourg, dans une espèce de presbytère peu convenable pour recevoir un roi et une reine, mais très-propre au crime qu'on voulait commettre. Darnley y périt étranglé avec son page, dans la nuit du 9 février 1567. La maison sauta au moyen d'un baril de poudre qu'on avait introduit pour faire croire à un accident. Pendant ce temps, Marie était allée à un bal masqué au palais d'Holyrood; elle n'avait quitté le roi son mari que dans a soirée, et quand tout avait été préparé dans le dernier détail. Bothwell, qui avait assisté quelque temps au bal d'Holyrood, était sorti d'Édimbourg après minuit, et avait présidé à tout le forfait. Ces circonstances sont désormais prouvées d'une manière irréfragable et par les dépositions des témoins, et par les confessions des acteurs, et par les propres lettres de Marie Stuart, dont M. Mignet, dans un éclaircissement final, met hors de doute l'authenticité. Elle sentait bien qu'en s'abandonnant à ce point aux projets de Bothwell, elle lui fournissait des armes contre elle-même, et qu'elle lui donnait sujet de se méfier à son tour. Il pouvait se dire, comme plus tard Norfolk, que *l'oreiller d'une telle femme*, pour y dormir, *était peu sûr*. Dans les préparatifs de cet horrible guet-apens, elle lui marquait plus d'une fois sa répugnance à tromper ce pauvre malade crédule qui se confiait en elle : « Si ne m'éjouirai-je jamais, disait-elle, à tromper celui qui se fie en moi. Néanmoins vous me pouvez commander en toutes choses. Ne concevez donc point de moi aucune sinistre opinion, puisque vous-même êtes cause de cela : car je ne le ferais jamais contre lui pour ma vengeance particulière. » Ce rôle, en effet, de Clytemnestre, ou de Gertrude dans *Hamlet*, ne lui était pas naturel et ne pouvait que lui être imposé. Mais la passion la rendait cette fois insensible à la pitié, et lui faisait (c'est elle qui l'avoue) le cœur *dur comme diamant*. Marie Stuart mit bientôt le comble à sa passion désordonnée et à son désir en épousant ce même Bothwell et en révoltant par là contre elle le peuple entier, dont la moralité, tout fanatisé qu'il était, ne se dépravait pas du moins et était plus droite que celle des seigneurs.

Le crime eut de l'écho par-delà les mers : L'Hôpital, ce représentant de la conscience humaine en un siècle affreux, apprit, dans la retraite de sa maison des champs, l'égarement de celle dont il avait célébré le premier mariage et la grâce première; il consacra son indignation par une nouvelle pièce de vers latins, dans laquelle il raconte les horreurs de cette nuit funèbre, et ne craint pas de désigner l'épouse et la jeune mère, meurtrière, hélas! du père de son enfant encore à la mamelle.

Le 15 mai, trois mois, rien que trois mois après le meurtre, au premier sourire du printemps, se célébrait le mariage avec l'assassin. Marie Stuart justifie en tout le mot de Shakspeare : « Fragilité, ton nom est Femme! » Et nulle ne fut plus femme que Marie Stuart.

Ici, je ne saurais admettre le troisième reproche de Mme Sand, qui s'adresse à l'oubli de Marie Stuart pour Bothwell; je vois, au contraire, dans les traverses et les périls qui suivirent immédiatement ce dernier mariage, que Marie n'a d'autre idée que de n'être point séparée de ce violent et subjuguant époux. Elle l'aimait si follement (avril 1567) qu'elle disait, à qui voulait l'entendre, « qu'elle quitterait la France, l'Angleterre et son propre pays, et le suivrait jusqu'au bout du monde, *vêtue d'une jupe blanche*, plutôt que de se séparer de lui. » Et bientôt après, forcée par les lords de s'arracher à Bothwell, et le leur reprochant amèrement, elle ne demandait qu'une chose, « c'était qu'on les mît tous deux dans un navire pour les envoyer là où la fortune les conduirait. » Ce ne fut que l'éloignement, la prison finale, l'impossibilité de toute communication, qui amenèrent forcément la rupture. Marie, prisonnière en Angleterre, sollicita, il est vrai, des États d'Écosse l'annulation de son mariage avec Bothwell, dans l'espérance où elle était d'épouser le duc de Norfolk, qui faisait l'amoureux d'elle et de sa couronne, et qu'au reste elle ne vit jamais. Mais, Bothwell en fuite et une fois détruit, pourrait-on faire un reproche à Marie Stuart d'un projet duquel elle attendait sa restauration et sa délivrance? Sa passion pour Bothwell avait été une fureur, et avait été poussée jusqu'à la complicité du crime. Cette fièvre calmée, Marie Stuart tourna son esprit vers les ressources qui s'offraient, et parmi lesquelles était la promesse de sa main. Sa faute n'est pas là, et, au milieu de tant d'infidélités et d'horreurs, ce serait pousser bien loin la délicatesse que de réclamer l'éternité du sentiment pour ces restes d'une passion effrénée et sanglante. Ce qui est dû à de semblables passions quand elles ne laissent pas après elles la haine, et ce qui leur va le mieux, c'est l'oubli.

Une telle conduite et de tels actes, qui se couronnèrent par sa fuite inconsidérée en Angleterre et par l'imprudent abandon de sa personne aux mains d'Élisabeth, semblent bien peu propres à faire de Marie Stuart l'héroïne touchante et pathétique qu'on est accoutumé de chérir et d'admirer. Et pourtant elle mérite toute cette pitié, et il suffit, pour la lui rendre insensiblement, de la suivre dans la troisième et dernière partie de sa vie, durant cette longue, injuste et douloureuse captivité de dix-neuf années (18 mai 1568 — 5 février 1587). Aux prises sans défense avec une rivale cauteleuse et ambitieuse, sujette à tous les contre-coups du dehors, victime d'une politique avare et tenace qui ne lâche point sa proie et qui met un si long temps à la torturer sans la dévorer, elle ne s'abandonne pas un seul moment, elle se relève. Cette faculté d'espérance, qui l'a tant de fois trompée, lui devient ici une *grâce* d'état et une vertu. Elle émeut le monde entier dans l'intérêt de son infortune et le soulève par un charme puissant. Sa cause s'agrandit et se transforme. Ce n'est plus la femme passionnée et légère, punie pour ses fragilités et ses inconstances, c'est l'héritière légitime de la couronne d'Angleterre, qui est exposée dans son donjon aux yeux du monde, une catholique fidèle, inébranlable, et qui refuse de sacrifier sa foi à l'intérêt de son ambition et même au salut de sa vie. La beauté et la grandeur de ce rôle étaient faites pour saisir l'âme tendre et naturellement croyante de Marie Stuart. Elle s'en pénètre et le substitue dès le premier instant à tous ses anciens sentiments personnels, qui peu à peu expirent et qui s'apaisent en elle avec les occasions fugitives qui les avaient soulevés. Elle ne paraît pas plus s'en souvenir que du bruit des vagues et de l'écume des flots sur ces lacs brillants qu'elle a traversés. Durant dix-neuf ans toute la Catholicité s'agite, se passionne pour elle, et elle est là, à demi héroïne et à demi martyre, qui fait le signal et agite sa bannière à travers les barreaux. Captive, ne l'accusez pas de conspirer contre Élisabeth ; car, dans ses idées de droit divin et de royauté absolue, de souveraine à souveraine, l'une des deux fût-elle prisonnière de l'autre, ce n'est pas conspirer que de chercher le triomphe de sa cause, c'est simplement poursuivre la guerre. Du moment d'ailleurs que Marie Stuart est prisonnière, qu'on la voit accablée, privée de tout ce qui console, infirme, hélas ! et déjà blanchie avant l'âge ; quand on l'entend, dans la plus longue et la plus remarquable de ses lettres à Élisabeth (8 novembre 1582), lui redire pour la vingtième fois : « Votre prison, sans aucun droit et juste fondement, a jà détruit mon corps, duquel vous aurez bientôt la fin s'il y continue guère davantage, et n'auront mes ennemis beaucoup de temps pour assouvir leur cruauté sur moi : il ne me reste que l'âme, laquelle il n'est en votre puissance de captiver; » quand on a entendu ce mélange de fierté et de plainte, la pitié pour elle l'emporte, le cœur a parlé; ce doux charme dont elle était douée, et qui agissait sur tous ceux qui l'approchaient, reprend le dessus et opère sur nous à distance. Ce n'est ni avec le texte d'un greffier, ni même avec la raison d'un homme d'État, qu'on la juge, c'est avec le cœur d'un chevalier, ou, pour mieux dire, d'un homme. L'humanité, la pitié, la religion, la grâce poétique suprême, toutes ces puissances invincibles et immortelles se sentent intéressées dans sa personne, et crient pour elle à travers les âges. « Porte ces nouvelles, disait-elle au vieux Melvil au moment de mourir, que je meurs ferme en ma religion, *vraie Catholique, vraie Écossaise, vraie Française.* » Toutes les croyances, tous les patriotismes et les nationalités invoqués ici par Marie Stuart, lui ont fait un long écho et lui ont répondu avec pleurs et avec amour.

Que reprocher d'ailleurs à celle qui, après dix-neuf ans de supplice et de torture morale, dans la nuit qui précéda sa mort, chercha dans la Vie des Saints, que ses filles avaient coutume de lui lire tous les soirs, un grand coupable à qui Dieu eût pardonné? « Elle s'arrêta à la touchante histoire du *bon Larron,* qui lui sembla le plus rassurant exemple de la confiance humaine et de la clémence divine, et dont Jeanne Kennedy (l'une de ses filles) lui fit lecture : « C'était un grand pécheur, dit-elle, mais pas si grand que moi; je supplie Notre-Seigneur, en mémoire de sa Passion, d'avoir souvenance et merci de moi comme il l'eut de lui à l'heure de sa mort. » — Ces sentiments vrais et sincères, cette humilité contrite de ses derniers et sublimes moments, cette intelligence parfaite et ce profond besoin du pardon, ne laissent plus moyen de voir en elle aucune tache du passé qu'à travers les larmes.

Le vieil Étienne Pasquier sentait ainsi. Ayant à raconter dans ses *Recherches* la mort de Marie Stuart, il l'oppose à l'histoire tragique du connétable de Saint-Pol, à celle du connétable de Bourbon, qui lui ont laissé un mélange de sentiments contraires : « Mais en celle que je discourrai maintenant, dit-il, il me semble n'y avoir que pleurs, et, par aventure, se trouvera-t-il homme qui, en lisant, ne pardonnera à ses yeux. »

M. Mignet, qui a dû examiner toutes choses en historien et ne donner à l'émotion que de courts passages, a très-bien exposé et démêlé les différentes phases de cette captivité de Marie Stuart et les ressorts qui furent en jeu aux divers moments : il a particulièrement éclairé d'un jour nouveau, et à l'aide des papiers espagnols provenant des Archives de Simancas, les préparatifs si lents de l'entreprise tentée par Philippe II, de cette croisade infructueuse et tardive qui ne se décida qu'après la mort de Marie Stuart, et qui aboutit au naufrage fastueux de l'invincible *Armada*.

Au sortir, pourtant, de ce brillant et orageux épisode de l'histoire du XVIe siècle, qui vient de nous être si fortement et si judicieusement rendu, tout plein encore de ces temps de violence, de trahison et d'iniquité, et sans avoir l'innocence de croire que l'humanité en ait fini à jamais avec de tels actes, on se prend à se féliciter malgré tout, à se réjouir de vivre en des âges d'une morale publique améliorée et plus adoucie; on s'écrie avec le sieur de Tavannes, au moment où dans ses Mémoires il vient de raconter cette vie et cette mort de Marie Stuart: « Heureux qui vit sous un État certain, où le bien et le mal sont salariés et châtiés selon les mérites!... »

Heureux les temps et les sociétés où une certaine morale générale et un respect humain de l'opinion, où le Code pénal aussi, mais surtout le contrôle continuel de la publicité, interdisent, même aux plus hardis, ces résolutions criminelles que chaque cœur humain, s'il est livré à lui-même, est toujours tenté d'engendrer!

Lundi 18 août 1851.

M. DE BONALD.

(Article BONALD, dans *les Prophètes du Passé*,

Par M. Barbey d'Aurevilly, — 1851.)

Tout le monde, ou du moins une grande moitié du monde, dit tous les jours que la société est au bord de l'abîme, qu'elle s'en va périr avec la propriété, avec la famille, avec toutes ses institutions angulaires et fondamentales ; qu'on est en face de la barbarie pure. Ce cri d'alarme, qui échappe aujourd'hui aux modérés même et aux satisfaits d'hier, reporte naturellement le souvenir vers les hommes qui ont poussé ce même cri il y a cinquante ans, qui n'ont cessé de le proférer jusqu'à leur dernier soupir, et qui, dans notre jeunesse, nous semblaient des vieillards augustes et moroses, de lamentables augures. Avaient-ils donc raison contre toutes nos hardies idées d'alors, contre nos jeunes espérances ? et leur donnerons-nous raison à notre tour ? Ce n'est point la question que je vais traiter ; assez d'autres la traitent sans moi. Mais je profiterai d'une publication récente, où un écrivain d'une plume brillante et vaillante, M. Barbey d'Aurevilly, prend hautement le parti de ceux qu'il appelle *les Prophètes du Passé*, et nous retrace, à côté de la grande figure de Joseph de Maistre.

la figure ingénieuse et forte de Bonald, pour dire mon mot sur ce dernier, et pour assigner les principaux traits de sa manière.

C'est de ce même M. de Bonald que M. de Lamartine, après l'avoir chanté en poëte dans sa jeunesse, vient de donner un portrait tout aimable et adouci à la fin du second tome de son *Histoire de la Restauration*. Voilà, ce me semble, des occasions et des appuis pour qui veut aborder l'étude d'un caractère. Qu'on veuille être tranquille d'ailleurs : je n'ajouterai pas un mot à ce que je crois vrai sur ce penseur supérieur et respectable.

Le vicomte de Bonald, que nous avons vu mourir le 23 novembre 1840, âgé de quatre-vingt-six ans accomplis, était né le 2 octobre 1754 à Milhau, dans le Rouergue. Il sortait d'une de ces vieilles familles provinciales qui avaient servi à la fois avec honneur dans les parlements et dans les armées. Il vint faire ses études dans une pension à Paris, puis à Juilly chez les Oratoriens. Il ne prit de cette éducation que la partie fructueuse et solide, et ce qui s'y mêlait déjà de philosophique et de libre ne l'atteignit pas. Il sortit de là pour être mousquetaire, assista aux derniers moments de Louis XV, reçut un jour, au passage, un regard charmant de la jeune et nouvelle reine Marie-Antoinette : il paraît que ce furent là les plus vifs souvenirs de ce jeune mousquetaire au cœur simple, à la figure noble et pleine de candeur. M. de Bonald échappa entièrement par ses mœurs à la corruption du xviiie siècle : il échappa non pas seulement à ce qui corrompt, mais aussi peut-être à ce qui adoucit. Rentré dans ses foyers à vingt-deux ans, lors de la suppression du corps des mousquetaires (1776), il se maria et vécut de la vie de ses pères. Il fut maire de Milhau, sa ville natale, depuis le 6 juin 1785 jusqu'au 23 juillet 1790, date à laquelle il fut nommé à Rhodez membre de l'Assemblée de Département. Mais il donna bientôt sa démission de cette dernière place, et il crut de son honneur d'émigrer. Toutes ces circonstances de la vie de M. de Bonald sont racontées avec simplicité, et avec un sentiment très-vif de religion domestique, dans une *Notice* écrite par l'un de ses fils, M. Henri de Bonald.

M. de Bonald avait donc bien près de quarante ans, et il n'avait pas songé à écrire ni à devenir auteur. Les grands événements dont il était témoin et en partie victime dégagèrent en lui la pensée forte et un peu difficile, et ce fut aux coups redoublés de l'orage qu'il sentit qu'il avait des vérités à exprimer. Après le licenciement de l'armée des Princes, redevenant homme de famille, il vint se fixer à Heidelberg et se consacra à l'éducation de ses deux fils aînés, qu'il avait emmenés avec lui. Au milieu de ces soins tout paternels, il composa son premier écrit, qui contient déjà tous les autres, et qu'il fit imprimer à Constance par des prêtres émigrés qui y avaient établi une imprimerie française : THÉORIE DU POUVOIR POLITIQUE ET RELIGIEUX DANS LA SOCIÉTÉ CIVILE, *démontrée par le raisonnement et par l'histoire, par M. de B..., gentilhomme français*, 1796. C'est le titre exact. M. de Bonald avait pris pour épigraphe cette phrase de Rousseau dans le *Contrat Social* : « Si le Législateur, se trompant dans son objet, établit un principe différent de celui qui naît de la nature des choses, l'État ne cessera d'être agité jusqu'à ce que ce principe soit détruit ou changé, et que l'invincible *Nature* ait repris son empire. » — M. de Bonald se réservait de prouver qu'ici la *Nature* n'était autre chose que la société même la plus étroitement liée et la plus forte, la religion et la monarchie.

Ce livre de Bonald appartenait à cette littérature française du temps du Directoire et extérieure à la France, qui se signala par de mémorables écrits et des protestations élevées contre les productions du dedans : cette littérature *extérieure* produisait de son côté, à Neuchâtel en Suisse, les *Considérations* de Joseph de Maistre *sur la Révolution française*, 1796; à Constance, le livre de Bonald; à Hambourg, la *Correspondance politique* de Mallet du Pan en cette même année 1796, et *le Spectateur du Nord*, brillamment rédigé par Rivarol, l'abbé de Pradt, l'abbé Louis, etc.; à Londres, l'*Essai sur les Révolutions* de Chateaubriand, 1797. On voit que la pensée plus ou moins restauratrice, refoulée par le triomphe de l'idée philosophique et révolutionnaire, réagissait à son tour et faisait chaîne autour de la France.

Le livre de Bonald, introduit en France et expédié de Constance à Paris, fut en grande partie saisi et mis au pilon par ordre du Gouvernement : il n'eut donc pas d'effet et fut alors comme non avenu (1). Mis même en circulation et livré à la publicité, il n'aurait pu avoir

(1) Un fait des plus singuliers et qui m'a été révélé par l'inspection des papiers de Sieyès, c'est que M. de Bonald, au moment de la publication de son ouvrage, le lui envoya, en l'accompagnant de ce billet mystérieux :

« Quelque masque hideux qui puisse te couvrir,
Sieyès, je doute encore et je veux m'éclaircir !

« Donnez, sans vous compromettre, cours à mon ouvrage, dont on vous enverra des exemplaires en vous adressant au sieur Montel, imprimeur à Constance en Souabe, ou en le faisant réimprimer.

« Servez-vous, pour le répandre, de tous les moyens qui sont en votre pouvoir, même par une dénonciation formelle à la Convention.

« Votre secret sera dans le cœur d'un honnête homme, et il n'en sortira que lorsque le temps sera venu. »

Et au dos on lit, de la main de Sieyès : « C'est M de Bonald, aud'ailleurs aucune influence à cause de sa forme obscure, difficile et dogmatique. Ce sont de ces ouvrages qui ne sont faits que pour être médités et extraits par quelques-uns (1).

M. de Bonald, qui est le premier dans sa préface à reconnaître les défauts de sa manière, pense pourtant que les livres sont faits pour exercer de l'influence, et c'est pour cela qu'il écrit. « Depuis l'*Évangile* jusqu'au *Contrat Social*, dit-il et répétera-t-il depuis en maint endroit, ce sont les livres qui ont fait les révolutions. » Les révolutions, qui ont changé en bien ou en mal l'état de la société, n'ont eu d'autre cause que la manifestation des vérités ou la propagation des erreurs. Pour lui, il croit que, depuis plusieurs siècles, c'est l'erreur qui se propage, et il veut rappeler les lois fondamentales et la vérité. Cette vérité, c'est qu'il n'y a qu'une, *une seule* constitution (entendez-vous bien?) de société politique, et une, *une seule* constitution de société religieuse, la réunion et l'accord de l'une et de l'autre composant la vraie société civile. Cette unique constitution de société politique est la constitution royale pure ; cette unique constitution de société religieuse est la religion catholique : hors de là, point de salut, même ici-bas,

---

teur de trois volumes sur la *Théorie du Pouvoir politique...*, qui me fit parvenir son ouvrage par la voie du citoyen Barthélemy, ambassadeur en Suisse, avec ce singulier billet. »

Évidemment, M. de Bonald espérait par là tenter ou piquer d'honneur le métaphysicien politique adversaire; mais Sieyès ne donna pas dans cette séduction ou dans cette chevalerie d'un nouveau genre.

(1) Marie-Joseph Chénier a insisté, dans son *Tableau de la Littérature*, sur les inconvénients de la méthode de M. de Bonald, mais il l'a fait sans rien reconnaître ni deviner des parties supérieures de la pensée. En cela, comme dans son analyse de Chateaubriand, Chénier a prouvé qu'il n'était qu'un *demi-critique*.

et nulle stabilité. C'est sur cette doctrine, chez lui fondamentale, et qui est le résultat du raisonnement comme la donnée de la foi, qu'il va discourir jusqu'au dernier jour, dire, redire sans cesse et répéter (car s'il est l'homme qui varie le moins, il est celui qui se répète le plus), et enchaîner toutes sortes de pensées élevées, fines ou fortes, souvent malsonnantes et tout à fait fausses, mais le plus souvent vraies encore d'une vérité historique relative au passé. M. de Bonald est le publiciste de la famille, de la royauté patriarcale, de l'autorité antique et immuable, de la stabilité sacrée.

On ne le comprend bien que quand on se le représente à sa date de 1796, en situation historique pour ainsi dire, en face des adversaires dont il est le contradicteur le plus absolu et le plus étonnant, non pas avec des éclairs et des saillies de verve et de génie comme de Maistre, mais un contradicteur froid, rigoureux, fin, ingénieux et roide. Jamais les Condorcet en politique, les Saint-Lambert en morale, les Condillac en analyse philosophique, n'ont rencontré un jouteur plus serré et plus démontant; car notez que, pour les réfuter, il ne dédaigne pas de prendre un peu de leur méthode; il mêle un peu d'algèbre à son raisonnement, il a des formules pour revenir au Ciel, et il se sert des mots exacts avant tout, il les presse et les exprime pour leur faire rendre tout l'esprit qu'ils recèlent et toute la pensée. Enfin il prend une partie de leurs armes à ses adversaires et les retourne contre eux, en remontant pied à pied.

Je ne citerai de sa *Théorie du Pouvoir* que deux ou trois endroits remarquables, et qui peuvent s'entendre sans recourir à la formule. Développant pour la première fois cette pensée qu'il a depuis résumée ainsi et qui fait loi : *La littérature est l'expression de la société,* M. de Bonald examine dans leurs rapports la décadence des arts et celle des mœurs : « Ce serait, ce me semble, nous dit-il, le sujet d'un ouvrage de *littérature politique* bien intéressant, que le rapprochement de l'état des arts chez les divers peuples avec la nature de leurs institutions. » Et il en donne à sa manière un aperçu, indiquant que la plus grande perfection des arts et des lettres, comme il les conçoit, répond généralement à l'état le plus parfait des institutions sociales, c'est-à-dire à la monarchie. Dans un chapitre intitulé *Des Gens de Lettres*, il saisit très-finement les qualités distinctives de cette nouvelle *espèce*, née ou développée seulement au xviiie siècle; il dénonce les inconvénients d'un pareil corps vaguement introduit dans l'État et y devenant une puissance; il essaie de la restreindre et d'assigner les termes dans lesquels il conviendrait, selon lui, de renfermer toute discussion littéraire, soit par rapport à la religion, soit par rapport aux mœurs. Rien n'est curieux comme cette sorte de Charte, ou plutôt de Loi spartiate et hébraïque, que M. de Bonald méditait d'imposer aux écrivains, et cela pendant les plus grandes saturnales de la presse, en plein Directoire. Il n'entendait pas restreindre moins rigoureusement les arts du dessin; il était sans pitié pour les statues : « Gouvernements, s'écriait-il, voulez-vous accroître la force de l'homme ? gênez son cœur, contrariez ses sens. Semblable à une eau qui se perd dans le sable si elle n'est arrêtée par une digue, l'homme n'est fort qu'autant qu'il est retenu. » Se croyant déjà revenu à Lycurgue ou à Moïse, il proposait sérieusement à l'Administration de faire faire des éditions châtiées et exemplaires des auteurs célèbres : on extrairait de chaque auteur ce qui est grave, sérieux, élevé, noblement touchant, et on supprimerait le reste : « Tout ce qui serait de l'écrivain *social* serait conservé, tout ce qui serait de l'homme serait supprimé; et si je ne pouvais faire le triage, dit-il, je n'hésiterais pas à tout sacrifier. »

Telle est la pensée que M. de Bonald énonçait en 1796, qu'il continuera d'énoncer et d'exprimer pendant toute la Restauration, et qu'il voudra réaliser tant bien que mal en 1827, comme président du dernier Comité de censure : peut-on s'étonner de la suite d'après le début? Qu'un tel régime de littérature spartiate ou romaine, comme le pourrait régler un Caton l'Ancien, soit souhaitable ou regrettable, je n'examine pas cette question, qui n'est autre que l'éternelle querelle entre les vieilles mœurs et le génie des arts ou de la pensée ; mais est-ce possible dans l'état actuel et prochain de la société, et sur les pentes nouvelles où se précipite le monde? M. de Bonald n'en doutait pas. Là est le rêve.

Sa prévention était telle, qu'à peine si lui et les siens passaient l'esprit proprement dit à leur parti et pour la défense de leur cause. Un jour (le fait est de toute vérité), M. de Marcellus était allé voir M. Michaud dans les beaux jours de *la Quotidienne* : « Eh bien! lui dit M. Michaud, vous devez être content, il y a de l'esprit dans notre journal. » — « Oui, répondit l'ami de M. de Bonald, et c'est précisément ce que je n'y aime pas : il y a toujours quelque chose de satanique dans l'esprit. » On croit entendre M. de Bonald lui-même.

En tout M. de Bonald, par la forme et la direction de son esprit, est hébraïque, romain, patricien à l'antique, et l'ennemi des Grecs. Jamais il ne parle des Grecs qu'avec mépris et dédain, comme d'une *nation de femmes et d'enfants*, ne songeant qu'au plaisir, et qui, dans leurs arts, *ôtèrent la pudeur même à la chasteté* (1) ; ou encore comme d'une *nation d'athlètes* devenue bien

---

(1) Le mot est de Montesquieu, et Bonald s'en autorise.

vite un peuple de rhéteurs et de sophistes, et qui, en philosophie, « ne cherchèrent jamais la sagesse que hors des voies de la raison. » Il ne fait guère d'exception favorable parmi eux que pour les Spartiates et les Macédoniens, peuples plus forts et plus durs : mais les Athéniens, il les rudoie, il les ignore, il les supprimerait s'il le pouvait. C'est que lui-même, avec de la force et de l'ingéniosité, il a l'âpreté de son Rouergue et de ses montagnes ; c'est le moins Athénien des esprits. « Il n'aimait pas les Grecs, a dit quelqu'un, et les Grecs le lui ont bien rendu : il manque d'atticisme. » Il manque de grâce, de délicatesse et de charme.

Je vais droit au défaut capital et radical du talent élevé de M. de Bonald, et que, même dans les hautes et sévères doctrines qu'il professait, il aurait certes pu éviter. M. de Maistre a des ailes, M. de Bonald n'en a jamais. Pour revenir au monde des idées et au ciel métaphysique de Malebranche, M. de Bonald nous fait repasser par la filière des mots et par la mécanique du langage de Condillac. J'ai voulu faire une expérience qui n'a rien de bien pénible. A côté des pages denses et serrées de M. de Bonald, j'ai lu quelques pages de Bossuet, dans le même ordre d'idées absolues : *la Politique tirée de l'Écriture*. Quand on lit ce bel ouvrage de Bossuet, on est à l'instant comme un voyageur qui se sent porté sur un grand fleuve aux ondes pleines, majestueuses et sonores sous le soleil. Avec Bonald, au contraire, on est comme si l'on s'embarquait d'abord sur un fleuve assez peu navigable ; puis le patron vous fait entrer dans un canal, et vous met à bord d'un bateau exactement fermé, où l'on descend et où l'on est sans plus voir la lumière ni le ciel, et l'on ne peut sortir la tête et regarder sur le pont que par intervalles, pour apercevoir en effet d'assez hautes et grandes perspectives, mais en regrettant de les perdre de vue si souvent. Tel est véritablement l'effet que produit la méthode à demi scolastique de Bonald, mise en regard de la marche naturelle et large de Bossuet dans les mêmes matières.

Bonald ne s'inquiète pas d'émouvoir, et il ne sait pas persuader. Cette abeille qui, non loin de lui, visita l'austère de Maistre lui-même dans ses rochers de Savoie, qui caressa et nourrit si longtemps Chateaubriand enfant sur ses grèves, il ne la connaît pas. Il a, même dans les choses vraies qu'il énonce, de ces expressions et de ces manières de dire qui sont le contraire de l'insinuant. Ce n'est pas de lui que le poëte aurait dit jamais que « la déesse de la Persuasion résidait sur ses lèvres. » Pour montrer le degré de rigueur et d'absolu de la vérité qui se mesure à l'étendue même des lumières et de la certitude, il a pu écrire : « L'homme le plus éclairé sera l'homme le moins indifférent ou le moins tolérant; et *l'Être souverainement intelligent doit être, par une nécessité de sa nature, souverainement intolérant des opinions* (1). » Voilà Dieu compromis, dans la bouche d'un homme pieux, par une expression malheureuse. C'est ainsi qu'un autre jour, dans un discours à la Chambre des Pairs, il dira, en parlant de la peine de mort, que punir un coupable du dernier supplice, c'est *le renvoyer devant son juge naturel.* L'expression est exacte sans doute pour un croyant, mais ce sont là de

---

(1) Cette phrase de M. de Bonald peut se lire au tome X des Œuvres in-8°, qui est le tome premier des *Mélanges littéraires, politiques et philosophiques* (Paris, 1819), page 258. Les mots soulignés en sont textuellement tirés. L'auteur a depuis expliqué sa pensée, mais il s'agit bien moins ici de l'explication que de l'impression première, et de l'espèce de plaisir qu'il prend à présenter son idée sous une forme rebutante et choquante.

ces exactitudes qu'évitent les charitables et à la fois les habiles, ceux qui veulent gagner et amener l'esprit des hommes, et qui savent les endroits sensibles de leur cœur. De toutes les façons, c'est la plus opposée à l'appel attrayant de Fénelon.

« On ne persuade pas aux hommes d'être justes, pensait M. de Bonald, on les y contraint. La justice est un combat. » Mais souvent, tout en contraignant les hommes, il est bon de leur laisser croire qu'on les a persuadés.

Un des chapitres les plus cités de ce premier écrit (*la Théorie du Pouvoir*) est celui qui a pour titre : *Jésus-Christ*. Il y a de la force, de la dignité, un sentiment profond, à la fois historique et religieux ; mais ce chapitre me paraît gâté encore et interrompu dans ce qu'il a de simple et de grave par des raisonnements de théoricien et d'homme de parti. Considérant la personne de l'Homme-Dieu dans tous ses états et toutes ses conditions, M. de Bonald dira : « Dans la famille, il est fils, il est parent, il est ami; dans la société politique, il est *sujet* et même il est *pouvoir*; dans la société religieuse, il est *pouvoir* et même il est *sujet*. » Cette antithèse de *pouvoir* et de *sujet* tient à la formule fondamentale de l'auteur; mais comment ne pas l'oublier ici? comment songer à poursuivre sa démonstration didactique en un tel exemple? C'est ainsi encore que, plus de trente ans après, dans son dernier ouvrage (car, chez M. de Bonald, le dernier ouvrage ressemble au premier), dans sa *Démonstration philosophique du Principe constitutif de la Société*, il déduira d'une construction philosophique et presque grammaticale la nécessité de l'Homme-Dieu. M. de Bonald ne sent pas que cela choque et refroidit celui qui le lit. Homme de foi, il manque de cette effusion qui soulève et qui entraîne. Il n'a pas, en parlant de Jésus-Christ, cette naïveté et cette tendresse que **Pascal** avait eue et avait notée comme les signes distinctifs de l'esprit chrétien : il n'a pas les raisons du cœur, celles que le raisonnement ne sait pas.

Ce que je dis là du premier écrit de M. de Bonald se peut dire de tous les écrits qu'il a publiés depuis. Rentré en France sous le Directoire, il fut de ceux qui, sous le Consulat, travaillèrent à relever les ruines morales de la société, et il publia en 1802 son Traité *Du Divorce* et sa *Législation primitive*.

Son Traité *Du Divorce* fut une noble et bonne action, et dont le fruit subsiste encore. Homme de famille, M. de Bonald, en s'occupant d'un tel sujet, était sur le fond et sur le roc même de sa conviction. Il sentait plus que personne la portée politique et publique d'une question où quelques-uns ne voyaient qu'un règlement de l'ordre privé et qu'une facilité domestique. Il y avait longtemps qu'il s'était dit : « C'est par l'état social des femmes qu'on peut toujours déterminer la nature des institutions politiques d'une société. » On peut regretter seulement que, là comme ailleurs, il ait compliqué les excellentes raisons de tout genre qu'il produisait, par d'autres trop absolues, trop abstruses et trop particulières. On dirait par moments qu'il obscurcit ses propres clartés à plaisir. Pour prouver la religion des premières familles et le sacerdoce des premiers patriarches, qu'avait-il besoin de passer par des espèces d'équations et de proportions où il fait entrer ses termes favoris, *cause, moyen, effet*, qui répondent ici à *père, mère, enfant*, et tout ce qui s'ensuit ? Mais, à côté de ces travers tout à fait désagréables du dialecticien, on aime à dégager de belles et justes pensées comme celle-ci, *qu'il ne faut pas que la loi conspire avec les passions de l'homme contre sa raison* : « Ainsi, du côté que l'homme penche, la loi le redresse, et elle doit interdire aujourd'hui la dissolution à des hommes dissolus, comme elle interdit, il y a quelques siècles, la vengeance privée à des hommes féroces et vindicatifs. » La conclusion de ce Traité *Du Divorce*, adressée sous forme d'allocution aux législateurs du Code civil, est d'une grave et réelle éloquence ; l'âme de l'homme de bien et du bon citoyen s'y fait jour par des accents qui ne se laissent pas méconnaître ; on y entend ce cri vertueux et ce vœu de réparation qui s'élève de la société après chaque grand désordre, et qui ne demande qu'à être régulièrement dirigé : « Commandez-nous d'être bons, et nous le serons. Faites oublier à l'Europe nos désordres à force de sagesse, comme vous avez effacé notre honte à force de succès. Vous avez fait de la France la grande nation par ses exploits, faites-en la bonne nation par ses mœurs et par ses lois. C'est assez de gloire, c'est trop de plaisirs ; il est temps de nous donner des vertus. »

La *Législation primitive* qui paraissait tout à côté du *Génie du Christianisme*, et dans le même sens réparateur, était d'un genre bien différent : « La vérité dans les ouvrages de raisonnement, disait M. de Bonald, est un roi à la tête de son armée au jour du combat : dans l'ouvrage de M. de Chateaubriand, elle est comme une reine au jour de son couronnement, au milieu de la pompe des fêtes, de l'éclat de sa Cour, des acclamations des peuples, des décorations et des parfums. » Dans la *Législation primitive*, le corps du livre, qui ne se compose que d'une suite de propositions et d'axiomes souvent très-contestables, rangés et numérotés comme les pierres d'un édifice non construit, ou comme une table de matières, a paru et paraîtra toujours d'une lecture difficile et ingrate. D'autres parties subséquentes s'y joignent, qui n'y tiennent que par voie de digression ; je ne sais pas d'ouvrage si étroitement raisonné et si mal composé (1). Mais ce qui est à lire, c'est le *Discours préliminaire*, où tout M. de Bonald se trouve avec son système.

Ce système, que je ne puis qu'indiquer brièvement, est celui-ci : M. de Bonald, homme de foi, d'une religion profonde, orthodoxe, et qui chez lui n'a jamais été ébranlée, croit fermement à la parole des Livres saints et à la création de l'homme telle qu'elle est consignée dans le récit de Moïse. Il croit donc que Dieu a fait l'homme *à son image*, et M. de Bonald a une manière de presser le sens des mots qui le mène à en tirer de longues et précises conséquences. De cette ressemblance et de cette *similitude* de l'homme avec Dieu, il résulte qu'il y a société, au pied de la lettre, entre Dieu et l'homme, et que celui-ci a reçu de Dieu la loi, la pensée et la parole, *sans laquelle la pensée humaine n'est pas*. Et ce que Dieu a fait pour le premier homme, l'homme à son tour le fera pour ceux qui naîtront de lui : il leur enseignera la *parole*, et par elle la vérité, ce fonds commun et ce patrimoine de la famille, et de la société qui n'est que la réunion des familles. Ce n'est donc que hors de lui et par la société que l'homme s'instruit et s'élève ; il importe donc que ce fonds premier de vérité sociale ne soit point altéré, ou, s'il l'a été, qu'il soit réintégré et rétabli dans sa pureté primitive, comme il le fut, et même à un plus haut degré de perfection, lors

---

(1) J'aime à noter les mots vrais, et que d'ordinaire on n'écrit pas. M. de Bonald, en causant, avait de ces mots d'homme d'esprit, et sur lui-même. Quand on lui parlait de la différence de succès qu'il y avait eu entre la *Législation primitive* et le *Génie du Christianisme* publiés dans le même temps, il disait : « C'est tout simple : j'ai donné ma drogue en nature, et lui, il l'a donnée avec du sucre. »

de la venue de Jésus-Christ. Depuis lors les altérations ne sauraient plus être que passagères. C'est là l'espoir de Bonald, et, malgré les apparences contraires qui sont faites pour troubler les faibles, c'est là sa foi. Car il lui paraîtrait absurde et sacrilége de penser que Dieu a laissé un seul moyen de connaissance et de vérité aux hommes, et que ce moyen est à jamais détourné ou intercepté. Il croit donc en définitive au triomphe de la religion chrétienne catholique sur toutes les religions, et de la constitution monarchique pure sur tous les gouvernements, comme il croit à une vérité géométrique, comme il est *convaincu de l'égalité des diamètres d'un même cercle* : c'est la comparaison qu'il emploie quelque part.

Ainsi, dans la société, M. de Bonald croit à un ordre particulier, aussi naturel et aussi nécessaire que l'ordre général de l'univers : il marche donc dans sa voie, tranquillement, fermement, sous l'œil de Dieu et de ceux qu'il a préposés, comme au temps de Moïse et du Décalogue, comme au temps de Grégoire VII et d'Innocent III, comme au temps de saint Louis. Que lui importe le xviiie siècle et que Voltaire soit venu? Voltaire ne lui paraît que *le plus grand des beaux-esprits. L'Esprit des Lois* de Montesquieu ne lui semble écrit bien souvent qu'avec la même légèreté qui a dicté les *Lettres persanes*. Quand M. de Bonald parle de Bossuet, il se sent presque son contemporain, il l'appelle habituellement *M. Bossuet* : « Mais saint Augustin, saint Léon, M. Bossuet, l'Évangile même, dit-il, n'ont sur les chrétiens que l'autorité que leur donne l'Église. » Par condescendance pourtant, et afin de montrer que la vérité accepte toutes les armes, M. de Bonald prend des mains du xviiie siècle les divers problèmes, tels que ce siècle les a posés. Comme dans un siége méthodique, il chasse et repousse l'ennemi le long des tranchées mêmes que celui-ci a pratiquées, et c'est ainsi qu'il revient par une voie étroite à une philosophie élevée.

Ce mélange de moyens étroits, de croyances bornées et de hautes vues, est perpétuel chez lui. Son raisonnement est serré et dense, et si subtil, qu'une fois qu'on est au dedans, on ne voit presque plus le jour, ni ce Ciel qu'il veut précisément nous montrer (1). Le plus sûr et le plus commode pour juger des belles parties de Bonald, c'est de briser, de secouer en quelque sorte son réseau, et de ne voir que les pensées mêmes qui s'en détachent. Alors, quantité de définitions et de sentences d'or apparaissent : par exemple, cette définition de l'homme, que d'autres avant lui avaient trouvée, mais qu'il a réinventée et mise en honneur de nouveau : « L'homme est une intelligence servie par des organes. » Voici quelques-unes encore de ces belles pensées, et qui sentent le moderne Pythagore :

« En morale, toute doctrine moderne, et qui n'est pas aussi ancienne que l'homme, est une erreur. »

« Le but de la philosophie morale est moins d'apprendre aux hommes ce qu'ils ignorent, que de les faire convenir de ce qu'ils savent, et surtout de le leur faire pratiquer. »

« Ce sont moins les connaissances qui nous manquent, que le courage d'en faire usage. »

« La Révolution a commencé par la déclaration des Droits de l'homme, et elle ne finira que par la déclaration des Droits de Dieu. »

M. de Bonald est un des écrivains dont il y aurait ainsi le plus de grandes ou spirituelles pensées à extraire ; on ferait un petit livre qu'on pourrait intituler *Esprit* ou même *Génie de M. de Bonald*, et qui serait

(1) Joubert, dans ses *Pensées*, a une image toute pareille en jugeant Bonald.

très-substantiel et très-original. Lui-même il a publié
en 1817 un volume de *Pensées,* mais dans lequel, comme
tous les auteurs en ce genre, il en a laissé passer un trop
grand nombre. Je n'en ferai remarquer que quelques-
unes qui me semblent des plus justes, des plus modé-
rées, et tout à fait incontestables :

« Le bon sens, dans le gouvernement de la société, doit remplir
les longs interrègnes du génie. »

« L'irréligion sied mal aux femmes; il y a trop d'orgueil pour
leur faiblesse. »

« N'en croyez pas les romans : il faut être épouse pour être mère. »

« A un homme d'esprit il ne faut qu'une femme de sens : c'est
trop de deux esprits dans une maison. »

On sent dans ces dernières pensées l'homme de la famille, l'époux au cœur antique, l'homme simple et qui
retrouvait dans le cercle domestique la bonhomie et
l'aménité. Et ceci encore :

« Des sentiments élevés, des affections vives, des goûts simples,
font un homme. »

Homme public, il avait sur le rôle de la France et sur
sa magistrature en Europe des idées qui ont été souvent
redites par d'autres et exagérées depuis; mais il n'exagérait rien, quand il disait énergiquement :

« Un ouvrage dangereux écrit en français est une déclaration de
guerre à toute l'Europe. »

Il a, sur la corruption du goût et sur les rapports du
talent et des mœurs, des conseils sobres et sains, qui
rappellent Vauvenargues :

« Le beau en tout est toujours sévère. »

« Une conduite déréglée aiguise l'esprit et fausse le jugement. »

« L'auteur d'un ouvrage sérieux a complétement échoué si on ne loue que son esprit. »

« *Les grandes pensées viennent du cœur,* » a dit Vauvenargues. Cette maxime est incomplète, et il aurait dû ajouter : « *Les grandes et légitimes affections viennent de la raison.* »

M. de Bonald, dans ses écrits, à travers leur forme grave et tendue, avait une ironie fine et souvent piquante ; cela se dégage mieux dans ses Pensées :

« *Des sottises,* dit-il, *faites par des gens habiles ; des extravagances dites par des gens d'esprit ; des crimes commis par d'honnêtes gens, — voilà les révolutions.* »

C'est joli, c'est juste, et ce n'est pas trop dur.

Il se demandait encore, et c'est surtout aujourd'hui le cas de nous demander tous avec lui :

« Que s'est-il donc passé dans la société, qu'on ne puisse plus faire aller qu'à force de bras une machine démontée, qui allait autrefois toute seule, sans bruit et sans effort (1) ? »

Sous la Restauration, M. de Bonald ne fit qu'appliquer aux choses publiques, et aux discussions politiques dans lesquelles il fut mêlé, son invariable doctrine de tous les temps. Logique, conséquent et sincère, il l'appliquait dans les plus grandes comme dans les moindres choses. De même qu'à la Chambre des Députés et ensuite à celle des Pairs il prenait parti pour toutes les propositions et les mesures *rétrogradantes,* membre du Conseil-Général de son département, il s'opposait le

---

(1) *Sans bruit et sans effort,* cela vous plaît à dire : quand on remonte dans l'histoire, on ne trouve que *bruit* et qu'*effort* à chaque siècle ; cependant il n'en est pas moins vrai qu'il y avait dans l'ancienne société, au milieu de tous ses dérangements, un ou deux grands ressorts qui continuaient d'aller ou qui reprenaient vite le dessus, et qui se sont brisés depuis.

plus qu'il pouvait à une grande route, qui même lui aurait été utile pour sa terre, persuadé que « rapprocher les hommes, comme il le dit, n'est pas le plus sûr moyen de les réunir. » Opposé en tout à la tendance de la société moderne, à tout ce qui centralise et mobilise, il comprenait dans un même anathème les grandes capitales, le télégraphe, le crédit et tous ses moyens; il aurait voulu en revenir à la monnaie de fer de Sparte. Nul n'a mieux su que lui tout ce dont il ne voulait pas. Il avait pour principe qu'en tout état de cause il est bon de résister à la nouveauté, fût-elle une vérité : cela lui fait faire quarantaine. Tel qu'il était, il mérita une double réputation durant tout ce temps des quinze années, la réputation d'oracle et d'homme de génie dans son parti, parmi le petit nombre des esprits opiniâtres et immuables, et même, jusqu'à un certain point, dans tous les rangs des royalistes intelligents : auprès des autres, des libéraux, il passait pour un gentillâtre spirituel, entêté, peut-être un peu cruel, et il jouissait de la plus magnifique impopularité. Tout cela doit s'apaiser et se tempérer aujourd'hui.

Dans le commerce habituel, « il était indulgent et doux, nous dit M. de Lamartine, comme les hommes qui se croient possesseurs certains et infaillibles de leur vérité. » Ses lettres à Joseph de Maistre, récemment publiées, nous le montrent simple en effet, suivant de tout point ses idées et les pratiquant, très-occupé des détails, et revenant souvent d'une manière naturelle, mais cependant marquée, à ses soucis de famille et d'intérêts domestiques. Homme privé, il avait de la bonhomie, de la finesse, mais sans brillant et sans grandeur.

Publiciste, malgré ses hautes parties, je ne lui trouve pas les vrais signes du génie, qui sont l'ouverture d'instinct, le renouvellement de vue, la prescience et la découverte de vérités nouvelles : il n'a fait que rédiger et reconstruire, sous forme originale, idéale, et parfois bizarre, les doctrines du passé, sans admettre ni concevoir aucune des transactions et des transformations par où elles pouvaient se lier à l'avenir. Philosophiquement (si j'ose avoir un avis), il me paraît bien supérieur à ce qu'il est comme politique. Dans ses deux volumes de *Recherches sur les premiers Objets des Connaissances morales*, il a défendu la philosophie spiritualiste par les armes les plus aiguisées et les plus habiles qu'elle ait maniées de nos jours. Les physiologistes de l'École de Lucrèce et de La Marck qui pourront et oseront lui répondre (car la querelle à mort est entre eux et lui) sont encore à naître (1).

Ses relations avec de Maistre et avec Chateaubriand achèvent de le définir : un écrivain, selon moi, n'est bien défini que quand on a nommé et distingué à côté de lui et ses proches et ses contraires. A l'égard de Jo-

(1) La question philosophique pour Bonald porte tout entière sur les origines, sur l'origine des idées qu'il ramène à celle de la parole, et par conséquent sur l'origine même des êtres parlants. Bonald est le chef des partisans de la *Création* contre ceux qui soutiennent une origine humaine purement naturelle. Les éclectiques distingués, tels que M. Damiron, qui se sont entremis dans le débat, se tiennent dans l'entre-deux et ne s'expliquent pas nettement. Êtes-vous pour la Création de l'homme par Dieu prise au pied de la lettre, ou pour une génération à la manière des naturalistes purs? il n'y a point de milieu. Le vif de la question pour Bonald est là. Si vous êtes pour le récit de Moïse, vous êtes juif, chrétien, catholique; Bonald ne vous lâche pas qu'il n'ait tiré du premier fait toutes ces conséquences. Le déiste, pour lui, n'existe pas : « Un déiste, dit-il, est un homme qui, dans sa courte existence, n'a pas eu le temps de devenir athée. » — (Voir un morceau intitulé *De l'Origine du Langage*, par M. Ernest Renan, inséré dans la Revue *la Liberté de Penser*, 1848.)

seph de Maistre, Bonald, à un an près du même âge, n'est ni un disciple ni un précurseur : « Je n'ai été ni son disciple ni son maître, dit-il quelque part. Nous ne nous sommes jamais vus; mais je le regarde comme un de nos plus beaux génies, et m'honore de l'amitié qu'il m'accordait, et de la conformité de nos opinions. Il m'écrivait, peu avant sa mort : *Je n'ai rien pensé que vous ne l'ayez écrit; je n'ai rien écrit que vous ne l'ayez pensé.* L'assertion, si flatteuse pour moi, souffre cependant, de part et d'autre, quelques exceptions. » Elle en souffre surtout quant au mode de talent et de nature. En disant les mêmes choses que Bonald, Joseph de Maistre est hardi, impétueux, varié; il semble presque un génie libéral par la verve et la couleur de l'expression; il a des poussées et des sorties qui déjouent le système; tandis que l'autre, vigoureux, subtil, profond, roide et strict, s'y renferme invariablement (1).

Quant à Chateaubriand, il était de quatorze à quinze ans plus jeune que Bonald, c'est-à-dire d'une autre génération. Unis en 1802, compagnons d'armes dans le même combat, dans la même cause de la Renaissance littéraire et religieuse, Chateaubriand salua du premier jour la *Législation primitive* dans deux articles de haute critique insérés au *Mercure;* et on a vu comment Bonald, à cette époque, comparait la vérité glorifiée par Chateaubriand à une reine. Peu à peu les antipathies d'esprit et de nature pourtant se déclarèrent; et la poli-

---

(1) De Maistre a lu Catulle comme l'avait lu Fénelon, et il en citait un jour quelques vers dans une lettre à Bonald; celui-ci en paraît un peu étonné : « Vous m'avez fait dire les plus jolies choses par Catulle, répondait-il, et, si je n'en avais vu le nom au bas, *ayant un peu oublié ce grave auteur,* j'aurais cru les vers de vous, tant ils sont faciles et agréables. »

tique les fit éclater après 1815. Ils paraissaient plus unis que jamais pour la défense des mêmes principes, dans *le Conservateur,* mais les vues et les arrière-pensées différaient. Bonald restait ce qu'il avait été dès l'abord, l'homme de la tour et du clocher antique et gothique, tandis que Chateaubriand, livré à ses brillants instincts, se faisait déjà l'homme du torrent : « C'est le grand champion du Système constitutionnel, écrivait Bonald à Joseph de Maistre en 1821 ; il va le prêcher en Prusse, et n'y dira pas de bien de moi, qu'il regarde comme un homme suranné qui rêve des choses de l'autre siècle... C'est un très-grand coloriste, et surtout un très-habile homme pour soigner ses succès. » Bientôt, et après le passage de Chateaubriand au ministère, dans les luttes de 1826—1827, les discussions sur la liberté de la presse amenèrent entre lui et Bonald une rupture ouverte, dans laquelle le vieil athlète porta au brillant transfuge des coups acérés, directs, et qui auraient paru des blessures profondes si on y avait pris garde : mais dès lors le bruit et le triomphe de l'opinion couvraient tout.

L'avenir, je le crois, réservera à M. de Bonald une assez haute place : à mesure que les âges s'éloignent et que les institutions s'évanouissent, on sent le besoin d'en résumer de loin l'esprit dans quelques figures et dans quelques noms. Le nom et le personnage de M. de Bonald sont une de ces représentations les plus justes et les plus fidèles qu'on puisse trouver de l'ordre monarchique et religieux pris au sens le plus absolu; il a été l'un des derniers sur la brèche et n'a pas cédé une ligne de terrain en théorie. Je ne pense point, malgré l'adhésion si distinguée de M. Barbey d'Aurevilly, que M. de Bonald soit à la veille de trouver beaucoup de disciples; mais les adversaires, ceux qui pousseront ic plus par leurs systèmes vers les formes encore mal définies de la société nouvelle, croiront s'honorer eux-mêmes en le respectant, et en saluant en lui un champion du moins qui a eu jusqu'au bout l'intrépidité de sa croyance et qui n'a jamais fléchi.

Lundi 25 aout 1851.

Essai sur AMYOT,

PAR M. A. DE BLIGNIÈRES.

(1 vol. — 1851.)

L'Éloge d'Amyot a été proposé par l'Académie française pour sujet du prix dit d'Éloquence qu'elle a décerné en 1849; M. Amédée Pommier a obtenu le prix, M. de Blignières l'accessit. Depuis cette époque, M. de Blignières a revu son travail et l'a complété. Ne prenant son Éloge d'Amyot distingué par l'Académie que comme un discours préliminaire, il a composé un livre tout plein de recherches et de dissertations sur les divers ouvrages d'Amyot, sur sa langue, sur sa vie; il y discute tous les points qui ont prêté à la controverse et à la critique; il s'applique à les éclaircir à l'avantage de son auteur, avec zèle, érudition et curiosité. Ce livre fait beaucoup d'honneur à M. de Blignières, qui est professeur de rhétorique dans l'un de nos Colléges de Paris (Stanislas); la science dont il fait preuve n'est pas la seule chose qui plaise en lui; son affection pour Amyot décèle ses mœurs, une âme qui aime les Lettres, et qui les aime avec cette humanité d'autrefois, avec cette chaleur communicative qui est propre à gagner la jeunesse, et que possédaient les vieux maîtres.

Le jeune professeur de rhétorique a évidemment en lui de l'aimable, de l'abondant, quelques-unes de ces qualités d'Amyot qui se retrouvaient dans Rollin, et qui mettent du charme jusque dans un enseignement sévère. Je ne trouverai à reprendre dans son livre que quelques développements un peu trop complaisants, et quelques longueurs : en cela encore, il semble qu'il ait voulu tenir d'Amyot (1).

C'est à celui-ci que je m'attacherai aujourd'hui. Amyot est un des noms les plus célèbres de notre vieille littérature ; on dit *le bon Amyot,* sans trop savoir, comme *le bon Henri IV,* comme *le bon La Fontaine.* Aucun nom littéraire de son siècle (si l'on excepte Montaigne) ne jouit d'une faveur aussi universelle. Quand il s'agit d'une jolie et gracieuse naïveté de langage, on dit aussitôt, pour la définir : C'est de la langue d'Amyot. Ce simple traducteur de Plutarque s'est acquis la gloire personnelle la plus enviable ; on le traite comme un génie naturel et original. Il semble qu'à travers ses traductions on lise dans sa physionomie, et qu'on l'aime comme s'il nous avait donné ses propres pensées.

Un poëte italien moderne, Leopardi, enviant la gloire de ces opportuns et heureux traducteurs italiens qui se sont enchaînés à quelque illustre classique des Anciens pour n'en plus être séparés, s'écrie : « Qui ne sait que Caro vivra autant que Virgile, Monti autant qu'Homère, Bellotti autant que Sophocle? *Oh! la belle destinée de ne pouvoir plus mourir, sinon avec un immortel!* » Tel est le lot et le bonheur d'Amyot. Il a contribué à rendre Plutarque populaire, et Plutarque le lui a rendu en le faisant immortel.

(1) L'homme dont nous parlions ainsi, M. Ernest de Blignières, est mort deux mois après, à Lyon, le 1er octobre 1851, dans sa vingt-septième année.

C'est justice, quand on y regarde bien. Et cependant toute faveur, en se prolongeant dans la postérité, rencontre ses épreuves et ses retours, et la réputation d'Amyot n'a pas été sans quelque flux et reflux. On s'est demandé si, en un siècle aussi riche que le xvie, en un siècle qui possédait un si grand nombre d'écrivains énergiques, colorés, vifs, naïfs, ou même gracieux par endroits, il était juste de transférer tout l'honneur de la naïveté, de la grâce et de l'éloquence sur un simple traducteur. Examinant ses traductions en elles-mêmes, des érudits et des critiques exacts y ont relevé des fautes, des inadvertances, des infidélités de divers genres. Mais tout cela dit, le tout examiné et débattu, Amyot garde sa place et la gardera; et il la mérite. Il la mérite, nous dit Montaigne, excellent juge, pour *la naïveté et pureté du langage en quoi il surpasse tous les autres*, pour *la constance d'un si long travail*, pour *la profondeur de son savoir*, ayant pu développer si heureusement *un auteur si épineux et ferré* que Plutarque (car il n'est pas besoin de savoir le grec pour sentir qu'on est porté avec Amyot dans un courant de sens continu, et que, sauf tel ou tel point de détail, il est maître de son sujet et dans l'esprit de l'ensemble). « Mais surtout, ajoute Montaigne, je lui sais bon gré d'avoir su trier et choisir un livre si digne et si à propos, pour en faire présent à son pays. Nous autres ignorants étions perdus, si ce livre ne nous eût relevés du bourbier. » Et il ajoute avec un vif sentiment de ce bienfait : « Grâce à lui, nous osons à cette heure et parler et écrire; les dames en régentent les maîtres d'école : *c'est notre bréviaire.* » Rien ne saurait prévaloir contre un tel témoignage. Il est juste que la récompense des écrivains se mesure à l'étendue de l'influence qu'ils exercent, quand cette influence est toute bienfaisante et salutaire. Amyot a rendu des services,

1° un service inappréciable à la langue, en la répandant et en la popularisant dans ses meilleurs tours, dans son économie la plus ample et la plus facile, dans sa diction la plus large et la plus sincère, à l'aide de l'intérêt qui s'attachait aux Vies de Plutarque; 2° il a rendu un service non moindre à la raison et au bon sens public en faisant circuler Plutarque, et ses trésors de vertu antique et de morale, dans toutes les mains, à l'aide d'une langue si claire, si facile, si diffuse, si courante et si riante. Il y a eu bien du bonheur dans un tel choix : comment s'étonner qu'il soit entré de la faveur dans la justice et quelque entraînement dans la reconnaissance?

Jacques Amyot, dont la meilleure vie et la plus complète a été écrite par l'abbé Lebeuf, était né à Melun le 30 octobre 1513, de parents pauvres et qui, pourtant, le firent étudier. Bien jeune, il vint à Paris continuer comme il put ses études de grammaire; il servait en même temps de domestique à quelques écoliers. Sa mère, Marguerite des Amours (c'est un nom assorti pour la mère d'Amyot), avait soin de lui envoyer chaque semaine un pain par les bateliers de Melun. On dit que le soir, faute d'avoir de quoi acheter une lumière, il lisait à la lueur des charbons embrasés : on a raconté la même chose du jeune Drouot, lisant, enfant, près du four de son père. Ces débuts d'Amyot, qui sont un peu la légende de cet âge héroïque de l'érudition, ont du charme. A l'époque où il étudiait, il fallait acheter cher le savoir : les nouvelles méthodes apportées par Budé, et favorisées par François Ier, s'introduisaient à peine. N'apprenait pas le grec qui voulait. Amyot, appliqué, patient, un peu lent, dit-on, dut conquérir sa science à force d'opiniâtreté et d'ardeur. Maître ès arts à dix-neuf ans, il alla ensuite à Bourges pour y étudier le droit; il y devint précepteur et bientôt professeur des langues grecque et latine à l'Université de la ville. Les dix ou douze années qu'il passa à Bourges furent des années fécondes, et dans lesquelles il posa les fondements de tous ses grands travaux. Il traduisait le roman de *Théagène et Chariclée*, mais il méditait déjà son *Plutarque* : et en général, tout ce qu'il fit dans l'intervalle, sa jolie traduction de *Daphnis et Chloé*, sa traduction honorable de *Diodore de Sicile*, ne furent que des manières de prélude et de passe-temps ; il réservait toutes ses forces pour son grand ouvrage.

François Ier fut informé des premiers travaux d'Amyot et de ses projets : il vit la traduction du roman de *Théagène et Chariclée*, qui fut imprimée l'année même de sa mort (1547) ; il eut connaissance de quelques Vies de Plutarque qu'Amyot lui présenta comme essai : il lui commanda de poursuivre une si généreuse entreprise, et, pour l'y encourager, il le nomma abbé de Bellozane : ce fut le dernier bénéfice que conféra ce roi ami des Lettres, car il mourut peu après.

Amyot, assuré de la subsistance, et croyant que, François Ier n'étant plus, la fortune en France se retirait de lui, tourna ses regards vers l'Italie, cette vraie patrie de la Renaissance, et où l'appelaient tant de précieux manuscrits à consulter. Il saisit une occasion que lui offrait M. de Morvilliers, de Bourges, nommé ambassadeur à Venise, et il le suivit au delà des monts (1). Ces quatre ou cinq années environ qu'Amyot passa en Italie, à Venise et à Rome, lui furent grandement profitables, tant pour l'étude des textes que pour le com-

(1) Il reste quelque incertitude sur la date précise du départ d'Amyot pour Rome ; il se pourrait qu'il fût parti un peu avant la mort de François Ier ; ce sont des détails peu importants, et que ses meilleurs biographes ne me paraissent pas avoir éclaircis.

merce des hommes et aussi pour la connaissance des affaires. A un moment (en septembre 1551), il joua même un certain rôle, ayant été envoyé par son ambassadeur au Concile de Trente pour y porter les lettres de protestation du roi : mais il ne faut pas s'exagérer le rôle d'Amyot, qui ne fut que très-secondaire en cette rencontre comme en toutes les occasions politiques auxquelles il se trouva mêlé. Ce n'était à aucun degré un homme d'État qu'Amyot, c'était un homme d'étude, plein de diligence, de curiosité, de patience, et admirable par la façon étendue, agréable et ingénue avec laquelle il présentait les fruits de son labeur. Le cardinal de Tournon, l'ayant connu à Rome et apprécié pour ses qualités studieuses et morales, parla de lui à la Cour, lorsque le roi Henri II cherchait un précepteur pour ses deux fils, les ducs d'Orléans et d'Anjou (depuis Charles IX et Henri III), et Amyot fut choisi (1554). Pour justifier l'honneur d'un tel choix, Amyot redoubla de zèle dans son grand travail à ses heures de loisir, et il publia en 1559 les Vies complètes de Plutarque traduites, qu'il dédia à Henri II.

Il est piquant de remarquer que, cette même année 1559, il publiait, sans y mettre son nom il est vrai, *les Amours pastorales de Daphnis et de Chloé*, ce libre et agréable roman qu'Amyot, dans sa traduction, rendait plus délicieux encore, en lui prêtant une naïveté de diction qui manque quelquefois au texte grec et qui n'est ici qu'une convenance de plus. Rien ne peint mieux la morale d'une époque et d'une Cour qu'une telle publication de la part d'un homme d'Église, précepteur en titre des fils du roi, une licence de cette force et qui paraît chose toute simple. Que l'on se figure, si l'on peut, le précepteur d'un fils de roi, depuis Bossuet jusqu'au digne et docte précepteur de M. le comte de Paris, s'avisant d'égayer par une publication de ce genre les travaux de son grave préceptorat. Ajoutons toutefois, pour aider à l'explication, qu'au XVIe siècle le culte de l'antiquité était tel, qu'il purifiait au premier moment tout ce qui en sortait.

Les années suivantes ne furent pour Amyot que des années de prospérité et d'honneur. Sur le meilleur pied à la Cour, voyant son élève chéri, le petit Charles IX, devenu roi dès l'âge de onze ans, et ne cessant jusqu'à la fin de le considérer comme le plus gentil et le plus doux des princes (*natura mitissimus erat*); également estimé et honoré de son autre élève Henri III, grand-aumônier de France sous tous deux, bientôt évêque d'Auxerre, Amyot avait réalisé le plus beau rêve d'un savant et d'un lettré au XVIe siècle. Il continua de justifier les faveurs de la fortune en publiant, en 1572, les Œuvres morales de Plutarque, qu'il dédia à son élève et maître le roi Charles IX, par reconnaissance pour ses bienfaits, « et aussi, dit-il, pour témoigner à la postérité et à ceux qui n'ont pas cet heur de vous connoître familièrement, que Notre-Seigneur a mis en vous une singulière bonté de nature... » Amyot écrivait cela l'année même de la Saint-Barthélemy. Sans prendre à la lettre les imprécations de d'Aubigné sur le roi qui eut le malheur d'attacher son nom à cette nuit funeste, on conviendra qu'il y avait au moins de l'illusion de précepteur et de père nourricier dans Amyot. — Quant au petit roi, il jugeait son bon maître tout en le comblant : on rapporte qu'il le raillait parfois sur son avarice et sa parcimonie, et enfin, lui qui se connaissait en vers et qui en faisait même d'assez bons, il se permettait de trouver *durs* ceux qu'Amyot mêlait à ses traductions : Amyot, très-peu poëte en cela, ne l'en trouvait pas moins aimable.

Ainsi comblé des honneurs et des avantages de sa profession, on ne voit pas qu'Amyot d'ailleurs ait été aucunement ambitieux en politique : ce n'était pas un de ces précepteurs comme le cardinal de Fleury, qui essaient de s'insinuer dans les grandes affaires et de dominer à jamais l'esprit de ceux qu'ils ont façonnés. Amyot n'avait pas une si haute portée ni une si ferme idée de lui-même. Dans sa Dédicace des Vies de Plutarque à Henri II, il parle de lui humblement, plus humblement même qu'on ne le voudrait : « Non que j'eusse opinion qu'il pût issir (*sortir*) de moi, dit-il, *personne si basse et si petite en toute qualité*, chose qui méritât d'être mise devant les yeux de Votre Majesté. » Au Concile de Trente, en septembre 1551, ayant eu à présenter les lettres de protestation du roi aux Pères du Concile et trouvant l'assemblée peu disposée à les recevoir : « *Je filois le plus doux que je pouvois*, écrit-il à son ambassadeur, me sentant si mal, et assez pour me faire mettre en prison si j'eusse un peu trop avant parlé. » Certes, un simple secrétaire, mais qui eût été de l'étoffe d'un Mazarin ou d'un d'Ossat, ou même d'un Fleury, se serait exprimé et se serait présenté autrement. Amyot, toutes les fois qu'il n'est pas soutenu par l'âme d'un Ancien dans son style comme dans ses pensées, descend un peu bas, se rabaisse ou se traîne : ce n'est qu'un grand lettré et un excellent traducteur. Évêque, il remplit ses devoirs avec diligence, exactitude et régularité. Transporté brusquement des grâces païennes de Longus ou des beautés naturelles de Plutarque à l'étude de la théologie et à la Somme de saint Thomas, il s'y applique, il y réussit même ; il s'efforce de s'y plaire et de se persuader que cela ne l'ennuie pas. Il s'exerce à parler à son peuple d'Auxerre un langage clair, pur et lucide ; et l'on se figure, en effet, quel pouvait être le caractère doux, abondant et moral de ces homélies, prononcées d'une voix un peu faible par le bon évêque Amyot. On nous le peint encore dans les années paisibles de son épiscopat, aimant la musique, faisant volontiers sa partie dans son intérieur avec ses chanoines et ses chantres avant ses repas : « Il se plaisait même à jouer des instruments, et souvent, avant le dîner, il touchait d'un clavecin, pour se mettre à table l'esprit plus dégagé après ses études sérieuses. » Ce goût du bon évêque alla jusqu'à entraîner des abus, et il s'introduisit dans sa cathédrale des nouveautés de chant qui scandalisèrent les classiques, les amateurs zélés de l'ancien plain-chant grégorien. Pourtant ce fut sous Amyot et auprès de lui qu'un chanoine, son commensal et son économe, inventa l'instrument de chœur d'un très-convenable usage, et qu'on appelle *serpent*. Aux yeux des purs et austères partisans de la gravité dans la psalmodie, cela répare un peu ses fautes. Bon, facile, amateur de musique, un peu timide en public, un peu perdu dans les détails, vif d'humeur, mais revenant aisément, franc, ouvert et candide, tel on nous peint et tel aisément on se figure en effet le bon Amyot, que le malheur, vers la fin de son existence heureuse, vint tout à coup visiter. L'assassinat de MM. de Guise, aux États de Blois, donna le signal aux mécontents et aux ligueurs d'Auxerre : un supérieur des Cordeliers, Claude Trahy, publia et prêcha partout que l'évêque Amyot avait tout su, tout approuvé, et qu'en absolvant le roi dont il était l'aumônier, il s'était fait son complice. Je n'ai pas à m'étendre sur ces scènes de la Ligue qui firent en quelques mois, du riche et florissant Amyot, « le plus affligé, détruit et ruiné pauvre prêtre qui soit, comme je crois, dit-il, en la France » (9 août 1589). — Pauvre Amyot ! ses dernières années furent tristes et amères.

En procès avec son Chapitre, menacé et insulté, le pistolet au poing, par cet odieux cordelier ligueur, maître Trahy, et par ses paroissiens, placé entre les crimes de Blois et les avanies d'Auxerre, il put faire la différence des grands hommes de Plutarque aux misères et au fanatisme de son temps. Il n'alla point jusqu'à Henri IV, et eut le malheur encore plus que le tort de ne pas le prévoir, de ne pas espérer en lui. Il mourut le 16 février 1593, dans sa quatre-vingtième année, sans avoir entrevu le retour au mieux et le salut ici-bas. Plutarque, du moins, dans sa ville de Chéronée, revêtu des magistratures honorables et prêtre d'Apollon, put vieillir avec douceur et sérénité au milieu de la philosophie et des Muses, et atteindre, dit-on, presque nonagénaire, jusqu'à l'aurore du règne d'Antonin le Pieux.

Il est difficile d'essayer un jugement sur les ouvrages d'Amyot et de les apprécier au vrai sans avoir à la fois sous les yeux les textes et les traductions : mais non, — prenons celles-ci, comme on l'a fait presque toujours, comme des écrits originaux d'un style coulant, vif, abondant, familier et naïf, qui se font lire comme s'ils sortaient d'une seule et unique veine. A tout instant, des expressions heureuses, trouvées, ce qu'on peut appeler l'imagination dans le style, s'y montre et s'y joue, ni plus ni moins que si l'auteur était chez soi et s'animait, chemin faisant, de sa propre pensée. Ce sont là les mérites de ce traducteur incomparable, venu à un moment décisif et où il pouvait se permettre ce qui, depuis lors, n'eût plus été également accordé. Je commencerai par citer tout d'abord de lui une page célèbre, et qui rassemble, dans un exemple sensible, la fleur de ses plus habituelles et coutumières qualités. Il s'agit de Numa et de ses premiers actes de législateur et de civilisateur qui adoucirent le naturel féroce des premiers Romains; j'ai regret d'altérer dans ma citation l'orthographe ancienne, qui dans ses longueurs mêmes, et par la surabondance de ses lettres inutiles, contribue à rendre aux yeux la lenteur et la suavité de l'effet :

« Ayant donques Numa fait ces choses à son entrée, pour toujours gaigner de plus en plus l'amour et la bienveillance du peuple, il commença incontinent à tâcher d'amollir et adoucir, ne plus ne moins qu'un fer, sa ville, en la rendant, au lieu de rude, âpre et belliqueuse qu'elle étoit, plus douce et plus juste. Car, sans point de doute, elle étoit proprement ce que Platon appelle une ville bouillante, ayant premièrement été fondée par hommes les plus courageux et les plus belliqueux du monde qui, de tous côtés, avec une audace désespérée, s'étoient illec (*là*) jetés et assemblés : et depuis s'étoit accrue et fortifiée par armes et guerres continuelles, tout ainsi que les pilotis que l'on fiche dedans terre, plus on les secoue et plus on les affermit et les fait-on entrer plus avant. Parquoi Numa, pensant bien que ce n'étoit pas petite ne légère entreprise que de vouloir adoucir et ranger à vie pacifique un peuple si haut à la main, si fier et si farouche, il se servit de l'aide des Dieux, amollissant petit à petit et attiédissant cette fierté de courage et cette ardeur de combattre, par sacrifices, fêtes, danses et processions ordinaires que il célébroit lui-même... »

Et plus loin, marquant que, durant le règne de Numa, le temple de Janus, qui ne s'ouvrait qu'en temps de guerre, ne fut jamais ouvert une seule journée, mais qu'il demeura fermé continuellement l'espace de quarante-trois ans entiers :

« Tant étoient, dit-il, toutes occasions de guerre et partout éteintes et amorties : à cause que, non-seulement à Rome, le peuple se trouva amolli et adouci par l'exemple de la justice, clémence et bonté du roi, mais aussi aux villes d'alenviron commença une merveilleuse mutation de mœurs, ne plus ne moins que si c'eût été quelque douce haleine d'un vent salubre et gracieux qui leur eût soufflé du côté de Rome pour les rafraîchir : et se coula tout doucement ès cœurs des hommes un désir de vivre en paix, de labourer la terre, d'élever des enfants en repos et tranquillité, et de servir et honorer les Dieux : de manière que par toute l'Italie n'y avoit que fêtes, jeux, sacrifices et banquets. Les peuples hantoient et trafiquoient les uns avec les autres sans crainte ne danger, et s'entrevisitoient en toute cordiale hospitalité, comme si la sapience de Numa eût été une vive source de toutes bonnes et honnêtes choses, de laquelle plusieurs ruisseaux se fussent dérivés pour arroser toute l'Italie, et que la tranquillité de sa prudence se fût de main en main communiquée à tout le monde... »

J'abrége à regret cette phrase coulante et infinie d'Amyot, qui n'est pas terminée encore ; mais on a senti le charme qui pénètre, et ce génie de l'expression qui, sans lutte, sans effort, s'anime et s'inspire de son modèle. C'est déjà au XVIe siècle la langue du *Télémaque* ou celle de Bernardin de Saint-Pierre, ou encore celle de Massillon, ayant de plus sa fraîcheur native. Notez, chemin faisant, que d'expressions vives, parlantes, toutes fidèles, ou mieux que si elles étaient littéralement fidèles, car elles sont trouvées, une *ville bouillante, attiédir cette fierté de courage,* un *peuple si haut à la main, se couler tout doucement ès cœurs des hommes,* etc. : que de jolis mots qui sentent leur jet de veine et leur liberté naïve ! Un esprit tout critique et chagrin pourrait relever dans ces pages mêmes des redondances, et cette disposition d'Amyot à tout étendre et à tout allonger ; on nage avec lui dans les superfluités sans doute : là où Plutarque ne met que deux mots, il en met trois et quatre, et six ; mais que nous importe si ces mots sont des plus heureux, et de ceux mêmes que le lecteur qui ne sait que le français va d'abord relever avec sourire et avec charme ? Amyot délaie quelquefois l'expression de Plutarque, mais le plus souvent il se contente de la développer et de la déplier pour nous l'offrir plus légère. A côté de ces pages de la Vie de Numa, il faudrait en rappeler d'autres également connues de la Vie de Lycurgue, et dans lesquelles est nettement et vivement défini le caractère des jeunes guerriers spartiates avant et pendant le combat (chap. XLIV — XLIX). Quand de telles pages s'écrivent dans une langue et que cela dure pendant toute la *teneur* d'une traduction de si longue haleine, elle n'a plus rien à désirer, ce semble, dans sa prose.

L'ordinaire d'Amyot est, sans contredit, le simple langage *délié* et *coulant* de la narration, ou encore ce langage *mêlé* et *tempéré* qui s'adresse aux passions plus douces : mais là où son modèle l'exige, il sait atteindre à « ce langage plus haut, plein d'efficace et de gravité, et qui, courant roide ainsi qu'un torrent, emporte l'auditeur avec soi. » En ce qui est sobre, simple et grand, nulles pages ne sont plus belles que celles de la mort de Pompée. M. de Chateaubriand en jugeait ainsi à son retour d'Orient, en les relisant la mémoire encore pleine du souvenir des plages historiques qu'il avait visitées : « C'est, selon moi, disait-il, le plus beau morceau de Plutarque, et d'Amyot son traducteur. »

Dans les Traités moraux de Plutarque, que de charmantes pages aussi, riches de sens, pleines d'aisance et de naturel, et qui ont un air de Montaigne ! Ce sont tous ces trésors si neufs alors, trésors de morale, trésors d'héroïsme, qu'Amyot, le premier, versa si copieusement à la fois et si limpidement dans le torrent de la circulation au XVIe siècle, de ce siècle corrompu et fanatique, comme pour l'épurer et l'humaniser, et dont la reconnaissance universelle, le cœur de tous les honnêtes gens, lui sut un gré infini.

La jeunesse, qui se plaît aux choses d'amour, ne lui a pas su un moindre gré, alors et depuis, de sa ravissante traduction du petit roman de *Daphnis et Chloé*, chef-d'œuvre que Paul-Louis Courier a retouché, corrigé et réparé quant au sens, tout en y respectant les belles et naïves expressions du premier interprète, et en les imitant de son mieux dans les parties inédites qu'il a retrouvées. C'est dans l'étude de ce petit tableau qu'il est plus facile de se rendre compte du procédé d'Amyot quand il traduit. Dans le style de Longus, ce ne sont, à bien des endroits, que phrases à compartiments, avec des membres symétriques accouplés artistement et ayant volontiers des sortes de rimes et d'assonances : tout cela sent le jeu et la recherche du rhéteur. Amyot, au contraire, entre dans le récit bonnement, avec plus de rondeur ; il lie les phrases, il y mêle de petits mots explicatifs, qui en rompent le rhythme par trop régulier et affecté. Cette intention fréquente d'antithèses, soit dans les idées, soit dans les mots, a disparu. Il y met du liant ; sa phrase court comme une phrase naturelle et d'un auteur original, qui n'a pas songé à lutter et à jouter. C'est un peu une traduction faite comme par La Fontaine, ou bien (l'oserai-je dire?) par l'aimable saint François de Sales, si on se l'imagine un seul moment jeune, non encore saint, helléniste et amoureux :

« Et sur le commencement du printemps, que la neige se fondoit, la terre se découvroit et l'herbe dessous poignoit; les autres pasteurs menèrent leurs bêtes aux champs : mais devant tous Daphnis et Chloé, comme ceux qui servoient à un bien plus grand pasteur ; et incontinent s'en coururent droit à la caverne des Nymphes, et de là au pin sous lequel étoit l'image de Pan, et puis dessous le chêne où ils s'assirent en regardant paître leurs troupeaux... puis allèrent chercher des fleurs, pour faire des chapeaux aux images (*le bon Amyot, par piété, n'a osé dire :* pour faire des couronnes aux Dieux), mais elles ne faisoient encore que commencer à poindre par la douceur du petit béat de Zéphyre qui ouvroit la terre, et la chaleur du soleil qui les échauffoit. »

Si vous croyez que ce *petit béat de Zéphyre* soit dans le grec, vous vous trompez fort ; c'est Amyot qui lui prête ainsi de cette gentillesse et de cette grâce d'ange, en revanche sans doute de ce qu'il n'a osé tout à côté appeler Pan et les Nymphes sauvages des Dieux.

Dans ses préfaces, dans ses dédicaces, dans le petit nombre de pages de son cru, sauf de rares endroits, Amyot est faible; il écrit moins bien pour son compte que quand il traduit. On a dit de son style qu'il semblait alors *étrangement pesant et traînassier*. Le mot est dur, mais, une fois lâché, il reste vrai. Amyot, de son chef, pense peu; il tourne dans les banalités morales : il ne s'arrête plus et ne sait où finir sa phrase ni où la couper. M. de Blignières, qui tâche de couvrir le plus filialement qu'il peut les côtés faibles de son auteur, est forcé lui-même d'en convenir. On trouverait pourtant chez Amyot, parlant en son nom, quelques pages d'une éloquence douce et de vieillard; mais sa force, son talent est ailleurs : il n'a son génie propre que quand il est porté par un autre et quand il traduit; il n'est original et tout à fait à l'aise que quand il vogue dans le plein courant de pensée de l'un de ses auteurs favoris. Et c'est en cela qu'il est vraiment le premier et le roi des traducteurs : autrement il ne serait qu'un auteur original qui se serait mépris.

On a commencé à entrevoir quelques-uns des reproches qu'encoururent ses traductions et qui s'entremêlaient aux louanges. Dès le temps de Montaigne, quelques lecteurs plus difficiles relevaient les fautes d'Amyot. Un jour, étant à Rome, à la table de notre ambassadeur, devant la plus docte assistance, Montaigne eut maille à partir sur le chapitre du Plutarque d'Amyot, que plus d'un convive estimait beaucoup moins qu'il ne le faisait. On allégua des passages positifs, et Montaigne convint de bonne foi qu'il fallait en rabattre de cette exactitude de détail qu'il avait supposée. Mais je doute qu'il ait rien rabattu de son admiration générale pour l'excellent auteur, et, selon moi, il a eu raison.

Ces deux points, en effet, peuvent se soutenir, et ne sont nullement incompatibles. Amyot a pu commettre, dans sa traduction de Plutarque, toutes les fautes et les inexactitudes soit de sens, soit historiques, géographiques, mythologiques, etc., dont on l'a taxé, et que Méziriac disait avoir remarquées jusqu'en *plus de deux mille passages;* et cependant son mérite d'écrivain n'en est nullement atteint; car ce mérite est d'un tout autre ordre, et il n'en est pas moins vrai, comme l'a dit Vaugelas, que personne n'a mieux su que lui le génie et le caractère de notre langue, n'a usé de mots et de phrases si naturellement françaises, sans aucun mélange des façons de parler des provinces : « Tous les magasins et tous les trésors du vrai langage français, continue Vaugelas avec son enthousiasme du bien parler et du bien dire, sont dans les ouvrages de ce grand homme, et encore aujourd'hui nous n'avons guère de façons de parler nobles et magnifiques qu'il ne nous ait laissées; et, bien que nous ayons retranché la moitié de ses phrases et de ses mots, nous ne laissons pas de trouver dans l'autre moitié presque toutes les richesses dont nous nous vantons et dont nous faisons parade. » Tout cela reste juste et incontestable. Amyot, plus que personne, a aidé à cet établissement insensible et a préparé cette maturité de la langue par sa longue et pleine influence, et il l'a fait non-seulement par pratique et par instinct, mais en se rendant compte aussi de ce qu'il voulait. Il voulait avant tout, en effet, un style exact, net, châtié, *élu* enfin, c'est-à-dire choisi et élégant dans son naturel : « Nous prendrons, disait-il, les mots qui sont *les plus propres* pour signifier la chose dont nous voulons parler, ceux qui nous sembleront *plus doux,* qui *sonneront le mieux à l'oreille*, qui seront *plus coutumièrement en la bouche des bien parlants*, qui seront *bons françois et non étrangers.* » Voilà ce que se proposait Aymot, et ce qu'il a réalisé en effet, dans le vaste et fertile développement de ses traductions. Avec un génie qui, certes, était inférieur à bien des égards à celui de Ronsard, il a fait tout autrement que lui, il s'est proposé tout le contraire, et, prosateur de plus en plus accueilli, il a mérité de la postérité toute la faveur qu'elle retirait au malencontreux poëte. On a été, je le crois, injuste et dur à l'excès envers l'un, mais on n'a été que justement favorable à l'autre.

J'ai voulu relire la pièce la plus grave qu'on a écrite contre Amyot, et que je ne trouve pas du tout à mépriser : c'est le *Discours de la Traduction*, par M. de Méziriac, qui fut lu à l'Académie française à la fin de l'année 1635, et dont Amyot fait tous les frais. Méziriac, mathématicien, géographe, mythographe, savant et érudit en toute matière, y relève avec une extrême rigueur toutes les fautes et les oublis du bon Amyot dans son Plutarque : il en parle avec hauteur et supériorité comme d'un « bon écolier de rhétorique, qui avait une médiocre connaissance de la langue grecque, et quelque légère teinture des bonnes Lettres. » Il est curieux de voir, en lisant ce morceau, de combien de bévues, aux yeux des érudits de profession, se compose une gloire littéraire et populaire. Mais la question pour Amyot n'est pas de ce côté : elle n'est pas avec les Scaliger, les Méziriac et les érudits en *us*; elle est avec le public, avec les lecteurs de toutes classes, avec tout le monde. Ce sont là, Montaigne en tête, ses vrais juges. J'admets volontiers qu'Amyot, tout instruit qu'il était, n'ait toutefois été que ce qu'on peut appeler *un grand humaniste*, un Rollin ayant le génie du style. Ses fautes, qu'un Méziriac relève si aigrement, d'autres érudits plus cléments et d'un goût meilleur les corrigeront sans grand'peine. Les Brotier, les Clavier, les Courier, donneront des éditions d'Amyot où les fautes auront disparu et où le langage excellent restera : et pour nous postérité, quand il s'agit d'Amyot, voilà notre héritage.

J'ai parlé de Rollin, et ce nom revient à propos ici; car il me semble que cet homme de bien, que Montesquieu a appelé « l'abeille de la France, » appartenait aussi à cette classe d'esprits modérés, humbles, je dirais presque un peu bas quand ils étaient livrés à eux-mêmes, et qui, pour avoir toute leur valeur, avaient besoin d'être doublés et soutenus de l'antiquité. Eh bien ! Rollin de même a été critiqué en toute sévérité par Gibert, par l'abbé Bellanger, et ces critiques rigoureux ont presque partout raison contre lui, ce qui n'empêche pas Montesquieu d'avoir eu raison à son tour dans sa louange mémorable.

Or, Amyot est un Rollin plus fort, venu cent cinquante ans auparavant, qui a eu l'initiative dans son genre, qui a le premier donné l'exemple d'une grande traduction d'après le grec en français, et qui a eu le génie de la diction toutes les fois que la pensée d'un Ancien lui a souri.

Pour ne rien omettre d'essentiel, et pour ne pas sembler trop ignorant moi-même, je rappellerai cependant encore qu'en laissant même de côté ces inexactitudes de détail, il est une infidélité générale qui a été reprochée, surtout de nos jours, à Amyot : c'est d'avoir prêté à Plutarque une physionomie de simplicité, ou du moins de naïveté et de bonhomie, qui n'est pas dans l'original : « La hardiesse de Plutarque, dit M. Villemain, disparaît quelquefois dans l'heureuse et naïve diffusion d'Amyot. » — « Amyot, ajoute M. Vinet, nous en impose sur le vrai caractère de Plutarque ; mais ce qui est admirable, c'est que rien ne dénonce cette falsification involontaire. » M. de Chateaubriand avait déjà dit de Plutarque : « Ce n'est qu'un agréable imposteur en tours naïfs. » Amyot lui ôte l'imposteur, et lui prête le naïf. D'autres, comme Montaigne, on l'a vu, ont parlé du style de Plutarque comme d'un auteur *épineux et ferré*. « Tous les doctes savent, dit Méziriac, que le style de Plutarque est *fort serré* et ne tient rien de l'asiatique. » Mais croyez-vous qu'Amyot tout le premier ne sût pas ces choses? Dans son avertissement *aux Lecteurs*, en tête des Vies de Plutarque, il s'excuse de ce que le langage de sa traduction ne paraîtra point peut-être aussi coulant que celui de ses traductions précédentes; mais un traducteur, dit-il, doit être fidèle au ton, à la forme de style de son auteur, et si sa nouvelle traduction paraît moins aisée que les autres, il faut tenir compte de la façon d'écrire *plus aiguë, plus docte et pressée que claire, polie ou aisée,* qui est propre à Plutarque. C'est ce qui faisait dire à Montaigne que le véritable auteur qu'il proposait comme un travail naturel à la vieillesse du bon Amyot, c'était Xénophon, parce que le style du bonhomme, dit-il, « est plus chez soi *quand il n'est pas pressé* et qu'il roule à son aise. » Il resterait à voir si de nos jours, à force de se piquer de mieux entendre le vrai Plutarque, on ne s'est pas exagéré quelques défauts de ce grand et incomparable biographe.

Ajoutons enfin que le lecteur moderne prête lui-même au style d'Amyot plus de bonhomie qu'il n'en a en réalité. C'est l'effet de tout style vieilli de paraître naïf et enfant; et Amyot, de son temps et dans sa nouveauté, ne paraissait pas tout à fait tel à cet égard que nous le sentons aujourd'hui. Que les érudits me permettent encore de leur soumettre une pensée. Il n'est pas plus juste de dire de Plutarque que c'est un sophiste, qu'il ne le serait de le dire de saint Augustin. Plutarque, comme saint Augustin, a les défauts de son temps : ce qui n'empêche pas son originalité et sa générosité propres. N'oublions jamais que Montaigne l'a appelé *le plus judicieux auteur du monde*. De nos jours, on a imputé d'une part à Plutarque plus de rhétorique peut-être et d'artifice qu'il n'en a par nature, et de l'autre on a prêté à Amyot plus de naïveté et de bonhomie qu'il ne convient, et on a ainsi exagéré le désaccord.

Au reste, cette légère et plutôt heureuse infidélité de l'excellent traducteur a été pour beaucoup dans son charme et dans sa gloire. La confusion de Plutarque et d'Amyot a été continuelle, et, malgré tout ce qu'ont pu faire quelques critiques, cette association n'a pu se rompre. Henri IV écrivait de Plutarque : « L'aimer, c'est m'aimer. » Et c'était par Amyot qu'il l'aimait. Ainsi de presque tous les lecteurs. Le *Plutarque d'Amyot*, ce Plutarque un peu plus naturel que l'autre peut-être et plus débonnaire (et tant mieux !) s'est à jamais logé, comme un seul et même trésor d'antique prud'homie et de vertu, dans la mémoire et dans la reconnaissance humaine. Ce sont là des idées que l'érudition elle-même est bien venue à respecter. Il y a de la religion aussi (et que gagnerait-on à y rien retrancher?) dans ces choses de Plutarque et d'Homère.

On ferait de la réputation d'Amyot le plus piquant chapitre, ou plutôt M. de Blignières l'a fait. On a vu les louanges de Vaugelas proclamant Amyot l'un des pères de notre langue. Amyot, avec son excellent français de Melun, était beaucoup plus agréé alors de l'Académie naissante que Montaigne, suspect de néologisme et de *gasconisme*. Boileau raillait Tallemant, qui se mêlait de traduire Plutarque, en l'appelant *le sec traducteur du français d'Amyot*. Racine lisait Amyot à Louis XIV, et, à force d'adresse, il le lui faisait goûter. Fénelon, dans sa *Lettre à l'Académie*, citait Amyot comme exemple de ce qu'il y a de plus regrettable dans le vieux langage. Au commencement du xviiie siècle, Massillon me paraît souvent un Amyot en chaire, par l'ampleur et l'économie de ses phrases, comme par la riche et un peu diffuse abondance de sa morale. Jean-Jacques Rousseau et Bernardin de Saint-Pierre profitèrent beaucoup d'Amyot; Rousseau enfant n'avait pas de lecture plus favorite que Plutarque, et il s'y abreuvait par Amyot aux sources de la plus pure et de la moins genevoise des langues. Bernardin de Saint-Pierre, qui cite perpétuellement Plutarque, ne le fait que dans le texte d'Amyot. Un critique de nos jours que j'aime à citer comme le plus fin et le plus délicat des esprits, M. Joubert, qui parle admirablement de Plutarque et sans superstition, a dit : « Toute l'ancienne prose française fut modifiée par le style d'Amyot et le caractère de l'ouvrage qu'il avait traduit. En France, la traduction d'Amyot est devenue un ouvrage original. » Ç'a été mon point de départ, et ce sera là aussi mon unique conclusion.

Lundi 1er septembre 1851.

MÉMOIRES ET CORRESPONDANCE

DE

MALLET DU PAN,

Recueillis et mis en ordre par M. A. SAYOUS.

(2 vol. in-8º, Amyot et Cherbuliez, 1851.)

I.

« La Révolution compte quatre écrivains :
Mme de Staël,
Burke,
Rivarol, dans le Journal politique-national,
Mallet du Pan. »
C'est l'abbé de Pradt qui a dit cela en tête d'un de ses écrits (*les Quatre Concordats*); et, sans regarder toutes les paroles que jetait cet homme d'esprit comme autant d'oracles, il est juste de tenir compte de ses jugements, surtout quand il s'agit du style de pamphlets, de brochures politiques, de ce style qui prend et mord sur le public, même en matière sérieuse : l'abbé de Pradt s'y connaissait. Des quatre noms qu'il cite, trois aujourd'hui sont unanimement salués et reconnus : Mme de

Staël et Burke sont hors ligne; Rivarol, moins relu, a laissé un nom brillant et comme un lointain phosphore. Mais Mallet du Pan, qui le connaît aujourd'hui parmi les jeunes générations ou même parmi les générations intermédiaires? Il n'y a que ceux qui lisaient avant 1800, qui se souviennent de lui. Grâce aux *Mémoires* qui vont paraître dans quelques jours et que nous sommes heureux d'annoncer au public, chacun désormais va le connaître, lui rendre la justice qui lui est due, et le voir au rang estimable qu'il mérite d'occuper.

Mallet du Pan était un Genevois adonné de bonne heure aux études solides et aux considérations critiques, qui vint à Paris vers 1783 et y fut chargé par Panckoucke de rédiger la partie politique du *Mercure*. Quand la Révolution éclata, quand les luttes de l'Assemblée constituante occupèrent l'attention de l'Europe, Mallet du Pan, dans *le Mercure*, fut le seul écrivain qui sut, sans insulte ni flatterie, donner une analyse raisonnée de ces grands débats. Ses comptes-rendus prirent dès lors la plus grande importance : « Pendant trois années, son analyse des débats fut lue dans toute l'Europe comme un modèle de discussion aussi lumineuse qu'impartiale, » disait Lally-Tolendal. Et Bonald, triomphant cette fois de toute prévention contre un écrivain calviniste et ami d'une sage liberté, parlait en 1796 (1) des « excellents tableaux politiques, et *l'on pourrait dire prophétiques*, de la Révolution française, que M. Mallet du Pan insérait au *Mercure de France*. » Ne quittant son poste d'écrivain courageux et indépendant qu'à la dernière extrémité, à la veille des 20 juin et des 10 août 1792, Mallet du Pan fut chargé par Louis XVI d'une

(1) Dans la note 8ᵉ du livre II de sa *Théorie du Pouvoir*.

mission de confiance auprès des souverains, laquelle n'eut point d'effet. Il fit imprimer à Bruxelles, en 1793, des *Considérations sur la Nature de la Révolution de France,* petit écrit qui fit sensation en Europe, et dont Burke, après l'avoir lu, déclara qu'*il lui semblait l'avoir fait.* C'est à Mallet du Pan, alors retiré en Suisse, que Joseph de Maistre, sans le connaître personnellement, adressait son premier écrit politique en manuscrit, avec prière de le faire imprimer s'il l'en jugeait digne. Le billet du catholique et ultramontain de Maistre à celui qu'il prenait ainsi pour parrain de son premier écrit, commençait par ces mots : « Monsieur, *qui vous a lu vous estime...* » Avec cela, Mallet du Pan était l'ami le plus rapproché d'opinion des Malouet, des Mounier, des Montlosier, plus tard des Portalis. Souvent consulté, mais en pure perte, par les ministres dirigeants des grandes puissances, Mallet du Pan resta en Suisse tant qu'il y eut une Suisse véritablement républicaine et indépendante. Forcé de la quitter et expulsé par les menaces du Directoire, il n'eut de refuge qu'en Angleterre : il y reprit sa plume indépendante, disant des vérités à tous, et aux incorrigibles émigrés tout les premiers. Son *Mercure Britannique* est une publication à consulter pour l'histoire du temps. Il mourut d'épuisement à l'œuvre et à la peine, le 10 mai 1800, dans sa cinquante et unième année, pauvre et pur, hautement estimé et considéré de tous ceux qui l'avaient connu. Son fils, avec sa veuve, demeuré en Angleterre, placé aussitôt dans un poste honorable et modeste par les amis de son père, a continué d'y habiter depuis sans interruption. Aujourd'hui, vieillard lui-même, il a cru devoir rendre à la mémoire paternelle un hommage longtemps différé, en publiant les manuscrits, lettres et correspondance, en un mot tout ce qui, dans les papiers de Mallet du Pan, peut intéresser le public de la postérité. Une lettre touchante de M. Mallet, adressée à son vieil ami M. le comte Portalis, premier président de la Cour de Cassation, sert de dédicace : c'est là commencer par de bons auspices. Devenu trop étranger à la langue française par suite de sa longue absence pour se charger lui-même du travail de rédaction qui devait joindre, lier et expliquer les pièces nombreuses à mettre en œuvre, M. Mallet a confié ce soin délicat à un écrivain de Genève, M. André Sayous, déjà connu par d'excellents morceaux d'histoire littéraire, et qui vient de gagner son droit de cité en France par ce service rendu à tous les amis des saines idées politiques et des informations historiques judicieuses.

Pour tous ceux qui liront ces Mémoires, il restera désormais démontré que Mallet du Pan doit être placé et maintenu au premier rang des observateurs et des juges les plus éclairés du dernier siècle. Comme journaliste et comme publiciste, dans cette rude fonction de saisir, d'embrasser au passage des événements orageux et compliqués qui se déroulent et se précipitent, nul n'a eu plus souvent raison, plume en main, que lui. Prudent, circonspect, jamais entraîné, il se trompe aussi rarement qu'il est possible dans les hasards d'une telle mêlée. Mallet du Pan, dans son ordre de prévision et de perspicacité, n'appartient en rien à cette école ni à cette nature de Joseph de Maistre, avec lequel il ne s'est rencontré qu'un instant : c'est un appréciateur tout positif et moins sublime, ne faisant intervenir dans les choses humaines aucun autre élément que ceux qui se prêtent à l'observation, nullement prophète ni voyant : ce n'est qu'un esprit ferme et sensé, très-clairvoyant et très-prévoyant. Il est, dans la meilleure acception, de cette école genevoise, un peu écossaise, de l'école de l'observation précise et du sens moral. Écrivain, ne lui demandez ni les grâces, ni le brillant, ni le coulant : mais dans sa rudesse de plume et à travers le heurté de sa diction, quand la vérité le saisit, il rencontre des traits énergiques, pittoresques même, et qui, pour flétrir des misères sociales et des opinions vicieuses, ont ce genre d'exactitude qu'aurait un physicien passionné. On sent, dans tout ce qu'il écrit, « la raison mâle et cette énergie d'intelligence que donnent la réflexion, la liberté et la conviction. » C'est un républicain de naissance et d'affection, ne l'oublions pas, un vrai citoyen de Genève, que cet homme qui, par bon sens et par la force de la vérité, est obligé de déclarer à la France de 89 et de 92 qu'elle n'est pas faite pour la république, et qu'il faut trente ans encore d'éducation préliminaire pour que les Français s'accoutument à quelque pratique de la liberté ; c'est un républicain qui n'est royaliste que parce que l'évidence de la raison l'y oblige et qu'il ne peut écrire contre sa conscience. Son inspiration secrète et le ressort de son énergie est là : il porte en lui deux éléments qui se combattent et qu'il maîtrise à force de droiture. Aussi ce publiciste tant injurié, tant calomnié, et qui lui-même n'a pas su toujours tenir sa plume exempte de duretés injustes et d'invectives, laisse-t-il empreint sur la totalité de ses pages un cachet d'élévation, de respect pour soi-même et de dignité, qui tient à la pureté de son intention, à son désintéressement fondamental, et qui pour nous tous aujourd'hui devient une leçon. Mais c'est assez parler en général : voyons donc un peu en détail ce que c'était que Mallet du Pan.

Né aux bords du lac de Genève en 1749, d'un père pasteur protestant, il fit ses études au Collége et à l'Académie de Genève ; il y contracta ses premières habitudes de justesse, son tour de dialectique et de raisonnement.

D'une âme ardente et dont le feu se dirigeait sur des sujets graves, à peine hors des bancs, il prit part aux discussions et aux dissensions qui agitaient alors cette petite république, et il eut ses premiers écarts, même ses excès; car il est écrit pour chacun qu'*il faut que jeunesse se passe*. Mallet, à vingt et un ans, fit donc une brochure qui, eu égard aux conditions de la petite république, pouvait sembler révolutionnaire : il embrassait avec générosité la cause des nombreux habitants dits *natifs* (comme qui dirait le tiers-état du lieu) qui n'étaient point représentés. La chose serait trop longue, d'ailleurs, à expliquer en détail. Bref, Mallet eut sa période enthousiaste et mérita de voir sa première brochure condamnée, brûlée dans sa ville natale, comme l'avait été l'*Émile* de Rousseau huit ans auparavant. Cette petite persécution lui valut l'amitié de Voltaire, qui n'hésita point à faire de lui un professeur d'histoire et à le dépêcher en cette qualité auprès du landgrave de Hesse-Cassel. Mallet y resta peu, et revint comme il y était allé : « On m'a jeté dans ses forêts (du landgrave de Hesse) à l'aventure, disait-il, il m'a reçu à l'aventure, j'en suis sorti à l'aventure. Tout cela était l'effet de sentiments prompts, dont le plus excusable était celui qui me chassait avec le fouet de l'honneur, du dégoût et de tous les intérêts. » A travers ces premiers mécomptes et ces diverses écoles, son éducation s'achevait, il apprenait la vie et le monde réel.

De retour d'Allemagne à Genève, s'y étant marié, comme on a coutume de le faire de bonne heure dans son pays, Mallet cherchait une voie à ses goûts et à ses ardeurs d'étude et de polémique. Il s'éprit de loin pour Linguet, qui ne lui parut qu'un homme éloquent et hardi, injustement persécuté. Lorsque Linguet, jouissant des honneurs de cette persécution, vint à Genève et à Ferney, Mallet le vit et s'enrôla sous lui comme collaborateur pour les Annales politiques, civiles et littéraires. On lui voudrait, remarque M. Sayous, un autre parrain littéraire que Linguet; mais on ne choisit guère plus son parrain que ses parents, et on entre dans le monde, et même dans le monde littéraire, comme on peut. Je ne puis que courir sur cette première partie de la vie de Mallet du Pan. Linguet s'étant fait mettre à la Bastille en 1779, Mallet entreprit de continuer ses Annales, espèce de revue politique et littéraire, et il suffit seul au fardeau. Ce qui ressort des premiers travaux de ce jeune homme, déjà arrivé à l'âge de trente ans, c'est l'indépendance du jugement, l'habitude d'avoir son avis en toute matière sans en demander la permission à son voisin, et le besoin d'exprimer cet avis hautement et devant le public. Mallet du Pan, évidemment, était par vocation un observateur, et de ceux qui aiment à faire part de leurs observations à tous.

Les voyages qu'il dut faire à Londres et à Bruxelles, durant cette collaboration avec Linguet, fournirent à son esprit méditatif des points de comparaison. Ne jugeant encore les gens de Lettres et les philosophes français que de loin et sur leurs seuls écrits, Mallet du Pan montrait qu'il ne serait pas homme à s'en laisser éblouir de près. Parlant de l'*Histoire philosophique* de l'abbé Raynal, il en relève, dans ses *Annales* (15 juin 1781), toutes les déclamations ridicules ou dangereuses : « Quelles que soient leurs opinions, demandait-il, que les philosophes regardent les mœurs de notre siècle, et qu'ils nous disent si le moment est arrivé de diminuer les motifs d'être vertueux... Quels remords n'aurait pas M. Raynal, si son fanatisme allait empoisonner la chaumière d'un laboureur ou l'atelier d'un artisan! S'il était lu dans ces classes obscures, qu'y porteraient ses maximes incendiaires, sinon d'impuissants regrets et la rage du désespoir? »

En même temps qu'il jugeait avec ce bon sens sévère les déportements et les délires de la philosophie, Mallet du Pan savait garder des mesures. Il en garda avec Voltaire mort, qu'il avait connu durant huit années consécutives et dans son intérieur; il marquait ses erreurs, mais ne confondait pas toutes les opinions et les œuvres de ce brillant génie dans un même anathème. A propos de l'Édition complète des Œuvres de Voltaire, qui fut entreprise en 1781, une vive polémique s'engagea. Quelques lecteurs des *Annales* trouvèrent étonnant que Mallet, qui se donnait pour le continuateur de Linguet, ne s'élevât point contre l'entreprise *révoltante* de cette Édition. Il reçut des lettres anonymes : « Vous verrez, lui écrivait-on, dans l'imprimé que je joins ici, le cri de l'indignation publique. » Et on joignait à la lettre un exemplaire de la *Dénonciation au Parlement de la Souscription des Œuvres de Voltaire,* avec cette épigraphe : *Ululate et clamate.* Mallet, dans une réponse imprimée, écrivait. « Toutes les violentes sorties contre Voltaire, à propos de la Souscription de ses Œuvres complètes, m'étaient déjà connues. L'*Ululate et clamate* du dénonciateur anonyme n'a pu me subjuguer. Je persiste à ne point *hurler,* et voici mes raisons. » Et il les déduisait avec justesse, bon sens, modération, et sans pour cela moins énergiquement déplorer ni flétrir ce qui était à condamner dans Voltaire. On pouvait plus que prévoir dès lors en Mallet du Pan un de ces esprits qui sauraient concilier des idées et des qualités de diverse nature, ne pas verser tout d'un côté, se donner sur les pentes diverses des limites précises, quelqu'un enfin à qui Mme de Staël un jour écrira qu'elle aurait désiré le voir et l'entretenir, ne fût-ce que pour entendre causer des choses avec raison et justice, et pour se reposer « de ces opinions extrêmes, ressource de ceux qui ne peuvent embrasser qu'une idée à la fois. »

Il justifiait bien cette devise qu'il avait inscrite aux derniers volumes de ses Annales : *Nec temere, nec timide*. Ni témérité ni faiblesse, ce fut la devise de toute sa vie.

Quand il se décida à se transporter à Paris avec sa famille, vers 1783 ou 1784, Mallet avait près de trente-cinq ans; il était mûr, et il arrivait sur le grand théâtre avec toutes les qualités et dans les dispositions les plus propres pour le bien juger. Il avait vu en petit dans cet étroit et contentieux ménage de Genève ce que peuvent être les révolutions politiques, et quel cercle les passions humaines y parcourent; il avait fait comme un physicien ses expériences sur de petites doses, mais avec un coup d'œil sûr et avec une précision qui ne se laissait pas abuser deux fois. En arrivant sur le grand théâtre de Paris, il trouva une nation en masse pleine d'illusions, et surtout enivrée dans la personne de ses conducteurs; une nation en proie aux théories illimitées et à toutes les espérances. Il se méfia à l'instant de cette monarchie délabrée et dissolue, où, sur des lits de roses et tout en partant pour l'Opéra, on se flattait qu'il n'y avait qu'à promulguer quelques principes abstraits pour assurer l'affranchissement universel et la félicité du monde. Tous ces docteurs modernes, « accoutumés à gouverner avec des mots le globe entier, de la pointe du Spitzberg au cap de Bonne-Espérance, » ne lui imposent en rien. Il sait à quel point les vérités pratiques et utiles de l'économie politique sont plus importantes que tous ces grands principes, et combien il est difficile de les faire accepter et de les appliquer dans la mesure qui convient à chaque État en temps opportun : « L'économiste rural et non raisonneur, écrivait-il, à qui l'on doit en France la culture des pommes de terre ; le paysan zurichois qui doublait le produit de ses prairies, ont plus fait pour la société que mille traités sur le luxe, dont les auteurs n'ont pas arrêté la vente d'une aune de dentelles, et qu'une foule d'hypothèses sur les *richesses,* dont le pauvre n'a pas retiré un écu. » Mais la société française à cette date, emportée tout entière par une fièvre de régénération universelle, était loin de cet esprit d'application et de médication modérée qu'elle ne connut guère jamais. Ce n'étaient que théories générales et que panacées souveraines annoncées à son de trompe. « J'ai entendu en 1788, dit quelque part Mallet, Marat lire et commenter *le Contrat social,* dans les promenades publiques, aux applaudissements d'un auditoire enthousiaste (1). »

Un *Journal intime* de Mallet, dont on nous donne des extraits et qui contient ses observations sur Paris, de 1785 à 1789, nous transporte au milieu des mœurs du temps et dans les scènes les plus vives de la guerre de la Cour contre les Parlements. L'inconsistance, l'inconséquence des mesures, toute cette série de légèretés et de témérités, de coups d'État impuissants, qui amenèrent la convocation des États-généraux, est vivement présentée par Mallet : « Point de combinaison sur les moyens de faire réussir l'opération, dit-il à propos du lit de justice qui suspendit les Parlements (8 mai 1788); rien qu'un espoir trompé de diviser, de corrompre et

(1) On lit cela dans un article de Mallet, inséré au tome II, page 342, du *Mercure britannique,* et qui a pour titre : *Du degré d'influence qu'a eue la Philosophie française sur la Révolution.* Je recommande cet article à tous ceux qui tiennent à classer avec précision et sans injustice les écrivains du xviiie siècle selon leur degré de parenté avec la Révolution.

d'obtenir la Grand'Chambre, le Châtelet, etc. On voit en tout ceci des hommes adoptant, sur l'autorité des livres, des idées philosophiques, mais dépourvus d'idées ministérielles. » Et lorsqu'au mois de septembre suivant, le jour de sa rentrée, le Parlement, pour modérer les scènes tumultueuses qui accompagnaient son ovation, rendit arrêt contre les attroupements, pétards, fusées, etc. : « On s'est moqué de son arrêt comme des défenses du roi, écrit Mallet; car il faut toujours observer qu'en France ni la loi, ni le pouvoir qui en émane, ne sont respectés qu'autant qu'ils se font respecter par la crainte. Personne n'obéit quand il sent qu'il peut désobéir impunément. » C'est dans cette ferme et saine disposition de jugement qu'était Mallet, lorsque, la presse devenant libre, et l'Assemblée constituante aspirant à la souveraineté, il dut rendre compte de ses séances dans la partie politique du *Mercure,* dont il était rédacteur depuis cinq ans.

Notez que tant qu'avait duré l'ancien régime, Mallet, rédacteur politique, avait été aussi indépendant qu'on le pouvait être avec *trois* censeurs; souvent averti, réprimandé par le ministre, jamais il n'avait reçu pension ni faveur, à la différence de tant de gens de lettres pensionnés et rémunérés par Calonne ou par la Cour, et qui vont se faire républicains.

Pour nous faire mieux apprécier la manière exacte et loyale dont Mallet conçut sa tâche nouvelle et dont il s'en acquitta, M. Sayous la met spirituellement en parallèle avec la méthode toute contraire qu'affectait et que professait le sophiste littérateur Garat, également rédacteur des séances politiques, dont il rendait compte dans le *Journal de Paris.* Cet indiscret Garat, dans un épanchement qu'il adressait à Condorcet en 1792, écrivait, en se reportant aux scènes de la Constituante (de tels aveux sont bons à recueillir dans tous les temps) :

« Vous savez, Monsieur, qu'à ces mêmes époques les séances de l'Assemblée nationale, d'où tous les mouvements partaient et où tous venaient retentir et se répéter, étaient beaucoup moins des délibérations que des actions et des événements. Aujourd'hui il n'y a plus d'inconvénient à le dire, ces séances si orageuses ont été moins des combats d'opinions que des combats de passions ; *on y entendait des cris beaucoup plus que des discours; elles paraissaient devoir se terminer par des combats plutôt que par des décrets.* Vingt fois, en sortant, pour aller les décrire, de ces séances qui se prolongeaient si avant dans la nuit, et perdant dans les ténèbres et dans le silence des rues de Versailles ou de Paris les agitations que j'avais partagées, je me suis avoué que si quelque chose pouvait arrêter et faire rétrograder la Révolution, c'était un tableau de ces séances retracé sans précaution et sans ménagement, par une âme et par une plume connues pour être libres. *Ah! Monsieur, combien j'étais éloigné de le faire, et combien j'aurais été coupable!* J'étais persuadé que tout était perdu, et notre liberté, et les plus belles espérances du genre humain, si l'Assemblée nationale cessait d'être un moment, devant la nation, l'objet le plus digne de son respect, de son amour et de toutes ses attentes. Tous mes soins se portaient donc à présenter la vérité, *mais sans la rendre effrayante; de ce qui n'avait été qu'un tumulte, j'en faisais un tableau;* je cherchais et je saisissais, dans la confusion de ces bouleversements du sanctuaire des lois, *les traits qui avaient un caractère et un intérêt pour l'imagination.* Je préparais les esprits à assister à *une espèce d'action dramatique* plutôt qu'à une séance de législateurs ; je peignais les personnages avant de les mettre aux prises ; je rendais tous leurs sentiments, *mais non pas toujours avec les mêmes expressions; de leurs cris je faisais des mots, de leurs gestes furieux des attitudes, et, lorsque je ne pouvais inspirer de l'estime, je tâchais de donner des émotions.* »

Garat, on le voit, était un maître rhéteur. Il disait un jour de quelqu'un de ses proches : « Un tel n'est point menteur, mais il n'a qu'un défaut, c'est qu'il ne peut dire les choses comme elles sont. » C'est aussi ce qu'il faisait lui-même, on vient de l'entendre; et c'est de cette façon dramatique, et à travers ce prisme trompeur, que nous sont apparus trop souvent les spectacles de cette orageuse époque, et que la vue de ceux qui n'étaient point contemporains a été surprise et abusée. Mallet n'était point ainsi : il appartenait à l'école historique et morale qui est exacte et sévère, et qui n'entre point dans ces compositions, dans ces mélanges où l'imagination et une fausse sensibilité, sous de beaux prétextes, se mettent au service des peurs, des lâchetés et des intérêts :

« Les contemporains et la postérité, disait-il en exposant ses principes et sa méthode de rédaction, doivent sans doute juger une Assemblée législative sur ses actes, et non sur ses discours : ils imitent en cela l'histoire et la loi, qui se borne à prononcer sur les actions des hommes. Cependant, il entre dans les annales du temps de conserver avec les résolutions les motifs qui les ont déterminées, et le combat d'opinions au milieu duquel elles ont flotté...

« *Les faits seuls racontés exactement, placés avec ordre, dégagés des longueurs inséparables de l'éloquence parlée*, voilà ce que l'histoire consultera un jour, ce qu'attend le public et ce que nous lui devons.

« Fidèle, en outre, au plan que nous nous sommes proposé dès l'origine, nous ne perdrons jamais de vue le précepte de Tacite : *Præcipuum munus Annalium...* »

« Mon dessein, disait Tacite en parlant des délibérations du Sénat sous Tibère, n'est pas de rapporter tous les avis des sénateurs; je me borne à ceux qui offrent un caractère remarquable d'honneur ou d'opprobre, persuadé que le principal objet de l'histoire est de préserver les vertus de l'oubli, et de contenir par la crainte de l'infamie et de la postérité les discours et les actions vicieuses. » Ce fut le programme de Mallet, programme d'historien encore plus que de journaliste, a-t-on dit avec justesse. Et qu'il serait à souhaiter que le journaliste politique se considérât ainsi comme un historien à la journée, un *historien pionnier*, qui n'a pas les honneurs de l'autre, mais qui en a les devoirs, qui en anticipe les charges, et qui peut, un jour, en acquérir les mérites par le retour attentif d'une postérité rémunératrice ! Mallet du Pan, à cet égard, au milieu des inévitables rudesses et des duretés personnelles qui se rencontrent sous sa plume, offre une sorte de modèle pour l'honnêteté, la suite et le courage, et il est le plus recommandable de nos devanciers. Ce n'est que justice si un rayon tardif aujourd'hui vient tomber sur son front réfléchi et sévère.

L'analyse des travaux de Mallet du Pan au *Mercure* serait celle des trois premières années de la Révolution. Il se prononce du premier jour contre les exagérations, de quelque part qu'elles viennent. Il est pour les gouvernements mixtes, les seuls qu'il croyait compatibles avec la vraie liberté quand on la veut réelle et sincère chez une grande nation : c'est dire qu'il ne partage nullement les exagérations de la droite pure, et il est aussi loin, on peut l'affirmer, en bien des cas, de l'abbé Maury que de l'abbé Sieyès. La ligne qui serait la sienne, et qui est de bonne heure enfoncée et détruite, est celle des Constitutionnels comme Mounier, Lally; mais, plus résolu qu'eux et plus homme de guerre, il reste sur la brèche, il ne quitte point le champ de bataille en présence des vainqueurs; il tient pied jusqu'à la dernière heure, et tant qu'il y a place pour une table et pour une feuille de papier. « Autant que j'ai pu vous connaître en vous lisant, lui écrivait Joseph de Maistre (homme pourtant d'une autre ligne), il me paraît que vous aimez *faire justice*. C'est le rôle que vous avez joué jusqu'à la dernière extrémité; et certes quand vous avez quitté votre tribunal, il en était temps. » Dans une brochure qu'il écrivait à Bruxelles en 1793, et où il se séparait des émigrés violents et légers, parlant lui-même au nom des vrais royalistes : « Plus d'une fois, disait Mallet du Pan, j'ai été leur organe, et ils ne m'ont jamais désavoué. Quoique étranger et républicain, j'ai acquis au prix de quatre ans écoulés sans que je fusse assuré en me couchant de me réveiller libre ou vivant le lendemain, au prix de trois décrets de prise de corps, de cent et quinze dénonciations, de deux scellés, de quatre assauts *civiques* dans ma maison, et de la confiscation de toutes mes propriétés en France, j'ai acquis, dis-je, les droits d'un royaliste ; et comme, à ce titre, il ne me reste plus à gagner que la guillotine, je pense que personne ne sera tenté de me le disputer. » En effet, plus d'une fois, durant l'exercice de sa rédaction courageuse, Mallet avait vu sa maison, rue de Tournon (1), envahie, et avait été forcé de répondre aux avertissements plus ou moins officieux des zélés de la Section du Luxembourg.

M. Sayous a très-bien analysé et extrait les principales et belles parties de la rédaction de Mallet au *Mercure*. Il est honorable et touchant de voir Mallet, un protestant, je dirai même un déiste (2), ou du moins un homme simplement religieux, qui, à l'article de la mort, se contentera de lire avec recueillement les sermons de M. Romilly sur la résignation et sur l'immortalité de l'âme, de le voir prendre généreusement, et par un sentiment de pure équité, la défense du Clergé catho-

---

(1) Et non pas rue Taranne, comme on l'a imprimé par mégarde dans les *Mémoires*.

(2) Ce mot de *déiste* appliqué à Mallet du Pan a paru hasardé à quelques personnes : est-il besoin de dire que, dans mon esprit, il n'emporte aucune idée défavorable, et que je le prends dans un sens qui n'est pas exclusif d'un certain christianisme?

lique en parlant des séances où, à l'occasion du serment civique, cet Ordre opprimé eut à subir de véritables avanies :

« La postérité comprendra facilement, dit-il, l'expropriation du Clergé, la réduction de ses revenus, l'abolition de ses priviléges, les changements opérés dans sa discipline; les esprits se partageront, dans cinquante ans comme aujourd'hui, sur la nécessité de cette réforme; mais ce qu'on n'envisagera qu'avec un tremblement d'indignation, c'est l'impitoyable acharnement qui persécute les membres de cet Ordre infortuné. Ils éveillent la compassion même des impies; les étrangers n'apprennent qu'avec horreur les menaces dont on les accable depuis vingt mois. Est-il concevable que nos mœurs efféminées soient aussi cruelles? »

Il revient souvent sur ce rapport qu'il trouve entre l'effémination des caractères et la cruauté qui en est sortie. Dépeignant cette corruption de mœurs, qui avait précédé la Révolution et qui l'avait préparée : « Pour la consommer, dit-il quelque part énergiquement, il suffisait de déchaîner les vices féroces contre les vices lâches, et de mettre aux prises les passions amollies avec les passions brutales de la multitude. »

Ayant vu son domicile violé le 21 juin 1791, à l'époque de la fuite du roi, Mallet, forcé de se dérober, avait dû interrompre pour un temps son travail de rédaction au *Mercure*. Mais les abonnés se plaignaient, et Mallet, après deux mois de silence, chargea encore une fois son fardeau. En remerciant ceux qui, dans cet intervalle, avaient accompagné leurs plaintes de témoignages d'intérêt et d'affection, il ne put s'empêcher cependant de relever avec une ironie amère la prétention de ces autres lecteurs qui « paraissent considérer un auteur dans les conjonctures où nous sommes, dit-il, comme un serviteur qu'ils ont chargé de défendre leurs opinions, et qui doit monter à la tranchée pendant qu'ils dorment ou se divertissent. Ils trouvent commode qu'un homme s'occupe tous les huit jours, au risque de sa vie, de sa liberté, de ses propriétés, de leur faire lire quelques pages qui amusent leurs passions durant l'heure du chocolat. » Mallet, depuis longtemps, ne se dissimulait point l'inutilité des efforts des honnêtes gens et des esprits modérés et divisés en présence des factions croissantes. Il savait les vices du siècle, parmi lesquels l'*écrivaillerie* était l'un des plus grands : « *L'écrivaillerie*, répétait-il d'après Montaigne, *est le symptôme d'un siècle débordé.* » Sachant les vraies fins de l'homme, et que, dans les orages de la société, c'est à agir et non à lire que les hommes sont destinés, il sentait bien que lui-même, qui ne parlait qu'à des lecteurs, n'offrait qu'un remède insuffisant : « Des têtes noyées dans l'océan des sottises imprimées ne sont plus propres à se conduire, disait-il; n'en attendez ni grandeur ni énergie; ces roseaux polis plieront sous les coups de vent sans jamais se relever. » — « On ne combat pas une tempête avec des feuilles de papier, » répétait-il souvent.

Mais moi dont, à travers tout, le métier est d'être critique et écrivain, je ne puis m'empêcher de dire : Ne remarquez-vous pas, chemin faisant, comme ce style de Mallet dans ses brusqueries est énergique et ferme, comme il grave la pensée; et l'abbé de Pradt, qui appelait Mallet son maître, en le comptant parmi les trois ou quatre écrivains éclos de la Révolution française, n'avait-il pas raison?

Il n'est pas de pages plus vives et plus fortes que celles dans lesquelles Mallet étalait le bilan de l'Assemblée constituante, et l'état *désemparé* où elle laissait la France; il n'en est pas de plus mémorables que le tableau qu'il traçait des torts et des fautes des partis en avril 1792, au moment où lui-même quittait le jeu qui n'était plus tenable, abandonnait la rédaction du *Mercure* après huit ans de travaux assidus, dont trois de combats acharnés, et se préparait à sortir de France.

On retrouve quelques-unes de ces pensées et de ces expressions tout à fait poignantes dans la brochure qu'il publia à Bruxelles en mars 1793 (Considérations sur la Nature de la Révolution de France, *et sur les Causes qui en prolongent la durée*), et dans laquelle il dit à tous de grandes vérités.

Mallet du Pan, arrivant de France avec une mission secrète de Louis XVI, très-désigné d'ailleurs à l'attention des souverains et des Cabinets comme à celle des Princes émigrés par sa rédaction politique du *Mercure*, se trouvait consulté, et sollicité de parler de divers côtés à la fois. Le maréchal de Castries, du côté des Princes, frères du roi, lui écrivait : « J'ai vu l'impression que vos écrits faisaient sur tous les bons esprits... Il est temps de parler à la nation et de l'éclairer. » Mallet reprit la plume pour parler non à la nation, qui, à cette date, avait peu de liberté d'oreille et d'entendement, mais aux chefs des Cabinets et à ceux de l'Émigration, pour les éclairer, s'il se pouvait, sur ce qui, selon lui, était raisonnable et nécessaire ; car il ne voyait plus qu'un moyen de mener à bien cette grande *guerre sociale*, comme il l'appelait : c'était d'en faire une guerre à la Révolution seule, à la Convention qui résumait en elle l'esprit vital de la Révolution, non à la France.

Dès le début, on sent l'homme désabusé qu'un devoir ramène sur la scène bien plus que l'illusion ou l'espérance :

« Lorsqu'on a atteint quarante ans, et qu'on n'est pas absolument dépourvu de jugement, on ne croit pas plus à l'empire de l'expérience qu'à celui de la raison : leurs instructions sont perdues pour les Gouvernements comme pour les peuples ; et l'on est heureux de compter cent hommes sur une génération à qui les vicissitudes humaines apprennent quelque chose.

« De loin en loin il s'élève quelques hommes d'État supérieurs aux événements qu'ils savent prévoir, préparer et conduire (*Frédéric le Grand*, *Franklin*, par exemple); mais la routine ou la nécessité gouvernent ordinairement le monde, et la vieille Europe renferme malheureusement plus d'ouvriers que d'architectes. »

Pourtant, la Révolution n'étant plus française exclusivement, mais cosmopolite, « tout homme, remarque l'auteur, a droit de montrer ses inquiétudes... Chaque Européen est aujourd'hui partie dans ce dernier combat de la Civilisation : nous avons corps et biens sur le vaisseau entr'ouvert. » Cela dit, Mallet entre en matière résolûment, et procède à l'inspection du mal et à la recherche de ce qu'il croit le remède.

Dès l'abord, on voit que si Mallet est partisan des gouvernements mixtes et des monarchies tempérées; que si, élevé et nourri dans sa petite république au sein des troubles populaires, il en a conclu que les gouvernements mixtes sont « les seuls compatibles avec la nature humaine, les seuls qui permettent la rectitude et la stabilité des lois, les seuls en particulier qui puissent s'allier avec la dégénération morale où les peuples modernes sont arrivés, » on voit, dis-je, que si sa profession de foi est telle, ce n'est pas qu'il méconnaisse le principe puissant et la force transportante de la démocratie : bien au contraire, et c'est pour cela qu'il la redoute : il ne faut pas s'y méprendre, écrit-il, « de toutes les formes de gouvernement, la démocratie, chez un grand peuple, est celle qui électrise le plus fortement et généralise le plus vite les passions. Elle développe cet amour de la domination qui forme le second instinct de l'homme; rendez-lui aujourd'hui l'indépendance, demain il l'aimera comme moyen d'autorité, et, une fois soustrait à la puissance des lois, son premier besoin sera de l'usurper. » — « Il est de l'essence de la démocratie, pense-t-il encore, d'aller toucher le pôle tant qu'aucun obstacle ne l'arrête. »

Analysant avec une force de dissection effrayante les idées fausses, vagues, les sophismes de divers genres qui ont filtré dans toutes les têtes au milieu d'une nation amollie et de caractères déformés par l'épicuréisme, Mallet du Pan montre comment on n'a jamais opposé au mal que des moyens impuissants et des espérances dont se berçait la présomption ou la paresse : « Cependant on s'endormait sur des adages et des brochures : *Le désordre amène l'ordre*, disaient de profonds raisonneurs; *l'anarchie recomposera le despotisme. — La démocratie meurt d'elle-même;* la nation est affectionnée à ses rois. » C'est surtout aux Émigrés, on le sent, qu'il parle ainsi; et, tandis que les partis se nourrissaient de leurs illusions et de leurs rêves, les Jacobins seuls marchaient constamment au but : « Les Jacobins seuls formaient une *faction,* les autres partis n'étaient que des *cabales.* » Et il montre en quoi consiste cette faction, son organisation intérieure, son affiliation par toute la France, ses moyens prompts, redoutables, agissant à la fois sur toutes les mauvaises passions du cœur humain. « Le désordre est un effet qui devient cause toute-puissante lorsqu'il est manié par une force qu'aucune autre ne contre-balance; » il s'accroît de ses propres ravages, il se fortifie, il s'organise, il crée des intérêts nouveaux, tout s'enchaîne. On croit qu'il va se limiter lui-même; mais ce genre de raisonnement, qui peut être vrai pour une période historique de quelque étendue, est tout à fait trompeur et décevant pour les courtes périodes d'années qui sont si essentielles dans la vie d'une génération : « Tandis que cette foule de gens d'esprit, dit-il, pour qui la Révolution est encore une émeute de séditieux, attendent, comme le paysan d'Horace, l'écoulement du ruisseau; tandis que les déclamateurs phrasent sur la chute des arts et de l'industrie, peu de gens observent que, par sa nature destructive, la Révolution amène nécessairement *la République militaire.* » Il continue de raisonner en ce sens avec vigueur, avec ironie. Sa conclusion, c'est que, la force révolutionnaire grandissant chaque jour, on sera vaincu par elle, fût-on toute l'Europe, si on n'oppose à cette flamme volcanique envahissante qu'une guerre sans passion, sans concert, qu'une guerre de routine, et qui n'aille pas se susciter et puiser des ressources jusqu'au cœur de la France. Or, ces alliances au cœur de la France, il n'y a, selon lui, qu'un moyen, qu'une chance de les provoquer, c'est de déclarer bien haut et avec franchise que la cause qu'on soutient énergiquement par les armes n'est pas celle des rois, mais celle de tous les peuples, et de la France la première avant tous les autres. Mallet voudrait donc qu'en redoublant d'habileté et d'activité militaire, et en laissant les vieilles lenteurs stratégiques qui ont été si funestes, on proclamât en même temps, par une manifestation publique éclatante, qu'on ne va pas faire la guerre indistinctement à tout ce qui a trempé dans la Révolution; il voudrait qu'on ne la déclarât, et à titre de guerre sociale, qu'à la Convention et au Jacobinisme, qu'on ne proposât à la France que le rétablissement de la royauté, en laissant à toutes les nuances de royalistes, et même aux plus constitutionnels d'entre eux, le libre accès du retour; en un mot, qu'on fît tout pour déraciner des esprits cette idée que c'est la cause des rois absolus qu'on maintient et qu'on veut faire prévaloir. Si l'on n'en venait pas à bout, « je le prononce hautement, s'écrie Mallet, la Révolution serait indestructible. » — Pensant évidemment aux héros de Coblentz : « Il faut donc abandonner aux *gascons de la politique,* ajoute-t-il, l'idée que la force seule réussirait à soumettre le royaume. La soumission possible, celle qu'on doit invoquer, celle qui, en écrasant les bases d'une féroce anarchie, préviendrait de nouvelles révolutions, ne résultera jamais que de la *force* et de la *persuasion* réunies. »

Cette brochure de Mallet, écrite et publiée en pleine Émigration, fit un éclat épouvantable. « Il faut écrire avec un fer rouge pour exciter maintenant quelque sensation, » avait-il dit. Il avait touché la plaie avec ce fer rouge. Les plus chauds des Émigrés à Bruxelles, groupés au Parc, le dénonçaient comme républicain et ne parlaient que de le pendre après la contre-révolution opérée. Montlosier, ami fervent, était comme un lion à le défendre. Le maréchal de Castries, ami des Princes, qui avait attiré le brûlot, en était un peu effrayé. Mallet, dans une lettre datée du 4 septembre 1793, expliquait au maréchal qu'étant neutre, sans conséquence et parfaitement désintéressé, il avait cru pouvoir développer avec franchise, à l'adresse des Cabinets étrangers, plusieurs considérations qu'on n'eût pas écoutées deux minutes dans une autre bouche :

« J'ai demandé qu'on voulût bien se pénétrer de la certitude et de la profondeur du danger, qu'on le combattît partout, et surtout avec les véritables armes, et qu'on se désabusât de l'idée qu'avec des siéges, des virements systématiques de troupes et quelques prises de possession, on parvînt à effleurer le monstre. » — « Cet Écrit, continuait-il, a produit une assez forte sensation sur quelques Cabinets : c'est à eux, c'est à quiconque influe sur cette crise, que je m'adressais, et non au vulgaire des insensés et des furieux, à qui le malheur ôte la raison, et dont les emportements ne sont pardonnables qu'en faveur des souffrances qui les occasionnent. Il est tout simple que l'adversité dérange des esprits qui n'y ont pas été élevés; il est tout simple qu'elle ne leur ait donné *ni une leçon, ni une idée, ni une notion de rien.* »

On voit que Mallet connaissait son monde de l'Émigration : c'étaient bien en 1793 les mêmes gens qu'on a vus rentrer en 1814, pour retomber en 1830.

Il ne connaissait pas moins bien les Cabinets d'Europe, et il en espérait peu, tout en leur adressant ses conseils. Des conseils de cet ordre, en effet, n'ont chance de réussir que quand ils rencontrent à la tête des États des hommes qui sont de force à s'en passer et à se les donner eux-mêmes.

Je n'ai fait qu'effleurer cette publication des Mémoires de Mallet du Pan, dans laquelle se dessine de plus en plus durant les sept années suivantes cet énergique écrivain, champion dévoué à la cause de la société et de la civilisation européenne avec un fonds d'amour de la liberté. Je demande à y revenir encore. Dans ces citations fréquentes que je me plais à faire des plus fortes pensées de quelques publicistes d'autrefois, je n'ai point la prétention d'ailleurs de proposer des recettes directes pour nos maux et nos inquiétudes d'aujourd'hui; il n'est point de telles recettes souveraines. — « L'art de gouverner, disait très-bien l'ancien Portalis dans une lettre à Mallet, n'est point une théorie métaphysique et absolue. Cet art est subordonné aux changements qui arrivent chez un peuple et à la situation dans laquelle il se trouve. » Je n'ai qu'un désir, c'est de présenter aux esprits qui me font l'honneur de me suivre quelques idées sérieuses qui ne soient pas étrangères à nos temps.

Lundi 8 septembre 1851.

MÉMOIRES ET CORRESPONDANCE

DE

MALLET DU PAN,

Recueillis et mis en ordre par M. A. SAYOUS.

(2 vol. in-8º, Amyot et Cherbuliez, 1851.)

II.

Ce que cette publication a de neuf et d'opportun m'a déterminé à en parler cette fois encore. Ceux qui ouvriront ces volumes y trouveront à chaque page des pensées qui sembleront à notre adresse ; et l'on a besoin de se rappeler certaines modifications essentielles qui se sont produites dans la société depuis cinquante ans, pour ne pas se laisser aller à ce trop d'analogie et de ressemblance.

Mais si la société a changé et s'est améliorée dans quelques-unes de ses conditions réelles, le caractère de la nation n'a point changé, et ce caractère a été parfaitement connu et décrit par Mallet du Pan, qui, en sa qualité d'étranger, était plus sensible qu'un autre aux légèretés, aux imprévoyances et aux inconstances françaises. Malouet lui écrivait en 1791 : « Nous qui raisonnons juste, nous ne rencontrons presque jamais avec précision aucun événement, parce que les actions des hommes ont fort peu de ressemblance aux bons raisonnements. » Cela est vrai pour tous les peuples et pour tous les hommes; mais cela est encore plus vrai en France, car la nature française résume en elle avec plus de rapidité et de contraste les défauts et peut-être aussi les qualités de l'espèce.

Mallet du Pan appartenait à ce groupe de constitutionnels dont les chefs à l'Assemblée constituante, Mounier, Malouet, Lally, voulurent en 1789 quelque chose d'impossible, mais d'infiniment honorable, le juste accord de la monarchie avec la liberté; on peut dire que Louis XVI, en tant qu'il pensait et voulait par lui-même, était de cette nuance. C'est ce groupe qui triompha en 1814 lorsque Louis XVIII donna la Charte, et qui ne perdit point espérance tant que le monarque put et sut s'y maintenir. Sous la Restauration, dans les premières années, on croit apercevoir distinctement la place de Mallet du Pan entre MM. de Serre, Camille Jordan et Royer-Collard. Homme d'observation toutefois et de bon sens avant tout, absolument étranger par ses origines comme par ses habitudes d'esprit aux doctrines du droit divin, il est évident pour ceux qui le lisent que, s'il avait vécu, il ne se serait nullement considéré comme enchaîné à la Restauration, et qu'il eût fait mieux que consentir à l'essai de monarchie constitutionnelle de Louis-Philippe : il aurait cru un moment y voir la réalisation tardive de ce qu'il avait longtemps désiré et de ce dont il avait désespéré tant de fois, l'établissement d'un gouvernement mixte, devenu enfin possible en France après ces trente ou quarante ans d'une *éducation préliminaire* si chèrement achetée. Mais jusqu'où serait allée la confiance de Mallet du Pan, s'il avait poussé jusque-là sa carrière et s'il avait vécu l'âge d'un Barbé-Marbois? Aurait-il cru le port à jamais atteint? Aurait-il eu foi dans une stabilité qui dépendait de tant d'efforts combinés et de tant de sagesses incertaines? Lui, l'observateur intègre et rigoureux, qui excellait à approfondir, à analyser et à décrire une situation politique, et à chercher les racines des choses bien au-dessous des surfaces, il n'est pas douteux que, s'il avait vécu jusque-là et s'il eût conservé jusqu'à la fin sa fermeté de pensée, il eût plus d'une fois froncé le sourcil et remué la tête aux discours de ceux qui se seraient félicités devant lui d'avoir à jamais conquis et de posséder pleinement et sûrement le régime tant souhaité.

Derrière la bourgeoisie satisfaite, il aurait continué d'apercevoir les graves et perpétuels symptômes généraux d'invasion qu'il avait dénoncés le premier dans ces termes en 1791; après avoir parlé de la grande et première invasion des Barbares contre l'Empire romain : « Dans le tableau de cette mémorable subversion, disait-il, on découvre l'image de celle dont l'Europe est menacée. Les Huns et les Hérules, les Vandales et les Goths ne viendront ni du Nord ni de la mer Noire, *ils sont au milieu de nous.* » Car c'est Mallet du Pan qui, le premier, a proféré cette parole, répétée depuis par d'autres. Celui qui, à l'ouverture de la Révolution, pensait ainsi, n'était pas homme à s'endormir chez nous sur l'oreiller d'une monarchie constitutionnelle quelconque; il avait besoin de s'assurer qu'elle n'était pas minée dessous.

Nous continuerons de le suivre hors de France, en faisant remarquer un seul point pour l'explication morale de sa conduite; c'est que Mallet du Pan n'était point Français. Il avait résidé en France durant huit années, travaillant au *Mercure* moyennant un traité conclu avec le libraire Panckoucke; il y avait défendu en honnête homme ce qu'il croyait les bons principes; par suite de l'estime qu'il s'était acquise, il avait été, au moment de son départ, chargé d'une mission par Louis XVI, « qui m'honora de sa confiance, dit-il, sans m'honorer jamais de ses bienfaits. » Cette mission remplie, Mallet du Pan était libre; il pouvait donner ses conseils à qui il lui plaisait, sans manquer à aucun devoir de patrie ou d'honneur. Se considérant comme un simple membre de la grande société européenne tout entière en péril, il était plus libre que Jomini lui-même ne le put être en portant ailleurs l'habileté de sa science militaire et de sa tactique, car, lui Mallet, il n'avait jamais été à proprement parler au service de la France.

Cela dit pour ne laisser aucun embarras dans l'esprit du lecteur, continuons de suivre Mallet hors de France et dans son rôle d'observateur et d'informateur excellent.

Nul n'a mieux saisi et noté que Mallet du Pan les diverses étapes et les temps d'arrêt de la Révolution : à Paris dans le *Mercure,* et à Bruxelles dans sa brochure publiée en 1793, il n'avait cessé de l'étudier, de la caractériser dans sa marche d'invasion et dans sa période croissante : après le 9 Thermidor et depuis la chute de Robespierre, il va la suivre pas à pas dans sa période de décours, absolument comme un savant médecin qui suit et distingue toutes les phases d'une maladie.

Robespierre mort et la Convention délivrée d'une terreur inouïe ainsi que toute la France, le caractère de la Révolution change à l'instant; Mallet n'hésite pas à marquer les signes nouveaux qui indiquent qu'elle vient de passer à une tout autre phase. Tous les grands acteurs qui avaient jusque-là joué les premiers rôles ayant été ou massacrés ou mis en fuite et dépopularisés, « la

Convention, dit-il, et ses partis se trouvent dépourvus de gens à talents et à caractère, ou possédant un degré même médiocre de capacité administrative. Ce sont des valets qui ont pris le sceptre de leurs maîtres après les avoir assassinés. » C'est bien là le caractère en effet des Thermidoriens purs ; et, montrant les causes qui rendent impossible sur ce terrain bouleversé et ensanglanté la formation de toute grande popularité nouvelle : « Tous ont appris à se défier, ajoute-t-il, de cette périlleuse élévation ; fussent-ils tentés d'y aspirer, ils n'y parviendraient pas, car les racines de toute autorité individuelle sont desséchées : ni l'Assemblée, avertie par l'exemple de Robespierre, ni le peuple, dégoûté de ses démagogues, ne le souffriraient. On peut donc regarder l'existence des idoles populaires et des charlatans en chef comme étant irrévocablement finie. » C'est ce qui arriva en effet ; l'ère qui s'ouvre à dater du 9 Thermidor n'est plus celle des grands meneurs, mais des intrigants, le règne des Barras.

Pour savoir lire les journaux du temps, pour distinguer la vraie note sous le masque gonflé et retentissant que gardent encore après le 9 Thermidor les orateurs de la Convention, il faut une clef. Mallet du Pan en avertit les correspondants qui le consultent : « Chaque séance est un mensonge de plusieurs heures, à l'aide duquel on déguise ses propres intentions. La crainte d'être soupçonné d'idées contraires à celles que l'on professe fait exagérer encore la dissimulation. Les papiers publics qui transcrivent les débats de la Convention ne représentent donc que l'histoire d'une mascarade. »

Cette Convention, ainsi décapitée et privée des chefs qui faisaient sa terreur et sa force, n'est pourtant pas à mépriser ; Mallet du Pan n'a garde de s'y méprendre, et, en général, il pense que « c'est un mauvais conseil que le mépris de son ennemi. » — « Individuellement, dit-il, la Convention est composée de pygmées ; mais ces pygmées, toutes les fois qu'ils agissent en masse, ont la force d'Hercule, — celle de la fièvre ardente. »

Quant au peuple, au public en France, à la masse de la population, Mallet la connaît bien ; il ne lui prête ni ne lui ôte rien quand il la montre, au sortir du 9 Thermidor, n'ayant qu'un désir et qu'une passion, le repos et la paix, avec ou sans monarchie, et plutôt sans monarchie s'il est possible :

« Celle-ci (c'est-à-dire la monarchie), écrit-il à l'abbé de Pradt le 1er novembre 1794, n'a encore que des partisans timides. La masse commence à oublier qu'il y ait jamais eu un roi, et, une fois la paix faite au dehors et un régime doux au dedans, le peuple n'aura plus d'intérêt à désirer un autre ordre de choses. Ceux qui y aspirent, étant sauvés des cachots et des guillotines, se contenteront d'une mauvaise auberge, sans faire un pas pour atteindre un château, où ils seraient beaucoup mieux logés. »

Le grand corps social, qui s'est senti si près d'une destruction entière, aspire donc en toute hâte à une guérison, mais à une guérison quelconque, à une guérison plâtrée : qu'on la lui offre, et il s'en contentera.

Ce qui frappe Mallet aux diverses époques de notre Révolution, surtout pendant la période qui suit la Terreur, et au lendemain des nouvelles rechutes (telles que le 13 Vendémiaire, le 18 Fructidor), c'est l'absence complète d'opinion et d'esprit public, dans le sens où on l'entend dans les États libres :

« L'esprit public proprement dit, écrit-il le 28 janvier 1796, est un esprit de résignation et d'obéissance ; chacun cherche à se tirer, coûte que coûte, c'est-à-dire par mille bassesses infâmes, de la détresse générale. Depuis le 13 Vendémiaire (jour de la victoire de la Convention par le canon de Bonaparte), le découragement est général : ce qui n'empêche pas le beau monde d'aller à la Comédie en passant sur les pavés encore teints du sang de leurs parents ou voisins tués par la mitraille de Barras. Personne ne peut parler du roi à Paris sans se faire rire au nez. Les puissances y ont à peu près autant de considération : on ne doute pas de les culbuter bientôt dans le Rhin. »

Ce Genevois connaissait bien le Parisien, et cette facilité qu'il a de se tirer de tout danger qui n'est pas présent, qui n'est pas en deçà de la barrière.

Il le redira sous toutes les formes à ses correspondants de toute qualité, à Louis XVIII lui-même et au comte d'Artois ou à ses amis, il ne faut pas s'exagérer les chances d'un mouvement royaliste en France. Il écrivait au comte de Sainte-Aldegonde, le 27 mars 1796 (M. de Sainte-Aldegonde était l'homme du comte d'Artois) :

« Toutes les opinions se ramifient à l'infini ; mais le premier qui sera en état de se faire roi et de promettre une tranquillité prochaine les absorbera toutes.

« L'habitude du malheur et des privations, l'état affreux où ont vécu les Parisiens sous Robespierre, leur fait trouver leur situation actuelle supportable. La paix, *comme qu'elle* fût donnée (c'est une locution genevoise, mais la pensée est bonne), comblerait de joie la nation. La lassitude est à son comble, chacun ne pense qu'à passer en repos le reste de ses jours. Que Carnot ou le duc d'Orléans, que Louis XVIII ou un Infant d'Espagne soient roi, pourvu qu'ils gouvernent tolérablement, le public sera content. On ne pense qu'à soi, et puis à soi, et toujours à soi. »

Il est pourtant deux traits d'exception à cet égoïsme presque universel, et Mallet les relève, comme il est juste de les relever aussi : 1° le peuple, ce qu'il appelle le bas peuple (mais cela s'étend très-loin), n'a pas cessé, selon lui, d'être atteint de son hydrophobie, il n'en est nullement revenu : « C'est toujours un animal enragé, dit-il, malgré sa misère profonde. » Cette rage qui survit même à la souffrance et à la misère, c'est *la soif de l'égalité* et la haine du tyran. Et Mallet insiste en plus d'un endroit sur ce fanatisme d'égalité qui fait le fond de ce qu'il appelle la religion révolutionnaire. 2° Il n'est pas moins obligé de reconnaître, comme trait d'exception à cet égoïsme de la masse du public, le sentiment militaire dévoué : le soldat, l'officier a beau avoir son arrière-pensée, « des différences d'opinions et de motifs n'entraînent aucune différence dans la manière de combattre : un esprit, un sentiment communs animent tous les soldats. Nul ne veut avoir l'air d'être vaincu par des étrangers, nul n'aime ces étrangers. » Il suffit que le soldat se trouve en présence d'armées royalistes à combattre, pour qu'il perde toute velléité d'être royaliste lui-même. Mallet, selon moi, n'appelle pas de son vrai nom cette disposition du soldat français à s'oublier sous le drapeau, quand il l'attribue surtout à la vanité ; il faut appeler cette vanité de son vrai titre social, qui est l'honneur. Mais si, dans la froideur et le bon sens de sa nature genevoise et de sa race protestante, il n'est nullement en sympathie avec ces dispositions tant populaires que militaires du génie français, et d'où plus d'une fois a jailli l'héroïsme, on ne saurait l'accuser de les avoir méconnues.

Son honneur à lui, c'est de n'avoir jamais, même aux moments les plus désespérés et les plus amers, cédé d'un point sur les conditions qu'il jugeait essentielles au rétablissement de la monarchie en France : « Il est aussi impossible de refaire l'ancien régime, pensait-il, que de bâtir Saint-Pierre de Rome avec la poussière des chemins. » Consulté de Vérone par Louis XVIII, et d'Édimbourg par le comte d'Artois, dans leurs projets excentriques de Restauration, il ne cesse de leur redire : « Il faut écouter l'intérieur si l'on veut entreprendre quelque chose de solide... Ce n'est pas à nous à diriger l'intérieur, c'est lui qui doit nous diriger. »

Dans une Note écrite pour Louis XVIII en juillet 1795, Mallet du Pan lui pose les vrais termes de la question, que ce roi ne paraissait pas comprendre entièrement alors, et qu'il fallut une plus longue adversité pour lui expliquer et lui démontrer : « La grande pluralité des Français ayant participé à la Révolution par des erreurs de conduite ou par des erreurs d'opinion, écrivait Mallet, il n'est que trop vrai qu'elle ne se rendra jamais à discrétion à l'ancienne autorité et à ses dépositaires ; il suffit de descendre dans le cœur humain pour se convaincre de cette vérité. » Il ajoutait qu'une partie des principes du jour ayant résisté aux horreurs de la Révolution, « la génération courante, infectée de ce levain, ne pourrait s'en délivrer qu'avec le temps et sous un gouvernement ferme et éclairé. » Il analysait successivement l'esprit des villes en général, celui des bourgeois de toutes les classes, l'esprit des campagnes où le paysan, devenu propriétaire et acquéreur des biens d'émigrés, s'accommodait très-bien du régime nouveau et ne craignait rien tant que le retour à l'ancien. Ce n'était point par un coup de main, fût-il heureux, qu'on pourrait faire face et satisfaire à tant d'intérêts et de sentiments de nouvelle espèce et de formation récente : « Les coups de main sont pernicieux tant qu'on n'a point pourvu à leur lendemain ; » et un succès partiel n'entamerait point la République, « à moins qu'en même temps et avant tout on ne frappât juste sur les esprits et les intérêts, en saisissant le point de conciliation auquel on peut espérer d'amener les volontés et les efforts. » Telle est la doctrine de Mallet du Pan, et Louis XVIII n'était pas mûr à cette date pour l'entendre.

Le nom du duc d'Orléans (depuis Louis-Philippe) revient de temps en temps dans cette Correspondance, et chaque fois Mallet parle de ce jeune prince avec une

remarquable estime, avec une prévision singulière.
L'ayant rencontré à Londres au commencement de 1800,
il en écrivait au comte de Sainte-Aldegonde : « Je ne
vous rendrai pas la fortune immense qu'a faite ici le
prince, soit auprès des Anglais, soit auprès de tous les
Français sensés. Il est difficile d'avoir l'esprit plus juste,
plus formé, plus éclairé, de mieux parler, de montrer
plus de sens, de connaissances, une politesse plus attirante et plus simple. *Oh! celui-là a su mettre à profit l'adversité...* » Je ne me suis donc pas trop avancé quand j'ai dit que Mallet du Pan, s'il avait vécu jusqu'en 1830, n'eût pas manqué d'adhérer à la tentative de monarchie constitutionnelle de Louis-Philippe ; et avec son rare pronostic, dès le 20 février 1796, dans une lettre où il est question de ce même duc d'Orléans, il écrivait :

« Si, par une conduite compatible avec les personnes, avec les préjugés et les intérêts du temps, avec la force impérieuse des circonstances, le roi (Louis XVIII) ne retourne et ne fixe vers lui ou vers sa branche cette multitude de révolutionnaires anciens et nouveaux, royalisés à demi ou en chemin de se royaliser, vous les verrez prendre le premier roi qui s'arrangera avec eux. Je vous proteste que, s'il y avait un prince étranger assez riche, assez habile, assez audacieux, vous verriez en France une révolution semblable à celle de 1688 en Angleterre. Ce changement de dynastie est, du plus au moins, le point de mire de tout ce qui compte et remue en ce moment. »

Il est curieux de voir la velléité de 1796 redevenue, par le cours fatal des événements, la nécessité de 1830.

Et plus explicitement encore, parlant en toutes lettres du duc d'Orléans, Mallet du Pan dira (27 mars 1796) :

« Le duc d'Orléans a beaucoup de partisans. Si l'on n'y prend garde, il réunira facilement la grande masse des gens qui ont été pour quelque chose dans la Révolution, ceux qui y ont fait fortune, toute la classe de quatre cent mille individus qui ont acheté, revendu, ou qui sont encore propriétaires de domaines nationaux. »

On n'est pas plus clairvoyant que cela à trente-quatre ans de distance.

L'indépendance de Mallet du Pan dans les conseils qu'il donne aux princes de la maison de Bourbon est donc manifeste : elle n'éclate pas moins dans son attitude et son procédé à l'égard des ministres étrangers qui le consultent. Il paraît que quand il causait avec eux personnellement, et même avec des archiducs, il avait une certaine manière d'exprimer avec chaleur son opinion, et d'appuyer le pied en l'exprimant, qui ne laissait pas d'étonner ces personnages de Cour : mais il n'en réussissait que mieux dans leur estime. Ne croyez pas que Mallet du Pan fût un avocat consultant comme un autre, qu'il se contentât de donner son avis en conscience, et qu'il se tînt quitte ensuite et content : non pas ! sa conviction, toute sa moralité et sa personne même étant engagées dans les conseils qu'il donnait, il demandait sinon qu'on les suivît à la lettre, au moins qu'au même moment on n'agît point dans un sens directement contraire. M. de Hardenberg, ministre de Prusse, ayant persisté à le consulter, tandis qu'il participait dans le même temps aux négociations de la paix de Bâle à laquelle Mallet était directement opposé, ce dernier le prit fort mal ; il interrompit un travail devenu *dérisoire* dans cette nouvelle conjoncture : « Dans cet état de choses, écrivait-il à M. de Hardenberg, toute lettre de ma part devenait un acte d'importunité, une indécence et un contre-sens. »

Ayant été mêlé en 1794 dans un projet de conciliation qu'offraient aux Princes émigrés les constitutionnels de la nuance de MM. de Lameth, et ne s'y étant prêté qu'avec une extrême réserve, Mallet du Pan apprit qu'on en jasait pourtant dans l'armée de Condé, et il reçut de l'Envoyé anglais en Suisse, M. Wickham, une communication à ce sujet. Il faut lire en entier sa lettre en réponse à cet Envoyé, qui ne lui en sut aucun mauvais gré ; elle est toute à l'adresse de cette incurable et intolérante Émigration :

« Rien au reste, disait en terminant Mallet, ne m'est plus indifférent que ces commérages. Si quelque chose doit affliger, c'est l'accès qu'on leur donne, et le tort qu'ils font à la cause de ceux qui les accueillent avec tant de légèreté ; *il n'est pas un révolutionnaire qui ne doive rester tel, en apprenant de quelle indigne manière sont traités ceux qui ont défendu avec le plus de constance et de courage les intérêts de la maison de Bourbon.*

« Vous êtes le maître, Monsieur, de faire part de mes sentiments à M. le prince de Condé et à qui vous semblera bon. Tant pis pour ceux qui blâmeront mes opinions sur les circonstances, je ne m'en inquiète nullement : *Stultorum magister est eventus.* Ces Messieurs peuvent être aujourd'hui fort tranquilles sur la qualité de la monarchie qui s'établira en France, car ils n'auront point de monarchie du tout. *Vos derniers Stuarts raisonnèrent et se conduisirent comme on raisonne et comme on se conduit au dehors, on finira comme eux.* »

Quelques mois après, il écrivait à M. de Sainte-Aldegonde à propos de la paix générale considérée comme très-prochaine, et en dégageant sa pensée fondamentale de tout ce désarroi universel où chaque État faisait sa paix à part et tirait à soi :

« Tous ces tracas européens ne signifient plus rien pour nous. Qu'on reconnaisse le roi ou non, cela ne vaut pas six liards ; c'est de la France, et non d'étrangers battus, conspués, haïs, qu'il doit se faire adopter. S'il pense autrement, il finira, comme le roi de Sidon, par être jardinier. »

Rien qu'à l'accent, il est évident qu'avec ce fonds d'humeur républicaine et cette conscience d'homme libre qui se retrouve à nu dès qu'on le presse trop au vif,

Mallet du Pan en prend son parti; il est à bout à la vue de tant de fautes, de sottises, et d'une partie d'échecs si mal jouée : « C'est un bonheur insigne, s'écrie-t-il, de n'être rien qu'indépendant dans des conjonctures si désespérées, au milieu d'hommes qui ruineraient, par leur façon de faire, les conjonctures les plus favorables. »

On voit à présent, sans qu'il y ait doute, quelle franche et particulière nature d'avocat consultant et de conseiller royaliste c'était que Mallet du Pan, ce *paysan du Danube* de l'Émigration. Il s'est vu durant la Révolution de tels observateurs sagaces et capables, mais qui l'étaient dans des conditions et dans des inspirations toutes différentes. Mirabeau, par exemple, avait auprès de lui un homme d'un vrai mérite, Pellenc, dont il tirait grand parti, et qui, après sa mort, passa au comte de Mercy-Argenteau, puis à M. Pitt, puis à la Chancellerie de Vienne, pour revenir finalement au ministère des Affaires étrangères en France, où il a été un travailleur des plus employés et des plus utiles. Pour ceux qui ont connu M. Pellenc, je définirai Mallet du Pan un Pellenc énergique, d'une trempe supérieure, qui n'a pas peur, qui, consulté par les Cabinets, dit ce qu'il pense, mais aime encore mieux le dire à tous, au public, exhalant sa pensée, ses vues, son indignation d'honnête homme et d'homme sensé, sans quoi il est condamné à ce qu'il a appelé lui-même *le tourment du silence.*

Croirait-on qu'entraîné par sa conviction, par son couage, Mallet du Pan, au lendemain de la Terreur, au printemps de 1795, sans y être obligé en rien que par son ardeur de plume et son besoin d'aller au feu, ait été près de retourner à Paris ? « Croiriez-vous, écrivait-il à l'abbé de Pradt à cette date, qu'on me presse chaque semaine de revenir à Paris ? Et croiriez-vous qu'un tour de roue de plus et je pars ? » Il était bien près de céder à l'impétuosité française ce jour-là. Il brûlait de venir prendre part à ce combat d'opinions, où se distinguaient alors l'abbé Morellet et tant de journalistes courageux tels que Lacretelle, d'anciens constitutionnels, des hommes de 89 ralliés aux royalistes et faisant corps contre la Convention. Mallet ne pardonne point aux Princes émigrés de ne pas comprendre ce mouvement spontané des Sections de Paris, de ne pas le favoriser de toutes leurs forces en agréant la fusion des constitutionnels : « Avec un million d'écus, un million de livres, écrivait-il au comte de Sainte-Aldegonde (23 septembre 1795), on décidait de haute lutte la victoire des Sections. On m'a fait de Paris des instances réitérées à ce sujet. Mais que puis-je ? J'ai sollicité, remontré des ministres, des grands seigneurs : pas un liard. On perdra des milliards à se faire battre, mais pas un écu pour se sauver. Je vous dirais des choses exécrables sur ce sujet, *tout mon sang en est soulevé.* » Le canon de Vendémiaire tiré par Bonaparte eût, dans tous les cas peut-être, coupé court à ces espérances. De petits incidents, tels qu'un Bonaparte qu'on rencontre, sont de ces imprévus qui compliquent la marche naturelle des révolutions.

Quoi qu'il en soit, Mallet du Pan, depuis Thermidor et avant le canon de Vendémiaire, avant l'équipée de Quiberon, avait eu un violent accès d'espérance ; il avait senti, de son coup-d'œil de tacticien, que c'était le moment ou jamais d'agir, et qu'avec une charge à fond on pouvait enfoncer l'armée ennemie, c'est-à-dire la Convention. Depuis lors une pareille chance ne se retrouvera plus à ses yeux, et, même à la veille du 18 Fructidor, il n'aura qu'un retour d'espoir bien douteux et bien fugitif.

C'est qu'à cette date il n'avait plus rien à apprendre sur les Princes émigrés et sur leurs irrémédiables chimères, et qu'il pressentait que la solution prochaine, même quand elle produirait un roi et un maître, ne l'irait pas chercher de leur côté.

Mallet était déjà dans ces dispositions très-peu espérantes quand il publia à Hambourg, en 1796, quelques mois après les événements du 13 Vendémiaire, sa brochure intitulée *Correspondance politique pour servir à l'Histoire du Républicanisme français*. La partie remarquable de cette brochure est l'Avant-propos et l'Introduction, dans laquelle Mallet reprend ce tableau tant de fois tracé de la Révolution et le grave en traits de Juvénal. Dans sa brochure publiée à Bruxelles en 1793, nous l'avons vu s'adresser plutôt aux chefs des Cabinets et aux Princes français qu'à la France même : ici, c'est le contraire; il désespère de l'étranger, et c'est pour la France qu'il écrit, c'est pour ceux du dedans qu'il s'agit de ramener. Son but a été de dire ce que ne peuvent et n'osent dire à Paris une foule de gens sensés. Et puis sa parole même, fût-elle inutile, il ne peut la retenir : « Je vais faire, écrivait-il, une moisson de mécontents. J'ai écrit comme j'écrirais dans vingt ans. Il ne reste d'autre bien que l'indépendance, *il faut s'en servir à se soulager.* »

Je n'analyserai pas l'Avant-propos et l'Introduction, qui mériteraient d'être lus en entier. L'objet de Mallet serait de prouver que la vraie liberté ne se trouve que dans une monarchie modérée, et que dans la république on a la servitude. Il tient à rassurer d'abord ceux du dedans qui peuvent se figurer, d'après les déclamations des exagérés, que la monarchie amène nécessairement avec elle l'oppression de la pensée et l'interdiction du raisonnement :

« Il s'est formé, dit-il, en Europe une ligue de sots et de fanatiques qui, s'ils le pouvaient, interdiraient à l'homme la faculté de voir et de penser. L'image d'un livre leur donne le frisson : parce qu'on a abusé des lumières, ils extermineraient tous ceux qu'ils supposent éclairés; parce que des scélérats et des aveugles ont rendu la liberté horrible, ils voudraient gouverner le monde à coups de sabre et de bâton. Persuadés que, sans les gens d'esprit, on n'eût jamais vu de révolution, ils espèrent la renverser avec des imbéciles. Tous les mobiles leur sont bons, excepté les talents. Pauvres gens qui n'aperçoivent pas que ce sont les passions beaucoup plus que les connaissances qui bouleversent l'univers, et que si l'esprit a été nuisible, il faut encore plus d'esprit que n'en ont les méchants pour les contenir et pour les vaincre ! »

Tout cela est fort spirituel en même temps qu'habile, et rentre bien dans la ligne habituelle de Mallet du Pan. Autant il est peu de l'école de Jean-Jacques et du *Contrat social*, autant il aime à se proclamer de celle de Montesquieu. « Si je pouvais faire en sorte, disait Montesquieu, que tout le monde eût de nouvelles raisons pour aimer ses devoirs, son prince, sa patrie, ses lois; qu'on pût mieux sentir son bonheur dans chaque pays, dans chaque gouvernement, dans chaque poste où l'on se trouve, je me croirais le plus heureux des mortels. » Or, l'impression que produit Rousseau en politique est toute contraire : il fait que chacun, après l'avoir lu, est plus mécontent de son état. Cette épidémie de Constitutions politiques, « qui succéda alors en France et en Europe aux pantins et aux aérostats » (deux modes du jour), date de lui :

« Pas un commis-marchand formé par la lecture de l'*Héloïse*, dit Mallet du Pan, point de maître d'école ayant traduit dix pages de Tite-Live, point d'artiste ayant feuilleté Rollin, pas un bel-esprit devenu publiciste en apprenant par cœur les logogriphes du *Contrat social*, qui ne fasse aujourd'hui une Constitution...

« Cependant la société s'écroule durant la recherche de cette pierre philosophale de la politique spéculative ; elle reste en cendres au fond du creuset. Comme rien n'offre moins d'obstacles que de *perfectionner l'imaginaire,* tous les esprits remuants se répandent et s'agitent dans ce monde idéal. C'est là une des causes principales des succès qu'ont obtenus les nouveautés gallicanes. Elles laissent en arrière d'elles tous les systèmes de liberté connus ; elles enivrent l'imagination des sots, en même temps qu'elles allument les passions populaires. On commence par la curiosité, on finit par l'enthousiasme. Le vulgaire court à cet essai comme l'avare à une opération de magie qui lui promet des trésors, et, dans cette fascination puérile, chacun espère de rencontrer à la fin ce qu'on n'a jamais vu, même sous les plus libres gouvernements, *la perfection immuable, la fraternité universelle, la puissance d'acquérir tout ce qui nous manque et de ne composer sa vie que de jouissances.* »

Nul, on l'avouera, n'a mieux connu et plus expressément décrit la maladie sociale de son temps que Mallet, et on croirait, par endroits, qu'il n'a fait que décrire celle du nôtre, celle de ce matin : c'est que, sauf de très-légères variantes de surface, c'est bien la même maladie qui, après cinquante ans, nous travaille encore et cherche son issue ; elle la cherchera longtemps. Ces grandes épidémies morales par lesquelles passent les sociétés, et qui les transforment, qui ne les laissent pas après ce qu'elles étaient devant, usent bien des générations et constituent les véritables époques de l'histoire (1).

Comme le petit nombre de médecins consciencieux et sévères, Mallet du Pan est plus hardi à sonder et à décrire le mal qu'à proposer le remède. L'avenir, il le sait peu, et il n'en dit jamais plus qu'il ne sait. Bien fou,

(1) Ce sont des *maladies de croissance,* disent les partisans de la perfectibilité et de l'éducation progressive du genre humain. Cette pauvre humanité est un rude enfant, et qui coûte terriblement à élever! Le fait est que, même en visant à des choses impossibles, on obtient à la longue des choses possibles auxquelles on n'eût jamais atteint autrement.

selon lui, qui proposerait des conjectures : « Les conjectures sont à pure perte, et les prédictions des folies. » Les contemporains pourtant veulent à tout prix des solutions, et se plaignent qu'on les en laisse manquer. C'est le reproche qui lui fut fait dans le temps même pour cet écrit de 1796 : « Il est naturel aux infortunés, disait-on, de croire que celui qui développe si bien les causes de leur misère connaît aussi les moyens de les soulager : au contraire, son livre éloigne l'espérance, il n'assigne aucun terme à la Révolution, et on se trouve plus malheureux après l'avoir lu qu'auparavant. » Et en effet, le seul remède qu'indiquât Mallet du Pan, ce lointain remède de la monarchie constitutionnelle, est présenté par lui dans des termes qui marquent bien à quel point il en sentait l'incertitude dans son application à la France :

« Si jamais, disait-il, un Législateur tire la France de l'oppression de ses légistes et la ramène à un gouvernement, ce ne peut être par une législation simple adaptée aux convenances primitives. Son habileté et son bonheur seront au comble s'il parvient seulement à mettre en harmonie d'anciens préjugés avec les nouveaux, les intérêts qui précédèrent et ceux qui suivirent la Révolution : *fragile mais désirable alliance de l'autorité monarchique et de la liberté, contre laquelle lutteront sans cesse les souvenirs, soit de la toute-puissance royale, soit de l'indépendance révolutionnaire...* »

Il pressentait combien le génie français, toujours dans les extrêmes, et composé d'insouciance et d'impatience, était peu propre à cette lutte continuelle, à cet équilibre qui exige suite, vigilance, et modération jusque dans le conflit.

Il a dit ailleurs un mot terrible et qui nous jugerait bien sévèrement. Exposant dans son *Mercure britannique*, peu de mois avant sa mort, en janvier de l'an

1800, le caractère de la grande commotion qui allait continuer de peser sur le nouveau siècle et qui ouvrait une époque de plus dans l'histoire des vicissitudes humaines. Il y montrait en vrai philosophe que le caractère de cette Révolution portait avant tout sur la destruction de toutes les distinctions héréditaires préexistantes, que c'était au fond une guerre à toutes les inégalités créées par l'ancien ordre social, une question d'*égalité*, en un mot : « C'est sur ce conflit, ajoutait-il, *infiniment plus que sur la liberté, à jamais inintelligible pour les Français,* qu'a porté et que reposera jusqu'à la fin la Révolution. » Espérons que, même en tenant moins à la liberté qu'il ne faudrait (ce qui est trop évident), nous la comprendrons pourtant assez pour démentir un pronostic si absolu et si sévère.

Je ne veux pas abuser. Ceux qui liront ces *Mémoires* de Mallet du Pan y trouveront nombre de lettres intéressantes qui montrent dans l'intimité, et avec le ton qui est propre à chacun, l'abbé de Pradt, Montlosier, Mounier, Lally, Portalis. Il y passe une grande variété de personnages qui causent familièrement et se peignent eux-mêmes sans y songer. Le séjour de Mallet en Allemagne fut fertile en relations et en rencontres. Lorsque Genève fut annexée à la France (avril 1798), trois Genevois furent, par le Traité de réunion, déclarés à jamais privés et exclus de l'honneur d'appartenir à la nation française, et nommément à leur tête Mallet du Pan. Il ne lui restait plus, s'il voulait encore parler au public, qu'à sortir du Continent, car il n'y avait plus un lieu où il pût imprimer en sûreté une ligne contre le Directoire : « Je n'ai été toléré ici, écrivait-il de Fribourg-en-Brisgau à l'abbé de Pradt, que sous la promesse d'y garder le silence. Que voulez-vous donc que je fasse en Allemagne?... Votre Continent me fait horreur avec ses esclaves et ses bourreaux, ses bassesses et sa lâcheté; il n'y a que l'Angleterre où l'on puisse écrire, parler, penser et agir : voilà ma place, il n'y en a plus d'autre pour quiconque veut continuer la guerre. »

Il partit donc, et débarqua en Angleterre le 1er mai 1798; il s'y sentit à l'instant sur une terre forte et où régnait un esprit public puissant. Il y dressa aussitôt sa batterie de guerre, son *Mercure britannique*, publication destinée à combattre avec suite, et par des tableaux mêlés de discussions, la politique du Directoire : « L'expérience est perdue, disait Mallet, si on ne la grave pas au moment même par des écrits qui en fixent l'impression. » La passion déclarée et le parti pris de l'attaque n'empêchent point dans ce *Mercure* la sagacité et, jusqu'à un certain point, l'impartialité des jugements. Tout ce que dit Mallet sur ces hommes qu'il traite en ennemis, les Sieyès, les Carnot, est à prendre en considération. Il apprécie aussitôt la grandeur du rôle de Bonaparte, et signale dans le fait du 18 Brumaire une métamorphose inconnue : « Attendons la moisson, disait-il, pour juger de la semence. » Il n'eut que le temps d'embrasser d'un coup-d'œil son nouvel horizon de combat. Il mourut à l'œuvre, je l'ai dit, au printemps de 1800, et la plume lui tomba des mains de défaillance, comme l'épée aux plus vaillants.

Aujourd'hui, sans recourir à des publications volumineuses et difficiles à rassembler, on pourra, grâce aux *Mémoires* de Mallet du Pan, avoir sous les yeux la série de ses observations essentielles, de ses jugements et de ses *descriptions* concernant la grande période historique dont il a été l'un des combattants, mais surtout l'annotateur assidu et passionné. C'est un livre qui restera, je le crois, comme celui de l'un des meilleurs médecins consultants dans les crises sociales (1).

(1) Les curieux trouveraient dans le tome XV du *Spectateur du Nord* des articles sur Mallet du Pan, qui résument bien l'opinion des contemporains éclairés, au moment de sa mort : on y promet à sa mémoire la justice lente et sûre qui lui est rendue aujourd'hui.

Lundi 15 septembre 1851.

MÉMOIRES
DE
MARMONTEL.

Rien ne m'est pénible comme de voir le dédain avec lequel on traite souvent des écrivains recommandables et distingués du second ordre, comme s'il n'y avait place que pour ceux du premier. Ce qui est à faire à l'égard de ces écrivains si estimés en leur temps et qui ont vieilli, c'est de revoir leurs titres et de séparer en eux la partie morte, en n'emportant que celle qui mérite de survivre. La postérité, de plus en plus, me paraît ressembler à un voyageur pressé qui fait sa malle, et qui ne peut y faire entrer qu'un petit nombre de volumes choisis. Critique, qui avez l'honneur d'être pour la postérité du moment un nomenclateur, un secrétaire, et s'il se peut, un bibliothécaire de confiance, dites-lui bien vite le titre de ces volumes qui méritent que l'on s'en souvienne et qu'on les lise; hâtez-vous, le convoi s'apprête, déjà la machine chauffe, la vapeur fume, notre voyageur n'a qu'un instant. Vous avez nommé Marmontel : mais quel ouvrage de Marmontel conseillez-vous? Je n'hésite pas, et je dis : Les *Mémoires,* rien que les *Mémoires.* Mais, en le disant, j'insiste pour qu'à chaque nouveau départ ils ne soient jamais oubliés.

Marmontel est au premier rang parmi les bons littérateurs du xviiie siècle; l'aîné de La Harpe de quinze ou seize ans, il mérite autant et plus que lui le titre de premier élève de Voltaire dans tous les genres. C'était un talent laborieux, flexible, facile, actif, abondant, se contentant beaucoup trop d'à-peu-près dans l'ordre de la poésie et de l'art, et y portant du faux, mais plein de ressources, d'idées, et d'une expression élégante et précise dans tout ce qui n'était que travail littéraire; de plus, excellent conteur, non pas tant dans ses *Contes* proprement dits que dans les récits d'anecdotes qui se présentent sous sa plume dans ses *Mémoires;* excellent peintre pour les portraits de société, sachant et rendant à merveille le monde de son temps, avec une teinte d'optimisme qui n'exclut pas la finesse et qui n'altère pas la ressemblance. Enfin Marmontel, avec ses faiblesses et un caractère qui n'avait ni une forte trempe, ni beaucoup d'élévation, était un honnête homme, ce qu'on appelle un bon naturel, et la vie du siècle, les mœurs faciles et les coteries littéraires où il s'était laissé aller plus que personne, ne l'avaient pas gâté. Il n'avait acquis ni l'aigreur des uns, ni la morgue tranchante des autres; avec de la pétulance et même de l'irascibilité, il ne nourrissait aucune mauvaise passion. Sa conduite à l'époque de la Révolution, et dans les circonstances difficiles où tant d'autres de ses confrères (et La Harpe tout le premier) se couvrirent de ridicule et de honte, fut digne, prudente, généreuse même. Aussi, quand on apprit que ce bon vieillard Marmontel venait de mourir dans la chaumière où il s'était retiré, au hameau d'Abloville près Gaillon en Normandie, le 31 décembre 1799, le dernier jour du siècle, cette mort n'éveilla partout qu'un sentiment d'estime et de regret.

C'est dans cette retraite dernière qu'il écrivit son plus

agréable et son plus durable ouvrage, ses *Mémoires :*
« C'est pour mes enfants que j'écris l'histoire de ma vie,
dit-il en les commençant; leur mère l'a voulu. » Il s'y
trouve bien des choses qu'on est étonné, à la lecture,
qu'il ait écrites pour ses enfants et à la sollicitation de sa
femme; mais cela forme un trait de mœurs de plus, et
le ton général de bonhomie et de naturel qui règne dans
l'ensemble du récit fait tout passer.

Marmontel avait de soixante-seize à soixante-dix-sept
ans quand il mourut, étant né le 11 juillet 1723 à Bort
en Limousin. Cette jolie petite ville de Bort, située dans
un fond, est dominée par des rochers volcaniques symétriquement disposés, qui rendent, quand le vent
souffle, un son étrange, harmonieux, et qu'on a appelés
pour cette raison *les orgues de Bort*. Marmontel nous a
décrit avec expansion et fraîcheur le riant berceau de
son enfance. Dès les premières pages, quand il nous
peint sa famille modeste, unie et heureuse (il était fils,
je crois, d'un tailleur), le bon prêtre qui lui apprend le
latin, l'abbé Vaissière; le premier camarade et ami de
cœur qu'il se donne pour modèle, le sage Durant;
quand il nous fait connaître de près sa mère, charmante
et distinguée d'esprit dans sa condition obscure, son
père sensé et d'une tendresse plus sévère, ses tantes,
ses sœurs, on croit respirer une odeur de bonnes mœurs
et de bons sentiments qui lui resteront, et qu'il ne perdra jamais, même à travers les boudoirs où plus tard il
s'oubliera. On y saisit à l'origine une nature prompte,
facile, assez riche et très-malléable, une nature très-*naturelle* si je puis dire, ouverte, franche, assez fière
sans orgueil, sans fiel et sans aucun mauvais levain. Je
ne sais pas de plus joli tableau d'intérieur que celui
qu'il trace de cette famille patriarcale et de ses joies du
coin du feu :

« Ajoutez au ménage trois sœurs de mon aïeule, et la sœur de ma mère, cette tante qui m'est restée ; c'était au milieu de ces femmes et d'un essaim d'enfants, que mon père se trouvait seul : avec très-peu de bien tout cela subsistait. L'ordre, l'économie, le travail, un petit commerce, et surtout la frugalité, nous entretenaient dans l'aisance. Le petit jardin produisait presque assez de légumes pour les besoins de la maison ; l'enclos nous donnait des fruits, et nos coings, nos pommes, nos poires, confits au miel de nos abeilles, étaient, durant l'hiver, pour les enfants et pour les bonnes vieilles, les déjeuners les plus exquis. Le troupeau de la bergerie de Saint-Thomas habillait de sa laine tantôt les femmes et tantôt les enfants ; mes tantes la filaient ; elles filaient aussi le chanvre du champ qui nous donnait du linge ; et les soirées où, à la lueur d'une lampe qu'alimentait l'huile de nos noyers, la jeunesse du voisinage venait teiller avec nous ce beau chanvre, formaient un tableau ravissant. La récolte des grains de la petite métairie assurait notre subsistance : la cire et le miel des abeilles, que l'une de mes tantes cultivait avec soin, était un revenu qui coûtait peu de frais ; l'huile, exprimée de nos noix encore fraîches, avait une saveur, une odeur que nous préférions au goût et au parfum de celle de l'olive. Nos galettes de sarrasin (cela s'appelle dans le langage du pays des *tourtous*), humectées, toutes brûlantes, de ce bon beurre du Mont-Dor, étaient pour nous le plus friand régal. Je ne sais pas quel mets nous eût paru meilleur que nos raves et nos châtaignes ; et en hiver, lorsque ces belles raves grillaient le soir à l'entour du foyer, ou que nous entendions bouillonner l'eau du vase où cuisaient ces châtaignes si savoureuses et si douces, le cœur nous palpitait de joie. Je me souviens aussi du parfum qu'exhalait un beau coing rôti sous la cendre, et du plaisir qu'avait notre grand'mère à le partager entre nous. *La plus sobre des femmes nous rendait tous gourmands.* »

Ce dernier trait est plus vrai de Marmontel qu'il n'a l'air de le croire quand il nous le dit en souriant. Il est à remarquer comme dans ses récits, de quelque nature qu'ils soient, il n'oublie jamais les détails du manger, le vin de Champagne ou le flacon de vin de Tokai qui animait la fin des plus spirituels repas. Si les soupers de M. de La Popelinière à Passy ou ceux des premiers commis à Versailles lui paraissaient *amples,* il n'oublie pas qu'il n'en était pas ainsi des plus fins soupers de Mme Geoffrin, et que la bonne chère en était *succincte*. Il se souvient même du menu de son premier dîner à la Bastille, de son ordinaire qui, grâce au gouverneur, fut aussi copieux que succulent; et Vaucluse se recommandait trente ans après encore à sa mémoire par l'arrière-goût des belles écrevisses et des excellentes truites qu'il y avait mangées, non moins que par les réminiscences platoniques de Pétrarque. Il est vrai qu'à son réveil matinal, durant ses heureux séjours à la campagne, Marmontel sait également savourer une *ample jatte de lait écumant*. La seule chose que je veuille conclure de ces détails qui assaisonnent en toute occasion la partie aimable des *Mémoires* de Marmontel, c'est qu'il était de sa nature un peu sensuel et qu'il le laisse voir, ce qui ne nuit pas à l'intérêt et ce qui fait que le lecteur se dit en le suivant : « Le bon homme embellit quelquefois le passé de trop faciles couleurs, mais il s'y montre avec naïveté en somme et tel qu'il était, il ne ment pas! »

Il manque peu de chose à ces premiers livres des *Mémoires* de Marmontel pour en faire de vrais chefs-d'œuvre de récit et de peinture familière et domestique. Par malheur, quelques fausses touches de pinceau viennent trop souvent traverser les tons simples et en gâter l'impression. Parlant du père de son bon camarade Durant, laboureur d'un village voisin, et qui se plaisait à le recevoir les jours où les deux amis allaient en promenade : « Comme il nous recevait, s'écrie-t-il, ce bon vieillard en cheveux blancs! La bonne crème, le bon lait, le bon pain bis qu'il nous donnait! et que d'heureux présages il se plaisait à voir dans mon respect pour sa vieillesse! *Que ne puis-je aller sur sa tombe semer des fleurs!* » Sentez-vous comme ce dernier trait, tout académique, tout littéraire, et qui est du faux Gessner, gâte ce qui précède? C'est le style des *Contes moraux* qui recommence. Marmontel n'a pas ce goût sévère qui avertit de s'arrêter à temps et de s'en tenir à la seule nature. Ç'a été au contraire la gloire du pinceau de Jean-Jacques dans ses *Confessions,* de ne rien rendre qui ne fût vrai et senti, et de rester ferme et sobre jusque dans les magnificences de description ou dans les tendresses.

Rien de plus agréable, d'ailleurs, que tous ces premiers récits de Marmontel. Il va continuer ses études au collége des Jésuites à Mauriac; il nous peint ses maîtres, ses camarades; il nous fait sentir et aimer ses privations, ses joies d'écolier, ses triomphes. Quatre ou cinq camarades logeaient ensemble chez quelque artisan de la ville; chaque écolier avait avec lui ses provisions pour la semaine, ses vivres qui lui venaient de la maison paternelle : « Notre bourgeoise nous faisait la cuisine, et pour sa peine, son feu, sa lampe, ses lits, son logement, et même les légumes de son petit jardin qu'elle mettait au pot, nous lui donnions par tête *vingt-cinq sols par mois*; en sorte que, tout calculé, hormis mon vêtement, je pouvais coûter à mon père de quatre à cinq louis par an. C'était beaucoup pour lui. » Les jours de fête, il arrivait quelquefois à l'un des écoliers les plus favorisés quelque friand morceau; ces jours-là le régal était en commun, et par une attention délicate, pour ne pas affliger les plus pauvres, celui qui avait reçu le morceau de préférence ne se nommait pas : « Lorsqu'il nous arrivait quelqu'un de ces présents, la bourgeoise nous l'annonçait : mais il lui était défendu de nommer celui de nous qui l'avait reçu, et lui-même il aurait rougi de s'en vanter. Cette discrétion faisait, dans mes récits, l'admiration de ma mère. » On voit le ton et quel vif sentiment domestique anime toutes ces premières pages. Marmontel faisait de brillantes études, et il était presque toujours le premier de sa classe : « Ma bonne mère en était ravie. Lorsque mes vestes de basin lui étaient renvoyées, elle regardait vite si la chaîne d'argent qui suspendait la croix avait noirci ma boutonnière ; et, lorsqu'elle y voyait cette marque de mon triomphe, toutes les mères du voisinage étaient instruites de sa joie ; nos bonnes religieuses en rendaient grâces au Ciel ; mon cher abbé Vaissière en était rayonnant de gloire. » On reconnaît là à ses vrais signes un sentiment filial attendri et pieux, une honnêteté native que n'eut jamais Rousseau, si supérieur par tant de parties. Cependant le futur littérateur, le prochain ami des philosophes, s'annonçait déjà par quelques hardiesses et quelques faiblesses. En troisième, Marmontel qui, en qualité de premier, se trouvait censeur de sa classe, et dès lors obligé de surveiller ses camarades, s'avise de vouloir capter leur faveur et d'aspirer à la popularité : « Je me fis une loi, dit-il, de mitiger cette censure ; et, en l'absence du régent, pendant la demi-heure où je présidais seul, je commençai par accorder une liberté raisonnable : on causait, on riait, on s'amusait à petit bruit, et ma note n'en disait rien. Cette indulgence qui me faisait aimer devint tous les jours plus facile. A la liberté succéda la licence, et je la souffris ; je fis plus, je l'encourageai, tant la faveur publique avait pour moi d'attraits ! » Bref, il finit par permettre que l'un des camarades, qui était réputé le plus fort danseur de la bourrée d'Auvergne, la dansât en pleine classe. Il faut lire dans l'ouvrage la série de tribulations qui suivit pour lui cette complaisance factieuse.

En rhétorique, un jour, il est menacé du fouet pour une cause injuste. Mais, juste ou non, qu'importe ? fouetter un rhétoricien, voilà l'énormité, voilà l'infamie.

Marmontel, échappé du cabinet de l'odieux préfet, se réfugie dans la classe de rhétorique; il harangue ses camarades, il embrasse l'autel; il faut lire ce discours, parodie heureuse de ceux que prononçaient les Romains de Tite-Live en se retirant sur le mont Aventin. Par sa péroraison, il entraîne avec lui toute la classe de rhétorique, qui, n'ayant plus qu'un mois d'études avant les vacances, prend sur elle d'abréger, de proclamer l'année scolaire close un mois plus tôt, et de se retirer en masse et en bon ordre avec les honneurs de la guerre. Le préfet furieux, n'osant entamer le bataillon sacré, se contenta de regarder Marmontel d'un œil menaçant : « Il me prédit que je serais un chef de faction. Il me connaissait mal : aussi sa prédiction ne s'est-elle pas accomplie, » ajoute l'excellent homme qui, plus sage et mûri par l'expérience, n'avait pas voulu de la popularité en 89.

On remarquera que Marmontel, dans ses *Mémoires,* aime assez à mettre des discours, à se rappeler ceux qu'il a tenus dans certaines circonstances, et à les refaire; mais il n'y réussit pas toujours également : il faut, pour cela, qu'il s'y mêle, comme dans le cas précédent, une pointe de parodie et de gaieté. Quand il se prend tout à fait au sérieux et qu'il vise ouvertement au pathétique, il échoue. Ainsi, lorsqu'en janvier 1760, sortant de la Bastille, où il avait été détenu onze jours pour avoir récité en société une satire contre le duc d'Aumont, il va trouver le ministre, le duc de Choiseul, et qu'il essaie de l'émouvoir, d'obtenir qu'on lui laisse le privilége du *Mercure* avec lequel il soutient sa famille, ses tantes, ses sœurs, le discours qu'il se suppose en cette occasion et qu'il refait de mémoire est faux et presque ridicule : « Sachez, Monsieur le duc, qu'à l'âge de seize ans, ayant perdu mon père, et me voyant environné d'orphelins comme moi et d'une pauvre et nombreuse famille, je leur promis à tous de leur servir de père. *J'en pris à témoin le Ciel et la nature... Ah ! c'est là que le duc d'Aumont doit aller savourer les fruits de sa vengeance; c'est là qu'il entendra des cris et qu'il verra couler des larmes. Qu'il aille y compter ses victimes et les malheureux qu'il a faits; qu'il aille s'abreuver des pleurs,* etc. » On a l'amplification au complet, et une amplification qui, cette fois, n'a pas pour excuse le sourire même de l'auteur. Marmontel s'était senti éloquent sur l'heure en parlant à M. de Choiseul, et il croyait l'être de nouveau en donnant de souvenir ce qu'il appelait une *esquisse légère* de son ancien discours, tandis qu'il n'en donnait qu'une charge. Voilà l'erreur; et c'est parce qu'il n'a pas le goût assez sûr pour discerner à l'instant ces nuances, que Marmontel n'est pas un véritable artiste, ni même un critique du premier ordre. Que ce ne soit pas une raison pour nous de lui refuser les qualités abondantes, naturelles et agréables, dont il fait preuve tout à côté.

En général, sans donner autant que beaucoup d'autres dans le mauvais goût du siècle, Marmontel y a sa part et ne s'en défend pas. Lui-même ou les personnages qu'il met en scène parlent volontiers de nature ; ils ont volontiers les yeux humides (« *moi qui pleure facilement,* » dit-il), ils se jettent avec effusion dans les bras les uns des autres, ils arrosent leurs embrassements de larmes. Marmontel aime assez ce genre de locutions dramatiques, même quand il ne fait que raconter des scènes de la réalité. On a pu dire que si Marmontel, quand il est bon, mène à Ducis, quand il est mauvais il va à Bouilly.

Son premier livre des *Mémoires* est pourtant très-bien composé. Ce livre heureux, qui contient l'histoire de l'enfance, de la famille, des premières études et même des premières amours, se termine par la brusque nouvelle de la mort du père, c'est-à-dire par la première grande douleur qui initie au sérieux de la vie.

Au second livre, Marmontel, qui a fait sa philosophie à Clermont-Ferrand et qui porte l'habit ecclésiastique, songe à prendre la tonsure à Limoges. Tonsuré, il cherche une carrière; peu s'en faut qu'à Toulouse il ne s'engage chez les Jésuites, qui l'ont distingué et qui le voudraient bien pour un des leurs. A travers ces incertitudes et ces projets flottants de la jeunesse, il voyage dans le pays, et il n'est, chemin faisant, nièce de curé qu'il ne trouve moyen de comparer à une Vierge du Corrége. Un de mes amis qui connaît à fond son Limousin prétend que si les nièces de curé et les jeunes filles du pays en général sont fraîches et jolies, elles n'ont nullement de ces airs du Corrége ni de ce parler couleur de rose. Marmontel prête ces mêmes grâces à la fille d'un muletier d'Aurillac qui lui a offert l'hospitalité pendant quelques jours : il lui trouve un bras *pétri de lis*, « et le peu que l'on voit de son cou est blanc comme l'ivoire. » Cette veine de sensualité ne va pas pour lors plus loin qu'il ne faut chez cette nature honnête; mais j'y relève surtout l'habitude de voir les choses un peu autrement qu'elles ne sont, de les peindre avec un certain coloris bienveillant et amolli qui n'est pas leur juste couleur; j'y note, en un mot, cette disposition de l'auteur à *Marmontéliser* la nature.

Cependant, tandis qu'il est à Toulouse, Marmontel, dont l'activité et le talent cherchent de tous côtés une voie à se produire, concourt pour les Jeux Floraux; il manque le prix la première fois, et, dans son dépit, il écrit à Voltaire en lui envoyant son ouvrage; il en appelle à lui comme à l'arbitre souverain de la poésie.

Voltaire lui répond. Une fois en correspondance avec le grand homme, on conçoit que Marmontel se soit dégoûté du petit collet, de la carrière ecclésiastique, et qu'il ait un jour pris la route de Paris sur la foi d'une promesse et d'une espérance. Il avait vingt-deux ans.

Il devait être placé, par la protection de Voltaire, auprès de M. Orri, contrôleur général des finances; il arrive, mais M. Orri vient d'être disgracié (décembre 1745) : il reste au jeune homme sa plume et son courage. Voilà donc Marmontel comme nous avons tous été, logé rue des Maçons-Sorbonne, et ensuite petite rue du Paon, allant au café Procope, vivant à crédit, en quête d'un libraire, composant une belle tragédie pour l'hiver prochain et rédigeant, en attendant, avec un ami, un petit journal (*l'Observateur*). Il eut, à ce premier début, un bonheur dont toute sa vie se ressentira. Il avait rencontré chez Voltaire Vauvenargues, qui, déjà mourant, venait habiter Paris : Marmontel se logea en face de lui, l'assista, l'entretint, recueillit ses leçons, et dans son âme trop mobile, trop sujette aux influences d'alentour, mais foncièrement honnête et droite, il conserva jusqu'à la fin, et à travers tous les philtres qui l'égarèrent, un goût de cette philosophie saine et pure qu'y avait versée l'éloquence de Vauvenargues.

Marmontel débuta par des tragédies : le croirait-on? il eut des succès. Il parut fait pour ce genre. Voltaire regretta toujours qu'il y eût renoncé si tôt. Collé, juge sévère, écrivait en 1758 ce mot dont, au reste, il s'est repenti plus tard : « Je lui crois un talent décidé pour la tragédie. » Les deux premières tragédies de Marmontel, *Denys le Tyran*, joué en février 1748, et *Aristomène*, joué en avril 1749, firent fureur. L'auteur fut traîné en triomphe sur le théâtre. Il fut du premier jour à la mode : les financiers fastueux qui se piquaient de goût, tels que M. de La Popelinière, ne voulurent plus qu'il quittât leur salon, et les femmes qui se piquaient d'aimer la gloire, telle que Mlle Navarre, le voulurent à l'instant dans leur alcôve.

Qu'était-ce que Mlle Navarre? demandez-le à Marmontel dans ce troisième livre de ses *Mémoires*, qui est comme son quatrième livre de *l'Énéide,* mais où il y a plus d'une Didon. Mlle Navarre, fille de M. Navarre, receveur des tailles à Soissons, était, nous dit un homme non amoureux (Grosley), la plus brillante partie de sa famille; elle visait au grand, à l'extraordinaire, et se fit aimer du maréchal de Saxe : « La beauté, les grâces, les talents, un esprit délicat, un cœur tendre, l'appelaient à cette brillante conquête... Sa conversation était délicieuse (1). » Marmontel nous la montre de plus imprévue, capricieuse, avec plus d'éclat encore que de beauté : « Vêtue en Polonaise, de la manière la plus galante, deux longues tresses flottaient sur ses épaules; et sur sa tête des fleurs *jonquille,* mêlées parmi ses cheveux, relevaient merveilleusement l'éclat de ce beau teint de brune qu'animaient de leurs feux deux yeux étincelants. » C'est cette amazone, cette belle guerrière qui, sacrifiant l'illustre maréchal au jeune poëte, enleva un matin Marmontel à ses sociétés de Paris et le transporta d'un coup de baguette dans sa solitude d'Avenay, où elle le garda plusieurs mois enfermé au milieu des vignes de Champagne comme dans une île de Calypso. Le plus infortuné des amants heureux, Marmontel nous raconte d'une manière piquante quelques-unes des bizarreries de démon par lesquelles elle le tenait perpétuellement

---

(1) *Vie de Grosley* écrite par lui-même, continuée et publiée par l'abbé Maydieu (1787); on y trouve, pages 95-99, quelques détails à ajouter à ceux que donne Marmontel sur Mlle Navarre.

en haleine dans ce tête-à-tête qu'elle craignait avant tout de rendre monotone. Aussi brusquement laissé qu'il avait été pris, il nous fait ensuite assister à ses peines, à sa désolation et à sa consolation, qui ne tarda guère ; elle lui vint de la part de la célèbre actrice Mlle Clairon, qui était de son âge et qui servit au théâtre ses succès.

Une autre distraction de Marmontel vers ce moment (car il en avait beaucoup) fut pour une autre jeune et jolie actrice, Mlle Verrière, qui avait été aussi au maréchal de Saxe : elle en avait eu une fille, depuis reconnue, *Aurore de Saxe,* qui n'est autre, je le crois bien, que la propre grand'mère de Mme Sand. En allant si souvent sur les brisées du maréchal, Marmontel finit pourtant par le mettre en colère : « Ce petit insolent de poëte me prend toutes mes maîtresses, » disait en grondant l'illustre guerrier. Il ne tint à rien que, du coup, Aurore de Saxe ne fût désavouée, déshéritée et *Marmontélisée.*

Ces dissipations, celles qu'il trouvait à Passy où il était allé loger chez son ami et Mécène M. de La Popelinière, cette vie de soupers et de plaisirs, arrêtèrent les premiers succès de Marmontel et nuisirent à son essor tragique, en supposant qu'il eût été de force à se pousser dans cette voie. Sa *Cléopâtre,* où Vaucanson avait fourni l'aspic, et qui prêta à tant d'épigrammes, n'eut qu'un demi-succès, onze représentations ; *les Héraclides* moururent à la sixième. *Les Funérailles de Sésostris* tombèrent. Ainsi, sur cinq pièces représentées, deux grands succès, deux demi-chutes et une déroute complète, voilà sa carrière tragique. Il se releva plus tard au théâtre, dans la tragédie lyrique avec Piccini, et avec Grétry dans l'opéra comique. Il fera *Zémire et Azor,* et *Didon.* Ce sont ses revanches ; et l'on ne s'explique pas qu'il ait été repris à soixante ans de l'envie de donner je ne sais quelle tragédie de *Numitor,* qui lui était restée en portefeuille.

Numitor! comment un honnête homme, et de talent et de bon sens, peut-il avoir de pareilles idées et s'y arrêter un moment?

Pour nous, à parler franchement, dans un genre aussi faux que l'était la tragédie à cette époque, il nous serait impossible, si nous n'étions guidé par le résultat, d'exprimer aucune préférence pour l'une ou pour l'autre de ces cinq ou six tragédies; nous ne pouvons nous former un avis qui les différencie et les distingue, tant l'insipidité et l'ennui, en les lisant, paralysent tout d'abord notre attention. Si nous l'osions, comme nous dirions cela de bien d'autres tragédies encore !

Les chutes de Marmontel lui furent une leçon. Marmontel est modeste et ne s'en fait pas accroire. Parlant de Jean-Jacques Rousseau qu'il voyait dans ce temps-là, du temps que celui-ci était nouvellement célèbre : « Le fruit que je retirai de son commerce, dit-il, et de son exemple, fut un retour de réflexion sur l'imprudence de ma jeunesse. Voilà, disais-je, un homme qui s'est donné le temps de penser avant que d'écrire ; et moi, dans le plus difficile et le plus périlleux des arts, je me suis hâté de produire, presque avant que d'avoir pensé. » Et ne se sentant pour la poésie, ajoute-t-il, qu'*un talent médiocre,* il s'adresse à Mme de Pompadour, sa protectrice, pour obtenir quelque place qui le mette à même de ne pas dépendre du travail de sa plume ; il avait présent à la pensée un conseil que lui avait donné Mme de Tencin : « Malheur, me disait-elle, à qui attend tout de sa plume ! Rien de plus casuel. L'homme qui fait des souliers est sûr de son salaire ; l'homme qui fait un livre ou une tragédie n'est jamais sûr de rien. »

Marmontel devint donc, en 1753, secrétaire des Bâtiments sous M. de Marigny, frère de Mme de Pompadour; dès lors il habita Versailles, et durant cinq années il vécut pêle-mêle et tour à tour avec des artistes, avec des intendants des Menus-Plaisirs, travaillant à sa guise, étudiant à ses heures, et voyant toutes sortes de sociétés qu'il nous peint fidèlement, la société des premiers commis comme celle des philosophes, le financier Bouret comme d'Alembert : « Oui, j'en conviens, dit-il, tout m'était bon, le plaisir, l'étude, la table, la philosophie ; j'avais du goût pour la sagesse avec les sages, mais je me livrais volontiers à la folie avec les fous. Mon caractère était encore flottant, variable et discors. J'adorais la vertu ; je cédais à l'exemple et à l'attrait du vice. » Et il se compare à l'Aristippe que nous définit Horace : *Omnis Aristippum decuit color...* Mais c'était un Aristippe un peu robuste et un peu bruyant, un peu gauche et empressé, un peu limousin que Marmontel, et pas tout à fait aussi attique que l'autre. Il ne se contente pas de goûter, de déguster les vices, les corruptions et les déclamations de son temps, il les gobe, il les adopte, au moins en passant, et il y a (si on ose le dire d'un homme d'autant d'esprit) un tant soit peu de nigauderie dans son fait. Cela touché, il faut vite reconnaître ses aimables qualités sociales, cette facilité à prendre à tout, cette finesse sous la bonhomie et cette cordialité qui sait trouver une expression ingénieuse : « J'ai toujours éprouvé, disait-il, qu'il m'était plus facile de me suffire à moi-même dans le chagrin que dans la joie. Dès que mon âme est triste, elle veut être seule. C'est pour être heureux avec moi que j'ai besoin de mes amis. »

Marmontel avait besoin souvent de ses amis, car il était habituellement heureux. Il le fut tant qu'il resta avec M. de Marigny. Il le fut lorsqu'en 1758 il obtint le privilége du *Mercure de France* et qu'il quitta Versailles et la place de secrétaire des Bâtiments pour rentrer à Paris. Logé chez Mme Geoffrin, il était de tous les dîners d'artistes, de tous ceux des gens de lettres, et même des petits soupers mystérieux où, assis entre la belle comtesse de Brionne, la belle marquise de Duras et la jolie comtesse d'Egmont, il lisait ses *Contes moraux* dans leur primeur. Le sixième livre de ses *Mémoires*, qui nous fait parcourir en détail les différents cercles du XVIIIe siècle et qui nous en montre un à un tous les principaux personnages, est historiquement des plus curieux à consulter pour l'histoire des mœurs et de la société française. Marmontel fut heureux, même dans ses mésaventures; quand il se vit envoyé à la Bastille pour avoir offensé ce plat duc d'Aumont, ce fut pour lui un succès : il n'y resta que onze jours, traité avec toute sorte de considération, et il en sortit avec un relief nouveau. Qu'était-ce, je vous prie, qu'un homme de lettres alors, s'il n'avait pas eu les honneurs de la Bastille? En perdant le privilége du *Mercure*, Marmontel ressentit ce coup d'aiguillon qui de temps en temps nous est bon et nécessaire ; il retrouva sa liberté et son temps pour les longs ouvrages, et il se rapprocha de l'Académie. Enfin, ce qui mit le comble à sa réputation, ce fut *Bélisaire* (1767), et ce XVe chapitre sur la tolérance, où la Faculté de théologie signala toutes sortes de propositions condamnables. *Trente-sept* propositions dans tout l'ouvrage furent dénoncées et condamnées.

Bélisaire est parfaitement ennuyeux, et le fameux XVe chapitre, dont la théologie est si fade en elle-même, a perdu le piquant de l'à-propos, puisque la tolérance absolue que l'auteur réclame dans l'ordre civil est à peu près chose gagnée. Je ne veux faire remarquer qu'un seul point à l'honneur de Marmontel. Lorsqu'en germinal an v (avril 1797) Marmontel, retiré à son hameau d'Abloville, fut nommé membre du Conseil des Anciens par le département de l'Eure, il fut expressément chargé par ses commettants de défendre dans l'Assemblée nationale la cause de la religion catholique, alors proscrite et persécutée, et il composa à cet effet un discours qu'on peut lire, sur le libre exercice des cultes. Or, dans ce discours, c'est au nom des mêmes principes de tolérance, professés dans *Bélisaire* en faveur des cultes dissidents, que Marmontel réclame pour la religion catholique, à son tour proscrite, la liberté des rites, des cérémonies, des solennités même, le réveil des cloches dans les campagnes et la réapparition du signe de la Croix. Il me semble que ce noble commentaire du XVe chapitre de *Bélisaire* est fait pour désarmer à jamais la polémique (si elle était tentée de renaître à ce propos), et pour tenir l'ironie en respect.

Voltaire, en encourageant Marmontel à l'occasion de cette guerre de *Bélisaire,* lui écrivait : « Illustre profès, écrasez le monstre *tout doucement*. » On sait ce qu'il entendait par le *monstre;* mais Marmontel, réellement, n'entendait par là que l'intolérance, et il s'y prit en effet doucement. Dans les lettres que lui écrit Voltaire, le maître semble condescendre à ces dispositions du disciple, lorsqu'après s'être raillé des diverses cabales, des factions théologiques et autres, il ajoute : « Les chefs de ma faction sont Horace, Virgile et Cicéron. » Il lui écrit encore, comme en voulant correspondre de tout point à ses goûts : « J'entends dire que dans Paris tout est faction, frivolité et méchanceté. Heureux les honnêtes gens qui aiment les arts et qui s'éloignent du tumulte !... La littérature et un cœur noble sont le véritable charme de la société. » C'est bien ainsi que l'entendait Marmontel ;

il avait l'âme avant tout sociable et littéraire. En jugeant les hommes de lettres et les philosophes de son temps, il les dépouille de cette aigreur et de ce fanatisme dont ils étaient loin d'être exempts sur certains sujets; il leur prête un peu de sa douceur et de sa propre bonhomie : « O mes enfants ! s'écrie-t-il en parlant des entretiens de d'Alembert et de Mairan, quelles âmes que celles qui ne sont inquiètes que des mouvements de l'Écliptique (*d'Alembert*), ou que des mœurs et des arts des Chinois (*Mairan*) ! Pas un vice qui les dégrade, pas un regret qui les flétrisse, pas une passion qui les attriste et les tourmente; elles sont libres de cette liberté qui est la compagne de la joie, et sans laquelle il n'y eut jamais de pure et durable gaieté. » Je crois que cet éloge pouvait s'accorder à Mairan, mais à d'Alembert, j'en doute. Il suffit de lire sa Correspondance avec Voltaire pour voir que son âme n'était pas libre des animosités philosophiques et des passions de secte.

Parlant des dîners d'Helvétius et de d'Holbach, Marmontel pousse bien loin l'indulgence du souvenir quand il avance « qu'il est des objets révérés et inviolables qui *jamais n'y étaient soumis au débat des opinions. Dieu, la vertu, les saintes lois de la morale naturelle, n'y furent jamais mis en doute,* du moins en ma présence. » Il en était des sons comme des couleurs : Marmontel adoucissait et amollissait aisément ce qu'il entendait comme ce qu'il voyait.

Ainsi que la plupart des écrivains de son temps, Marmontel se faisait beaucoup d'illusions sur la bonté de l'espèce humaine. Il pensait que tous les hommes ne peuvent pas être grands, mais que *tous peuvent être bons.* Il croyait volontiers qu'avec des *Contes moraux,* des *Bélisaire* et des *Incas,* on corrige le monde. Son observation comme moraliste et son talent comme artiste pèchent également par cette mollesse et cette rondeur qui n'a jamais pénétré au fond des cœurs ni au fond des choses humaines. C'est assez pour l'honneur de sa mémoire qu'en voyant les hommes devenir tout à coup furieux et méchants, il ait arrêté à temps sa bonhomie, et ne l'ait laissée dégénérer ni en lâcheté ni en sottise. Il eut le courage de dire *non* au mal quand il le vit en face. Nommé par le Tiers-état de la Commune de Paris électeur en 1789, avec Bailly, Target, Guillotin, etc., il fut d'abord l'objet d'une faveur marquée, et on peut dire qu'il tenait dans ses mains son élection aux États-Généraux ; mais, voyant au prix de quelles concessions il fallait l'acheter, il y renonça. Sa popularité ne dura que six jours (1). Il honora sa fin de carrière par cette sagesse.

Sa vieillesse eut plus de force que n'en avait eu sa jeunesse. Jeune, nous le voyons tel qu'il se peint lui-

(1) Il y eut, le 8 mai 1789, dans l'Assemblée générale des Électeurs du Tiers-état de Paris, une dénonciation au sujet d'un Arrêt du Conseil qui supprimait le *Journal des États-Généraux* publié par Mirabeau. Target qui, pour se populariser, faisait cette dénonciation, demandait la liberté illimitée de la presse. Sur sa motion, un Arrêté fut pris par l'Assemblée, et il fut dit que « l'Assemblée du Tiers-état de la Ville de Paris réclamait *unanimement* contre l'Acte du Conseil, etc. » Cet *unanimement* était vrai à une voix près : « Lorsqu'on fut aux voix, dit Bailly en ses *Mémoires,* je remarquai bien qu'un seul membre, M. Marmontel, ne se leva pas. Il était au second rang, et par conséquent caché par ceux qui se levèrent. Je ne dis rien (Bailly était secrétaire), mais, malgré l'unanimité apparente, quelqu'un, et sans doute par malice, demanda la contre-partie qu'alors on ne demandait pas toujours. Le président fut obligé d'obéir, et M. Marmontel eut le courage de se lever *seul*. Quoique je ne fusse pas de son avis, ajoute Bailly, j'admirai sa fermeté qui lui fit honneur à cet égard ; mais le mécontentement sur le fond de son opinion me fit préjuger qu'il ne serait pas député. » Bailly a-t-il bien eu lieu de se féliciter de l'être? et Marmontel, seul alors de son avis, n'était-il pas l'homme prévoyant ?

même, très-répandu, très-peu stoïque, actif à réussir, à se pousser dans le monde, à se procurer honnêtement des appuis : s'il a un pied chez Mme de Pompadour, il n'est pa mal avec la petite Cour du Dauphin. Il ne cherche point à tout prix la faveur, mais il ne la repousse pas non plus; il l'accueille très-bien quand elle passe. Ce n'est ni un républicain ni un sauvage que Marmontel. L'ancien régime avait fini par l'adopter complétement et par le combler de bienfaits : il ne fut point ingrat. Membre de l'Académie française depuis 1763 et secrétaire perpétuel depuis 1783, historiographe de France, historiographe des Bâtiments, ayant droit à des logements au Louvre et à Versailles, ayant des pensions sur *le Mercure* et encore ailleurs, il jouissait, dans les années qui précédèrent la Révolution, de l'existence d'homme de lettres la plus complète qu'on pût souhaiter. Ses ouvrages ajoutaient beaucoup à ses revenus : ses grands opéras, ses opéras comiques réussissaient; ses *Contes moraux* avaient un débit prodigieux ; *les Incas*, qui réussirent moins, furent payés par le libraire trente-six mille francs. Marmontel, ainsi comblé ou près de l'être, voulut s'établir définitivement dans le bonheur en se mariant. Il épousa une jeune et jolie nièce de l'abbé Morellet : il avait cinquante-quatre ans, ce qui ne l'effraya point ; il était très-amoureux de sa femme, et il se livra avec délices à cette vie de famille pour laquelle il était fait (1). Sa morale, il nous l'avoue, se ressentit à l'instant de sa position nouvelle, de ses intérêts nouveaux ; sans devenir rigide, elle cessa aussitôt d'être relâchée :

(1) « Il croit, disait Saint-Lambert, que le mariage et la paternité ont été inventés pour lui; il en jouit comme d'un bien qui n'est qu'à lui. »

« L'opinion, dit-il, l'exemple, les séductions de la vanité, et surtout l'attrait du plaisir, altèrent dans de jeunes âmes la rectitude du sens intime. L'air et le ton léger dont de vieux libertins savent tourner en badinage les scrupules de la vertu, et en ridicule les règles d'une honnêteté délicate, font que l'on s'accoutume à ne pas y attacher une sérieuse importance. Ce fut surtout de cette *mollesse de conscience* que me guérit mon nouvel état.

« Le dirai-je? il faut être époux, il faut devenir père, pour juger sainement de ces vices contagieux qui attaquent les mœurs dans leur source, de ces vices doux et perfides qui portent le trouble, la honte, la haine, la désolation, le désespoir dans le sein des familles. »

On applaudit à ces honorables sentiments et à ces justes principes; on sourit pourtant en songeant à l'ami de Mlle Clairon, de Mlle Navarre et de tant d'autres, et à ces confidences tardives et embellies qu'il ne pourra s'empêcher bientôt d'en faire à ses enfants. Encore aura-t-il grand soin d'ajouter qu'*il ne s'est peint qu'en buste*. Et, en effet, le volume d'*Œuvres posthumes* de Marmontel, publié en 1820, fait voir qu'en décrivant ses pétulances de jeunesse dans sa prose, il les a beaucoup adoucies.

A part le poëme posthume auquel je fais allusion (1), Marmontel ne s'est nullement montré poëte. En théorie poétique, il n'a été qu'un demi-novateur, il a eu des velléités de *romantisme,* si l'on peut dire, mais sans prévoir où cela le conduisait. Il a été sévère à Virgile, favorable à Lucain ; il s'est épris pour Quinault contre Boileau. En maltraitant ce dernier, il n'a pas senti que dans les vers de Boileau il y avait plus de vraie poésie de style que dans tous ces vers prosaïques et soi-disant philosophiques du xviiie siècle, quelques pièces de Voltaire exceptées. La critique, au reste, n'a pas épargné Marmontel. Il a été redressé par Le Brun en vers et même en prose (dans le journal *la Renommée littéraire,* 1763)

---

(1) *La Neuvaine de Cythère.*

pour ses impertinences envers Boileau. Quand il s'est avisé de vouloir corriger le *Wenceslas* de Rotrou pour complaire à une fantaisie de Mme de Pompadour, Grimm a remarqué que c'était là une entreprise de mauvais goût que d'habiller ainsi Rotrou à la moderne : « Mais cette remarque, ajoute-t-il sévèrement, ne peut se faire que pour ceux qui ont véritablement du goût. Eux seuls peuvent sentir que dans les hommes de génie tout est précieux, jusqu'aux défauts, et que c'est une sottise que de vouloir les corriger. » Quand Marmontel retoucha Quinault (ce qui était moins grave), on lui reprocha d'avoir mis Quinault en vers de Chapelain. Que le reproche fût injuste, peu importe : ce sont choses qui ne valent pas la peine d'être vérifiées. Je le répète, à part un poëme qui par sa nature échappe à l'examen et dans lequel on trouverait plus de verve et d'esprit que de poésie même, c'est à la prose seule de Marmontel qu'il faut demander la clarté, l'élégance et la précision facile qui le distinguent.

Il n'a rien écrit de mieux que ses articles à l'*Encyclopédie* qu'on a recueillis sous le titre d'*Éléments de Littérature*. Une instruction variée, des observations de détail ingénieuses, des nuances bien démêlées dans la pensée, une synonymie fine dans la diction, en font un livre qu'on parcourt toujours avec plaisir, et que la jeunesse non orgueilleuse peut lire avec fruit.

Il serait injuste de renfermer tout Marmontel (hors des *Mémoires*) dans ses articles de critique, et de n'y pas joindre, dans un genre tout différent, un très-petit nombre de *Contes moraux* où il fait preuve d'invention et d'une spirituelle analyse. Dans ce choix délicat et qui demanderait plus de temps que je n'en puis donner aujourd'hui, je n'indiquerai que le petit conte intitulé *Heureusement*.

Marmontel modeste, occupé, goûté, s'étant réduit sciemment à des genres secondaires, « à des genres d'écrire dont on pouvait sans peine, disait-il, pardonner le succès, » vivait heureux et était même assez sage pour mépriser les critiques qui, de tout temps, l'avaient de loin harcelé. Il ne dérogea que tard à ce système de conduite et dans un seul cas : ce fut à l'occasion de la querelle sur la musique, de la guerre ouverte entre Gluck et Piccini. Mais, là, sa modération lui manqua subitement; il se mit en avant tout entier, il brisa des lances envers et contre tous pour Piccini, pour la musique italienne, avec une ardeur démesurée et avec une passion où l'amour de la mélodie se sent moins encore que le besoin de dépenser un reste de jeunesse.

Il est curieux d'observer, dans les *Mémoires* de Marmontel, l'impression que produisent les approches de la Révolution. Ces agréables *Mémoires*, qui ressemblaient à « une promenade qu'il faisait faire à ses enfants, » changent brusquement de caractère : avec le livre douzième, on quitte la biographie, les portraits et les conversations de société, les querelles légères : on entre dans les préoccupations et les graves soucis de l'histoire. Marmontel, dans les livres suivants, continue d'exposer les faits avec lucidité et de peindre les personnages politiques avec intelligence et mouvement ; mais ce n'est plus le père qui parle à ses enfants, c'est l'historiographe de France qui remplit sa charge et ses derniers devoirs envers Louis XVI. Il s'oublie presque complétement lui-même, et c'est à peine s'il reparaît en deux ou trois endroits.

Marmontel, si optimiste qu'il fût de nature, se fit peu d'illusion dès le début de 1789 : une mémorable conversation qu'il eut avec Chamfort et qu'il a racontée avec grand détail l'éclaira vite sur la portée des attaques et sur le dessein des assaillants. Menacé de ruine à son tour et voyant sa fortune crouler avec l'ancien ordre de choses, il songea à s'abriter dans quelque asile champêtre pour continuer d'y vaquer à l'éducation de ses enfants. Quelques jours avant le 10 Août, il quitta Paris et se retira d'abord à Saint-Germain dans le voisinage d'Évreux, puis à Couvicourt, et de là au hameau d'Abloville près de Gaillon, dans une maison de paysan qu'il avait achetée, avec environ deux arpents de jardin. C'est là qu'il laissa passer la tempête. J'ai dit qu'au réveil de la société, les électeurs de l'Eure le portèrent au Conseil des Anciens; le 18 Fructidor annula son élection, sans le frapper d'ailleurs. Il rentra dans la vie privée, écrivant jusqu'à la fin pour ses enfants des livres de Grammaire, de Logique, de Morale, qui témoignent de la lucidité de son esprit comme de la sérénité et de la bénignité de son âme. Il vécut assez pour voir le 18 Brumaire, mais pas assez pour entrer dans le nouveau siècle; il expira avec celui même qui finissait, et dont il représente si bien les qualités moyennes, distinguées, aimables, un peu trop mêlées sans doute, pourtant épurées en lui durant cet honorable déclin.

Lundi 22 septembre 1851.

CHAMFORT.

Chamfort avait trop de ce dont Marmontel n'avait pas assez : il avait cette amertume qui accompagne souvent la force, mais qui ne la suppose pas nécessairement. Il a laissé un nom et bien des mots qu'on répète. Quelques-uns de ces mots sont comme de la monnaie bien frappée qui garde sa valeur, mais la plupart ressemblent plutôt à des flèches acérées qui arrivent brusquement et sifflent encore. Il a eu de ces mots terribles de misanthropie. Aussi l'idée qu'il a imprimée de lui est celle de la causticité même, d'une sorte de méchanceté envieuse. Il avait reçu de la nature, sous des formes agréables et jolies, une certaine énergie ardente qui constitue à un haut degré le tempérament littéraire et qui pousse au talent : «Cette énergie, a-t-il remarqué, condamne d'ordinaire ceux qui la possèdent au malheur non pas d'être sans morale et de n'avoir pas de très-beaux mouvements, mais de se livrer fréquemment à des écarts qui supposeraient l'absence de toute morale. C'est *une âpreté dévorante* dont ils ne sont pas maîtres et qui les rend très-odieux.» Il en a subi et prouvé l'inconvénient plus que personne. Ses talents, à lui, furent inférieurs à son esprit et à ses idées, et il en souffrit : son énergie, moins justifiée en apparence, se concentra de plus en plus, elle s'aigrit en lui et l'ulcéra. Son exemple est un des plus curieux et des plus nets en ce genre de maladie morale, son existence est une de celles qui caractérisent le mieux l'*homme de lettres* de la fin du xviiie siècle. Me trouvant avoir réuni dans le cours de mes lectures beaucoup de notions précises sur son compte, je demande à parler de lui ici après d'autres qui l'ont fait déjà fort bien, mais en le prenant au point de vue qui est celui de toutes ces études. Je voudrais dépeindre et montrer Chamfort au point de vue de la société de son temps, dans ses rapports avec l'ancien ordre social, dans sa rupture éclatante avec le régime qui avait tout fait pour se le concilier, et dans son acceptation ardente du régime nouveau. En parlant de cet esprit pénétrant et amer, je tâcherai d'être modéré comme toujours, et, sans prodiguer la sympathie là où elle n'a que faire, je me tiendrai à ce qui est de juste sévérité. Gardons-nous, en jugeant Chamfort, de cette aigreur qu'il avait en jugeant les autres et que nous lui reprochons.

Chamfort était fils naturel. Né en 1741 dans un village près de Clermont en Auvergne, il se nommait d'abord *Nicolas*; c'est sous ce nom qu'il fit ses études à l'Université de Paris, au Collége des Grassins, en qualité de boursier, et qu'il remportait tous les prix. Il ne s'intitula *M. de Chamfort* qu'au sortir du collège et pour se présenter dans le monde d'un air plus décent (1). Il ne connut que sa mère et fut bon fils. Nous savons de lui que

(1) Il attachait beaucoup d'importance au nom. Un jour le marquis de Créqui lui disait : « Mais, monsieur de Chamfort, il me semble qu'aujourd'hui un homme d'esprit est l'égal de tout le monde, et que le nom n'y fait rien. » — « Vous en parlez bien à votre aise, Monsieur le marquis, répliqua Chamfort; mais supposez qu'au lieu de vous appeler M. de *Créqui*, vous vous appeliez M. *Criquet;* entrez dans un salon, et vous verrez si l'effet sera le même. »

sa mère était aussi vive, aussi impatiente à quatre-vingt-cinq ans qu'il le pouvait être lui-même ; il la perdit seulement dans l'été de 1784.

Les études de Chamfort s'étaient brillamment couronnées par tous les prix obtenus en rhétorique, quand son esprit indépendant et hardi commença à se jouer de la discipline. Je ne sais quelle escapade le fit sortir du Collége des Grassins avant qu'il eût terminé sa philosophie. Le jeune Nicolas portait alors le costume d'abbé, le petit collet, comme son compatriote Delille, également Auvergnat et fils naturel comme lui ; mais, moins docile que Delille, Nicolas, en devenant Chamfort, rejeta bien loin le costume dont il avait si peu l'esprit. Il essaya de faire sa trouée dans le monde. Il avait, à ses débuts, la figure la plus charmante, « enfant de l'Amour, beau comme lui, plein de feu, de gaieté, impétueux et malin, studieux et espiègle. » Tel nous le peint un de ses camarades d'alors, Sélis, traducteur de Perse (1). Chamfort, ne sachant que faire pour subsister, se fit adresser d'abord à un vieux procureur en qualité de dernier clerc : le vieux procureur jugea qu'il était propre à mieux, et en fit le précepteur de son fils, qui avait à peine quelques années de moins. Chamfort fut ainsi précepteur dans deux maisons ; mais bientôt sa jolie figure et son peu de timidité lui valaient des succès qui dérangeaient le bon ordre domestique. En fait de vertu, il n'était rien moins qu'un Thomas. Il fut ensuite quelque temps secrétaire d'un riche Liégeois qu'il suivit en Allemagne, et avec qui il ne tarda pas à rompre. Il s'en revint avec cette conclusion judicieuse, « qu'il n'y avait rien à quoi il fût moins propre qu'à être un Allemand. » Une fois donc

---

(1) Dans un article de *la Décade philosophique*, tome VII, page 537.

qu'il eut remis un pied dans le monde, il pensa qu'il n'avait rien de mieux à faire que de s'y lancer tout à fait, en se fiant à son talent.

Tandis qu'il travaillait obscurément et incognito à quelque journal, il préparait une petite comédie en vers, et songeait au concours de l'Académie française. Tous les jeunes auteurs d'alors commencent à peu près de même : c'était la voie tracée. La petite comédie de Chamfort, *la Jeune Indienne*, représentée à la Comédie-Française le 30 avril 1764, n'est, disait Grimm, qu'un *ouvrage d'enfant*, « dans lequel il y a de la facilité et du sentiment, ce qui fait concevoir quelque espérance de l'auteur ; mais voilà tout. » Betty, la jeune Indienne, a été rencontrée dans une île sauvage, *dans un climat barbare,* par un jeune homme, un jeune colon anglais de l'Amérique du Nord, Belton, qui a fait naufrage. Elle et son père le sauvage l'ont recueilli, l'ont nourri de leur chasse, l'ont comblé de bienfaits. Là-dessus, grands éloges des sauvages mis en opposition avec les civilisés :

> Voilà donc les mortels parmi nous avilis !

Belton revient chez son père, ramenant avec lui l'intéressante Betty,

> En habit de sauvage, en longue chevelure.

La jeune actrice qui faisait Betty, pour jouer plus au naturel, portait en guise de robe une *peau de taffetas tigré*. Cette petite Betty, un joli échantillon de sauvage, une Atala et une Céluta en miniature, qui ne savait pas écrire et qui s'étonnait de tout ce qu'elle voyait, savait pourtant parler en vers, comprendre les métaphores de *flamme* et d'*hyménée*, et vanter à tout propos la nature comme si elle n'en était pas. Certain quaker, personnage non-moins essentiel de la pièce, venait compléter cette morale naturelle de Betty et empêcher à temps l'ingrat Belton de la sacrifier, ce qu'il était bien près de faire. Tout finit, grâce au quaker qui fournit la dot, par un mariage par-devant notaire, ce que Betty trouve assez inutile :

> Quoi ! sans cet homme noir, je n'aurais pu t'aimer !

On ne pouvait guère prévoir le futur Chamfort dans ce début innocent. Voltaire, en lui écrivant à ce propos, et en le félicitant par une de ses formules favorites (« Voilà un jeune homme qui écrira comme on faisait il y a cent ans ! »), lui exprimait quelques idées très-aristocratiques, qui lui étaient si familières : « La nation, lui disait-il, n'est sortie de la barbarie que parce qu'il s'est trouvé trois ou quatre personnes à qui la nature avait donné du génie et du goût, qu'elle refusait à tout le reste... Notre nation n'a de goût que par accident. Il faut s'attendre qu'un peuple qui ne connut pas d'abord le mérite du *Misanthrope* et d'*Athalie*, et qui applaudit à tant de monstrueuses farces, sera toujours un peuple ignorant et faible, qui a besoin d'être conduit par le petit nombre des hommes éclairés. » Chamfort enchérira lui-même sur cette doctrine du petit nombre des élus en matière de goût, quand il répondra à quelqu'un qui lui opposait sur un ouvrage le jugement du public : « Le public ! le public ! combien faut-il de sots pour faire un public ? » Nous aurons bientôt occasion de relever cette contradiction chez le futur révolutionnaire qui, après avoir tant méprisé le public, accordera tout au peuple.

Ce début de Chamfort n'annonce aucune espèce d'originalité poétique, et il en était dépourvu en effet. On n'y pouvait distinguer qu'une certaine élégance naturelle « qui tenait à la sensibilité de la première jeunesse, » sensibilité qu'il perdit bientôt et qui se flétrit comme la fraîcheur même de son visage. Il n'eut plus, à partir de là, qu'une élégance recherchée. On le voit successivement d'ailleurs s'exercer dans tous les genres convenus ; il n'a pas la force ni l'idée de les renouveler et d'en créer d'autres. Il a un prix à l'Académie pour une épître en vers, fade et facile, *Épître d'un père à son fils sur la naissance d'un petit-fils* (1764); il remporte un autre prix à l'Académie pour l'*Éloge de Molière* (1769). C'est à l'Académie de Marseille qu'il adressa plus tard son *Éloge de La Fontaine* (1774), et, en se voyant couronné, il se donnait le plaisir de faire une malice à La Harpe, pour qui M. Necker avait fondé ce prix et qui s'en croyait sûr. Précédemment, dans l'automne de 1765, Chamfort donnait pour les spectacles de la Cour à Fontainebleau, *Palmyre*, ballet héroïque en un acte, et un autre ballet, *Zénis et Almasie*, ou peut-être ne fit-il que prêter son nom pour ces deux fadaises au duc de La Vallière. Mais ce qui était bien de lui et ce qu'il ne cessa de revendiquer comme un titre en pleine époque révolutionnaire, ce fut la petite comédie en un acte et en prose, *le Marchand de Smyrne*, bagatelle qui amusa et réussit (janvier 1770), et dans laquelle on voit, disait Chamfort faisant son apologie en 93, « les nobles et aristocrates de toute robe mis en vente *au rabais* et finalement *donnés pour rien.* » C'est beaucoup dire et prêter après coup un grand sens aux épigrammes assez gaies de cette petite pièce, dans laquelle le marchand d'esclaves se plaint d'avoir acheté certain baron allemand dont il n'a jamais pu se défaire : « Et à la dernière foire de Tunis, n'ai-je pas eu la bêtise d'acheter un procureur et trois abbés, que je n'ai pas seulement daigné exposer sur la place, et qui sont encore chez moi avec le baron allemand? » Quand l'ancienne société applaudissait à ces épigrammes, et quand Chamfort lui-même en semait son petit acte, on peut assurer que les spectateurs ni lui n'y entendaient pas tant de malice :

« M. de Chamfort est jeune, disait le plus fin critique de ce temps-là (Grimm), d'une jolie figure, ayant l'élégance recherchée de son âge et de son métier. Je ne le connais pas d'ailleurs ; mais s'il fallait deviner son caractère d'après sa petite comédie, je parierais qu'il est petit-maître, bon enfant au fond, mais vain, pétri de petits airs, de petites manières, ignorant et confiant à proportion ; en un mot, de cette pâte mêlée dont il résulte des enfants de vingt à vingt-cinq ans assez déplaisants, mais qui mûrissent cependant, et deviennent, à l'âge de trente à quarante ans, des hommes de mérite. S'il ne ressemble pas à ce portrait, je lui demande pardon, mais j'ai vu tous ces traits dans son *Marchand de Smyrne*. Pour du talent, de vrai talent, je crains qu'il n'en ait pas ; du moins son *Marchand* n'annonce rien du tout, et ne tient pas plus que sa *Jeune Indienne* ne promettait autrefois. »

Ce jugement me paraît, à bien des égards, la justesse même. Chamfort avait alors vingt-neuf ans. Jeune, pauvre et fier, il ne présageait pourtant en rien le républicain et l'admirateur du 10 Août, qu'il est devenu depuis. Quand le roi de Danemark vint en voyage à Paris (décembre 1768), Chamfort en tirait occasion de faire une épigramme bien connue contre le duc de Duras qu'on avait chargé d'amuser le monarque ; mais il savait très-bien louer ce dernier, et c'est de lui que sont ces vers qu'on récitait en plein théâtre, et dont voici le trait final :

> Un roi qu'on aime et qu'on révère
> A des sujets en tous climats :
> Il a beau parcourir la terre,
> Il est toujours dans ses États.

Chamfort, quoique déjà sa fraîcheur première eût reçu des atteintes, et que sa santé altérée l'obligeât d'essayer des eaux, était en ces années fort à la mode parmi les belles dames et dans le plus grand monde; il était bien près de s'y acclimater:

« M. de Chamfort est arrivé, écrivait Mlle de Lespinasse (octobre 1775); je l'ai vu, et nous lirons ces jours-ci son *Éloge de La Fontaine*. Il revient des eaux en bonne santé, beaucoup plus riche de gloire et de richesse, et en fonds de quatre amies qui l'aiment, chacune d'elles comme quatre; ce sont Mmes de Grammont, de Rancé, d'Amblimont et la comtesse de Choiseul. Cet assortiment est presque aussi bigarré que l'habit d'Arlequin; mais cela n'en est que plus piquant, plus agréable et plus charmant. Aussi je vous réponds que M. de Chamfort est un jeune homme bien content, et *il fait bien de son mieux pour être modeste.* »

Cette modestie si difficile à observer me rappelle un mot de Diderot, parlant, en 1767, d'un « jeune poëte appelé Chamfort, d'une figure très-aimable, avec assez de talent, les plus belles apparences de modestie, et la suffisance la mieux conditionnée. *C'est un petit ballon dont une piqûre d'épingle fait sortir un vent violent.* » Tous les témoignages s'accordent dans la ressemblance.

Maintenant écoutons Chamfort lui-même, à la même date que Mlle de Lespinasse, écrivant de ces eaux de Baréges où il s'était fait tant d'amies. Son ton s'est singulièrement adouci, et il est près de consentir à ce monde flatteur qui veut décidément l'adopter et l'apprivoiser:

« J'ai toutes sortes de raisons d'être enchanté de mon voyage de Baréges. Il semble qu'il devait être la fin de toutes les contradictions que j'ai éprouvées, et que toutes les circonstances se sont réunies pour dissiper ce fonds de mélancolie qui se reproduisait trop souvent. Le retour de ma santé; les bontés que j'ai éprouvées de tout le monde; ce bonheur, si indépendant de tout mérite, mais si commode et si doux, d'inspirer de l'intérêt à tous ceux dont je me suis occupé ; quelques avantages réels et positifs (1) ; les espérances les mieux fondées et les plus avouées par la raison la plus sévère ; le bonheur public (*on était alors sous le ministère Turgot*), et celui de quelques personnes à qui je ne suis ni inconnu ni indifférent ; le souvenir tendre de mes anciens amis ; le charme d'une amitié nouvelle, mais solide, avec un des hommes les plus vertueux du royaume, plein d'esprit, de talent et de simplicité, M. Dupaty, que vous connaissez de réputation ; une autre liaison non moins précieuse avec une femme aimable que j'ai trouvée ici, et qui a pris pour moi tous les sentiments d'une sœur ; des gens dont je devais le plus souhaiter la connaissance, et qui me montrent la crainte obligeante de perdre la mienne ; enfin, la réunion des sentiments les plus chers et les plus désirables : voilà ce qui fait, depuis trois mois, mon bonheur ; il semble que mon mauvais Génie ait lâché prise, et je vis, depuis trois mois, sous la baguette de la Fée bienfaisante. »

Les douces paroles ne sont pas si fréquentes sous la plume de Chamfort, et les sentiments indulgents n'habitent pas si volontiers dans son cœur, qu'on doive négliger de les relever quand on les rencontre.

Son grand succès, ou du moins son grand effort littéraire, l'année suivante, fut sa tragédie de *Mustapha et Zéangir*. Il y travaillait, dit-on, depuis quinze ans ; ce serait beaucoup d'y avoir mis six mois. Le fond en était pris à une ancienne pièce d'un auteur obscur, Belin. Le sujet est l'amour fraternel entre les deux fils de Soliman, deux fils de lits différents et que tout devrait séparer, ambition, amour, mais qui s'aiment et qui meurent dans les bras l'un de l'autre. Le genre admis, il y a de la simplicité, et l'on s'est accordé à y louer un style pur et des *sentiments doux*, ce qui est assez singulier dans une tragédie et chez un auteur tel que Chamfort : il réservait toute sa douceur pour ses tragédies. Il s'y

(1) Rien que son *Éloge de La Fontaine* lui avait rapporté 4,400 livres, partie du fonds de M. Necker et partie du don d'un étranger qui avait ajouté 2,000 livres au prix.

montre un disciple affaibli de Racine dans *Bajazet* et de Voltaire dans *Zaïre*. La pièce fut donnée d'abord au théâtre de la Cour, à Fontainebleau (le 1ᵉʳ et le 7 novembre 1776), sous les yeux de la jeune reine Marie-Antoinette. On dit que Louis XVI, à ce spectacle et à ce combat de l'amour fraternel entre Mustapha et Zéangir, pleura. On y vit une allusion touchante à l'union intime qui régnait entre le roi et ses frères. Aussitôt la pièce jouée et applaudie, la reine fit appeler Chamfort dans sa loge, et voulut lui annoncer la première que le roi lui accordait une pension de 1,200 livres sur les Menus. Elle y ajouta tout ce que sa grâce naturelle put lui suggérer pour relever le prix de cette faveur. « Racontez-nous, disait au sortir de là un courtisan à Chamfort, toutes les choses flatteuses que la reine vous a dites. » — « Je ne pourrais jamais, répondit le poëte, ni les oublier ni les répéter. » On ne s'en tint pas là à son égard, et le prince de Condé nomma aussitôt Chamfort Secrétaire de ses commandements, avec 2,000 livres de pension.

Quand, l'hiver suivant, la tragédie de *Mustapha* fut représentée à la ville, à la Comédie-Française, elle n'y obtint qu'un succès plus froid. Mais la reine ne cessa d'y prendre le plus vif intérêt; c'était sa tragédie d'adoption. Le lendemain de cette première représentation de Paris, elle dit devant tous les ambassadeurs qu'elle avait été la veille dans des transes, « dans l'état du *métromane*, jusqu'au moment où elle avait appris le succès. » Elle chargea Rulhière, comme ami de l'auteur, de le complimenter de sa part, ce que fit Rulhière par cinq vers très-doucereux. Chamfort, on le sait, rangeait ses amis en trois classes : « mes amis qui m'aiment, mes amis qui ne se soucient pas du tout de moi, et mes amis qui me détestent. » On n'est pas embarrassé de savoir dans quelle classe il rangeait Rulhière quand on a lu le portrait presque odieux qu'il nous en a laissé. « Je n'ai jamais fait dans ma vie qu'une méchanceté, » lui disait un jour Rulhière. — « Quand finira-t-elle? » lui répliqua Chamfort (1). Quoi qu'il en soit, la reine avait été en tout ceci aussi gracieuse et aussi en avances avec le talent que reine et femme pouvait l'être (2).

Jusqu'ici on conviendra que Chamfort ne semble pas avoir eu tant à se plaindre de l'ancienne société, et qu'il a été payé de ses productions outre mesure. Cependant il n'est point satisfait. Je me permets de croire que si son talent distingué, mais de courte haleine et stérile, et qui ne cherchait que des prétextes pour ne pas récidiver, avait été au niveau de son intelligence et de son esprit, et que si la veine chez lui avait coulé de source, il aurait été moins chagrin et moins malheureux. Rien n'est consolant pour l'homme de lettres comme de produire, rien ne réconcilie davantage avec les autres et avec soi-même. La pensée seule, la réflexion solitaire

(1) M. Daunou, dans sa Notice sur Rulhière, paraît attribuer ce mot à M. de Talleyrand.

(2) *Mustapha et Zéangir* parut imprimé en 1778 et fut dédié à la reine; voici cette Dédicace, qui n'a pas été reproduite dans les éditions des Œuvres de Chamfort : « Madame, l'indulgente approbation dont Votre Majesté a daigné honorer la tragédie de *Mustapha et Zéangir* m'avait fait concevoir l'espérance de lui présenter cet ouvrage, et vos bontés ont rendu ce vœu plus cher à ma reconnaissance. Heureux si je pouvais, Madame, la consacrer par de nouveaux efforts, si je pouvais justifier vos bienfaits par d'autres travaux, et trouver grâce devant Votre Majesté par le mérite de mes ouvrages plus que par le choix de leur sujet! En effet, Madame, le triomphe de la tendresse fraternelle, l'amitié généreuse et les combats magnanimes de deux héros avaient naturellement trop de droits sur votre âme, et peindre des vertus, c'était s'assurer l'honneur du suffrage de Votre Majesté. — Je suis avec un très-profond respect, Madame, de Votre Majesté le très-humble, très-obéissant et très-fidèle sujet, *Chamfort.* »

console sans doute aussi ; mais cette méditation contemplative, chez un naturel ardent, exige une sorte de vertu pour qu'il ne tourne pas à l'aigreur et à l'envie quand il se mesure aux autres. Le travail actif au contraire, et qui se traduit en œuvres, nous distrait de cette comparaison perpétuelle qu'on est tenté de faire de soi à de moins dignes, plus favorisés souvent, et il remplit mieux les fins de la vie, qui sont d'être ou de se croire utile, et de ne pas se retrancher dans une abnégation pénible à soutenir et malaisément sincère. Le malheur de Chamfort, dès avant l'âge de quarante ans, fut dans son inaction et dans sa stérilité (1). Ses excès de plaisirs avaient détruit vite en lui sa santé avec sa jeunesse. Ne sachant pas conduire ses passions, il s'y était livré, en se flattant de les étouffer : « J'ai détruit mes passions à peu près comme un homme violent tue son cheval, ne pouvant le gouverner. » On nous dit de cette figure, d'abord si charmante, que le plaisir l'altéra étrangement et que l'humeur finit par la rendre hideuse. Malade, nerveux, excité, vivant dans un grand monde factice où la disproportion de la fortune se faisait perpétuellement sentir à lui, et où les passions ne l'attiraient plus, il voulait s'en retirer, et il ne le pouvait qu'à demi. Il s'entendait blâmer de ces demi-retraites, il s'en irritait, il se relançait par accès dans le monde qui lui était à la fois insupportable et nécessaire, — nécessaire, car c'était le théâtre où il déployait avec le plus de succès cette plaisanterie acérée, escrime savante où il était passé maître. C'était un Duclos plus poli et plus délicat, et chaque trait de lui faisait merveille. On ne parvient jamais à haïr ni à mépriser sincè ment le

---

(1) *Chamfort polit des vers étiques*, a dit Le Brun dans une épigramme, pour exprimer cette sécheresse et ce peu de veine.

champ de bataille le plus favorable aux exploits, et où l'on brille. D'autre part, ses instincts sérieux, réfléchis, se développaient avec les années ; il y avait bien des points où il atteignait à la profondeur ; il se flattait d'arriver à la sagesse, au stoïcisme, à l'indifférence supérieure qui ne laisse plus de prise aux choses. Mais son humeur âcre, sa bile amassée dans le sang déjouait bientôt ses projets d'une semaine ; il était en proie à toutes les contradictions, et finalement à des passions nouvelles.

Tout ce que j'avance là pourrait se démontrer en détail par ses propres aveux. L'ancienne société, tout ce beau monde, les Grammont, les Choiseul, la reine, voyant un jeune poëte qui promettait par ses œuvres et qui payait argent comptant par son esprit, voulurent le protéger et l'admettre sur le pied où l'homme de lettres était admis alors. Avec une pension sur le *Mercure,* une autre sur les Menus, une place de Secrétaire des commandements du prince de Condé ou de Lecteur du comte d'Artois, une place de Secrétaire de Madame Élisabeth (car Chamfort eut tout cela), avec une place à l'Académie où il arriva en 1781, avec un logement que M. de Vaudreuil lui donna dans son hôtel, rue de Bourbon, on se disait : « M. de Chamfort a une position faite, il a de quoi vivre ; qu'il vienne donc dans le monde, que nous en jouissions, et que son charmant et malin esprit nous amuse ! » Mais Chamfort, qui devinait cela, se retirait d'autant plus qu'il se voyait plus fêté, et il se révoltait de ce qui aurait adouci tout autre :

« J'ai toujours été choqué, écrivait-il à un ami, de la ridicule et insolente opinion, répandue presque partout, qu'un homme de lettres qui a quatre ou cinq mille livres de rentes est à l'*apogée* de la fortune. Arrivé à peu près à ce terme, j'ai senti que j'avais assez d'aisance pour vivre solitaire, et mon goût m'y portait naturellement. Mais comme le hasard a fait que ma société est recherchée par plusieurs personnes d'une fortune beaucoup plus considérable, il est arrivé que mon aisance est devenue une véritable détresse par une suite des devoirs que m'imposait la fréquentation d'un monde que je n'avais pas recherché. Je me suis trouvé dans la nécessité absolue ou de faire de la littérature un métier pour suppléer à ce qui me manquait du côté de la fortune, ou de solliciter des grâces, ou enfin de m'enrichir tout d'un coup par une retraite subite. Les deux premiers partis ne me convenaient pas : j'ai pris intrépidement le dernier. On a beaucoup crié ; on m'a trouvé bizarre, extraordinaire. Sottises que toutes ces clameurs! *Vous savez que j'excelle à traduire la pensée de mon prochain.* Tout ce qu'on a dit à ce sujet voulait dire : Quoi ! n'est-il pas suffisamment payé de ses peines et de ses courses par l'honneur de nous fréquenter, par le plaisir de nous amuser, par l'agrément d'être traité par nous comme ne l'est aucun homme de lettres?

« A cela je réponds : J'ai quarante ans. De ces petits triomphes de vanité dont les gens de lettres sont si épris, j'en ai par-dessus la tête. Puisque, de votre aveu, je n'ai presque rien à prétendre, trouvez bon que je me retire. Si la société ne m'est bonne à rien, il faut que je commence à être bon pour moi-même. *Il est ridicule de vieillir en qualité d'acteur dans une troupe où l'on ne peut pas même prétendre à la demi-part.* Ou je vivrai seul, occupé de moi et de mon bonheur, ou, vivant parmi vous, j'y jouirai d'une partie de l'aisance que vous accordez à des gens que vous-mêmes vous ne vous aviserez pas de me comparer. Je m'inscris en faux contre votre manière d'envisager les hommes de ma classe. Qu'est-ce qu'un homme de lettres selon vous, et, en vérité, selon le fait établi dans le monde? C'est un homme à qui on dit : Tu vivras pauvre, et trop heureux de voir ton nom cité quelquefois; on t'accordera, non quelque considération réelle, mais quelques égards flatteurs pour ta vanité, sur laquelle je compte, et non pour l'amour-propre qui convient à un homme de sens. Tu écriras, tu feras des vers et de la prose pour lesquels tu recevras quelques éloges, beaucoup d'injures et quelques écus, en attendant que tu puisses attraper quelque pension de vingt-cinq louis ou de cinquante, qu'il faudra disputer à tes rivaux en te roulant dans la fange, comme le fait la populace aux distributions de monnaie qu'on lui jette dans les fêtes publiques. »

Chamfort nous dit là tout son secret, il nous le dit avec verve et avec une sorte de rage. Comme il a un fonds de dignité et de probité dans son aigreur, il répugne à accepter les bienfaits de gens dont il sait à fond les travers, les vices, et dont il se plaît à noter en observateur sanglant et impitoyable les corruptions et les platitudes. Et cependant il sent bien qu'il prend sa part de leur bienveillance, qu'il en profite, et il en souffre. Aussi le jour où il perdra toutes ses pensions dans la ruine de l'ancien régime, sa passion l'emportant sur son intérêt, il bondira de joie, il se sentira soulagé et délivré.

« Mépriser l'argent, s'écrie-t-il, c'est détrôner un roi ; *il y a du ragoût.* » On sent le raffinement de l'orgueil dans ce ton de philosophe. C'est Chamfort qui disait : « J'ai vu peu de fiertés dont j'aie été content. Ce que je connais de mieux en ce genre, c'est celle de Satan dans *le Paradis perdu.* » Mais il était difficile, on en conviendra, à l'ancienne société de deviner cet orgueil de Satan dans le sensible et anodin auteur de *la Jeune Indienne,* ou dans le peintre tragique si adouci de Zéangir. Rivarol lui-même s'y était trompé. En apprenant la nomination de Chamfort à l'Académie, il disait un peu précieusement : « C'est une branche de muguet entée sur des pavots. » Mais ce qu'il prenait pour du muguet avait l'orgueil du cèdre.

Chamfort en voulut toujours mortellement à l'ancienne société de l'avoir pris pour un poëte aimable et de l'avoir traité en conséquence.

Tant d'amertume, toutefois, ne saurait venir d'un esprit sain ni d'un homme bien portant. Aussi Chamfort ne l'était-il pas. Se justifiant auprès d'un ami du reproche de fierté et de dureté de cœur à l'encontre des bienfaits : « Mon ami, lui écrit-il, je n'ai point, je crois, les idées petites et vulgaires répandues à cet égard ; je ne suis pas non plus un monstre d'orgueil ; mais *j'ai été une fois empoisonné avec de l'arsenic sucré,* je ne le serai plus : *Manet alta mente repostum.* » Oui, Chamfort a été une fois empoisonné, et il lui est toujours resté de ce poison dans le sang.

Quelle fut cette occasion fatale à laquelle Chamfort fait ici allusion, et où il eut tant à se repentir de sa confiance? Je l'ignore, et il importe peu de le rechercher; car, du caractère et de l'humeur qu'il était, une occasion manquant, il s'en serait créé une autre. Il était de ceux qui excellent à tirer de tout l'amertume, et qui justifieraient ce vers :

La rose a des poisons qu'on finit par trouver.

Il avoue pourtant avoir eu dans la vie deux années de douceur et six mois de parfaite félicité. Il s'était retiré à la campagne avec une amie plus âgée que lui, mais avec laquelle il se sentait en parfait rapport de sentiment et de pensée. Il la perdit, et parut avoir enseveli avec elle les restes de son cœur. Il n'en parle jamais qu'en des termes qui marquent un attendrissement profond :

« Lorsque mon cœur a besoin d'attendrissement, je me rappelle la perte des amis que je n'ai plus, des femmes que la mort m'a ravies; j'habite leur cercueil, j'envoie mon âme errer autour des leurs. Hélas! je possède trois tombeaux. »

Je cherche, dans les Pensées de Chamfort, à en extraire quelques-unes qui soient d'une nature plus douce, plus conforme à ce sentiment simple, et qui aient de la tristesse sans trop d'âcreté :

« Je demandais à M... (ce M... c'est lui) pourquoi, en se condamnant à l'obscurité, il se dérobait au bien qu'on pouvait lui faire : « Les hommes, me dit-il, ne peuvent rien faire pour moi qui vaille leur oubli. »

« Que peuvent pour moi les Grands et les Princes? Peuvent-ils me rendre ma jeunesse, ou m'ôter ma pensée, dont l'usage me console de tout? »

« Un vieillard, me trouvant trop sensible à je ne sais quelle injustice, me dit : « Mon cher enfant, il faut apprendre de la vie à souffrir la vie. »

« L'homme arrive novice à chaque âge de la vie. »

« Dans les naïvetés d'un enfant bien né, il y a quelquefois une philosophie bien aimable. »

« On faisait la guerre à M... (c'est lui) sur son goût pour la solitude ; il répondit : « C'est que je suis plus accoutumé à mes défauts qu'à ceux d'autrui. »

Mais, en regard de ces pensées, il faudrait, pour ne pas donner de Chamfort une idée fausse, en mettre aussitôt d'énergiques, de sanglantes, d'empoisonnées, et qui, en vérité, nous semblent calomnier également la société et la nature. Par exemple :

« La Nature, en nous accablant de tant de misère et en nous donnant un attachement invincible pour la vie, semble en avoir agi avec l'homme comme un *incendiaire* qui mettrait le feu à notre maison, après avoir posé des sentinelles à notre porte. Il faut que le danger soit bien grand, pour nous obliger à sauter par la fenêtre. »

« M. de Lassay, homme très-doux, mais qui avait une grande connaissance de la société, disait qu'il faudrait avaler un *crapaud* tous les matins, pour ne trouver plus rien de dégoûtant le reste de la journée, quand on devait la passer dans le monde. »

Ce M. de Lassay, c'est Chamfort qui le met en avant pour exprimer sa propre pensée. Il n'épargne pas plus les gens de lettres ses confrères qu'il n'a épargné la société et la nature :

« Au ton qui règne depuis dix ans dans la littérature, la célébrité littéraire me paraît une espèce de diffamation qui n'a pas encore tout à fait autant de mauvais effets que le *carcan*, mais cela viendra. »

Ailleurs, au nombre des raisons qu'il allègue pour ne plus rien donner au public :

« C'est parce que je ne voudrais pas, dit-il, faire comme les gens de lettres qui ressemblent à des *ânes* ruant et se battant devant un râtelier vide. »

Entre toutes ces raisons qu'il allait chercher si loin pour garder le silence, il disait encore :

« C'est que s'il y a un homme sur la terre qui ait le droit de vivre pour lui, *c'est moi, après les méchancetés qu'on m'a faites à chaque succès que j'ai obtenu.* »

Quelles sont ces méchancetés ? quelques critiques sans doute, quelque cabale contre *Mustapha et Zéangir*. En se les exagérant singulièrement, ainsi que l'importance de ses premières œuvres qui sont si peu de chose, et qui furent si surpayées, Chamfort en était arrivé à haïr, d'une haine qui transpire dans toutes ses paroles, et les cabaleurs et du même coup les protecteurs aussi.

Je ne citerai pas un plus grand nombre de ces pensées atroces et corrosives qui brûlent en quelque sorte le papier; les citer, c'est jusqu'à un certain point en répondre. Chamfort a le tort de dire de ces choses extrêmes qu'il ne faut jamais adresser à tout le genre humain en masse, pas plus qu'à un seul homme en particulier; car, après de telles violences de jugement, on n'a plus qu'à se tourner le dos pour la vie et à ne se revoir jamais. Quand deux hommes se sont une fois craché au visage et ne se sont pas coupé la gorge, ils ne peuvent plus se rencontrer. Or, Chamfort, dans ses pensées, crache à chaque instant le mépris, d'une façon crue et cynique : « L'homme est *un sot animal*, si j'en juge par moi, » dit-il. Que Molière, dans une comédie, fasse dire cela à l'un de ses personnages, c'est en situation et l'on en peut rire. Mais écrit de sang-froid et crûment, c'est trop facile, et l'auteur mérite qu'après avoir lu son compliment, on lui réponde : « *Parlez pour vous !* »

La plupart des maximes de Chamfort, relatives à la société, ne s'appliquent qu'au très-grand monde dans lequel il vivait, à la société des Grands ; et heureusement elles deviennent fausses dès que l'on considère un monde moins factice, plus voisin de la famille, et où les sentiments naturels ne sont pas abolis. C'est par rapport au très-grand monde seulement que Chamfort a pu dire : « Il paraît impossible que, dans l'état actuel de la société, il y ait un seul homme qui puisse montrer le fond de son âme et les détails de son caractère, et surtout de ses faiblesses, à son meilleur ami. » C'est ce grand monde uniquement qu'il avait en vue quand il disait : « La meilleure philosophie relativement au monde est d'allier, à son égard, le sarcasme de la gaieté avec l'indulgence du mépris. » C'est pour avoir trop vécu sur ce théâtre de lutte inégale, de ruse et de vanité, qu'il a pu dire son mot fameux : « J'ai été amené là par degrés : en vivant et en voyant les hommes, il faut que le cœur *se brise ou se bronze.* »

J'ajouterai, pour infirmer l'autorité de certaines maximes de Chamfort et pour en dénoncer le côté faux, qu'elles viennent évidemment d'un homme qui n'a jamais eu de famille, qui n'a pas été attendri par elle ni en remontant ni en descendant, qui n'a pas eu de père, et qui, à son tour, n'a pas voulu l'être. Il le répète en vingt endroits : « A ne consulter que la raison, quel est l'homme qui voudrait être père ?... — Je ne veux point me marier, disait-il encore, dans la crainte d'avoir un

fils qui me ressemble. » — Et il ajoutait avec sa fierté .
« Oui, dans la crainte d'avoir un fils qui, étant pauvre
comme moi, ne sache ni mentir, ni flatter, ni ramper,
et ait à subir les mêmes épreuves que moi. » Ce que
j'en conclus seulement, c'est que sa morale est celle
d'un célibataire usé et aigri, d'un homme qui a érigé
son propre malheur en ironie et en système. « Quiconque n'est pas misanthrope à quarante ans, pensait-
il, n'a jamais aimé les hommes. » Cela n'est vrai que du
célibataire; car la nature se venge d'ordinaire sur lui,
s'il n'y prend garde, par des âcretés et des sécheresses,
de n'avoir pas été satisfaite et obéie dans ses fins légitimes. Mais dans le mariage, qui est l'état commun, le
point de vue change : le mariage est un grand fardeau,
mais c'est aussi une méthode d'espérer, « une belle invention, a-t-on dit, pour nous intéresser au futur comme
au présent. » On a des enfants, on désire qu'ils soient
bien un jour, et dès lors on incline insensiblement sa
pensée à espérer que le monde n'ira pas de mal en pis,
qu'il tournera à mieux. On revit, on rajeunit, et tout
aïeul, penché sur le berceau de ses petits-enfants, conçoit mieux qu'un philosophe et qu'un grand moraliste
la chaîne doucement renouée des générations et cet éternel recommencement du monde.

C'est ce que Chamfort, tout grand rénovateur qu'il
etait, n'entendait pas. Quelle singulière contradiction
chez un homme qui se déclara si ardent partisan du progrès et de l'émancipation du genre humain ! Il avait
tellement la passion et la frénésie du célibat, que, s'il
l'avait pu, le monde finissait à lui. Le *mariage* et la
royauté étaient les deux choses qui l'égayaient le plus :
« Ce sont, avouait-il en s'en vantant, les deux sources
intarissables de mes plaisanteries. » Il n'avait vu le mariage que dans le grand monde d'alors où il était si dé-

crié, et il n'avait voulu voir la monarchie que sous la forme également décriée de Louis XV. Il ne s'élevait pas au-dessus des conditions de son cercle et de son temps, et c'est en quoi, avec tout son esprit, comme l'a très-bien remarqué Rœderer, il n'était pas véritablement éclairé.

Il avait bien du charme pourtant et de la séduction dans le détail, et il faisait l'illusion d'être un grand esprit quand il consentait à plaire. Ce n'était pas tant dans le monde et dans un cercle régulier qu'il fallait l'entendre : il y causait beaucoup et même trop, il y parlait des heures de suite, contant anecdotes sur anecdotes, décochant épigrammes sur épigrammes, et prodiguant d'un air facile tous ces traits, ces mots tout faits, toutes ces provisions d'esprit qu'on a trouvées après sa mort rassemblées dans ses petits papiers. Sous cette forme purement mondaine, il faisait une impression brillante, mais aride et desséchante : « Savez-vous, disait Mme Helvétius à l'abbé Morellet, que quand j'ai eu le matin la conversation de Chamfort, elle m'attriste pour toute la journée? » C'était dans une société plus intime, plus choisie, et où il se sentait apprécié comme il voulait l'être, qu'il était le plus à son avantage. Deux témoins considérables, et qui ont eu part inégalement à sa familiarité, nous en parlent sur le même ton, et nous le peignent dans les années qui précédèrent 89. Mirabeau, dans des Lettres intimes à Chamfort, lui parle comme à l'ami non-seulement le plus cher et le plus sympathique, mais le plus excitant, le plus inspirateur. Chamfort était l'homme qui fournissait le plus d'idées et de vues à ses amis en causant; il suffisait de le mettre sur un sujet et de l'animer un peu : « Je ne puis me refuser, lui disait Mirabeau, au plaisir de frotter la tête la plus électrique que j'aie jamais connue. » Je n'ose répéter tous les éloges de Mirabeau, qui sembleraient exagérés. *Tacite et vous,* lui dit-il quelque part. Chamfort, au reste, pensait de même : « J'ai, disait-il, du Tacite dans la tête et du Tibulle dans le cœur. » Ni le Tibulle ni le Tacite n'ont pu en sortir pour la postérité.

M. de Chateaubriand, dans son *Essai sur les Révolutions,* parle de Chamfort avec un enthousiasme à peu près égal à celui de Mirabeau. Ce portrait de Chamfort par Chateaubriand est admirable de touche et de vie, et je ne sais vraiment pourquoi l'illustre auteur l'a rétracté et désavoué depuis :

> « Chamfort, disait-il, était d'une taille au-dessus de la médiocre, un peu courbé, d'une figure pâle, d'un teint maladif. Son œil bleu, souvent froid et couvert dans le repos, lançait l'éclair quand il venait à s'animer. Des narines un peu ouvertes donnaient à sa physionomie l'expression de la sensibilité et de l'énergie. Sa voix était flexible, ses modulations suivaient les mouvements de son âme ; mais, dans les derniers temps de mon séjour à Paris, elle avait pris de l'aspérité, et on y démêlait l'accent agité et impérieux des factions. Je me suis toujours étonné qu'un homme qui avait tant de connaissance des hommes, eût pu épouser si chaudement une cause quelconque. »

Comment ne pas rapprocher ce portrait physique de Chamfort de celui que trace Mirabeau? Soutenant que son ami, malgré ses souffrances, est *un des êtres les plus vivaces qui existent :* « La ténuité de votre charpente, lui dit-il, la délicatesse de vos traits, et la douceur résignée et même un peu triste de votre physionomie, lorsqu'elle est calme et que votre tête ou votre âme ne sont point en mouvement, alarmeront et induiront toujours en erreur vos amis sur votre force. » Et il en conclut que chez lui, loin que ce soit la lame qui use le fourreau, c'est l'âme, le *vis ignea* qui entretient la machine : « Comment son feu intérieur ne le consumet-il pas? se dit-on. Eh! comment le consumerait-il? c'est lui qui le fait vivre. Donnez-lui une autre âme, et sa frêle existence va se dissoudre. »

Un peu avant la Révolution, Chamfort, qui habitait chez son grand ami le comte de Vaudreuil, c'est-à-dire en plein monde Polignac, au centre du camp ennemi, trouva moyen de se dégager, et il alla se loger aux Arcades du Palais-Royal. On sait ce que le Palais-Royal était alors. Marmontel ayant remarqué en riant que les habitantes de ce lieu étaient dangereuses, Chamfort lui répondit : « *Je ressemble à la salamandre.* »

Mais s'il était à l'épreuve d'un danger, il oubliait l'autre : le Palais-Royal était aussi le foyer du fanatisme révolutionnaire, et Chamfort s'y embrasa.

Son influence durant ces années ardentes fut réelle, mais elle s'exerça toute en conversation, en saillies, par quelques-unes de ces boutades comme il en avait souvent, « qui font, chose très-rare, rire et penser tout à la fois (1). » Le comte de Lauraguais, qui le juge très-bien, nous raconte (2) que, visité un matin par Chamfort, celui-ci lui dit : « Je viens de faire un ouvrage. » — « Comment! un livre? » — « Non, pas un livre, je ne suis pas si bête, mais un titre de livre, et ce titre est tout. J'en ai déjà fait présent au puritain Sieyès, qui pourra le commenter tout à son aise. Il aura beau dire, on ne se ressouviendra que du titre. » — « Quel est-il donc? » — « Le voici : *Qu'est-ce que le Tiers-État? Tout. Qu'a-t-il? Rien.* » C'est là, en effet, le titre et le début de la fameuse brochure de Sieyès. M. de Lauraguais, qui raconte cela, n'a aucun intérêt à surfaire Chamfort aux dépens de Sieyès ; il est donc à croire que Chamfort

(1) Le mot est de Mme Roland dans son Portrait de Chamfort.
(2) *Lettres de J.-B. Lauraguais à Madame...*, Paris, 1802, p. 160 et suiv.

fut pour celui-ci ce qu'il fut tant de fois pour Mirabeau, c'est-à-dire la *tête électrique* qui, au moindre frottement, rend l'étincelle.

C'était pour Mirabeau que Chamfort avait composé le discours contre les Académies, qui devait être prononcé par le grand orateur à l'Assemblée. Le discours est piquant, mais l'acte est des plus à charge à la mémoire de Chamfort. Un homme qui, comme lui, avait débuté par des prix d'Académie, qui en avait fait sa carrière, qui avait toujours eu l'Académie en vue, qui avait mis en jeu tous ses amis, même ses amis de Cour, jusqu'à ce qu'il y eût été admis, cet homme devait être le dernier à prendre la plume pour dénoncer publiquement les abus et pour solliciter la destruction du corps dont il était membre. On peut sourire de bien des traits en lisant ce discours que Mirabeau comparait à un pamphlet de Lucien, mais le procédé est jugé moralement.

Chamfort ne faisait rien avec suite. Il laissait exécuter aux autres et se contentait de donner le stimulant. Il excellait à résumer une situation, un conseil, une impression générale, dans un mot. Durant la Révolution, il battait monnaie de bons mots. « *Guerre aux châteaux! paix aux chaumières!* » fut un de ces *mots d'ordre*, un de ces brandons qui coururent d'abord par toute la France. Plus tard, bien tard, quand il vit écrite sur tous les murs la devise « *Fraternité ou la mort,* » il la traduisit ainsi : « *Sois mon frère, ou je te tue.* » Mais cela n'éteignit rien.

L'ardeur révolutionnaire de Chamfort ne s'arrêta pas même au 10 Août : il écrivait deux jours après à un ami, en lui racontant qu'il était allé faire son pèlerinage à la place Vendôme, à la place des Victoires, à la place Louis XV, qu'il avait fait le tour des statues renversées de Louis XV, de Louis XIV :

« Vous voyez, disait-il en finissant, que, sans être gai, je ne suis pas précisément triste. Ce n'est pas que le calme soit rétabli et que le peuple n'ait encore, cette nuit, pourchassé les aristocrates, entre autres les journalistes de leur bord. Mais *il faut savoir prendre son parti sur les contre-temps de cette espèce.* C'est ce qui doit arriver chez *un peuple neuf*, qui, pendant trois années, a parlé sans cesse de sa sublime Constitution, mais qui va la détruire, et, dans le vrai, *n'a su organiser encore que l'insurrection. C'est peu de chose, il est vrai, mais cela vaut mieux que rien.* »

De telles paroles montrent à quel point Chamfort, malgré quelques parties perçantes et profondes, n'était qu'un homme d'esprit sans vraies lumières et fanatisé.

Cet observateur satirique, qui avait tant méprisé le public et conspué le genre humain, étonnait maintenant Mme Roland elle-même par sa confiance dans un peuple *neuf* mené par des violents. C'est que la soif d'égalité étouffait tout autre sentiment chez lui. Toutes ces anciennes inégalités, toutes ces nuances sociales si adoucies sur lesquelles il avait vécu durant trente ans, ce lit de roses dont il s'était fait un lit d'épines, lui revenaient avec fureur et le dévoraient. Il avait en lui des trésors de rancune. Pourvu qu'on détruisît et qu'on nivelât, tout lui était bon : « Voulez-vous donc, demandait-il à Marmontel, qu'on vous fasse des révolutions à *l'eau rose* (1) ? »

(1) Autrefois, quand il allait dans le monde, il avait souffert de n'avoir point de voiture à lui : « J'ai une santé délicate et la vue basse, écrivait-il à un ami (vers 1782); je n'ai gagné jusqu'à présent dans le monde que des boues, des rhumes, des fluxions et des indigestions, sans compter le risque d'être écrasé vingt fois par hiver. Il est temps que cela finisse. » En effet, il répétait souvent en 91 et en 92 : « Je ne croirai pas à la Révolution tant que je verrai ces carrosses et ces cabriolets écraser les passants. » Il y a bien de ces ressentiments personnels sous les grandes théories politiques. On voudrait un cabriolet pour soi en 1782, et, ne l'ayant pas eu, on ne veut de cabriolet pour personne en 92.

Dans une publication d'alors, à laquelle il prit part (les *Tableaux historiques de la Révolution*), remarquant que peu d'hommes, parmi ceux qui avaient commencé, avaient été en état de suivre jusqu'au bout le mouvement, il ajoute : « C'est un plaisir qui n'est pas indigne d'un philosophe, d'observer à quelle période de la Révolution chacun d'eux l'a délaissée ou a pris parti contre elle. » Et il note le moment où s'arrêta La Fayette, celui où s'arrêta Barnave : « Que dire, s'écrie-t-il, en voyant La Fayette, après la nuit du 6 octobre, se vouer à Marie-Antoinette, et cette même Marie-Antoinette, arrêtée à Varennes avec son époux, ramenée dans la capitale, et faisant aux Tuileries la partie de whist du jeune Barnave? » Quant à lui, le ci-devant jeune poëte favorisé de la reine, le récent Secrétaire de Madame Élisabeth, il ne s'arrêta qu'à la dernière extrémité, et l'on a peine à saisir le moment précis où il s'écria enfin : C'est assez ! Il eut quelques mots piquants contre la Terreur, mais il n'eut point d'exécration ni de soulèvement. Nommé sous le ministère Roland bibliothécaire à la Bibliothèque nationale, il eut à se défendre contre les dénonciations d'un subalterne qui convoitait sa place, et son apologie est telle qu'elle paraît plutôt aggraver ses torts aujourd'hui. Girondin, il ne l'a jamais été, déclare-t-il hautement : les Girondins, il les connaît à peine, il les renie; c'est Jacobin, rien que Jacobin, qu'il veut être.

On sait qu'arrêté une première fois et menacé de l'être une seconde, il essaya de se tuer dans son appartement à la Bibliothèque, qu'il se manqua, se creva un œil, se déchira sans pouvoir se frapper mortellement. Il guérissait ou semblait en train de guérir lorsqu'il mourut d'une imprudence, dit-on, de son médecin, le 13 avril 1794, avant d'avoir vu la délivrance publique et la chute de Robespierre. Il ne l'avait pas désirée assez à temps pour mériter d'en être témoin. Il avait cinquante-trois ans.

Le jugement le plus équitable et le plus indulgent qu'il soit possible de porter sur lui me paraît être celui de Rœderer dans un article du *Journal de Paris*, qui a été reproduit dans l'édition la plus complète des Œuvres de Chamfort. Sa fin de carrière est un exemple terrible du germe de fanatisme qui peut se loger et se développer jusqu'au sein des natures les plus distinguées, les plus cultivées, et même les plus blasées en apparence. Chamfort continuera toutefois d'être cité au premier rang parmi ceux qui ont manié la saillie française avec le plus de dextérité et de hardiesse. Trop maladif et trop irrité pour mériter jamais d'obtenir une place dans la série des véritables moralistes, son nom restera attaché à quantité de mots concis, aigus, vibrants et pittoresques, qui piquent l'attention et qui se fixent bon gré mal gré dans le souvenir.

Méfiez-vous pourtant ! je crains qu'il n'y ait toujours un peu d'arsenic au fond.

Cet article m'a valu toute une réfutation en règle, qui se trouve en tête d'un petit volume de *Chamfort* publié par M. Hetzel (1857). Cet éditeur, sous le pseudonyme *Stahl*, vantant son auteur et me rencontrant sur son chemin, m'a fait la guerre; rien de plus simple : cela l'accommodait. Je ne pourrais qu'être flatté de cette marque d'attention, et même j'aurais à remercier M. *Stahl*-Hetzel de quelques politesses qu'il a mêlées à sa critique, s'il ne l'avait pris tout à côté sur un ton beaucoup plus élevé qu'il ne convenait au cas particulier et, j'ajouterai, à son rôle, et s'il n'avait dénaturé mes intentions au gré de son esprit de parti ou de son intérêt d'avocat, lesquels ici se confondent. M. *Stahl*-Hetzel a vu dans mon article sur Chamfort une déclaration et un *réquisitoire* contre le *sonneur de tocsin* de la Révolution et de la République; car il me fait l'honneur de me considérer comme un ennemi de cette forme de gouvernement, et il me donne là-dessus toutes sortes d'avis et de conseils, sans se demander s'il a bien caractère et qualité pour cela. Si M. *Stahl*-Hetzel me connaissait mieux, il saurait que je n'ai de haine ni *d'hier* ni *d'avant-hier* contre aucune forme de gouvernement; j'ai profité de l'expérience, et en politique je suis l'homme des faits. Il saurait de plus, s'il me connaissait, que mes mœurs sont probablement beaucoup plus populaires et *égalitaires* que celles de beaucoup de républicains à enseigne. Est-ce ma faute si jugeant à l'œuvre, en 1848, plusieurs des amis de M. Hetzel, je n'ai pas appris à les estimer? Lorsqu'on me donnera des républi-caines comme Mme Roland, lorsqu'on me montrera des républi-cains simples, droits, intègres et savants comme M. Littré, des hommes de pensée, de labeur, de moralité pratique et de haute doctrine sociale comme M. Proudhon, je les estimerai, je les res-pecterai, dussé-je ne pas croire à leur succès possible d'ici à long-temps, à bien longtemps! mais quand je n'apercevrai que des hommes plus ou moins spirituels, intrigants, hâbleurs, vaniteux et légers, viveurs et prodigues, des hommes de luxe et de fantaisie, jouant à la république comme ils joueraient à tout autre jeu, pa-riant de ce côté sans avoir le sérieux ni les habitudes du régime qu'ils appellent et qu'ils préconisent, je douterai et je sourirai. Je sourirai surtout lorsque je verrai M. *Stahl*-Hetzel ne pas craindre de me rappeler, pour faire l'agréable, qu'il y a eu un jour où, nommé Professeur au Collége de France, il ne m'a pas été possible, de par les hommes de son opinion et ceux mêmes qui parlent si haut de liberté, de discourir librement des beautés et du génie de Vir-gile; je m'étonne que M. *Stahl*-Hetzel, qui est du moins un garçon d'esprit, et qui ne passe pas pour maladroit, se soit avisé (page XL de sa Notice) de faire allusion à cette journée, qui n'est embarras-sante et déshonorante que pour d'autres que moi. Oui, il est très-vrai, Monsieur, qu'à un certain jour j'ai pu m'assurer que *le public et le peuple ne font qu'un*, et sont parfois une personne ou plutôt une chose aveugle, brutale et déraisonnable; il est très-vrai que... Mais un ami me tire par l'oreille et m'avertit : « Que vous êtes bon de répondre avec autant de sérieux à un républicain *pour rire!* » — Pour en revenir à Chamfort qui a servi de prétexte et de point de départ à la querelle qui m'est faite, je le goûte certes, et je fais le plus grand cas de son esprit et du tour qu'il y donne; mais j'ai parlé de son âcreté, de son acrimonie et de son cynisme final comme en ont parlé presque tous ceux qui l'ont connu : mon Étude a été une Étude morale et non politique

Lundi 29 septembre 1851.

RULHIÈRE.

Trois hommes, dans le dernier tiers du xviiie siècle, se distinguèrent comme à l'envi l'un de l'autre par un esprit fin, piquant, satirique, moqueur, et donnèrent en même temps des preuves d'un esprit sérieux; ce furent Chamfort, dont nous parlions la dernière fois, Rivarol, dont nous parlerons peut-être un jour, et Rulhière, dont quelques ouvrages intéressants sont restés, dont on a retenu quelques jolies pièces de vers, et qui mérite certainement une étude. Rulhière a sa physionomie à part; il a un talent réel, un style; c'est un écrivain non-seulement spirituel, mais savant et habile, qui, après avoir longtemps disséminé ses finesses et ses élégances sur des sujets de société, a essayé de rassembler finalement ses forces, de les appliquer aux grands sujets de l'histoire, et y a, jusqu'à un certain point, réussi.

Homme du monde et du très-grand monde, tenant à passer pour tel, réservé, diplomatique et un peu enveloppé, très-peu enclin aux confessions, on ne sait presque rien de précis sur ses débuts. On le fait naître vers 1735 (d'autres disent plus tôt); il était fils et petit-fils d'inspecteurs de la maréchaussée de l'Ile-de-France; il étudia au collége Louis-le-Grand, servit au sortir de là dans les gendarmes de la garde, et fut aide-de-camp du maréchal de Richelieu. Puis, passant du service militaire dans la diplomatie, on le voit attaché au baron de Breteuil en qualité de secrétaire. M. de Breteuil avait été nommé en 1760 ministre plénipotentiaire en Russie; Rulhière l'y suivit; il assista de près à la révolution qui, en 1762, précipita Pierre III et mit Catherine II sur le trône. Il s'appliqua, suivant la nature de son esprit observateur, à tout deviner, à tout démêler dans cet événement extraordinaire, et il en fit, à son retour à Paris, des récits qui charmèrent la société. La comtesse d'Egmont, fille du maréchal de Richelieu, et qui était la divinité de Rulhière, lui demanda d'écrire ce qu'il contait si bien : il lui obéit, et, une fois la Relation écrite, l'amour-propre d'auteur l'emportant sur la prudence du diplomate, les lectures se multiplièrent. Elles firent événement. Catherine II et ses admirateurs furent alarmés ; on mit tout en œuvre auprès de Rulhière pour qu'il supprimât sa Relation, ou pour qu'il l'altérât : il résista à toutes les offres avec une honorable fermeté. Grimm, si fait d'ailleurs pour goûter Rulhière, avec lequel il avait plus d'un rapport d'esprit, nous l'a représenté à l'une de ces lectures qu'il faisait de sa *Révolution de Russie* chez Mme Geoffrin, et si l'on s'en tenait à cette page de Grimm, destinée à être lue à Saint-Pétersbourg, on prendrait de Rulhière une idée fort injuste : on le croirait un homme de talent indiscret et étourdi, tandis qu'il n'était rien moins que cela. S'il céda, dans un cas unique, à une première indiscrétion, il mit tous ses soins à réparer insensiblement l'impression qu'elle avait pu faire et à n'en pas commettre une seconde. Rulhière, sous une enveloppe un peu épaisse et un peu forte, était un homme fin, adroit, circonspect et mesuré, néanmoins beaucoup plus homme de lettres au fond qu'il ne voulait le paraître, cherchant partout autour de lui des sujets d'épigrammes, de comédie, d'histoire, et s'y appliquant ensuite sous main, à loisir, avec lenteur, sans s'exposer au public, en se bornant à captiver la société de son temps, et en se ménageant une perspective lointaine vers la postérité.

Vers l'année 1770, il était tout à fait en vogue par deux ouvrages de genre différent, mais qui tenaient à une même nature d'esprit, par ce récit anecdotique de la *Révolution de Russie* et par un discours en vers sur *les Disputes*. Voltaire, à qui Rulhière avait envoyé ce discours, lui avait répondu : « Je vous remercie, Monsieur, du plus grand plaisir que j'aie eu depuis longtemps. J'aime les beaux vers à la folie. Ceux que vous avez eu la bonté de m'envoyer sont tels que ceux que l'on faisait il y a cent ans, lorsque les Boileau, les Molière, les La Fontaine étaient au monde. J'ai osé, dans ma dernière maladie, écrire une lettre à Nicolas Despréaux ; vous avez bien mieux fait, vous écrivez comme lui. » Voltaire fit plus, il inséra l'Épître tout entière au mot *Dispute* de son *Dictionnaire philosophique*, en y mettant cette apostille : « Lisez les vers suivants sur les Disputes ; voilà comme on en faisait dans le bon temps. » Et en effet, cette Épître, qui a été reproduite dans toutes les Leçons de littérature et que nous savions par cœur dans notre enfance, ressemble par le ton aux meilleures de Boileau, auxquelles elle est supérieure par la pensée. De jolis vers, tour à tour satiriques ou flatteurs, à l'adresse des personnages du temps, en faisaient dans sa nouveauté quelque chose de plus vif et de plus animé qu'il ne nous semble aujourd'hui. Le trait malin, proverbial, les alliances heureuses de noms et d'idées, la concision élégante, tout ce qui constitue le genre moral tempéré et en fait l'ornement, s'y trouve placé avec art, et il n'y manque vraiment qu'un souffle poétique moins sec et plus coloré, quand l'auteur tente de s'élever et de nous peindre, par exemple, le temple de l'Opinion promené dans les airs sur les nuages : c'est ici que l'on sent le défaut d'ailes et d'imagination véritable, l'absence de mollesse, de fraîcheur et de charme, comme dans toute la poésie de ce temps-là. Rulhière termine son Épître par une comparaison de la poésie avec le miel des abeilles ; mais on n'entend pas chez lui le bourdonnement des abeilles.

Les *Anecdotes sur la Révolution de Russie en l'année 1762* sont un très-agréable petit livre, sans prétention solennelle, et où les événements historiques ne sont eux-mêmes envisagés qu'au point de vue des mœurs. Le côté du récit où l'auteur vise au Salluste et rappelle le Saint-Réal et autres auteurs classiques de Conjurations, n'est pas trop prédominant. On conçoit que, malgré l'esprit d'observation de Rulhière et malgré sa position favorable pour démêler bien des choses, il a dû être réduit à en deviner et à en conjecturer plus d'une dans une entreprise si mystérieuse et si compliquée, et l'on ne saurait s'étonner que sa Relation ait prêté aux récriminations des intéressés : il ne pouvait en être autrement. Les Russes eux-mêmes, dans ce qui concerne leur histoire, et une histoire si contemporaine, ne sauraient avoir ni exprimer un avis indépendant. Pourtant il me semble que les principaux points du récit de Rulhière ont été généralement adoptés depuis, et par les historiens même (tels que Lévesque) qui sont d'ailleurs le moins disposés à le suivre. Il y a certainement des coins du génie russe que Rulhière n'a point pénétrés ni appréciés ; n'ayant vécu qu'à Saint-Pétersbourg et dans le grand monde, il a vu surtout dans ce peuple plein de disparates les mœurs d'un Bas-Empire, il a cru y voir une sorte d'Empire grec finissant, et il n'a pas assez signalé, sous ce vernis de civilisation avancée, un peuple jeune qui commence. De même dans ce qu'il a dit de Catherine, tout en reconnaissant aussitôt que la nature semblait l'avoir formée pour la plus haute élévation, il ne paraît pas s'être rendu tout à fait compte de ce génie viril qui allait la classer, avec Élisabeth d'Angleterre, dans le petit nombre des grands monarques. On ne saurait dire, toutefois, qu'il ait méconnu ni encore moins calomnié Catherine, celui qui traçait d'elle dès l'abord ce mémorable et vivant portrait

« Sa taille est agréable et noble ; sa démarche fière ; sa personne et son maintien remplis de grâces. Son air est d'une souveraine. Tous ses traits annoncent un grand caractère. Son col est élevé et sa tête fort détachée ; l'union de ces deux parties est, surtout dans le profil, d'une beauté remarquable ; et, dans les mouvements de sa tête, elle a quelque soin de développer cette beauté. Elle a le front large et ouvert, le nez presque aquilin ; sa bouche est fraîche et embellie par ses dents ; son menton un peu grand et se doublant un peu, sans qu'elle soit grasse. Ses cheveux sont châtains et de la plus grande beauté ; ses sourcils bruns ; ses yeux bruns et très-beaux ; les reflets de la lumière y font paraître des nuances bleues, et son teint a le plus grand éclat. La fierté est le vrai caractère de sa physionomie. L'agrément et la bonté, qui y sont aussi, ne paraissent à des yeux pénétrants que l'effet d'un extrême désir de plaire, et ces expressions séduisantes laissent trop apercevoir le dessein même de séduire. »

Rulhière, de retour de ses voyages dans le Nord, vivait donc à Paris sur le meilleur pied, très-goûté pour des opuscules qu'on regardait comme une faveur de pouvoir entendre, pour de jolis vers tels que *l'A-propos, le Don du Contre-Temps*, qu'il récitait avec des applaudissements sûrs, pour des épigrammes très-mordantes qu'il laissait courir et qu'il n'avouait pas, mais dont il avait tout l'honneur. Il jouissait de la plus brillante réputation d'auteur *inédit* qui se pût alors désirer. Le ministre, M. de Choiseul, le chargea en 1763 d'écrire, pour l'instruction du Dauphin (Louis XVI), l'Histoire des troubles de Pologne; c'est cette histoire toute contemporaine, dont la matière se déroulait chaque jour sous ses yeux, que Rulhière s'étudia à traiter durant vingt-deux ans à la manière des Anciens, sans parvenir à la mener à fin, et qui forme aujourd'hui son titre le plus considérable.

Sans avoir qualité d'historiographe, Rulhière était donc un historien *d'office* encore plus qu'un poëte de société, et l'on dit que, malgré son bon goût, il en laissait deviner quelque chose : « M. de Rulhière, dit Mme Necker, laissait percer dans sa conversation une nuance de son état d'historien, qui visait à la pédanterie; il mettait une trop grande importance à l'examen d'un petit fait et à toutes ses circonstances; il ne voulait jamais voir l'Opéra que derrière les coulisses. » Ce tour d'esprit un peu subtil et trop analytique, que Rulhière portait dans la société, ne se peint nulle part mieux que dans une conversation qui nous a été conservée par Diderot (1). Rulhière était d'avis que, dans un cercle, il ne fallait jamais se presser de demander quel était l'homme qu'on voyait entrer et qu'on ne connaissait pas : « Avec un peu de patience et d'attention, on n'importune ni le maître ni la maîtresse de la maison, et l'on se ménage le plaisir de deviner. » Il avait là-dessus toutes sortes de préceptes, de menues remarques très-fines, très-ingénieuses, dont il faisait la démonstration quand on le voulait, et il ne se trompait guère :

« Il en fit en ma présence l'application chez Mlle Dornais, raconte Diderot : il survint sur le soir un personnage qu'il ne con-

(1) Lettre à Naigeon sur un passage de la première Satire du second livre d'Horace.

naissait pas; mais ce personnage ne parlait pas haut; il avait de l'aisance dans le maintien, de la pureté dans l'expression, et une politesse froide dans les manières. « C'est, me dit-il à l'oreille, un homme qui tient à la Cour. » Ensuite il remarqua qu'il avait presque toujours la main droite sur sa poitrine, les doigts fermés et les ongles en dehors : « Ah ! ah ! ajouta-t-il, c'est un exempt des gardes-du-corps, et il ne manque que sa baguette. » Peu de temps après, cet homme conte une petite histoire : « Nous étions quatre, dit-il, madame et monsieur tels, madame de... et moi. » Sur cela, mon *instituteur* continua : « Me voilà entièrement au fait. Mon homme est marié; la femme qu'il a placée la troisième est sûrement la sienne, et il m'a appris son nom en la nommant. »

En nous racontant cette preuve de la sagacité un peu méthodique et raffinée de Rulhière, Diderot donne à entendre que toutes ces choses *déliées*, conçues en des termes *fort déliés*, l'étaient trop pour lui, bonhomme tout uni et rond, et qui, à chaque fois, demandait des exemples : « les esprits bornés ont besoin d'exemples. » Il s'amuse lui-même, dès qu'il a quitté Rulhière, à lui faire l'application de sa propre méthode, et à tirer sur lui un jugement dans lequel il entre un grain de critique et d'ironie.

Rulhière n'était point d'ailleurs du bord de Diderot, et il s'en est expliqué quelque part très-nettement. Trois grandes influences philosophiques peuvent se discerner au xviii° siècle: celle de Voltaire, celle de Rousseau, et celle des Encyclopédistes proprement dits. Rousseau, qui se sépare des Encyclopédistes par certaines croyances et par une affiche de moralité plus stricte, ne se sépare pas moins de Voltaire en ce qu'il vise à une réforme politique profonde par le moyen du peuple, et en s'adressant à la logique commune, au sentiment universel. Voltaire, tout aristocratique au contraire, ne s'adresse qu'à quelques-uns, et la réforme qu'il prêche aux rois, aux grands et aux esprits d'élite, est plutôt civile et religieuse que politique.

Rulhière se rattachait à cette manière de voir de Voltaire ; et, plus sage, plus conséquent que le maître, il n'y dérogea en aucun temps par imprudence ni par pétulance. Il avait des idées *libérales* comme nous dirions, mais il en désirait l'essai, l'application graduelle par les Gouvernements et non par les peuples. Il fut fidèle jusqu'à la fin à cette manière de voir, et, quelque parti qu'on prenne soi-même en le jugeant, il mérite l'estime du moins par cette suite dans la conduite et par cette tenue.

Sa fortune reçut un violent échec après la chute du ministère Choiseul, et sous le ministère d'Aiguillon. Sa pension d'historien fut quelque temps supprimée. Chamfort, alors son ami, lui en adressa des condoléances, auxquelles Rulhière répondit par une Épître en vers un peu longue, mais dans laquelle il développe avec facilité ses principes de philosophie et de sagesse, qui ne sont autres que ceux d'Horace :

> L'astre inconstant sous lequel je suis né,
> Des biens aux maux m'a souvent promené ;
> Mais aux événements ployant mon caractère,
> En jouissant de tout, rien ne m'est nécessaire.
> Dès que j'ai vu l'espérance me fuir,
> J'ai suspendu ma course volontaire,
> J'ai dans un sort nouveau pris un nouveau plaisir,
> Et mon repos forcé devient un doux loisir.
> Heureux par cette humeur sagement inconstante,
> C'est la facilité qui m'invite et me tente...

C'est vers ce temps que Rulhière fut nommé, sans l'avoir sollicité, secrétaire de Monsieur, frère de Louis XVI (depuis Louis XVIII). Voltaire, l'en félicitant, lui écrivait à cette occasion (août 1774) : « Il me semble qu'il se forme enfin un siècle, et, pour peu que Monsieur s'en mêle, le bon goût subsistera en France. » On voit combien Voltaire faisait volontiers tout dépendre des grands et des princes. Il est naturel d'ailleurs que Monsieur ait eu de la prédilection pour Rulhière, qui aiguisait si bien l'épigramme salée et même au besoin le conte libertin, les deux genres littéraires favoris du futur monarque.

Avant d'en venir aux œuvres toutes sérieuses, nous rencontrons encore Rulhière causant, et cette fois causant avec Jean-Jacques Rousseau ou sur son compte. C'est un des traits curieux de la vie de Rulhière et l'un des témoignages les plus frappants de la folie de Jean-Jacques. Ne nous le refusons pas.

Rulhière logeait près des Tuileries. Un jour, un matin de 1771, il rentrait du bal (il était neuf heures du matin), il voit entrer son voisin Dusaulx, l'air tout bouleversé. Ce dernier, traducteur de Juvénal, homme enthousiaste, expansif, nourri de toute la sentimentalité du siècle, s'était fort jeté à la tête de Jean-Jacques, qui l'avait d'abord pris en gré et l'avait, par exception, admis dans son intimité. Mais bientôt les soupçons étaient venus, puis la rupture; et l'excellent homme avait reçu de Rousseau une lettre qui l'avait navré, et où on lisait : « Vous me trompez, Monsieur ; j'ignore à quelle fin, mais vous me trompez... » A cette lettre, Dusaulx en avait répondu une tout en apostrophes, en effusions : « Si tu pouvais, ô toi qui me fus si cher, remonter à la source de tes préventions!... Je t'atteste, Jean-Jacques, au nom de la vérité que tu portes dans ton sein, etc., etc. » Mais avant d'envoyer la lettre, tourmenté de perplexités, il avait jugé bon de la montrer à son voisin Rulhière, et c'est pour cela qu'il venait le réveiller à cette heure *indue*, à neuf heures du matin. Dusaulx a très-bien raconté toute cette entrée en conversation avec Rulhière :

« — De quoi s'agit-il donc si grand matin, ou de qui? » — « De notre ami commun, de Jean-Jacques. » — « Bon! est-ce qu'il ne vous a pas encore donné votre congé? » — « Cela ne tient plus qu'à un fil ; tenez, lisez notre correspondance, et vous verrez. »

Rulhière se met à lire à haute voix les lettres de Rousseau, et à chaque instant il s'interrompait, il se parlait à lui-même en approuvant, en disant : « Bon !... à merveille !... mais cela vaut de l'or !... » Dusaulx ne comprenait pas cette approbation, et il fallut que Rulhière la lui expliquât. C'est que Rulhière savait si bien par cœur son Jean-Jacques, qu'il le reconnaissait à chaque ligne, dans ses soupçons, dans ses reproches :

« Comme je suis au courant du caractère de notre homme et de son faire, comme je pourrais, en cas de besoin, lui tenir lieu de secrétaire intime et le suppléer en son absence, je ne me suis guère occupé, en lisant votre correspondance, que de ce qu'il devait, d'après mes données, vous dire ou vous écrire ; et j'ai si bien rencontré, que je m'en suis félicité. N'en auriez-vous pas fait autant ? »

Et Rulhière, à qui Dusaulx demande conseil sur tout cela, et ce qu'il en pense : « Ce que j'en pense ? Peste ! voilà de bons, d'excellents matériaux pour ma comédie. » Cette comédie était celle du *Méfiant*, qui ne vit jamais le jour. Mais on sent que Rulhière était des plus propres, en effet, à composer une comédie de cette sorte dans le genre et dans le goût du *Méchant*.

Cependant Dusaulx, tout occupé de sa lettre, insistait pour savoir s'il devait l'envoyer :

« Gardez-vous-en bien ! s'écria Rulhière ; vous le rendriez cent fois plus fou avec votre lettre *à la Plutarque*. Et puis, il est bon que vous sachiez qu'*il n'a jamais plus de force que lorsqu'il a tort.* »

Je ne puis que renvoyer au récit de Dusaulx (1) ceux qui désireraient ne rien perdre de la conversation. Rulhière, toujours occupé de son sujet de comédie, comme

(1) *De mes rapports avec Jean-Jacques Rousseau*, par Dusaulx, pag. 177 et suiv.

l'autre de sa lettre, continue de définir Jean-Jacques et de montrer à Dusaulx quelle chimère et quelle vanité d'amour-propre (sous forme d'enthousiasme) il y a de sa part à prétendre consoler un pareil homme :

« Mais, de bonne foi, qu'espérer d'un homme qui en est venu au point (la chose est certaine) de se méfier de son propre chien, et cela parce que les caresses de ce pauvre animal étaient comme les vôtres trop fréquentes, et qu'il y avait là-dessous quelque mystère caché?... »

Et il raconte à Dusaulx l'histoire des moineaux que Rousseau nourrissait chaque matin, auxquels il donnait du pain sur sa fenêtre, et qu'il se flattait d'avoir apprivoisés :

« J'avais bien le droit, ce me semble, dit Rousseau parlant par la bouche de Rulhière, de croire que nous fussions les meilleurs amis du monde : point du tout, ils ne valaient pas mieux que les hommes. Je veux les caresser, et voilà mes étourdis qui s'envolent comme si j'eusse été un oiseau de proie. Ils n'auront pas été, j'en suis sûr, à deux rues de ma maison, qu'ils auront dit pis que pendre de moi. »

A ce dernier trait un peu chargé, ne dirait-on pas que c'est déjà le Rousseau de la comédie qui parle?

Rulhière, une fois en train, raconte comment lui-même il s'est maintenu jusqu'à présent auprès de Jean-Jacques. Ce n'est point en le flattant, c'est plutôt en le brusquant, en le raillant, en lui demandant d'un air délibéré, quand il lui parle des méchants : « Est-ce que vous croyez aux méchants, vous? c'est avoir peur de son ombre. » Mais lui-même il est à bout de son crédit. La dernière fois qu'il est allé voir Jean-Jacques, celui-ci l'a reçu en grondant et s'est tenu tout le temps sur la défensive :

« Je sonne, il m'ouvre : — « Que venez-vous faire ici? Si c'est pour dîner, il est trop tôt; si c'est pour me voir, il est trop tard. » Puis, se ravisant : — « Entrez, je sais ce que vous cherchez, et n'ai rien de caché... même pour vous »

Et Rousseau alors, s'adressant à sa ménagère, entre à dessein dans mille détails de cuisine et de pot-au-feu ; puis se retournant vers Rulhière :

« Vous voilà suffisamment instruit des secrets de ma maison, et je défie toute votre sagacité d'y jamais rien trouver qui puisse servir à la comédie que vous faites. » — « Il ne se doutait pas, ajoute Rulhière, qu'il venait de m'en fournir le meilleur trait. »

Et comme le visiteur ne sortait pas assez tôt :

« Bonsoir, Monsieur ; allez finir votre *Défiant*. » — « Je vais vous obéir ; mais pardon, mon cher Jean-Jacques, est-ce *défiant* qu'il faut dire, ou *méfiant*? car un habile grammairien, M. Domergue, me rend perplexe à cet égard. » — « Comme il vous plaira, Monsieur, comme il vous plaira ; bonsoir. »

Toute cette scène est très-agréablement contée ; elle fait plus d'honneur pourtant à l'esprit de Rulhière qu'à son cœur, et lui-même il nous apparaît en tout ceci comme un homme qui cherche partout trop visiblement des traits et des embellissements pour l'ouvrage qu'il compose. Il est à la piste de son sujet ; il n'est occupé que de cela, et aussi de faire preuve de finesse, tout en faisant sentir légèrement la griffe à celui avec qui il cause. Un véritable poëte comique, un auteur qui a verve et gaieté franche, un Molière, ou simplement un Regnard, ne sont pas sujets à ces fatuités ni à ces raffinements épigrammatiques, qui font essentiellement partie du caractère et de l'habitude d'esprit de Rulhière. Cette conversation avec Dusaulx et son autre conversation avec Diderot nous le montrent parfaitement en scène au point de vue de la société.

Son faible est touché : je le résume : Rulhière ne se contente pas d'être fin, il s'en pique, il fait *profession de finesse*.

Et ceci nous explique une de ses différences avec Chamfort. Voyant celui-ci maigre et chétif, et Rulhière frais au contraire et florissant, on a dit pour se venger de leurs épigrammes (et c'est La Harpe qui répétait un mot de l'abbé Arnaud, et qui le mettait en mauvaises rimes) :

> Connaissez-vous Chamfort, ce maigre bel-esprit?
> Connaissez-vous Rulhière, à mine rebondie?
>   Tous deux se nourrissent d'envie :
>   Mais l'un en meurt, et l'autre en vit.

Ce mot d'*envie* qui s'appliquait à Chamfort ne convient pas proprement à Rulhière. Nous venons de le voir et de l'entendre, il n'est pas envieux, il est content. Les travers et les manies du prochain lui sont un gibier qu'il chasse. Il se complaît à les poursuivre, à les découvrir ; loin de s'en irriter, il s'en applaudit surtout comme d'une occasion d'adresse. C'est un curieux. Il jouit de sa malice et n'en souffre pas.

Rulhière, vers le même temps, put retrouver quelques-uns de ces traits de méfiance dont il prenait note, dans un Rousseau plus jeune, mais également atteint de soupçon, dans Bernardin de Saint-Pierre qu'il avait beaucoup connu en Russie. Rien ne prouve qu'il ait eu, avec cet homme de talent susceptible et ombrageux, les torts de sottise que suppose M. Aimé Martin. Dans une lettre adressée à Bernardin de Saint-Pierre, Rulhière se montre affligé de ses soupçons et s'en plaint affectueusement. Dans une autre lettre, écrite au moment où Bernardin partait pour l'Ile de France, Rulhière, pour lui relever le courage, lui dit :

« Si vous ne faites pas, mon cher ami, la fortune que j'attends de vos talents et de votre âme, au moins ferez-vous un bon Journal (un Journal de voyage), et c'est quelque chose. On se console des revers de cette existence présente en songeant que la postérité nous rendra plus de justice. Peignez bien tous les habitants de notre globe; rendez-vous intéressant aux hommes de tous les pays, et, quelque chose qui arrive, vous aurez au moins l'immortalité pour ressource. »

Cette immortalité fut la ressource en effet de Bernardin de Saint-Pierre. Le *Journal* du voyage à l'Ile de France est peu de chose, mais *Paul et Virginie* était au bout. En lui conseillant cette noble revanche du sort, Rulhière montrait qu'il était digne d'en embrasser l'idée élevée et de la comprendre.

Comme historien et comme écrivain honorablement sérieux, il prit rang en 1788 par ses *Éclaircissements historiques sur les causes de la Révocation de l'Édit de Nantes et sur l'état des Protestants en France*. Cet écrit avait été demandé à Rulhière par le ministère pour venir en aide aux vues bienveillantes de Louis XVI en faveur des Protestants; il s'agissait de leur rendre simplement l'état civil. M. de Breteuil eut avec Malesherbes l'honneur de poursuivre cette œuvre d'équité et de réparation. Rulhière, dans son ingénieux et savant écrit, rechercha quelles avaient été les causes et les circonstances qui avaient amené en octobre 1685 la Révocation de l'Édit de Nantes. Admis à puiser aux sources officielles manuscrites, il en fit usage avec habileté, avec art. Obéissant en ceci encore aux dispositions naturelles de son esprit, autant qu'à l'intérêt de la cause qu'il prenait en main, il s'appliqua, à l'aide de rapprochements fins et peut-être forcés, à rapporter ce grand acte, qui fut l'erreur de tout un siècle, à des causes secondaires accidentelles, et à en diminuer le dessein primitif; c'était une manière d'en rendre plus facile, plus acceptable à tous, la réparation. Dans l'état d'études plus avancées où l'on est aujourd'hui sur le XVIIe siècle, on est amené à reconnaître que cette fatale Révocation, dont la dévotion finale de Louis XIV fut le moyen et l'occasion, préexistait depuis longtemps, ou du moins flottait dans l'esprit de ce prince à l'état de projet politique, et qu'il ne fit en dernier lieu que réaliser un vœu ancien, dans lequel il fut insensiblement assisté et comme encouragé par une complicité presque universelle. Mais les Éclaircissements de Rulhière, pour être incomplets, et en quelque sorte *de biais*, n'en furent pas moins très-utiles au moment où ils parurent, et n'en restent pas moins toujours une des pièces intéressantes à consulter dans l'étude de cette grande question historique.

Rulhière, par cet écrit, se montre à nous dans la vraie ligne de progrès qu'il suivait volontiers, dans la voie des réformes qu'appelait l'opinion publique et que dirigeait le Gouvernement même. Mais bientôt, cette direction échappant aux mains des gouvernants, la société tout entière entra dans une de ces agitations profondes dont aucun esprit clairvoyant ne pouvait prévoir le terme ni les crises. Rulhière, averti d'ailleurs par son intérêt personnel, fut dès le principe un de ces esprits clairvoyants. Il n'avait plus rien à désirer dans la vie. Homme de lettres, il était entré à l'Académie en 1787 avec un Discours supérieur de vues et parfait d'élégance, qui lui avait valu un applaudissement unanime. Homme du monde, il vivait dans toutes les compagnies et était initié dans ce qu'il y avait de mieux à la Cour. Sa fortune, un moment détruite sous le ministère d'Aiguillon, s'était réparée depuis avec toutes sortes d'avantages par la protection de M. de Breteuil. Il était chevalier de Saint-Louis depuis 1775. Il s'était fait, près de Saint-Denis, une maison de retraite, d'étude et d'humbles délices, appelée l'Ermitage. De son jardin, il voyait l'abbaye de Saint-Denis qui lui rappelait la grandeur humaine et la mort; il avait fait construire une jolie fontaine dont les eaux l'avertissaient de la fuite de la vie, et que surmontait une statue de l'Amour. Un jour que la comtesse d'Egmont l'y était venue visiter, il mit cette inscription délicate au-dessous de la statue :

> Églé parut sur cette rive ;
> Une image de sa beauté
> Se réfléchit dans cette eau fugitive ;
> L'image a fui, l'Amour seul est resté.

On conçoit que, sage et sans passions, satisfait et désabusé, Rulhière n'ait pas vu sans une impression profonde la grande commotion qui ébranlait la société et toutes les existences. Il mourut à temps, et subitement, à Paris, le 30 janvier 1791, à l'âge de cinquante-six ans et demi, disent les uns, de soixante ans passés, disent les autres, et, dans tous les cas, ne paraissant pas son âge.

Parmi les places et prérogatives dont jouissait Rulhière, il est une sinécure trop singulière pour ne pas être notée ; il avait ou devait prochainement avoir le gouvernement de la *Samaritaine*, ce qui valait de cinq à six mille livres. Or, la Samaritaine n'était autre chose que la pompe-fontaine construite sous Henri IV sur le Pont-Neuf, et destinée à fournir de l'eau au Louvre, au jardin des Tuileries et au Palais-Royal. Cette fontaine, par sa façade du côté du Pont-Neuf, divertissait les passants avec la petite cascade qu'elle faisait en présence de Jésus-Christ et de la Samaritaine, figurés en bronze doré auprès du puits de Jacob. La destination royale de ce bâtiment faisait qu'il avait titre de *gouvernement*, et qu'il procurait des émoluments fort honnêtes. Il n'était pas besoin de ce dernier fait pour nous prouver que Rulhière avait toutes sortes de raisons pour n'être que médiocrement révolutionnaire.

Mais ses meilleures raisons étaient encore dans son caractère et dans le tour de son esprit, qu'on pourrait définir, de tout temps, *libéral* mais *ministériel*.

Les regrets qu'excita la mort de Rulhière parmi ceux qui jouissaient de sa société, montrent assez qu'il ne faut pas prendre à la lettre la réputation de méchanceté qu'on a voulu lui faire ; il a dû se calomnier lui-même par son goût et son talent pour l'épigramme. Mais tout chez lui, dans la suite de sa vie et de ses procédés, semble indiquer l'honnête homme socialement parlant. « Les gens d'esprit se permettent quelquefois des bons mots, disait-il, mais il n'y a que les sots qui fassent des méchancetés. »

Plus de quinze ans s'étaient écoulés depuis la mort de Rulhière, lorsqu'en 1806 Napoléon, ayant formé des desseins sur la Pologne et contre la Russie, crut utile à ses vues de faire publier l'ouvrage manuscrit qu'avait laissé Rulhière, et qui avait pour titre : *Histoire de l'Anarchie de Pologne et du Démembrement de cette république*. L'édition en fut confiée à Daunou, qui s'en acquitta avec le soin et le scrupule qu'il mettait à tous ses travaux et à tous ses devoirs. Cette histoire de Rulhière, si considérable et pourtant incomplète, fait le plus grand honneur à sa mémoire, et achève de montrer en lui l'écrivain habile et l'esprit sérieux qui ne s'était point laissé absorber dans les frivolités élégantes. Pourtant cette histoire mérite-t-elle, comme Daunou l'a soutenu et comme Chénier d'après lui l'a répété, d'être placée au rang des monuments modernes comparables à ceux de l'Antiquité ? Je ne me permettrai à ce sujet que quelques doutes et quelques observations.

Rulhière, chargé en 1768 d'écrire l'Histoire de l'anarchie de Pologne, anarchie qui commençait à éclater à cette époque, mais dont les suites se prolongèrent jusqu'au dernier démembrement de la Pologne, consommé en 1797, avait affaire à un sujet qui n'était pas défini, qui était, si l'on peut dire, en cours d'exécution, et qu'il ne pouvait par conséquent embrasser dans son ensemble. Toute la composition de son ouvrage se ressent de ce premier manque de point de vue. S'il n'avait voulu qu'écrire des Mémoires, tracer un récit extrait des conversations, des dépêches, des confidences de diverse nature, il le pouvait : mais tel n'était point son dessein ; il voulait réellement composer une histoire classique, à l'antique, définitive, ayant des proportions savantes et majestueuses : or, le sujet prématuré et non encore accompli ne s'y prêtait pas. Le cadre en restait flottant. Aussi le peintre s'est-il étendu outre mesure dans les préambules; il semble attendre, pour aborder son sujet, que ce sujet ait un dénoûment, et ce dénoûment recule sans cesse. On ne sait par moments si c'est l'histoire de Russie ou celle de Pologne que retrace l'historien, tant il nous transporte d'abord alternativement de l'un à l'autre pays. Lorsqu'il aborde enfin sa vraie matière, qui commence avec l'élection du roi Stanislas Poniatowsky, Rulhière a l'inconvénient d'avoir à se prononcer sur des caractères vivants qui n'ont pas eu leur entier développement, sur des personnages qui n'ont pas donné leur dernier mot. Il méconnaît la grandeur et *la suite* des projets de Catherine; il ne pénètre pas ceux du grand Frédéric et sa part d'initiative dans les destinées de la Pologne. Parmi les chefs polonais, il en choisit pour ses héros qui n'ont pas soutenu plus tard ce caractère : il les voit de loin dans les poses chevaleresques qu'ils se donnent, et tout à leur avantage. Il leur prête des discours qui rappellent avec talent ceux des Anciens dans les assemblées publiques, mais j'aimerais mieux quelques-uns de ces mots vrais et qui transportent dans la réalité. Dumouriez fut quelque temps agent du ministère français auprès de ces Polonais, les confédérés de Barr. Ce qu'il me dit sur eux en courant, et dans sa vive familiarité, m'en apprend plus et entre mieux dans mon esprit que les scènes dramatiques et un peu extérieures de Rulhière, qui, tout en nous avertissant de l'ostentation de ses héros, y donne lui-même et s'y laisse prendre. Il a besoin de peindre, et il cherche des sujets de tableaux, comme nous l'avons vu ailleurs chercher des sujets de comédie ou d'épigrammes. La main-d'œuvre se fait sentir. En un mot, Rulhière conçoit et exécute son histoire bien plus en homme de lettres et en peintre qu'en homme d'État et en homme politique. C'est une histoire qui, pour être si contemporaine, ne paraît pas assez voisine des sources et qui sent trop la rédaction, ou, si vous aimez mieux, la palette. On comprend bien que, tandis qu'elle excita au sein de l'Institut des objections de la part d'hommes pratiques et qui avaient vu la Pologne ou la Russie, elle ait tant agréé à Daunou, esprit orné, plus académique qu'il ne croyait, et qui ne voulait pas que l'histoire, même vraie, fût écrite d'une manière *quelconque*.

Daunou, dans son analyse des mérites de Rulhière, est allé jusqu'à remarquer que, dans les phrases courtes comme dans les plus longues, l'auteur varie sans cesse le *ton*, le *rhythme*, les *constructions*, les *mouvements* :

« Il y a des livres, ajoute-t-il ingénieusement et en rhéteur consommé, où la plupart des phrases ressemblent plus ou moins, si l'on me permet cette comparaison, à une suite de couplets sur le même air; et ce n'est pas sans quelque effort qu'un écrivain se tient en garde contre ce défaut; car l'esprit ne s'habitue que trop aisément à un même genre de procédés, le style aux mêmes formes, l'oreille aux mêmes nombres. Mais lorsqu'en lisant Rulhière on peut se détacher assez de l'intérêt profond des choses pour n'observer que la structure du discours, on est partout frappé de la riche variété des *nombres* qui concourent à l'harmonie générale. Après cela, j'avouerai que son style est ordinairement périodique (on avait reproché à Rulhière d'avoir la phrase trop longue), c'est-à-dire tel qu'il devait être pour représenter par l'enchaînement des expressions la liaison des idées, pour rapprocher et développer les circonstances des grands événements, et pour conserver à l'histoire sa magnificence et sa dignité. »

Je me suis plu à citer ce passage de la réponse de Daunou aux objections élevées contre Rulhière, pour montrer de quel genre de soin, inusité chez les Modernes, cet historien élégant était préoccupé en composant ses tableaux. On lira toujours avec plaisir chez Rulhière de curieux et saillants portraits, la description de Varsovie à l'ouverture de la diète électorale, les scènes de tumulte et de confusion grandiose dont il traduit aux yeux le drame. Mais ceux qui aiment à se rendre compte ne s'en tiendront pas à cet aspect de coloris un peu lointain, et ils se demanderont ce qu'il y a au revers de cette toile immense. Rulhière dissimule trop bien ses recherches, et il oblige celui qui doute à les recommencer.

Il lui reste du moins l'honneur d'une grande tentative. Il a conçu une vaste composition historique, il a commencé à l'exécuter et l'a poussée durant plus de onze livres avec aisance, harmonie et largeur. Cet homme du monde, qui ne semblait qu'un spirituel épicurien, a montré qu'il savait se proposer l'élévation du but, et y diriger avec art tous ses moyens.

Où est-il l'historien qui saura unir la beauté et la pureté de la forme, propres en tout genre aux Anciens, avec la profondeur des recherches imposée aux Modernes, et doit-on l'espérer désormais? Rulhière en eut l'idée : là est son titre, et c'est en quoi, bien qu'il soit demeuré en chemin, nous le saluons aujourd'hui.

FIN DU TOME QUATRIÈME.

TABLE DES MATIÈRES.

	Pages.
MIRABEAU ET SOPHIE. { I. (*Dialogues inédits*)............	1
{ II. (*Lettres du Donjon de Vincennes*).	29
HÉGÉSIPPE MOREAU. — PIERRE DUPONT................	51
Nouveaux Documents sur MONTAIGNE.................	76
Correspondance entre MIRABEAU *et* LE COMTE DE LA MARCK..	97
Mlle DE SCUDÉRY................................	121
ANDRÉ CHÉNIER *homme politique*...................	144
SAINT-ÉVREMOND ET NINON......................	170
Lettres et Opuscules inédits du COMTE JOSEPH DE MAISTRE....	192
Mme DE LAMBERT...............................	217
Mme NECKER..................................	240
L'ABBÉ MAURY................................	263
LE DUC DE LAUZUN............................	287
JASMIN......................................	309
MARIE-ANTOINETTE............................	330
BUFFON.....................................	347
Mme DE MAINTENON............................	369
Histoire de la Restauration, par M. DE LAMARTINE.........	389
MARIE STUART, *par* M. Mignet......................	409
M. DE BONALD................................	427
Essai sur AMYOT, *par* M. de Blignières.................	450
Mémoires et Correspondance de MALLET DU PAN. { I......	471
{ II......	494
Mémoires de MARMONTEL.........................	515
CHAMFORT...................................	539
RULHIÈRE...................................	567

FIN DE LA TABLE.

www.ingramcontent.com/pod-product-compliance
Lightning Source LLC
Chambersburg PA
CBHW070407230426
43665CB00012B/1274